雜纂分部

閭子

姚振宗《漢書藝文志拾補・雜家》《閭子》，名莬。好學，著書。

林寶《元和姓纂》曰：「將閭氏，《漢書・藝文志》云將閭子，名莬，著書。見《莊子》。」《氏族略》無末句。

邵思《姓解》曰：「《藝文志》古有將閭莬著書」。

按《莊子・天地篇》作蔣閭葂。俞樾《莊子人名考》曰：「『蔣』一作『將』，『葂』亦作『莬』。將閭，複姓。《廣韻》古有將閭子，名莬，即其人也。」今檢《漢書・藝文志》實無是書，不知諸家何以云爾。

淳于髡書

姚振宗《漢書藝文志拾補・雜家》《淳于髡書》

《史孟荀列傳》：「自騶衍與齊之稷下先生，如淳于髡、慎到、環淵、接子、田駢、騶奭之徒，各著書言治亂之事，以干世主，豈可勝道哉。」又曰：「淳于髡，齊人也。博聞彊記，學無所主。其陳説慕晏嬰之爲人也。然而承意觀色爲務。客有見髡於梁惠王壹語，連三日三夜無倦。惠王欲以卿相位待之，髡因謝去。於是送以安車、駕駟、束帛、加璧、黄金百鎰，終身不仕。」又《騶奭傳》曰：「齊王自淳于髡以下皆命曰列大夫，爲開第康莊之衢，高門大屋尊寵之。」又《荀卿傳》曰：「荀卿年五十始來游學於齊。騶衍之術，迂大而閎辨奭也，文具難施。」淳于髡久與處，時有得善言。故齊人頌曰：「談天衍，雕龍奭，炙轂過髡。」《集解》引劉向《别録》曰：「『過』字作『輠』。輠者，車之盛膏器也。炙之難盡，猶有餘流者。言淳于髡智不盡如炙輠也。」

《史滑稽列傳》：「淳于髡者，齊之贅壻也。長不滿七尺，滑稽多辨。數使諸侯，未嘗屈辱。齊威王以髡爲諸侯主客。」

茂陵書

姚振宗《漢書藝文志拾補・雜家》《茂陵書》

《史記集解・序》「《索隱》曰：臣瓚注《漢書》有引《秩禄令》及《茂陵書》，彼二書亡於西晉。」

《漢書敍例》宋祁曰：景祐余靖校本云臣瓚所采衆家音義，自服虔孟康以外，並因晉亂湮滅不傳江左。而《高紀》中瓚案《茂陵書》，《文紀》中案《漢秩禄》。今此二書亦復亡失，不得過江明。此瓚是晉中朝人，未喪亂之前。故得見其先輩音義及《茂陵書》、《漢令》等耳。

《玉海・藝文》曰：漢《茂陵書》，《高紀》、《文紀》、《食貨志》注臣瓚引之，《史記索隱》云亡於西晉。

按《茂陵書》今見於《漢書》。臣瓚注所引者凡《高紀》、《文紀》、《武紀》、《百官公卿表》、《禮樂志》、《食貨志》、《衛青傳》、《公孫賀傳》，綜十餘條。裴駰《史記集解》中引瓚説亦間有《茂陵書》數條。《唐六典》卷十九注又别出一條。知今本《漢書》刊落臣瓚音義不少矣。所言多制度、地理之事，亦稱《茂陵中書》。按武帝葬茂陵，《王莽傳》末言赤眉入長安園陵皆發掘。唯霸陵、杜陵完。文帝、宣帝陵也。是茂陵亦遭發掘，《茂陵中書》豈出於斯時，歟《秩禄令》見法家漢令條。

須肑書

姚振宗《漢書藝文志拾補・雜家》《須肑書》疑須朐之譌。

林寶《元和姓纂》曰：「須肑，楚賢人。著書。」

按《氏族略》云：「須句氏，子爵。風姓，太昊之後也。鄆州壽張縣西須朐城是其國，子孫即以國爲氏。或省句爲須氏，或省須爲句氏。又有須國姞姓。又商有密須國，其後亦爲須氏，今涇州靈臺是其國也。此須肑當是姓，須名肑。然孫氏編入複姓，是爲須肑氏。」考須肑氏不見於氏姓諸書，殆須朐之譌。然則著書者爲須朐氏，失其名。

司鴻苟書

姚振宗《漢書藝文志拾補・雜家》 司鴻苟書

《風俗通・姓氏篇》，司鴻氏，古有司鴻苟著書。《古今姓氏書辨證・氏族略》引文並同。

無妻先生書

姚振宗《漢書藝文志拾補・雜家》 《無妻先生書》

林寶《元和姓纂》曰：「無妻氏，莒大夫。無妻，務胡之後。又無妻先生著書，今瑯琊有此姓。」「務胡」或作「修胡」。

鄭樵《氏族略》曰：「無妻氏，嬴姓，莒公子，無妻之後。『無』亦作『務』。又無妻先生著書。」

白鹿先生書

姚振宗《漢書藝文志拾補・雜家》 《白鹿先生書》

《風俗通・姓氏篇》，白鹿氏，白鹿先生，古賢人，著書。《元和姓纂・氏族略》引文並同。

室中周書

姚振宗《漢書藝文志拾補・雜家》 《室中周書》十篇。

《廣韻》一東中字注中又複姓。《漢書・藝文志》有室中周著書十篇。

林寶《元和姓纂》曰：「《漢書・藝文志》有室中周著書十篇。王莽時，室中公避地漢中。《漢功臣》表清簡侯室中同。」《氏族略》云傳封四代。

按邵思《姓解》及《氏族略》並云《漢藝文志》有室中周書，張澍《風俗通・姓氏篇輯注》云室中亦作室中。亦言《藝文志》有《室中周書》十篇，而《漢志》實無是書。

郅惲書

姚振宗《後漢藝文志・雜家》 《郅惲書》八篇。

范書本傳：惲字君章，汝南西平人也。理《韓詩》、《嚴氏春秋》，明天文、曆數。王莽時仰占玄象，謂漢必再受命。西至長安，上書王莽令就臣位，轉禍爲福。莽大怒，收繫詔獄。會赦，得出。乃與同郡鄭敬南遁蒼梧。建武三年至盧江，遇積弩將軍傅俊東徇揚州。俊上爲將兵長史，授以軍政。七年辭歸鄉里。縣令禮請爲門下掾，太守歐陽歙請爲功曹。又去，客居江夏教授。郡舉孝廉，爲上東城門候，貶東中門候，爲參封尉。後令惲授皇太子《韓詩》，侍講殿中。及郭皇后廢，太子不自安。惲乃説太子引咎退身，奉養母氏。太子從之，帝竟聽許。惲再遷長沙太守，後坐事左轉芒長。又免歸，避地教授。著書八篇，以病卒。

明世論

姚振宗《後漢藝文志・雜志》 杜篤《明世論》十五篇。篤始末見前儒家。

范書《文苑傳》又著《明世論》十五篇。

嚴可均《全後漢文編》曰：「《文選・王融曲水詩序》注引杜篤《展武論》。又《魏都賦》注及《御覽》七百八引杜篤《通邊論》各一條。案《杜篤傳》又著《明世論》十五篇，此蓋十五篇之一。」

周黨書

姚振宗《後漢藝文志・雜志》 《周黨書》上下篇。

范書《逸民列傳》：周黨字伯況，太原廣武人也。至長安游學，還敕身修志，州里稱其高。王莽竊位，託疾杜門。建武中徵爲議郎，以病去職。遂將妻子居黽池。復被徵，不得已，乃著短布、單衣、穀皮、綃頭待見尚書。及光武引見，黨伏而不謁。自陳願守所志，帝乃許焉。賜帛四十匹，黨遂隱居黽池。著書上下篇而終，邑人賢而祀之。

梁鴻書

姚振宗《後漢藝文志・雜家》 《梁鴻書》十餘篇。鴻始末，具史部雜傳記類。

范書《逸民傳》：鴻東出關，過京師作《五噫之歌》，肅宗聞而非之，惠棟補注曰：「《御覽》及郭茂倩《樂府》引《三輔決録》皆云肅宗聞而悲之。今作非，乃傳寫之誤。」求鴻不得，乃易姓運期名燿，字侯光，與妻子居齊、魯之間。有頃又去適吴，依大家皋伯通。居廡下爲人賃舂。每歸，妻爲具食，不敢于鴻前仰視，舉案齊眉。伯通察而異之，曰：「彼傭能使其妻敬之如此，非凡人也。」乃方舍之于家。鴻潛閉著書十餘篇。《東觀記》曰：「鴻以童幼詣太學受業，治《禮》、《詩》、《春秋》。」又曰：「鴻常閉户吟咏、書記，遂潛思著書十餘篇。」

應奉洞序

姚振宗《後漢藝文志・雜家》 《應奉洞序》九卷，《録》一卷。奉始末，具史部史鈔類。

《隋書經籍志》梁有《洞序》九卷，《録》一卷。應奉撰。亡。

嘿記

姚振宗《三國藝文志・雜家》 張儼《嘿記》三卷。

《吴志・孫皓傳》：寶鼎元年正月遣大鴻臚張儼、五官中郎將丁忠弔祭晉文帝。及還，儼道病死。注引《吴録》曰：「儼字子節，吴人也。弱冠知名，歷顯位以博聞多識拜大鴻臚。」案《隋經籍志》集部有吴侍中《張儼集》，蓋即此張儼而書其官曰侍中。

《蜀志・諸葛亮傳》注曰：「吴大鴻臚張儼，作《默記》其《述佐篇》論亮與司馬宣王」云云。又曰：「亮聞孫權破曹休。魏兵東下，關中虛弱。十一月上言曰：『先帝慮，漢賊不兩立，王業不偏安』」云云。此表亮集所無，出張儼《默記》。案武侯《後出師表》賴《嘿記》以存。《嘿記》亡佚，賴裴注引文以傳。

《隋書・經籍志》：「《嘿記》三卷。吴大鴻臚張儼撰。」《唐經籍志》「《默記》三卷，張儼撰。」《藝文志》：「張儼《默記》三卷。」《史通・直書篇》：張儼發憤私存《嘿記》之文。

嚴可均《全三國文編》曰：「《北堂書鈔》卷十三引張儼《默記》，《蜀志・諸葛亮傳》注引《默記・述佐篇》。又見《御覽》四百四十五。

馬國翰輯本序曰：「張儼《默記》今惟《蜀志・諸葛傳》注載其《述佐篇》及武侯《後出師表》一篇。《初學記》亦引一節，裒録爲帙。」

案宋刻全本《意林》有《默記》一條，嚴馬二家輯本未采。

鄭樵《通志・藝文略・雜家》 《嘿記》三卷。吴大鴻臚張儼撰。又，十卷。

《隋書・經籍志・雜家》 《默記》三卷。吴大鴻臚張儼撰。

《舊唐書・經籍志・雜家》 《默記》三卷。張儼撰。

《新唐書・藝文志・子部・雜家》 張儼《默記》三卷。

女誡

馬端臨《文獻通考・經籍考・子部・雜家》 《女誡》一卷。

陳氏曰：漢曹世叔妻班昭撰。固之妹也。俗號《女孝經》。

楊士奇等《文淵閣書目・荒字》 曹大家《女誡》一部一册，闕。

雜書

姚振宗《漢書藝文志拾補・雜家》 《雜書》十九篇。汲冢竹書。

束晳《竹書敍目》曰：「又《雜書》十九篇。周食田法、《周書》論楚事，周穆王美人盛姬死事。」按荀勗所校以盛姬死事編入《穆天子傳》第六卷。

晉衛恒《四體書勢》曰：「太康元年汲縣人盜發魏襄王冢，得策書十餘萬言。

古書亦有數種。其一卷論楚事者，最爲工妙。恒竊悦之，故竭愚思以贊其美。」按《四體書勢》，其首一體即汲冢古文，衛黄門爲之贊也。

嚴可均《全上古三代文編》曰：「按《古文周書》亦汲冢所得。今僅《文選・思玄賦》注，《赭白馬賦》注，引有二條，或以《逸周書》當之，非也。按《御覽》數引《汲冢周書・王會篇》。蓋沿《隋志》之誤，以《逸周書》爲《汲冢周書》也。

司馬朗論

姚振宗《後漢藝文志・雜家》 《司馬朗論》

《魏志》本傳：「朗字伯達，河内温人也。年二十二，太祖辟爲司空掾屬。歷成皋令、堂陽長、元城令。入爲丞相主簿，遷兗州刺史。建安二十三年與夏侯惇、臧霸等征吴，到居巢。軍士大疫，遇疾卒，時年四十七。」注引司馬彪序傳曰：「朗，祖父儁，潁川太守。父防，京兆尹。建安二十四年終，有子八人。朗最長，次即晉宣皇帝也。」

本傳又曰：「朗入爲丞相主簿，以爲天下土崩之勢，由秦滅五等之制，而郡國無蒐狩、習戰之備故也。今雖五等未可復行，可令州郡並置兵，外備四夷，内威不軌，于策爲長。又以爲宜復井田。往者以民，各有累世之業，難中奪之，今承大亂之後，民人分散，土業無主，皆爲公田。宜及此時復之。議雖未施行，然州郡領兵，朗本意也。鍾繇、王粲著論云非聖人不能致太平。朗以爲伊、顔之徒，雖非聖人，得使數世相承，太平可致。」注引《魏書》曰：「文帝善朗論，命祕書録其文。」

按朗所論著，當時必有流傳。至魏文乃命祕書録存其文，遂爲中祕書之一。鄭默《魏中經》亦必著于録，陳壽修史，擷其菁華者入本傳，壽亦必見其本。

著書

姚振宗《三國藝文志・雜家》 孫炎《著書》十餘篇。炎始末，具經部易類。

《魏志・王肅附傳》炎作《周易》、《春秋》例，《毛詩》、《禮記》、《春秋三傳》、《國語》、《爾雅》諸注。又《著書》十餘篇。

言道　訪論

文廷式《補晉書藝文志・雜家類》 陸喜《言道》、《訪論》等書百篇。

本傳：喜自敘曰：「感子雲之《法言》而作《言道》，覩賈子美才而作《訪論》，觀子政《洪範》而作《古今曆》，覽蔣子通《萬機》而作《審機》，讀《幽通思玄》而作《娱賓九思》。真所謂忍媿者也。」其書近百篇。

立言

《隋書・經籍志・雜部》 《立言》六卷。蘇道撰。

《新唐書・藝文志・子部・雜家》 蘇道《立言》十卷。

文廷式《補晉書藝文志・雜家類》 蘇道《立言》六卷。

西州清論

文廷式《補晉書藝文志・雜家類》 陸喜《西州清論》

本傳云作《西州清論》，借稱諸葛孔明以行其書也。

新論

文廷式《補晉書藝文志・雜家類》 周熙《新論》

《北堂書鈔》六十三引周熙《新論》云：「武衛將軍孫奇，年十七以秀才入侍帷幄。余作詩一篇美而風之」云云。則熙，晉時人。《御覽》二百四十一引作周紹。

孔氏説林

文廷式《補晉書藝文志・雜家類》 孔衍《孔氏説林》二卷。《新唐志》，孔衍《説林》五卷。

桑丘先生書

《隋書・經籍志・雜家》《桑丘先生書》二卷，晉征南軍師楊偉撰之。

文廷式《補晉書藝文志・雜家類》 楊偉《桑邱先生書》二卷。征南軍師。

論集

文廷式《補晉書藝文志・雜家類》 殷仲堪《論集》九十六卷。

《舊唐志》作《雜論》九十五卷，入集部。

鑒誡

張鵬一《隋書經籍志補・雜家》《鑒誡》二十四篇。北齊太安王紘。

正訓

《隋書・經籍志・雜家》《正訓》二十卷。

錢東垣等輯《崇文總目・雜家》《正訓》十卷。原釋不著撰人名氏。按《唐志》有《正訓》二十卷，辛德源撰。而此題云陸機撰，又止十卷。據隋以前書録皆無陸機《正訓》之目。《晉史・機傳》亦不言嘗有此書。而德源所著，今世已亡，疑是其遺書。見《文獻通攷》闕。見天一閣鈔本。

侗按《通志略》亦作陸機撰。

馬端臨《文獻通考・經籍考・子部・雜家》《正訓》十卷。

《宋史・藝文志・雜家》 陸機《正訓》十卷。

文廷式《補晉書藝文志・雜家類》 陸機《正訓》十卷。見宋志。《通志》七十二云：「陸機《正訓》隋、唐二志並存，今出於荆州田氏。」《文獻通考》引《崇文總目》云：《唐志》有《正訓》二十卷，辛德源撰。而此題云十卷。據隋以前書録皆無之。《晉史・機傳》亦不言有此。疑是德源遺書。

顏氏家訓

陳振孫《直齋書録解題・雜家類》《顏氏家訓》七卷。北齊黄門侍郎琅邪顏之推撰。古今家訓以此爲祖，而其書崇尚釋氏，故不列於儒家。

楊士奇等《文淵閣書目・荒字》《顏氏家訓》一部三册，闕。《顏氏家訓》一部二册，完全。《顏氏家訓》一部二册，闕。

錢曾《讀書敏求記・子部》《顏氏家訓》七卷。《顏氏家訓》流俗本止二卷。不知何年爲妄庸子所淆亂，遂令舉世罕覩原書。近代刊行典籍，大都率意劖改。俾古人心髓面目，晦昧沉錮于千載之下，良可恨也。嗟嗟。秦火之後，書亡有二。其毒甚于祖龍之炬。一則蒙師之經解。逞私説，憑臆見，專門理，學人自名家。漢唐以來，諸大儒之訓詁、注疏，一槩漫置不省，經學幾幾乎滅熄矣。一則明朝之帖括。自制義之業盛行，士子專攻此以取榮名利禄。五經旁訓之外，何從又有九經、十三經，而况四庫書籍乎。三百年來士大夫劃肚無書，撑腸少字皆制義誤之，可爲痛惜者也。是書爲宋人名筆所録。淳熙七年嘉興沈揆取閣本、蜀本互爲叅定。又從天台故叅知政事謝公所校五代和凝本，辨析精當。後列考證二十三條爲一卷。沈君學識不凡。讎勘此書，當時稱爲善本。兼之繕寫精妙，古香襲人，置之几案間，真奇寶也。

黄丕烈《百宋一廛書録》《顏氏家訓》鮑氏《知不足齋叢書》所刊本，以爲用述古堂影宋本重雕。前序目有廉臺田家印可證也。今此宋刻即爲影宋本所自出，通七卷末附考證一卷。淳熙七年春二月嘉興沈揆所刊本也。末有義門野士何焯跋。跋云此書爲沈虞卿所刊。虞卿紹熙中嘗以中大夫祕閣修撰知吾郡，見范志《牧守題名》，又云虞卿自號欣遇，見楊廷秀《朝天集》。此書向爲汲古舊藏後歸北客。康熙甲午義門以厚直購而獲焉。陽湖孫淵如觀察宦於山左得之，後以歸余。余攷是書源流，自元以來班班可攷。書分三册，於每册卷首及尾皆有省齋一印、共山書院一印。雖省齋不知何人，而共山書院則元代也。近嘉定錢少詹撰《補元史藝文志》載有共山書院藏書目録，此即所藏之書。可知每册首尾紙背有長方鈐記。其文云：「國子監崇文閣官書，借讀者必須愛護。損壞闕失，典掌者不許收受。」皆楷書朱記。以余所見何小山校本《經典釋文》、《左氏春秋音義》末葉有是印，其文正同。且識云印長二指四寸五分，闊不一指一寸六分。其度適合此，向所未經表見者。故備著於此後以示錢少詹。少詹云：「此淳熙台州公庫本。卷中於構字，注太上御名而闕其文，以其時光堯尚在德壽宮也」，前序末有長記「廉臺田家印」五字。考元制各道置廉訪司，爲行臺所屬廉臺之名實昉於此。此本蓋宋槧而元印者，余以此與長記有考證亦附誌之。

潘祖蔭《滂喜齋藏書記》 宋刻《顏氏家訓》七卷，《攷證》一卷。一函三册。

淳熙七年沈揆刻於台州。揆紹熙中曾守吾郡。每半葉十二行，行十八字。攷證之後有校刊姓氏九行。曰鄉貢進士州學正林憲，曰迪功郎司户參軍趙善德，曰從事郎特添差軍事推官錢慶祖，曰從事郎軍事推官王栴，曰承直郎軍事判官崔曷，曰迪功郎州學教授史昌祖，曰承議郎添差通判軍州事樓鑰，曰朝請郎通判軍州事管鋭，曰朝奉郎權知台州軍州事沈揆。前有無名氏序，後有揆序。其所據之本，有閩本、有蜀本、有謝景思校五代和凝本。《顏氏家訓》世所有者，當以此爲第一本。四庫本分上下二卷，非舊第矣。錢氏《讀書敏求記》稱爲至寶，然亦祇鈔本耳。此本元爲共山書院藏書。國朝何屺瞻、孫伯淵皆經收藏。義門覆舟黄流平津，過南陽湖亦遭陽侯之虐。此書兩度水厄而巍然尚在，豈非鬼神呵護耶。前序後有木圖記，云廉臺田家印如琴式，甚古雅。他刻所未見也。

黄丕烈《蕘圃藏書題識》 宋刻《顏氏家訓》七卷，《攷證》一卷。

顏氏家訓注

張之洞《書目答問・周秦諸子》 《顏氏家訓注》七卷。北齊顏之推。趙曦明注。抱經堂本、又知不足齋本。兼釋家。

續顏氏家訓

陳振孫《直齋書録解題・雜家類》 《續顏氏家訓》八卷。

左朝請大夫李正公撰。皆用顏氏篇目而增廣之。

馬端臨《文獻通考・經籍考・子部・雜家》 《續顏氏家訓》八卷。

錢曾《讀書敏求記・子部》 《續顏氏家訓》七卷。

《續顏氏家訓》半是宋槧本之絶佳者，半是影宋本舊鈔。《經籍志》云：「朝請大夫李正公撰。」

黄丕烈《蕘圃藏書題識》 《續顏氏家訓》二卷。殘宋刊本。

東城顧氏有殘宋本二種。一爲《續顏氏家訓》，一爲《蔡松年詞》。一宋刻，一金刻，始攜至余家。

古世淪

《隋書・經籍志・雜家》 梁有《古世淪》十七卷。

子抄

《隋書・經籍志・雜家》 《子抄》三十卷。梁黟令庾仲容撰。

《舊唐書・經籍志・雜家》 《子抄》三十卷庾仲容撰。

《新唐書・藝文志・子部・雜家》 庾仲容《子鈔》三十卷。

鄭樵《通志・藝文略・雜家》 《子鈔》三十卷。梁黟令庾仲容撰。

陳振孫《直齋書録解題・雜家類》 《子鈔》三十卷。

梁尚書左丞潁川庾仲容子仲撰。所取諸子之書百有五家，其間頗有與今世見行書不同者，而亡者亦多矣。

尤袤《遂初堂書目・雜家》 梁庾仲容子抄。

馬端臨《文獻通考・經籍考・子部・雜家》《子鈔》三十卷。
《宋史・藝文志・雜家》庾仲容《子鈔》三十卷。
錢東垣等輯《崇文總目・雜家》《子鈔》三十卷。庾仲容撰。
侗按《舊唐志》、《唐志》：仲容並作「子容」，又有沈約一書，卷同。

子鈔

《隋書・經籍志・雜家》《子鈔》二十卷。梁有《子鈔》十五卷，沈約撰，亡。
《舊唐書・經籍志・雜家》《子鈔》三十卷。沈約撰。
《新唐書・藝文志・子部・雜家》沈約《子鈔》三十卷。
鄭樵《通志・藝文略・雜家》《子鈔》三十卷。沈約撰。

宜覽

《隋書・經籍志・雜家》《宜覽》二十二卷。

玉府集

《隋書・經籍志・雜家》《玉府集》八卷。

符瑞圖

《舊唐書・經籍志・雜家》《符瑞圖》十卷，顧野王撰。
《新唐書・藝文志・子部・雜家》顧野王《符瑞圖》十卷。
《宋史・藝文志・雜家》顧野王《符瑞圖》二卷。

皇隋靈感志

《舊唐書・經籍志・雜家》皇隋《靈感志》十卷。王邵撰。
《新唐書・藝文志・子部・雜家》王劭《皇隋靈感志》十卷。

皇隋瑞文

《舊唐書・經籍志・雜家》《皇隋瑞文》十四卷。許善心撰。
《新唐書・藝文志・子部・雜家》許善心《皇隋瑞文》十四卷。

瑞應圖讚

《舊唐書・經籍志・雜家》《瑞應圖讚》三卷。熊理撰。
《新唐書・藝文志・子部・雜家》熊理《瑞應圖讚》三卷。

祥瑞圖

《舊唐書・經籍志・雜家》《祥瑞圖》十卷。
《新唐書・藝文志・子部・雜家》侯亶《祥瑞圖》八卷。
《宋史・藝文志・雜家》《瑞應圖》十卷。

感應經

《宋史・藝文志・雜家》李淳風《感應經》三卷。

廣志

《隋書・經籍志・雜家》《廣志》二卷。郭義恭撰。

《新唐書・藝文志・子部・雜家》 郭義恭《廣志》二卷。

鄭樵《通志・藝文略・雜家》《廣志》二卷。郭義恭撰。又，十卷。

文府

《隋書・經籍志・雜家》《文府》五卷。梁有《文章義府》三十卷。

《舊唐書・經籍志・雜家》《文府》七卷。徐陵撰，宗道寧注。

《新唐書・藝文志・子部・雜家》 徐陵《文府》七卷宗道寧注。

鄭樵《通志・藝文略・雜家》《文府》五卷。

天地體

《隋書・經籍志・雜家》《天地體》二卷。

鄭樵《通志・藝文略・雜家》《天地體》二卷。

備遺記

《隋書・經籍志・雜家》《備遺記》三卷。

鄭樵《通志・藝文略・雜家》《備遺記》三卷。

纂要

《隋書・經籍志・雜家》《纂要》一卷。戴安道撰，亦云顔延之撰。

方類

《隋書・經籍志・雜家》《方類》六卷。

鄭樵《通志・藝文略・雜家》《方類》六卷。

雜略

《隋書・經籍志・雜家》《雜略》十三卷。

鄭樵《通志・藝文略・雜家》《雜略》十三卷。

諭善録

《新唐書・藝文志・子部・雜家》 庾敬休《諭善録》七卷。

鄭樵《通志・藝文略・雜家》《諭善録》七卷。庾敬休撰。

時務策

《宋史・藝文志・雜家》 魏徵《時務策》一卷。

忠誥

張鵬一《隋書・經籍志補・雜家》《忠誥》一篇。後魏趙郡李籍之。見李靈傳。

名數

《隋書・經籍志・雜家》《名數》八卷。

《舊唐書・經籍志・雜家》《名數》十卷。徐陵撰。

《新唐書・藝文志・子部・雜家》徐陵《名數》十卷。

鄭樵《通志・藝文略・雜家》《名數》十卷。徐陵撰。

清神

《隋書・經籍志・雜家》《清神》三卷。

鄭樵《通志・藝文略・雜家》《清神》三卷。

顯用

《隋書・經籍志・雜家》《顯用》九卷。

張公雜記

《隋書・經籍志・雜家》《張公雜記》一卷。張華撰。梁有五卷，與《博物志》相似，小小不同。又有《雜記》十卷，何氏撰，亡。

《新唐書・藝文志・子部・雜家》《張公雜記》一卷。張華。

鄭樵《通志・藝文略・雜家》《張公雜記》一卷。張華撰，梁有五卷，大槩似《博物志》。

《隋書・經籍志・雜家》《雜記》十一卷。張華撰。

鄭樵《通志・藝文略・雜家》《雜記》十一卷。張華撰。

雜記

《隋書・經籍志・雜家》《雜記》十卷，何氏撰，亡。

子林

《隋書・經籍志・雜家》梁有《子林》二十卷。孟儀撰，亡。

《舊唐書・經籍志・雜家》《子林》二十卷。孟儀撰。

《新唐書・藝文志・子部・雜家》孟儀《子林》二十卷。

麟閣詞英

《舊唐書・經籍志・雜家》《麟閣詞英》六十卷。高宗敕撰。

《新唐書・藝文志・子部・雜家》《麟閣詞英》六十卷。高宗時敕撰。

鄭樵《通志・藝文略・雜家》《麟閣詞英》六十卷。唐高宗時敕撰。

屬文要義

《新唐書・藝文志・子部・雜家》元懷景《屬文要義》十卷。

鄭樵《通志・藝文略・雜家》《屬文要義》十卷。元懷景撰。

用人權衡

《新唐書・藝文志・子部・雜家》賀蘭正元《用人權衡》十卷貞元十三年上。

瑞應圖

陳振孫《直齋書録解題・雜家類》 《瑞應圖》十卷。

不著名氏。案《唐志》有孫柔之《瑞應圖記》、熊理《瑞應圖譜》各三卷，案：《唐書・藝文志》作熊理《瑞應圖讚》三卷。顧野王《符瑞圖》十卷，又《祥瑞圖》十卷。今此書名與孫、熊同，而卷數與顧合，意其野王書也。其間亦多援孫氏以爲注。《中興書目》有《符瑞圖》二卷，定著爲野王。又有《瑞應圖》十卷，稱不知作者，載天地瑞應諸物，以類分門。今書正爾，未知果野王否？又云或題王昌齡。至李淑《書目》，又直以爲孫柔之，其爲昌齡或不可知，而此書多引孫氏，則決非柔之矣。又恐李氏書別一家也。

馬端臨《文獻通考・經籍考・子部・雜家》 《瑞應圖》十卷。

《宋史・藝文志・雜家》 魏玄成《祥應一作「瑞」圖》十卷。

瑞應圖記

《舊唐書・經籍志・雜家》 《瑞應圖記》二卷。孫柔之撰。

《新唐書・藝文志・子部・雜家》 孫柔之《瑞應圖記》三卷。

造化權輿

陳振孫《直齋書録解題・雜家類》 《造化權輿》六卷。

唐豐王府法曹趙自勔撰。天寶七年表上。陸農師著《埤雅》頗采用之，其孫務觀嘗兩爲之跋。余求之久不獲，己亥歲從吴門天慶《道藏》中借録。

馬端臨《文獻通考・經籍考・子部・雜家》 《造化權輿》六卷。

尤袤《遂初堂書目・雜家》 《造化權輿》。唐趙勔。

《宋史・藝文志・雜家》 趙自勔《造化權輿》六卷。

雜語

《隋書・經籍志・雜家》 《雜語》三卷。

鄭樵《通志・藝文略・雜家》 《雜語》三卷。

三將軍論

《舊唐書・經籍志・雜家》 《三將軍論》一卷。嚴尤撰。

《新唐書・藝文志・子部・雜家》 嚴尤《三將軍論》一卷。

雜説

《隋書・經籍志・雜家》 《雜説》二卷。沈約撰。

俗説

《隋書・經籍志・雜家》 《俗説》三卷。沈約撰。梁五卷。

採璧

《隋書・經籍志・雜家》 《採璧》三卷。梁中書舍人庾肩吾撰。

《舊唐書・經籍志・雜家》 《採璧記》三卷。庾肩吾撰。

《新唐書・藝文志・子部・雜家》 庾肩吾《採璧》三卷。

鄭樵《通志・藝文略・雜家》 《採璧》三卷。梁中書舍人庾肩吾撰。

善　説

《隋書・經籍志・雜家》《善説》五卷。

柳氏家訓

楊士奇等《文淵閣書目・荒字》《柳氏家訓》一部一册，闕。

中興書

尤袤《遂初堂書目・雜家》隋李文博《中興書》重出。

《宋史・藝文志・雜家》《中興書》一卷。

四部言心

《舊唐書・經籍志・雜家》《四部言心》十卷。劉守敬撰。

《新唐書・藝文志・子部・雜家》劉守敬《四部言心》十卷。

意　林

《新唐書・藝文志・子部・雜家》馬揔《意林》三卷。

鄭樵《通志・藝文略・雜家》《意林》三卷。馬總撰。

晁公武《郡齋讀書志・雜家類》《意林》三卷。袁本後志卷二子類第二十九。

右唐馬總會元撰。初，梁潁川庾仲容取諸家書、術數雜説凡一百七家，鈔其要語，爲三十卷，總以其繁畧失中，增損成三軸。前有戴叔倫、楊伯存兩序。

洪邁《容齋題跋》《跋意林》

唐世未知尊孟子，故《意林》亦列其書而有差。不同者，如《伊尹》不以一介與人，亦不取一介於人之類。其他所引書，如《胡非子》、《隨巢子》、《纏子》、《王孫子》、《公孫尼子》、《阮子》生部姚信《士緯》、殷興《通語》。《牟子》、《周生列子》、《秦菁子》、《梅子》、《任奕子》、《魏朗子》、《唐滂子》、《鄒子》、孫氏《成敗志》、《蔣子》、《譙子》、《鍾子》、張儼《點記》、裴氏《新書》、袁淮《正書》、《袁子正論》、《蘇子》、《陸子》、張顯《析言》、《于子》、《顧子》、《諸葛子》、《陳子要言》、《符子》諸書，今皆不傳於世。亦有不知其名者。

尤袤《遂初堂書目・雜家類》馬總《意林》。

陳振孫《直齋書録解題・雜家類》《意林》三卷。

唐大理評事扶風馬總會元撰。以庾《鈔》增損裁擇爲此書。總後宦達，嘗副裴晉公平淮西者也。

馬端臨《文獻通考・經籍考・子部・雜家》《意林》三卷。

《宋史・藝文志・雜家》馬總《意林》三卷。

高儒《百川書志・子鈔》《意林》五卷。

唐扶風馬總，凡會於意録之，或止一二則，或至千言，所載子書六十九種。

范邦甸等《天一閣書目・雜家》《意林》五卷。刊本。唐扶風馬總撰。

錢謙益等《絳雲樓書目・雜記》馬總《意林》三卷。貞元中编，共抄類諸子百餘家。

錢東垣等輯《崇文總目・雜家》《意林》三卷。馬總撰。

侗按《唐志》一卷，今本五卷。

黄丕烈《蕘圃藏書題識》《意林》五卷。校本。

嘉慶丙子二月，依道藏本校補脱譌。訒菴。

道光紀元辛巳冬孟，士禮居重向讀異齋借此校本傳録一部。蓋道藏本已歸藝芸矣。録畢，適坊友以聚珍本來，頗與道藏近，特稍有歧異耳。想經參酌未必悉據道藏矣。復見心翁識。

孫星衍《平津館鑒藏書籍記・補遺》《意林》五卷。題扶風馬總元會編。在《道藏》瑟字號。前有貞元二年撫州刺史戴叔倫序貞元丁卯柳伯存序。此本與今世刊本多不同。《中論》「路不險」以下十三節，此本在《物理論》「傅子曰聖人之道」一節下。《莊子》「舜讓天下於子州支伯」以下十四節，此本題作至孫子至於節次前後，字句脱落，尤不可枚舉。

張之洞《書目答問・周秦諸子》《意林》五卷。唐馬總。聚珍本、福本、學津本、別下齋補刻宋本弟六卷。此書所存古子佚文，不盡周秦，然古子爲多。

致　書

《新唐書・藝文志・子部・雜家》 郭昭度《治書》十卷。

錢東垣等輯《崇文總目・雜家》 《致書》十卷。原釋闕。見天一閣鈔本。侗按此條疑有脱字。《唐志》有郭昭度《治書》十卷，與《致理書》並列，或即是與。

才命論

《宋史・藝文志・雜家》 張説《才命論》一卷。

三足記

《新唐書・藝文志・子部・雜家》 盧景亮《三足記》二卷。

鄭樵《通志・藝文略・雜家》 《三足記》二卷。盧景亮撰。

十代興亡論

《新唐書・藝文志・子部・雜家》 朱敬則《十代興亡論》十卷。

《宋史・藝文志・雜家》 朱敬則《十代興亡論》十卷。

錢東垣等輯《崇文總目・雜家》 《十代興亡論》十卷。朱敬則撰。

牧宰政術

《新唐書・藝文志・子部・雜家》 蕭佚《牧宰政術》二卷。末陽令。

錢東垣等輯《崇文總目・雜家》 《牧宰政術》二卷。蕭佚撰。

人事軍律

顧櫰三《補五代史藝文志・雜家類》 《人事軍律》一卷符彦卿撰。

歷代創制儀

鄭樵《通志・藝文略・雜家》 《歷代創制儀》五卷。

戚苑纂要

《舊唐書・經籍志・雜家部》 《戚苑纂要》十卷。劉揚名撰。

新　略

《舊唐書・經籍志・雜家》 《新略》十卷。韋道孫撰。

《新唐書・藝文志・子部・雜家》 韋道孫《新略》十卷。

新舊傳

《隋書・經籍志・雜家》 《新舊傳》四卷。

《新唐書・藝文志・子部・雜家》 《新舊傳》四卷。

鄭樵《通志・藝文略・雜家》 《新舊傳》四卷。

魏氏手略

《新唐書・藝文志・子部・雜家》《魏氏手略》二十卷。魏謩。
鄭樵《通志・藝文略・雜家》《魏氏手略》二十卷。魏謩撰。

四時録

《隋書・經籍志・雜家》《四時録》十二卷。
《舊唐書・經籍志・雜家》《四時録》十二卷。王氏撰。

袖中略集

《隋書・經籍志・雜家》《袖中略集》一卷。沈約撰。
鄭樵《通志・藝文略・雜家》《袖中略集》一卷。沈約撰。

補文

《隋書・經籍志・雜家》《補文》六卷。

諫林

《隋書・經籍志・雜家》《諫林》五卷。齊晉陵令何翌之撰。
《舊唐書・經籍志・雜家》《諫林》十卷。何望之撰。
《新唐書・藝文志・子部・雜家》何望之《諫林》十卷。

述政論

《隋書・經籍志・雜家》《述政論》十三卷。陸澄撰。

諫苑

《舊唐書・經籍志・雜家》《諫苑》三十卷。于志寧撰。

諫事

《舊唐書・經籍志・雜家》《諫事》五卷。魏徵撰。

善諫

《隋書・經籍志・雜家》《善諫》二卷。宋領軍長史虞通之撰。
《舊唐書・經籍志・雜家》《善諫》二卷。虞通之撰。
《新唐書・藝文志・子部・雜家》虞通之《善諫》二卷。

缺文

《隋書・經籍志・雜家》《缺文》十三卷。陸澄撰。
《新唐書・藝文志・子部・雜家》《缺文》十卷。
鄭樵《通志・藝文略・雜家》《闕文》十三卷。陸澄撰。

記　聞

《隋書・經籍志・雜家》《記聞》二卷。宋後軍參軍徐益壽撰。

《舊唐書・經籍志・雜家》《記聞》三卷。徐益壽撰。

古今訓

《隋書・經籍志・雜家》《古今訓》十一卷。張顯撰。

古今善言

《隋書・經籍志・雜家》《古今善言》三十卷。宋車騎將軍范泰撰。

《舊唐書・經籍志・雜家》《古今善言》三十卷，范泰撰。

《新唐書・藝文志・子部・雜家》范泰《古今善言》三十卷。

錢東垣等輯《崇文總目・雜家》《古今善言》二十卷。范泰撰。

侗按《宋志》三十卷。

鄭樵《通志・藝文略・雜家》《古今善言》二十卷。宋車騎將軍范泰撰。

《宋史・藝文志・雜家》范泰《古今善言》三十卷。

行己要範

《新唐書・藝文志・子部・雜家》崔玄暐《行己要範》十卷。

古　訓

《新唐書・藝文志・子部・雜家》《古訓》十卷。

敍　訓

《新唐書・藝文志・子部・雜家》辛之諤《敍訓》二卷。開元十七年上，授長社尉。

諭　蒙

《新唐書・藝文志・子部・雜家》馮伉《諭蒙》一卷。

鄭樵《通志・藝文略・雜家》《諭蒙》一卷。馮伉撰。

系　蒙

《新唐書・藝文志・子部・雜家》李伉《系蒙》二卷。

鄭樵《通志・藝文略・雜家》《系蒙》二卷。李伉撰。

蒙　求

鄭樵《通志・藝文略・雜家》《蒙求》三卷。唐李瀚撰。又，二十卷。同。

續蒙求

《新唐書・藝文志・子部・雜家》王範《續蒙求》三卷。

鄭樵《通志・藝文略・雜家》《續蒙求》三卷。唐王殷範撰。

唐蒙求

《新唐書·藝文志·子部·雜家》 白廷翰《唐蒙求》三卷廣明人。

鄭樵《通志·藝文略·雜家》 《唐蒙求》三卷。唐白廷翰撰。

群書系蒙

鄭樵《通志·藝文略·雜家》 《群書系蒙》三卷。劉潛撰。

古今語要

錢東垣等輯《崇文總目·雜家》 《古今語要》十二卷。

鄭樵《通志·藝文略·雜家》 《古今語要》十二卷。僞唐喬舜封撰。

尤袤《遂初堂書目·雜家》 《古今語要》。

紳誡

《新唐書·藝文志·子部·雜家》 張楚金《紳誡》三卷。

四時纂要

顧櫰三《補五代史藝文志·雜家類》 《四時纂要》十卷。韓鄂撰。

蠶書

顧櫰三《補五代史藝文志·雜家類》 《蠶書》三卷。孫光憲撰。

雜説

尤袤《遂初堂書目·雜家》 《李氏雜説》。

《宋史·藝文志·雜家》 南唐後主李煜《雜説》二卷。

讒書

尤袤《遂初堂書目·雜家》 羅隱《讒書》。

黄丕烈《蕘圃藏書題識》 《讒書》五卷。鈔本。

隆慶二年二月中旬，借顧從化元板本鈔第二卷，内闕二葉鈔完。因以《吴越備史》列傳書卷首，錢穀記。

隆慶四年七月初一日，從錢叔寶借鈔。

案枚庵鈔本録此跋，今仍之。其所云從錢叔寶借鈔，未知誰氏。蕘翁。

枚庵所鈔云鈔自王西莊光禄家，光禄僑吴之龐家衖，今已下世。其所藏亦稍稍散出，可慨也。蕘翁又記。

稽瑞

《宋史·藝文志·雜家》 劉賡《稽瑞》一卷。

公侯政術

《新唐書・藝文志・子部・雜家》 魯人初《公侯政術》十卷。魯人名初不著姓，大中人。

馬端臨《文獻通考・經籍考・子部・雜家》 《公侯政術》十卷。

錢東垣等輯《崇文總目・雜家》 《公侯政術》十卷。原釋魯人初撰。蓋魯人名初，不著其姓氏，未詳何代人。見《文獻通攷》闕見天一閣鈔本。

侗按舊本「政」譌作「正」，今校改。《宋志》作魯大公撰。

檢志

《新唐書・藝文志・子部・雜家》 李知保《檢志》三卷。代家信州司倉參軍。

錢東垣等輯《崇文總目・雜家》 《檢志》三卷。原釋闕見天一閣鈔本。

經子法語

范邦甸等《天一閣書目・雜家》 《經子法語》一卷。藍絲闌鈔本。宋鄱陽洪邁著。

《四庫全書總目提要・子部・雜家類八》 《經子法語》二十四卷。浙江巡撫採進本。

宋洪邁撰。邁有《史記法語》，已著録。邁兄弟竝以詞科起家。此書蓋即摘經子新穎字句以備程試之用者。凡《易》一卷，《書》二卷，《詩》三卷，《周禮》二卷，《禮記》四卷，《儀禮》、《公羊傳》、《穀梁傳》、《孟子》、《荀子》、《列子》、《國語》、《太元經》各一卷，《莊子》四卷。體例略如類書，但不分門目。與經義絶不相涉。朱彝尊以《易法語》一卷，《詩法語》一卷之類散入《經義考》各門之中，題曰未見。未免失考矣。

説林

《舊唐書・經籍志・雜家》 《説林》五卷，孔衍撰。

《新唐書・藝文志・子部・雜家》 孔衍《説林》五卷。

説林

《新唐書・藝文志・子部・雜家》 張大素《説林》二十卷。

帝皇龜鑑

《四庫全書總目提要・子部・雜家・存目八》 《帝皇龜鑑》三十四卷。兩淮馬裕家藏本。

舊本題宋王欽若撰。欽若事蹟具《宋史》本傳。是書考宋以來史志書目皆不著録。詳檢其文，即《册府元龜》中帝王一部。卷首欽若序，即原書之總類也。僞妄剽竊之書，本不足辨。而既有傳本，恐滋疑誤，是以存而論之焉。

物類相感志

鄭樵《通志・藝文略・雜家》 《物類相感志》十卷。釋贊寧撰。

晁公武《郡齋讀書志・雜家類》 《物類相感志》十卷。袁本後志卷二子類第三十二。

右皇朝僧贊寧撰。采經籍傳記物類相感者志之。分天、地、人、物四門。贊寧，吴人，以博物稱於世。柳如京、徐騎省與之遊，或就質疑事。楊文公、歐陽文忠公亦皆知其名。

馬端臨《文獻通考・經籍考・子部・雜家》 《物類相感志》十卷。

陳振孫《直齋書録解題・雜家類》 《物類相感志》一卷。

僧贊寧撰。國初名釋也。

《宋史・藝文志・雜家》 僧贊寧《物類相感志》十卷。

范邦甸等《天一閣書目・雜家》 《物類相感志》十八卷。藍絲闌綿紙鈔本。宋蘇軾撰兩府僧統法。

錢謙益等《絳雲樓書目・雜記》 東坡《物類相感志》宋初名僧贊寧以博學稱，撰《物類相感志》。

顧櫰三《補五代史藝文志・雜家類》 《物類相感志》一卷。僧贊寧撰。

《四庫全書總目提要・雜家・存目七》 《物類相感志》十八卷。浙江巡撫採進本。

舊本題東坡先生撰。然蘇軾不聞有此書。又題僧贊寧編次。按晁公武《讀書志》及鄭樵《通志・藝文略》皆載《物類相感志》十卷，僧贊寧撰。是書分十八卷，既不相符。又贊寧爲宋初人，軾爲熙寧、元祐間人，豈有軾著此書而贊寧編次之理。其爲不通，坊賈僞撰售欺審矣。且書以物類相感爲名，自應載琥珀拾芥、磁石引鍼之屬。而分天、地、人、鬼、鳥、獸、草、木、竹、蟲、魚、寶器十二門隸事，全似類書。名實乖舛，尤徵其妄也。

《物類相感志》一卷。浙江巡撫採進本。

舊本題宋蘇軾撰。凡分身體、衣服、飲食、器用、藥品、疾病、文房、果子、蔬菜、花竹、禽魚、雜著十二門，共四百四十八條，皆療治及禁忌之事。疑十八卷之本即因此本而衍之也。

瑞應雜録

《宋史・藝文志・雜家》 胥餘慶《瑞應雜録》十卷。

祥瑞録

《宋史・藝文志・雜家》 《祥瑞録》十卷。

瑞録

《宋史・藝文志・雜家》 《瑞録》十卷。

紺珠集

《四庫全書總目提要・子部・雜家類七》 《紺珠集》十三卷。内府藏本。

不著編輯者名氏。案晁公武《郡齋讀書志》載有《紺珠集》十三卷，稱爲朱勝非編《百家小説》而成。以舊説張燕公有《紺珠》，見之則能記事不忘，故以爲名。其所言體例卷數皆與今本相合，則此書當爲勝非所撰。然書首有紹興丁巳灌陽令王宗哲序，稱《紺珠集》不知起自何代，建陽詹寺丞出鎮臨門，命之校勘，將鏤版以廣其傳云云。考丁巳爲紹興七年，而《宋史》列傳，勝非以紹興二年入相，既罷後，以五年起知湖州。後引疾歸，廢居八年而卒。是宗哲作序時，勝非方以故相里居。使此書果出其手，何至刊校之人俱不能詳知姓氏，於情理殊爲可疑。或公武所記有誤，未可知也。其書皆鈔撮説部，摘録數語，分條件繫，以供獺祭之用。體例頗與曾慥《類説》相近。惟《類説》引書至二百六十一種，而此書祇一百三十七種，視慥書僅得其半。然其去取頗有同異，未可偏廢。且其所見之書多爲古本，亦有足與世所行本互相參討者。如《方言》「奕奕，僷僷，容也」一條，今本註曰：「奕，僷皆輕麗之貌。」而此書則註云：「奕奕，僷僷。」又今本「私策、纖莜稺杪小也」一條，此書引作「私、纖、稺、杪策、少也。」證之下文，「策」字本次在「杪」字下，則此書所引爲長。蓋雖徵據叢雜，而旁見側出，其足資考證者亦多，固未可概以饕積譏之矣。

張金吾《愛日精廬藏書志・雜家類》 《紺珠集》十三卷。明天順刊本。

紺珠之集，不知起自何代。試嘗仰觀乎天文，俯察乎地理。凡可以備致用者，雜出於諸子百家之説。枝分派別，原始要終，粲然靡所不載，誠有益於後學。然珠之爲物，生於淵而崖不枯，固寶之矣。是珠也，其色紺然，異乎夜光之類，特取其文焜燿而已。凡人之思慮有爲物所蔽而昏昧者，取其珠而玩之，則了然心悟，決然冰繹。回足以開窗明，備記遺忘，豈小補哉。學者於此能勤而熟攬之，亦若提珠在手，歷歷無忘其所能。雖相去千百歲之久，可以坐見其創述之末，則囊括倫類，蓋無餘藴矣。以是而名其帙，不亦宜乎。建陽詹公寺丞，出鎮臨汀。僕幸登其門，一日出示兹集，俾之校勘訛舛，將命工鏤板以廣其傳。僕因得以詳究焉。增益其所未能，所得多矣。楊子不云乎：「侍君子晦斯光室，斯通其是」之謂歟。紹興丁巳中元日，左承直郎全州灌陽縣令王宗哲謹序。

賀榮重刊序。天順庚辰。

吳壽暘《拜經樓藏書題跋記》《紺珠集》

右鈔本十三卷，龔氏玉玲瓏閣舊藏。有田居校及江聲借閱題記。周耕厓先生曾從先君子借校，跋云：「歲甲辰，客都門分校續寫四庫書。中有《紺珠集》十三卷，原本字句錯誤不可讀。爲校正二千餘字，重寫送館。另録爲四册，藏之。王疎雨時爲吉士，見而借鈔。其前三册已歸，會其改刑曹後一册久未鈔竟。丁未秋將南旋，屢趣未得。念是書流傳甚少，不欲令棄前功。而行篋所有非足本，攜歸亦無用，乃以前三册併付之。其即慶嵩嘗從予遊，屬鈔訖寄還。閲今八載，杳不通問。每一念及未嘗不悵悵也。去夏免床七兄出此見示，欣然如遇故人。前有横河龔氏玉玲瓏閣珍藏圖記，又有龔稼邨秘笈之印。校者爲田居，爲江聲。免牀云：「稼邨、田居皆錢塘龔蘅圃先生翔麟自號。玉玲瓏本宋花石綱故物，今尚在横河姚氏宅。江聲則金觀察志章別字，蘅圃友也。」其本亦不免訛字，然視原本則善矣。其異者彼前題朱勝非譔，而此無明文。又多天順間賀榮二後序耳。假歸，踰年事冗。今始竟讀一過。其書汰繁摘要，便於檢閲。衰拙善忘，正苦無記事。珠回憶旅，臆矻矻樂此不疲。自度已不能復爾。而手校之本，遂乃無可追索。惜哉。乾隆六十年乙卯七月十八日，耕厓周廣業書。

視聽鈔

趙希弁《讀書附志・拾遺》《視聽鈔》三卷。

右國子博士吳莘商卿得之聞見，示後人以勸戒。凡六十四事云。

馭臣鑒古

晁公武《郡齋讀書志・雜家類》《馭臣鑒古》二十卷袁本前志卷四下別集類下第八十九。

右皇朝鄧綰撰。綰，元豐中爲中丞，獻之朝。未幾，坐操心頗僻，賦性姦回，論事薦人，不循分守。

馬端臨《文獻通考・經籍考・子部・雜家》《馭臣鑒古》二十卷。

《宋史・藝文志・雜家》鄧綰《馭臣鑒古論》二十卷。

帝道書

錢東垣等輯《崇文總目・雜家》《帝道書》十卷。高舉撰。原釋闕。見天一閣鈔本。

宰輔明鑒

《宋史・藝文志・雜家》張輔《宰輔明鑒》十卷。

治獄須知

《宋史・藝文志・雜家》《治獄須知》一卷。

縣務綱目

《宋史・藝文志・雜家》劉鵬《縣務綱目》二十卷。

治道中術

《宋史・藝文志・雜家》刁衎《治道中術》三卷。

羣公典刑

《宋史・藝文志・雜家》 吴宏《羣公典刑》二十卷。

機密利害

《宋史・藝文志・雜家》 何伯熊《機密利害》一卷。

治本書

《宋史・藝文志・雜家部》 方行可《治本書》一卷。

黄虞稷《千頃堂書目・子部・雜家類》 戴任《治本書》。字肩吾，馮應京門人。（盧補）

君臣政要論

《宋史・藝文志・雜家》 楊相如《君臣政要論》三卷。

十　説

《宋史・藝文志・雜事》 鄭樵《十説》二卷。

談　苑

王圻《續文獻通考・經籍考・雜家》 《談苑》十五卷。黄鑑著。鑑字唐卿，浦城人。

本　書

《宋史・藝文志・雜家》 皇甫選注《何亮本書》三卷。

冗　録

《宋史・藝文志・雜家》 《冗録》一卷。

羣書新録

王圻《續文獻通考・經籍考・雜家》 《羣書新録》，唐仲友著。

前言往行録

《宋史・藝文志・雜家》 李恂《前言往行録》三卷。

晦菴訓子帖

楊士奇等《文淵閣書目・荒字》 《晦菴訓子帖》一部一册，闕。

東萊閫範

楊士奇等《文淵閣書目・荒字》 《東萊閫範》一部一册，闕。

東萊家範

楊士奇等《文淵閣書目・荒字》 《東萊家範》一部一册，闕。

司馬温公家範

楊士奇等《文淵閣書目・荒字》 《司馬温公家範》一部二册，闕。

楊慈湖啓蒙

楊士奇等《文淵閣書目・荒字》 《楊慈湖啓蒙》一部一册，闕。

義林

陳振孫《直齋書録解題・雜家類》 《義林》一卷。

眉山程敦厚子山撰。其上世東坡外家也。子山爲人凶險，與眉守邵溥有隙，以匹絹爲匿名書，誣以罪狀，抵帥蕭振。振逮溥繫獄鞫之。或教溥一切誣服，得不以鍛鍊死獄。上朝議以匿名不當受，而制司非得旨不應擅逮繫郡守，遂兩罷之。溥雖得弗問，而終無以自明，憤訴於天。子山之居極壯麗，一夕燼於火。後附秦檜至右史，後復得罪，謫知安遠縣以没。

馬端臨《文獻通考・經籍考・子部・雜家》 《義林》一卷。

志林

毛晉《汲古閣書跋》 米元章《志林》

余覓《寶晉齋集》十餘年矣，惜乎不傳。凡從稗官野史，或法書名畫間，見海岳遺事遺文，輒書寸楮。斅白香山投一磁瓶中，未可云全，鼎一臠肉也。辛酉秋，偶編《東坡外紀》，友人索余合元章梓行。因檢向來拾得者，録成一册，略無詮次。至其浄名齋、西園諸名篇，久已膾炙人口，不敢復載云。

語林

《宋史・藝文志・雜家》 《語林》五卷。

汲世論

晁公武《郡齋讀書志・雜家類》 《汲世論》一卷。

右未詳何人所著。多稱元祐間事，且喜論兵，疑吕氏書也。凡十門。

馬端臨《文獻通考・經籍考・子部・雜家》 《汲世論》一卷。

《宋史・藝文志・雜家》 《汲世論》一卷。並不知作者。

江東十論

王圻《續文獻通考・經籍考・雜家》 《江東十論》，許叔度著。叔度字端夫，寧德人。淳熙七年鄉舉。

諸子粹言

都穆《南濠居士文跋》 《諸子粹言》

《諸子粹言》一書，余家舊有藏本。乃昔人手筆，然不著編纂名氏。近閲《夷堅志》云：「朱南功，字元勛，湖州安吉人。嗜書，博覽强記。淳熙中終福州助教。平生手鈔諸子，摘奇會粹，名曰《諸子粹言》。」始知是書蓋元勛纂也。惜世無刻本，人亦少有知音。

養生雜纂

《四庫全書總目提要・子部・雜家類八》 《養生雜纂》二十二卷，附《月覽》二卷。兩淮鹽政採進本。

宋周守忠撰。守忠號窔菴。案「窔」古文「松」字。不知何許人。初以養生宜忌之事，按月編録，名曰《月覽》。後於嘉定壬午又廣爲《雜纂》。首爲總敘三篇，次以事類分爲十三部。後人以《月覽》附刻於後，其爲一書，總題曰《養生雜類》。非其本名也。

補妒記

《四庫全書總目提要・子部・雜家類八》 《補妒記》八卷。浙江鄭大節家藏本。

舊本題曰京兆王績編，不著時代。案晁公武《讀書志》載有此書一卷，謂不知何人所輯。陳振孫《書録解題》亦有此書，稱王績撰。因古有宋虞之妒記，今不傳，故補之。其題名與此相合，當即振孫所見之本。其書自一卷至六卷紀商、周迄五季妒婦之事。第七卷曰雜妒，謂淫亂而妒及事涉神怪者。第八卷曰總敘，乃雜説文章。自淙張續《妒婦賦》以下竝闕，故振孫所稱治妒二方已無之。然振孫既云古《妒記》不傳，而書中又有採自《妒記》者，不知何據，殆於類書剽取之。至第七卷内宋仁宗尚、楊二美人事，乃註云見《宋史》。則明人已有所附益，非復宋代原書矣。

自警編

張萱等《内閣藏書目録・諸子類》 《自警編》五册，不全。

宋嘉定間漢國趙善璙編次宋朝名公言行。

又七册全。

又五册全。

又五册全。

又五册全。

又五册全。

又六册全。

彭元瑞等《天禄琳琅書目後編・子部》 《自警編》二函，十四册。

宋趙善璙撰。善璙字德純，太祖七世孫，家於南海。端平中嘗知江州，累官尚書郎。書不分卷，凡七類。曰學問，子目三。曰操修，子目十二。曰齊家，子目四。曰接物，子目七。曰出處，子目五。曰事君，子目十一。曰政事，子目十二。皆録靖康以前名賢事蹟，間採朱子之論，殿以拾遺子目二則，取爲戒也。前有嘉定甲申善璙自序，後有善璙再序。時端平元年鋟木於九江郡齋。

觀物餘論

王圻《續文獻通考・經籍考・雜家》 《觀物餘論》，鄭伉著。

緯文瑣語

王圻《續文獻通考・經籍考・雜家》 《緯文瑣語》，李郛著。郛，宜黄人。文學浩博，號爲書厨。

古今通論

黄虞稷《千頃堂書目・子部・雜家類》 楊夢發《古今通論》一册。稱宋南昌博士，不知爲何人。論史傳大義。

南部新書

楊士奇等《文淵閣書目·荒字》 錢希白《南部新書》一部一册，闕。

王圻《續文獻通考經籍考·雜家》 《南部新書》，錢希白著。

黄丕烈《蕘圃藏書題識》 《南部新書》十卷。明刊本。

顧廣圻《思適齋書跋》 《南部新書》十卷。明刻本。

顧氏書，周薌嚴所藏也。是翁、何義門兩家校本。此書鈔本類經不熟唐事人改竄，如陳王友元庭堅。戊所謂王府官友一人，載《新舊唐志》。而鈔本竟削去「友」字，其他錯誤每如此。惟此刻本最爲近之，義門所改頗有未妥者，如代其精甲五百壬等，刻本不誤也，其駮正也。是翁所校之誤多是然。如改鄭康成「《禮記》大問曰聘爲「待問」下「一房光庭」乃《新唐書·宰相世系表》，所謂「房」，非姓也。改去一字庚，未經舉出者尚夥。益徵雌黄不容輕下矣。蕘圃有殘本，闕甲乙二卷，借此於周君薌嚴鈔完之。而不録兩家校語有以哉。大清嘉慶丁巳六月八日，元和顧廣圻讀一過并記。時在士禮居之西。

顧廣圻《思適齋集外書跋輯存》 《南部新書》十卷。明刊本。

筆　録

王圻《續文獻通考·經籍考·雜家》 《筆録》十卷。盧奎著。奎、邵武人。政和初進士，仕至江西運判。其學多得於楊龜山。晚寓黔中著此書。

筆　録

孫德謙《金史藝文略·雜家》 《筆録》

閻長言撰。其書不傳。《續夷堅志》：參政梁公肅舉子時，祈仙問前途，仙批云：六十入相而已。閻内翰子秀《筆録》記公臨終前二日，言義，故其言不無有少相齟齬者。雖然，或吹或嘘，或挽或推，一首一尾，一東一西，元聖素王之志，亦皆有歸矣。其門弟子恐其不合，而遂至于支離也。莊周氏沿流而下，自天人至于聖人，孟某氏訴流而上，自善人至于神人，如左右券，内聖外王之説備矣。惜夫四聖人殁，列禦寇駁而失真，荀卿子雜而失純，揚雄王通僭而自聖，韓愈歐陽氏蕩而爲文，聖人之道如綫而不傳者，一千五百年矣。而浮屠氏之書，從西方來，蓋距中國數千萬里，證之文字，詰曲侏儒，重譯而釋之，至言妙理，與吾古聖人之心，魄然而合，顧其徒不能發明其旨趣耳。豈萬古之下，四海之外，聖人之跡，竟不能泯滅耶？諸儒陰取上帝召我爲北面大王，遂卒。張狀元甫唱第前，夢人以物易其首，手自捫之，乃玉也，初甚惡之，繼有是應，閻子秀筆記其事。案筆下當脱録字據此，則是書乃雜録異聞者耳。

貴耳三集

錢曾《讀書敏求記·雜家》 張端義《貴耳三集》三卷。

《三集》載道君北狩，金人凡有賜賚，必索一謝表，勒成一帙，刊諸榷場中博易。更有《李師師小傳》同行于時，不知南渡君臣覽之，何以爲情吁。可哀也。

註釋武成王廟贊

王圻《續文獻通考·經籍考·雜家》 《註釋武成王廟贊》五卷。和峴著。

益智書

楊士奇等《文淵閣書目·荒字》 馮道《益智書》。一部一册，闕。

馮道《益智書》。一部一册，闕。

聱　書

《宋史·藝文志·雜家》 沈顔《聱書》十卷。

泣岐書

陳振孫《直齋書録解題・雜家類》《泣岐書》三卷。

蜀人龍昌期撰。稱「上昭文相公」。有後序，言求薦進之意。

馬端臨《文獻通考・經籍考・子部・雜家》《泣岐書》三卷。

耄智餘書

陳振孫《直齋書録解題・雜家類》《耄智餘書》三卷。

太子少保致仕澶淵晁迥德遠撰。迥善養生，兼通釋、老書，年至八十四，子孫多聞人。

馬端臨《文獻通考・經籍考・子部・雜家》《耄智餘書》三卷。

皇朝仕學規範

張金吾《愛日精廬藏書志・雜家類》《皇朝仕學規範》四十卷。明刊本。

宋張鎡撰。

士大夫多孅天資，至錯諸行事，往往鮮合中道。才非不逮，微法度也。前言往行可傚可師，佩服弗替如循三尺，則幼學壯行焉。往而不中節，藐前修爲易與，肆吾意之所嚮，跌宕乖盭漫亡，據依幸而齞齞亡聞，人猶以不能恕。其如得聲名處，貴顯有識將起，賢者過之之歎。斥規矩以覬全材，屏範模而良器。是圖世固無若事也。仰惟熙朝累聖纘承，一以姬孔道學造天下士，名公碩儒開風作興。步武相屬其大者，功烈在天。銘在鼎彝，誠未易闚測。至如問學之困，深操行之端。方政事之精醇，與夫陰功、隱德、奇辭、奥論，流播簡册者，皆足以擅稱一時。詒憲百世，鎡天資庸樸，粗知讀書。日思拔滌膏粱之習，以從賢士大夫。後是以寤寐前哲，採摭舊聞。凡言動舉措，粹然中道。可按爲法程者，悉派分鱗次，萃爲鉅編，以便省閲夫。致知必繇學，故先之以爲學，學行之上也。故次之行己，行已有餘，斯可推以及人。故次之以涖官爲政，莫如德，故次之以陰德。有德者必有言，故以詩文終焉。謂其皆可爲終身法，遂目之曰《皇朝仕學規範》，且析爲四十卷。庶幾口詠，心惟趣向弗譌。昭然《中庸》、《大學》之可歉儷乎。正人端士之在左右也。傳不云乎「過者俯而就，不至者跂而及」。僕方用是自警，亦願與同志共之。淳熙歲丙申四月，秦川張鎡時可序。

潘祖蔭《滂喜齋藏書記》宋刻《仕學軌範》四十卷。十册。

宋張鎡編，有鎡自序。首爲學、次行己、次涖官、次陰德，而以作文、作詩終焉。所采宋人書百種。首刻其目，卷末有元人題云：「大德五年浙東儒學提舉仲珩所遺藏之。」清晏閣筆跡秀拔，惜其姓名已佚脱。前有錫山鄒永章家藏書畫印，松石主人蠡谿書屋泰峰所藏善本，泰峰手校諸朱記。

自警編

潘祖蔭《滂喜齋藏書記》宋刻《自警編》殘本。

宋趙善璙撰。端平元年刊於九江郡齋。此猶宋刻宋印，疏行大字，楮墨皆精。原書不分卷。明宏治嘉靖覆刻，析爲九卷，即四庫著録本也。《提要》云：八類五十五子目。此本僅存事君、政事兩類。事君類分子目六：曰忠義，曰公正，曰德望，曰得體，曰講讀，曰諫諍。板心刻「自警編丙」四字。政事類分子目八：曰政事，曰鎮静，曰信，曰通下情，曰濟人憂民附，曰救荒，曰救弊，曰辨誣。板心刻「自警編戊」四字。然則是書以十干之前八字分類。此爲第三、第五類也。《提要》又云原本各注所引書名，今多佚脱，無從校補。按是本爲第一祖刻而各條出處亦不盡有，則其例本不畫一，非脱佚也。書賈作僞，改爲二卷，即於首行「自警編」下添刻「上下」字樣，以充全帙。舊有善璙二序，前一序有「廣教育攝養好生使命數門」云云，此本無之，遂抽去以掩其迹。而後一序尚存每半葉十行，行二十字。

廣川家學

陳振孫《直齋書録解題・雜家類》《廣川家學》三十卷。

中書舍人董弅令升撰。述其父逌之學。

馬端臨《文獻通考・經籍考・子部・雜家》《廣川家學》三十卷。

袁氏世範

陳振孫《直齋書録解題・雜家類》《袁氏世範》三卷。

樂清令三衢袁采君載撰。

馬端臨《文獻通考・經籍考・子部・雜家》《袁氏世範》三卷。

《宋史・藝文志・雜家》袁采《世範》三卷。

楊士奇等《文淵閣書目・荒字》《袁氏世範》一部二册，闕。

王圻《續文獻通考・經籍考・雜家》《世範》，袁采著。

弟子職

陳振孫《直齋書録解題・雜家類》《弟子職等五書》一卷。

漳州教授張時舉以《管子・弟子職》篇，班氏《女誡》，吕氏《鄉約》、《鄉禮》，司馬氏《居家雜儀》合爲一編。

《宋史・藝文志・雜家》張時舉《弟子職、女誡、鄉約、家儀、鄉儀》一卷。

楊士奇等《文淵閣書目・荒字》《弟子職》一部一册，闕。

程氏廣訓

陳振孫《直齋書録解題・雜家類》《程氏廣訓》六卷。

中書舍人三衢程俱致道撰。

馬端臨《文獻通考・經籍考・子部・雜家》《程氏廣訓》六卷。

王圻《續文獻通考・經籍考・雜家》《廣訓》，程俱著。

石林家訓

陳振孫《直齋書録解題・雜家類》《石林家訓》一卷。

葉夢得少藴撰。

馬端臨《文獻通考・經籍考・子部・雜家》《石林家訓》一卷。

古今藝苑談槩

《四庫全書總目提要・子部・雜家類八》《古今藝苑談槩》上集六卷，下集六卷。兩江總督採進本。

舊本題俞文豹撰。案文豹宋人，所著《吹劍録》外集，已著録。此編多引明代諸書，蓋僞託也。書中雜採故實，無所辨論。每條下各列書名，而疎舛特甚。如鄒忌妻妾事出《戰國策》，而註曰《十二國春秋》。列子攫金於市事，末增「吏大笑之」四字。當爲無知書賈鈔撮説部，僞立新名也。

五色線

毛晉《汲古閣書跋》《五色線》

攷《中興館閣書目》，稱不知作者。摭百家雜事記之爲類門，舊跋亦不著年月姓氏。因披閲所載，多密藏異蹟，雖不逮《容齋》五筆，亦迥出《雲仙》諸册矣。亟訂梓之。凡我同好，勿與《碧雲鰕》共置，幸甚。

毛晉《汲古閣書跋》附編《五色線》

《五色線》凡三卷。先君所藏止上下二卷，遂刊入《津逮祕書》。辛酉夏日，余訪書于章邱李氏，中麓先生之後。于亂帙中得冀京兆刻本，乃有中卷者。其序述原委甚明，喜而攜歸，已十年矣。茲因上伏曝書，令鈔入家刻中，並録其序。且附冀公事略于後，以見其人之足重如此。但此版當年分授先兄，已質他所。不得補刊與世共之，爲可惜爾。庚辰六月毛扆識。

官箴

《宋史・藝文志・雜家》呂本中《官箴》一卷。

之官申戒

《宋史・藝文志・雜家》《之官申戒》一卷。

黼扆戒

《宋史・藝文志・雜家》王揚英《黼扆戒》一卷。

理訓

《宋史・藝文志・雜家》《理訓》十卷。

尊幼儀訓

《宋史・藝文志・雜家》李宗思《尊幼儀訓》一卷。

塾訓

《宋史・藝文志・雜家》李新《塾訓》十三卷。

欲書

《宋史・藝文志・雜家》《欲書》五卷。

丞相魏公譚訓

黄丕烈《蕘圃藏書題識續録》《丞相魏公譚訓》十卷。舊鈔本。

蘇魏公《譚訓》余曾借壽松堂蔣氏手校一過。因余藏鈔本甚工整，不復，校改本書，用别紙校録。近始命三孫美鎬繕清，付裝附於書尾。初余校是書，時届歲暮，悤促即還。越年餘而手書之字，自己且有不識者，因復借之辨證。前校模糊之字，而長孫美鏐適因查點書籍，尋出舊藏鈔本，請覆校宋本。此即美鏐所校之本也。一切宋本面目纖悉畢具，并有余前校漏落之處，復用别紙仍書於前校本後，謂之覆校。是書今可謂精審矣。昔魏公嘉言懿行，待長孫象先編纂而傳今。余半生歷鹿，無可表見於後。惟此幾本破書，手爲讎校，以爲生平嗜好所在。長孫美鏐亦仰承先志，喜事丹鉛。余亦頗自喜，繼起之有人也。爰書此以策勵之。兼午冬，復翁。

規書

《宋史・藝文志・雜家》王光庭《規書》一卷。

理源　治書

《宋史・藝文志・雜家》牛希濟《理源》二卷，又《治書》十卷。

涉世録

《宋史・藝文志・雜家》 徐彭年《涉世録》二十五卷。又《涉世後録》二十五卷。

補政忠言

《宋史・藝文志・雜家》 趙湘《補政忠言》十篇卷亡。

要　言

《宋史・藝文志・雜家》 《要言》一卷。

袖中錦

《四庫全書總目提要・雜家・存目四》 《袖中錦》一卷。編修程晉芳家藏本。

舊本題宋太平老人撰，不著名氏。其書雜鈔説部之文，漫無條理，命名亦不雅馴。蓋書賈所依託，曹溶不考，誤收入《學海類編》也。

善善録

楊士奇等《文淵閣書目・荒字》 趙孟奎《善善録》一部一册，完全。

趙孟奎《善善録》一部二册，完全。

張萱等《内閣藏書目録・諸子類》 《聞見善善録》，一册全。又二册全。

宋咸淳間趙孟奎編次，中皆名賢言行。

默　書

《宋史・藝文志・雜家》 朱景先《默書》三卷。

審理書

《宋史・藝文志・雜家》 李皜《審理書》一卷。

動　書

《宋史・藝文志・雜家》 王錡《動書》一卷。

談叢　談傳　談肆　談殘　昔遊録

王圻《續文獻通考・經籍考・雜家》 《談叢》、《談傳》、《談肆》、《談殘》、《昔遊録》，舒嶽著。

庶齋老學叢談

黄丕烈《蕘圃藏書題識續録》 《庶齋老學叢談》三卷。舊鈔本。

此五硯樓所藏本也。余以錢允治手鈔本校如右。凡書非舊刻最先之本，必得參校方得其是處以傳録，不無誤也。此本稍遜錢鈔本，然亦有一二佳字。賴正錢鈔之誤手校。余本復校此，俾此益臻美備云。庚午仲冬，復翁。

類　説

張萱等《内閣藏書目録・諸子類》　《類説》十册，不全。

宋紹興間温陵曾慥彙集古今小説。

黄丕烈《百宋一廛書録》　《類説》

《汲古閣珍藏祕本書目》有宋板《類説》真本。首册，余收得一本。有毛晉圖書，知即此本矣。首有《類説》序，紹興六年四月望日温陵曾慥引。開卷標題《類説》共有三種：一曰《仇池筆記》，一曰《隱齋閑覽》，一曰《東軒筆録》。首尾完好，留此猶見宋槧面目。往時曾見一舊鈔本，係大板非從此出也。

冷齋夜話

錢曾《讀書敏求記・雜家》　《冷齋夜話》十卷。

釋慧洪覺範集此書。大都一時人之詩話爲多。雷轟《薦福碑》事見第六卷中。洪本筠州高安人，韓子蒼作《寂音尊者塔銘》即其人也。

彭元瑞等《天禄書目後編・子部》　《冷齋夜話》一函，二册。

宋僧惠洪撰。惠洪一名德洪，字覺範，筠州人。書十卷，凡百五十四條。紀所聞見，多論詩法。目録後有識云：「舊本譌謬，以世本堂家藏善本訂證，繡諸梓。」至正癸未春新刊。三衢石林葉敦印。

黄丕烈《蕘圃藏書題識》　《冷齋夜話》十卷。元刊本。

《冷齋夜話》所見本，此爲最古矣。惜是坊刊，故多訛舛。余先蓄一本，係殘帙。後從嘉禾友人處借得補全，以備藏弆。頃書賈獲一全本，中所闕失、錯亂，復賴前本鈔寫、更正，亦一快事。壬申中秋後十日記。復翁。

石屏新語

《四庫全書總目提要・子部・雜家類八》　《石屏新語》二卷。浙江吴玉墀家藏本。

舊題宋戴復古撰。復古字式之，天台黄巖人。居南塘石屏山，因以自號。是編以《石屏新語》爲名，則當爲復古所手著。乃編中惟録張詢古《五代新説》，陳郁《藏一話腴》二種，而多所删節。當是後人依託其名，鈔撮成帙也。

省心詮要

楊士奇等《文淵閣書目・荒字》　林和靖《省心詮要》一部一册，闕。

林和靖《省心詮要》一部一册，闕。

林和靖《省心詮要》一部一册，闕。

百行章

《宋史・藝文志・雜家》　杜正倫《百行章》一卷。

玉融新對

王圻《續文獻通考・經籍考・雜家》　《玉融新對》，許拱辰著。辰字元弼，永福人。以經學詞章閔於鄉。

禮義林

倪燦《補遼金元藝文志・雜家》　汪自明《禮義林》四十卷。

無隱論

孫德謙《金史藝文略・雜家》　《無隱論》

汾陽軍節度使交河許安仁子静撰。安仁大定七年進士，《金史》有傳。本傳云：作《無隱論》上之，凡十篇，曰：本朝，曰情欲，曰養心，曰田獵，曰公道，曰養源，曰冗官，曰育材，曰限田，曰理財。

體論

《宋史・藝文志・雜家》 邵元《體論》十卷。

雜録

楊士奇等《文淵閣書目・荒字》 三槐《王氏雜録》一部一册，闕。

雜録　聞見因筆

王圻《續文獻通考・經籍考・雜家》 《雜録》二卷。《聞見因筆》二卷。王宗道著。

公論

孫德謙《金史藝文略・雜家》 《公論》二十五卷。

蕭貢撰，見《中州集》。此書今無傳本。《敬齋古今黈》引云：《魏書》郭祚語李彪曰：爾與宋弁心交，豈能饒爾，而獨怨我乎？此則今人所云饒你饒人之出也。饒優也，僅見于此，故録之。蓋一雜記書也。《歸潛志》云：又著《蕭氏公論》數萬言，評古人成敗得失，甚有理。

錢大昕《補元史藝文志・雜家類》 蕭貢《公論》二十卷。

格言

錢東垣等輯《崇文總目・雜家類》 《格言》五卷。韓熙載撰。

侗按《宋志》此書兩見，卷並同。

鄭樵《通志・藝文略・雜家》 《格言》六卷。僞唐韓熙載撰。

晁公武《郡齋讀書志・雜家類》 《格言》五卷。

右僞唐韓熙載叔言撰。熙載以經濟自任，乃著書二十六篇，論古今王伯之道，以干李煜。首言陽九百六之數及五運迭興事，其駁雜如此。有門生舒雅序。

馬端臨《文獻通考・經籍考・子部・雜家》 《格言》五卷。

陳振孫《直齋書録解題・雜家類》 《格言》五卷。

南唐中書侍郎北海韓熙載叔言撰。

《宋史・藝文志・雜家》 韓熙載《格言》五卷。

格言後述

《宋史・藝文志・雜家》 《格言後述》三卷。

觀過録

王圻《續文獻通考・經籍考・雜家》 《觀過録》三十四章　張翰著。翰字雲卿，號坎翁，寧德人。乾道中進士，居官涖政，所至有聲。

愚書

楊士奇等《文淵閣書目・荒字》 唐仲友《愚書》一部一册，闕。

策樞通覽

王圻《續文獻通考・經籍考・雜家》 《策樞通覽》二百卷。《弓冶録》若干卷。婺州路教授季仁壽著。

諸子語要英華

楊士奇等《文淵閣書目・洪字》 《諸子語要英華》一部二册，完全。塾本「語」作「言」。

又《文淵閣書目・洪字》 《諸子言要英華》一部一册，闕。

張萱等《内閣藏書目録・子部》 《諸子言要英華》二册全。宋乾道間，李時億采集諸子之語，凡二十二卷，鈔本。

筆略

楊士奇等《文淵閣書目・荒字》 《筆略》一部一册，闕。

芻言永鑒

王圻《續文獻通考・經籍考・雜家》 《芻言永鑒》，陳仁玉著。

集事詩鑒

倪燦《補遼金元藝文志・雜家》 方昕《集事詩鑒》一卷。字景明，莆田人。

經史旁聞

倪燦《補遼金元藝文志・雜家》 聞人宏《經史旁聞》十六卷。嘉興人。

爲政善報

阮元《四庫未收書目提要・雜家類》 《爲政善報》十卷。宋葉留撰。留字景良，括蒼人。是編見《浙江通志・本傳》，凡十卷。此其前編也。其書採取經史各説，以及當時宦蹟，録其功在生民，慶留後裔者，以成一編。意取於官師相規，以爲有位者勸。用意忠厚，考證精詳，殊不多見。同時陳相爲注其出處。此從元人刻本過録，惜後編已佚之矣。

治世龜鑑録

張萱《内閣藏書目録・雜家》 《治世龜鑑録》一册。元至正間，江浙行中書蘇天爵采集前代史書，凡有關於時務，一治體、二用人、三守令、四愛民、五爲政、六止盜，彙而成書。

言行龜鑑

錢大昕《補元史藝文志・雜家類》 張光祖《言行龜鑑》八卷。

王古心筆録

錢大昕《補元史藝文志・雜家類》 《王古心筆録》。上海人，失其名。

言行龜鑑

張萱等《内閣藏書目録・諸子類》　《言行龜鑑》三册全。

元大德閒，熊禾采集名臣言行，即自警編之類也。

有官龜鑑

《四庫全書總目提要・子部・雜家類八》　《有官龜鑑》十九卷。永樂大典本。

元蘇霖撰。霖有《書法鉤元》，已著録。是編採前人服官事蹟，彙爲一書。凡分四十類，皆以四字標題。如輔相君王、贊翼皇儲之類，頗涉於俗。且既有陳善閉邪，又有繩愆糾謬、直言極諫之類，亦病於複。體例殊爲猥雜，所引諸書，惟有元諸人言行採自家傳墓誌者，閒爲他書所未載。其餘經史子集皆人所習見。論斷尤罕所發明，殊無可採也。

羣書就正

倪燦《補遼金元藝文志・雜家》　李大同《羣書就正》六卷。

羣書叢削

倪燦《補遼金元藝文志・雜家》　李冶《羣書叢削》十二卷。

錢大昕《補元史藝文志・雜家類》　《羣書叢削》十二卷。

黄虞稷《千頃堂書目・子部・雜家類》　李冶《羣書叢削》十二卷。

帝王實範

張萱等《内閣藏書目録・雜家》　《帝王實範》二册。不全。

鈔本江南布衣馬順孫撰進。未詳何代人。中二十門皆雜載歷代帝王事蹟，内闕武事、馬政、崇儒、忠孝五門。

仇遠稗史

錢大昕《補元史藝文志・雜家類》　《仇遠稗史》一卷。

虚谷閒抄

倪燦《補遼金元藝文志・雜家》　方回《虚谷閒抄》一卷。

錢大昕《補元史藝文志・雜家類》　方回《虚谷閒抄》一卷。

要言

錢大昕《補元史藝文志・雜家類》　張延《要言》一卷。

忍經

楊士奇等《文淵閣書目・荒字》　吴亮《忍經》一部一册，闕。

黄虞稷《千頃堂書目・子部・雜家類》　吴亮《忍書》一卷。字明卿，號蟾心，杭州人。

倪燦《補遼金元藝文志・雜家》　吴亮《忍書》一卷。字明卿，杭州人。

錢大昕《補元史藝文志・雜家類》　吴亮《忍書》一卷。字明卿，杭州人。

萬年龜鏡録

張萱等《内閣藏書目録・諸子類》　《萬年龜鏡録》二册。全。

采摘經史，分上中下三卷。因萬年節，撰進者莫詳姓氏。鈔本。

評古

王圻《續文獻通考・經籍考・雜家》　《評古》一册。龍溪黄學皐著。學皐崇尚伊川學。制舉爲有司所斥。

傳言鑑事

王圻《續文獻通考・經籍考・雜家》　《傳言鑑事》三十篇。劉度著。

異苑

毛晉《汲古閣書跋》　《異苑》

予嘗以古今怪異之事，不可勝記。及讀劉敬叔《異苑》幾備矣。然載秦世謡而不及仲舒修履之奇，載高陵龜而不及毛寶鑄印之驗，陳仲弓德量可采而客星犯座，胡以獨遺。沙門慧熾真奇，而佛圖澄豈容盡逸。至於絡絲之女，鞠通之琴，及郭璞韓友杜不愆輩，種種異趣，悉不一收。不知敬叔意何居也。姑存之以俟博覽者廣焉。

瑯嬛記

毛晉《汲古閣書跋》　《瑯嬛記》

前人著書，多取名於本册中。如席夫所輯三卷，首載張茂先至瑯嬛福地歷觀奇書，因名《瑯嬛記》。或以小説置之。然豈可與《虞初志》、《陽羡書生》云云同視耶。其間如琴爲暗香，棋爲鬼陣，舞有百華，歌有雙曲之類，奇名奇事，不可悉舉。非惟足飽貧腹，即鍛月煉年之藻匠，亦未免醉心矣。向有新安黄氏刻本，載枝指生序言，頗病吾邑民懌先生。私爲帳中藏更有先達爲兩先生解嘲云。此皆文士常態，何如傳其書隱其序，與海内博雅公諸人者共快云。

《四庫全書總目提要・子部・雜家類八》　《瑯嬛記》三卷。兩江總督採進本。

舊本題元伊世珍撰。語皆荒誕猥瑣。書首載張華爲建安從事，遇仙人引至石室，多奇書。問其地，曰瑯嬛福地也。註出元觀手鈔，其命名之義蓋取乎此。然元觀手鈔竟亦不知爲何書。其餘所引書名，大抵真僞相雜，蓋亦《雲仙散録》之類。錢希言戲瑕以爲明桑懌所僞託，其必有所據矣。

黄丕烈《蕘圃藏書題識》　《鄉嬛記》一卷。舊鈔本。

道光甲申長至日，予有滂喜園之設。一時故家多有以書籍來售者，然爲長孫美鎏習業所收，在於易爲脱手，非儲藏可比。因遇舊刻名鈔，老人書魔復動，不免流涎近所收，如《黄山谷之大全集》，此可爲吾家世守之寶。其餘經史子類亦復檢取一二，蓋欲重舉祭書之典，即不能盡屬宋刻，無妨稍變其例也。此舊鈔《鄉嬛記》不知誰所鈔。骨董鋪攜來求售，始云祝京兆書。又云桑民懌書。此徒見序文而爲此言，毫無影響。其實就書中編次云云，又案諸圖記當是姚汝積茂善手鈔，惜其人未知其詳耳。卷中又云國朝吴一標建先校。序中又云建先剞劂，是必先有刻本而此從刻鈔出者。乃舊刻未見而今世傳本止有毛氏津逮本。其跋云有新安黄氏刻，與此序所云不同，而毛氏似亦未見此本。桑祝及屠之序，或明言之，或晦言之。初不知其何故而尤可笑者，在隱其序，傳其書一語，更不知其何故矣。通校一過，與此序次迥殊。且有異同詳略，似此鈔爲勝。惜舊刻不傳，無從識其面目爲恨。歲闌無閒錢置此，姑留此以待友朋之向我索麈賦中物而歸。價者與之亦可謂好事之至。季冬月之二十一日，爲乙酉新春後五日見，復生識。

誠齋雜記

毛晉《汲古閣書跋》 《誠齋雜記》

予初從書目見《誠齋雜記》，誤謂《伊洛淵源》之類，貯之宋儒道學簏中，未曾寓目。偶披伊席夫《瑯嬛記》，援引鳳凰臺唱和，及吴淑姬、張子治合簪二則，註云「出《誠齋雜記》」，因復覓而閲之。凡二卷，所記百二十餘條，皆小碎雜事。新異可喜，絶無腐氣，頗似《太平廣記》。又不墮於淫褻迂誕，真小説家不多見者。急付梓人以公同嗜。據周達夫序云：「林載夫所著書併詩文凡十二種」，恨未窺其全耳。

錢大昕《補元史藝文志・雜家》 周達觀《誠齋雜記》二十卷。

《四庫全書總目提要・子部・雜家類八》 《誠齋雜記》二卷。内府藏本。

舊本題元林坤撰。前有永嘉周達卿序，稱坤字載卿，會稽人，曾官翰林。所著書凡十二種，此乃其一。誠齋，坤所自號也。作序年月題丙戌嘉平，不署紀元。書中引聶碧窻詩，與古人竝列。聶爲元初道士，則是書在後矣。中皆剽掇各家小説，餖飣割裂，而不著出典。如崑崙奴磨勒一事，分於五處載之。其弇陋可知也。

黄氏日鈔

高儒《百川書志・雜書類》 《黄氏日鈔》九十一卷。

宋儒慈谿黄震東發編。凡經史諸書，奏劄、申問、勸戒等作，隨手考訂。會於意，得於心者，皆鈔之。古今紀要，世稱精博。

倪燦《補遼金元藝文志・雜家》 黄震《黄氏日抄》一百卷。今止九十七卷。

閒博録

《四庫全書總目提要・子部・雜家類八》 《閒博録》一卷。浙江巡撫採進本。

不著撰人名氏。諸家書目亦不著録。大都述先正格言及達觀保生之事。卷中有一條，稱吾鄉沈持要詹事今年已八十有三，耳目聰明云云。持要乃沈樞之字。樞，德清人。則此書似當爲宋南渡後湖州人所撰。然書末復有二條，一稱皇朝修《經世大典》云云，一稱聖朝郊祀祝文，天子以下止右丞相得預名云云。《經世大典》成於元文宗至順二年。據《元史・百官志》，專任右丞相亦自至順元年始。則此書之成又當在至順以後矣。觀卷中採摘舊事，往往直録原文。沈持要一條，疑亦從他書鈔撮，未及改正。其實乃元末人所作也。

聽玄集

黄虞稷《千頃堂書目・子部・雜家類》 吾衍《聽玄集》。

泛説

倪燦《補遼金元藝文志・雜家》 《泛説》四十卷。

錢大昕《補元史藝文志・雜家類》 《泛説》四十卷。

環溪集

楊士奇等《文淵閣書目・荒字》 吴沆《環溪集》一部三册，闕。

滑稽集

楊士奇等《文淵閣書目・荒字》 《滑稽集》一部一册，闕。

采真集

楊士奇等《文淵閣書目・荒字》 《采真集》一部一册，闕。

明倫集
楊士奇等《文淵閣書目·荒字》途近正《明倫集》一部一册，闕。

闢化書
楊士奇等《文淵閣書目·荒字》廖義夫《闢化書》一部一册，闕。塾本「議夫」。

洛上翁谷中書
楊士奇等《文淵閣書目·荒字》《洛上翁谷中書》。一部一册，闕。

記室新書
楊士奇等《文淵閣書目·荒字》李途《記室新書》一部三册，闕。

太古會原論
楊士奇等《文淵閣書目·荒字》張鷟《太古會原論》一部一册，闕。

詼諧珍選
楊士奇等《文淵閣書目·荒字》《詼諧珍選》一部一册，闕。

敘異
楊士奇等《文淵閣書目·荒字》《敘異》一部一册，闕。

滑稽逸傳
楊士奇等《文淵閣書目·荒字》《滑稽逸傳》一部二册，闕。

玉堂文老
楊士奇等《文淵閣書目·荒字》《玉堂文老》一部四册，闕。

隨時録用
楊士奇等《文淵閣書目·荒字》趙子集《隨時録用》一部一册，闕。

李友同風
楊士奇等《文淵閣書目·荒字》歐陽萬里《李友同風》一部四册，闕。

說類
《四庫全書總目提要·子部·雜家類八》《說類》六十二卷。安徽巡撫採進本。

明葉向高編，林茂槐增删。向高字進卿，號臺山，福清人。萬曆癸未進士，官至東閣大學士，謚文忠。事蹟具《明史》本傳。茂槐有《諸書字考》，已著録。是書摘唐宋説部之文，分類編次。每類之下，各分子目。每條下悉註原書。然皆習見之典，别無新異。其上細書評語，體例尤爲近俗。

霞外塵談

《四庫全書總目提要・子部・雜家類八》 《霞外塵談》十卷。浙江巡撫採進本。

明周應治編。應治字君衡，鄞縣人。萬曆庚辰進士。楊德周序，稱爲觀察，不知官何省何道也。是書輯隱逸高尚之事，分霞想、鴻冥、恬尚、曠覽、幽賞、清鑒、達生、博雅、寓因、感適十類。大抵以《世説新語》爲藍本，而稍以諸書附益之。至於《雲仙散録》、師古僞《杜詩註》之類，影撰故實，亦皆捃拾，殊無别裁。又多不見原書，輾轉裨販。如披裘公不取遺金、王摩詰詩中有畫、列子鄭人蕉鹿諸條，尤割裂不成文理。至於宗慤乘風破浪、鮑生愛妾換馬，全與高隱無關，不過雜湊以盈卷帙耳。

山樵暇語

《四庫全書總目提要・雜家・存目九》 《山樵暇語》十卷。浙江范懋柱家天一閣藏本。

明俞弁撰。弁始末未詳。是書雜録古今瑣事及詞章典故，閒加考據，亦有全録舊文者。蓋偶隨所得而録之，故編次皆無倫序，亦多疎舛。如稱唐韋莊上書浙帥之類，不一而足。

智品

《四庫全書總目提要・子部・雜家類八》 《智品》十三卷。安徽巡撫採進本。

明樊玉衡撰，於倫補葺。玉衡字元之，萬曆乙未進士，官崑山縣知縣。倫字惇之，萬曆辛丑進士，官至右通政。皆黄岡人。是編蒐輯古初至明代用智之事，分爲七門。一曰神品，察兆於未萌者也。二曰妙品，知幾於將至者也。三曰能品，救敗於已然者也。四曰雅品，端士之善應變者也。五曰具品，小才之偶見長者也。六曰譎品，純任術者也。七曰盜品，陰賊害正者也。雜隸古事，而皆不著其所出。如趙簡子欲殺孔子之事，出宋人僞子《華子》。管仲諸事，出《管子・輕重》諸篇。詞皆依託，而信爲實然。未免失於考證。又輔過、絺疵得列神品，與大禹同科，而文王周公乃僅入妙品。殊爲倒置。至竇良女蠟書滅賊，厥志可尚，而乃列之盜品中。尤乖剌矣。

説聽

錢謙益等《絳雲樓書目・雜記》 《説聽》。

黄丕烈《蕘圃藏書題識》 陸延枝《説聽》四卷。明刊本。

湖賈以殘帙一册見遺。其書名《説聽》，計四卷。惜首尾葉皆不全，無從知撰人姓氏。卷中有「先君録入《庚已編》矣」語。始知爲陸粲子也。陸粲《庚已編》十卷，子陸延枝《説聽》四卷，皆載入家俞邰《明史・藝文志》小説家類。此則《煙霞小説》本。近時此書不甚廣布，故無可鈔補。稍爲黏補以便展觀云。癸未冬至後四日裝成記。蕘夫。粲弟陸采有《天池聲雋》四十卷，又《覽勝紀議》十卷。是爲天池山人。

碎寒

《四庫全書總目提要・雜家・存目九》 《碎寒》四卷。内府藏本。

明陳繼儒撰。繼儒既作《銷夏》四卷，又成此書，義例與銷夏相類。如狨座蹲鴟之類，皆泛載之。尤爲拉雜。

銷　夏

《四部提要・雜家・存目九》《銷夏》四卷。内府藏本。

明陳繼儒撰。其書雜録清勝之事，取其可以銷夏。如冰荷玉帳見於諸小説家者，靡不採録。纖仄瑣碎，亦可謂徒費心力矣。

珍珠船

《四庫全書總目提要・雜家・存目九》《珍珠船》四卷。内府藏本。

明陳繼儒撰。是書雜採小説家言，湊集成編，而不著所出。既病冗蕪，亦有譌舛。蓋明人好剿襲前人之書而割裂之，以掩其面目。萬曆以後，往往皆然。繼儒其尤著者也。

諸經品節

《四庫全書總目提要・子部・雜家類八》《諸經品節》二十卷。通行本。

明楊起元編。起元有《證學編》，已著録。是編删纂道、釋二家之書。道家凡《陰符經》、《道德經》、《南華經》、《太元經》、《文始經》、《洞古經》、《大通經》、《定觀經》、《玉樞經》、《心印經》、《五廚經》、《護命經》、《胎息經》、《龍虎經》、《洞靈經》、《黄庭經》十六種。釋家凡《楞嚴經》、《維摩經》、《心經》、《金剛經》、《六祖壇經》、《圓覺經》、《楞伽經》、《藥師經》、《法華經》、《無量經》、《彌陀經》、《盂蘭經》十二種。揚雄《太元》本爲擬易，諸史皆著録於儒家。此引之道家，殆晉人老易歸一之旨。至《列子沖虚經》删而不載，又不明其故矣。起元傳良知之學，遂浸淫入於二氏，已不可訓。至平生讀書爲儒，登會試第一，官躋九列。所謂國之大臣，民之表也。而是書卷首乃自題曰比丘，尤可駭怪矣。

觀生手鏡

《四庫全書總目提要・雜家・存目九》《觀生手鏡》一卷。浙江巡撫採進本。

舊本題潁川布衣編，不著名氏。書中摘載古事，每事綴以評語。所徵引至明代而止。其持論不甚謬，而詞氣儇薄。皆明末山人之習，必萬曆以後人作也。

枕中秘

《四庫全書總目提要・雜家・存目九》《枕中秘》無卷數。浙江汪啓淑家藏本。

明衛泳編。泳字永叔，蘇州人。王晫《今世説》曰：「吴門之有永叔兄弟，猶建安之有二丁，平原之有二陸，時人號稱雙珠。」其弟著作今未見。是編仿馬總《意林》之體，採掇明人雜説凡二十五種。曰閒賞、曰二六時令、曰國士譜、曰書憲、曰讀書觀、曰護書、曰悦容編、曰勝境、曰園史、曰瓶史、曰盆史、曰茶寮記、曰酒緣、曰香禪、曰棋經、曰詩訣、曰書譜、曰繪鈔、曰琴論、曰曲調、曰拇陣、曰俗砭、曰清供、曰食譜、曰儒禪，皆隆萬以來纖巧輕佻之詞。前列凡例二十五則，題曰致語。考宋代教坊乃有致語，而泳取以自名，尤可異之甚矣。

可　如

《四庫全書總目提要・雜家・存目九》《可如》六卷。浙江巡撫採進本。

明董德鏞撰。德鏞字孔昭，鄞縣人。其書取禽獸魚蟲之事，合於忠孝節義者，分類摘録，共六十三門。每門又各爲標目，皆冠以「可如」二字。如云可如鴨可如鵞之類，頗爲近俚。自序謂諸書所載，散見而不聚，隱而義未顯，故特表以出之。其名禽獸魚蟲，其事則人也。其曰可如者，蓋心存乎勸戒也。逐條之下，附以評語。大抵憤世嫉俗之詞，有所激而然也。昔開封阮漢聞嫉明末將帥之怯懦，因輯古來婦人行兵制勝之事，編爲二卷，題曰《女雲臺》以深愧之。德鏞此編，其用意與之相類。蓋明之末造，人心世道無不極敝，故士大夫發憤著書，往往如是云。

廣仁品

《四庫全書總目提要・子部・雜家・存目九》《廣仁品》二集。無卷數。副都御史黄登賢家藏本。

明李長科編。長科字小有，揚州興化人。此書闡明佛家戒殺之説，皆雜舉故實以明因果。題曰二集，當尚有初集。今未之見。

三事溯真

《四庫全書總目提要・子部・雜家類存目一》《三事遡真》一卷。内府藏本。

明李豫亨撰。豫亨以有生所必資者，衣、食、居處三事。因爲原本所由，逮及古今成行可爲世則者，綴於篇。前有王畿序，稱其卓然有見，能私淑良知之學。然豫亨篤好内典，所作《推篷》、《寤語》已淪虚寂之宗。而此書中人身之生浄躶躶，赤灑灑諸語，尤近禪門語録矣。

燕居功課

《四庫全書總目提要・子部・雜家・存目五》《燕居功課》二十七卷。安徽巡撫採進本。

明安世鳳撰。世鳳字鳳引，商邱人。萬曆癸丑進士，官定海縣知縣。是編分二十四類，每類子目各五。其議論出入儒釋之閒，自謂天地之大，無不閲歷。然所見率皆膚淺。至於標題纖巧，識見偏駁，尤明代山人結習，不足深詰者矣。

智囊補

《四庫全書總目提要・子部・雜家類八》《智囊補》二十八卷。内府藏本。

明馮夢龍撰。夢龍先於天啓丙寅成《智囊》一書。以其未備，復輯此編。其初刻補遺一卷，亦散入各類。

帝王實範

《四庫全書總目提要・子部・雜家類八》《帝王實範》三卷。永樂大典本。

明馬順孫撰。順孫，江南人。洪武中布衣。是書雜採經史，分類編輯，其目二十有三。當太祖開創之初，嘗進於朝，冀採以定製作，興禮樂。然擇焉不精，語焉不詳，徒爲老生之常談而已。《千頃堂書目》載此書作六十卷。今考《永樂大典》所載《實止三卷》。雖編録時或有合併，不應懸絶至此。殆黄虞稷未見原書也。

學范

《四庫全書總目提要・子部・雜家類八》《學范》二卷。浙江巡撫採進本。

明趙撝謙撰。撝謙有《六書本義》，已著録。是書分六門。一曰教范，言訓導子弟之法。二曰讀范，列所應讀之書。三曰點范，皆批點經書凡例。四曰作范，論作文。五曰書范，論筆法。六曰雜范，論琴硯、鼎彝、字畫、印章之類。撝謙頗以小學名，而此書所述至爲弇陋。雜范一門，尤爲不倫。蓋家塾訓蒙之式，用以私課子弟耳。懸以爲學者定范，則謬矣。

焦氏類林

《四庫全書總目提要・子部・雜家類八》《焦氏類林》八卷。江西巡撫採進本。

明焦竑撰。竑有《易筌》，已著録。是編前有自序，謂庚辰讀書有感葛稚川語，遇會心處輒以片紙記之。殘稾委於篋笥，李君士龍見之，乃手自整理，取《世説》篇目括之。其不盡者括以他目，譬之溝中之斷文以青黄，則士龍之爲也。士龍爲上元李登字。然則竑特偶爲標出，而成此書者則登也。凡分五十有九類，皆非奇秘之文。

古概　古摘

黃虞稷《千頃堂書目・子部・雜家類》 劉大年《古概》又《古摘》。

碧里雜存

錢謙益等《絳雲樓書目・雜家》 《碧里雜存》海鹽董穀著。嘉隆間人。

楮記室

黃虞稷《千頃堂書目・子部・雜家類》 潘塤《楮記室》十五卷。淮陰人。

新倩籍

錢謙益等《絳雲樓書目・雜記》 《新倩籍》。

西樵拾遺

錢謙益等《絳雲樓書目・雜記》 《西樵拾遺》。

微詞什伍

黃虞稷《千頃堂書目・子部・雜家類》 林曄《微詞什伍》二十四卷。閩縣人。

宇宙名物，罔不羅列。

益編

黃虞稷《千頃堂書目・子部・雜家類》 《益編》。

尊儒帖

黃虞稷《千頃堂書目・子部・雜家類》 丁雄飛《尊儒帖》。

嶗嶁山人語林　鷽林外編　英巨賸言　人脞史

黃虞稷《千頃堂書目・子部・雜家類》 周獻臣《嶗嶁山人語林》又《鷽林外編》又《英巨賸言》又《人脞史》字叡六，臨川人。萬曆丙戌進士，爲太康令。以叡詩五十首見知於太倉二王。推爲建安、黃初。爲吏牘嘗雜以古文奇字，上官多不能讀。或媿而怒之，卒以此免歸。時年未四十。

秋園雜佩

吴壽暘《拜經樓藏書題跋記》 《秋園雜佩》。

此即從楊氏借鈔者，有侯方域序、子宗石跋語。慧樓進士手書跋，云：「是亦易安《金石録序》、遺山《故物譜》之類也。俛仰今昔盡然。傷懷佩繽紛以繚轉分，遂萎絶離。異物猶如此，人何以堪。未免有情，誰能遣此。癸卯孟夏松陵楊復吉識。

雜　類

楊士奇等《文淵閣書目・荒字》　曾文寶《雜類》一部一册，闕。

廣銷夏　廣辟寒　銷夏補　辟寒補　銷夏再　辟寒再　寒夏合再

《四庫全書總目提要・雜家・存目九》　《廣銷夏》一卷，《廣辟寒》一卷，《銷夏補》一卷，《辟寒補》一卷，《銷夏再》一卷，《辟寒再》一卷，《寒夏合再》一卷。編修勵守謙家藏本。

明周詩雅撰。詩雅有《南北史鈔》，已著録。是編本陳繼儒《銷夏》、《辟寒》二書，更著此以推衍之。編拾叢雜，較之繼儒原書，風更下矣。

破萬總録

黄虞稷《千頃堂書目・子部・雜家類》　唐懷德《破萬總録》。

鉤玄集

黄虞稷《千頃堂書目・子部・雜家類》　《鉤玄集》。字思誠，金華人。受學許謙。明初爲本縣教諭。

雜　存

錢謙益等《絳雲樓書目・雜記》　《雜存》。

客問　譚誤　譚物　譚名　人鑑編　雜録

黄虞稷《千頃堂書目・子部・雜家類》　馬朴《客問》九卷，《譚誤》四卷，《譚物》三卷，《譚名》三卷，《人鑑編》八卷，《雜録》四卷。

桂苑叢談

楊士奇等《文淵閣書目・荒字》　馮翊子《桂苑叢談》一部一册，闕。

四六談塵

楊士奇等《文淵閣書目・荒字》　謝伋《四六談麈》一部一册，闕。

嘉　議

黄虞稷《千頃堂書目・子部・雜家類》　唐汝迪《嘉議》十五卷。字吉甫，宣城人。嘉靖丙辰進士，廣西按察使。

百衲居士叢談

楊士奇等《文淵閣書目·荒字》《百衲居士叢談》一部一册，闕。

爨下語

黃虞稷《千頃堂書目·子部·雜家類》張復《爨下語》四卷。字子遠，休寧人。

談淵

楊士奇等《文淵閣書目·荒字》王陶《談淵》一部一册，闕。

談輅

錢謙益等《絳雲樓書目·雜記》《談輅》。

雜談

黃虞稷《千頃堂書目·子部·雜家類》駱文盛《雜談》二卷。

談資

錢謙益等《絳雲樓書目·雜記》秦鳴雷《談資》。

說楛

王士禎《漁洋書跋》《說楛》。

焦澹園太史以博雅名萬曆間。所表章古逸書最富。子周，著《說楛》七卷。標新領異，亦錦機之緒餘也。澹園，山東日照人。以軍籍居金陵，故序有幾領東省解額之語。蓋爾時尚存南北兩籍云。此本，金陵門人張景載仍渠所貽。

名賢彙語

范邦甸等《天一閣書目·雜家》《名賢彙語》二十二卷。刊本。明隆慶辛未，飛來山人彙編并序。

樊子雜說

錢謙益等《絳雲樓書目·雜家》《樊子雜說》。

偶語

黃虞稷《千頃堂書目·子部·雜家類》李鼎《偶語》一卷。

吴中故語

錢謙益等《絳雲樓書目·雜記》《吴中故語》楊循吉。

語　叢

《明史・藝文志・子部・雜家類》 柯壽愷《語叢》三十八卷。

黃虞稷《千頃堂書目・子部・雜家類》 柯壽愷《語叢》三十八卷。莆田人，萬曆間貢士。彙論古今事物。

萃古名言

《四庫全書總目提要・雜家・存目九》 《萃古名言》四卷。浙江巡撫採進本。

明趙民獻編。民獻，雲南人。其書刻於崇禎初年。康熙中交河王琯官迤西道時得之於其子孫，已殘闕失次。琯復增損其文。後任湖廣學政時以授胡之太刊之。琯任滿攜版北歸，楚士子復爲重刻。故是書有南北二本，此即南本也。其書舉先儒嘉言懿行分類編輯。凡四十六門，多不載所出。其凡例云，或趙氏所自言，或他書所常見，故不復細加分別。然體例殊不畫一，各門之後，之太又添綴評語，尤爲蛇足。琯字昭玉，交河人。康熙癸丑進士，官湖廣提學副使。此本皆題王琯，蓋傳刻之誤。之太字聽巖，黃州人。其仕履未詳。

譬喻纂言

楊士奇等《文淵閣書目・荒字》 《譬喻纂言》一部一册，闕。

勸世方言

范邦甸等《天一閣書目・雜家》 《勸世方言》一卷。刊本。明慈谿劉鎮著。

嘉靖戊子華亭王良佐序，云：「劉子世資采羣書要語，附以己意，著爲《方言》若干篇。其書根柢人倫，及日用常行之理，纖悉畢備。隨事直言，不尚文彩。蓋欲使童子、婦人皆得通曉，不勞解析。其用意亦勤矣。」

悟　言

黃虞稷《千頃堂書目・子部・雜家類》 安世鳳《悟言》八卷。

天人寤言

黃虞稷《千頃堂書目・子部・雜家類》 胡大慎《天人寤言》二卷。

省身至言

《明史・藝文志・子部・雜家類》 趙士登《省身至言》十卷。

黃虞稷《千頃堂書目・子部・雜家類》 趙士登《省身至言》十卷。字應庸，涇縣人。萬曆庚辰進士，南京吏部侍郎。

省心雜言

楊士奇等《文淵閣書目・荒字》 李邦彦《省心雜言》一部十册，完全。

枕戈雜言

范邦甸等《天一閣書目・雜家》 《枕戈雜言》一册。刊本。不著撰人名氏。

章子塤言

黃虞稷《千頃堂書目・子部・雜家類》 章衮《章子塤言》。

貞　言

黃虞稷《千頃堂書目・子部・雜家類》 陳治安《貞言》六卷。

閱世名言

黃虞稷《千頃堂書目・子部・雜家類》 潘振《閱世名言》。

邇　言

楊士奇等《文淵閣書目・荒字》 劉炎《邇言》一部一册，闕。

會心言

《明史・藝文志・子部・雜家類》 王納諫《會心言》四卷。

黃虞稷《千頃堂書目・子部・雜家類》 王納諫《會心言》四卷。字聖俞，江都人。

甲乙剩言

錢謙益等《絳雲樓書目・雜記》 《甲乙剩言》胡應麟。

金澗學言

楊士奇等《文淵閣書目・荒字》 許仲龍《金澗學言》一部一册，闕。

近　言

錢謙益等《絳雲樓書目・雜記》 《近言》。

治平言

《四庫全書總目提要・雜家・存目二》 《治平言》二卷。江西巡撫採進本。

明曾大奇撰。大奇字端甫，泰和人。明神宗之末，萬事叢脞，門户之禍大起。大奇是書分經世、主術、輔臣、明法、責成、富國、賦役、兵制、養兵、廟算、馬政、言路、資格、覈舉、聽訟、宦豎十六議。而輔臣議分爲二篇，凡十七篇。其體例指陳時弊，略仿賈誼《新書》，而文格則多近蘇氏《策論》。然論弊則明，而論所以救弊之道則往往參以書生之見。知其一而不知其二云。

困學纂言

《四庫全書總目提要・子部・雜家類八》 《困學纂言》六卷。浙江巡撫採進本。

明李栻撰。栻字孟敬，豐城人。嘉靖乙丑進士，官至浙江按察司副使。是編乃隆慶庚午栻爲肥鄉知縣時所刊。分十二門。曰學問、曰立志、曰存心、曰精思、曰實踐、曰謹言、曰敬事、曰求師、曰取友、曰讀書、曰作文、曰舉業。皆採摭古人議論，近於講學者，分類次敘。然講學及於作文，抑已末矣。作文之外又別立舉業一門，其說尤未免於雜也。

迴瀾正論

徐𤊹《徐氏家藏書目・子部・諸子類》《迴瀾正論》一卷。馮柯。

百泉子緒論

范邦甸等《天一閣書目・雜家》《百泉子緒論》一册。刊本。明吴郡皇甫汸撰。

心寶治論

楊士奇等《文淵閣書目・荒字》《心寶治論》一部一册，闕。

識論

錢謙益等《絳雲樓書目・雜記》《識論》。

感時論

范邦甸等《天一閣書目・雜家》《感時論》二卷。刊本。明仲山王問著，門人殷邦靖校。

館論

徐𤊹《徐氏家藏書目・子部・諸子類》《館論》一卷。唐樞。

河亭辨論

錢謙益等《絳雲樓書目・雜家》陳沂《河亭辨論》陳太僕，字魯南。與同時顧璘、王韋，稱金陵三俊。以忤永嘉，由翰苑左官。

荷亭辨論

黄虞稷《千頃堂書目・子部・雜家類》盧格《荷亭辨論》八卷。字正夫，東陽人。成化辛丑進士，監察御史。

經濟總論

《明史・藝文志・子部・雜家類》王杰《經濟總論》十卷。

黄虞稷《千頃堂書目・子部・雜家類》王杰《經濟總論》十卷。鄞縣人，嘉靖丙戌進士，大名府推官。有治行。

九流緒論

徐𤊹《徐氏家藏書目・子部・諸子類》《九流緒論》三卷。胡應麟。

聖傳十論

楊士奇等《文淵閣書目・荒字》劉彦沖《聖傳十論》一部一册，完全。

雜録

黃虞稷《千頃堂書目・子部・雜家類》 吳守道《雜録》二十四卷。將樂縣人。

凡爲類十六，解經書詩語及時事雜録。

雜録

楊士奇等《文淵閣書目・荒字》 《雜録》一部一册，闕。

《雜録》一部一册，闕。

《雜録》一部一册，闕。

名獻録

黃虞稷《千頃堂書目・子部・雜家類》 輔國將軍宇浹《名獻録》一卷。

語纂　閉户録　俚語

王圻《續文獻通考經籍考・雜家》 《語纂》、《閉户録》、《俚語》，俱崇仁李釗著。釗爲人熟於典故，以駢儷著稱。

山陽録

吳壽暘《拜經樓藏書題跋記》 《山陽録》。

《山陽録》一卷。首有社衲米序。楊慧樓進士跋，云：「定生先生爲復社領袖，縞紵滿天下。兵燹之後，零落殆盡。恨別、感時、驚心、濺淚。此録之作，何能已已也。繚繞哀音，聲聲入破，山陽暮笛，感頑艷而淒心脾，人言愁我亦欲愁矣。癸卯孟夏，松陵楊復吉識。」先君子書云：「予友吳江楊慧樓進士喜。」國朝名家小品，嘗録得數百種，名曰《續昭代叢書》，予家《秋園雜佩》皆從之借鈔者也。

羣碎録

《四庫全書總目提要・雜家・存目九》 《羣碎録》一卷。內府藏本。

明陳繼儒撰。其書隨筆紀録，不暇考辨，故以羣碎爲名。前有自跋，謂讀書者一字一語不忍棄之。然不應瑣雜如是也。

著疑録

《四庫全書總目提要・雜家・存目九》 《著疑録》九卷。江西巡撫採進本。

明戴有孚撰。有孚字聖山，永新人。是書分十六門，皆鈔撮諸書而成，體例頗爲叢脞。如第一門曰儒，次之以藝文，又次以士，次以老佛仙術。儒即士也，乃分而爲二。又七卷父子祖孫爲一門，附以奴僕。君臣、夫婦、兄弟乃皆不及。其中舛謬不可殫述。所隸之事，與門目不相應者，十之五六，更不解其何説也。

韋弦自佩録

《四庫全書總目提要・雜家・存目九》 《韋弦自佩録》十二卷。浙江巡撫採進本。

明朱輔撰。輔號杲菴，建德人。官至簡州知州。此書取唐、宋以來議論事實可爲法戒者，分類摘載。分十二門，頗雜以禪門，宗旨未爲精粹，嘗再刻於壺關。及桂林兵燹，散佚。康熙四十一年，其子雯重刻於江寧。前有王士禎序，稱仿白孔《六帖》而作。然六帖乃類書，無所不備。此祇録前言往行，實趙善璙《自警編》之流。士禎所言非也。

讀書止觀録

《四庫全書總目提要・雜家・存目九》 《讀書止觀録》五卷。浙江巡撫採進本。

明吴應箕撰。應箕字次尾，貴池人。崇禎壬午副榜貢生。順治元年大兵破南京，殉節死。事蹟附見《明史・邱祖德傳》。明末稱復社五秀才，應箕爲首。其克全晚節，尤不愧完人。然是書乃襲陳繼儒《讀書十六觀》之餘緒，推而衍之。雜引古人論讀書作文之語，而稍以己意爲論斷。語意儇佻，頗類明末山人之派。又每條之末必終以「讀書者當觀此」六字，五卷皆然。蓋倣《十六觀》中「讀書者當作是觀」之例，尤病於傚顰。

迪吉録

《四庫全書總目提要・雜家・存目九》 《迪吉録》九卷。内府藏本。

明顔茂猷撰。茂猷字壯其，又字仰子，平湖人。崇禎甲戌特賜進士。是編分官鑑、公鑑二門，皆雜録諸書因果之事。

擣堅録

黄虞稷《千頃堂書目・子部・雜家類》 朱廷旦《擣堅録》三卷。字爾兼，嘉善人。天啓中貢士。

《四庫全書總目提要・雜家・存目九》 《擣堅録》二十四卷。兩淮鹽政採進本。

明朱廷旦撰。廷旦字爾兼，一號旋菴子，嘉善人。天啓中貢生。是書分一百類。每類各爲小序，陳勸戒之旨，而徵引故實列於後。其末又綴以評論。其凡例謂主於破疑掃疾，故刺惡之條，溢於獎善。稱擣堅者，謂如病之刺其堅也。所言多主禍福，蓋欲世俗易省耳。

古今長者録

《四庫全書總目提要・子部・雜家類八》 《古今長者録》八卷。兩江總督採進本。

明黄文炤撰。文炤字季弢，晉江人。萬曆中諸生。是編輯周秦以迄明代忠厚長者之事。大抵皆取其一節，故人品不甚別擇。末附別品六則，則似薄而實厚者。共導俗之心甚善，書則不免蕪雜也。

蘭芳録

《四庫全書總目提要・子部・雜家類八》 《蘭芳録》二卷。江蘇巡撫採進本。

明徐三重撰。三重有《餘言》，已著録。是編皆録古人輕世遺榮之事，分内外二篇。自序謂内篇近自得，外篇稍假物緣，亦不入世累。然曾點之《沂水春風》置之外篇，葉夢得之《讀書飲酒》置之内篇，殊不曉其優劣之旨。首冠以《論語》「飯疏食」一章，「賢哉回也」一章，別題曰《孔顔樂事》，又不在内外篇之數，則恐失講學本色耳。

廉平録

《四庫全書總目提要・子部・雜家類八》 《廉平録》五卷。江蘇巡撫採進本。

明傅履禮，高爲表同撰。履禮題長蘆鹽運司知事，爲表題滄州學正，其始末均未詳也。是書採前代至明事蹟，分類編輯。凡廉録三卷，曰卿相、曰館閣、曰憲臺、曰省郎、曰監司、曰守令、曰武臣。平録二卷，曰畿内、曰外藩、曰郡州、曰列縣。廉者操守，平者聽斷也。每類之中，各以時代爲次。萬曆戊子，長蘆巡鹽御史東莞譚耀刻之。蓋耀命二人編輯，以充書帕者耳。

續觀感録

《四庫全書總目提要・子部・雜家類八》 《續觀感録》六卷。浙江巡撫採進本。

明方鵬撰。鵬有《崑山人物志》已著録。自序謂明初周是修嘗作《觀感録》，紀古今孝義之事，其書不傳。因復爲此以續之。凡事蹟顯著者不録，其人微而事隱，非世所恒見者則録之。欲使愚夫愚婦皆知觀感而興起焉。然僅據所見摘録，故搜羅未爲該博云。

禱雨録

《四庫全書總目提要・子部・雜家類八》 《禱雨録》一卷。兩江總督採進本。

明錢琦撰。琦有《錢子測語》已著録。是書因嘉靖乙巳歲旱，乃輯録古來修德致雨之事，以告守土之官。意在規諷，其持論未爲不正。然自桑林之禱至馬璘之撤土龍，皆歸本人事。而自鬱林石牛以下乃徵引小説，侈談神怪，蕩然全失其本旨。非惟自亂其例，實亦自穢其書矣。

歷代駙馬録

《四庫全書總目提要・子部・雜家類八》 《歷代駙馬録》二卷。永樂大典本。

明洪武中奉敕撰。其書取自漢至宋尚主之人，各敘其善惡事蹟，以示法戒。亦演以俗語。

永鑑録

《四庫全書總目提要・子部・雜家類八》 《永鑑録》二卷。永樂大典本。

明洪武中奉敕撰。凡分六目。一曰篤親親之義，一曰失親親之義，訓朝廷也。一曰善可爲法，一曰惡可爲戒，一曰立功國家，一曰被姦陷害，訓諸王也。每條各舉古事，而以俗語演之，取其易通曉也。

昭鑑録

《四庫全書總目提要・子部・雜家類八》 《昭鑑録》十一卷。浙江范懋柱家天一閣藏本。

明洪武初奉敕撰。案《千頃堂書目》曰：「太祖嘗命禮部尚書陶凱等採録漢、唐以下藩王善惡以爲鑒戒。編輯未竟，復詔秦王傅文原吉、翰林編修王僎、國子博士李叔元、助教朱復、録事蔣子杰等續修之。洪武六年書成，太子贊善宋濂爲序，即此編也。然虞稷稱其書五卷，又稱一作二卷。此本十一卷，而善可爲法止於元。其後又有先善後惡一門，而惡可爲戒僅止於宋。似尚闕一卷，不知虞稷何以云然也。

續洞天清録

高儒《百川書志・隱家》 《續洞天清録》一卷。

皇明甯藩臞仙撰。凡五十一事。

萃盤録

黄虞稷《千頃堂書目・子部・雜家類》 周汝礪《萃盤録》四卷。

傳言録

錢謙益等《絳雲樓書目・雜記》 《傳言録》。

葆光録

楊士奇等《文淵閣書目・荒字》 龍明子《葆光録》一部一册，闕。

百盛録

錢謙益等《絳雲樓書目・雜記》 《百盛録》。

闇然録蕞

錢謙益等《絳雲樓書目・雜記》 《闇然録蕞》。

簡端録

范邦甸等《天一閣書目・雜家》 《簡端録》十二卷。刊本。明正德己亥古華山人邵寶撰，并序。天台王宗元編次。

積善録

楊士奇等《文淵閣書目・荒字》 黄光大《積善録》一部三册，闕。黄光大《積善録》一部二册，闕。

會心録

楊士奇等《文淵閣書目・荒字》 趙希循《會心録》一部一册，闕。

就日録

楊士奇等《文淵閣書目・荒字》 耐得翁《就日録》一部一册，闕。

史弼景行録

楊士奇等《文淵閣書目・荒字》 史弼《景行録》一部一册，闕。

膠言録

楊士奇等《文淵閣書目・荒字》 何光《膠言録》一部一册，闕。

名句文身表異録

黄虞稷《千頃堂書目・子部・雜家類》 王志堅《名句文身表異録》二十卷。崑山人，提學。

明善録

張萱等《内閣藏書目録・諸子類》 《明善録》七册全。宋咸淳間承議郎劉夢應著。皆前賢嘉言善行。分講學、立身、居家、居官四類，凡八卷。

又七册不全。

千一録

《明史・藝文志・子部・雜家類》 方弘静《千一録》二十六卷。

潛穎録

錢謙益等《絳雲樓書目・雜記》 《潛穎録》。

實賓録

楊士奇等《文淵閣書目・荒字》 馬永易《實賓録》一部十四册，闕。
馬永易《實賓録》一部五册，闕。

慎言録

徐𤊹《徐氏家藏書目・子部・諸子類》 《慎言録》二卷。敖英。

仙愚録

楊士奇等《文淵閣書目・荒字》 《仙愚録》一部一册，闕。

玉泉子聞見真録

楊士奇等《文淵閣書目・荒字》 《玉泉子聞見真録》一部一册，闕。

投轄録

楊士奇等《文淵閣書目・荒字》 王明清《投轄録》一部一册，闕。

弦　録

黄虞稷《千頃堂書目・子部・雜家類》 黄佑韋《弦録》。

因領録

徐𤊹《徐氏家藏書目・子部・諸子類》 《因領録》一卷。唐樞。

影響録

楊士奇等《文淵閣書目・荒字》 鄭時中《影響録》一部一册，闕。

自號録

楊士奇等《文淵閣書目・荒字》 譚友聞《自號録》一部一册，闕。

中有録

錢謙益等《絳雲樓書目・雜記》 《中有録》。

綴瑣録

錢謙益等《絳雲樓書目・雜記》 尹直《綴瑣録》八卷。鄭端簡言此書及《雙溪雜記》，皆好競人。

鄉約便覽

徐𤊹《徐氏家藏書目・子部・諸子類》 《鄉約便覽》一卷。弘治中海陽周成。

古今諺

楊士奇等《文淵閣書目・荒字》 《古今諺》一部一册，闕。

古今名喻

黄虞稷《千頃堂書目・子部・雜家類》 吴仕期《古今名喻》八卷。

自檢篇摘略

徐𤊹《徐氏家藏書目・子部・諸子類》 《自檢篇摘略》一卷。林鳴盛。

義命箴規

范邦甸等《天一閣書目・雜家》 《義命箴規》刊本。明吴孟祺撰。

百忍箴

徐𤊹《徐氏家藏書目・子部・諸子類》 《百忍箴》四卷。

訓蒙要語

楊士奇等《文淵閣書目・荒字》 袁時億《訓蒙要語》一部一册，闕。

劉氏訓蒙

楊士奇等《文淵閣書目・荒字》 《劉氏訓蒙》一部一册，闕。

吕氏童蒙訓

楊士奇等《文淵閣書目・荒字》 《吕氏童蒙訓》一部一册，闕。《吕氏童蒙訓》一部一册，闕。

家訓集鑑

楊士奇等《文淵閣書目・荒字》 方昕《家訓集鑑》一部一册，闕。

徐卿家範

楊士奇等《文淵閣書目・荒字》 《徐卿家範》一部一册，闕。

古今記要

張萱等《内閣藏書目録・諸子類》《古今記要》一册，不全。即黄震著。今止存第一卷至第十卷。

古今經世格要

張萱等《内閣藏書目録・諸子類》《古今經世格要》十二册全。萬曆間古郡鄒泉輯，爲舉子業設也。

集書指意

楊士奇等《文淵閣書目・荒字》熊大年《集書指意》一部一册，闕。

吕氏鄉約

楊士奇等《文淵閣書目・荒字》《吕氏鄉約》一部一册，闕。

家寶世範

楊士奇等《文淵閣書目・荒字》吴仲良《家寶世範》一部一册，闕。

升菴外集

錢謙益等《絳雲樓書目・雜記》《升菴外集》。

資治通訓

《明史・藝文志・子部・雜家類》太祖《資治通訓》一卷，凡十四章，首君道，次臣道，又次民用、士用、工用、商用，皆著勸導之意。

務農技藝商賈書

《明史・藝文志・子部・雜家類》《務農技藝商賈書》一卷。訓庶民子弟。

務本之訓

《明史・藝文志・子部・雜家類》成祖《務本之訓》一卷。采太祖創業事迹及往古興亡得失爲書，以訓太孫。

家規輯要

《四庫全書總目提要・雜家・存目九》《家規輯要》無卷數。江西巡撫採進本。明胡爌撰。爌有《拾遺録》，已著録。是書仿《温公家範》、《吕氏鄉約》之意，採輯舊文，排纂成編。大槩爲中人以下設也。

楊氏塾訓

《四庫全書總目提要・雜家・存目九》《楊氏塾訓》六卷。江蘇巡撫採進本。明楊兆坊撰。兆坊字思説，杭州人。其書分門編次，自居家至交友、服官，每類各引經史成語以爲法式。蓋家塾、童蒙之訓。然較少儀外傳諸書，不及遠矣。

政訓

《四庫全書總目提要・子部・雜家類八》《政訓》二卷。兩江總督採進本。

明彭韶編。韶字鳳儀，莆田人。天順丁丑進士，官至刑部尚書，謚惠安。事蹟具《明史》本傳。是編凡文公《政訓》一卷，皆採掇《朱子語類》中論政之語。《西山政訓》，則真德秀《西山集》中所載，帥長沙及知泉州日告諭官僚之文也。《西山政訓》之末，舊附《心》、《政》二經，見張悅序中。此本乃陳繼儒刻入寶顔堂祕笈者。因《心》、《政》二經有別本自行，故所存僅此二卷云。

閨範

《四庫全書總目提要・子部・雜家類八》《閨範》四卷。浙江巡撫採進本。

明吕坤撰。坤有《四禮疑》，已著録。此編乃其爲山西按察使時所作。前一卷爲《嘉言》，皆採六經及女誡、女訓諸文爲之訓釋。後三卷爲善行，分女子、婦人、母道各一卷。敘其本事，而繪圖上方，竝附以贊。文頗淺近，取易通俗也。當時嘗傳入禁中，神宗以賜鄭貴妃，妃重刻之。後妖書案起，遂以是書爲口實。朱國楨《湧幢小品》曰：「吕新吾司寇廉察山西，纂《閨範》一書。焦弱侯以使事至，吕索序刊行。弱侯亦取數部入京。鄭貴妃之姪國泰乞取添入后妃一門，而貴妃與焉。衆大譁，謂鄭氏著書，弱侯交結爲序，將有他志云云。所紀與史小異。然國楨與焦竑爲友，目睹刊本，所記似得其真。此本無鄭貴妃序，當爲坤之原本也。

今古鉤元

《四庫全書總目提要・雜家・存目九》《今古鉤元》四十卷。山東巡撫採進本。

明諸茂卿撰。茂卿字子茂，諸城人。是編所取，大都小説爲多，雜糅不倫。又不分門類，引證亦往往疏舛。如第二十一卷吞舟之魚一條，云出劉向《談叢》，向無是書也。

宋文公政訓

徐𤊹《徐氏家藏書目・子部・諸子類》《宋文公政訓》一卷。

玉峯冗藁

王圻《續文獻通考・經籍考・雜家》《玉峯冗藁》。浙中車若水著。

天池祕集

《四庫全書總目提要・子部・雜家類八》《天池祕集》十二卷。直隸總督採進本。

舊本題明徐渭編，武林孫一觀校。案渭，嘉靖中人。有《筆元要旨》，已著録。是編所載如葉向高、陳繼儒之類，皆在其後，渭安得見其詩文。蓋即一觀所輯，僞託於渭也。其書體例駁雜，標目詭異。前六卷爲總集。一曰韻萃，諸體詩也。二曰調雋，詞也。三曰籟叶，樂府歌行也。四曰麗華，賦也。五曰筆華，雜文也。六曰志林，傳也。後六卷爲小説。一曰談芬，清言也。二曰曠述，雜事也。三曰諸史，詼嘲語也。四曰別紀，誌怪也。五曰致品，分良辰、美景、賞心、樂事四子目。

景仰撮書

《四庫全書總目提要・子部・雜家類八》《景仰撮書》一卷。江蘇巡撫採進本。

明王達撰。達有《筆疇》，已著録。是書一名《尚論篇》，取古人可爲師法者凡五十二事。皆前列舊文，後系以論。率膚淺無意義，又出《筆疇》之下矣。

黄丕烈《蕘圃藏書題識》 《景仰撮書》一卷。明初刊本。

《景仰撮書》世不多傳。其書錫山王達達善述，亦不審爲何時人。卷中遇宋太宗、仁宗等皆提行，似著書者爲宋人。其稱宋者，蓋所述不止宋時人，故以朝代别之也。是書雖罕見，卻無足重。余獨收此者，以所述嘉言懿行，動可師法。置諸左右，如示箴規。高山仰止，景行行止，雖不能至，心嚮往之。誰謂是書非導我以先路者耶。己巳十月。復翁。

公子書

《明史・藝文志・子部・雜家類》 《公子書》一卷。訓世臣。

《四庫全書總目提要・子部・雜家類八》 《公子書》三卷。永樂大典本。

明洪武中熊鼎等奉敕撰。採摭古事，分爲三類。一良臣門，一忠臣門，一姦臣門。其詞較《永鑑録》尤俚淺。蓋以訓開國武臣之子弟，故務取通俗云。

初潭集

《四庫全書總目提要・子部・雜家類八》 《初潭集》十二卷。内府藏本。

明李贄撰。贄有《九正易因》，已著録。此乃所集説部，分類凡五。曰夫婦、曰父子、曰兄弟、曰君臣、曰朋友。每類之中又各有子目，皆雜採古人事蹟，加以評語。其名曰《初潭》者，言落髮龍潭時即纂此書，故以爲名。大抵主儒、釋合一之説。狂誕謬戾，雖粗識字義者皆知其妄，而明季乃盛行其書。當時人心風俗之敗壞，亦大概可睹矣。

讀升菴集

《四庫全書總目提要・子部・雜家類八》 《讀升菴集》二十卷。副都御史黄登賢家藏本。

明李贄編。是編裒集楊慎諸書，分類編次。凡採録詩文三卷，節録十七卷，去取毫無義例。且贄爲狂縱之禪徒，慎則博洽之文士。道不相同，亦未必爲之編輯。序文淺陋，尤不類贄筆。殆萬曆間贄名正盛之時，坊人假以射利者耳。

福壽全書

范邦甸等《天一閣書目・雜家》 《福壽全書》六卷。刊本。明雲間陳繼儒輯。

《四庫全書總目提要・雜家・存目九》 《福壽全書》。無卷數，内府藏本。

明陳繼儒撰。皆録前賢格言遺事，自惜福以至好還，凡分二十類。多以因果爲説，蓋意在懲惡勸善。而徵引糅雜，遂近於小説家言。

燕　書

《明史・藝文志・子部・雜家類》 宋濂《燕書》一卷。

黄虞稷《千頃堂書目・子部・雜家類》 宋濂《燕書》一卷。

勸善書

《明史・藝文志・子部・雜家類》 仁孝皇后《勸善書》二十卷。

黄虞稷《千頃堂書目・子部・雜家類》 仁孝皇后《勸善書》二十卷。采三教勸善懲惡之言，類頒爲書。附之以事實。

范邦甸等《天一閣書目・雜家》 《勸善書》二十卷。刊本。明仁孝皇后撰。永樂三年御製序。

迂　書

范邦甸等《天一閣書目・雜家》 《迂書》一卷。緜紙朱絲闌鈔本。不著撰人名氏。

時一書

黄虞稷《千頃堂書目·子部·雜家類》 俞邦《時一書》四卷。

勸善集書

黄虞稷《千頃堂書目·子部·雜家類》 王賜濊《勸善集書》十卷。字子崇，同州人。嘉靖癸卯舉人，知陵川、崇明二縣。

續平準書

徐𤊹《徐氏家藏書目·子部·諸子類》 《續平準書》一卷。吴時憲。

然犀集

錢謙益等《絳雲樓書目·雜記》 《然犀集》。

灼艾集

范邦甸等《天一閣書目·雜家》 《灼艾集》二卷，《續集》二卷，《餘集》二卷，《別集》二卷。刊本。明九沙山人萬表撰云：「灼艾者，以灼艾休暇，日涉諸説。凡有會于心者，輒手録之」。每集各有自跋。

錢謙益等《絳雲樓書目·雜記》 《灼艾集》、《續集》、《別集》。

歸正集

黄虞稷《千頃堂書目·子部·雜家類》 林昺《歸正集》十卷。字文炯，號方塘，鄞縣諸生。

天游別集

范邦甸等《天一閣書目·雜家》 《天游別集》二卷。〇明古黟舒遷訂。自序稱：「始見《筆籌》一册，不知作者何許人。庚子，按河東公署，積書千餘卷。披閱之，得《尚論篇》酷與《筆籌》相似。爰考其實，乃知俱翰林王君之手，而《筆籌》亦獲見其全矣。遂彙爲兩帙，刻而傳之。名曰《天游別集》，蓋取諸王君之別號也。

知常子縣解集

黄虞稷《千頃堂書目·子部·雜家類》 《知常子縣解集》二卷。

九朝談纂

《四庫全書總目提要·雜家·存目九》 《九朝談纂》無卷數。浙江范懋柱家天一閣藏本。

不著撰人名氏。輯明太祖至武宗九朝説部雜事，共爲一書。分太祖爲三册，成祖以下爲七册。前列所採書目凡五十餘種，而卷内所輯書名尚有在所列之外者。蓋江少虞《事實類苑》之類。然採摭未備，去取亦未精也。

昨非齋日纂

《四庫全書總目提要・子部・雜家・存目九》 《昨非齋日纂》二十卷。江蘇巡撫採進本。

明鄭瑄撰。瑄字漢奉，閩縣人。崇禎辛未進士，官至應天巡撫。此書皆記古人格言懿行，區爲二十類，每類各爲小引。然議論佻淺，徵引亦多雜糅。冥果一類，皆出小説家言，尤不可爲典要。

琅琊代醉編

《四庫全書總目提要・子部・雜家類八》 《琅琊代醉編》四十卷。編修汪如藻家藏本。

明張鼎思撰。鼎思有《琅琊曼衍》，已著録。是編乃其自給事中謫滁州驛丞時，雜鈔諸史百家之言，臚次成書。名曰《代醉編》者，歐陽修在滁州時有醉翁亭，鼎思適宦其地，以著書代飲酒也。其書體例龐雜，無所折衷考訂，特借以消閒遣日而已。

警語類鈔

《四庫全書總目提要・子部・雜家類八》 《警語類鈔》八卷。安徽巡撫採進本。

明程達撰。達字順甫，清江人。萬曆丁丑進士，官至漳泉兵備道。是編取先哲格言善行，分類編次。其目六十，割裂宂雜，殊無倫次。凡例云，是編重理學，故諸儒要語獨詳。然於仙則信淮南之上昇，王母之降漢。於釋則言滅佛之報應，談禪之超悟。均不免自亂其例也。

省括編

《四庫全書總目提要・子部・雜家類存目八》 《省括編》二十三卷。編修勵守謙家藏本。

明姚文蔚撰。文蔚有《周易旁註會通》，已著録。是編採史傳中先機應變之迹，自春秋至元季，彙爲一書。分言、事、兵爲三類。以《省括》名編，蓋取太甲若虞機張往，省括於度則釋之義。然兵亦事也，分類未允。間有論斷，亦未見特識。特書生好談作用者耳。

稗史彙編

《四庫全書總目提要・子部・雜家類八》 《稗史彙編》一百七十五卷。浙江吴玉墀家藏本。

明王圻撰。圻有《東吴水利考》，已著録。是書搜採説部，分類編次。爲綱者二十八，爲目者三百二十。所載引用書目凡八百八種，而輾轉裨販，虚列其名者居多，如《三輔決録》、《吴録》、《三齊略記》、《太原記》、《湘中記》、《雞林志》、《申子》、《尸子》之類。圻雖博洽，何由得見全帙。又卷首雖列書名，卷中乃皆不註出處。是直割裂説部諸編，苟盈卷帙耳。

教家類纂

《四庫全書總目提要・子部・雜家類八》 《教家類纂》八卷。編修勵守謙家藏本。

明薛夢李編。夢李字近泉，嘉興人。是書成於萬曆壬子。摭取前人家訓及勸善諸書薈萃成編，附以議論，分四門。首圖説、次敦倫、次治家、次省身。其言淺近，蓋專爲愚蒙而説。圖説捃拾湊合，深者爲心學諸圖，非常人所解。俚者至於繪畫故事，係之以説。如云這一箇門内站的人是某朝某人云云，又失之太鄙。亦殊蕪雜不倫也。

洹詞記事鈔

《四庫全書總目提要・子部・雜家類八》《洹詞記事鈔》一卷，附《明良記》四卷。江蘇巡撫採進本。

明李鶚翀編。鶚翀字如一，江陰人。《洹詞》本崔銑所著文集。鶚翀摘其論宋事及明初事蹟者六十一則爲書，其不涉記事者皆不録。續鈔三十六則，皆前所挂漏也。鶚翀自題云：「前鈔成於庚子秋，備閲七載。今春裒諸説部梓行之。發篋得前鈔，因同楊憲副二記附爲一帙。」今二鈔之後惟楊儀《明良記》四卷前有鶚翀小引，稱與《保孤》一記皆係祕本。則所謂二記者，乃合《保孤記》言之，而此本佚其一耳。

警心類編

《四庫全書總目提要・子部・雜家類八》《警心類編》四卷。江蘇巡撫採進本。

明張位撰。位有《問奇集》，已著録。是書乃其罷相後所輯。故多老氏謙退之旨，佛氏因果之談。

清寤齋欣賞編

《四庫全書總目提要・子部・雜家類存目九》《清寤齋欣賞編》一卷。江蘇巡撫採進本。

明王象晉撰。象晉有《羣芳譜》，已著録。是書分六類。曰葆生要覽、曰儆身懿訓、曰佚老成説、曰涉世善術、曰書室清供、曰林泉樂事。皆摭明人説部爲之，猶陳繼儒諸人之習氣也。

續自警編

《四庫全書總目提要・子部・雜家類八》《續自警編》八卷。兩江總督採進本。

明黄希憲撰。希憲字毅所，金谿人。嘉靖癸丑進士。官至應天巡撫。是書續宋趙善璙《自警編》而作，雜採自宋至明格言善事，分類記載。然編次叢脞，綱目混淆。目列十六卷，而書止八卷。檢其所載門目，又一一無差。至以修身、修己分爲二門。又以考正祀典、考復古禮入之將帥門中。而末一卷乃全録山林放曠之詞，非復儒者修省語，尤爲龐雜。

翼學編

《四庫全書總目提要・子部・雜家類八》《翼學編》十三卷。内府藏本。

明朱應奎撰。應奎字麗明，廣漢人。考《太學進士題名碑》，嘉靖辛丑科有朱應奎，錦衣衛籍，不知即其人否也。其書以大學格致、誠正、修齊、治平分類，而雜載碎事，名實殊爲乖迕。如格致類所載花九錫、四香閣之屬，猥瑣至極，而謂足翼大學乎。

廣仁類編

《四庫全書總目提要・子部・雜家類八》《廣仁類編》四卷。江西巡撫採進本。

明王時槐撰。時槐字子植，號塘南，安福人。嘉靖丁未進士，官至太僕寺少卿，出爲陝西布政使參政，中察典罷歸。後起爲太常寺卿，不赴。卒於家。事蹟具《明史・儒林傳》。是書分篤倫、德政、惠濟、活物四類，各摭故實配隷之，時亦及因果報應之説。蓋神道設教，以勸喻顓蒙，故不盡爲儒者之言也。

聞見類纂小史

《四庫全書總目提要・子部・雜家類八》《聞見類纂小史》十四卷。浙江范懋柱家天一閣藏本。

明魏偁撰。偁字達卿，鄞縣人。官石城縣訓導。是書内篇十七，皆記人倫文行之足爲世法者。外篇七，記神鬼外國諸事。續篇一，皆雜説。篇各有序有論，大抵據所見聞載之。雖採摭頗繁，而多傷於俚。

一庵先生雜鈔

張萱等《内閣藏書目》《一庵先生雜鈔》五册全。

馬氏日抄

錢謙益等《絳雲樓書目・雜記》《馬氏日抄》馬愈，嘉定人。天順癸未進士，官刑部主事。

雙槐歲抄

錢謙益等《絳雲樓書目・雜記》《雙槐歲抄》五册。十卷。黄瑜撰。牧翁極稱此書記載之核。黄瑜著《雙槐歲杪》十卷，記載國事，四十年而削藁。孫佐以諭德掌留院於東堂櫝中，得吴元年以來案牘，乃足而成之。牧翁云。

瑯琊漫抄

錢謙益等《絳雲樓書目・雜記》《瑯琊漫抄》文林。

逸民漫鈔

楊士奇等《文淵閣書目・荒字》沈君玉《逸民漫鈔》一部一册，闕。

高坡異纂

錢謙益等《絳雲樓書目・雜記》《高坡異纂》。

都公談纂

錢謙益等《絳雲樓書目・雜記》《都公談纂》疑即《九朝談纂》，俟再考。

昨非菴日纂

《明史・藝文志・子部・雜家類》鄭瑄《昨非菴日纂》六十卷。

見山堂雜鈔

范邦甸等《天一閣書目・雜家》《見山堂雜鈔》烏絲闌鈔本。不著撰人姓名。卷首有「白鶴山房」、「碧沚書堂」二圖章。

志雅堂雜鈔

范邦甸等《天一閣書目・雜家》《志雅堂雜鈔》藍絲闌鈔本。不著撰人名氏。

鶴山渠陽雜鈔

楊士奇等《文淵閣書目・荒字》 《鶴山渠陽雜鈔》一部一册，闕。

東巢雜著

范邦甸等《天一閣書目・雜家》 《東巢雜著》二卷。藍絲闌鈔本。不著撰人名氏。

鴻洲雜著

《明史・藝文志・子部・雜家類》 徐三重《鴻洲雜著》十八卷。

黄虞稷《千頃堂書目・子部・雜家類》 徐三重《鴻洲雜著》十八卷。《牖景録》二卷，《采芹録》四卷，《闡芳録》内外篇，《野志》十六篇，《齋居寤志》、《是齋幽事》、《衛生録》各一卷，《灌園譜》二卷，《培井編雜志》一卷。（盧補）

續古雜著

王圻《續文獻通考・經籍考・雜家》 《續古雜著》二卷。浙人鄭樸翁著。

楊臺雜著

王圻《續文獻通考・經籍考・雜家》 《楊臺雜著》。

桓臺三編

黄虞稷《千頃堂書目・子部・雜家類》 王之垣《桓臺三編》四卷。一名《惺心樓》三編。《百警編》二卷，《攝生編》一卷，《炳燭編》一卷。

庚己編

錢謙益等《絳雲樓書目・雜記》 《庚己編》陸粲。

續庚己編

錢謙益等《絳雲樓書目・雜記》 郎瑛《續庚己編》。

泊宅編

楊士奇等《文淵閣書目・荒字》 方勺《泊宅編》一部一册，闕。

鷗峰雜著

黄虞稷《千頃堂書目・子部・雜家類》 陸焕章《鷗峰雜著》四卷。字子文，常州人。

閱古隨筆續

《四庫全書總目提要・子部・雜家類八》 《閲古隨筆續》二卷。江蘇周厚堉家藏本。

明穆文熙撰。文熙有《七雄策纂》，已著録。是編雜採諸子之文，而又不著其所出。惟卷首總列其所採書目，體例殊謬。所録亦皆習見，首頁題《正續閲古隨筆》，而書中題《閲古隨筆續》，蓋尚有正集，今未之見。

女紅餘志

《四庫全書總目提要・子部・雜家類八》 《女紅餘志》二卷。浙江巡撫採進本。

舊本題龍輔撰。據原序所稱，乃武康常陽之妻。序不題年月，不知何許人也。上卷皆採掇新豔字句，陽序稱：「外父爲蘭陵守元度公後，家多異書。細君女紅中饋之暇輒閲之，擇其當意者編成四十卷。屬余游宦京師，細君精差其最佳者手録之，僅四十之一」云云。然皆不著出典，又無一語爲諸書所經見，殆《雲仙散録》之流。下卷皆輔所作小詩，亦淺弱不足採録。錢希言戲瑕稱爲好事者所依託，則明人已灼知其僞。毛晉乃刻之《詩詞雜俎》中，失考甚矣。

筆記

《四庫全書總目提要・子部・雜家類存目九》 《筆記》二卷。浙江孫仰曾家藏本。

明陳繼儒撰。繼儒有《邵康節外紀》，已著録。此書取雜事碎語，鈔録成帙，略無倫次。惟所載陸完跋顔書朱巨川告身一篇，爲《鐵網珊瑚》、《清河書畫舫》諸書所未收，亦可以備參考。然已載所著《見聞録》中，此亦複出也。

田居乙記

《四庫全書總目提要・子部・雜家類八》 《田居乙記》四卷。浙江巡撫採進本。

明方大鎮撰。大鎮有《荷薪義》，已著録。是編乃其家居讀書時所作。自序謂遇有賞心，輒乙其處。命兒子録之，故名《乙記》。分四門。一曰潛見，分記學、記仕二子目。二曰筌宰，分記君、記臣二子目。三曰伐閲，分記操持、記作用二子目。四曰居息，分記家論、記性命二子目。所録雖皆前人格言善事，然條綴原文，無所闡發。其出處或註或否，體例亦不畫一。

筆疇

《明史・藝文志・子部・雜家類》 王達《筆疇》二卷。

范邦甸等《天一閣書目・雜家》 《筆籌》一册。烏絲闌鈔本。〇不著撰人名氏。宏治己酉，盱眙陳道識云：「《筆籌》一編，不知作者爲誰。讀之皆卓然至論，非有學有養折肱世務者，不能到也。因梓行之，併附所見于各章後，求正子知言君子」云。

黄虞稷《千頃堂書目・子部・雜家類》 王達《筆疇》二卷又《桂林機要》。

雜識

錢謙益等《絳雲樓書目・雜記》 王敬美《雜識》五册。

二十九子品彙釋評

《四庫全書總目提要・子部・雜家類八》 《二十九子品彙釋評》二十卷。江蘇周厚堉家藏本。

題曰翰林三狀元會選，前列焦竑、翁正春、朱之蕃三人名。其書雜録諸子，毫無倫次。評語亦皆託名，謬陋不可言狀。蓋坊賈射利之本，不足以當指摘者也。

諸子瓊林

楊士奇等《文淵閣書目・洪字》 《諸子瓊林》。一部四册，闕。

《諸子瓊林》。一部八册，殘缺。

百子金丹

《四庫全書總目提要・雜家・存目九》《百子金丹》十卷。内府藏本。

明郭偉編。偉字士俊，泉州人。其書分文編、武編、内編、外編、奇編、正編六門。所採上自周秦，下迄明代，詭立名號，不可究詰。如曹植七啓設爲鏡機子問答，即割其一段，題曰《鏡機子》。其大略可知矣。

百子醍醐

徐𤊹《徐氏家藏書目・子部・諸子類》《百子醍醐》四卷。

諸家要旨

《明史・藝文志・子部・雜家類》徐常吉《諸家要旨》二卷。

黄虞稷《千頃堂書目・子部・雜家類》徐常吉《諸家要旨》二卷。

錢謙益等《絳雲樓書目・雜記》《諸家要指》。

百子咀華

《四庫全書總目提要・子部・雜家》《百子咀華》十四卷。兩江總督採進本。

明胡效臣編。效臣字鍾衡，黄州人。萬曆丙子舉人，官旌德縣知縣。是書取諸子之文而割裂之，或摘其一段，或拾其數語，或撮其數字，以供時文獺祭之用。首列《左傳》，次六子，次子彙，次則以儒家、道家、法家、兵家分類。又以明人所著參錯於古人之中。不知其體例何在。又題曰「焦竑批評」，竑之陋何至於此，其依託可不問而知也。

諸子裒異

《四庫全書總目提要・雜家・存目九》《諸子裒異》十六卷。江蘇周厚堉家藏本。

明汪定國編。定國字蒼舒，海寧人。是書採録諸子，俱取其文字之奧僻者。於佛氏爲尤多，而邵子、張子、蔡季通諸儒之説，亦一槩摘入。純駁互見，頗爲糅雜。且所標書名，大半今世所未見。率以意爲之，尤明季錮習也。

諸子纂要

高儒《百川書志・子鈔》《諸子纂要》四集。

皇朝癸丑進士東川黎堯卿纂。諸子言近道體，事關世教者録之。一切非聖不經，盡皆删去。○「去」字原脱，從瞿校鈔本補。不使接於心目，使心中不爲異端所染，所載諸子七十四種。

范邦甸等《天一閣書目・雜家》《諸子纂要大全》四卷。刊本。明黎堯卿纂，張瓛校。正德丁卯孟夏月錦江堂刊。

黄虞稷《千頃堂書目・子部・雜家類》黎堯卿《諸子纂要》四卷。忠州人，弘治癸丑進士。

諸子纂言

黄虞稷《千頃堂書目・子部・雜家類》包希魯《諸子纂言》。字魯伯，進賢人。

七子纂要

范邦甸等《天一閣書目・雜家》《七子纂要》三册。刊本。明四明進士史起欽纂輯。

廣滑稽

錢謙益等《絳雲樓書目・雜記》 《廣滑稽》萬曆中陳禹謨錫元著。莊静公之子，以乙榜仕至監司。

邱陵學山

《四庫全書總目提要・雜家・存目十一》 《邱陵學山》無卷數。浙江吴玉墀家藏本。

明王文禄編。文禄有《廉矩》已著録。此本乃其彙刻諸書，以擬宋左圭《百川學海》，故以邱陵學山爲名。所載以千字文編次，自天字至師字凡七十四種。然欲矜繁富而考訂未精，故類多删節原文，不能全録。又以前人文集所已載者析出而附益之，彊立名目，牽率殊甚。至《海沂子》以下數種，皆文禄自著之書，而亦闌入其中，尤不出明人積習。非但遠遜左圭，即視商維濬、吴琯輩相去亦懸絶矣。

羣書摘草

《四庫全書總目提要・子部・雜家類八》 《羣書摘草》五卷。左都御史張若淮家藏本。

明王國賓編。國賓號養默，武進人。萬曆甲戌進士。其作此書時，方監榷杭州北新關，未詳其終於何官也。其書仿庾仲容《子鈔》、馬總《意林》之例，摘取《家語》以下至明張時徹《説林》三十二種，附以兵書七種。每種各摘數段，無所持擇，蓋亦當時書帕之本。

物異考

《四庫全書總目提要・子部・雜家類八》 《物異考》一卷。兩江總督採進本。

明方鳳撰。鳳有《方改亭奏章》，已著録。是書載水異、火異、眚異、木異、金石異、人異、蟲異凡七條。歷代災異見於正史、雜史者不可勝紀。鳳於每條舉二三事，真所謂挂一漏萬矣。

草閣陽秋

黄虞稷《千頃堂書目・子部・雜家類》 羅鴻章《草閣陽秋》四卷。

史編始事

《明史・藝文志・子部・雜家類》 勞堪《史編始事》二卷。

黄虞稷《千頃堂書目・子部・雜家類》 勞堪《史編始事》二卷。

大藪外史

黄虞稷《千頃堂書目・子部・雜家類》 蔡羽《大藪外史》五卷。

錢謙益等《絳雲樓書目・雜記》 《大藪外史》。

《明史・藝文志・子部・雜家類》 蔡羽《太藪外史》五卷。

枕函小史

《四庫全書總目提要・雜家・存目九》 《枕函小史》無卷數。內府藏本。

明閔于忱編。于忱始末未詳。是編凡分二種。一曰譚史，採蘇米志林議論。二曰癖史，雜記古人癖事。各加評點，總不出明季佻纖之習。

宗藩訓典

《四庫全書總目提要・子部・雜説類八》《宗藩訓典》十二卷。江蘇周厚堉家藏本。

明馮柯撰。柯字貞白，慈谿人。以薦舉侍襄靖王書堂。是編即奉襄王令所作。取史書中諸藩封行事可爲勸戒者，摘録其略，各係以評。起秦、漢，迄金元，得宗屬七百二十三，附與事之臣八十六，共爲評一千一百三十八。萬曆壬寅，其子瑛進之王府，命工刊刻。

六鑑舉要

《四庫全書總目提要・子部・雜家類八》《六鑑舉要》六卷。江西巡撫採進本。

明劉元卿撰。元卿有《大象觀》，已著録。是編成於萬曆丙午。取《帝鑑》、《相鑑》、《言鑑》、《牧鑑》、《璫鑑》、《閨鑑》六書。各撮取其文，合爲一帙。漏略殊甚，不足以言著作。

外戚事鑒

《四庫全書總目提要・子部・雜家類八》《外戚事鑒》二卷。浙江范懋柱家天一閣藏本。

不著撰人名氏。《千頃堂書目》有明宣宗御製《外戚事鑒》五卷。於漢以下歷代戚里之臣，舉其善惡之迹，併其終所得吉凶，類而列之，得七十九人。宣德元年四月書成，皇親各賜一本。此本所載，大略相符。然所列止五十六人，而書亦祇二卷。殆後人有所竄改合併，非其原書矣。

綱常懿範

《四庫全書總目提要・子部・雜家類八》《綱常懿範》十卷。江西巡撫採進本。

明周是修撰。是修初名德，以字行，泰和人。洪武中舉明經。由霍邱訓導改衡府紀善，燕王兵入死之。事蹟具《明史》本傳。乾隆四十一年賜謚節愍。是編前有自序，稱因閒居，感其母彭氏教以忠孝大端，因採輯前言往行，凡十六門。曰明王、良相、名將、循吏、忠烈、純孝、女德、友悌、交契、儒宗、才傑、世昌、清隱、聯芳、德報、同居。通一千三百九十有六條。解縉作是修墓誌，楊士奇作是修傳，亦皆稱其嘗撰是書，與此本合。史稱其嘗輯古今忠節事爲《觀感録》，與此不同。或一書而二名歟。

明心寶鑑

楊士奇等《文淵閣書目・荒字》范立本《明心寶鑑》一部一册，闕。

范立本《明心寶鑑》一部一册，闕。

牧鑑

《四庫全書總目提要・子部・雜家類八》《牧鑑》十卷。浙江巡撫採進本。

明楊昱撰。昱字子晦，別號東谿，汀州人。是書以經史百家之言有關政治者，裒輯成帙。爲類凡四，曰治本、治體、應事、接人。類各有目，凡三十有五。目又各分上、中、下。上述經傳，中紀古人政蹟，下摭儒先議論。每類首綴小序一篇，其餘別無論斷。嘉靖乙卯，汀州府同知李仲僎序而刊之。所徵引甚略，大抵隨意摭拾，無關體要。意其爲書帖本也。

歷代臣鑒

范邦甸等《天一閣書目・雜家》　《歷代臣鑒》三十七卷。刊本。明宣宗皇帝撰，宣德元年四月御製序。

歷代君鑒

范邦甸等《天一閣書目・雜家》　《歷代君鑒》五十卷。刊本。明景皇帝撰。景泰四年御製序。

國憲家猷

《明史・藝文志・子部・雜家類》　王可大《國憲家猷》五十六卷。萬曆中，御史言内閣絲綸簿猝無可考，惟是書載之。遂取以進。

壽世祕典

《四庫全書總目提要・雜家・存目九》　《壽世祕典》十八卷。兩江總督採進本。

國朝丁其譽撰。其譽字蜚公，如皋人。順治乙未進士，官行人司行人。是書專爲養生而作，凡分十二門。曰月覽、曰調攝、曰類物、曰集方、曰嗣育、曰種德、曰訓紀、曰法鑒、曰佚考、曰典略、曰清賞、曰瑣綴。所引各條，俱各註書名於其下。大抵撮《月令》、《廣義》、《玉燭寶典》諸書爲之。其法鑒、典略二門有録無書，註云嗣刻，則未成之本也。

子　苑

《四庫全書總目提要・雜家・存目十》　《子苑》一百卷。衍聖公孔昭焕家藏本。

不著撰人名氏。鈔本之首有籍圃主人、麥溪張氏二小印，不知爲著書之人，爲藏書之人也。其書雜採諸子，分人倫、性行、學業、政事、人事五門。每門之中又各分子目。於一事而彼此異同，或字句有增損者，皆參校分註，其用意頗不苟。而所載泛濫太甚。如《博物志》舊列小説家，謂之子可也。《水經注》則史部地理之書，《檀弓》亦經部禮記之文，總曰《子苑》，名與實不相應也。是亦愛博之過矣。

懿行編

《四庫全書總目提要・雜家・存目九》　《懿行編》八卷。浙江巡撫採進本。

國朝李瀅撰。瀅字鏡石，揚州興化人。其書取諸史中嘉言懿行可爲法程者，分類標題。紀事之後，閒爲論斷。遠自上古，近至明代，凡二十九門。每條皆載所採書名，而於前人論斷亦節取其一二焉。

元明事類鈔

《四庫全書總目提要・子部・雜家類七》　《元明事類鈔》四十卷。湖北巡撫採進本。

國朝姚之駰撰。之駰有《後漢書補逸》，已著録。是編蓋摘取元、明諸書分門隸載，亦江少虞《事實類苑》之流。似乎類書，實則非類書也。其所纂述，大抵典則可觀。如元代故實載於説部者最少，是書《誌疆域》則引劉郁《西使記》，以證拓境之遠。《誌任官》則引《經世大典》，以證銓法之密。皆足補《元史》各志之闕。又如引《詩會小傳》以誌馬祖常之耿直，引《名臣言行録》以誌霍肅之公正，亦足裨《元史》列傳所未備。至記宫殿一門，雜取《元掖庭記》，元人詩集，搜羅頗博，更可與《析津志》諸書相參。唯記奎章閣而不知崇文閣之更重，記「只遜」引《長安客話》謂上直之衣，不知即《輿服志》之質孫，案只遜、質孫皆「濟遜」譌文、《元史・國語解》已經改正。今以辨訂其譌，是以仍各書其舊字，以見異同、舛互之所由。自天子至衛士皆有之。乃前後互引，失於考證，未免稍有疎略。至明代説部，浩如煙海，所採亦未爲詳賅。然萬曆以後，門户交争。恩怨糾纏，餘波及於翰墨。凡所記録，多不足憑。之騆或病其冗濫而矜慎取之歟，是亦不失闕疑之義也。

四本堂座右編

《四庫全書總目提要・雜家・存目九》《四本堂座右編》二十四卷。江西巡撫採進本。

國朝朱潮遠編。潮遠字卓月，揚州人。其序自稱朱子之後，當有所考也。是書成於康熙甲辰。分四門，一曰起家，二曰治家，三曰齊家，四曰保家。每門又各分六子目，每目爲一卷。皆雜採前言往行，因舊文而稍删潤之。

勝飲編

《四庫全書總目提要・雜家・存目九》《勝飲編》一卷。編修程晉芳家藏本。

國朝郎廷極撰。廷極有《文廟從祀先賢先儒考》，已著録。是書雜採經史中以酒爲喻之語，彙輯成編。自序謂不飲而勝於飲，故名之曰勝飲。然所録僅數十條，簡略太甚。如引祭酒、挈壺氏之類，亦多牽率。

牛戒續鈔

《四庫全書總目提要・雜家・存目九》《牛戒續鈔》三卷。直隸總督採進本。

國朝魏裔介撰。裔介因世祖章皇帝刊印《牛戒彙鈔》，乃裒集諸書所載有關於牛戒者，列爲三篇。自序謂發明彙鈔之本旨，而推廣皇上好生之德云。

布粟集

《四庫全書總目提要・雜家・存目九》《布粟集》八卷。浙江范懋柱家天一閣藏本。

不著撰人名氏。但自題曰「布粟子」，又自題其號曰「鳳臺」，不知何許人也。其書採《管子》至《郁離子》，凡八十餘家，各摘數語。自序稱「雖不足於連篇大觀，然終身玩之，愈覺有餘味，故曰『布粟』。」然詮次殊無意義，蓋欲仿馬總《意林》而不及其去取之精也。

多識集

《四庫全書總目提要・雜家・存目九》《多識集》十二卷。直隸總督採進本。

國朝魏裔介編。裔介有《孝經註義》，已著録。是書凡八種。一曰快書祕録，二曰廣快祕録，三曰明百家説，皆雜録前人之説。四曰耕餘雜語，爲寧陽張攀龍撰。五曰譚韻新書，摘王元禎《湖海搜奇》等書而成者。六曰遺詩碎金，則皆詩話也。七曰三國問答，爲陳繼儒撰。八曰梨雲尺牘，爲袁宏道撰。皆取各家原本節録之，不足以言著書也。

葉　書

《四庫全書總目提要・雜家・存目九》《葉書》一卷。安徽巡撫採進本。

國朝黄生撰。生有《字詁》，已著録。是編皆録載籍中新雋字句。然所採多不倫，蓋亦從類書摘鈔，以備文字之用。非以是爲著述也。

倫　史

《四庫全書總目提要・雜家類・存目九》《倫史》五十卷。直隸總督採進本。

國朝成克鞏撰。克鞏字清壇，大名人。前明崇禎癸未進士。國朝補選庶吉士，官至保和殿大學士。是編以五倫分五門，各有子目。君臣爲數四十五，父子爲數二十二，夫婦爲數十一，兄弟爲數十六，朋友爲數三十三。考克鞏休致在康熙三年，此書成於康熙十六年，蓋晚歲田居，借編摩以送老。採摭蕪雜，固非所計也。

遂生集

《四庫全書總目提要・雜家・存目九》《遂生集》十二卷。兩江總督採進本。

國朝王晫撰。晫字丹麓，仁和人。是書前有順治庚子晫自序曰：「予所纂輯中，善惡果報，捷於影響。無非欲使天下之人不失好生之意，天下之物得遂樂生之情，故以遂生爲名。」書中盛陳因果，多參以神怪之説。如《文昌》、《化書》之類，皆據爲實事，蓋爲悚動下愚設也。晫所作今世説曰：「曹顧菴目《遂生集》爲鷲苑杠梁，《文津》爲藝林餦餔。」《文津》今未見，此集則了不異人耳。

同歸集

《四庫全書總目提要・雜家・存目九》《同歸集》十六卷。內府藏本。

國朝吳調元撰。調元字雨蒼，石城人。據卷首胡世安序，蓋嘗以舉人官教諭者也。是書成於順治丁酉。雜採前古至明末國初故實，分孝順、忠愛、孝行、世德、義門、女範、放生、佛果八門。每條附以論斷，大旨主因果之説。故其自序稱，願以是集告天下之讀孔、孟書而存菩提心者云。

聞鐘集

《四庫全書總目提要・雜家・存目九》《聞鐘集》無卷數。浙江巡撫採進本。

國朝勞大輿撰。大輿有《甌江逸志》，已著録。是編分爲五集，每集前俱有自序，後附其子崚跋。其三集序中稱順治戊戌榜發，落拓如故。蓋嘗舉於鄉而不第者也。所載皆前人《格言懿行》，末附儒門功過格，當官功過格二篇，乃取袁黄、顔光衷舊本删補之。其意在勸善規過，而皆主於積德積福因緣果報之説。則亦爲下等人説法者也。

研六室雜箸

張之洞《書目答問・子部・儒家》《研六室雜箸》□□卷。胡培翬。

庸行篇

《四庫全書總目提要・雜家・存目九》《庸行篇》八卷。浙江巡撫採進本。

國朝牟允中撰。允中字叔庸，天津衛人。是書因揚州史典《願體集》而參補之。皆先正格言，分門編輯，自達觀以至警醒，凡三十三類。每類採輯數十則，大都取其明白顯易，可以訓俗化愚。其立教類有允中自著《讀書之法》，兼論及於時文，並引八股講論數條。蓋以訓其家塾子弟者也。

秦氏閨訓

《四庫全書總目提要・雜家・存目九》《秦氏閨訓新編》十二卷。江蘇巡撫採進本。

國朝秦雲爽撰。雲爽有《紫陽大旨》，已著録。是書成於康熙丙寅。因吕氏《閨範》而增損之。而分爲后妃、女主、女道、兄弟、婦道、妯娌、嫡庶、母道、後母、雜録、處變十一目，則體例略殊。

學仕要箴

《四庫全書總目提要・雜家・存目九》《學仕要箴》五卷。江蘇巡撫採進本。

國朝張圻編。圻字邑翼，崑山人。卷首徐元文序，謂莘田侍御始集《仕學格言》，圻續爲《纂輯》。凡分十類，曰存心，曰省身，曰型家，曰處物，曰養蒙，曰舉業，曰居官，曰臨民，曰仕宦，曰慎刑。首標「蔣伊鑒定」。伊即序所稱莘田侍御。是此書實伊所作，而圻稍增益之。其標曰鑒定者，蓋讓其名於圻耳。

擇執録

《四庫全書總目提要・雜家・存目九》《擇執録》十二卷。直隸總督採進本。

國朝王家啓撰。家啓字誠菴，蔚縣人。順治辛卯舉人，官廣東新會縣知縣。是書雜採嘉言善事，分二十四門。蓋鄉閭勸善之書，趙善璙《自警編》之類也。以擇執爲名，過其實矣。

希賢録

《四庫全書總目提要・雜家・存目九》《希賢録》十卷。直隸總督採進本。

國朝魏裔介編。分爲學、敦倫、致治、教家、涉世五門。每門又各分子目，以嘉言善行分註。乃康熙辛酉裔介致仕後所作。其嘉言多採諸家語録，善行則兼採雜説，不甚簡汰云。

敦行録

《四庫全書總目提要・雜家・存目九》《敦行録》二卷。浙江巡撫採進本。

國朝張鵬翮撰。鵬翮有《忠武志》，已著録。是書輯古來嘉言善行，以敦本適用分上下卷，中間又分二十一門。書成於康熙丁巳。後十年丁卯，慈谿縣知縣方允獻爲之註，蓋鵬翮官浙江巡撫時也。所紀皆厚德之事，而以徵驗一篇終之。則近乎因果之説，涉於有爲而爲矣。故列之雜家類焉。

畜德録

《四庫全書總目提要・雜家・存目九》《畜德録》二十卷。江蘇巡撫採進本。

國朝席啓圖撰。啓圖字文輿，震澤人。官内閣中書舍人。是集取周秦以來迄於元明嘉言善行，分爲二十一類，亦閒附批評。取大畜象傳「君子多識前言往行以畜其德」之義，故以名書。

經世名言

《四庫全書總目提要・雜家・存目九》《經世名言》十二卷。江蘇巡撫採進本。

國朝蘇宏祖撰。宏祖字光啓，湯陰人。順治丙戌進士，官知縣。是編多採宋人格言及明人語録，分志學、明倫、修己、窒欲、慎言、待人、涉世、治家、訓後、治道、當官、用人十二類。其曰經世名言者，自序謂關乎身心之學，所謂名言。裨乎出處之微，所謂經世云。

佳言玉屑

《四庫全書總目提要・雜家・存目九》《佳言玉屑》一卷。直隸總督採進本。

國朝魏裔介編。其體例與《多識集》、《雅説集》相同。所採凡陳繼儒《讀書十六觀》十六條，《安得長者言》四十二條，《巖栖幽事》二十九條，徐太室《歸有園塵談》十一條，屠隆《娑羅館清言》四十六條。皆取之眉公祕笈中也。

寄園寄所寄

《四庫全書總目提要・雜家・存目九》《寄園寄所寄》十二卷。江西巡撫採進本。

國朝趙吉士撰。吉士有《續表忠記》，已著録。是編採掇諸家説部，分十二門。曰囊底寄，皆智數事也。曰鏡中寄，皆忠孝節義事也。曰倚杖寄，述山川名勝也。曰撚鬚寄，詩話也。曰滅燭寄，談神怪也。曰焚塵寄，格言也。曰獺祭寄，雜録故實也。曰豕渡寄，考訂謬誤也。曰裂眥寄，記明末寇亂及殉寇諸人也。曰驅睡寄，遺事之可爲談助者也。曰泛葉寄，皆徽州佚聞也。曰插菊寄，皆諧謔事也。所載古事十之二三，明季事十之七八。採掇頗富而雅俗竝陳，真僞互見。第成爲小説家言而已。

豐暇觀頤

《四庫全書總目提要・雜家・存目十》 《豐暇觀頤》四卷。安徽巡撫採進本。

不著撰人名氏，有序三首。一稱懶散道人，一稱見廬主人，一稱醉醒逸叟。而卷首復題「醉醒逸叟偶閲」字。詳其詞氣，當是一人。一題己丑，一題辛卯，一題癸巳，皆不著年號。中引湯賓尹《睡菴集》。考《睡菴集》序題萬曆庚戌，則此書在是集之後。己丑爲順治六年，辛卯爲順治八年，癸巳爲順治十一年，是國朝人矣。其曰豐暇，蓋取謝靈運詩「臥疾豐暇豫」之意。皆雜引文集、説部，不分門目。多放曠之言，出入於佛老之閒。至於元帝垂訓之類亦登簡牘，孰聞之而孰録之乎。

嗜退菴語存

《四庫全書總目提要・雜家・存目九》 《嗜退菴語存》十卷。浙江巡撫採進本。

國朝嚴有穀撰。有穀字既方，歸安人。是書爲其子我斯所刊。稱其晚年結菴城東隅，顔曰嗜退。網羅古名儒碩輔嘉言懿行，及陰陽、圖緯、兵、農、禮、樂百家衆流之書。探綜研究，成一家言，用以娱老。名曰《語存》，析爲内外編。外篇卷帙稍多，故先梓内篇以問世。其書凡分三十類，分隸古事，閒附論斷。蓋亦格言之類。我斯所謂陰陽、圖、緯、兵、農、禮、樂者，則未覩焉，豈皆在外編乎。

雜編分部

子林

文廷式《補晉書藝文志・雜家類》 孟儀《子林》二十卷。

典林

文廷式《補晉書藝文志・雜家類》 韋謏《典林》二十三篇。本傳云作《伏林》二千餘言。遂演爲《典林》二十三篇。

纂要

文廷式《補晉書藝文志・雜家類》 戴安道《纂要》一道。亦云顔延之撰。

要覽

文廷式《補晉書藝文志・雜家類》 陸機《要覽》三卷。《宋志》類事類，陸機《會要》一卷即此書。

見《舊唐志》。《玉海》五十四引《書目》云一卷。機自序云：直省之暇，乃集《要術》三篇。上曰《連璧集》，其嘉名取其連類。中曰《述聞實述》，予之所聞。下曰《析名》，乃搜同辨異也。董斯張《廣博物志》引《書目》云：陸士衡著《要覽》三卷。上曰《連璧》，中曰《述聞》，下曰《析名》。《御覽》二十二又引陸機《纂要》、《御覽》卷九、卷二十、卷二十二、二十五、三百三十九、《五色綫》卷下，引陸機《要覽》

「夏樹名陰雨，名錦雨。」

《舊唐書・經籍志・雜家》《要覽》三卷。陸士衡撰。

《新唐書・藝文志・子部・雜家》陸士衡《要覽》三卷。

記聞

《新唐書・藝文志・子部・雜家》徐益壽《記聞》三卷。

鄭樵《通志・藝文略・雜家》《記聞》二卷。宋後軍參軍徐益壽撰。

會林

《隋書・經籍志・雜家》《會林》五卷。

鄭樵《通志・藝文略・雜家》《會林》五卷。

孔氏説林

《隋書・經籍志・雜部》梁有《孔氏説林》二卷，孔衍撰，亡。

對要

《隋書・經籍志・雜家》《對要》三卷。

鄭樵《通志・藝文略・雜家》《對要》十卷。

雜事鈔

《隋書・經籍志・雜家》《雜事鈔》二十四卷。

鄭樵《通志・藝文略・雜家》《雜事鈔》二十四卷。

雜書鈔

《隋書・經籍志・雜家》《雜書鈔》四十四卷。

鄭樵《通志・藝文略・雜家》《雜書鈔》四十四卷。

論集

《隋書・經籍志・雜家》《論集》八十六卷。殷仲堪撰。梁九十六卷。

《新唐書・藝文志・子部・雜家》殷仲堪《論集》九十六卷。

雜論

《隋書・經籍志・雜家》梁又有《雜論》五十八卷。《雜論》十三卷，亡。

對林

《隋書・經籍志・雜家》《對林》十卷。

鄭樵《通志・藝文略・雜家》《對林》十卷。

羣書理要

《舊唐書・經籍志・雜家》《羣書理要》五十卷。魏徵撰。

《新唐書・藝文志・子部・雜家》魏徵《羣書治要》五十卷。

孫星衍《平津館鑒藏書籍記》《羣書治要》五十卷。影寫本，題祕書監鉅鹿男臣魏徵等奉敕撰。前有魏徵《羣書治要序》，又有天明七年國子祭酒林敬信序。天明五年尾張國校，督學臣細井德民考例，皆日本人。天明五年，當乾隆五十年。《玉海》引魏徵《羣書治要序》，與此本同。其所引子書，多近今闕佚之本。缺第四、第十三、第廿，共三卷。

阮元《四庫未收書目提要》 《羣書治要》五十卷。（日本國刊本、連筠簃叢書本）。唐魏徵等奉敕撰。徵字元成，魏州曲城人。官至太子太師，謚文貞。事蹟具《唐書本傳》。案宋王溥《唐會要》云：「貞觀五年九月二十七日祕書監魏徵撰《羣書治要》，上之。」又云：「太宗欲覽前王得失，爰自六經訖于諸子，上始五帝，下盡晉年。書成，諸王各賜一本。」又《唐書・蕭德言傳》云：「太宗詔魏徵、虞世南、褚亮、及德言，裒次經史百氏帝王所以興衰者，上之。帝愛其書博而要，曰：『使我稽古臨事不惑者，卿等力也。』德言賚賜尤渥。」然則書實成于德言之手，故唐書于魏徵、虞世南、褚亮傳皆不及也。是編卷帙，與《唐志》合。《宋史・藝文志》即不著録，知其佚久矣。此本乃日本人擺印。前有魏徵序，惟闕第四、第十三、第二十三卷。今觀所載，專主治要，不事修辭。凡有關乎政術，存乎勸戒者，莫不彙而輯之。即所采各書，并屬初唐善策，與近刊多有不同。如《晉書》二卷，尚爲未修《晉書》以前十八家中之舊本。又桓譚《新論》，崔寔《政要論》，仲長統《昌言》，袁準《正書》，蔣濟《萬機論》，桓範《政要論》，近多不傳。亦藉此以存其梗概，洵初唐古籍也。

翰墨林

《舊唐書・經籍志・雜家》 《翰墨林》十卷。

《新唐書・藝文志・子部・雜家》 《翰墨林》十卷。

鄭樵《通志・藝文略・雜家》 《翰墨林》十卷。

統　載

《新唐書・藝文志・子部・雜家》 韓潭《統載》三十卷。夏綏銀節度使。貞元十三年上。

鄭樵《通志・藝文略・雜家》 《統載》三十卷。

子　林

《舊唐書・經籍志・雜家》 《子林》三十卷。薛克構撰。

《新唐書・藝文志・子部・雜家》 薛克構《子林》三十卷。

鄭樵《通志・藝文略・雜家》 《子林》三十卷。薛克構撰。

子書要略

《新唐書・藝文志・子部・雜家》 盧藏用《子書要略》一卷。

鄭樵《通志・藝文略・雜家》 《子書要略》一卷。盧藏用撰。

《宋史・藝文志・雜家》 盧藏用《子書要略》三卷。

錢東垣等輯《崇文總目・雜家》 《子書要略》一卷。盧藏用撰。侗按《宋志》三卷。

部　略

《隋書・經籍志・雜家》 《部略》十五卷。

《新唐書・藝文志・子部・雜家》 《部略》十五卷。

鄭樵《通志・藝文略・雜家》 《部略》十五卷。

博　覽

《隋書・經籍志・雜家》 《博覽》十三卷。

《舊唐書・經籍志・雜家》 《博覽》十五卷。

《新唐書・藝文志・子部・雜家》 《博覽》十五卷。

鄭樵《通志・藝文略・雜家》《博覽》十三卷。《博覽》十五卷。

諸書要略

《隋書・經籍志・雜家》《諸書要略》一卷。魏彦深撰。

鄭樵《通志・藝文略・雜家》《諸書要略》一卷。魏彦深撰。

君臣相起發事

《隋書・經籍志・雜家》《君臣相起發事》三卷。

帝王集要

《新唐書・藝文志・子部・雜家》崔宏《帝王集要》三十卷。

前言

《隋書・經籍志・雜家》《前言》八卷。

鄭樵《通志・藝文略・雜家》《前言》八卷。

語麗

《隋書・經籍志・雜家》《語麗》十卷。朱澹遠撰。

《舊唐書・經籍志・雜家》《語麗》十卷。朱澹遠撰。

《新唐書・藝文志・子部・雜家》朱澹遠《語麗》十卷。

鄭樵《通志・藝文略・雜家》《語麗》十卷。梁朱澹遠撰。

語對

《隋書・經籍志・雜家》《語對》十卷。朱澹遠撰。

《新唐書・藝文志・子部・雜部》《語對》十卷。

鄭樵《通志・藝文略・雜家》《語對》十卷。朱澹遠撰。

典墳數

《舊唐書・經籍志・雜家》《典墳數》十卷。范謐撰。

《新唐書・藝文志・子部・雜家》范謐《典墳數集》十卷。

墳典

《隋書・經籍志・雜家》《墳典》三十卷。盧辯撰。

大唐説纂

洪邁《容齋題跋》《跋大唐説纂》。

《藝文志》有李繁《大唐説纂》四卷，今罕得其書，予家有之。凡所紀事率不過數十字，極爲簡要。新史大抵采用之。其忠節一門曰：「武后問石泉令王方慶曰：『朕夜夢雙陸不勝，何也。』曰：『蓋謂宫中無子意者，恐有神靈儆夫。陛下因陳人心在唐之意。』后大悟，召廬陵王復儲位。」新史載其説，《通鑑》去之，似爲可惜。

魁紀公

《新唐書・藝文志・子部・雜家》樊宗師《魁紀公》三十卷。

閫外春秋

顧櫰三《補五代史藝文志・雜家類》 《閫外春秋》十卷。李筌撰。

歷代紀要

錢東垣等輯《崇文總目・雜家》 《歷代紀要》五十卷。原釋開寶五年四月癸卯，參知政事劉熙古進五十卷，詔褒之。見《玉海・藝文類》闕。見天一閣鈔本。

雜　家

尤袤《遂初堂書目・雜家》 洪氏《雜家》。

《宋史・藝文志・雜家》 洪氏《雜家》五卷。不知名。

帝王旨要

錢東垣等輯《崇文總目・雜家》 《帝王旨要》一卷。崔融撰。原釋闕。見天一閣鈔本。

侗按宋志旨作指三卷。

《宋史・藝文志・雜家》 徐融《帝王指要》三卷。

五子纂圖互註

《四庫全書總目提要・雜家・存目十一》 《五子纂圖互註》四十二卷。浙江巡撫採進本。

宋龔士高編。士高爵里無考。前有自序，題景定改元，蓋理宗時人。又有三私印，一曰龔氏，一曰子質，一曰石廬子，蓋其字與號也。是書於《老子》用河上公註，凡二卷。於《莊子》用郭象註，附以陸德明《音義》凡十卷。於《荀子》用楊倞註，凡十卷。於揚子《法言》用李軌、柳宗元、宋咸、吳祕、司馬光五家註，凡十卷，於《文中子・中説》用阮逸註，凡十卷。每種前各有圖，而於原註之中增以互註。多引《五經》、《四書》及諸子習見之語，未能有所發明。其於《文中子》則竝無互註，體例殊未畫一。至《老子》之首列三圖，一曰混元三寶，一曰初真內觀靜令，一曰金丹。《莊子》之首惟列周子《太極圖》。《荀子》之首列三圖，一曰欹器，一曰天子大路，一曰龍旂九斿。《揚子》之首列二圖，一曰渾儀，一曰五聲十二律。《文中子》之首列二圖，一曰世系，一曰年表。無一足資考證者。而《莊子》因《大宗師篇》有「太極」二字，遂附會以周子之圖，尤爲無理。核其紙色版式，乃宋末建陽麻沙本。蓋無知書賈苟且射利者所爲。因其宋人舊刻，姑存其目，以備考耳。

典　要

鄭樵《通志・藝文略・雜家》 《典要》三卷。宋朝王曉撰。

文　鑑

鄭樵《通志・藝文略・雜家》 《文鑑》五卷。

疏寮子略

高儒《百川書志・子鈔》 《疏寮子略》四卷。

宋高似孫續古撮諸子大意，著爲論。凡三十四家，前有子目。

徐𤊹《徐氏家藏書目・子部・諸子類》 《子畧》四卷。高嗣孫。百川。

鷄窗叢覽

王圻《續文獻通考・經籍考・雜家》《鷄窗叢覽》一百卷。高頤著。頤，寧德人。

五書

錢東垣等輯《崇文總目・雜家》《五書》一卷。原釋闕。見天一閣鈔本。

鄭樵《通志・藝文略・雜家》《五書》一卷。李愚撰。

《宋史・藝文志・雜家》樂朋龜《五書》一卷。

良史事證

《宋史・藝文志・雜家》孔平仲《良史事證》一卷。

修書要覽

《宋史・藝文志・雜家》李賢《修書要覽》十卷。

虙犧範圍圖傳

《宋史・藝文志・雜家》黃巖《虙犧範圍圖傳》二卷。

孝義圖

《宋史・藝文志・雜家》《孝義圖》一卷。

忠烈圖

《宋史・藝文志・雜家》徐氏《忠烈圖》一卷。

羣書集

《宋史・藝文志・雜家》劉潛《羣書集》三卷。

皇朝類苑

張金吾《愛日精廬藏書志・雜家類》《皇朝類苑》六十三卷。舊抄本。

宋江少虞撰。

却掃編

錢曾《讀書敏求記・雜家》徐度《却掃編》三卷。

是册原書爲王百穀家藏宋刻。後歸牧翁，亦付之絳雲一爐中矣。存此摹本，猶有中郎、虎賁之想。渡，字仲立，紹興吏部侍郎。不能苟合于時，讀書卞山之陽，紀其平日聞見。時方杜門却掃，即以名其編云。

黃丕烈《蕘圃藏書題識》《卻埽編》三卷。校宋本。

履齋示兒編

錢曾《讀書敏求記・雜家》 《履齋示兒編》一卷。

潘方凱得是書于金陵焦氏。請李本寧爲之序而刊行之。所以嘉惠後學甚盛心也。間以此本讎勘，《字説》云《書》「盤庚翼奉」，《傳》作「般庚」，後闕文六條，而潘刻聯去。兼之行欵差殊，不循舊格，深可惋惜。李昭辨「伊尹放太甲于桐」，「放」當作「教」。古隸字相近，後從而譌耳。潛溪稱其言爲有識，句曲外史張天雨取此説，書于伊尹古像之後，豈非知言者哉。

張金吾《愛日精廬藏書續志・雜家類》 《履齋示兒編》二十三卷。舊抄本。

吴方山藏書。

宋廬陵鄉先生孫弈季昭撰。卷首有吴岫印記。

自序。開禧元祀。

胡楷跋。

顧廣圻《思適齋集外書跋輯存》 《履齋示兒編》二十三卷。鈔本。

嘉慶己卯，借汪閬源所藏劉氏學禮堂刊本，校正。後人寶之千里記。

宋刊本每半葉九行，每行十九字。

顧廣圻《思適齋書跋》 新刊《履齋示兒編》二十三卷。宋刻本。

張之洞《書目答問・儒家》 《示兒編》二十三卷。宋孫奕。明潘氏刻本、知不足齋本。

尺牘筌蹄

王圻《續文獻通考・經籍考・雜家》 《尺牘筌蹄》奉化陳桱著。

壁書叢削

孫德謙《金史藝文略・雜家》 《壁書叢削》十二卷。

欒城李治仁卿撰。治登金進士第，調高陵簿，未上辟，知鈞州事，歲壬辰，城潰，微服北渡，流落忻崞間，聚書環堵，人所不汪琬嘗爲作序，載《鈍翁文録》。

聽玄集

倪燦《補遼金元藝文志・雜家》 吾衍《聽玄集》。

十原

錢大昕《補元史藝文志・雜家類》 杜本《十原》。

明哲要覽

錢大昕《補元史藝文志・雜家類》 楊漢英《明哲要覽》九十卷。

七十二子粹言

黃虞稷《千頃堂書目・子部・雜家類》 朱南功《七十二子粹言》□□卷。

明禮義林

錢大昕《補元史藝文志・雜家類》 汪自《明禮義林》三十卷。

煙波圖

楊士奇等《文淵閣書目・荒字》 宋伯仁《煙波圖》一部一册，闕。

百家類纂

《明史・藝文志・子部・雜家類》 沈津《百家類纂》四十卷。

范邦甸等《天一閣書目・雜家》 《百家類纂》四十卷。刊本。

黄虞稷《千頃堂書目・子部・雜家類》 沈津《百家類纂》四十卷。

三教歷代會編要畧

范邦甸等《天一閣書目・雜家》 《三教歷代會編要畧》九卷。刊本。○明林兆恩著，陳雲桂序。隆慶壬申弟兆誥後跋。所著有《林子》二卷，《醒心集》一卷，《射禮文武協用圖説》一卷，《祭禮著歷代版給圖説》一卷，《崇禮堂條約》一卷，《留客圖説》一紙，《小宴會圖説》一紙，《明經堂條約》一卷，敬、聽、念、戒、勉五詞各一紙。及梓録聖訓端毅王公恕所注解者。復有《義田集》一卷，《社集》一卷，《施棺集》一卷，《助葬集》一卷，《自製壙誌》一卷。諸集刻行，人多燔失。擬復與同門諸友重梓，尚未能也。

陸學士雜著

《四庫全書總目提要・雜家・存目十一》 《陸學士雜著》十一卷。浙江巡撫採進本。

明陸樹聲撰。樹聲有《平泉題跋》，已著録。是編皆其所著雜説。曰《汲古叢語》一卷，曰《適園雜著》一卷，曰《陸學士題跋》二卷，曰《耄餘雜識》一卷，曰《禪林餘藻》一卷，曰《陸氏家訓》一卷，曰《善俗裨議》一卷，曰《病榻寤言》一卷，曰《清暑筆談》一卷，曰《長水日鈔》一卷。其中亦有别本單行者，此則其門人子弟所合刊成帙者也。

兩京遺編

《四庫全書總目提要・雜家・存目十一》 《兩京遺編》五十七卷。内府藏本。

明胡維新編。維新，餘姚人。嘉靖己未進士。官監察御史。是刻凡《新語》二卷，《賈子》十卷，《鹽鐵論》十卷，《白虎通》二卷，《潛夫論》二卷，《仲長統論》一卷，《風俗通》十卷，《中論》二卷，《人物志》三卷，《申鑒》五卷，《文心雕龍》十卷，共十一種。以所採皆漢文，故以兩京名書。其中如徐幹雖名附《魏志》，然卒於建安二十二年，附之漢末可也。至於劉邵爲魏人，劉勰爲梁人，序乃稱以其文似漢而進之。王充《論衡》、劉向《説苑》，實皆漢人之文，又以其卷帙之多而棄之。去取殊無義例。且《文心雕龍》純爲四六駢體，而云其文似漢，尤乖謬之甚矣。

翰苑叢鈔

范邦甸等《天一閣書目・雜家》 《翰苑叢鈔》八册。藍絲闌鈔本。不著撰人名氏。

《四庫全書總目提要・雜家・存目十一》 《翰苑叢鈔》十四卷。浙江范懋柱家天一閣藏本。

不著撰人名氏。取左圭《百川學海》所載諸書，删其書名、卷數與撰人，顛倒次序，連綴鈔爲一編。僞書之最拙者也。

學易堂筆記

《四庫全書總目提要・雜家・存目十一》 《學易堂筆記》一卷，《二筆》一卷，《三筆》一卷，《四筆》一卷，《五筆》一卷。浙江巡撫採進本。

明項臯謨撰。臯謨字懋功，自稱酉山居士，嘉興人。鄭履淳之壻也。是書乃所作劄記，分爲五編。蓋竊襲洪邁《容齋隨筆》之例。筆記之後，附《生生閣學易》三章。二筆之後，附同時人贈言一卷。三筆之後，附《滴露軒雜著》一卷。四筆之後無所附，但有自跋一篇。五筆之後附《明曆年圖》一卷，自吳元年丁未至天啓四年，皆紀干支，別無所載。惟吳元年下註一條曰「嘉興府鼓樓匾吳元年建十字而已」。其四筆自跋曰：「余年三十三之前，不白相，不讀書。四十六之後，又讀書，又白相。自今以往，不知讀書之爲白相，白相之爲讀書」云云。則其書可不必問矣。

天都閣藏書

《四庫全書總目提要・雜家・存目十一》 《天都閣藏書》二十五卷。兩江總督採進本。

明程允兆編。允兆字天民，歙縣人。故取天都山以名其閣。是書序稱丁卯長至，不著年號。相其版式，全仿閔景賢《快書》，確爲萬曆以後之本。所謂丁卯，蓋天啓七年也。所録自鍾嶸《詩品》以下凡十四種。中嚴羽《滄浪詩話》題曰《滄浪吟卷》，蓋羽詩集本名《滄浪吟》卷，明人所刻以詩話冠首。允兆從集中剽出而不辨其爲全集之名也。《雜評》一卷，不著名氏皆《論》、《書》之語。中忽云幃帽興於國朝，此唐張彥遠之語也。又稱我朝王孟端及沈周、陳道復，則明人語也。參錯無章，殆不知文義人所爲。袁昂《書評》之後贅以《筆陣圖》，張懷瓘《書斷》改其名曰《書斷列傳》，敖陶孫《詩評》僅一頁有餘，蓋自《丹鉛録》鈔出，而併評末楊慎之論連爲陶孫之評。蓋坊賈射利之本耳。

柏齋三書

《四庫全書總目提要・雜家・存目十一》 《柏齋三書》三卷。浙江范懋柱家天一閣藏本。

明何瑭撰。瑭有《醫學管見》，已著録。是書一爲《陰陽管見》，一爲《樂律管見》，一爲《儒學管見》，大都好爲異説以自高。如論陰陽則以周子相生之説爲不可信。於張子《正蒙》、邵子《經世》諸書皆排詆其失。論樂律則以蔡元定《律吕新書》爲不可行，并譏《禮經》之《樂記》爲過當而失實。論儒學則以朱子爲欠明切，而真德秀《大學衍義》於大學之道實亦不知。皆所謂一知半解也。末有崔銑跋。銑學頗醇正，而極稱所論之超卓，殊不可解。

眉公十四集

《四庫全書總目提要・雜家・存目十一》 《眉公十集》四卷。兩江總督採進本。

明陳繼儒撰。繼儒有《邵康節外紀》，已著録。是書名爲十集，實十一種。曰《讀書鏡》、曰《狂夫之言》、曰《續狂夫之言》、曰《安得長者言》、曰《筆記》、曰《書蕉》、曰《香案牘》、曰《讀書十六觀》、曰《羣碎録》、曰《巖栖幽事》、曰《槐談》皆在《寶顔堂祕笈》之內。惟《讀書十六觀》一種爲祕笈所未收。簡端各綴以評。其評每卷分屬一人，而相其詞氣，實出一手。刊版亦粗惡無比。蓋繼儒名盛一時，坊賈於祕笈中摘出翻刻，又妄加批點也。

張氏藏書

《四庫全書總目提要・雜家・存目十一》 《張氏藏書》四卷。浙江鮑士恭家藏本。

明張應文撰。凡十種。曰簞瓢樂、曰老圃一得、曰蘭譜、曰菊書、曰先天換骨新譜、曰焚香略、曰清閟藏、曰山房四友譜、曰茶經、曰瓶花譜。其清閟藏尚可資賞鑒考訂，別有刊本。附其子丑《清河書畫舫》後已著於録。其餘九種，大抵不出明人小品之習氣。其《山房四友譜》中所稱，以《史記》真本刊今本之譌者，詭誕無稽，不足與辨。簞瓢樂中《粥經》一篇，摹仿《論語》，託諸孔子之言，尤可駭怪。一條云小子何莫喫夫粥，粥可以補，可以宣，可以腥，可以素，暑之代茶，寒之代酒，通行於富貴貧賤之人。一條云：「子謂伯魚曰『汝喫朝粥夜粥矣乎』。人而不喫朝粥夜粥，其猶抱空腹而立也與。」如斯之類，殆於侮聖言矣。明之末年，國政壞而士風亦壞。掉弄聰明，決裂防檢，遂至於如此。屠隆、陳繼儒諸人不得不任其咎也。

中都四子集

《四庫全書總目提要・雜家・存目十一》《中都四子集》六十四卷。江蘇巡撫採進本。

明朱東光編。東光字元曦，浦城人。隆慶戊辰進士。官分巡淮徐道。以老子在亳，莊子在濠梁，管子在穎，淮南子在壽春，皆中都所轄地，因與鳳陽府知府張雲登裒而刊之。《老子》二卷，用河上公註。《莊子》十卷，用郭象註。《管子》二十四卷，用房元齡註及劉績增註。《淮南子》二十六卷，用高誘註。時郭子章奉使鳳陽，每書各爲之題詞。其書刊版頗拙，校讐亦略。又於古註之後時時妄有附益，殆類續貂。遂全失古本之面目，書帕本之最下者也。

陸文定公書

《四庫全書總目提要・雜家・存目十一》《陸文定公書》。無卷數。江蘇巡撫採進本。

明陸樹聲撰。是集首列《適園雜著》，次《清暑筆談》，次《善俗裨議》，次《鄉會公約》，次《題跋》，皆其罷官家居時所作。較陸學士《雜著》所刊少五種，而多《鄉會公約》一種，蓋其刻在雜著前也。

木鐘臺集

《四庫全書總目提要・雜家・存目十一》《木鐘臺集》無卷數。副都御史黄登賢家藏本。

明唐樞撰。樞有《易修墨守》，已著録。此編凡分二十九種：曰《禮元剩語》，曰《真談》，曰《語録》，曰《遊録》，曰《周禮因論》，曰《因領録》，曰《三十測》，曰《咨言》，曰《感學編》，曰《荅言》，曰《轄圜窩雜著》，曰《論道》，曰《偶客談》，曰《疑誼》，曰《海議》，曰《國琛集》，曰《未信編》，曰《館論》，曰《易修墨守》，曰《法綴》，曰《列流測》，曰《宋學商求》，曰《枝辭》，曰《積承録》，曰《政問》，曰《冀越通》，曰《嘉禾問録》，曰《春秋讀意》，曰《激衷小擬》。析門分類，俱各冠以序文。其別行之本，已各存目，此其總匯之本也。

溪堂麗宿集

《四庫全書總目提要・雜家・存目十一》《溪堂麗宿集》無卷數。浙江范懋柱家天一閣藏本。

不著撰人名氏，亦不著時代。無序跋，無目録，其名亦不甚可解。首曰《昭明遺事》，則撮取《南史》、《梁書》數條。次曰《程氏家訓》，宋程若庸所纂。次曰《聖傳要旨》，題曰宋本心、岷麓二先生著，嗣孫輔之望集。次曰《文會燕語》，題曰東正鐸。次曰《巴山夜語》，題曰戚璞。次曰《林下常談》，題曰孔嚴化。次曰《山村雜言》，題曰齊遯莊。次曰《漁艇野説》，題曰武惠孫。次曰《林泉村話》，題曰孟德厚。次曰《蓮幕燕談》，不題撰人。龐雜宂瑣，茫無端緒。蓋庸陋書賈鈔合説部，僞立名目以售欺。范欽爲其所紿，遂著録於天一閣耳。

蘉古介書

《四庫全書總目提要・雜家・存目十一》《蘉古介書》。無卷數。安徽巡撫採進本。

題東海黄禺、金定邵誾生編。不知爲何許人。分前後二集。前集載豐坊僞《大學古本》、《大學石經古本》，僞《三墳》、《穆天子傳》，孔鮒《小爾雅》，汪若海《麟書》，郭璞《山海經圖贊》，衛元嵩《元包經傳》，魏伯陽《參同契》，胡文煥《逸詩》、《論語會心詩》、《南華逸楚》、《衡嶽神禹碑文》、《漢滕公石槨銘》、《吴季札碑》。後集曰史訇、史遺、左逸、小易、寤凡、譔詁、握奇經、奇門專征賦、勝義諦。均叢脞無緒，蓋書肆粗識字義之人刊以射利者也。

廣快書

《四庫全書總目提要・雜家・存目十一》《廣快書》五十卷。安徽巡撫採進本。

明何偉然編。偉然初刻《快書》五十種，與閔景賢同訂。茲又以五十種廣之，同訂者吴從先也。所採皆取明人説部，每一書爲一卷。卷帙多者則删剟其文。立名詭異，有曰一聲鶯者，有曰有情癡者，有曰照心犀者，有曰嘔絲者。所謂萬病可醫，俗不可醫者歟。從先嘗選明一代布衣之詩，名《布衣權》，惟紫淀老人張文峙家藏有寫本。明季兵燹，遂亡佚。而《快書》百種，最下最傳。蓋其輕儇佻薄，與當時士習相宜耳。

快書

《四庫全書總目提要・雜家・存目十一》《快書》五十卷。兩淮鹽政採進本。

明閔景賢、何偉然同編。景賢字士行，烏程人。偉然字仙臞，仁和人。是編割裂諸家小品五十種，彙爲一集。大抵儇薄纖佻之言，又多竄易名目。如《會心編》改名《秋濤》，《醒言》改名《光明藏》之類，不一而足。甚至周守忠之《姬侍類偶》改名《姝聯》。姝即姬侍，聯即類偶也。亦可謂拙陋矣。

學古適用篇

《四庫全書總目提要・子部・雜家類八》《學古適用篇》九十一卷。浙江巡撫採進本。

明吕純如撰。純如字孟諧，一字益軒，吴江人。萬曆辛丑進士。官至兵部侍郎。是編採前代至明凡前事之可爲後法者，分類編次爲九十一門。亦間附以論斷。前有自序，謂馮慕岡《經世實用》，義在憲章當世，而明以前存而不論。馮琢菴《經濟類編》，羅列雖多，間或不適於用。萬思默《經世要略》，其揚搉者止於就人彙事，未嘗就事求人。茲編大意，仿三書之體，而所列事蹟則以適於用者爲主。然事變靡常，情勢各異。譬之古方今病，貴於臨證詳求。亦未可執以一定之法，遽謂之適於用也。

六詔紀聞

《四庫全書總目提要・雜家・存目十一》《六詔紀聞》二卷。户部尚書王際華家藏本。

上卷曰《會勘夷情録》，乃嘉靖十四年建昌道兵備副使俞夔，處置四川鹽井衛土千户與雲南麗永二府土舍争界事公移案牘。下卷曰南荒振玉，乃乩仙方海、何真人與夔等倡和之詩。南京吏科給事中彭汝嘉合刻傳之，夔門人李應元爲之序。二卷一記邊防，一談神怪，殊爲不倫，殆於無類可歸。姑隸之雜編，附存其目。夔建德人，正德丁丑進士。汝嘉，嘉定州人，正德辛巳進士。

呂公實政録

《四庫全書總目提要・雜家・存目十一》《吕公實政録》七卷。山西巡撫採進本。

明吕坤撰。坤有《四禮疑》，已著録。是書皆其歷官條約之類。第一卷爲明職，第二至第四卷曰民務，第五卷曰鄉甲約，皆巡撫山西時所作。第六卷曰獄政，第七卷曰憲約，則爲山西按察使時所作。其門生趙文炳巡按湖廣時校刊之，總題此名。中憲約前有陳登雲重刊一序，題萬曆癸巳。而文炳序作於萬曆戊戌，反在其後。蓋諸書各有單行之本，文炳特彙而刻之，存其原序也。

合刻五家言

《四庫全書總目提要・雜家・存目十一》《合刻五家言》無卷數。安徽巡撫採進本。

明鍾惺編。惺有《詩經圖史合考》，已著録。是書一曰道言，凡十二卷，即《文子》也。二曰德言，分上下二卷，即劉晝《新論》也。三曰術言，即《鬼谷子》也。四曰辨言，即《公孫龍子》也。五曰《文心雕龍》，凡十卷。各書俱有專行之本，不可强合而别立標題。務爲詭異，可謂杜撰無稽矣。

剩　言

《四庫全書總目提要・雜家・存目二》　《剩言》十四卷。浙江巡撫採進本。

明戴君恩撰。君恩字忠甫，澧州人。萬曆癸丑進士。官至四川兵備副使。是編凡内篇十一卷，外篇三卷，乃君恩家居時所著。其學出於姚江。至外篇謂孔子近禪，孟子近道，真可謂援儒入墨矣。

今獻彙言

《四庫全書總目提要・雜家・存目十一》　《今獻彙言》八卷。浙江巡撫採進本。

明高鳴鳳編。案《明史・藝文志》，高鳴鳳《今獻彙言》二十八卷，此本止八卷。據其目録所列，凡爲書二十五種，乃首尾完具，不似有闕。蓋其版已散佚不全，坊賈掇拾殘剩，刻八卷之目冠於卷首，詭爲完書也。

羣芳清玩

《四庫全書總目提要・雜家・存目十一》　《羣芳清玩》無卷數。江西巡撫採進本。

明李璵編。璵字惠時，蘇州人。是刻爲叢書十有二種。曰《鼎録》、曰《刀劒録》、曰《研史》、曰《畫鑒》、曰《石譜》、曰《瓶史》、曰《弈律》、曰《蘭譜》、曰《茗笈》、曰《香國》、曰《採菊雜咏》、曰《蝶几譜》，竝題曰《毛晉訂》。其書踳駁不倫，蓋亦坊賈射利之本也。

漢魏别解

《四庫全書總目提要・雜家・存目十一》　《漢魏别解》十六卷。内府藏本。

明黄澍、葉紹泰同編。自《吴越春秋》訖於薛收元《經傳》，凡四十六種。其凡例云：「六朝諸家文集，一篇不載。」而編中收江淹、任昉諸集，不一而足。又云：「皆録全文。」而節録者亦復不少。至近代僞書，如《天禄閣外史》之類，亦一槩濫收，殊失鑒别。

甘澤謡

毛晉《汲古閣書跋》　《甘澤謡》

予昔年訂《陶靖節集》。推其後裔，從《命子詩》註中見《陶峴》一則，古異可喜。相傳本於《甘澤謡》，亟欲睹其全帙。既從友人處見鈔本二十餘條，乃就《太平廣記》中摘出者，非郊原書，甚哉贋鈔之欺世也。今得兵憲楊公重訂善本，參之《廣記》，略有異同。與端臨《經籍攷》相合，惜乎原序亡逸耳。

元宫詞

范邦甸等《天一閣書目・雜家》　《元宫詞》一卷。刊本。明人著。序稱元于今至爲近代，而宫庭深邃，人罕得而知也。永樂元年錫賜予家有一老媪，年七十，廼元后乳姆。于宫中事最悉，訪之一一備陳。故予詩中所詠皆元宫實事。有史中未載，外間不得而知者，遺之後人以廣多聞焉。

百段錦

張萱等《内閣藏書目録・諸子類》　《百段錦》二册。

嘉靖間閩方頤采摘唐宋名賢著作，自遺文至結尾分十七格以便初學者。

餘冬序録　閒日分義

《明史・藝文志・子部・雜家類》 何孟春《餘冬序録》六十五卷、《閒日分義》一百卷。

黄虞稷《千頃堂書目・子部・雜家類》 何孟春《餘冬序録》六十五卷，又《閒日分義》一百卷。柳州人，侍郎。

明世學山

錢謙益等《絳雲樓書目・雜家》 《明世學山》。

食色紳言

黄虞稷《千頃堂書目・子部・雜家類》 皆春居士《食色紳言》一卷。

緒　言

徐𤊹《徐氏家藏書目・子部・諸子類》 薛畏齊《緒言》四卷。江陰薛甲。

古　言

范邦甸等《天一閣書目・雜家》 《古言》二卷。刊本。明海鹽鄭曉撰。嘉靖乙丑自序。

錢謙益等《絳雲樓書目・雜記》 鄭端簡公《古言》見儒家。

學人言

徐𤊹《徐氏家藏書目・子部・諸子類》 《學人言》一卷。陳履祥。

初　言

徐𤊹《徐氏家藏書目・子部・諸子類》 江子《初言》七卷。江于修。

録　聞

錢謙益等《絳雲樓書目・雜記》 《録聞》。

雞肋編

楊士奇等《文淵閣書目・荒字》 莊綽《雞肋編》。一部一册，闕。

智囊全集

范邦甸等《天一閣書目・雜家》 《智囊全集》十五卷。刊本。明馮夢龍著，汪淇序。

山齋愚見十書

錢謙益等《絳雲樓書目・雜記》 《山齋愚見十書》一卷。亡名氏。

九朝談纂

錢謙益等《絳雲樓書目・雜記》　《九朝談纂》十册，都穆。

木蘭堂類鈔

范邦甸等《天一閣書目・雜家》　《木蘭堂類鈔》一册。藍絲闌鈔本。不著撰人名氏。卷首載宋蔣。

警語類抄

徐𤊹《徐氏家藏書目・子部・諸子類》　《警語類抄》八卷。程達。

集事詩覽

黄虞稷《千頃堂書目・子部・雜家類》　方昕《集事詩覽》一卷。字景明，莆田人。

禮義林

黄虞稷《千頃堂書目・子部・雜家類》　汪自明《禮義林》四十卷。學問博洽，人稱汪六經。

經世實用編

《明史・藝文志・子部・雜家類》　馮應京《經世實用編》二十八卷。

闇然堂類纂

錢謙益等《絳雲樓書目・雜家》　《闇然堂類纂》潘士藻。

百家輯録

黄虞稷《千頃堂書目・子部・雜家類》　劉端《百家輯録》建文大理寺丞。

明小史

《四庫全書總目提要・雜家・存目十一》　《明小史》八十九卷。浙江巡撫採進本。

不著編輯者名氏。彙輯明人傳記説部，凡四十六種，皆習見之本。所録迄於嘉靖中，殆隆慶、萬曆間人所刊也。

皇書帝佚

《四庫全書總目提要・雜家・存目十一》　《皇書帝佚》無卷數。江蘇巡撫採進本。

明蔣軼凡編。軼凡字季超，諸暨人。首載僞《三墳》及《乾坤鑿度》，謂之《皇書》。次載中天《佚典》，託名五帝之言，謂之《帝佚》。前有自序，稱遇遼陽韓友於燕都，得五帝《佚典》。乃是箕子所贈，漢初重購不得者。其説極荒誕不經。軼凡乃曲爲註釋，竝加評點以附會之。真可謂不善作僞矣。

學史

張萱等《内閣藏書目録・諸子類》 《學史》四册，全。

弘治間無錫邵寶采摘史傳事，條爲論著。爲十二卷以象月餘。其一以象閏卷三十章，或空其一以象日，總名之曰日格子。

導言略

錢東垣等輯《崇文總目・雜家》 《導言略》三卷。

玄覽

《明史・藝文志・子部・雜家類》 朱謀㙔《玄覽》八卷。

黄虞稷《千頃堂書目・子部・雜家類》 朱謀㙔《玄覽》八卷。一作十卷。

學海叢珠

黄虞稷《千頃堂書目・子部・雜家類》 薛亨《學海叢珠》。字道行，韓城人。

學海資用

楊士奇等《文淵閣書目・荒字》 聶麟《學海資用》一部二册，闕。

鹽邑志林

《四庫全書總目提要・雜家・存目十一》 《鹽邑志林》六十二卷。浙江巡撫採進本。

明樊維城編。維城，黄岡人。萬曆丙辰進士。崇禎中以福建按察司副使家居。張獻忠陷黄州，抗節死。事蹟附見《明史・樊玉衡傳》。是編乃維城官海鹽縣知縣時，輯海鹽歷朝著作，共爲一集。凡三國三種，晉二種，陳一種，唐一種，五代一種，宋三種，元一種，明二十九種。其中如陸績《易解》之類，多出鈔合。明人所著，又頗删節。大抵近《説郛》之例。其最舛誤者，莫如顧野王之《玉篇》、《廣韻直音》。《玉篇》自唐上元中經孫强增加，宋人又有《大廣益會》之本，久非原帙。舉今本歸諸野王，已爲失考。又《玉篇》自《玉篇》、《廣韻》自《廣韻》，乃併爲一書，尤爲舛謬。且《玉篇》音用翻切，竝無直音之説。忽以直音加之野王，更不知其何説。考首卷訂閲姓名，列姚士粦、鄭端允、劉祖鍾三人。士粦固當時勝流，號爲博洽者也。何其誤乃至於是哉。

異物類苑

《明史・藝文志・子部・雜家類》 閔文振《異物類苑》五卷。

黄虞稷《千頃堂書目・子部・雜家類》 閔文振《異物類苑》五卷。字道充，浮梁人。一作十八卷。

元覽

錢謙益等《絳雲樓書目・雜家》 《元覽》。

左傳國語國策評苑

《四庫全書總目提要・雜家・存目十一》《左傳國語國策評苑》六十一卷。江蘇巡撫採進本。

明穆文熙編。文熙有《七雄策纂》，已著録。是編凡《左傳》三十卷、《國語》二十一卷、《戰國策》十卷。《左傳》用杜預註，陸德明《釋文》，而標預名不標德明之名。《國語》用韋昭註、宋庠補音。《戰國策》用鮑彪註，參以吴師道之補正。均略有所删補，非其原文。蓋明人凡刻古書，例皆如是。謂必如是，然後見其有所改定，非徒翻刻舊文也。其曰評苑者，蓋於簡端雜採諸家之論云。

丹麓雜著十種

《四庫全書總目提要・雜家・存目十一》《丹麓雜著十種》十卷。浙江巡撫採進本。

國朝王晫撰。晫有《遂生集》已著録。是編皆所著雜文。一曰《龍經》，擬《禽經》而作。二曰《孤子吟》，皆哭父之詩。三曰《松谿子》，皆筆記小品。四曰《連珠》，擬陸機體。五曰《寓言》，假禽蟲以示勸戒。六曰《看花述異記》，自記夢遇古來諸美女事。七曰《行役日記》，乃康熙甲寅爲其父乞銘於宜興，述往返所經。八曰《快説續記》，因金人瑞《西廂記評》所説快事而演之。九曰《禽言》，效梅堯臣體。十曰《北墅竹枝詞》，詠其鄉之軼事。每種有同時諸人序跋評語，毛際可又總爲之序。大抵皆明末山人之派。而看花述異記，摹仿牛僧孺《周秦行記》，聚歷代妃主，備諸冶蕩，尤非所宜。贊皇之黨託名誣奇章可也，晫乃無端自誣乎。

學海類篇

《四庫全書總目提要・雜家・存目十一》《學海類篇》無卷數。編修程晉芳家藏本。

舊本題國朝曹溶編。溶有《崇禎五十宰相傳》，已著録。此編裒輯唐宋以至國初諸書零篇散帙，統爲正續二集。各分經翼、史參、子類、集餘四類。而集餘之中又分行詣、事功、文詞、紀述、考據、藝能、保攝、遊覽八子目。爲書四百二十二種，而真本僅十之一，僞本乃十之九。或改頭换面，别立書名。或移甲爲乙，僞題作者。顛倒謬妄，不可殫述。以徐乾學《教習堂條約》、項維貞《燕臺筆録》二書考之，一成於溶卒之年，一成於溶卒之後，溶安得採入斯集。或無賴書賈以溶家富圖籍，遂託名於溶歟。

政學合一

《四庫全書總目提要・雜家・存目十一》《政學合一集》無卷數。副都御史黄登賢家藏本。

國朝許三禮撰。三禮有《讀禮偶見》，已著録。是集正編三十三種，乃其宰海寧時所作。其《讀禮偶見》一種，爲作於家居時，亦編入其中。《續編》十三種，則其爲御史以後所作，而其後人又録諭祭文、行述、誌銘附焉。《正編》自《讀禮偶見》外，所自著不過數篇，篇不過數頁。若會講之語，雜録羣言，政績詩頌，俱出他手。合律全書，樂只集登高唱和詩三種，乃併有録而無書。蓋餖飣湊合，摹印時有佚脱也。《續編》自帝王甲子表、聖孝廣義、聖廟、崇祀圖三種外，多與正編相出入。大抵皆有意近名，失於夸詡。在海寧嘗建告天樓，官京師時亦然。所定告天工課，儼然釋、道家懺誦章呪之屬，非儒者立言之道也。

檢心集

《四庫全書總目提要・雜家・存目十一》《檢心集》十四卷。湖北巡撫採進本。

國朝閔則哲撰。則哲字睿先，應山人。是集爲其子衍所編。以語録講義雜著與雜文參錯成書，頗無條理。其有書名者，爲《説書管見》四卷，又《説書》一卷，《訂學庸言》二卷。其不能以一卷者，曰《寬酌篇》、《敢問篇》、《偶及篇》、《經説略》、《史説略》、《子説略》、《仕語節録》、《論兵摘略》、《遷議存稾》、《惕愆質語》、《節録內則》、《續言》、《蕉窗筆談》，餘皆雜文。其中論説既繁，不免小有牴牾。如《史説略》

中引《史記》桀觀炮烙於瑶臺云云，乃《符子》之寓言，《史記》實無此文也。

祕　書

《四庫全書總目提要·雜家·存目十一》《祕書》廿一種一百五卷。江西巡撫採進本。

國朝汪士漢編。二十一種者，其中《三墳》爲宋人僞書。楚史《檮杌》、晉《史乘》爲元人僞書。《劍俠傳》、《竹書紀年》爲明人僞書。《續博物志》雖不僞，而以南宋人爲晉人，亦爲疎舛。今已皆辨證於本書之下。此因士漢裒輯刊刻，別立總名，姑存其目備考焉。

張考夫遺書

《四庫全書總目提要·雜家·存目十一》《張考夫遺書》五卷。兩江總督採進本。

國朝張履祥撰。是編書凡四種。曰《訓子語》二卷，曰《經正録》一卷，曰《備忘録》一卷，曰《書簡》一卷。張蘭臯序云：「《訓子》一册，先得我心，因合數種授之梓人。」蓋刻於楊園全書之前，故卷帙不及其富也。

楊園全書

《四庫全書總目提要·雜家·存目十一》《楊園全書》三十四卷。浙江巡撫採進本。

國朝張履祥撰。履祥有《沈氏農書》，已著録。是編爲寧化雷鋐所刊，凡十二種。《願學記》一卷，共一百十九條，皆其劄記講學之語。《問目》一卷，共三十八條，皆其受業劉宗周時録以就正之詞。中載山陰劉先生批者，即宗周也。《初學備忘》二卷，皆訓導後進之言，意在兼啓童蒙，故詞多淺近。《經正録》一卷，輯《朱子訓學齋規》、《白鹿洞學規》、司馬光《居家雜儀》及朱子《增損吕氏鄉約》，合爲一編。《近古録》四卷，採明陳良謨《見聞記訓》、耿定向《先進遺風》、李樂《見聞雜記》、錢蓑《厚語》各採其所記嘉言善行，分立身、居家、居鄉、居官四門。《見聞録》二卷，記近時之嘉言善行。《喪祭雜説》一卷，皆糾時俗違禮之失。《學規》一卷，凡澉湖塾約十四條，東莊約語五條。《答問》一卷，皆其門人張嘉珍問而履祥答。前爲答張佩璁別楮，皆論喪祭之禮。後爲答張佩璁所問，皆雜考經史疑義。佩璁即嘉珍字也。門人所記一卷，則嘉珍與姚瑚、姚璉録履祥之語。《訓子語》二卷，凡分十二綱，一百四十五條。《農書》二卷，多就桐鄉物土言之。蓋履祥晚始得子，懼弗及教誨，故留以訓之。立身端直，鄉黨稱之。其書多儒家之言，而《近古録》、《見聞録》等率傳記之流，《農書》又農家之流，言非一致，難以槩目曰儒家，故著録於雜家類焉。

莊屈合詁

《四庫全書總目提要·雜家·存目十一》《莊屈合詁》無卷數。安徽巡撫採進本。

國朝錢澄之撰。澄之有《田間易學》，已著録。是編合《莊子》、《楚辭》二書爲之訓釋。《莊子》止詁内篇，先列郭象註，次及諸家。《楚辭》則止詁屈原所作。以朱子集註爲主，而以己意論斷於後。其自序云：「著《易》學、《詩》學成，思所以翊二經者，而得《莊子》、屈原。以《莊》繼《易》，以屈繼《詩》，足以轉相發明。」然屈原之賦固足繼風雅之蹤。至於以《老》、《莊》解《易》，則晉人附會之失。澄之經學篤實，斷不沿其謬種。蓋澄之丁明末造，發憤著書，以《離騷》寓其幽憂，而以《莊子》寓其解脱。不欲明言，託於翼經焉耳。

竹裕園筆語

《四庫全書總目提要·雜家·存目十一》《竹裕園筆語》十二卷。禮部尚書曹秀先家藏本。

國朝李曰滌撰。曰滌字亦白，臨川人。前明歲貢生。是編裒其平生雜著爲之。一曰《邇言》一卷，皆辨析事理之談。二曰《蛩草》一卷，三曰《梅草》一卷，皆戊子秋冬避兵山居所劄記。三書識趣議論，出入於屠隆、袁宏道、陳繼儒之閒，蓋明末風氣如是也。四曰《驅暑草》一卷，皆其客楚時作。前爲《或問》十章，綴以無富、無分、無過、無不過四論，皆借以發抒心跡。五曰《餘草》一卷，皆所作雜文。六曰《四書筆語》六卷，依經生義，自抒所懷，與章世純留書相類。二人本同時，又相善也。

言行彙纂

《四庫全書總目提要・雜家・存目十一》 《言行彙纂》十卷。江蘇巡撫採進本。

國朝王之鈇撰。之鈇號朗川，湘陰人。是編分四十門。皆雜採古人嘉言懿行，以己意潤飾之。皆不著所出，亦不盡原文所有。蓋通俗勸善之書，爲下里愚民而設者。故語多鄙俚，且多參以禍福之説云。

心鏡編

《四庫全書總目提要・雜家・存目十一》 《心鏡編》十卷。浙江巡撫採進本。

國朝譚文光撰。皆裒輯前言往行之可爲法戒者，故以《心鏡》爲名。分敦倫、修身、勤學、積德、治家、居官、涉世、愛物、樂天、養生十類。每一類爲一卷。取格言舊本鈔撮而成，亦《自警編》、《厚德録》之類。

炳燭編

張之洞《書目答問・儒家》 《炳燭編》四卷。李賡芸。滂喜齋校録刻本。

通俗編

張之洞《書目答問・儒家》 《通俗編》三十八卷。翟灝。無不宜齋刻本、指海本。

小説家部

論述

《漢書・藝文志・小説家類序》 小説家者流，蓋出於稗官。街談巷語，道聽塗説者之所造也。孔子曰：「雖小道，必有可觀者焉，致遠恐泥，是以君子弗爲也。」然亦弗滅也。閭里小知者之所及，亦使綴而不忘。如或一言可采，此亦芻蕘狂夫之議也。

《隋書・經籍志・小説家類序》 小説者，街説巷語之説也。《傳》載輿人之誦，《詩》美詢于芻蕘。古者聖人在上，史爲書，瞽爲詩，工誦箴諫，大夫規誨，士傳言而庶人謗。孟春，徇木鐸以求歌謠，巡省觀人詩，以知風俗。過則正之，失則改之，道聽塗説，靡不畢紀。《周官》，誦訓「掌道方志以詔觀事，道方慝以詔辟忌，以知地俗」；則訓方氏「掌道四方之政事，與其上下之志，誦四方之傳道而觀衣物」，是也。孔子曰：「雖小道，必有可觀者焉，致遠恐泥。」

錢東垣等輯《崇文總目・小説家類序》 書曰狂夫之言聖人擇焉又曰詢於蒭蕘是小説之不可廢也古者懼下情之壅於上聞故每歲孟春以水鐸狗於路採其風謠而觀之至於俚言巷語亦足取也今特列而存之。見歐陽文忠公集

侗按以上原卷二十八

晁公武《郡齋讀書志・小説家類序》 《西京賦》曰：「小説九百，起自虞初。」周人也，其小説之來尚矣，然不過志夢卜、紀譎怪、記談諧之類而已。其後史臣務采異聞，往往取之。故近時爲小説者，始多及人之善惡，甚者肆喜怒之私，變是非之實，以誤後世。至於譽桓温而毁陶侃，褒盧杞而貶陸贄者有之。今以志怪者爲上，褒貶者爲下云。

《國史經籍志・小説家類序》 張衡之賦二京也，曰小説九百本，自虞初知古祕書所掌其流，實繁。班固列之諸家見王治之悉貫，與小道之可觀其言韙已。何者？陰陽相摩，古今相嬗，萬變撟起，嵬瑣弔詭，不可勝原。欲一格以咫尺之義如不廣，何故？古街談巷議必有稗官主之，譬之菅蒯絲麻，無悉捐棄，道固然也。余故仍列於篇，蓋立百體而馬繫乎前，嘗聞之蒙莊矣。

《四庫全書總目提要・小説家類序》 張衡《西京賦》曰：「小説九百、本自虞初。」《漢書・藝文志》載虞初《周説》九百四十三篇，注稱武帝時方士。則小説興於武帝時矣。故《伊尹説》以下九家，班固多注依託也。《漢書・藝文志》注，凡不著姓名者皆班固自注。然屈原《天問》，雜陳神怪，多莫知所出，意即小説家言。而《漢志》所載《青史子》五十七篇，賈誼《新書》保傅篇中先引之。則其來已久，特盛於虞初耳。迹其流別，凡有三派。其一敘述雜事，其一記録異聞，其一綴輯瑣語也。唐宋而後，作者彌繁。中間誣謾失真，妖妄熒聽者固爲不少。然寓勸戒，廣見聞，資考證者亦錯出其中。班固稱小説家流蓋出於稗官。如淳注謂王者欲知閭巷風俗，故立稗官，使稱説之。然則博採旁蒐，是亦古制，固不必以冗雜廢矣。今甄録其近雅馴者，以廣見聞。惟猥鄙荒誕，徒亂耳目者則黜不載焉。

耿文光《萬卷精華樓藏書記・小説家類序》 小説家言，自古有之。《山海經》、《穆天子傳》，乃史部之「地理傳記」而雜以迂怪不典之談，夫是之謂小説也。小説之最要而可存者，如《西京雜記》，本班書之底稿，《漢武故事》，實《史》、《漢》之佐證。《大唐新語》、《唐志》列之史部；《大唐傳載》，歐公採入《新》書。定保《摭言》，述貢舉特詳，尉遲《故事》，記制度尤密。《王文正筆録》特紀實迹，故長編全收。司馬公《紀聞》專備史料，故《通鑑》引用。是皆以史筆爲之者也。若夫記朝章、數國典，叙君臣之舊迹，述祖宗之美政，或詳制作之由，或傳宫宗禁之秘，如《龍川略志》、《珍席放談》、《甲申雜記》、《東齋紀事》、蔡絛《叢談》、世宗《漫録》是也。雖間及他事，不能畫一而習於掌故，皆足補正史之遺。凡此之類，入之於史則爲史，從史中采出仍然小説也。昔唐修《晉書》，全資《世説》，元修《金史》，悉取《歸潛》，則小説之有裨於史，可知矣。其意主勸戒，如《教坊記》、《幽閒鼓吹》、《洛陽縉紳舊聞記》，能使人發其善心，懲其逸志，此可爲座右銘者也。其遺聞、瑣事，足資考證，如《朝野僉載》、《南唐近事》、《儒林公議》、《桯史》、《癸辛雜志》、《水東日記》俱紀載有法，非率爾操觚者也。其文詞艷麗，工於造語，如《拾遺記》、《神異經》、《洞冥記》、《雲仙雜記》、《杜陽雜編》雖真贋難别，而足供引用詩賦家所不可缺者也。又如《北夢瑣言》，記某人所説，以示有徵，鏡煙主人取之。歐公《歸田録》不記人之過惡，漁洋山人倣之，能自得師，則開卷有益矣。《雲溪友議》、《詩話》十之七八。吴處厚人不足道，而所著《青箱雜記》，論詩之語，可採，苟有所長宜録存也。至於八荒以外之言，神仙恍惚之説，如《搜神異苑》、《還寃集》、《異博》、《異述》、《異宣室》、《酉陽》、《睽車》，百無一真，不可究詰。然傳之最遠，引用尤多，習爲常談，人不厭聞，好聽説鬼，不止東坡也。且其中多存古書，文又非後人所及，則亦不可廢矣。昔李

肇著《國史補》，自序謂，言報應、叙鬼神、徵夢卜、近帷薄，則去之；紀事實探物理、辨疑惑、示勸戒、采風俗、助談笑，則書之此，實小説之法門。故其所著最爲近正，著述家至於小説亦微矣哉？然古人著述，雖小説亦必有體，故唐宋小説至今稱之。而《因話録》體例尤爲嚴整，阮亭《説部》皆有所本，故其書足傳，非成一家言，豈能信今而傳後耶！因述小説之源流正變，使人知所取法焉。謹案《四庫全書目録》，以《西京雜記》、《世説新語》爲雜事之首，以《山海經》、《穆天子傳》爲異聞之首，以《博物志》、《述異記》爲瑣記之首，凡分三目百二十四部，余於小説不甚留意所藏，亦不暇遍及。今所録者凡四十一家，擇其文尤雅，足資考證，與古本之流傳惟恐失墜者，著之姑存其概，不復類分其他。猥鄙荒誕之作，悉爲删退，不著録也。明人刻古書，未有不點竄者，明本小説尤宜細勘，汲古本往往改易次第，失本來之面目，亦習氣使然，不可不知也。

黄逢元《補晉書藝文志・小説家類序》 晉好清談，人矜語妙，若小説家言，細其甚矣。故裴啟語林，安石譏之，然《周禮》誦訓，訓方所掌，其職在是。《芻蕘》狂夫，聖人不棄，采而録之，可廣見聞。

雜録

《漢書・藝文志・小説家類》 小説十五家，千三百八十篇。

《隋書・經籍志・小説家類》 二十五部，合一百五十五卷。

《舊唐書・經籍志・小説家類》 小説家十三部，凡九十卷。

《新唐書・藝文志・小説家類》 小説家類三十九家，四十一部，三百八卷。失姓名二家，李恕以下不著録七十八家，三百二十七卷。

錢東垣等輯《崇文總目・輯釋・小説家類》 小説類上。共七十一部計二百九十九卷。侗按今核計實七十部二百八十七卷。小説類下。共八十一部計二百八十九卷。侗按今核計實七十九部二百九十卷。

鄭樵《通志・藝文略・小説家類》 凡小説一種，一百一部，五百七十七卷。

《宋史・藝文志・小説家類》 小説類三百五十九部，一千八百六十六卷。

《宋史・藝文志補・小説家類》 小説家類四十五家三百三十八卷。

倪燦《補遼金元藝文志・小説家類》 小説家類二十五家一百五十六卷。

《明史・藝文志・小説家類》 小説家類，一百二十七部，三千三百七卷。

《四庫全書總目提要・小説家類》 小説家類雜事之屬，八十六部，五百八十一卷，皆文淵閣著録。

案紀録雜事之書，小説與雜史最易相淆。諸家著録，亦往往牽混。今以述朝政軍國者入雜史。其參以里巷閒談詞章細故者則均隸此門。《世説新語》古俱著録於小説，其明例矣。

小説家類異聞之屬，三十二部，七百二十四卷，皆文淵閣著録。

小説家類瑣語之屬，五部，五十四卷，皆文淵閣著録。

小説家類雜事之屬，一百一部，四百七十五卷。內七部無卷數皆附存目。

小説家類異聞之屬，六十部，三百五十二卷。內一部無卷數皆附存目。

小説家類瑣語之屬，三十五部，二百卷。內一部無卷數皆附存目。

顧櫰三《補五代史藝文志・小説家類》 小説類共四百一十六卷。

姚振宗《後漢藝文志・小説家類》 小説家類，凡五家五部。

姚振宗《三國藝文志・小説家類》 小説家，凡三家三部。

姚振宗《漢書藝文志條理・小説家類》 小説十五家，千三百八十篇。劉奉世曰又少十篇，按是篇家數不誤，其篇數則如劉奉世所言。今校定當爲一千三百九十篇。

姚振宗《漢書藝文志拾補・小説家類》 小説家者流，凡一十三家一十三部。晉嵇含《南方草木狀》引東方朔《瑯語》，東方朔《林邑記》。按林邑在漢爲日南郡象林縣地，漢末大亂有殺縣令自立爲王者，林邑國之名始此。西漢初立郡縣未有此名，蓋魏晉時人所託也。又有東方朔《神異經》《十洲記》、伶元《飛燕外傳》、師曠《禽經》各一卷，並後人依託不録。

雜事分部

雜語

《隋書・經籍志・小説家》 《雜語》五卷。

《新唐書・藝文志・小説家》 《雜語》五卷。

姚振宗《隋書經籍志考證・小説家》 《雜語》五卷。不著撰人。《唐書藝文志》：《雜語》五卷。案《唐志》云：侯白啓《顔録》十卷。《雜語》五卷。《北史文苑李文博附傳》：開皇中，又有魏郡侯白，字君素。性滑稽，尤辯俊，好爲俳諧雜説，人多愛狎之。《唐志》次侯白《啓顔録》之後，則亦侯白所撰。爲多本志不知作者，故列于晉人中。侯白別有《旌異記》，見《史部雜傳家》。晁氏《續談助》抄殷芸《小説》引《雜語》一條。

雜對語

《隋書・經籍志・小説家》 《雜對語》三卷。

要用語對

《隋書・經籍志・小説家》 《要用語對》四卷。

郭子

《隋書・經籍志・小説家》 《郭子》三卷。東晉中郎郭澄之撰。

《舊唐書・經籍志・小説家》 《郭子》三卷。郭澄之撰，賈泉注。

《新唐書・藝文志・小説家》 賈泉注《郭子》三卷。郭澄之。

鄭樵《通志・藝文略・小説家》 《郭子》三卷。東晉中郎郭澄之撰，賈泉注。

姚振宗《隋書經籍志考證・小説家》 《郭子》三卷。東晉中郎郭澄之撰。《晉書・文苑傳》：郭澄之字仲静，太原陽曲人也。少有才思，機敏兼人，調補尚書郎，出爲南康相。劉裕引爲相國參軍，至從事中郎。封南豐侯。卒于官。

文廷式《補晉書藝文志・小説家類》 郭澄之《郭子》三卷。中郎。《齊書文學賈淵傳》：宋孝武勅淵注《郭子》。《世説・任誕門》注引《郭子》，記桓温摴蒱失求救袁耽事，又《惑溺門》注：《郭子》謂與韓壽通者，乃是陳騫女。餘各書所引尚多，大半瑣言碎事而已。

禽經

《宋史・藝文志・小説家類》 師曠《禽經》一卷。張華注。

文廷式《補晉書藝文志・小説家類》 張華注師曠《禽經》一卷。見《宋志》。

宋玉子

鄭樵《通志・藝文略・小説家》 《宋玉子》一卷。楚大夫宋玉撰。

姚振宗《漢書藝文志拾補・小説家》 《宋玉子》一卷。録一卷。

梁玉繩《人表考》曰：宋玉，見《人表第五》等。玉始見《史屈原傳》。鄢人一云：宜城人，屈原弟子。體皃閑麗，楚襄王稱爲先生。冢在唐州北陽縣。

嚴可均《全上古三代文編》曰：宋玉，郢人，師事屈平，爲頃襄王大夫。

《隋志》子部小説家，梁有《宋玉子》一卷，録一卷，楚大夫宋玉撰，亡。

方士傳

姚振宗《漢書藝文志拾補・小説家》 《方士傳》。

《史記封禪書》：騶衍以陰陽主運，顯於諸侯而燕齊。《海上之方士傳》，其術不能通，然則怪迂阿諛苟合之徒，自此興，不可勝數也。《漢書郊祀志》同。

劉向《別録》曰：《方士傳》言，鄒衍在燕，燕有谷地，美而寒，不生五穀。鄒子居之，吹律而温氣至，五穀生，今名黍谷。

劉歆《七略》曰：《方士傳》言，鄒子在燕其遊，諸侯畏之，皆郊迎而擁篲。

按《史記孟荀列傳》云：齊有三鄒子，其前鄒忌，先孟子。其次，騶衍，後孟子。鄒子，適梁，梁惠王郊迎，執賓主之禮。適趙，平原君側行襒席。如燕，昭王擁篲先驅，請列弟子之座而受業，築碣石宮，身親往師之。其游諸侯見尊禮如此。與《七略》所言，《方士傳》語同。然則，《方士傳》當作於戰國時，史公亦據以采摭歟。《北堂書鈔》引《鄒衍別傳》，亦當出是書。

伊尹説

《漢書・藝文志・小説家》《伊尹説》二十七篇。其語淺薄，似依託也。

姚振宗《漢書藝文志條理・小説家》《伊尹説》二十七篇。其語淺薄，似依託也。伊尹有書五十一篇，見前道家。

《孟子》萬章問曰：「人有言伊尹以割烹要湯，有諸？」孟子曰：「否，不然，吾聞其以堯舜之道要湯，未聞以割烹也。」

王氏考證：《吕氏春秋》：伊尹説湯以至味云云。蓋戰國之士謂伊尹以割烹要湯，故爲是説，孟子辯之詳矣。

何義門《讀書記》曰：「小説家《伊尹説》二十七篇，依託之書。皆入小説，弗爲弗滅，斯舉衷矣。」

嚴可均《三代文編》曰：「《漢志・小説家》有《伊尹説》二十七篇，本注：其語淺薄，似依託也。《吕氏春秋・本味篇》，疑即小説家之一篇。《孟子》：伊尹以割烹要湯謂此篇也。」

梁玉繩《吕子校補》曰：「《漢藝文志・小説家》有《伊尹説》二十七篇。《司馬相如傳》索隱稱：應劭引《伊尹》書。《説文》櫨字、秏字，注亦引伊尹之言。豈《本味》一篇出于《伊尹説》歟！」按，應劭所引，及《説文》兩字所注，皆見于《本味篇》，故梁氏有是言。

鬻子説

《漢書・藝文志・小説家》《鬻子説》十九篇。後世所加。

《舊唐書・經籍志・小説家》《鬻子》一卷鬻熊撰。

姚振宗《漢書藝文志條理・小説家》《鬻子説》十九篇。後世所加。鬻子有書二十二篇，見前道家。

《唐書經籍志》：《鬻子》一卷。鬻熊撰。按，《隋志》、《新唐志》並入道家。《宋志》入雜家。唯此志入小説家。今據以録于此。

《四庫雜家提要》曰：「《漢書藝文志》：道家《鬻子》二十二篇。又，小説家《鬻子説》十九篇。是當時本有二書。《列子》引《鬻子》凡三條，皆黄老清静之説，與今本不類，疑即道家二十二篇之文。今本所載，與賈誼《新書》所引六條，文格略同，疑即小説家之《鬻子説》也。」

嚴可均《漫稿》曰：「《漢志道家》：《鬻子》二十二篇。又，小説家《鬻子説》十九篇。後世所加，《隋志道家》、《鬻子》一卷，《舊唐志》改入小説家。案，隋唐人所見，皆道家殘本，共小説家本梁時已佚失。劉昫移道家本，當之非也。按，此謂小説家，本梁時佚失。根據《隋志》以爲之説也，最足憑信。

漢雜事秘辛

徐𤊹《徐氏家藏書目・小説類》《漢雜事祕辛》一卷。

《四庫全書總目提要・小説家》《漢雜事祕辛》一卷。内府藏本。不著撰人名氏。楊慎序稱得於安寧土知州萬氏。沈德符《敝帚軒剩語》曰，即慎所僞作也。敘漢桓帝懿德皇后被選及册立之事。其與史舛謬之處，明胡震亨姚士粦二跋辨之甚詳。其文淫豔，亦類傳奇，漢人無是體裁也。

鬻子注

《宋史・藝文志・小説家類》逄行珪《鬻子注》一卷。

周考

《漢書・藝文志・小説家》《周考》七十六篇。考周事也。

姚振宗《漢書藝文志條理・小説家》《周考》七十六篇。考周事也。

章學誠《校讎通義》曰：「小說家之《周考》七十六篇。班固注云：考周事也。則其書不當儕于小說也。」以爲當部于尚書家不可爲訓。

青史子

《漢書・藝文志・小說家》 《青史子》五十七篇。古史官記事也。

鄭樵《通志・藝文略・小說家》 《青史子》一卷。

姚振宗《漢書藝文志條理・小說家》 《青史子》五十七篇。古史官記事也。

《文心雕龍・諸子篇》曰：青史曲綴以街談。

《隋書・經籍志》：「梁有《青史子》一卷。亡。」

鄭樵《氏族略》：「以官爲氏者，有青史氏。」《英賢傳》云：「晉太史董狐之子，受封青史之田，因氏焉。《漢書・藝文志》：青史子著書。」

鄧名世《古今姓氏書辯證》：《漢藝文志》有青史氏，其書五十七篇。世以史書，總謂之青史。其説蓋起于此。

王氏考證：《風俗通義》引《青史子》書，《大戴禮保傅篇》，引青史氏之記。

馬國翰輯本《序》曰：「《漢志小說家》、《青史子》五十七篇。《隋》、《唐》志，不著録。佚已久。《大戴禮記》、《賈誼新書》並引青史氏之記。此佚説之僅存者。據輯校録書中言：胎教之法，懸弧之禮，巾車之道，具有典則。」

師曠

《漢書・藝文志・小說家》 《師曠》六篇。見《春秋》，其言淺薄，本與此同，似因託之。

姚振宗《漢書藝文志條理・小說家》 《師曠》六篇。見《春秋》，其言淺薄，本與此同，似因託也。一本也作之。

《左襄十四年傳》：師曠侍於晉侯。杜預曰：師曠，晉樂大師子野。

《孟子・離婁篇》：師曠之聰。趙岐曰：師曠，晉平公之樂太師也，其聽至聰。

本書人表，師曠列第五等，中中。梁玉繩曰：師曠，始見逸書。太子晉解《左襄十四》、《晉語八》晉主樂大師，字子野。冀州南和人。生而無目，故自稱瞑臣，又稱盲臣。亦曰：晉野葬右扶風漆縣。《廣韻注》：以師爲姓，非也。

《後漢書方術傳》序：箕子之術，師曠之書。注：師曠占災異之書也。今書《七志》有《師曠》六篇。

務成子

《漢書・藝文志・小說家》 《務成子》十一篇。稱堯問，非古語。

姚振宗《漢書藝文志條理・小說家》 《務成子》十一篇。稱堯問，非古語。

《荀子・大略篇》曰：堯學于君疇，舜學于務成昭。楊倞注曰：君疇，《漢書・古今人表》，作尹壽。又《漢藝文志小說家》有《務成子》十一篇。昭其名也。亦見《尸子》。又《新序》：子夏對哀公曰：舜學于務成跗。

林寶《元和姓纂》曰：務成氏，《呂氏春秋》務成子，堯師也。又《新序》：子夏曰：舜學于務成附。《氏族略》引文同「附」作「跗」。

宋子

《漢書・藝文志・小說家》 《宋子》十八篇。孫卿道宋子，其言黄老意。

姚振宗《漢書藝文志條理・小說家》 《宋子》十八篇，孫卿道宋子，其言黄老意。

《孟子・告子篇》：宋牼將之楚，孟子遇于石丘。趙岐曰：宋牼，宋人，名鈃。孫奭《正義》曰：「牼」與「鈃」同。口莖反。

《莊子・天下篇》曰：墨子，真天下之好也，宋鈃、尹文，聞其風而悦之。

《荀子・非十二子篇》：不知壹天下，建國家之權稱，上功用，大儉約而漫差等，曾不足以容辯異，縣君臣。然而，其持之有故，其言之成理，足以欺惑愚衆，是墨翟、宋鈃也。楊倞曰：宋鈃，宋人。與孟子、尹文子、彭蒙、慎到同時。《孟子》、作宋牼，與鈃同音。劉向《尹文子書録》曰：尹文子與宋鈃俱游稷下。

《韓非子・顯學篇》：宋榮子設不争鬭，取不隨仇，不羞囹圄，見侮不辱，世主以爲寬而禮之。俞樾《莊子人名考》：逍遥游篇有宋榮子。司馬彪云：宋國人也。崔云：賢者也。榮與鈃聲亦相近，宋榮即宋鈃，宋鈃即宋牼。

王氏考證：宋子，蓋尹文弟子。《荀子》兩引「宋子」，又兩引「子宋子」。

馬國翰輯本《序》曰：宋鈃，《孟子》作宋牼。《韓非》作宋榮子。要皆是一人也。《漢志小説家》：《宋子》十八篇。《隋》、《唐》志不著目，佚已久。《莊子·天下篇》載其禁攻寢兵之事，並述其言。案《莊子》雖與《尹文》並稱，今《尹文子》書尚存，無莊子所述之言，且以孟荀書證，知皆述鈃語，據補。佚篇、附考爲帙。

天乙

《漢書·藝文志·小説家》《天乙》三篇。天乙謂湯，其言非殷時，皆依託也。

姚振宗《漢書藝文志條理·小説家》《天乙》三篇。天乙謂湯，其言非殷時，皆依託也。非監本作者。

王氏考證：賈誼書脩政語引「湯曰」云云。《史記·殷本紀》湯曰：「予有言、人視水見形，視民知治不。」按，王氏以此兩引，謂即在此三篇中，亦約略言之耳。

黄帝説

《漢書·藝文志·小説家》《黄帝説》四十篇。迂誕依託。

姚振宗《漢書藝文志條理·小説家》《黄帝説》四十篇。迂誕依託。

封禪方説

《漢書·藝文志·小説家》《封禪方説》十八篇。武帝時。

姚振宗《漢書藝文志條理·小説家》《封禪方説》十八篇。武帝時。

《史封禪書》：今天子初即位，尤敬鬼神之祀。元年，漢興已六十餘載矣，天下乂安，搢紳之屬皆望天子封禪。草巡狩封禪事未就。後李少君以祀竈、穀道、卻老方見上。言祀竈，則致物。致物，而丹砂可化爲黄金。黄金成，以爲飲食器，則益壽。益壽而海中蓬萊僊者乃可見。見之以封禪，則不死，黄帝是也。天子使黄錘史寬舒，受其方。亳人謬忌奏，祠太一方。天子令太祝立其祠，常奉祀如忌方。其後，人有上書，言：古者，天子三年壹用太牢，祠神三一。天一、地一、太一。天子許之。令太祝領祀之如其方。後人復有上書言：古者，天子常以春解祠。《索隱》謂，祀祭以解殃咎，求福祥也。令祠官領之如其方。齊人少翁，以鬼神方見上。膠東宮人欒大求見，言：方。大見，數月佩六印，貴震天下。而海上燕、齊之間，莫不搤捥而自言有禁方，能神僊矣。上東巡海上，齊人之上疏，言神怪奇方者，以萬數。

待詔臣饒心術

姚振宗輯《七略别録佚文·小説家》《待詔臣饒心術》二十五篇。饒，齊人也，不知其姓。武帝時，待詔作書，名《心術》。嚴本馬本

《漢書·藝文志·小説家》《待詔臣饒心術》二十五篇。武帝時。

姚振宗《漢書藝文志條理·小説家》《待詔臣饒心術》二十五篇。武帝時。

劉向《别録》曰：饒，齊人也，不知其姓，武帝時，待詔作書，名曰《心術》。按，書名《心術》其即如後世見聞、果報、勸戒、諸録之類也歟。又，《管子·七法篇》云：實也、誠也、厚也、施也、度也、恕也，謂之《心術》。房玄齡曰：凡此六者，皆自心術生也。豈即以此六事推演爲書歟！

待詔臣安成未央術

《漢書·藝文志·小説家》《待詔臣安成未央術》一篇。

姚振宗《漢書藝文志條理·小説家》《待詔臣安成未央術》一篇。

應劭《漢書集解》曰：道家也。好養生事，爲未央之術。案，此疑與房中術相類。《開元占經·分野略例》中，引未央分野十二條。馬氏《玉函山房》以爲未央術輯入天文家。案，作未央分野者，後漢安帝時人，詳見李淳風《乙巳占分野篇》，非即此未央術也。

臣壽周紀

《漢書・藝文志・小説家》 《臣壽周紀》七篇。項國圉人，宣帝時。

姚振宗《漢書藝文志條理・小説家》 《臣壽周紀》七篇。項國，圉人，宣帝時。案，此次《待詔臣饒臣安成》之後。或蒙上省文，亦官待詔者。當時皆奏進于朝，故稱臣饒、臣安成、臣壽。周考，考周事。此周紀大抵亦紀周代瑣事。同爲街談巷議之流歟？又案，漢無項國。圉爲淮陽國屬縣。考《地理志》：汝南郡，項故國。《郡國志》亦云故國。《左傳僖十七年》：魯所滅。此注項國圉人。蓋從其所稱古地名。圉，故屬項國，漢屬淮陽國，後漢屬陳留郡。項，則兩漢並屬汝南郡。臣壽，實爲淮陽國圉人也。

虞初周説

《漢書・藝文志・小説家》 《虞初周説》九百四十三篇。河南人，武帝時以方士侍郎（隴）〔號〕黃車使者。

姚振宗《漢書藝文志條理・小説家》 《虞初周説》九百四十三篇。河南人，武帝時以方士侍郎號黃車使者。

應劭《漢書集解》曰：其説以《周書》爲本。

《史封禪書》：太初元年，是歲西伐大宛。丁夫人、雒陽虞初等以方祠詛匈奴大宛焉。本書《郊祀志》同。

後漢張衡《西京賦》曰：千乘雷動，萬騎龍驅，屬車之簉，載獫玁獢。匪唯翫好，乃有祕書小説九百。本自虞初從容之求實俟實儲。吴薛綜注曰：小説醫巫厭祝之術，凡有九百四十三篇。言九百，舉大數也。持此祕術，儲以自隨。待上所求，問皆常具也。李善曰：《漢書》曰《虞初周説》九百四十三篇。初河南人也。武帝時，以方士侍郎，乘馬衣黃衣，號黃車使者。按，此知今本《漢志》班氏注後人删落乘馬衣黃衣五字。又據賦所云，則天子從官，嘗載此書，以待顧問。未必非當時事實也。

百　家

《漢書・藝文志・小説家》 《百家》百三十九卷。

姚振宗《漢書藝文志條理・小説家》 《百家》百三十九卷。

應劭《風俗通義》曰：門户鋪首。按《百家書》，公輸般見水上蠡，謂之曰：「開汝頭，見汝形。」蠡適出頭，般以足畫圖之。蠡引閉其户，終不可開，設之門户，欲使閉藏，當如此固密也。又曰：城門失火，禍及池魚。謹案，《百家書》，宋城門失火，因汲取池中水以沃灌之，池中空竭，魚悉露死。喻惡之滋并中傷善類也。按應氏引《百家書》兩條知其嘗見此書矣。

南越行紀

姚振宗《漢書藝文志拾補・小説家》 陸賈《南越行紀》。

《史漢》列傳：陸賈者，楚人也。以客從高祖定天下。名有口辯，居左右，常使諸侯。時中國初定，尉佗平南越，因王之。高祖使賈賜佗印，爲南越王。賈至，令稱臣，奉漢約。歸報，高帝大悦，拜賈爲太中大夫。孝惠時，吕太后用事，賈自度不能争，迺病免。以好畤田地善往家焉。爲陳平畫吕氏數事，游漢廷公卿間，名聲籍甚。及誅吕氏，立孝文，賈頗有力。孝文即位，欲使人之南越，丞相平乃言賈爲太中大夫，往使，尉佗去黃屋稱制，令比諸侯。皆如意指。陸生竟以壽終。

晉嵇含《南方草木狀》曰：耶悉茗花、末利花，皆胡人自西國移植於南海。南人憐其芳香，競植之。

陸賈《南越行紀》曰：南越之境，五穀無味，百花不香。此二花，特芳香者，緣自別國移至，不隨水土而變。與夫橘北爲枳異矣。彼中女子以綵絲穿花心以爲首飾。又陸賈《南越行紀》曰：羅浮山頂有胡楊梅、山桃，繞其際，海人時登採，拾止得于上，飽啖，不得持下。

明楊慎《丹鉛總録》：古書不知名者，如《水經》引《南中行紀》，亦不出姓氏，考嵇含《南方草木狀》，始知陸賈作《南中行紀》，乃知前人或略後或有考焉。未可遽付之不知也。

按，陸大夫兩使南越，宜有此作。嵇含生於魏末，距漢未遠，所見當得其真。南越，楊氏誤爲南中，蓋率由記憶不求甚碻，其所作往往如此。前人亦嘗言之。

蹴鞠新書

姚振宗輯《七略別録佚文・小説家》《蹵鞠新書》二十五篇。蹵鞠者，傳言莫黄帝所作。或曰：起戰國之時，記云黄帝也。蹵亦蹋也，蹋鞠兵勢也，所以練武士。或引作事。知有才也。或作有方又云知武材也。皆因嬉戲而講習之，令軍士无事得使蹋鞠。有書二十五篇。嚴本馬本又曰，寒食蹋鞠，黄帝所造，本兵勢也。或云，起於戰國。按，鞠與毬同。古人蹋蹴以爲戲。《御覽・時序部》：《寒食篇》，《初學記》同。按，《漢志》諸子百八十九家出蹴鞠一家知七畧舊第蹵鞠在諸子畧中，《別録》亦猶是也。今姑係于諸子之末，并疑《七畧》當列在小説家。班氏析入兵技巧家。

感應經

錢東垣等輯《崇文總目・小説類》《感應經》三卷。原釋闕。見天一閣鈔本。

《宋史・藝文志・小説家類》東方朔《感應經》三卷。

六博經

姚振宗《漢書藝文志拾補・小説家》許博昌《六博經》一篇。

《西京雜記》，許博昌，安陵人也。善陸博，竇嬰好之。常與居處。其術曰方畔揭道張，張畔揭道方，張究屈乡高，高乡屈究張。又曰：張道揭畔方，方畔揭道、張，張究屈乡高，高乡屈究張。三輔兒童皆誦之。法用六箸，或謂之究以竹，爲之長六，分或用二箸。博昌又作《六博經》一篇，今世傳之。

按《王莽傳》，平原女子遲昭平，能説經博以八投。服虔曰：《博弈經》以八箭投之意，即《六博經》之類。

上林禽獸簿

姚振宗《漢書藝文志拾補・小説家》《上林禽獸簿》。

《漢書・張釋之傳》，上登虎圈，問上林尉禽獸簿，十餘問，尉左右視，盡不能對。虎圈嗇夫從旁代尉對，上所問禽獸簿甚悉。文帝曰：吏不當如是耶？師古曰：圈養獸之所也，簿謂簿書也。

按漢初即有上林設令尉等官，掌其簿籍，至武帝擴而大之，至三百餘里。

上林草木名

姚振宗《漢書藝文志拾補・小説家》《上林草木名》。

《西京雜記》曰：初修上林，羣臣遠方各獻名果異樹，亦有製爲美名，以標奇麗。余就上林令虞淵得朝臣所上草木名二千餘種，鄰人石瓊就余求借，一皆遺棄，今以所記憶，列於篇右云云。

按，劉子駿所記自梨訖楓，凡若干種，有云琅邪太守王唐所獻者，嶧陽都尉曹龍所獻者，東郡都尉于吉所獻者。蓋當時上林令有簿籍典守也。

李陵別傳

姚振宗《漢書藝文志拾補・小説家》《李陵別傳》。

《御覽》四百八十九引，《李陵別傳》曰：陵與蘇武書曰：男兒生不成名，死必葬蠻夷中耳。誰復能屈身稽顙，還向北闕，使刀筆吏弄其文墨耶。願足下勿復望陵。嗟乎！子卿知復何言，相去萬里，人絶路殊，生爲離別之人，死爲異域之鬼。

按，《李陵別傳》，當是前漢人作。陵既不得已降匈奴，漢朝人士頗有惘惜之者，故爲是傳。志悲感焉。《隋志》有梁任昉《雜傳》一百四十七卷，賀蹤《雜傳》七十卷，陸澄《雜傳》十九卷，無名氏《雜傳》十一卷，皆纂集先代別傳，彙爲一裒者，此傳當在其內。故不別著録，陵與蘇武書，見《文選》，或以爲魏晉六朝人擬作，亦無碻證。

漢武帝禁中起居注

姚振宗《漢書藝文志拾補・小説家》 《漢武帝禁中起居注》一卷。

東方朔別傳

姚振宗《漢書藝文志拾補・小説家》 《東方朔別傳》八卷。

《漢書》本傳，凡劉向所録，朔書具是矣。世所傳他事皆非也。又曰：朔之詼諧，逢占射覆其事，浮淺行於衆庶，童兒牧豎莫不眩耀。而後世好事者，因取奇言怪語附著之。朔故詳録焉。顏師古曰：謂如《東方朔別傳》及俗用五行時日之書，皆非實事也。又曰：言此傳所以詳録朔之辭語者，爲俗人多以奇異妄附於朔故耳。欲明傳所不記，皆非其實也。

章宗源《隋志考證》曰：《漢書東方朔傳》注謂，如《朔別傳》皆非實事。愚按，《藝文類聚》諸書，引《朔別傳》，類皆奇言譎語，惟《文選報任少卿書》注，引朔對武帝刑不上大夫之言，最爲莊論，《御覽》兵部引，朔上書人事部，朔形容公孫丞相、倪大夫等語，與《漢書》本傳同。《世説規》箴篇，注引朔南陽步廣里人本傳，稱平原厭次人，此可考異。

按，《史記滑稽列傳》附褚少孫語，六事中有東方朔事，與《史傳》互有同異，似即采之別傳。少孫自言，爲郎時，好讀外家傳語。按，外家傳語，即別傳之流。然則，此別傳漢時所有，褚少孫所見者歟。

飛燕外傳

《四庫全書總目提要・小説家》 飛燕外傳一卷。內府藏本。舊本題漢伶元撰。末有元自序，稱字子于，潞水人。由司空小吏歷三署，刺守州郡，爲淮南相。其妾樊通德爲樊嫕弟子不周之子，能道飛燕姊弟故事，於是撰《趙后別傳》。其文纖靡，不類西漢人語。序末又稱元爲河東都尉時，辱班彪之從父躅，故彪《續史記》不見收録。其文不相屬，亦不類元所自言。後又載桓譚語一則，言更始二年劉恭得其書於茂陵卞理，建武二年賈子翊以示譚。所稱埋藏之金縢漆匱者，似不應如此之珍貴。又載荀勖校書奏一篇，《中經簿》所録，今不可考。然所校他書，無載勖奏者，何獨此書有之。又首尾僅六十字，亦無此體。大抵皆出於依託。且閨幃媟褻之狀，嫕雖親狎，無目擊理。即萬一竊得之，亦無娓娓爲通德縷陳理。其僞妄殆不疑也。晁公武頗信之。陳振孫雖有或云僞書之説。而又云通德擁髻等事，文士多用。而禍水滅火之語，司馬公載之《通鑑》。夫文士引用，不爲典據。採淖方成語以入史，自是《通鑑》之失。乃援以證實是書，紕繆殊甚。且禍水滅火，其語亦有可疑。王懋竑白田雜著有《漢火德考》，曰漢初用赤帝子之祥，旗幟尚赤。而自有天下後，仍襲秦舊，故張蒼以爲水德。孝文帝時，公孫臣言，當改用土德，色尚黃，其事未行。至孝武帝改正朔，色尚黃，印章以五字，則用公孫臣之説也。王莽篡位，自以黃帝之後，當爲土德，而用劉歆之説，盡改從前相承之序，以漢爲火德。後漢重圖讖，以赤伏符之文改用火德。班固作志，遂以著之高帝紀。而後漢人作《飛燕外傳》案懋竑此語，尚以此傳爲真出伶元，蓋未詳考。有禍水滅火之語。不知前漢自王莽劉歆以前，未有以漢爲火德者。蓋其誤也云云。據此，則班固在莽歆之後，沿誤尚爲有因。淖方成在莽歆之前，安得預有滅火之説。其爲後人依託，即此二語亦可以見。安得以《通鑑》誤引，遂指爲真古書哉。

案此書記飛燕姊妹始末，實傳記之類。然純爲小説家言，不可入之於史部，與漢武內傳諸書同一例也。

趙飛燕三傳

徐㶿《徐氏家藏書目・小説類》《趙飛燕三傳》一卷。漢伶元。

蔡邕獨斷

徐㶿《徐氏家藏書目・小説類》《蔡邕獨斷》一卷。

周王遊行記

姚振宗《漢書藝文志拾補・小説家》《周王遊行記》五篇。汲冢竹書束晳本。

春秋正義王隱《晉書・束晳傳》曰：《周王遊行》五卷，説周穆王遊行天下之事，今謂之《穆天子傳》。唐修《晉書・束晳傳》曰：《穆天子傳》五篇，言周穆王遊行四海，見帝臺西王母。

《玉海》五十八：《拾遺記》曰：穆王三十二年，巡行天下，有書史十人記其所行之地。

按：晁氏《讀書志》言：郭璞注荀勗六卷本，謂之《周王遊行記》，與王隱所次束晳傳同。知束氏原目題此名。今本《晉書》乃曰：《穆天子傳》，唐人所改也。此本程姬死事一篇，編入雜書十九篇中。見前雜家故止於五卷。

譏俗書

姚振宗《後漢藝文志・小説家》王充《譏俗書》十二篇。充始末具道家。

《論衡・自紀篇》曰：「俗性貪進忽退，收成棄敗。充升擢在位之時，衆人蟻附。廢退窮居，舊故叛去。志俗人之寡恩，故閒居，作譏俗節義十二篇。冀俗人觀書而自覺，故直露其文，集以俗言。」又曰：「充既疾俗情，作譏俗之書。」又曰：「譏俗之書，欲悟俗人，故形露其指，爲分別之文。」

月旦評

姚振宗《後漢藝文志・小説家》許劭《月旦評》。

《范書本傳》：劭，字子將，汝南平輿人也。少俊名節，好人倫，多所賞識。若樊子昭、和陽士者並顯名于世。故天下言拔士者，咸稱許郭。初爲郡功曹。曹操微時，常卑辭厚禮求爲己目。劭鄙其人而不肯對，操乃伺隙脅劭，劭不得已曰：「君，清平之姦賊，亂世之英雄。」操大悦而去。初，劭與從兄靖俱有高名，好共覈論鄉黨人物。每月輒更其品題，故汝南俗有月旦評焉。司空楊彪辟舉方正敦樸，皆不就。後避地廣陵，投揚州刺史劉繇于曲阿。及孫策平吴，劭與繇南奔豫章而卒。時年四十六。《惠氏補注》豫《章記》曰：時漢興平二年也。

《抱朴子・自敍篇》曰：漢末俗弊，朋黨分部。許子將之徒，以口舌取戒，争訟論議，門宗成讎，故汝南人士無復定價，而有月旦之評。魏武帝亦深疾之，欲取其首，爾乃奔波亡走，殆至屠滅。按此似興平二年後事。

郭林宗著書

姚振宗《後漢藝文志・小説家》《郭林宗著書》一卷郭泰見史部雜傳記類

范書本傳：林宗就成皋，屈伯彦學三年。業畢博通墳籍，善談論，美音制，乃游于洛陽，始見河南尹李膺。膺大奇之，遂相友善。于是名震京師。後歸鄉里，司徒黄瓊辟太常。趙典舉有道或勸林宗仕進者。對曰：「吾夜觀乾象，晝察人事，天之所廢，不可支也。」並遂不應。性明知人，好獎訓士類。又，林宗雖善人倫而不爲危言覈論，故宦官擅政而不能傷也。其獎拔士人皆如所鑒以是名聞天下。後之好事或附益增張，故多華辭不經。又，類卜相之書，今録其章章效于事者著之篇末。

《世説》政事篇注：《郭泰别傳》曰，泰字林宗，有人倫鑒識，題品海内之士。或在幼童，或在里肆，後皆成英彦六十餘人。自著書一卷，論取士之本末，行遭亂亡失。

按：本傳節録凡十則。末云：又識張孝仲、郝禮真等六十人並以成名與別傳所言合。蓋自記其鑒識者六十餘人也。南海伍崇曜校刊《侯氏志》跋云：「《高齋漫録》稱郭林宗撰玉管通神有云：貴賤，視其眉宇；安否，察其皮毛；苦樂，觀其手足；貧富，觀其頤頰。此贋書。范蔚宗所謂：後之好事附益增張者也。

高貴鄉公謎語

姚振宗《三國藝文志・小説家》《高貴鄉公謎語》。

《文心雕龍・諧讔篇》曰：讔者，隱也。漢世隱書，十有八篇，歆、固編文，録之歌末。自魏代以來，化爲謎語。謎也者，迴互其辭，使昏迷也。或體目文字，或圖象品物，纖巧以弄思，淺察以衒辭。義，欲婉而正，辭，欲隱而顯。荀卿《蠶賦》，已兆其體。至魏文陳思約而密之，高貴鄉公博舉品物，雖有小巧用乖遠大。然文辭之有諧讔譬九流之有小説云。

案劉勰言，則文帝，陳王，高貴鄉公，集中皆有謎語。至公博舉品物，尤多于前云。

張公雜記

文廷式《補晉書藝文志・小説家類》《張公雜記》五卷。張華撰，與《博物志》相志，小小不同。

張華雜記

文廷式《補晉書藝文志・小説家類》《張華雜記》十一卷。

異苑

徐𤊹《徐氏家藏書目・小説類》《異苑》十卷。宋劉敬叔。

錢謙益等《絳雲樓書目・小説類》劉敬叔《異苑》，十卷。宋給事牧翁云，此書是流俗刻本，不足據。

軍機處奏《禁毁書目》《異苑》十卷。江蘇巡撫採進本。宋劉敬叔撰。敬叔，《宋書》《南史》俱無傳。明胡震亨始採諸書補作之。稱敬叔，彭城人。起家小兵參軍，元嘉三年爲給事黄門郎，太始中卒。又稱嘗爲劉毅郎中令，以事忤毅，爲所奏免官。今案書中稱毅鎮江州，褊躁愈劇。又載毅妻爲桓元所得，擅寵有身。多蓄憾詆毁之詞，則震亨之言當爲可信。惟書中自稱義熙十三年，余爲長沙景王驃騎參軍。以《宋書》長沙景王道憐傳考之，時方以驃騎將軍領荆州刺史，與敬叔所記相合。而震亨傳中未之及，則偶疎也。其書皆言神怪之事，卷數與《隋書・經籍志》所載相合。劉知幾《史通》謂《晉書》載武庫火、漢高祖斬蛇劍穿屋飛去，乃據此書載入，亦復相合。惟中閒《太平御覽》所引傅承亡餓一條，此本失載。又稱宋高祖爲宋武帝裕，直舉其國號名諱，亦不似當時臣子之詞。疑已不免有所佚脱竄亂。然核其大致，尚爲完整，與《博物志》、《述異記》全出後人補綴者不同。且其詞旨簡澹，無小説家猥瑣之習。斷非六朝以後所能作。故唐人多所引用。如杜甫詩中陶侃胡奴事，據《世説新語》但知爲侃子小名。勘驗是書，乃知別有一事，甫之援引爲精切。則有裨於考證亦不少矣。

張之洞《書目答問・小説家》《異苑》十卷。宋劉敬叔。津逮本。學津本。

西京雜記

范邦甸等《天一閣書目・小説類》《西京雜記》二卷。刊本晉丹陽葛洪撰。

《西京雜記》六卷。刊本明吳郡沈與文校刊。

《西京雜記》六卷。刊本明嘉靖壬子孔天允刊并序。

《四庫全書總目提要・小説家》《西京雜記》六卷。内府藏本。舊本題晉葛洪撰。洪有《肘後備急方》已著録。黄伯思《東觀餘論》稱：此書中事皆劉歆所説，葛稚川採之。其稱余者，皆歆本文云云。今檢書後有洪跋，稱其家有劉歆漢書一百卷。考校班固所作，殆是全取劉氏。有小異同固所不取，不過二萬許言。今鈔出爲二卷，名曰《西京雜記》，以補《漢書》之闕云云。伯思所説蓋據其文。案《隋書·經籍志》載此書二卷，不著撰人名氏。《漢書·匡衡傳》顔師古註，稱今有《西京雜記》者，出於里巷。亦不言作者爲何人。至段成式《酉陽雜俎》廣動植篇始載葛稚川就上林令魚泉問草木名，今在此書第一卷中。張彦遠《歷代名畫記》載毛延壽畫王昭君事，亦引爲葛洪《西京雜記》。則指爲葛洪者實起於唐。故《舊唐書·經籍志》載此書，遂註曰晉葛洪撰。然《酉陽雜俎》語資篇別載庾信作詩用《西京雜記事》，旋自追改，曰此吴均語，恐不足用。晁公武《讀書志》亦稱江左人或以爲吴均依託，蓋即據成式所載庾信語也。今考《晉書·葛洪傳》，載洪所著有《抱朴子》《神仙》、《良吏》、《集異》等傳，《金匱》、《要方》、《肘後》、《備急》方竝諸雜文，共五百餘卷。竝無《西京雜記》之名。則作洪撰者自屬舛誤。特是向歆父子作《漢書》，史無明文。而以此書所紀與班書參校，又往往錯互不合。如《漢書》載文帝以代王即位，而此書乃云文帝爲太子。《漢書》載廣陵王胥淮南王安竝謀逆自殺，而此書乃云胥格猛獸陷脰死，安與方士俱去。《漢書·楊王孫傳》即以王孫爲名，而此書乃云名貴。似是故謬其事，以就洪跋中小有異同之文。又歆始終臣莽，而此書載吴章被誅事，乃云章後爲王莽所殺，尤不類歆語。又《漢書匡衡傳》匡鼎來句，服虔訓鼎爲當，應劭訓鼎爲方，此書亦載是語，而以鼎爲匡衡小名。使歆先有此説，服虔應劭皆後漢人，不容不見，至葛洪乃傳。是以陳振孫等皆深以爲疑。然庾信指爲吴均，別無他證。段成式所述信語，亦未見於他書。流傳既久，未可遽更。今姑從原跋，兼題劉歆葛洪姓名，以存其舊。其書諸志皆作二卷，今作六卷。據《書録解題》，蓋宋人所分。今亦仍之。其中所述雖多爲小説家言，而摭採繁富，取材不竭。李善註《文選》，徐堅作《初學記》，已引其文。杜甫詩用事謹嚴，亦多採其語。詞人沿用數百年，久成故實，固有不可遽廢者焉。

彭元瑞《天禄琳琅書目後編·宋版子部》 《西京雜記》一函一册。

晉葛洪撰。書六卷。第一二十七條、第二二十九條、第三二十五條、第四三十條、第五十條、第六十七條與《隋書·經籍志》合，然顔師古《漢書注》即以爲出於里巷。《酉陽雜俎》載：庾信用《西京雜記》事追改曰：此吴均語不足用，蓋此書自唐初以爲洪之書，至宋久爲古書而刻之矣。文徵明家藏本。

張金吾《愛日精廬藏書志·小説類》 《西京雜記》二卷。明活字本。丹陽葛洪，字稚川。集。

張之洞《書目答問·小説家》 《西京雜記》六卷。梁吴均。抱經堂校刻別行本。又津逮本。學津本。漢魏叢書本。

語林

鄭樵《通志·藝文略·小説家》 《語林》十卷。東晉處士裴啓撰。

文廷式《補晉書藝文志·小説家類》 裴啓《語林》十卷。東晉處士。《世説》文學門，裴郎作語林注。裴氏家傳曰：裴榮字榮期，河東人。父稺豐城令。榮期少有風姿、才氣，好論古今人物。選語林數卷，號曰裴子檀道鸞。裴松之以爲啟作語林，榮儻別名啓乎？又排調門注，引《續晉陽秋》曰：隆和中，河東裴啟譔。漢魏迄今，言語應對之可稱者，謂之語林。時人多好其事，後説太傅事不實。而有人於謝坐，敘其黄公酒罏事。司徒王珣爲之賦。謝公加以與，王不平乃云：君遂欲作裴郎學。自是衆咸鄙其事矣。《史通書事篇》云：自魏晉以降，著述多門，《語林》、《笑林》、《世説》、《俗説》，皆喜載調謔，嗤鄙異聞，雖爲有識所譏，頗爲無知所説。

説林

鄭樵《通志·藝文略·小説家》 《説林》五卷。孔衍撰。

説林

鄭樵《通志·藝文略·小説家》 《説林》二十卷。張太素撰。

郭頒羣英論

文廷式《補晉書藝文志・小説家類》《郭頒羣英論》一卷。

鄴中記

徐熥《徐氏家藏書目・小説類》《鄴中記》一卷。晉陸翽。

志林

文廷式《補晉書藝文志・小説家類》盧達《志林》二十四卷。唐馬總《意林》卷六：《盧達志林》二十四卷，列華譚後孫綽前，則達爲晉人無疑。又引一條云，東海之魚墜一鱗，崑崙之木棄一葉，世人皆能知之。今本《意林》佚去，此用蔣光煦斠補，餘録周光業輯本。

何氏雜記

文廷式《補晉書藝文志・小説家類》《何氏雜記》十卷。

續咸遠遊志

文廷式《補晉書藝文志・小説家類》《續咸遠遊志》十卷。《本傳》：按，《遠遊志》久佚，未知何所紀載，姑附九流之末，俟攷。

廣志

文廷式《補晉書藝文志・小説家類》郭義《恭廣志》二卷。按，《類聚》、《書鈔》、《文選》注諸書稱引至多，皆晉以前事，但不詳義恭何時人。惟《御覽》九百三十八引此書「鯢魚」一條，稱引徐廣《史記注》，知爲廣以後人耳。今姑存其目。

在窮記

文廷式《補晉書藝文志・小説家類》孔衍《在窮記》。《太平御覽》四百八十六、八百十七、八百五十九、百二十四引之，《書鈔》一百三十四：孫舒元《在窮記》曰，遭亂之後，隰陽令述祖送四幅絳被一領，「孫」字乃「孔」字之誤。

異説

文廷式《補晉書藝文志・小説家類》《異説》。《初學記》卷七：《異説》云，臨邛縣有火井，漢室之盛則赫熾，桓靈之際火勢漸微。諸葛孔明一窺而更盛，至景曜元年人以燭投即滅。其年蜀并於魏。

虞潭筆記

文廷式《補晉書藝文志・小説家類》《虞潭筆記》。《書鈔》一百二十九曰，《虞譚當作潭筆記》云：泰寧二年詔贈大夫碧紗袍。

顔氏家訓

錢東垣等輯《崇文總目・小説類》《顔氏家訓》七卷。顔之推撰。

八代談藪

尤袤《遂初堂書目・小説類》顔之推《八代談藪》。

抒情集

尤袤《遂初堂書目・小説類》《抒情集》。

瓊林

《隋書・經籍志・小説家》《瓊林》七卷。周獸門學士陰顥撰。

鄭樵《通志・藝文略・小説家》《瓊林》七卷。周虎門學士陰顥撰。

世説新語

《隋書・經籍志・小説家》《世説》八卷。宋臨川王劉義慶撰。

《世説》十卷。劉孝標注。

《舊唐書・經籍志・小説家》《世説》八卷。劉義慶撰。

錢東垣等輯《崇文總目・小説類》《世説》十卷。宋臨川王義慶撰。侗按，《玉海》云：《世説新語》八卷。《崇文》目十卷。《讀書志》云：《唐藝文志》：劉義慶《世説》八卷。劉孝標《續》十卷。而《崇文總目》止載十卷。當是孝標續義慶本八卷通成十卷耳。

《新唐書・藝文志・小説家類》劉義慶《世説》八卷。

鄭樵《通志・藝文略・小説家》《世説》八卷。宋臨川王劉義慶撰。

晁公武《郡齋讀書志・小説類》《世説新語》十卷，重編世説十卷。右宋劉義慶撰，梁劉孝標注。記東漢以後事，分三十八門。《唐藝文志》云：「劉義慶《世説》八卷，劉孝標續十卷。」而《崇文總目》止載十卷，當是孝標續義慶元本八卷，通成十卷耳。家本有二：一極詳，一殊畧。畧有稱改正，未知誰氏所定，然其目則同。劉知幾頗言此書非實録，予亦云。

又《世説新語》。

尤袤《遂初堂書目・小説類》《世説》。

陳振孫《直齋書録解題・小説家類》《世説新語》三卷。宋臨川王劉義慶撰，梁劉峻孝標注。《敘録》者，近世學士新安汪藻彦章所爲也，首爲《考異》，繼列人物世譜、姓氏異同，末記所引書目。按《唐志》作八卷，劉孝標續十卷，自餘諸家所藏卷第多不同，《敘録》詳之。此本董令升刻之嚴州，以爲晏元獻公手自校定，刪去重複者。

馬端臨《文獻通考・經籍考・小説家》《世説新語》十卷。陳氏曰：今本三卷，《敘録》二卷。《敘録》者，近世學士新安汪藻彦章所爲也。首爲考異，繼列人物世譜姓字異同，末記所引書目。按《唐志》作八卷，劉孝標《續》十卷，自餘諸家所藏卷第多不同，《敘録》詳之。此本董令升刻之嚴州，以爲晏元獻公手自校定，刪去重複者。高氏《緯略》曰：義慶採擷漢、晉以來佳事佳話，爲《世説新語》，極爲精絶，而猶未爲奇也。梁劉孝標注此書，引援詳確，有不言之妙。如引漢、魏、吳諸史及子傳地理之書，皆不必言，只如晉氏一朝史及晉諸公別傳、譜録文章，凡一百六十六家，皆出於正史之外，紀載特詳，聞見未接，實爲注書之法。

馬端臨《文獻通考・經籍考・小説家》《重編世説》十卷。

《宋史・藝文志・小説家類》劉義慶《世説新語》三卷。

又《世説新語》一卷。

高儒《百川書志・小説家》《世説新語》八卷。宋臨川王劉義慶撰，梁劉孝標註，須谿劉辰翁批點，凡三十六門。

范邦甸等《天一閣書目・小説類》《世説新語》八卷刊本。宋臨川劉義慶撰，梁劉孝標注，明王世懋批點，淩瀛初校。

又《世説新語》六卷刊本宋劉義慶撰，梁劉孝標注，明嘉靖乙未袁褧序。

又《世説新語補》二十卷刊本。

徐𤊹《徐氏家藏書目·小説類》《世説新語》八卷。宋劉義慶。

錢謙益等《絳雲樓書目·小説類》 宋板《世説》。

《四庫全書總目提要·小説家》《世説新語》三卷。内府藏本。宋臨川王劉義慶撰。梁劉孝標註。義慶事蹟具《宋書》。孝標名峻，以字行，事蹟具《梁書》。黄伯思《東觀餘論》謂《世説》之名肇於劉向，其書已亡。故義慶所集名《世説新書》。段成式《酉陽雜俎》引王敦澡豆事，尚作《世説新書》可證。不知何人改爲新語，蓋近世所傳。然相沿已久，不能復正矣。所記分三十八門。上起後漢，下迄東晉，皆軼事瑣語，足爲談助。《唐藝文志》稱劉義慶《世説》八卷，劉孝標《續》十卷。《崇文總目》惟載十卷。晁公武謂當是孝標續義慶元本八卷，通成十卷。又謂家有詳略二本，迥不相同。今其本皆不傳。惟陳振孫《書録解題》作三卷，與今本合。其每卷析爲上下，則世傳陸游所刊本已然，蓋即舊本。至振孫載汪藻所云《敘録》二卷，首爲《考異》，繼列人物世譜，姓字異同，末記所引書目者，則佚之久矣。自明以來，世俗所行凡二本。一爲王世貞所刊，註文多所删節，殊乖其舊。一爲袁褧所刊，蓋即從陸本翻雕者，雖板已刓敝，然猶屬完書。義慶所述，劉知幾《史通》深以爲譏。然義慶本小説家言，而知幾繩之以史法，擬不於倫，未爲通論。孝標所注特爲典贍，高似孫《緯略》亟推之。其糾正義慶之紕繆，尤爲精核。所引諸書，今已佚其十之九，惟賴是注以傳。故與裴松之《三國志注》、酈道元《水經注》、李善《文選注》同爲考證家所引據焉。

彭元瑞《天禄琳琅書目後編·明版子部》《世説新語》一函六册。宋劉義慶撰，梁劉孝標注。事俱具《南史》。書三卷，各分上、下，凡三十六門。是書紹興八年董弅以家藏王原叔本及後得晏元獻本，是正刊之。淳熙戊申，陸游重刻。於新定皆有識，末刻嘉靖乙未歲吴郡袁氏嘉趣堂重雕。蓋從陸本翻刻者，猶屬完書，較之王世貞所刻删節注文者此爲善本矣。前有袁褧自序。褧，字尚之，吴縣人。博學工詩、善書法。見《蘇州府志》。

孫星衍《平津館鑒藏書籍記》《世説新語》上中下三卷。每卷又分上下。題宋臨川王義慶撰。梁劉孝標注。前有嘉靖乙未袁褧序。稱余家藏宋本。是放翁校刊本。謝湖躬耕之暇，手披心寄，自謂可觀。爰付梓人，公之同好。序後有「時萬曆己酉春周氏博古堂刊」十二字。此書世無完本，張懋辰刻，正文與注，俱多删落。唯此本特爲完善。每葉廿行，行廿字。

張之洞《書目答問·小説家》《世説新語》三卷。宋劉義慶。明袁氏刻仿宋本。道光戊子周氏紛欣閣重刻袁本。惜陰軒本。

世説敘録

尤袤《遂初堂書目·小説類》《世説敘録》。

陳振孫《直齋書録解題·小説家類》《世説敘録》二卷。

《宋史·藝文志·小説家類》 汪藻《世説敘録》三卷。

小　説

《舊唐書·經籍志·小説家》《小説》十卷。劉義慶撰。

《新唐書·藝文志·小説家類》《小説》十卷。

鄭樵《通志·藝文略·小説家》《小説》十卷。劉義慶撰。

文　對

《隋書·經籍志·小説家》《文對》三卷。

續世説

《舊唐書·經籍志·小説家》《續世説》十卷。劉孝標撰。

《新唐書·藝文志·小説家類》 劉孝標《續世説》十卷。

鄭樵《通志·藝文略·小説家》《續世説》十卷。劉孝標撰。

尤袤《遂初堂書目・小説類》《續世説》。

世説抄

鄭樵《通志・藝文略・小説家》《世説抄》一卷。

世説簡要

鄭樵《通志・藝文略・小説家》《世説簡要》十卷。

俗　説

鄭樵《通志・藝文略・小説家》《俗説》一卷。

尤袤《遂初堂書目・小説類》劉孝標《俗説》。

《宋史・藝文志・小説家類》沈約《俗説》一卷。

銅劍贊

《宋史・藝文志・小説家類》江淹《銅劍讃》一卷。

古今注

徐𤊹《徐氏家藏書目・小説類》《古今注》三卷。崔豹。

古今刀劍録

《宋史・藝文志・小説家類》陶弘景《古今刀劍録》一卷。

虞初志

徐𤊹《徐氏家藏書目・小説類》《虞初志》八卷。梁吴均。

類　林

《新唐書・藝文志・小説家類》裴子野《類林》三卷。

鄭樵《通志・藝文略・小説家》《類林》三卷。裴子野撰。

小　説

《隋書・經籍志・小説家》《小説》十卷。梁武帝勑安右長史殷芸撰。梁目，三十卷。

《小説》五卷。

《舊唐書・經籍志・小説家》《小説》十卷。殷芸撰。

《新唐書・藝文志・小説家類》殷芸《小説》十卷。

鄭樵《通志・藝文略・小説家》《小説》十卷。梁武帝勑安右長史殷芸撰。

晁公武《郡齋讀書志・小説類》殷芸《小説》十卷。右宋殷芸撰。述秦、漢以來雜事。予家本題曰「劉餗」，李淑以爲非。

尤袤《遂初堂書目・小説類》殷芸《小記》。

陳振孫《直齋書録解題・小説家類》《殷芸小説》十卷。宋殷芸撰。《邯鄲書目》云，或題劉餗，非也。今此書首題秦、漢、魏、晉、宋諸帝，注云齊殷芸撰，非劉餗明矣。故其序事止宋初，蓋於諸史傳記中鈔集。或稱商芸者，宣祖廟未祧時避諱也。

馬端臨《文獻通考・經籍考・小説家》 殷芸《小説》十卷。

《宋史・藝文志・小説家類》 殷芸《小説》十卷。

錢謙益等《絳雲樓書目・小説類》 殷芸《小説》。十卷，梁人。

錢東垣等輯《崇文總目・小説類》 《小説》十卷。殷芸撰。

侗按，《書録解題》引《邯鄲書目》云：或題劉餗，非也。又云：或稱商芸者，宣廟未祧時避諱也。攷《讀書志》作劉餗撰。《舊唐志》、《唐志》、《通志略》又有劉義慶撰。亦十卷。

又按，經部有殷价《喪禮極義通攷》引原釋，亦作商价。陳詩庭云：宋時，殷字多避作商，故改殷城縣曰商城。溵水曰商水。

邇説

《隋書・經籍志・小説家》 《邇説》一卷。梁南臺治書伏挺撰。

鄭樵《通志・藝文略・小説家》 《邇説》十卷。梁南臺治書伏挺撰。

古今同姓名録

陳振孫《直齋書録解題・小説家類》 《古今同姓名録》一卷。梁元帝撰。有陸善經者續之至五代時。

馬端臨《文獻通考・經籍考・小説家》 《古今同姓名録》一卷。

辯林

《隋書・經籍志・小説家》 《辯林》二十卷。蕭賁撰。

《舊唐書・經籍志・小説家》 《辨林》二十卷。蕭賁撰。

《新唐書・藝文志・小説家類》 蕭賁《辨林》二十卷。

鄭樵《通志・藝文略・小説家》 《辯林》二十卷。蕭賁撰。

座右方

《舊唐書・經籍志・小説家》 《座右方》三卷。庾元威撰。

《新唐書・藝文志・小説家類》 庾元威《座右方》三卷。

鄭樵《通志・藝文略・小説家》 《座右方》八卷。庾元威撰。

寶櫝記

《宋史・藝文志・小説家類》 《寶櫝記》十卷。並不知作者。

徐𤊹《徐氏家藏書目・小説類》 《寶櫝記》一卷。

辯林

《隋書・經籍志・小説家》 《辯林》二卷。席希秀撰。

鄭樵《通志・藝文略・小説家》 《辯林》二卷。席希秀撰。

釋俗語

《舊唐書・經籍志・小説家》 《釋俗語》八卷。劉霽撰。

《新唐書・藝文志・小説家類》 劉霽《釋俗語》八卷。

酒孝經

《舊唐書・經籍志・小説家》《酒孝經》一卷。劉炫定撰。

《新唐書・藝文志・小説家類》劉炫《酒孝經》一卷。

座右法

鄭樵《通志・藝文略・小説家》《座右法》一卷。

談　藪

錢東垣等輯《崇文總目・小説類》《談藪》八卷。楊松玠撰。

鄭樵《通志・藝文略・小説家》《談藪》八卷。隋楊松玠撰。

尤袤《遂初堂書目・小説家》楊松玢《談藪》。

《宋史・藝文志・小説類》陽松玠《八代談藪》二卷。

錢神論

錢東垣等輯《崇文總目・小説類》《錢神論》一卷。魯褒撰。

誡子拾遺

錢東垣等輯《崇文總目・小説類》《誡子拾遺》四卷。李恕撰。

《新唐書・藝文志・小説家類》李恕《誡子拾遺》四卷。

小　説

鄭樵《通志・藝文略・小説家》《小説》二卷。劉孝孫撰。

事　始

錢東垣等輯《崇文總目・小説類》《事始》三卷。

《新唐書・藝文志・小説家類》《事始》三卷。劉孝孫、房德懋。

《宋史・藝文志・小説家類》劉存《事始》三卷。

續事始

錢東垣等輯《崇文總目・小説類》《續事始》五卷。原釋馮鑑。見天一閣鈔本。

《宋史・藝文志・小説家類》馮鑑《續事始》五卷。

漢隋遺録

尤袤《遂初堂書目・小説類》《漢隋遺録》。

《宋史・藝文志・小説家類》顔師古《隋遺録》一卷。

徐𤊹《徐氏家藏書目・小説類》《隋遺録》一卷。唐顔師古。

大業雜記

徐𤊹《徐氏家藏書目・小説類》《大業雜記》一卷。

南部煙花録

尤袤《遂初堂書目・小説類》《南部煙花録》。

《四庫全書總目提要・小説家》《大業拾遺記》二卷。江蘇巡撫採進本。一名《南部煙花録》。舊本題唐顔師古撰。末有跋語，稱《會昌中沙門志》徹得之瓦棺寺閣，乃《隋書遺稿》云云。王得臣《麈史》稱其極惡，可疑。姚寬《西溪叢語》亦曰《南部煙花録》文極俚俗。又載陳後主詩云：夕陽如有意，偏向小窗明。此乃唐人方域詩，六朝語不如此。《唐》藝文志所載《煙花録》，記幸廣陵事，此本已亡。故流俗僞作此書云云。然則此亦僞本矣。今觀下卷記幸月觀時與蕭后夜話，有儂家事一切已託楊素了之語。是時素死久矣，師古豈疎謬至此乎。其中所載煬帝諸作，及虞世南贈袁寶兒作，明代輯六朝詩者往往採掇，皆不攷之過也。

開元御集戒子書

錢東垣等輯《崇文總目・小説類》《開元御集戒子書》一卷。原釋闕。見天一閣鈔本。

《新唐書・藝文志・小説家類》《開元御集誡子書》一卷。

家範

錢東垣等輯《崇文總目・小説類》《家範》一卷。狄仁傑撰。

《新唐書・藝文志・小説家類》狄仁傑《家範》一卷。

六誡

錢東垣等輯《崇文總目・小説類》《六誡》一卷。姚元崇撰。原釋闕。見天一閣鈔本。

《新唐書・藝文志・小説家類》姚元崇《六誡》一卷。

《宋史・藝文志・小説家類》姚崇《六誡》一卷。

中樞龜鑑

錢東垣等輯《崇文總目・小説類》《中樞龜鑑》一卷。蘇瓌撰。

《新唐書・藝文志・小説家類》蘇瓌《中樞龜鏡》一卷。

鄭樵《通志・藝文略・小説家》《中樞龜鑑》一卷。唐蘇瓌撰。

唐説纂

錢東垣等輯《崇文總目・小説類》《唐説纂》四卷。

《新唐書・藝文志・小説家類》李繁《説纂》四卷。

鄭樵《通志・藝文略・小説家》《説纂》四卷。李繁撰。

陳振孫《直齋書録解題・小説家類》《大唐説纂》四卷。不著名氏。分門類事若《世説》。止有十二門，恐非全書。

《宋史・藝文志・小説家類》《唐説纂》四卷。

朝野僉載

尤袤《遂初堂書目・小説類》《朝野僉載》。

陳振孫《直齋書録解題・小説家類》《朝野僉載》一卷。唐司門郎中饒陽張鷟文成撰。其書本三十卷。案：《宋史・藝文志》，《朝野僉載》二十卷，又《僉載補遺》三卷。《文獻通攷》止載《補遺》三卷，蓋亦未見全書。此云本三十卷，疑誤。此特其節略爾，別求之未獲。鷟自號「浮休子」。

馬端臨《文獻通考・經籍考・小説家》《朝野僉載補遺》三卷。

晁氏曰：唐張鷟文成撰。分三十五門，載唐朝雜事。鷟自號浮休子，蓋取《莊子》「其生也浮，其死也休」之義。

容齋洪氏曰：《僉載》紀事皆瑣尾摘裂，且多媟語。

徐𤊹《徐氏家藏書目・小説類》《朝野僉載》一卷。唐張鷟。

錢謙益等《絳雲樓書目・小説類》《朝野僉載》二十卷。唐張鷟，記周隋以來事迹。

《四庫全書總目提要・小説家》《朝野僉載》六卷。内府藏本。舊本題唐張鷟撰。鷟有《龍筋鳳髓判》，已著録。此書《新唐書・藝文志》作三十卷。《宋史・藝文志》作《僉載》二十卷，又《僉載補遺》三卷。《文獻通考》則但有《僉載補遺》三卷。此本六卷，參考諸書皆不合。晁公武《讀書志》又謂其分三十五門，而今本乃逐條聯綴，不分門目，亦與晁氏所紀不同。考莫休符《桂林風土記》，載鷟在開元中，姚崇誣其奉使江南，受遺賜死，其子上表請代，減死流嶺南。數年起爲長史而卒。計其時尚在天寶之前，而書中有寶曆元年資陽石走事。寶曆乃敬宗年號。又有孟宏微對宣宗事。時代皆不相及。按尤袤《遂初堂書目》亦分《朝野僉載》及《僉載補遺》爲二書。疑僉載乃鷟所作。《補遺》則爲後人附益。凡闌入中唐後事者，皆應爲補遺之文。而陳振孫所謂書本三十卷，此其節略者，當即此本。蓋嘗經宋人摘録，合《僉載》、《補遺》爲一。刪併門類，已非原書，又不知何時析三卷爲六卷也。其書皆紀唐代故事，而於諧噱荒怪，纖悉臚載，未免失於纖碎。故洪邁《容齋隨筆》譏其記事瑣屑擿裂，且多媟語。然耳目所接，可據者多。故司馬光作通鑑亦引用之。兼收博採，固未嘗無裨於見聞也。

朝野僉載補遺

晁公武《郡齋讀書志・小説類》《朝野僉載補遺》三卷。右唐張鷟文成撰。分三十五門，載唐朝雜事。鷟自號浮休子，蓋取《莊子》「其生也浮，其死也休」之義。

尤袤《遂初堂書目・小説類》《僉載補遺》。

徐𤊹《徐氏家藏書目・小説類》《朝野遺記》一卷。宋張鷟。

鑑龍圖記

《宋史・藝文志・小説家類》《鑑龍圖記》一卷。

五代新説

尤袤《遂初堂書目・小説類》《五代新説》。

《宋史・藝文志・小説家類》張説《五代新説》二卷。

盧公家範

錢東垣等輯《崇文總目・小説類》《盧公家範》一卷。盧僎撰。原釋闕。見天一閣鈔本。

《新唐書・藝文志・小説類》《盧公家範》一卷。盧僎。

兩同書

錢東垣等輯《崇文總目・小説類》《兩同書》一卷。吴筠撰。

《新唐書・藝文志・小説家類》吴筠《兩同書》一卷。

顧櫰三《補五代史藝文志・小説家》《兩同書》二卷。羅隱撰。

教坊記

錢東垣等輯《崇文總目・小説類》《教坊記》一卷。崔令欽撰。

尤袤《遂初堂書目・小説類》《教坊記》。

高儒《百川書志・小説家》《教坊記》一卷。唐崔令欽撰，記兩京教坊事。

《四庫全書總目提要・小説家》《教坊記》一卷。内府藏本。唐崔令欽撰。

是書《唐書藝文志》著録。又總集類中載令欽註庾信《哀江南賦》一卷。然均不言令欽何許人。蓋修唐書時其始末已無考矣。所記多開元中猥雜之事，故陳振孫譏其鄙俗。然其後記一篇，諄諄於聲色之亡國。雖禮爲尊諱，無一語顯斥元宗，而歷引漢成帝高緯陳叔寶慕容熙，其言剴切而著明。乃知令欽此書，本以示戒，非以示勸。《唐》志列之於經部樂類，固爲失當。然其風旨有足取者。雖謂曲終奏雅，亦無不可。不但所列曲調三百二十五名足爲詞家考證也。

盧氏雜説

《新唐書・藝文志・小説家類》《盧氏雜説》一卷。

尤袤《遂初堂書目・小説類》《盧氏雜説》。

錢東垣等輯《崇文總目・小説類》《盧言襍説》一卷。

鄭樵《通志・藝文略・小説家》《盧氏雜説》一卷。唐盧言撰。

陳振孫《直齋書録解題・小説家類》《盧氏雜記》一卷。唐盧言撰。

馬端臨《文獻通考・經籍考・小説家》《盧氏雜説》一卷。

顧櫰三《補五代史藝文志・小説家》《雜説》一卷。盧言撰。

猗犴子

錢東垣等輯《崇文總目・小説類》《猗犴子》一卷。元結撰。

《新唐書・藝文志・小説家類》元結《猗犴子》一卷。

鄭樵《通志・藝文略・小説家》《猗玕子》一卷。元結撰。

洽聞集

錢東垣等輯《崇文總目・小説類》《洽聞集》一卷。原釋鄭遂。見玉海藝文類。

《新唐書・藝文志・小説家類》鄭遂《洽聞記》一卷。

晁公武《郡齋讀書志・小説類》《洽聞記》三卷。右唐鄭常撰。記古今神異詭譎事，凡百五十六條。或題曰鄭遂。

馬端臨《文獻通考・經籍考・小説家》《洽聞記》三卷。

《宋史・藝文志・小説家類》鄭遂《洽聞記》一卷。

傳記

《新唐書・藝文志・小説家類》劉餗《傳記》三卷。

《宋史・藝文志・小説家類》劉餗《傳記》三卷。

隋唐佳話

陳振孫《直齋書録解題・小説家類》《隋唐嘉話》一卷。劉餗撰。

馬端臨《文獻通考・經籍考・小説家》《隋唐嘉話》一卷。

《宋史・藝文志・小説家類》劉餗《隋唐佳話》一卷。

高儒《百川書志・小説家》《隋唐嘉話》三卷。唐右補闕劉餗鼎卿著。彭城人。

徐𤊹《徐氏家藏書目・小説類》《隋唐嘉話》三卷。劉餗。

賓客佳話

《宋史・藝文志・小説家類》《賓客佳話》一卷。

小　説

晁公武《郡齋讀書志・小説類》劉餗《小説》十卷。右唐劉餗撰。纂周漢至晉江左雜事。

陳振孫《直齋書録解題・小説家類》《劉餗小説》三卷。唐右補闕劉餗鼎卿撰。

馬端臨《文獻通考・經籍考・小説家》劉餗《小説》三卷。

《宋史・藝文志・小説家類》劉餗《小説》三卷。

高儒《百川書志・小説家》《唐小説》一卷。唐彭城劉餗鼎卿撰。

范邦甸等《天一閣書目・小説類》《唐小説》一卷鈔本。彭城劉餗著。

封氏見聞記

晁公武《郡齋讀書志・小説類》《封氏見聞記》五卷。右唐封演撰。分門記儒道、經籍、人物、地里、雜事，且辨俗説訛謬，蓋著其所見聞如此。

尤袤《遂初堂書目・小説類》《封氏見聞志》。

陳振孫《直齋書録解題・小説家類》《封氏見聞記》二卷。唐吏部郎中封演撰。前紀典故，末及雜事，頗有可觀。

馬端臨《文獻通考・經籍考・小説家》《封氏見聞記》五卷。

《宋史・藝文志・小説家類》封演《聞見記》五卷。

徐𤊹《徐氏家藏書目・小説類》《封氏見聞記》十卷。唐封演。

錢謙益等《絳雲樓書目・小説類》《封氏聞見記》五卷。唐封演。

續錢譜

《新唐書・藝文志・小説家類》封演《續錢譜》一卷。

開元平

錢東垣等輯《崇文總目・小説類》《開元平》一卷。

《新唐書・藝文志・小説家類》陳鴻《開元升平源》一卷。字大亮，貞元主客郎中。

秀師言記

尤袤《遂初堂書目・小説類》《秀師言記》。

茶　經

《新唐書・藝文志・小説家類》陸羽《茶經》三卷。

家學要録

錢東垣等輯《崇文總目・小説類》《家學要録》二卷。柳珵撰。

《新唐書・藝文志・小説家類》《柳氏家學要録》二卷。柳珵。

晁公武《郡齋讀書志・小説類》《家學要録》一卷。右唐柳珵采其曾祖彦昭、祖芳、父冕家集所記累朝典章因革、時政得失，著此録。小説之尤者也。

尤袤《遂初堂書目・小説類》《柳氏家學要録》。

鄭樵《通志・藝文略・小説家》《家學要録》二卷。唐柳珵撰。

馬端臨《文獻通考・經籍考・小説家》《家學要録》一卷。

《宋史・藝文志・小説家類》柳珵《家學要録》二卷。

常侍言旨

《新唐書・藝文志・小説家類》《常侍言旨》一卷。柳珵。

鄭樵《通志・藝文略・小説家》《常侍言旨》一卷。

晁公武《郡齋讀書志・小説類》《常侍言旨》一卷。右唐柳珵記其世父登所著，凡六章，上清、劉幽求二傳附。

尤袤《遂初堂書目・小説類》《常侍言旨》。

陳振孫《直齋書録解題・小説家類》《柳常侍言旨》一卷。唐柳珵撰。「常侍」者，其世父芳也。凡六章，末有《劉幽求》及《上清傳》。

馬端臨《文獻通考・經籍考・小説家》《常侍言旨》一卷。

《宋史・藝文志・小説家類》柳珵《常侍言旨》一卷。

紀聞

錢東垣等輯《崇文總目・小説類》《紀聞》十卷。牛肅撰。

《新唐書・藝文志・小説家類》牛肅《紀聞》十卷。

《宋史・藝文志・小説家類》牛肅《紀聞》十卷崔造注。

辨疑志

錢東垣等輯《崇文總目・小説類》《辨疑志》三卷。陸長源撰。

《新唐書・藝文志・小説家類》陸長源《辨疑志》三卷。

陳振孫《直齋書録解題・小説家類》《辨疑志》三卷。唐宣武行軍司馬吳郡陸長源撰。辨里俗流傳之妄。

馬端臨《文獻通考・經籍考・小説家》《辨疑志》三卷。

《宋史・藝文志・小説家類》陸長源《辨疑志》三卷。

龍城録

尤袤《遂初堂書目・小説類》《龍城録》。

陳振孫《直齋書録解題・小説家類》《龍城録》一卷。稱柳宗元撰。龍城謂柳州也。羅浮梅花夢事出其中。《唐志》無此書，蓋依託也。或云王銍性之作。

馬端臨《文獻通考・經籍考・小説家》《龍城録》一卷。《朱子語録》曰：柳文後《龍城録》雜記，王銍所爲也。子厚敘事文字多少筆力！此記衰弱之甚，皆寓古人詩文中，不可曉知底於其中似暗影出。

《宋史・藝文志・小説家類》柳宗元《龍城録》一卷。

高儒《百川書志・小説家》河東先生《龍城録》二卷。唐柳子厚著。或曰《唐志》無此，蓋依托者，朱文公乃以爲王銍之作。凡四十四事。

徐𤊹《徐氏家藏書目・小説類》《龍城録》一卷。唐柳宗元。

《四庫全書總目提要・小説家》《龍城録》二卷。浙江巡撫採進本。舊本題唐柳宗元撰。宋葛嶠始編之柳集中。然《唐藝文志》不著録。何薳《春渚紀聞》以爲王銍所僞作。《朱子語録》亦曰：柳文《後龍城録雜記》，王銍之爲也。子厚敘事文字，多少筆力。此記衰弱之甚，皆寓古人詩文中不可知者於其中，似暗影出。今觀録中所載帝命取書事，似爲韓愈調張籍詩天官遣六丁，雷電下取將二句作解。趙師雄羅浮夢事，似爲蘇軾梅花詩月下縞衣來扣門作解。朱子所論，深得其情。莊季裕作《雞肋編》，乃引此録駁《金華圖經》。季裕與銍爲同時人，或其書初出，僞迹未露，故不暇致詳歟。然自南宋以來，詞賦家已沿爲故實，不可復廢。是亦王充所謂俗語不實，流爲丹青者矣。

大唐新語

尤袤《遂初堂書目・小説類》《大唐新語》。

徐𤊹《徐氏家藏書目・小説類》《大唐新語》十二卷。唐劉肅。

《四庫全書總目提要・小説家》《大唐新語》十三卷。内府藏本。唐劉肅撰。《唐書藝文志》載此書三卷，註曰元和中江都主簿。此本結銜乃題登仕郎守江州潯陽縣主簿。未詳孰是也。所記起武德之初，迄大曆之末，凡分三十門，皆取軼文舊事有裨勸戒者。前有自序。後有總論一篇，稱昔荀爽紀漢事可爲鑒戒者，以爲《漢語》。今之所記，庶嗣前修云云。故唐志列之雜史類中。然其中諧謔一門，繁蕪猥瑣，未免自穢其書，有乖史家之體例。今退置小説家類，庶協其實。是書本名《新語》，《唐志》以下諸家著録竝同。明馮夢禎俞安期等因與李垕《續世説》僞本合刻，遂改題曰《唐世説》，殊爲臆撰。商濬刻入稗海，併於肅自序中增入世説二字，益僞妄矣。《稗海》又佚其卷末總論一篇，及政能第八之標題，亦較馮氏姚氏之本更爲疏舛。今合諸本參校，定爲書三十篇，總論一篇。而復名爲大唐新語，以復其舊焉。

唐世説

徐𤊹《徐氏家藏書目・小説類》《唐世説》十三卷。唐劉肅。

錢謙益等《絳雲樓書目・小説類》《唐世説新語》。十五卷，唐劉肅撰元和時人。

唐國史補

《四庫全書總目提要・小説家》《唐國史補》三卷。兩江總督採進本唐李肇撰。肇有《翰林志》，已著録。此書其官尚書左司郎中時所作也。書中皆載開元至長慶閒事，乃續劉餗《小説》而作。上卷中卷各一百三條，下卷一百二條，每條以五字標題。所載如謂王維取李嘉祐水田白鷺之聯，今李集無之。又記霓裳羽衣曲一條，沈括亦辨其妄。又謂李德裕清直無黨，謂陸贄誣于公異，皆爲曲筆。然論張巡則取李翰之傳，所記左震、李汧、李廙、顔真卿、陽城、歸登、鄭絪、孔戣、田布、鄒待徵妻、元載女諸事，皆有裨於風教。又如李舟天堂地獄之説、楊氏穆氏兄弟賓客之辨，皆有名理。末卷説諸典故及下馬陵相府蓮義，亦資考據。餘如摴蒱盧雉之訓，可以解劉裕事。劍南燒春之名，可以解李商隱詩。可採者不一而足。自序謂言報應、敘鬼神、徵夢卜、近帷箔，則去之。紀事實、探物理、辨疑惑、示勸戒、採風俗、助談笑，則書之。歐陽修作《歸田録》，自稱以是書爲式，蓋於其體例有取云。

張之洞《書目答問・小説家》《國史補》三卷。唐李肇。得月簃繙明本。津逮本。學津本。

翰林志

徐𤊹《徐氏家藏書目・小説類》《翰林志》一卷。唐李肇。

煎茶水記

《新唐書・藝文志・小説家類》張又新《煎茶水記》一卷。

周秦行紀

晁公武《郡齋讀書志・小説類》《周秦行紀》一卷。右唐牛僧孺自敘所遇異事。賈黄中以爲韋瓘所撰。瓘，李德裕門人，以此誣僧孺。

馬端臨《文獻通考・經籍考・小説家》《周秦行紀》一卷。

柳氏舊聞

尤袤《遂初堂書目・小説類》 《柳氏舊聞》。

《宋史・藝文志・小説家類》 《柳氏小説舊聞》六卷。柳公權撰。

炙轂子雜録

錢東垣等輯《崇文總目・小説類》 《炙轂襍録》五卷。王叡撰。

《新唐書・藝文志・小説家類》 《炙轂子雜録注解》五卷。王叡。

鄭樵《通志・藝文略・小説家》 《炙轂子雜録注解》五卷。唐王叡撰。

《宋史・藝文志・小説家類》 王叡《炙轂子雜録》五卷。

志支機寶

《宋史・藝文志・小説家類》 李德裕《志支機寶》一卷。

平泉山居草木記

錢東垣等輯《崇文總目・小説類》 《平泉山居草木記》一卷。李德裕撰。

馬端臨《文獻通考・經籍考・小説家》 《平泉草木記》一卷。晁氏曰：唐李德裕撰。記其別墅奇花異草、樹石名品，仍以嘆詠其美者詩二十餘篇附於後。平泉，即別墅地名。

次柳氏舊聞

徐𤊹《徐氏家藏書目・小説類》 《次柳氏舊聞》一卷。唐李德裕編。

《四庫全書總目提要・小説家》 《次柳氏舊聞》一卷。江蘇巡撫採進本。唐李德裕撰。德裕事蹟具《唐書本傳》。是書所記皆元宗遺事，凡十七則。前有德裕自序，大略謂史官柳芳，上元閒徙黔中。高力士時亦徙巫州，相與周旋。因得聞禁中事，記爲一書，曰問高力士。太和中詔求其書，宰相王涯等向芳孫度支員外郎璟索之不獲。而德裕父吉甫及與芳子吏部郎中冕遊，嘗聞其説，以告德裕。德裕因追憶録進。《舊唐書・文宗本紀》載太和八年九月己未，宰臣李德裕進《御臣要略》及《柳氏舊聞》三卷，蓋即其事。惟卷數與今本不合。殆二書共爲三卷歟。中如元獻皇后服藥張果飲堇汁，無畏三藏祈雨，吴后夢金甲神，興慶池小龍，内道場素黄文事，皆涉神怪。其姚崇魏知古相傾軋及乳媪以他兒易代宗事，亦似非實録。存以備異聞可也。柳珵常侍言旨案此書無別行之本，此據陶宗儀説郛所載首載李輔國逼脅元宗遷西内事，云此事本在朱庄太尉所續桯史第十六條内。蓋以避時事，所以不書也。考德裕所著，別無所謂桯史者。知此書初名《桯史》，後改題今名。又知此書本十八條，删此一條，今存十七。至其名桯史之義，與所以改名之故，則不可詳矣。

昭義軍別録

《宋史・藝文志・小説家類》 盧弘正《昭義軍別録》一卷。

譚賓録

《新唐書・藝文志・小説家類》 胡璩《譚賓録》十卷。字子温，文、武時人。

晁公武《郡齋讀書志・小説類》 《譚賓録》十卷。右唐胡璩子温撰。皆唐朝史之所遺。文武間人。

尤袤《遂初堂書目・小説類》《談賓録》。

馬端臨《文獻通考・經籍考・小説家》《談賓録》十卷。

《宋史・藝文志・小説家類》胡璩《談賓録》五卷。

醉鄉日月

《新唐書・藝文志・小説家類》皇甫松《醉鄉日月》三卷。

鄭樵《通志・藝文略・小説家》《醉鄉日月》三卷。唐皇甫松撰。

尤袤《遂初堂書目・小説類》《醉鄉日月》。

陳振孫《直齋書録解題・小説家類》《醉鄉日月》三卷。唐皇甫松子奇撰。

唐人飲酒令，此書詳載，然今人皆不能曉也。

馬端臨《文獻通考・經籍考・小説家》《醉鄉日月》三卷。

《宋史・藝文志・小説家類》皇甫松《醉鄉日月》三卷。

牛羊日曆

《新唐書・藝文志・小説家類》劉軻《牛羊日曆》一卷。牛僧孺、楊虞卿事。檀欒子皇甫松序。

鄭樵《通志・藝文略・小説家》《牛羊日曆》一卷。唐劉軻撰。

《宋史・藝文志・小説家類》劉軻《牛羊日曆》一卷。

酒孝經

《宋史・藝文志・小説家類》皇甫松《酒孝經》一卷。

瞿童述

《宋史・藝文志・小説家類》温造《瞿童述》一卷。

逸　史

《新唐書・藝文志・小説家類》《逸史》三卷大中時人。

尤袤《遂初堂書目・小説類》《盧子逸史》。

《宋史・藝文志・小説家類》盧氏《逸史》一卷。

盧子史録

《新唐書・藝文志・小説家類》《盧子史録》卷亡。

明皇雜録

《四庫全書總目提要・小説家》《明皇襍録》二卷。兵部侍郎紀昀家藏本。唐鄭處誨撰。處誨字延美，滎陽人。宰相餘慶之孫。太和八年登進士第。官至檢校刑部尚書、宣武軍節度使。事蹟附見《舊唐書鄭餘慶傳》。是書成於大中九年，有處誨自序。案史稱處誨爲校書郎時，撰次《明皇雜録》三篇，行於世。晁公武《讀書志》則載《明皇雜録》二卷，然又曰《别録》一卷，題補闕所載十二事。則史併别録數之，晁氏析别録數之也。葉夢得《避暑録話》曰：鄭處誨《明皇雜録》記張曲江與李林甫争牛仙客實封，時方秋，上命高力士以白羽扇賜之。九齡惶恐，作賦以獻。意若言明皇以忤旨將廢黜，故方秋賜扇以見意。新書取以載之本傳。據《曲江集賦》序曰：開元二十四年盛夏，奉勑大將軍高力士賜宰相白羽扇，九齡與焉。則非秋賜。且通言宰相，則林甫亦在，不獨爲曲江而設也。乃知小説記事，苟非耳目親接，安可輕書耶云云。則處誨是書亦不盡實録。然小説所記，真僞相參，自古已然，不獨處誨。在博考而慎取之，固不能以一二事之失實，遂廢此一書也。《避暑録話》又曰：盧懷慎好儉，家無珠玉錦繡之飾，此固善事。然史言妻子至寒餓，宋璟等過之，門不施箔。風雨至，引席自障。則恐無此理。此事蓋出鄭處誨《明皇雜録》，而史臣妄信之云云。今本無此一條，然則亦有所佚脱，非完帙矣。

張之洞《書目答問・小説家》《明皇雜録》三卷，附校勘記。唐鄭處誨。守山閣校本。又金壺本。

明皇雜録別録

《四庫全書總目提要・小説家》《明皇雜録別録》一卷。

因話録

錢東垣等輯《崇文總目・小説類》《因話録》二卷。趙璘撰。

《新唐書・藝文志・小説家類》趙璘《因話録》六卷。字澤章，大中衢州刺史。

鄭樵《通志・藝文略・小説家》《因話録》六卷。唐趙璘撰。

晁公武《郡齋讀書志・小説類》《因話録》六卷。右唐趙璘撰。璘，字澤章，大中衢州刺史。記唐史逸事。

尤袤《遂初堂書目・小説類》《因話録》。

馬端臨《文獻通考・經籍考・小説家》《因話録》六卷。

《宋史・藝文志・小説家類》趙璘《因話録》六卷。

高儒《百川書志・小説家》《因話録》六卷。唐水部員外趙璘著以五音紀事。

范邦甸等《天一閣書目・小説類》《因話録》六卷。藍絲闌鈔本。唐趙璘撰。

徐𤊹《徐氏家藏書目・小説類》《因話録》六卷。唐趙璘。

錢謙益等《絳雲樓書目・小説類》趙璘《因話記》。六卷。晚唐人。

《四庫全書總目提要・小説家》《因話録》六卷。内府藏本。唐趙璘撰。璘字澤章。據《唐書宰相世系表》稱南陽趙氏，後徙平原。璘即德宗時宰相宗儒之從孫，而昭應尉伉之子也。開成三年進士及第。大中七年爲左補闕，後爲衢州刺史。竝見本書及《唐書藝文志》。明商濬刻此書入《稗海》，題爲員外郎，未詳所據也。其書凡分五部。一卷宫部，爲君，記帝王。二卷三卷商部，爲臣，記公卿百僚。四卷角部，爲人，凡不仕者咸隸之。五卷徵部，爲事，多記典故，而附以諧戲。六卷羽部，爲物，凡一時見聞雜事無所附麗者，亦竝載焉。璘家世顯貴，又爲西眷柳氏之外孫，能多識朝廷典故。《東觀奏記》載唐宣宗索科名記，鄭顥令璘採訪諸家科目記，撰成十三卷上進。是亦嫻於舊事之明徵。故其書雖體近小説，而往往足與史傳相參。其間如記劉禹錫徙播州刺史一條，稱柳宗元請以柳易播，上不許，宰相裴度爲言之，始改連州。司馬光《通鑑考異》以爲宗元墓誌乃將拜疏而未上，非已上而不許。又禹錫除播州時，裴度未嘗入相，所記皆失事實。又記大中七年詔來年正月一日御含元殿，以太陽當虧，罷之。今考《通鑑》是年文宗實以風疾不視朝，日食在二月朔，不應預罷朝賀。所載亦不免於緣飾。然其他實多可資考證者。在唐人説部之中，猶爲善本焉。

張之洞《書目答問・小説家》《因話録》六卷。唐趙璘。唐宋叢書本。説薈本。

甘澤謡

《新唐書・藝文志・小説家類》袁郊《甘澤謡》一卷。

晁公武《郡齋讀書志・小説類》《甘澤謡》一卷。右唐袁郊撰。載譎異事九章。咸通中，久雨卧疾所著，故曰《甘澤謡》。

陳振孫《直齋書録解題・小説家類》《甘澤謡》一卷。唐刑部郎中袁郊撰。所記凡九條，咸通戊子自序，以其春雨澤應，故有甘澤成謡之語，遂以名其書。

馬端臨《文獻通考・經籍考・小説家》《甘澤謡》一卷。

《宋史・藝文志・小説家類》袁郊《甘澤謡》一卷。

范邦甸等《天一閣書目・小説類》《甘澤謡》一卷。藍絲闌鈔本。唐袁郊撰卷首殘缺。

錢謙益等《絳雲樓書目・小説類》《甘澤謡》一卷。唐袁郊、元和宰相袁滋之子也。

《四庫全書總目提要・小説家》《甘澤謠》一卷。江蘇巡撫採進本。唐袁郊撰。晁公武《讀書志》云：載譎異事九章，咸通中久雨卧疾所著。陳振孫《書録解題》述其自序云：以春雨澤應，故有甘澤成謠之語，以名其書。此本爲毛晉所刊，云得之華陰楊儀。篇數與《讀書志》合，然但有儀序而無郊自序。儀序稱郊爲唐祠部郎中。考《新唐書宰相世系表》，郊字子乾，官至虢州刺史，不知儀何所據也。書影曰：《甘澤謠》別自有書。今楊夢羽所傳，皆從他書鈔撮而成，僞本也。或曰夢羽本未出時，已有鈔《太平廣記》二十餘條爲《甘澤謠》以行者。則夢羽本又贋書中之重儓矣。今考書影所稱夢羽，即儀之字。其所稱先出之一本，今未之見。錢希言獪園薄明經爲魚一條，稱嘗見唐人小説有《甘澤謠》，載魚服記甚詳。今此本無魚服記，豈希言所見乃先出一本耶。然據此本所載，與《太平廣記》所引者一一相符。則兩本皆出廣記，不得獨指儀本爲重儓。又裒輯散佚，重編成帙，亦不得謂之贋書。所論殊爲未允。其書雖小説家流，而瑣事軼聞，往往而在。如杜甫飲中八仙歌，葉夢得《避暑録話》謂惟焦遂不見於書傳。今考此書陶峴條中，實有布衣焦遂，而絕無口吃之説。足以證師古僞註之謬。是亦足資考證，不盡爲無益之談矣。

固論

徐𤊹《徐氏家藏書目・小説類》《固論》一卷。唐劉禹錫。

劉公嘉話

《新唐書・藝文志・小説家類》韋絢《劉公嘉話録》一卷。絢，字文明，執誼子也，咸通義武軍節度使。劉公，禹錫也。

鄭樵《通志・藝文略・小説家》《劉公嘉話録》一卷。韋絢撰。

晁公武《郡齋讀書志・小説類》《劉公嘉話録》一卷。右唐韋絢撰。劉公謂禹錫。絢，字文明，執誼子也。咸通中，爲義武節度。幼從學於禹錫，録其話言。

尤袤《遂初堂書目・小説類》《劉公嘉話》。

陳振孫《直齋書録解題・小説家類》《劉公佳話》一卷。唐江陵少尹韋絢文明撰。劉公，禹錫也。絢，執誼之子。

馬端臨《文獻通考・經籍考・小説家》《劉公嘉話》一卷。

《宋史・藝文志・小説家類》《劉公嘉話》一卷。

高儒《百川書志・小説家》《劉賓客嘉話》一卷。唐江陵少尹韋絢録。

徐𤊹《徐氏家藏書目・小説類》《劉賓客嘉話録》一卷。

《四庫全書總目提要・小説家》《劉賓客嘉話録》一卷。内府藏本。唐韋絢撰。絢字文明，京兆人。《唐書藝文志》載韋絢《劉公嘉話録》一卷。註曰：絢，執誼子也。咸通義武軍節度使劉公禹錫也。《宋史藝文志》則載絢《劉公嘉話》一卷，又《賓客佳話》一卷。《劉公嘉話》當即此書，《賓客佳話》則諸家著録皆無之。當由諸書所引或稱《劉公嘉話》，或稱《劉賓客嘉話》，故分爲二書，又誤脱劉字耳。諸史《藝文志》未有荒謬於《宋史》者，此亦一徵矣。此本載曹溶《學海類編》中。前有大中十年絢自序，稱爲江陵少尹時，追述長慶元年在白帝城所聞於劉禹錫者。末有乾道癸巳卞圜跋，稱《新唐書》多採用之，而人罕見全録。家有舊本，因鋟版於昌化。則此本當從宋刻録出。然趙明誠《金石録》引此書中所載武氏碑失其龜首，及滅去武字事，力辨其妄。而此本無此條。考《太平廣記》一百四十三卷引此事，云出《戎幕閒談》。或明誠以是書亦韋絢所作，偶然誤記。案《續説郛》載《戎幕閒談》亦有此條知爲明誠誤記，非《太平廣記》之誤至所載昭明太子脛骨一條，人腊一條，盧元公病疸一條，案此本删去盧字，直作元公蜀王琴一條，李勉百衲琴一條，碧落碑一條，狸骨方一條，張憬藏書台字一條，張嘉祐改忻州一條，王廙書畫一條，戲場刺猬一條，汲冢書一條，牡丹花一條，王僧虔書一條，陸暢蜀道易一條，魏受禪碑一條，張懷瓘書斷一條，灊山九井一條，虎頭致雨一條，五星浮圖一條，寶章集一條，紫芝殿一條，王次仲化鳥一條，李約葬商胡一條，楊汝士説項斯一條，蔡邕石經一條，借船帖一條，飛白書一條，章仇兼瓊鎮蜀日女童爲夜叉所掠一條，寒具一條，昌黎生改金根車一條，辨遷鶯字一條，謝太傅碑一條，千字文一條，鄭虔三絕一條，鄭承嘏遇鬼一條，堯女冢一條，白居易補銀佛像一條，謝真人上升一條，皆全與李綽《尚書故實》相同。閒改竄一二句，其文必拙陋不通。蓋《學海類編》所收諸書，大抵竄改舊本，以示新異。遂致真僞糅雜，炫惑視聽。幸所攙入者尚有蹤跡可尋，今悉刊除，以存其舊。中昌黎生改金根車一條，王楙《野客叢書》引之。辨遷鶯一條，黄朝英《緗素雜記》引之。亦均作劉禹錫《嘉話》，或一事而兩書互見。疑以傳疑，姑竝存之。雖殘闕之餘，非復舊帙，然大槩亦十得八九矣。

戎幕閑談

錢東垣等輯《崇文總目・小説類》《戎幕閑談》一卷。韋絢撰。

《新唐書・藝文志・小説家類》《戎幕閑談》一卷。

鄭樵《通志・藝文略・小説家》《戎幕閑談》一卷。韋絢紀李德裕鎮蜀時話。

晁公武《郡齋讀書志・小説類》《戎幕閒談》一卷。右唐韋絢撰。大和中，爲李德裕從事，紀德裕所談。

尤袤《遂初堂書目・小説類》《戎幙閒談》。

陳振孫《直齋書録解題・小説家類》《戎幕閒談》一卷。韋絢撰。爲西川巡官，記李文饒所談。

馬端臨《文獻通考・經籍考・小説家》《戎幕閑談》一卷。

《宋史・藝文志・小説家類》韋絢《戎幕閑談》一卷。

佐譚

尤袤《遂初堂書目・小説類》《佐譚》。

《宋史・藝文志・小説家類》韋絢《佐談》十卷。

原化記

鄭樵《通志・藝文略・小説家》《原化記》一卷。皇甫氏撰。

瀟湘録

錢東垣等輯《崇文總目・小説類》《瀟湘録》十卷。柳祥撰。

《新唐書・藝文志・小説家類》柳祥《瀟湘録》十卷。

鄭樵《通志・藝文略・小説家》《瀟湘録》十卷。唐柳祥撰。

陳振孫《直齋書録解題・小説家類》《瀟湘録》十卷。唐校書郎李隱撰，《館閣書目》爾云。《唐志》作柳詳，未知《書目》何據也。

馬端臨《文獻通考・經籍考・小説家》《瀟湘録》十卷。

《宋史・藝文志・小説家類》柳祥《瀟湘録》十卷。

雲溪友議

錢東垣等輯《崇文總目・小説類》《雲溪友議》三卷。范攄撰。

《新唐書・藝文志・小説家類》范攄《雲溪友議》三卷。咸通時，自稱五雲溪人。

鄭樵《通志・藝文略・小説家》《雲溪友議》三卷。唐范攄撰。

晁公武《郡齋讀書志・小説類》《雲谿友議》三卷。右唐范攄撰。記唐開元以後事。攄，五谿人，故以名其書。

尤袤《遂初堂書目・小説類》《雲溪友議》。

陳振孫《直齋書録解題・小説家類》《雲溪友議》十二卷。唐范攄撰。自稱五雲溪人，咸通時。《唐志》三卷。

馬端臨《文獻通考・經籍考・小説家》《雲溪友議》三卷。

《宋史・藝文志・小説家類》范攄《雲溪友議》十一卷。

高儒《百川書志・小説家》《雲溪友議》十二卷。唐五雲溪范攄纂，載開元至大中聞見及嘲誚篇，凡六十六篇。

范邦甸等《天一閣書目・小説類》《雲溪友議》十二卷。藍絲闌鈔本。唐范攄撰。

徐𤊹《徐氏家藏書目・小説類》《雲溪友議》十二卷。宋范攄。

錢謙益等《絳雲樓書目・小説類》范攄《雲溪友議》。三卷，晚唐人，家於雲溪，故以名其書。

《四庫全書總目提要・小説家》《雲溪友議》三卷。内府藏本唐范攄撰。攄始末未詳。《唐書藝文志》註稱爲咸通時人。而書中李涉贈盜詩一條，稱乾符己丑歲客於雲川，親見李博士手蹟。考乾符元年爲甲午，六年爲己亥，次年庚子改元廣明，中間無己丑。己丑實爲咸通十年。疑書中或誤咸通爲乾符，否則誤己亥爲己丑。然總之僖宗時人矣。據自號五雲溪人，故以名書。五雲溪者，若耶溪之別名也。其書世有二本。一分上中下三卷，每條各以三字標題，前有據自序。一爲商濬《稗海》所刻，作十二卷，而自序及標題則竝佚之。案陳振孫《書録解題》已稱《唐》志三卷，今本十二卷。則南宋已有兩本矣。《宋史・藝文志》作十一卷，則刊本誤二爲一也。此爲泰興季振宜家所藏三卷之本，較商氏所刻爲完善。所録皆中唐以後雜事。其中如記安禄山生於鄧州南陽，與姚汝能《禄山事迹》所記生於營州阿軋犖山者不同。殆傳聞之誤。記李白蜀道難爲房琯杜甫厄於嚴武而作，宋蕭士贇李詩補註已駁之。他如陳子昂爲射洪令段簡所殺在武后時，章仇兼瓊判梓州事在天寶以後，時代迥不相及。殺王昌齡者閭邱曉，殺閭邱曉者張鎬，與高適亦不相關。乃云章仇大夫兼瓊爲陳拾遺雪獄，高適侍郎爲王江寧申冤。殊不可解。陳拾遺句下註曰陳冕字子昂，亦與史不符。又周德華唱賀知章楊柳枝詞一篇，今本據韋縠才調集。才調集又據此書。然古詞但有月節折楊柳歌。其楊柳枝一調，實興自中唐白居易諸人。郭茂倩樂府詩集班班可考，知章時安有是題。皆委巷流傳，失於考證。至於頌于頔之寬仁，詆李紳之狂悖，毀譽不免失當。而李羣玉黄陵廟詩一條，侮謔古聖，尤小人無忌之談。皆不足取。然六十五條之中，詩話居十之七八，大抵爲孟棨本事詩所未載。逸篇瑣事，頗賴以傳。又以唐人説唐詩，耳目所接，終較後人爲近。故考唐詩者如計有功紀事諸書，往往據之以爲證焉。

彭元瑞《天禄琳琅書目後編・宋版子部》《雲溪友議》一函四册。唐范攄撰。攄仕貫未詳，自號五雲溪人，故以名書。五雲溪即若耶溪，今紹興城門曰「五雲門」，是。攄乃越州人也，書三卷，每條以三字爲目，與蘇鶚《杜陽雜編》，何光遠《鑒誡録》一例。上卷二十二條，中卷二十二條，下卷二十一條。前有攄自序、考。陳振孫《書録解題》載此書。《唐志》三卷。前明商濬刻。《稗海》中有此書，乃十二卷，并無標題，今所盛傳此三卷，與《唐志》合有標題之本真，稀見矣。

廬陵官下記

錢東垣等輯《崇文總目・小説類》《廬陵官下記》二卷。段成式撰。

《新唐書・藝文志・小説家類》《廬陵官下記》二卷。

鄭樵《通志・藝文略・小説家》《廬陵官下記》二卷。唐段成式撰。

尤袤《遂初堂書目・小説類》《廬陵官下記》。

陳振孫《直齋書録解題・小説家類》《廬陵官下記》二卷。段成式撰。爲吉州刺史時也。

馬端臨《文獻通考・經籍考・小説家》《廬陵官下記》二卷。

《宋史・藝文志・小説家類》《廬陵官下記》二卷。

錦里新聞

《宋史・藝文志・小説家類》段成式《錦里新聞》三卷。

雜纂

鄭樵《通志・藝文略・小説家》《雜纂》一卷。李商隱撰。

尤袤《遂初堂書目・小説類》《雜纂》。

陳振孫《直齋書録解題・小説家類》《雜纂》一卷。唐李商隱義山撰。俚俗常談鄙事，可資戲笑，以類相從。今世所稱「殺風景」，蓋出於此。又有別本稍多，皆後人附益。

馬端臨《文獻通考・經籍考・小説家》《雜纂》一卷。

巽岩李氏曰：用諸酒杯流行之際，可謂善謔。其言雖不雅馴，然所訶誚，多中俗病，聞者或足以爲戒，不但爲笑也。

《宋史・藝文志・小説家類》李商隱《雜纂》一卷。

徐𤊹《徐氏家藏書目・小説類》《義山雜纂》一卷。唐李商隱。

雜藁

《宋史・藝文志・小説家類》李義山《雜藁》一卷。

乾𦠆子

錢東垣等輯《崇文總目・小説類》《乾𦠆子》三卷。温庭筠撰。

《新唐書・藝文志・小説家類》温庭筠《乾𦠆子》三卷。

鄭樵《通志・藝文略・小説家》《乾𦠆子》一卷。温庭筠撰。

晁公武《郡齋讀書志・小説類》《乾𦠆子》三卷。右唐温庭筠撰。序謂語怪以悦賓，無異𦠆味之適口，故以「乾𦠆」命篇。

尤袤《遂初堂書目・小説類》《乾𦠆子》。

陳振孫《直齋書録解題・小説家類》《乾𦠆子》三卷。唐温庭筠飛卿撰。序言不爵不觥，非炰非炙，能悦諸心，聊甘衆口，庶乎乾𦠆之義。「𦠆」與「饌」同字，從肉，見《古禮經》。

馬端臨《文獻通考・經籍考・小説家》《乾𦠆子》三卷。

採茶録

《新唐書・藝文志・小説家類》《採茶録》一卷。温庭筠。

演義

錢東垣等輯《崇文總目・小説類》《演義》十卷。蘇鶚撰。

《新唐書・藝文志・小説家類》蘇鶚《演義》十卷。

鄭樵《通志・藝文略・小説家》《演義》十卷。唐蘇鶚撰。

杜陽雜編

《新唐書・藝文志・小説家類》蘇鶚《杜陽雜編》三卷。字德祥，光啓中進士第。

鄭樵《通志・藝文略・小説家》《杜陽雜編》三卷。蘇鶚撰。

晁公武《郡齋讀書志・小説類》《杜陽雜編》三卷。右唐蘇鶚撰。字德祥。光啓中進士，家武功杜陽川。雜録廣德以至咸通時事。

尤袤《遂初堂書目・小説類》《杜陽雜編》。

陳振孫《直齋書録解題・小説家類》《杜陽雜編》三卷。唐武功蘇鶚德祥撰。

馬端臨《文獻通考・經籍考・小説家》《杜陽雜編》三卷。

《宋史・藝文志・小説家類》蘇鶚《杜陽雜編》二卷。

范邦甸等《天一閣書目・小説類》《杜陽雜編》三卷。藍絲闌鈔本。唐乾符三年蘇鶚撰。并序云，予嘗覽王嘉《拾遺記》、郭子横《洞冥記》，及諸家怪異録，謂之虚誕而復訪問博文强識之士，或潛夫輩頗爲國朝故實。始知天地之内，無所不有，或限諸夷貊隔于年代。洎貢藝闕下，十不中所司掄選，屢接朝士同人語，事必三復其言，然後題于簡，策藏諸篋笥，暇日閲所記之事，逾數百紙。中有繁鄙者，並棄而復録精實者，編成上中下三卷。自代宗廣德元年癸卯訖懿宗咸通癸巳合計有一百一十載，然耳目相接，庶可傳焉。知我者謂稍以補緹緗之遺缺也。今武功縣有杜陽城杜陽水，予武功人故以爲名。

徐𤊹《徐氏家藏書目・小説類》《杜陽雜編》三卷。蘇鄂。

《四庫全書總目提要・小説家》《杜陽雜編》三卷。兩淮鹽政採進本。唐蘇鶚撰。鶚有《演義》，已著録。此編所記，上起代宗廣德元年，下盡懿宗咸通十四年，凡十朝之事，皆以三字爲標目。其中述奇技寶物，類涉不經。大抵祖述王嘉之《拾遺》郭子横之《洞冥》，雖必舉所聞之人以實之，殆亦俗語之爲丹青也。所稱某物爲某年某國所貢者，如日林、大林、文單、吴明、拘弭、大軫、南昌、渤東、條支、鬼谷、河陵、兜離，唐書外國傳皆無此名，諸帝本紀亦無其事。即如夫餘國久併於渤海大氏，而云武宗會昌元年夫餘來貢。罽賓地接葱嶺，《漢書》、《唐書》均有明文，而云在西海。尤舛迕之顯然者矣。然鋪陳縟艷，詞賦恒所取材，固小説家之以文采勝者。讀者挹其葩藻，遂亦忘其夸飾。至今沿用，殆以是歟。其曰《杜陽雜編》者，晁公武《讀書志》謂鶚居武功之杜陽，蓋因地以名其書云。

張之洞《書目答問・小説家》《杜陽雜編》三卷。唐蘇鶚。學津本。稗海本。

幽閑鼓吹

錢東垣等輯《崇文總目・小説類》《幽閑鼓吹》一卷。張固撰。

《新唐書・藝文志・小説家類》張固《幽閑鼓吹》一卷。

鄭樵《通志・藝文略・小説家》《幽閑鼓吹》一卷。唐張固撰。

晁公武《郡齋讀書志・小説類》《幽閑鼓吹》一卷。右唐張固撰。紀唐史遺事二十五篇。懿僖間人。

尤袤《遂初堂書目・小説類》《幽閑鼓吹》。

陳振孫《直齋書録解題・小説家類》《幽閑鼓吹》一卷。唐張固撰。

馬端臨《文獻通考・經籍考・小説家》《幽閑鼓吹》一卷。

《宋史・藝文志・小説家類》張固《幽閑鼓吹》一卷。

徐𤊹《徐氏家藏書目・小説類》《幽閑鼓吹》一卷。張固唐人。

錢謙益等《絳雲樓書目・小説類》《幽閑鼓吹》一卷。張固，唐末人，唐史遺事二十五篇。

《四庫全書總目提要・小説家》《幽閑鼓吹》一卷。内府藏本。唐張固撰。固始末未詳。是書末有明顧元慶跋，稱共二十五篇。與晁公武《讀書志》所言合。今檢此本乃二十六篇。蓋誤斷元載及其子一條爲二耳。元慶又稱固在懿僖間採摭宣宗遺事，則殊不然。書中元和會昌間事不一而足，非僅記宣宗事也。又稱姚文公《唐詩鼓吹》序謂宋高宗退居德壽宮，嘗纂唐宋遺事爲《幽閑鼓吹》。其言不知何據，元慶亦以爲疑。今考《唐書藝文志》，小説家有張固《幽閑鼓吹》一卷。則出自唐人，更無疑義。縱高宗別有幽閑鼓吹，亦書名偶同，不得以此本當之矣。固所記雖篇帙寥寥，而其事多關法戒，非造作虚辭，無裨考證者。比唐人小説之中，猶差爲切實可據焉。

玉泉子見聞真録

《新唐書・藝文志・小説家類》《玉泉子見聞真録》五卷。

范邦甸等《天一閣書目・小説類》《玉泉子聞見真録》一册。藍絲闌鈔本。不著撰人名氏。

顧櫰三《補五代史藝文志・小説家》《玉泉子見聞真録》五卷。

玉泉子

徐𤊹《徐氏家藏書目・小説類》《玉泉子》一卷。唐人。

錢謙益等《絳雲樓書目・小説類》《玉泉子》。十卷，見聞真録，唐人記唐懿宗至昭宗時事。

《四庫全書總目提要・小説家》《玉泉子》一卷。内府藏本。不著撰人名氏。所記皆唐代雜事，亦多採他小説爲之。如開卷裴度一條，全同《因話録》。韓昶金根車事，先載《尚書故實》。不盡其所自作也。案《宋藝文志》載《玉泉子見聞真録》五卷，與此本卷數不符。似別一書。書録解題作《玉泉筆端》三卷，稱前有中和三年序，末有跋。稱出於淮海相公之孫扶風李昭德家。此本皆無之。然中和乃僖宗年號，而書中有昭宗之文。時代不符，則亦決非此本。《書録解題》又云別一本號《玉泉子》，比此本少數條，而多五十二條，無序跋。録其所多者爲一卷。此本共八十二條，或即陳振孫所録之一卷，而《書録解題》譌八字爲五字耶。三者之中，此猶約略近之矣。

玉泉筆端

尤袤《遂初堂書目・小説類》《玉泉筆端》。

陳振孫《直齋書録解題・小説家類》《玉泉筆端》三卷又別一卷。不著名氏。有序，中和三年作。末有跋云扶風李昭德家藏之書也。即故淮海相公孫。又稱黄巢陷洛之明年跋，亦不知何人。別一本號《玉泉子》，比此本少數條，而多五十二條。無序跋，録其所多者爲一卷。

馬端臨《文獻通考·經籍考·小説家》 《玉泉筆端》三卷。又別一卷。

《宋史·藝文志·小説家類》 《玉泉筆論》五卷。

初舉子

錢東垣等輯《崇文總目·小説類》 《初舉子》一卷。盧光啟撰。原釋闕。見天一閣鈔本。

《新唐書·藝文志·小説家類》 盧光啓《初舉子》一卷字子忠，相昭宗。

《宋史·藝文志·小説家類》 盧光啓《初舉子》三卷。

闕史

《新唐書·藝文志·小説家類》 高彦休《闕史》三卷。

陳振孫《直齋書録解題·小説家類》 《唐闕史》三卷。唐高彦休撰。自號參寥子，乾符中人。

馬端臨《文獻通考·經籍考·小説家》 《唐缺史》三卷。

《宋史·藝文志·小説家類》 高彦休《闕史》三卷。

范邦甸等《天一閣書目·小説類》 《唐闕史》二卷。藍絲闌鈔本。五代高彦休撰，并序云：自武德貞觀而後，吮筆爲小説、小録、補史、稗史、野史、雜録、雜記者多矣。貞觀大曆以前，捃摭無遺事，大中咸通而下或有所以爲誇尚者，資談笑者，垂訓誡者，惜乎不書於方册，輒從而記之。其雅登于太史氏者，不復再録。且其間近屏幃者，涉疑誕者，又删去之，十存二三焉。共五十一篇，分爲上下卷，約以年代次序，尋討經史之暇，時或一覽，猶至味之菹醢也。甲辰年清和月編次。

《四庫全書總目提要·小説家》 《唐闕史》二卷。浙江鮑士恭家藏本。舊本題唐高彦休撰。彦休始末未詳。書中鄭少尹及第一條，有開成二年愚江夏伯祖再司文柄語。考《舊唐書高鍇傳》，鍇於太和三年以吏部員外郎奉詔審定勑試別頭進士明經。開成元年以中書舍人權知禮部貢舉，尋爲禮部侍郎。掌貢部者三年，出爲鄂岳觀察使而卒。鄂岳正江夏之地，所言官品事蹟俱合。則彦休當爲鍇之從孫。惟新舊書皆失鍇之里籍，遂不知彦休爲何地人耳。陳振孫《書録解題》曰：彦休自號參寥子，《唐藝文志》註亦同。《宋史·藝文志》載《闕史》一卷，註曰參寥子述。又載高彦休闕史三卷。分爲兩書兩人。殊爲舛誤。又黄伯思《東觀餘論》有此書跋云：敍稱甲辰歲編次，蓋僖宗中和四年。而其間有已書僖號者，或後人追改之。今考序中自言乾符甲子生。乾符無甲子，當爲甲午之譌。下距中和四年僅十年，不應即能著書。由是以後，惟晉開運元年爲甲辰，上推乾符元年甲午生，年當七十一歲，尚有著書之理。然則彦休蓋五代人也。是書諸家著録皆三卷。今止上下二卷，似從他書鈔撮而成，非其原本。張耒《宛邱集》稱賈長卿嘗辨此書所載白居易母墮井事，此本無之。是亦不完之一證。然自序言共五十一篇，分爲上下二卷，又似非有脱遺者。或後人併追改其序歟。王士禎居易録譏其首載李師道之黨丁約獻俘闕下，臨刑幻化仙去事，以爲導逆。其説甚當。然所載如周墀之對文宗，崔闞之對宣宗，鄭薰判宦官之廕子，盧攜之議鎮州，皆足與史傳相參訂。李可及戲論三教一條，謂伶人不當授官，持論尤正。他如皇甫湜作福先寺碑，劉蛻辨齊桓公器單長鳴非姓單諸事，亦足以資考證。不盡小説荒怪之談也。

闕史

《宋史·藝文志·小説家類》 《闕史》一卷。參寥子述。

張金吾《愛日精廬藏書志·小説類》 《唐闕史》二卷。茶夢主人手抄本。唐參寥子高彦休撰。卷首有姚舜咨印記。自序。政和三年秋，於東都清平坊傳此書。敍云：甲辰歲編次。蓋唐僖宗中和四年也。其間有已書僖號者，或後人追改之。彦休敘事頗可觀，但過爲緣飾，殊有銑谿虬户體。此其贅云：次年三月七日再閱一過。黄長睿父書。凡史載必朝廟、典故、職員、政績，雖濫及閭閻，亦關風化。參寥子名曰《闕史》，而事涉瑣細，非筆載之。《急史》云乎哉，然敷敘條暢，詞句温雅，唐家小説自別有一種風趣。參寥子，唐高彦休，乾符中人。姑蘇吴岫。右異聞。

歷代小史

錢謙益等《絳雲樓書目·小説類》《歷代小史》九册。一百二十卷，唐高畯撰，蓋抄節歷代史也，司馬温公嘗稱其書，使學者觀之。

樹萱録

《新唐書·藝文志·小説家類》《樹萱録》一卷。

晁公武《郡齋讀書志·小説類》《樹萱録》一卷。右序謂纂尚書滎陽公所談。

尤袤《遂初堂書目·小説類》《樹萱録》。

陳振孫《直齋書録解題·小説家類》《樹萱録》一卷。不著名氏。序稱纂尚書滎陽公所談者，亦不知何人。又云普聖圜丘之明年，「普聖」者，僖宗由普王踐位也。書雖見《唐志》，今亦未必本真，或云劉燾無言所爲也。

馬端臨《文獻通考·經籍考·小説家》《樹萱録》一卷。

《宋史·藝文志·小説家類》《樹萱録》三卷。

劇談録

錢東垣等輯《崇文總目·小説類》《劇談録》二卷。康軿撰。

《新唐書·藝文志·小説家類》康軿《劇談録》三卷。字駕言，乾符進士第。

鄭樵《通志·藝文略·小説家》《劇談録》三卷。康軿撰。

晁公武《郡齋讀書志·小説類》《劇談録》三卷。右唐康駢字駕言撰。乾符中登進士第。書咸載唐世故事。

尤袤《遂初堂書目·小説類》《劇談録》。

馬端臨《文獻通考·經籍考·小説家》《劇談録》三卷。

《宋史·藝文志·小説家類》康駢《劇談録》二卷。

范邦甸等《天一閣書目·小説類》《劇談録》二卷。藍絲闌鈔本。唐將仕郎崇文館校書康駢撰。

徐𤊹《徐氏家藏書目·小説類》《劇談録》二卷。宋康駢。

錢謙益等《絳雲樓書目·小説類》康駢《劇談録》二卷，唐末進士。

《四庫全書總目提要·小説家》《劇談録》二卷。浙江巡撫採進本。唐康駢撰。王定保《摭言》作唐軿。蓋傳寫之譌。《唐書藝文志》作康軿。以其字駕言證之，二字義皆相合，未詳孰是。諸書引之，皆作駢，疑亦唐志誤也。駢，池陽人。乾符四年登進士第。官至崇文館校書郎。是書成於乾寧二年，皆記天寶以來瑣事，亦閒以議論附之，凡四十條。今以《太平廣記》勘之，一一相合。非當時全部收入，即後人從廣記鈔合也。此本末有臨安府陳道人書籍鋪刊行字，蓋猶影鈔宋本。如潘將軍一條，註中疑爲潘鶻硉字。今本《劍俠傳》從《廣記》剽掇，此條譌爲潘鶴碎，遂不可解。知此本爲善矣。其中載元微之年老擢第，執贄謁李賀一條。古夫于亭雜録辨之曰：案元擢第，既非遲暮，於賀亦稱前輩，詎容執贄造門，反遭輕薄，小説之不根如此。其論最當。然稗官所述，半出傳聞。真僞互陳，其風自古。未可全以爲據，亦未可全以爲誣。在讀者考證其得失耳。不以是廢此一家也。

嵐齋集

《新唐書·藝文志·小説家類》李躍《嵐齋集》二十五卷。

鄭樵《通志·藝文略·小説家》《嵐齋集》二十五卷。唐李躍撰。

尤袤《遂初堂書目·小説類》《嵐齋集》。

南楚新聞

《新唐書·藝文志·小説家類》尉遲樞《南楚新聞》三卷。並唐末人。

《宋史·藝文志·小説家類》尉遲樞《南楚新聞》三卷。

顧懷三《補五代史藝文志・小説家》　《南楚新聞》三卷。尉遲樞撰。

芝田録

《新唐書・藝文志・小説家類》　《芝田録》一卷。

晁公武《郡齋讀書志・小説類》　《芝田録》一卷。右叙謂嘗憩緱氏，故取潘岳《西征賦》名其書。記隋唐雜事。未詳何人。總六百條。

馬端臨《文獻通考・經籍考・小説家》　《芝田録》一卷。

三水小牘

尤袤《遂初堂書目・小説類》　《三水小牘》。

陳振孫《直齋書録解題・小説家類》　《三水小牘》三卷。唐皇甫牧遵美撰。天祐中人。三水者，安定屬邑也。

馬端臨《文獻通考・經籍考・小説家》　《三水小牘》三卷。

《宋史・藝文志・小説家類》　皇甫枚《三水小牘》二卷。

高儒《百川書志・小説家》　《三水小牘》一卷。唐皇甫枚遵美撰。天祐中人。三水，安定屬邑也。

范邦甸等《天一閣書目・小説家》　《三水小牘》二卷。刊本。唐安定皇甫牧撰。嘉靖甲子，秦汴序稱：《三水小牘》一編，乃唐皇甫尊美所撰，蓋其食汾晉時，手紀咸通中事也。余嘗録得八則，古今説海刻得七則，皆非全書。海虞楊儀部夢羽家藏二卷，似乎已備。及檢《文獻通考》，其卷凡三，今亡一矣。姑先鋟木，以俟同志補焉。

徐𤊹《徐氏家藏書目・小説類》　《三水小牘》一卷。皇甫枚。

《四庫未收書目提要・小説家類》　《三水小牘》二卷（抱經堂彙刻本）。唐皇甫枚撰。枚字尊美，安定人。唐咸通末，爲汝州魯山令，僖宗之在梁州，枚赴調行在，比其書中可考者也。是書成於天祐四年，枚當旅食汾晉，而追紀咸通時事，共得上下兩卷。明嘉靖時，姚咨曾手鈔之。此從錢曾述古堂藏本影寫。書中所載，雖涉神仙靈異之事，而筆雅詞明，實寓垂戒。又案天祐庚午時，晉猶稱天祐，而枚亦稱之。

雲仙散録

尤袤《遂初堂書目・小説類》　《雲仙散録》。

陳振孫《直齋書録解題・小説家類》　《雲仙散録》一卷。稱唐金城馮贄撰。天復元年叙。馮贄者，不知何人。自言取家世所蓄異書，撮其異説，而所引書名，皆古今所不聞；且其記事造語，如出一手，正如世俗所行東坡《杜詩注》之類。然則所謂馮贄者，及其所蓄書，皆子虚烏有也，亦可謂枉用其心者矣。

馬端臨《文獻通考・經籍考・小説家》　《雲仙散録》一卷。

容齋洪氏《隨筆》曰：俗間所傳淺妄之書，如所謂《雲仙散録》、《老杜事實》之類，皆絶可笑，然士大夫或信之。孔傳《續六帖》採摭唐事殊有工，而悉載《雲仙録》中事，自穢其書。近世南劍州學刊《散録》可毁。

《宋史・藝文志・小説家類》　馮贄《雲仙散録》一卷。

高儒《百川書志・小説家》　《雲仙散録》一卷。後唐金城馮贄撰，取九世所畜異書。皆今世不傳者，撮其異説，凡二百條，造語相類。

范邦甸等《天一閣書目・小説家》　《雲仙雜記》十卷。藍絲闌鈔本。唐馮贄撰。

徐𤊹《徐氏家藏書目・小説類》　《雲仙雜記》十卷。唐馮贄。

錢謙益等《絳雲樓書目・小説類》　《雲仙雜記》。見後僞書類。

《四庫全書總目提要・小説家》　《雲仙雜記》十卷。兩淮馬裕家藏本。舊本題唐金城馮贄撰。贄履貫無可考。其書雜載古今逸事。如所稱戴逵雙柑斗酒往聽黄鸝之類，詩家往往習用之。然實僞書也。無論所引書目皆歷代史志所未載。即其自序稱天復元年所作，而序中乃云天祐元年退歸故里。書成於四年之秋，又數歲始得終篇。年號先後，亦復顛倒，其爲後人依託，未及詳考明矣。案陳振孫《書録解題》有馮贄《雲仙散録》一卷，亦有天復元年序。振孫稱其記事造語如出一手，疑贄爲子虚烏有之人。洪邁《容齋隨筆》趙與旹《賓退録》所説亦皆相類。然不能指爲何人作。張邦基《墨莊漫録》云：近時傳一書，曰《龍城録》，乃王性之僞爲之。

又作《雲仙散録》，尤爲怪誕。又有李歜註杜甫詩，註東坡詩，皆性之一手，殊可駭笑。然則爲王銍所作無疑矣。惟陳振孫稱《雲仙散録》一卷，此乃作《雲仙雜記》十卷，頗爲不同。然孔傳續六帖所引散録，驗之皆在此書中。其爲一書無疑。卷數則陳氏誤記，書名則後人追改也。此本爲葉盛菉竹堂所刊，較説郛諸書所載多原序一篇。其書未經删削，較他本獨爲完備，今據以著録焉。

彭元瑞《天禄琳琅書目後編・明版子部》《雲仙雜記》一函三册。唐馮贄撰。贄里系無考。書十卷，凡四百四十五條，各注出處。前有贄自序。陳振孫《書録解題》有馮贄《雲仙散録》一卷，疑爲子虛烏有之人。趙與旹《賓退録》、洪邁《容齋隨筆》説亦同。張邦基《墨莊漫録》載，爲王銍僞造。孔傳《續六帖》引《雲仙散録》皆在此書中。其爲一書無疑。按，序署天復元年，而文內天祐四年。成書年號倒置，所引書目皆列代《史志》所未載，則其書之眞僞明矣。末刻玉峰葉氏菉竹堂中繡梓印行。乃崑山葉盛家所刊。

刊誤

錢東垣等輯《崇文總目・小説類》《刊誤》二卷。李涪撰。

《新唐書・藝文志・小説家類》李涪《刊誤》二卷。

鄭樵《通志・藝文略・小説家》《刊誤》一卷。唐李涪撰。

徐𤊹《徐氏家藏書目・小説類》《刊誤》一卷。唐李涪。

資暇録

錢東垣等輯《崇文總目・小説類》《資暇録》三卷。李匡乂撰。

《新唐書・藝文志・小説家類》李匡文《資暇》三卷。

鄭樵《通志・藝文略・小説家》《資暇》三卷。李匡乂撰。

晁公武《郡齋讀書志・小説類》《資暇》三卷。右唐李匡文濟翁撰。序稱世俗之談，類多訛誤，雖有見聞，嘿不敢證，故著此書。上篇正誤，中篇譚元，下篇本物，以資休暇云。

馬端臨《文獻通考・經籍考・小説家》《資暇》三卷。

《宋史・藝文志・小説家類》李匡文《資暇録》三卷。

高儒《百川書志・小説家》《資暇録》三卷。唐李匡義撰，隴西人。

開天傳信記

《宋史・藝文志・小説家類》鄭棨《開天傳信記》一卷。

徐𤊹《徐氏家藏書目・小説類》《開天傳信記》一卷。唐鄭棨。

《四庫全書總目提要・小説家》《開天傳信記》一卷。浙江鮑士恭家藏本。唐鄭綮撰。綮字蘊武，滎陽人。登進士第。累官右散騎常侍。好以詩謡託諷昭宗，意其有所蘊蓄。擢爲禮部侍郎同中書門下平章事。所謂歇後鄭五作宰相，時事可知者，即其人也。《舊唐書》本傳稱綮嘗歷監察，殿中倉户二員外，金刑右司三郎。而是書原本首署其官爲吏部員外郎。本傳顧未之及，或史文有所脱漏歟。書中皆記開元、天寶故事，凡三十二條。自序稱簿領之暇，搜求遺逸，期於必信，故以傳信爲名。其紀明皇戲游城南，王琚延過其家，謀誅韋氏一條。據《唐書琚傳》，乃琚選補主簿過謁太子乘機進説，以除太平公主，竝無先過琚家之事。司馬光作《通鑑》，亦不從是書。惟《新唐書》兼採之。然韋氏稱制時，琚方以王同皎黨亡命江都，安得復卜居韋杜。綮所記恐非事實，宜爲通鑑所不取。又如華陰見岳神夢游月宫羅公遠隱形葉法善符録諸事，亦語涉神怪，未能盡出雅馴。然行世既久，諸書言唐事者多沿用之。故録以備小説之一種焉。

尚書故實

晁公武《郡齋讀書志・小説類》《尚書故實》一卷。右唐李綽編。《崇文總目》謂尚書即張延賞也。綽紀延賞所談，故又題曰《尚書談録》。按其書稱嘉貞爲四世祖，疑非延賞也。

尤袤《遂初堂書目・小説類》《尚書故實》。

陳振孫《直齋書録解題・小説家類》《尚書故實》一卷。唐李綽撰。又名

《尚書談録》。首言賓護尚書河東張公三代相門，謂嘉貞、延賞、弘靖也。弘靖，盧龍失御，貶賓客分司。綽，唐末人，未必及弘靖。弘靖之後文規、次宗、彥遠，皆不登八座，未詳所謂。《唐志》即以爲延賞，尤不然。

馬端臨《文獻通考·經籍考·小説家》 《尚書故實》一卷。

《宋史·藝文志·小説家類》 李綽《尚書故實》一卷。

徐𤊹《徐氏家藏書目·小説類》 《尚書故實》一卷。唐李綽。

又 《尚書故實》一卷。唐李綽。

錢謙益等《絳雲樓書目·小説類》 《尚書故實》一卷。李綽記張延賞事。

張之洞《書目答問·小説家》 《尚書故實》一卷。唐李綽。祕笈本。説薈本。

北里志

晁公武《郡齋讀書志·小説類》 《北里志》一卷。右唐孫棨撰。記大中進士遊狹邪雜事。孫光憲言棨之意在譏盧相攜也。蓋攜之女與其甥通，攜知之，遂以妻之，殺家人以滅口云。

尤袤《遂初堂書目·小説類》 《北里志》。

陳振孫《直齋書録解題·小説家類》 《北里志》一卷。唐學士孫棨撰。載平康狹邪事。

馬端臨《文獻通考·經籍考·小説家》 《北里志》一卷。

《宋史·藝文志·小説家類》 孫棨《北里志》一卷。

高儒《百川書志·小説家》 《北里志》。唐孫棨撰。自序稱無爲子，記大中進士遊俠平康二十事，《摭言》五條附。

范邦甸等《天一閣書目·小説類》 孫内翰《北里志》一册。藍絲闌鈔本。唐翰林學士孫棨撰。

徐𤊹《徐氏家藏書目·小説類》 《比里志》一卷。唐孫啟。

松窻録

《新唐書·藝文志·小説家類》 《松牕録》一卷。

鄭樵《通志·藝文略·小説家》 《松窻録》一卷。

晁公武《郡齋讀書志·小説類》 《松窗録》一卷。右唐韋叡撰。記唐朝故事。

尤袤《遂初堂書目·小説類》 《松窗録》。

馬端臨《文獻通考·經籍考·小説家》 《松窻録》一卷。

《宋史·藝文志·小説家類》 李濬《松窓小録》一卷。

徐𤊹《徐氏家藏書目·小説類》 《松窓雜録》一卷。唐李濬。

《四庫全書總目提要·小説家》 《松窻雜録》一卷。浙江范懋柱家天一閣藏本。

案此書書名撰人諸本互異。《唐志》作《松窻録》一卷，不著撰人。《宋》志作《松窻小録》一卷，題李濬撰。《文獻通考》作《松窻雜録》一卷，題韋濬撰。《歷代小史》則書名與《通考》同，人名與《宋》志同。蓋傳刻舛譌，未詳孰是。此本爲范氏天一閣舊鈔，書名人名竝與《歷代小史》同。今姑從以著録，亦三占從二之義也。其文與歷代小史所刻大槩相合。惟多中宗召宰相一條及姚崇姨母盧氏一條。以司馬光《通鑑考異》證之，其中宗一條實原書所有。知《小史》爲佚脱矣。書中記唐明皇事頗詳整可觀，載李泌對德宗語，論明皇得失亦瞭若指掌。《通鑑》所載泌事，多採取《李鄴侯家傳》，纖悉必録，而獨不及此語。是亦足以補史闕。惟謂中宗召宰相蘇瓌、李嶠子進見，二子皆童年。因令奏所通書。頲應曰：木從繩則正，后從諫則聖。嶠子亦進曰：斮朝涉之脛，剖賢人之心。上曰：蘇瓌有子，李嶠無兒云云。案頲於則天長安二年已爲御史。瓌爲相時，頲爲中書舍人。父子同掌樞密，竝非童年。故司馬光深斥其説，頗不免於誣妄云。

續事始

《新唐書·藝文志·小説家類》 劉睿《續事始》三卷。

《宋史・藝文志・小説家類》 劉睿《續事始》三卷。

十物志

錢東垣等輯《崇文總目・小説類》 《通微子十物志》一卷。原釋闕。見天一閣鈔本。

《新唐書・藝文志・小説家類》 《通微子十物志》一卷。

鄭樵《通志・藝文略・小説家》 通微子《十物志》一卷。

《宋史・藝文志・小説家類》 通微子《十物志》一卷。

武孝經

《新唐書・藝文志・小説家類》 郭良輔《武孝經》一卷。

《宋史・藝文志・小説家類》 郭良輔《武孝經》一卷。

神告録

《宋史・藝文志・小説家類》 陸藏用《神告録》一卷。

知命録

陳振孫《直齋書録解題・小説家類》 《知命録》一卷。唐劉愿撰。凡二十事。

馬端臨《文獻通考・經籍考・小説家》 《知命録》一卷。

《宋史・藝文志・小説家類》 劉愿《知命録》一卷。

朝廷卓絶事

晁公武《郡齋讀書志・小説類》 《朝廷卓絶事》一卷。右唐陳岠撰。記唐朝忠賢卓絶事五十。

馬端臨《文獻通考・經籍考・小説家》 《朝廷卓絶事》一卷。

女孝經

《宋史・藝文志・小説家類》 《女孝經》一卷。侯莫陳邈妻鄭氏撰。

佛孝經

《宋史・藝文志・小説家類》 《佛孝經》一卷。舊題名鶚，不知姓。

正順孝經

錢東垣等輯《崇文總目・小説類》 《正順孝經》一卷。宋志不著撰人。原釋闕。見天一閣鈔本。

《宋史・藝文志・小説家類》 《正順孝經》一卷。

孝感義聞録

錢東垣等輯《崇文總目・小説類》 《孝感義聞録》三卷。曹希達撰。原釋闕。見天一閣鈔本。

《宋史・藝文志・小説家類》曹希達《孝感義聞録》三卷。

忠經

《宋史・藝文志・小説家類》海鵬《忠經》一卷。

大唐傳載

《四庫全書總目提要・小説家》《大唐傳載》一卷。江蘇巡撫採進本。不著撰人名氏。記唐初至元和中雜事。《唐》宋藝文志俱不載。前有自序，稱八年夏，南行嶺嶠，暇日瀧舟傳所聞而載之。考穆宗以後，惟太和大中咸通乃有八年。此書不著其紀元之號，所云八年者，亦不知其在何時也。所録唐公卿事蹟言論頗詳，多爲史所採用。間及於詼諧談謔及朝野瑣事，亦往往與他説部相出入。惟稱貞元中鄭國韓國二公主加謚爲公主追謚之始。而不知高祖女平陽昭公主有謚已在前。又蕭穎士逢一老人，謂其似鄱陽王，據集異記乃發冢巨盜。而此紀之以爲異人。如此之類，與諸書多不合。蓋當時流傳互異，作者各承所聞而録之，故不免牴牾也。

古今小名録

《宋史・藝文志・小説家類》陸龜蒙《古今小名録》五卷。

古今鼎録

《宋史・藝文志・小説家類》虞荔《古今鼎録》一卷。

欹器圖

《宋史・藝文志・小説家類》《欹器圖》一卷。

八駿圖

《宋史・藝文志・小説家類》史道碩畫《八駿圖》一卷。

異魚圖

《宋史・藝文志・小説家類》《異魚圖》五卷。

花木録

《宋史・藝文志・小説家類》張宗誨《花木録》七卷。

花品

《宋史・藝文志・小説家類》僧仲休《花品》一卷。

三教論

錢東垣等輯《崇文總目・小説類》《三教論》一卷。宋志不著撰人。原釋闕。見天一閣鈔本。

《宋史・藝文志・小説家類》《三教論》一卷。

五經評刊

錢東垣等輯《崇文總目・小説類》《五經評刊》六卷。周明辨撰。原釋闕。見天一閣鈔本。

《宋史・藝文志・小説家類》周明辨《五經評判》六卷。

摭言

錢東垣等輯《崇文總目・小説類》《摭言》十五卷。王定保撰。

鄭樵《通志・藝文略・小説家》《摭言》十五卷。王定保撰。

晁公武《郡齋讀書志・小説類》《摭言》十五卷。右唐王定保撰。分六十三門。記唐朝進士應舉登科雜事。

尤袤《遂初堂書目・小説類》《摭言》。

陳振孫《直齋書録解題・小説家類》《摭言》十五卷。唐王定保撰。專記進士科名事。定保，光化三年進士，爲吴融子華婿，喪亂後入湖南，棄其妻弗顧，士論不齒。

馬端臨《文獻通考・經籍考・小説家》《摭言》十五卷。

《宋史・藝文志・小説家類》王定保《摭言》十五卷。

范邦甸等《天一閣書目・小説類》《唐摭言》十卷。藍絲闌鈔本。五代王定保撰。

徐𤊹《徐氏家藏書目・小説類》《唐摭言》一卷。宋王保定。

錢謙益等《絳雲樓書目・小説類》《摭言》。唐末王定保撰，記當時進士應舉登科雜事。凡十五卷。定保，吴子華壻也，又《唐摭言》十五卷，南唐何晦撰。

《四庫全書總目提要・小説家》《唐摭言》十五卷。副都御史黄登賢家藏本。五代王定保撰。舊本不題其里貫。其序稱王溥爲從翁，則溥之族也。陳振孫《書録解題》謂定保爲吴融之壻，光化三年進士。喪亂後入湖南。《五代史南漢世家》稱定保爲邕管巡官。遭亂不得還，劉隱辟置幕府。至劉龑僭號之時尚在。其所終則不得而詳矣。考定保登第之歲，距朱温簒唐僅六年。又序中稱溥爲丞相，則是書成於周世宗顯德元年以後。故題唐國號不復作内詞。然定保生於咸通庚寅，至是年八十五矣。是書蓋其暮年所作也。同時南唐鄉貢士何晦亦有《唐摭言》十五卷，與定保書同名。今晦書未見，而定保書刻於商氏《稗海》者删削大半，殊失其真。此本爲松江宋賓王所録，末有跋語，稱以汪士鋐本校正。較《稗海》所載特爲完備。近日揚州新刻，即從此本録出。惟是晁公武《讀書志》稱是書分六十三門，而此本實一百有三門。數目差舛，不應至是，豈商濬之前已先有删本耶。是書述有唐一代貢舉之制特詳，多史志所未及。其一切雜事，亦足以覘名場之風氣，驗士習之淳澆。法戒兼陳，可爲永鑒，不似他家雜録但記異聞已也。據定保自述，蓋聞之陸扆、吴融、李渥、顔蕘、王溥、王涣、盧延讓、楊贊圖、崔籍若等所談云。

顧櫰三《補五代史藝文志・小説家》《唐摭言》十五卷。王定保撰。

北户録

徐𤊹《徐氏家藏書目・小説類》《北户録》一卷。唐段公路。

寓簡

徐𤊹《徐氏家藏書目・小説類》《寓簡》十卷。唐沈作喆。

寓簡

錢謙益等《絳雲樓書目・小説類》《寓簡》。沈作哲。

黄虞稷《千頃堂書目・小説類》沈作喆《寓簡》十卷。吴興人，字明遠。

《宋史藝文志補・小説家》沈作喆《寓簡》十卷。吴興人。

廣黃帝本行記

《四庫未收書目提要・小説家類》 廣黃帝本行記一卷(平津館叢書本)唐王瓘撰。系銜稱閬州晉安縣主簿王瓘進,考之《新唐書・藝文志》雜傳記云:王瓘廣軒轅本紀三卷,蓋即此書。此卷首題「修行道德」四字,必每卷各以四字標識。本書帝吹律定姓者十二,注云,在中卷。又黄帝有子各封一國,注云,具中卷,可證此爲下卷,佚去上中二卷矣,此從錢曾舊鈔藏本影寫,恐世間更無足本,《讀書敏求記》(原本脱記字)中具載之。

元中記

錢謙益等《絳雲樓書目・小説類》 《元中記》。唐人。

釣磯立談記

《宋史・藝文志・小説家類》 史虚白《釣磯立談記》一卷。

顧櫰三《補五代史藝文志・小説家》 《釣磯立談》二卷。史虚白撰。

廣摭言

陳振孫《直齋書録解題・小説家類》 《廣摭言》十五卷。鄉貢進士何晦撰。其序言太歲癸酉下第於金陵鳳臺旅舍。癸酉者,開寶六年也。時江南猶未下,晦蓋其國人歟?

馬端臨《文獻通考・經籍考・小説家》 《唐摭言》十五卷。

《宋史・藝文志・小説家類》 何晦《摭言》十五卷。

又 《廣摭言》十五卷。何晦。

顧櫰三《補五代史藝文志・小説家》 《廣摭言》十五卷。何晦撰。

野人閑話

錢東垣等輯《崇文總目・小説類》 《野人閑話》五卷。景焕撰。

鄭樵《通志・藝文略・小説家》 《野人閑話》五卷。宋朝景焕撰。

尤袤《遂初堂書目・小説類》 《野人閑話》。

陳振孫《直齋書録解題・小説家類》 《野人閒話》五卷。成都景焕撰。記孟蜀時事,乾德三年序。

馬端臨《文獻通考・經籍考・小説家》 《野人閑話》五卷。

《宋史・藝文志・小説家類》 耿焕《野人閑話》五卷。

顧櫰三《補五代史藝文志・小説家》 《野人閒話》五卷。景焕撰。

續野人閑話

陳振孫《直齋書録解題・小説家類》 《續野人閒話》二卷。不知作者。

馬端臨《文獻通考・經籍考・小説家》 《續野人閑話》二卷。

《宋史・藝文志・小説家類》 《續野人閑話》三卷。

紀聞談

尤袤《遂初堂書目・小説類》 《紀聞談》。

陳振孫《直齋書録解題・小説家類》 《紀聞譚》三卷。蜀潘遠撰。《館閣書目》按李淑作潘遺。今考《邯鄲書目》亦作潘遠,其曰「遺」者,本誤也。所記隋、唐遺事。

馬端臨《文獻通考・經籍考・小説家》 《紀聞談》三卷。

《宋史・藝文志・小説家類》 潘遺《紀聞談》一卷。

顧櫰三《補五代史藝文志・小説家》 《紀聞譚》三卷。潘遺撰。

鑑誡録

晁公武《郡齋讀書志・小説類》 《鑑誡録》十卷。右後蜀何光遠撰。字輝夫，東海人，廣政中纂輯唐以來君臣事迹可爲世鑒者。前有劉曦度序。李獻臣云：「不知何時人」。考之不詳也。

尤袤《遂初堂書目・小説類》 《鑒誡録》。

馬端臨《文獻通考・經籍考・小説家》 《鑑誡録》十卷。

《宋史・藝文志・小説家類》 何光遠《鑑誡録》三卷。

又 劉曦度《鑑誡録》三卷。

《四庫全書總目提要・小説家》 《鑑戒録》十卷。江西巡撫採進本。蜀何光遠撰。光遠字輝夫，東海人。孟昶廣政初，官普州軍事判官。其書多記唐及五代間事，而蜀事爲多。皆近俳諧之言。各以三字標題，凡六十六則。趙希弁《讀書後志》以爲輯唐以來君臣事迹可爲世鑒者。似未睹其書，因其名而臆説也。舊本前有劉曦度序，亦見希弁志。《宋史・藝文志》遂以劉曦度《鑑戒録》三卷，何光遠《鑑戒録》三卷分爲二書，益舛誤矣。書中間有夾註。如判木夾一條云，此荅木夾書，元是胡曾與路巖相公鎮蜀日修之，非爲高駢相公也。何光遠誤述危亂黜一條云，據《禪月詩集》中此詩自哭涪州張侍郎，非張拾遺，何光遠錯舉證也。四公會一條云，此篇元在本事詩中，敘説甚詳。何光遠重取論説，又加改易，非也。皆駁正光遠之説，不知出自何人。此本析爲十卷，有朱彝尊跋，稱從項元汴家宋本影寫，則猶宋人所分也。今觀所記，如徐后事一條所載王承旨詩，《後山詩話》以爲花蕊夫人作。蜀門諷一條所載向瓚嘲蔣鍊師詩，《南唐近事》以爲廬山道士。其語大同小異，猶可曰傳聞異詞。鑑冤辱一條，全剽襲殷芸《小説》，東方朔辨怪哉蟲事，案《小説》已佚，此條見太平廣記四百七十三已爲附會。鬼傳書一條，不知《水經注》有梁孝直事，更屬粗疎。至逸士諫一條，稱昭宗何后荒於從禽。考《新唐書后妃列傳》，昭宗奔播岐，梁間，后侍膳，無須臾去。《舊唐書》亦云，后於蒙塵薄狩之中，嘗侍膳御，不離左右。安得有畋遊之事。且昭宗寄命强藩，不能自保，又安能縱后畋遊，恒至六十里外。殊爲誣誕。灌鐵汁一條，稱秦宗

權本不欲叛，乃太山神追其魂，以酷刑逼之倡亂。是爲盜賊藉口，尤不可以訓。特以其爲五代舊書，所載軼事遺文，往往可資採掇，故仍録之小説家焉。

廣政雜録

《宋史・藝文志・小説家類》 何光遠《廣政雜録》三卷。

蜀廣政雜記

《宋史・藝文志・小説家類》 蒲仁裕《蜀廣政雜記》十五卷。

雜説

鄭樵《通志・藝文略・小説家》 《雜説》六卷。李後主撰。

顧櫰三《補五代史藝文志・小説家》 李後主《雜説》二卷。

貽子録

《宋史・藝文志・小説家類》 《賂子解》一卷。

顧櫰三《補五代史藝文志・小説家》 《貽子録》一卷。孫光憲撰。

備忘小鈔

顧櫰三《補五代史藝文志・小説家》 《備忘小鈔》十卷。文□撰。

備忘小鈔

《宋史·藝文志·小説家類》文谷《備忘小鈔》二卷。

南溪子

《宋史·藝文志·小説家類》周隨《南溪子》三卷。

淺疑論

《宋史·藝文志·小説家類》李遇之《淺疑論》三卷。

章　程

《宋史·藝文志·小説家類》《章程》四卷。

誡女書

《宋史·藝文志·小説家類》李大夫《誡女書》一卷。

家　誡

錢東垣等輯《崇文總目·小説類》《家誡》一卷。黄訥撰。原釋闕。見天一閣鈔本。

先賢誡子書

錢東垣等輯《崇文總目·小説類》《先賢誡子書》二卷。通志略不著撰人。原釋闕。見天一閣鈔本。

古今家誡

錢東垣等輯《崇文總目·小説類》《古今家誡》一卷。原釋闕。見天一閣鈔本。

誡文書

錢東垣等輯《崇文總目·小説類》《誡文書》一卷。原釋闕。見天一閣鈔本。

玉溪編事

錢東垣等輯《崇文總目·小説類》《玉溪編事》三卷。金利用撰。原釋闕。見天一閣鈔本。

鄭樵《通志·藝文略·小説家》《玉溪編事》三卷。僞蜀金利用撰。

《宋史·藝文志·小説家類》金利用《玉溪編事》三卷。

皮氏見聞録

晁公武《郡齋讀書志·小説類》《皮氏見聞録》五卷。右五代皮光業撰。唐末爲餘杭從事，記當時詭異見聞，自唐乾符四年，迄晉天福二年。自號鹿門子。

馬端臨《文獻通考・經籍考・小説家》《皮氏見聞録》五卷。

《宋史・藝文志・小説家類》皮光業《皮氏見聞録》十三卷。

顧櫰三《補五代史藝文志・小説家》《皮氏見聞録》十三卷。皮光業撰。

三餘外志

《宋史・藝文志・小説家類》《三餘外志》三卷。

顧櫰三《補五代史藝文志・小説家》《三餘外志》三卷。皮光業撰。

中朝故事

徐𤊹《徐氏家藏書目・小説類》《中朝故事》一卷。唐尉遲偓。

《四庫全書總目提要・小説家》《中朝故事》二卷。浙江鮑士恭家藏本。南唐尉遲偓撰。偓履貫未詳。書首舊題朝議郎守給事中修國史驍騎賜紫金魚袋臣尉遲偓奉旨纂進。蓋李氏有國時偓爲史官，承命所作。李昪自以爲出太宗之後，承唐統緒，故稱長安爲中朝也。其書皆記唐宣、懿、昭、哀四朝舊聞。上卷多君臣事迹及朝廷制度。下卷則雜録神異怪幻之事。中閒不可盡據者。如宣宗爲武宗所忌，請爲僧，遊行江表一事。司馬光《通鑑考異》已斥其鄙妄無稽。又路巖欲害劉瞻，賴幽州節度使張公素上疏申理一事。考是時鎮幽州者乃張允伸，非張公素。所記殊誤。又鄭畋鬼胎一事，與唐人所作齊推女傳首尾全同，而變其姓名。尤顯出蹈襲。然其時去唐未遠，故家文獻所記，亦往往足徵。如崔彦昭、王凝相仇一事，司馬光《考異》雖摘其以彦昭代凝領鹽鐵之誤，而其事則全取之。與正史分別參觀，去譌存是，固未嘗不足以資參證也。

金華子

晁公武《郡齋讀書志・小説類》《金華子》三卷。右唐劉崇遠撰。金華子，崇遠自號，蓋慕黄初平爲人也。録唐大中後事。一本題曰《劉氏雜編》。

陳振孫《直齋書録解題・小説家類》《金華子新編》三卷。大理司直劉崇遠撰。五代時人。記大中以後雜事。

馬端臨《文獻通考・經籍考・小説家》《金華子》三卷。

《宋史・藝文志・小説家類》劉崇遠《金華子雜編》三卷。

《四庫全書總目提要・小説家》《金華子》二卷。永樂大典本。南唐劉崇遠撰。崇遠家本河南，唐末避黄巢之亂，渡江南徙。仕李氏爲文林郎，大理司直。嘗慕皇初平之爲人，自號金華子，因以爲所著書名。崇遠有自序一篇，頗具梗概。序末題名，具官稱臣，不署年月。而書中所稱烈祖高皇帝者，乃南唐先主李昪廟號。又有昪元受命之語，亦南唐中主李景紀年。晁公武《讀書志》乃以爲唐人。陳振孫《書録解題》則泛指爲五代人。宋濂《諸子辨》則併謂其人不可考。諸説紛紜，皆未核其自序而誤也。其書《宋藝文志》作三卷。世無傳本。惟散見永樂大典者蒐輯尚得六十餘條。核其所記，皆唐末朝野之故事，與晁氏所云録唐大中後事者相合。其中於將相之賢否，藩鎮之强弱，以及文章吟咏，神奇鬼怪之事，靡所不載。多足與正史相參證。觀《資治通鑑》所載宣宗對令狐綯李景讓稟母訓王師範拜縣令主式馭亂卒諸事，皆本是書。則司馬光亦極取之。惟其紀劉鄩襲兖州一條，以兖帥爲張姓，而考之五代歐薛二史，則當時兖帥實葛從周。不免傳聞異詞。然要其大致，可信者多。與《大唐傳載》諸書摭拾委巷之談者，相去固懸絶矣。胡應麟《九流緒論》乃以鄙淺譏之。考應麟仍以崇遠爲唐人，不糾晁氏之誤。知未見其自序。又取與劉基《郁離子》、蘇伯衡《空同子》相較。是竝不知爲記事之書，誤儕諸立言之列。明人詭薄，好爲大言以售欺，不足信也。謹哀綴編次，分爲二卷。而以崇遠原序冠之簡端，以存其略焉。

顧櫰三《補五代史藝文志・小説家》《金華子新編》三卷。劉崇遠撰。

金華子雜編

顧櫰三《補五代史藝文志・小説家》《金華子雜編》四卷。王仁裕撰。

玉堂閑話

尤袤《遂初堂書目・小説類》《玉堂閑話》。

《宋史・藝文志・小説家類》王仁裕《玉堂閑話》三卷。

顧懷三《補五代史藝文志・小説家》《玉堂閒話》三卷。王仁裕撰。

見聞録

《宋史・藝文志・小説家類》王仁裕《見聞録》三卷。

顧懷三《補五代史藝文志・小説家》《見聞録》三卷。王仁裕撰。

唐末見聞録

《宋史・藝文志・小説家類》《唐末見聞録》八卷。王仁裕撰。

顧懷三《補五代史藝文志・小説家》《唐末見聞録》八卷。王仁裕撰。

續玉堂閑話

鄭樵《通志・藝文略・小説家》《續玉堂閑話》一卷。王仁裕撰。

入洛私書

顧懷三《補五代史藝文志・小説家》《入洛私書》一卷。王仁裕撰。

桂苑叢譚

《新唐書・藝文志・小説家類》《桂苑叢譚》一卷。馮翊子子休。

鄭樵《通志・藝文略・小説家》《桂苑叢譚》一卷。

《宋史・藝文志・小説家類》《桂苑叢談》一卷。

范邦甸等《天一閣書目・小説類》《桂苑叢談》一卷。藍絲闌鈔本。唐馮翊子子休撰。

徐𤊹《徐氏家藏書目・小説類》《桂苑叢談》一卷。唐馮翊。

《四庫全書總目提要・小説家》《桂苑叢談》一卷。内府藏本。案新唐書藝文志載《桂苑叢談》一卷，註曰馮翊子子休撰。不著姓名。晁公武引李淑《邯鄲書目》云：姓嚴，疑馮翊子其號，而子休其字也。陳繼儒刻入祕笈，乃題爲唐子休馮翊著。顛倒其文，誤之甚矣。其書前十條皆載咸通以後鬼神怪異及瑣細之事，後爲《史遺》十八條。其十二條亦紀唐代雜事，餘六條則兼及南北朝。然如高湝捕賊、高延宗縱恣、崔宏度酷虐諸事，齊隋本史皆已載之。又似摘鈔卷中未及刊削者。疑已經後人竄亂，非原書也。其甘露亭一條，稱吴王收復浙右之歲者，當爲昭宗天復二年。時始封楊行密爲吴王，故子休以此稱之。然則作是書者，其江南人歟。

化書

錢東垣等輯《崇文總目・小説類》《化書》六卷。譚峭撰。

燈下閑談

鄭樵《通志・藝文略・小説家》《燈下閑談》二卷。

馬端臨《文獻通考・經籍考・小説家》《燈下閑談》二卷。

《宋史・藝文志・小説家類》《燈下閑談》二卷。

錢謙益等《絳雲樓書目・小説類》《燈下閒談》二卷。亡名氏。

葆光録

陳振孫《直齋書録解題・小説家類》《葆光録》三卷。陳纂撰。自號襲明子。所載多吴越事，當是國初人。

馬端臨《文獻通考・經籍考・小説家》《葆光録》三卷。

《宋史・藝文志・小説家類》陳纂《葆光録》三卷。

高儒《百川書志・小説家》《葆光録》三卷。潁川陳纂著。

徐𤊹《徐氏家藏書目・小説類》《葆光録》三卷。潁川陳氏龍明子。

顧櫰三《補五代史藝文志・小説家》《葆光録》三卷。陳纂撰。

唐朝新纂

尤袤《遂初堂書目・小説類》《唐朝新纂》。

陳振孫《直齋書録解題・小説家類》《唐朝新纂》三卷。融州副使石文德撰。

馬端臨《文獻通考・經籍考・小説家》《唐朝新纂》三卷。

《宋史・藝文志・小説家類》石文德《唐新纂》三卷。

顧櫰三《補五代史藝文志・小説家》《唐新纂》三卷。石文德撰。

賓朋宴語

鄭樵《通志・藝文略・小説家》《賓朋宴語》三卷。邱時撰。

顧櫰三《補五代史藝文志・小説家》《賓朋宴語》一卷。邱旭撰。

三感志

《宋史・藝文志・小説家類》楊九齡《三感志》三卷。

顧櫰三《補五代史藝文志・小説家》《三感志》三卷。楊九齡撰。

耳目記

錢東垣等輯《崇文總目・小説類》《耳目記》二卷。劉氏失名撰。

尤袤《遂初堂書目・小説類》《耳目志》。

陳振孫《直齋書録解題・小説家類》《耳目記》一卷。無名氏。《邯鄲書目》云劉氏撰，未詳其名。記唐末以後事。

馬端臨《文獻通考・經籍考・小説家》《耳目記》一卷。

《宋史・藝文志・小説家類》劉氏《耳目記》二卷。

顧櫰三《補五代史藝文志・小説家》《無名氏耳目記》一卷。

名賢姓字相同録

《宋史・藝文志・小説家類》《名賢姓字相同録》一卷。

海潮論

錢東垣等輯《崇文總目・小説類》《海潮論》一卷。邱光庭撰。

《宋史・藝文志・小説家類》丘光庭《海潮論》一卷。

海潮記

錢東垣等輯《崇文總目·小説類》《海潮記》一卷。邱光庭撰。
《宋史·藝文志·小説類》邱光庭《海潮記》一卷。

忠烈圖

錢東垣等輯《崇文總目·小説類》《忠烈圖》一卷。徐温客撰。
顧櫰三《補五代史藝文志·小説家》《忠烈圖》一卷。徐温客纂輯。

警戒録

顧櫰三《補五代史藝文志·小説家》《警戒録》五卷。周挺撰。

資談

顧櫰三《補五代史藝文志·小説家》《資談》六十卷。范贊然撰。

宋齊邱文傳

顧櫰三《補五代史藝文志·小説家》《宋齊邱文傳》十三卷。

陳金鳳傳

顧櫰三《補五代史藝文志·小説家》《陳金鳳傳》一卷。

入洛私書

顧櫰三《補五代史藝文志·小説家》《入洛私書》十卷。江文秉傳。

聱書

顧櫰三《補五代史藝文志·小説家》《聱書》十卷。沈顔撰。

鲰子

顧櫰三《補五代史藝文志·小説家》《鲰子》一卷。趙鄰幾撰。

筆述

顧櫰三《補五代史藝文志·小説家》《筆述》二十卷。王朴撰。

竹譜

顧櫰三《補五代史藝文志·小説家》《竹譜》三卷。錢昱撰。

筍譜

顧櫰三《補五代史藝文志·小説家》《筍譜》十卷。僧贊寧撰。

金鑾密記

顧櫰三《補五代史藝文志·小説家》《金鑾密記》一卷。韓偓撰。

國朝舊事

顧櫰三《補五代史藝文志·小説家》《國朝舊事》四十卷。王溥撰。

集説

顧櫰三《補五代史藝文志·小説家》《集説》二卷。王溥撰。

北司治亂記

顧櫰三《補五代史藝文志·小説家》《北司治亂記》十卷。嚴道美撰。

顯德二年小録

顧櫰三《補五代史藝文志·小説家》《顯德二年小録》二卷。嚴道美撰。

史館故事

顧櫰三《補五代史藝文志·小説家》《史館故事》三卷。

孝義圖

顧櫰三《補五代史藝文志·小説家》《孝義圖》一卷。徐温客撰。

五代登科記

顧櫰三《補五代史藝文志·小説家》《五代登科記》一卷。徐鍇撰。

登科記

顧櫰三《補五代史藝文志·小説家》《登科記》五卷。不著作者。

符彦卿家譜

顧櫰三《補五代史藝文志·小説家》《符彦卿家譜》一卷。

資暇録

徐𤊹《徐氏家藏書目·小説類》《資暇録》三卷。李濟翁。

續世説

《四庫全書總目提要·小説家》《續世説》十卷。兵部侍郎紀昀家藏本。舊本題唐隴西李垕撰。前有俞安期序，稱其書出自梁谿安茂卿，以宋本翻雕，未及印行而没。後三年，安期復得焦竑藏本，更爲校正成完書。又稱其書《唐》志不經見，通考所列《續世説》，載宋至五代事者，又孔平仲所撰，實非此書。何良俊撰《語林》，文徵明爲作序，王世貞又删《語林》，補《世説》，皆不言曾見此書。疑其贋作。而終以宋本紙墨古闇，中闕宋諱爲據。今考其書，惟取李延壽《南》、《北》二史所載碎事，依世説門目編之，而增以博洽、介潔、兵策、驍勇、遊戲、釋教、言驗、志怪、感動、癡弄、凶悖十一門。別無異聞，可資考據。蓋即安期輩依託爲之，詭言宋本。其序中所設之疑，正以防後人之攻詰。明代僞書，往往如是，所謂欲蓋而彌彰也。

文場盛事

尤袤《遂初堂書目・小説類》 《文場盛事》。

南唐近事

尤袤《遂初堂書目・小説類》 《南唐近事》。

范邦甸等《天一閣書目・小説類》 《南唐近事》三卷刊本。宋鄭文寶撰。

《四庫全書總目提要・小説家》 《南唐近事》一卷。江蘇巡撫採進本。宋鄭文寶撰。文寶有《江表志》，已著録。是書前有自序，題太平興國二年丁丑，蓋猶未仕宋時所作。《宋史・藝文志》作《南唐近事集》，名目小異，未詳何據。然《宋史》多舛謬，集字蓋誤衍也。其體頗近小説，疑南唐亡後，文寶有志於國史，蒐採舊聞，排纂敘次。以朝廷大政入江表志，至大中祥符三年乃成。其餘叢談瑣事，別爲緝綴，先成此編。一爲史體，一爲小説體也。中如控鶴致斃一詩，先見蜀何光遠《鑑戒録》，乃女冠蔣鍊師事，而此以爲廬山九空使者廟道士，似不免於牽合附會。又如韓偓依王審知以終，未見南唐之平閩，乃記其金蓮燭跋事，亦失斷限。然文寶世仕江南，得諸聞見，雖浮詞不免，而實録終存。故馬令陸游南唐書採用此書幾十之五六，則宋人固不廢其説矣。書中以慶王宏茂作王宏，嚴可求作嚴求，劉存中作劉存忠，所記姓名多與他書不合。又此書之杜業，《江表志》作杜光鄴，尤自相違異。殆傳鈔者有所譌漏，不盡舊本歟。

案，偏霸事迹，例入載記。惟此書雖標南唐之名，而非其國記，故入之小説家。蓋以書之體例爲斷，不以書名爲斷，猶開元天寶遺事不可以入史部也。

北夢瑣言

晁公武《郡齋讀書志・小説類》 《北夢瑣言》二十卷。右荆南孫光憲撰。光憲，蜀人，從楊玭、元澄遊，多聞唐世賢哲言行，因纂輯之，且附以五代十國事。取《傳》「畋於江南之夢」，自以爲高氏從事，在荆江之北，故命編云。

陳振孫《直齋書録解題・小説家類》 《北夢瑣言》三十卷。案：《文獻通攷》作二十卷。黄州刺史陵井孫光憲孟文撰。載唐末、五代及諸國雜事。光憲仕荆南高從誨，三世在幕府。「北夢」者，言在夢澤之北也。後隨繼沖入朝。有薦於太祖者，將用爲學士，未及而卒。光憲自號葆光子。

馬端臨《文獻通考・經籍考・小説家》 《北夢瑣言》二十卷。

《宋史・藝文志・小説家類》 孫光憲《北夢瑣言》十二卷。

徐𤊹《徐氏家藏書目・小説類》 《北夢瑣言》二十卷。唐孫光憲。

錢謙益等《絳雲樓書目・小説類》 孫光憲《北夢瑣言》二十卷。

《四庫全書總目提要・小説家》 《北夢瑣言》二十卷。内府藏本。宋孫光憲撰。光憲字孟文，自號葆光子。十國春秋作貴平人，而自題乃稱富春。考光憲自序，言生自岷峨，則當爲蜀人。其曰富春，蓋舉郡望也。仕唐爲陵州判官，旋依荆南高季興爲從事。後勸高繼沖以三州歸宋，太祖嘉之，授黄州刺史以終。五代史荆南世家載之甚明。舊以爲五代人者，誤矣。所著有《荆臺集》、《橘齋集》、《筆傭集》、《鞏湖集》、《甄蠶書》、《續通歷》等書，自宋代已散佚。惟是書獨傳於後。其曰《北夢瑣言》者，以《左傳》稱田於江南之夢，而荆州在江北，故以命名，蓋仕高氏時作也。所載皆唐及五代士大夫逸事。每條多載某人所説，以示有徵。蓋用《杜陽雜編》之例。其記載頗猥雜，敘次亦頗冗沓。而遺文瑣語，往往可資考證。故宋李昉等編《太平廣記》，多採其文。晁公武《讀書志》載光憲《續通歷》十卷，輯唐及五代事以續馬總之書，參以黄巢李茂貞劉守光按巴堅案按巴堅原作阿保機今改正吴、唐、閩、廣、吴越、兩蜀事迹。太祖以所記多不實，詔毁其書。而此書未嘗議及，則語不甚誣可知矣。世所行者凡二本。一爲明商濬《稗海》所刻，脱誤殆不可讀。近時揚州新刻，乃元華亭孫道明所藏，猶宋時陝西刊板，差完整有緒。故今以揚州本著録，不用商氏本云。

顧櫰三《補五代史藝文志·小説家》《北夢瑣言》三十卷。孫光憲撰。

張金吾《愛日精廬藏書志·小説類》《北夢瑣言》二十卷。精抄本。

富春孫光憲纂集。

自序

《北夢瑣言》二十卷，富春孫光憲纂集。唐末、後梁、後唐石晉時事。此書乃武林忻悦學家藏，陝刊舊本。介歸成芥庵夏隱君中間刊誤舛訛，如日、曰、纂、篡，歡、歎，雖、難，關、闕，禍、福等。字可以意改，餘不敢强，以俟別本訂之。至正二十四年，歲次甲辰，五月七日寫起，至二十七日庚寅輟卷。華亭在家道人孫道明識于泗北村居映雪齋，時年六十又八也。連日梅雨，時雨西南二鄉皆成巨浸，豐年未卜。今日喜晴，聊書記耳。

張之洞《書目答問·小説家》《北夢瑣言》二十卷。五代孫光憲。雅雨堂本。廣州刻本。

賈氏談録

晁公武《郡齋讀書志·小説類》《賈氏談録》一卷。右僞唐張洎奉使來朝，録其家賈黄中所談三十餘事，歸獻其主。

馬端臨《文獻通考·經籍考·小説家》《賈氏談録》一卷。

《宋史·藝文志·小説家類》《賈黄中談録》一卷。張洎撰。

范邦甸等《天一閣書目·小説類》《賈氏談録》一卷刊本。宋張洎編并識云。庚午歲，予銜命宋都，舍于懷信驛。左補闕賈黄，中丞相魏公之裔也，好古博雅，善于談論，每欵接嘗益所聞，公館多暇，偶成。編綴凡三十一條。

徐𤊹《徐氏家藏書目·小説類》《賈氏談録》一卷。張洎。

《四庫全書總目提要·小説家》《賈氏談録》一卷。永樂大典本。宋張洎撰。洎字思黯，改字偕仁，全椒人。初仕南唐爲知制誥中書舍人。入宋爲史館修撰翰林學士。淳化中官至參知政事。事蹟具《宋史》本傳。是書乃洎爲李煜使宋時録所聞於賈黄中者，故曰《賈氏談録》。前有自序，題庚午歲。爲宋太祖開寳三年。宋史賈黄中傳載黄中官左補闕在開寳初，與此序合。蓋其時爲洎館伴也。又序末稱貽諸好事，而晁公武《讀書志》乃稱南唐張洎奉使來朝，録賈黄中所談，歸獻其主。殆偶未檢此序歟。史稱黄中多知臺閣故事，談論亹亹，聽者忘倦。故此録所述皆唐代軼聞。晁氏稱原書凡三十餘事，明陶宗儀《説郛》所載僅九事。宋曾慥《類説》所載亦僅十七事。惟《永樂大典》所載較曾陶二本爲詳。今從各韻蒐輯，參以《説郛》、《類説》，共得二十六事。視洎原目，蓋已及十之九矣。原敘一篇，《類説》及《永樂大典》皆佚之。惟《説郛》有其全文。今仍録冠卷首，以補其闕。是書雖篇帙無多，然如牛李之黨，其初肇釁於口語，爲史所未及。而《周秦行紀》一書，晁公武亦嘗據此録以辨韋瓘之誣。他如興慶宮、華清宮、含元殿之制，淡墨題榜之始，以及院體書百衲琴澄泥研之類，皆足以資考核。較他小説固猶爲切實近正也。

會稽新録

《宋史·藝文志·小説家類》羅邵《會稽新録》一卷。

吴越會粹

《宋史·藝文志·小説家類》《吴越會粹》一卷。並不知作者。

晁氏談助

尤袤《遂初堂書目·小説類》《晁氏談助》。

《宋史·藝文志·小説家類》晁氏《談助》一卷。不知名。

蒭蕘論

錢東垣等輯《崇文總目・小説類》《蒭蕘論》三卷。

續論衡

錢東垣等輯《崇文總目・小説類》《續論衡》三十卷。邊誼撰。闕。見天一閣鈔本。

通論

錢東垣等輯《崇文總目・小説類》《通論》五卷。劉鶚撰。闕。見天一閣鈔本。

本書

錢東垣等輯《崇文總目・小説類》《本書》三卷。闕。見天一閣鈔本。

褉記

錢東垣等輯《崇文總目・小説類》《褉記》六卷。

郡閣雅言

晁公武《郡齋讀書志・小説類》《郡閣雅言》一卷。右皇朝潘若同撰。太宗時守郡，與僚佐話及南唐野逸賢哲異事佳言，輒疏之於書，凡五十六條，以資雅言。或題曰《郡閣雅談》。

尤袤《遂初堂書目・小説類》《郡閣雅言》。

陳振孫《直齋書録解題・小説家類》《郡閣雅言》二卷。贊善大夫潘若沖撰。

馬端臨《文獻通考・經籍考・小説家》《郡閣雅言》一卷。

《宋史・藝文志・小説家類》潘若沖《郡閣雅言》二卷。

雅言系述

《宋史・藝文志・小説家類》王舉《雅言系述》十卷。

祕閣閑談

鄭樵《通志・藝文略・小説家》《祕閣閑談》四卷。吴淑撰。

尤袤《遂初堂書目・小説類》《祕閣閒談》。

陳振孫《直齋書録解題・小説家類》《秘閣閒談》五卷。起居舍人吴淑正儀撰。淑，丹陽人。

馬端臨《文獻通考・經籍考・小説家》《祕閣閑談》五卷。

《宋史・藝文志・小説家類》吴淑《秘閣閑談》五卷。

祕閣雅談

晁公武《郡齋讀書志・小説類》《祕閣雅談》五卷。右皇朝吴淑撰。記祕閣同僚燕談。淑仕南唐，後隨李煜降。

尤袤《遂初堂書目・小説類》《祕閣雅談》。

元道孝經

《宋史・藝文志・小説家類》綦師系《元道孝經》一卷。

太平廣記

晁公武《郡齋讀書志・小説類》《太平廣記》五百卷。右皇朝太平興國初，詔李昉等取古今小説編纂成書，同《太平御覽》上之。

尤袤《遂初堂書目・小説類》京本《太平廣記》。

陳振孫《直齋書録解題・小説家類》《太平廣記》五百卷。太平興國二年，詔學士李昉、扈蒙等修《御覽》，又取野史、傳記、故事、小説撰集，明年書成，名《太平廣記》。

馬端臨《文獻通考・經籍考・小説家》《太平廣記》五百卷。晁氏曰：皇朝太平興國初，詔李昉等取古今小説編纂成書，同《太平御覽》上之，賜名《廣記》。夾漈鄭氏曰：《太平廣記》乃《太平御覽》中別出《廣記》一書，專記異事。

《宋史・藝文志・小説家類》李昉《太平廣記》五百卷。

錢謙益等《絳雲樓書目・小説類》《太平廣記》五十册。五百卷，李昉等編。

《四庫全書總目提要・小説家》《太平廣記》五百卷。內府藏本。宋李昉奉勅監修。同修者扈蒙、李穆、湯悦、徐鉉、宋白、王克貞、張洎、董淳、趙鄰幾、陳鄂、吕文仲、吴淑十二人也。以太平興國二年三月奉詔，三年八月表進，此據《宋會要》之文，《玉海》則作二年三月戊寅所集，八年十二月庚子書成，未詳孰是。六年正月勑雕版印行。凡分五十五部。所採書三百四十五種。古來軼聞瑣事，僻笈遺文咸在焉。卷帙輕者往往全部收入，蓋小説家之淵海也。《玉海》稱廣記鏤本頒天下，後以言者謂非後學所急，收版貯之太清樓。故北宋人多未之睹。鄭樵號爲博洽，而《通志・校讎略》中乃謂《太平廣記》爲《太平御覽》中別出《廣記》一書，專記異事。誤合兩書而一之，是樵亦未嘗見矣。其書雖多談神怪，而採摭繁富。名物典故，錯出其間，詞章家恒所採用。考證家亦多所取資。又唐以前書，世所不傳者，斷簡殘編，尚間存其什一，尤足貴也。此本爲明嘉靖中右都御史談愷所刊，卷頁間有闕佚。胡應麟《二酉綴遺》曰：談於此書頗肆力校讎，第中闕嗤鄙類二卷，無賴類二卷，輕薄類一卷，而酷暴類闕胡淛等五事，婦人類闕李誕等七事。談謂徧閱諸藏書家悉然，疑宋世已亡。又曰：輕薄類劉祥，許敬宗等皆見六朝諸史及唐書雜説，談已考補。餘目中有名姓者，尚多互見諸書。惟出小説中而其書今亡者，難悉究矣云云。則書在當時已非完帙，今亦姑仍舊本録之焉。

張之洞《書目答問・小説家》《太平廣記》五百卷。宋李昉等。通行本。所引多唐以前逸書，可資考證者極多。

洛陽搢紳舊聞記

錢東垣等輯《崇文總目・小説類》《洛陽縉紳舊聞記》五卷。張齊賢撰。

陳振孫《直齋書録解題・小説家類》《洛陽搢紳舊聞記》五卷。案：《文獻通攷》作十卷。丞相曹國張齊賢師亮撰。所録張全義治洛事甚詳也。

馬端臨《文獻通考・經籍考・小説家》《洛陽搢紳舊聞記》十卷。

范邦甸等《天一閣書目・小説類》《洛陽縉紳舊聞記》五卷藍絲闌鈔本。宋張齊賢集并序云：余未應舉前數十年中，多與洛城縉紳舊老善。爲余説及唐梁已還五代間事，往往褒貶陳迹，理甚明白。使人終日聽之，忘倦退而記之。旋失其本，數十年來無暇著述，今來營邱，足病累月，終朝無所用心，追思曩昔縉紳所説及余親所見聞，得二十餘事，因編次之。

《四庫全書總目提要・小説家》《洛陽縉紳舊聞記》五卷。浙江巡撫採進本。宋張齊賢撰。齊賢字師亮，曹州人，徙居洛陽。太平興國二年進士。累官同中書門下平章事，以司空致仕。卒謚文定。事蹟具《宋史》本傳。是書前題乙巳歲。乃真宗景德二年齊賢以兵部尚書知青州時所作。皆述梁唐以還洛城舊事，凡二十一篇，分爲五卷。《書録解題》目次與此本合。獨晁氏《讀書志》作十卷。今按自序，明言五卷，而檢《永樂大典》所載此書之文，亦無出此本外者。則《讀書志》字誤明矣。書中多據傳説之詞，約載事實以爲勸戒。自稱凡與正史差異者，竝存而録之。亦別傳外傳之比。然如衡陽周令妻報應，洛陽染工見寃鬼，焦生見亡妻諸條，俱不免涉於語怪。又如李少師賢妻一條，稱契丹降王東丹，朝廷密害之，非命而死。契丹已知之。李肅奉命護喪柩送歸，憂沮不知其計云云。案通鑑五代史，東丹即遼太祖長子，太宗之兄，奔唐爲昭信節度使，賜名贊華。因太宗助石晉起兵，潞王遣宦者秦繼旻皇城使李彦紳殺之於其第。是東丹之死，實緣潞王以兵敗逞忿，旋即滅亡。晉高祖後爲之備禮送歸。時隔兩朝，在晉人本無密害之事，又何所疑嫌而遽形憂沮。此事殆出傳聞之譌，殊不可信。至如紀張全義治洛之功，極爲詳備，則舊史多採用之。其他佚事，亦頗有足資博覽者。固可與五代史闕文諸書，同備讀史之考證也。

太平雜編

《宋史・藝文志・小説家類》 張齊賢《太平雜編》二卷。

同歸小説

鄭樵《通志・藝文略・小説家》 《同歸小説》三卷。張齊賢撰。

尤袤《遂初堂書目・小説類》 張文定《同歸小説》。

《宋史・藝文志・小説家類》 《同歸小説》三卷。

續同歸小説

鄭樵《通志・藝文略・小説家》 《續同歸小説》三卷。安儀鳳撰。

《宋史・藝文志・小説家類》 《續同歸説》三卷。

牧豎閒談

晁公武《郡齋讀書志・小説類》 《牧豎閒談》三卷。右皇朝景溪纂十九事。景溪，蜀人也。

馬端臨《文獻通考・經籍考・小説家》 《牧豎閑談》三卷。

《宋史・藝文志・小説家類》 耿焕《牧豎閑談》三卷。

醉鄉小略

《宋史・藝文志・小説家類》 胡節還《醉鄉小略》一卷。

令圃芝蘭集

《宋史・藝文志・小説家類》 楊魯龜《令圃芝蘭集》一卷。

小名録

《宋史・藝文志・小説家類》 《小名録》三卷。

談録

鄭樵《通志・藝文略・小説家》 丁晉公《談録》一卷。

尤袤《遂初堂書目・小説類》 丁晉公《談録》。

高儒《百川書志・小説家》 丁晉公《談録》一卷。

徐𤊹《徐氏家藏書目・小説類》 晉公《談録》一卷。宋丁謂。

錢謙益等《絳雲樓書目・小説類》 丁晉公《談録》三卷。丁謂。

《四庫全書總目提要・小説家》 丁晉公《談録》一卷。江蘇巡撫採進本。不著撰人名氏。皆述丁謂所談當代故事。晁公武《讀書志》以其出於洪州潘延之家，疑即延之所作。延之，謂甥也。今觀所記謂事皆溢美，而敘澶淵之事歸之天象，一字不及寇準。又載準挾嫌私改馮拯轉官文字事。皆顛倒是非，有乖公論。即未必延之所作，其出於謂之餘黨。更無疑義也。然稱謂籌畫軍糈，決真宗東封之行，以爲美談。則欲譽其才，適彰其附合時局。小人之情狀，終有不能自掩者矣。

王文正筆録

尤袤《遂初堂書目・小説類》 《王文正筆録》。

高儒《百川書志・小説家》 《王文正公筆録》一卷。宋沂公王曾著。

徐𤊹《徐氏家藏書目・小説類》 《王文正筆録》一卷。宋王曾。

錢謙益等《絳雲樓書目・小説類》 《王文正公筆録》一卷。王曾所記，凡三十六章。

《四庫全書總目提要・小説家》 《王文正筆録》一卷。江蘇巡撫採進本。宋王曾撰。曾字孝先，青州益都人。咸平五年鄉貢試禮部廷對皆第一。官至右僕射，兼門下侍郎平章事，集賢殿大學士。封沂國公。謚文正。事蹟具《宋史》本傳。此乃所記朝廷舊聞，凡三十餘條。皆太祖、太宗、真宗時事。其下及仁宗初者，僅一二條而已。曾練習掌故，所言多確鑿可據。故李燾作《通鑑長編》，往往全採其文。如記李沆爲相，王旦參知政事，羽書邊奏無虚日，旦以爲憂。沆謂他日天下寧晏，未必端拱無事。及北鄙和好，登封行慶，旦疲於贊導，始服李之深識云云。司馬光《涑水紀聞》亦載其事，則謂和好既成，而沆獨憂之。李燾《考異》謂沆卒於景德元年七月，至十二月和議始成。光蓋偶未及考，當以曾説爲長。此類皆爲能得其實。惟景德改元在其年正月，而曾於王繼忠一條乃謂兵罷改元，亦未免有誤。又繼忠兵敗降遼，不能死國，反爲所任用，殊虧臣節。雖有啟導和好之力，殊不足自贖。曾乃以盡忠兩國許之，褒貶尤爲失當矣。

西齋話記

尤袤《遂初堂書目・小説類》 《西齋話記》。

《宋史・藝文志・小説家類》 祖士衡《西齋話記》一卷。

林下放言

尤袤《遂初堂書目・小説類》 《林下放言》。

吕氏雜鈔

尤袤《遂初堂書目・小説類》 《吕氏雜鈔》。

軒渠録

尤袤《遂初堂書目・小説類》 《軒渠録》。

海物異名記

尤袤《遂初堂書目・小説類》 《海物異名記》。

《宋史・藝文志・小説家類》 陳致雍《晉安海物異名記》三卷。

辨疑録

尤袤《遂初堂書目・小説類》《辨疑録》。

幽明雜警

尤袤《遂初堂書目・小説類》《幽明雜警》。

《宋史・藝文志・小説家類》《幽明雜警》三卷。題退夫興仲之所纂，不著姓。

雜　志

尤袤《遂初堂書目・小説類》朱新仲《雜志》。

吴箕常談

尤袤《遂初堂書目・小説類》《吴箕常談》。

吕南公測幽

尤袤《遂初堂書目・小説類》《吕南公測幽》。

吕氏官箴

徐𤊹《徐氏家藏書目・小説類》《吕氏官箴》一卷。宋吕居仁。

搢紳脞説

鄭樵《通志・藝文略・小説家》《脞説前、後集》二十卷。張君房撰。

晁公武《郡齋讀書志・小説類》《搢紳脞説》二十卷。右皇朝張唐英君房撰。君房博學，通釋老，善著書，如《名臣傳》、《蜀檮杌》、《雲笈七籤》，行於世者，無慮數百卷。此書亦詳實。

尤袤《遂初堂書目・小説類》《脞説》。

馬端臨《文獻通考・經籍考・小説家》《搢紳脞説》二十卷。

《宋史・藝文志・小説家類》張君房《搢紳脞説》二十卷。

麗情集

晁公武《郡齋讀書志・小説類》《麗情集》二十卷。右皇朝張君房唐英編古今情感事。

馬端臨《文獻通考・經籍考・小説家》《麗情集》二十卷。

高儒《百川書志・小説家》《麗情集》一卷。宋張君房撰。凡十八事，《通考》稱二十卷，今止存此。詞旨鄙淺，或後人附會，及子類書鈔出，誇奇於人者，尚當博考。

科名定分録

錢東垣等輯《崇文總目・小説類》《科名定分録》七卷。張君房撰。

《宋史・藝文志・小説家類》張君房《科名分定録》七卷。

潮説

錢東垣等輯《崇文總目・小説類》《海潮會最》三卷。張君房。見玉海地理類。闕。見天一閣鈔本。

《宋史・藝文志・小説家類》張君房《潮説》三卷。

儆誡會最

《宋史・藝文志・小説家類》張氏《儆誡會最》一卷。

儆誡録

錢東垣等輯《崇文總目・小説類》《儆誡録》五卷。闕。見天一閣鈔本。

《宋史・藝文志・小説家類》楊士達《儆戒録》五卷。

鹿革事類

晁公武《郡齋讀書志・小説類》《鹿革事類》三十卷。右節《太平廣記》事實成一編，曰《事類》；詩文成一編，曰《文類》。蔡蕃晉如所撰。晉如博學，通音律，能屬文，與十父相友善。

馬端臨《文獻通考・經籍考・小説家》《鹿革事類》三十卷。

鹿革文類

晁公武《郡齋讀書志・小説類》《鹿革文類》三十卷。

馬端臨《文獻通考・經籍考・小説家》《鹿革文類》三十卷。

南部新書

尤袤《遂初堂書目・小説類》《南部新書》。

《宋史・藝文志・小説家類》《南部新書》十卷。

范邦甸等《天一閣書目・小説類》《南部新書》一册。藍絲闌鈔本。宋錢易撰子明逸序云：「先君尚書在章聖朝祥符中，以度支員外郎直集賢院宰。開封得一善事，疏于方册。曠日持久，乃成編。軸命曰：《南部新書》凡三萬五千言。」

《四庫全書總目提要・小説家》《南部新書》十卷。浙江鮑士恭家藏本。宋錢易撰。舊本卷首題錢後人。蓋以姓譜載錢氏出錢鏗也。易字希白，吴越王倧之子。真宗朝官至翰林學士。是書乃其大中祥符間知開封縣時所作。皆記唐時故事，間及五代。多録軼聞瑣語，而朝章國典，因革損益，亦雜載其中。故雖小説家言，而不似他書之侈談迂怪，於考證尚屬有裨。晁公武《讀書志》作五卷。焦竑《國史經籍志》作十卷。今考其標題，自甲至癸，以十干爲記，則作十卷爲是。公武所記，殆別一合併之本也。世所行本，傳寫者以意去取，多寡不一。別有一本，從曾慥《類説》中摘録成帙，半經刪削，闕漏尤甚。此本共八百餘條，首尾完具。以諸本兼校，皆不及其全備，當爲足本矣。

顧櫰三《補五代史藝文志・小説家》《南部新書》十卷。錢易撰。

景文筆録

鄭樵《通志・藝文略・小説家》宋景文公《筆録》一卷。

晁公武《郡齋讀書志・小説類》《景文筆録》三卷。右皇朝宋祁撰。皆故事異聞、嘉言奥語，可爲談助。不知何人所編，每章冠以「公曰」。景文，乃祁謚也。

尤袤《遂初堂書目・小説類》《宋景文筆記》。

高儒《百川書志・小説家》宋景文公《筆説》三卷。

徐𤊹《徐氏家藏書目・小説類》《宋景文筆記》一卷。宋宋祁。

貨泉録

《宋史・藝文志・小説家類》 陶岳《貨泉録》一卷。

宴閑談柄

《宋史・藝文志・小説家類》 歐靖《宴閑談柄》一卷。

百一紀

尤袤《遂初堂書目・小説類》 《百一紀》。

《宋史・藝文志・小説家類》 王子融《百一紀》一卷。

范陽家志

《宋史・藝文志・小説家類》 盧臧《范陽家志》一卷。

野說

《宋史・藝文志・小説家類》 邵思《野説》三卷。

賢已集

《宋史・藝文志・小説家類》 李端彦《賢已集》三十二卷。

友會談叢

鄭樵《通志・藝文略・小説家》 《友會談叢》三卷。上官融撰。

陳振孫《直齋書録解題・小説家類》 《文會談叢》一卷。題華陽上官融撰。不知何人。天聖五年序。

馬端臨《文獻通考・經籍考・小説家》 《文會談叢》一卷。

《宋史・藝文志・小説家類》 上官融《友會談叢》三卷。

《四庫未收書目提要・小説家類》 《友會談叢》三卷。宋上官融撰。融，華陽人。其字未詳。陳振孫云，不知何人。案，書中稱其父嘗宰建之浦城縣，是編前有天聖五年自序，卷帙與《宋史・藝文志》、《通志・藝文略》、焦竑《經籍志》並同。此則觀《文獻通考》所載，則作一卷，疑轉寫之譌。但序稱記在人耳目者，六十事。此則僅及其半，非有缺佚，或六爲三之誤字。核其所紀，皆宋代故事，多言報應，示勸戒，纖悉臚載。間傷猥雜，然如紀吕端出使高麗，與《宋史》端本傳合。紀太平興國三年，以定陶地建爲廣濟軍，與《宋史・地理志》亦同，要非絶無依據者可比也。

儒林公議

范邦甸等《天一閣書目・小説類》 《儒林公議》二卷。藍絲闌鈔本。宋田況撰。

徐𤊹《徐氏家藏書目・小説類》 《儒林公議》二卷。宋已名。

錢謙益等《絳雲樓書目・小説類》 《儒林公議》田宣簡公況。

黃虞稷《千頃堂書目・小説類》 《儒林公議》二卷。

《宋史藝文志補・小説家》 《儒林公議》二卷。

《四庫全書總目提要・小説家》 《儒林公議》二卷。內府藏本。宋田況撰。況字元均，其先京兆人，徙居信都。舉進士，又舉賢良方正。爲太常丞。辟陝西經略判官。入爲右正言。歷帥秦蜀，擢樞密使。以觀文殿學士提舉景靈宫，卒。事蹟具《宋史》本傳。所著有《奏議》三十卷，久佚不傳。是編記建隆以迄慶曆朝廷政事及士大夫行履得失甚詳。五代十國時事亦閒附以一二條。蓋雜録而成，故前後多未詮次。其記入閣會議諸條，明悉掌故，皆足備讀史之參稽。其持論亦皆平允。《東都事略》稱況嘗作好名，明黨二論，極以爲戒。而是編内范仲淹、歐陽修諸條亦拳拳於黨禍所自起，無標榜門户之私。公議之名，可云無忝矣。又況曾爲夏竦幕僚，好水川之役，況上疏極論之。竦不出師，蓋用況之策。書中雖於竦多恕詞，而於富弼諸人竦所深嫉者，仍揄揚其美，絶無黨同伐異之見。其心術醇正，亦不可及。蓋北宋盛時，去古未遠，儒者猶存直道，不以愛憎爲是非也。此本末有嘉靖庚戌陽里子柄一跋，不知何許人。論此書頗詳，今仍録存之。商濬刻《稗海》，以此跋爲宋無名氏作，殊爲疎舛。今據舊本改正焉。

荔枝譜

《宋史·藝文志·小説家類》 蔡襄《荔枝譜》一卷。

庭萱譜

《宋史·藝文志·小説家類》 同塵先生《庭萱譜》一卷。

墨客揮犀

尤袤《遂初堂書目·小説類》 《墨客揮犀》。

陳振孫《直齋書録解題·小説家類》 《墨客揮犀》十卷。續十卷不知名氏。

馬端臨《文獻通考·經籍考·小説家》 《墨客揮犀》十卷。《續》十卷。

《宋史·藝文志·小説家類》 《墨客揮犀》二十卷。

高儒《百川書志·小説家》 《墨客揮犀》十卷。宋彭乘著。

徐𤊹《徐氏家藏書目·小説類》 《墨客揮犀》十卷。宋彭乘。

錢謙益等《絳雲樓書目·小説類》 《墨客揮犀》十卷。無名氏。顧寧人言此書乃彭乘撰，未知其何據。己卯。據《稗海》甲申。乘蜀人，宋仁宗時，翰林學士，《宋史》有傳。

《四庫全書總目提要·小説家》 《墨客揮犀》十卷。兵部侍郎紀昀家藏本。宋彭乘撰。案北宋有兩彭乘。一爲華陽人，真宗時進士，官至翰林學士，《宋史》有傳。其作此書者則筠州高安人，史不載其仕履，故始末無可考見。書中稱嘗爲中書檢正。又稱至和中赴任邕州，而不言其爲何官。又自稱嘗至儋耳。其所議論，大抵推重蘇黄，疑亦蜀黨中人也。陳振孫《書録解題》載此書十卷，續十卷，稱不知撰人名氏。今本爲商濬刻入《稗海》者，卷首直題彭乘姓名，蓋以書中所自稱名爲據。而止有十卷，則已佚其續集矣。書中如陳瑩中言後苑牧猳豘、潘大臨作滿城風雨近重陽詩、彭淵材遊興國寺諸條，惠洪所作《冷齋夜話》亦載之。皆全同其文，不易一字。惠洪本高安彭氏子，與乘同族同時，不應顯相蹈襲若此。又如魏舒詣野店、張華博物、傅融有三子諸條，皆全録《晉書》、《北魏書》原文，別無考證，亦不相類。疑原本殘闕，後人又有所竄入。然於宋代遺聞軼事，以及詩話文評，徵引詳洽，存之亦頗資參考焉。

續墨客揮犀

徐𤊹《徐氏家藏書目·小説類》 《續墨客揮犀》一卷。

《四庫未收書目提要·小説家類》 《續墨客揮犀》十卷。宋彭乘撰。乘有《墨客揮犀》十卷。四庫全書已著録，此其續編也。宋陳振孫《書録解題》則前、續二編俱載，共二十卷，而不著撰人姓氏。明商維濬刻《稗海》題彭乘之作，蓋以書中所自稱名爲據，卷中所載軼事遺聞，以及詩話文評，徵引頗爲詳洽，足補前編之所未備。其所議論，多推重蘇黄，亦與前集相同，合之以爲完書。

張金吾《愛日精廬藏書志·小説類》 《續墨客揮犀》十卷。舊抄本。葉石君藏書。彭乘撰。《直齋書録解題》云：《墨客揮犀》十卷，《續》十卷，不知名氏。《述古堂書目》云：彭乘《續墨客揮犀》十卷。伏讀欽定《四庫全書總目》云：《墨客揮犀》，商濬刻入《稗海》。題彭乘姓名。蓋以書中自稱名爲據，而止有十卷。則已佚其續集矣。此本係明人舊抄，亦希覯之書也。後有題識云：「正德己巳歲夏日舊刻本摹于志雅齋。」

開談録

晁公武《郡齋讀書志・小説類》《開談録》二卷。右皇朝蘇耆撰。舜欽之父也。記五代以來雜事，下帙多載馮道行義。

馬端臨《文獻通考・經籍考・小説家》《開談録》兩卷。

《宋史・藝文志・小説家類》蘇耆《閑談録》二卷。

雜説

尤袤《遂初堂書目・小説類》蘧然先生《雜説》。

《宋史・藝文志・小説家類》趙辟公《雜説》一卷。

江鄰幾雜志

晁公武《郡齋讀書志・小説類》《江鄰幾雜誌》三卷。右皇朝江休復撰。休復，歐陽永叔之執友。其所記精博，絶人遠甚。鄰幾，其字也。

尤袤《遂初堂書目・小説類》《嘉祐雜志》。

陳振孫《直齋書録解題・小説家類》《嘉祐雜志》三卷。修起居注陳留江休復鄰幾撰。

馬端臨《文獻通考・經籍考・小説家》《江鄰幾雜志》三卷。

《宋史・藝文志・小説家類》江休復《嘉祐雜志》三卷。

范邦甸等《天一閣書目・小説類》《江鄰幾雜志》一卷藍絲闌鈔本。宋江休復撰。

徐𤊹《徐氏家藏書目・小説類》《隣幾雜志》一卷。宋江休復。

錢謙益等《絳雲樓書目・小説類》《江鄰幾雜志》三卷。鄰幾最爲歐陽文忠、梅聖俞、石曼卿、蘇子美諸公所稱。歐集中有記注誌文。

《嘉祐雜志》。重出，即《江鄰幾雜志》也。

《四庫全書總目提要・小説家》《嘉祐雜志》二卷。内府藏本。宋江休復撰。休復字鄰幾，開封陳留人。舉進士。充集賢校理，謫監蔡州税。復官歷刑部郎中，修起居注。事蹟具《宋史文苑傳》。休復有《文集》二十卷，今佚不傳。惟此書存。《文獻通考》及《宋史藝文志》皆作三卷，而《稗海》、《唐宋叢書》皆不分卷。明胡應麟《筆叢》云：《江鄰幾雜》志宋人極推之，今不傳。略見《説郛》。然《説郛》所載止十頁，而《稗海》、《唐宋叢書》與此鈔本皆三倍於《説郛》。應麟殆偶未見也。歐陽修作休復墓誌云：休復歿於嘉祐五年。而是書屢記己亥秋冬之事，即休復未歿之前一年，年月亦皆相應。惟書中記其奉使事，《宋史》本傳與墓誌皆不載。又刻本皆題云臨川江休復，而史與墓誌皆云陳留人，頗爲舛異。然諸家引用其説，無不稱江鄰幾者。而晁公武《讀書志》亦以爲《嘉祐雜志》即《江鄰幾雜志》。蓋休復奉使雄州，未嘗出境，不過館伴之常事，故墓誌本傳皆不書。而刻本標題，又後人所妄加爾。其書皆記雜事，故宋志列之小説家。姚寬《西溪叢語》摘其象膽隨四時一條，誤以《西陽雜俎》爲《山海經》。朱翌猗《覺寮雜記》摘其壓角一條，誤以丞相爲直閣，以坐於榻爲立於褥。是誠偶誤。然休復所與交遊，率皆勝流，耳擩目染，具有端緒，究非委巷俗談可比也。

茅亭客話

晁公武《郡齋讀書志・小説類》《茅亭客話》十卷。右皇朝黄休復撰。茅亭，其所居也。暇日，賓客話言及虚無變化、謡俗卜筮，雖異端而合道，旨屬懲勸者，皆録之。

尤袤《遂初堂書目・小説類》《茅亭客話》。

陳振孫《直齋書録解題・小説家類》《茅亭客話》十卷。江夏黄休復端本撰。所記多蜀事。别有《成都名畫記》。蓋蜀人也。

馬端臨《文獻通考・經籍考・小説家》《茅亭客話》十卷。

《宋史・藝文志・小説家類》黄休復《茅亭客話》十卷。

錢謙益等《絳雲樓書目・小説類》《茅亭客話》十卷。宋黄休復所記，多誕怪不經之事，且其文筆亦不足取。

《四庫全書總目提要・小説家》《茆亭客話》十卷。兩江總督採進本。宋黄休復撰。休復有《益州名畫録》，已著録。是編乃雜録其所見聞。始王、孟二氏，終於宋真宗時。皆蜀中軼事，無一條旁涉他郡。陳振孫《書録解題》稱其所記多蜀事。似未徧檢其書，但約略言之也。李畋作《益州名畫録序》，稱其通春秋學。又稱其鬻丹養親。書中李處士一條，極論杜預以《左傳》合經之誤，足徵其深於《春秋》。其他論燒煉服餌導引之術，臚列道家靈迹者，居全書之大半，足徵其嫻於丹法。餘雖多及神怪，而往往藉以勸戒。在小説之中最爲近理。其記吴王客省使高弼以王羲之石本蘭亭一軸獻僞蜀太子，當時識者謂是羲之撰序之後，刻石蘭亭之本。其説爲自古録金石者所未聞。案，《賓退録》引蔡絛之言曰，定武本乃江左所傳晉會稽石也，其説殆即因此事而附會。又記唐德宗疑韋皋有異志，陰遣僧行勤誘之餌丹，至貞元二十年，丹毒發而死。亦《唐史》所不載。又記雷琴所以爲異者，岳雖高而絃低，雖低而不拍，面按之，若指下無絃，吟振之，則有餘韻。皆足以廣異聞。其駁《北夢瑣言》所記高駢鎮蜀時術士王劒换福感寺塔金相輪事，謂淳化五年相輪墜地，實銅鐵所鑄，證孫光憲爲誣。亦足訂小説之譌也。

張之洞《書目答問・小説家》《茆亭客話》十卷。宋黄休復。琳琅祕室本。津逮本。學津本。

歸田録

鄭樵《通志・藝文略・小説家》歐陽文忠公《歸田録》五卷。

晁公武《郡齋讀書志・小説類》《歸田録》六卷。按原本解題脱去，今存其目。詳見《該聞録》條校注。是書《宋志》卷二傳記類作八卷、《通志藝文畧》卷六作五卷，《書録解題》卷十一及今本俱作二卷，蓋二卷者爲歐陽修砍削之本，八卷、六卷、五卷者爲其原本，原本輾轉傳鈔，卷帙或有參差歟？

尤袤《遂初堂書目・小説類》歐陽《歸田録》。

陳振孫《直齋書録解題・小説家類》《歸田録》二卷。歐陽修撰。或言公爲此録，未傳而序先出，裕陵索之，其中本載時事及所經歷見聞，不敢以進，旋爲此本，而初本竟不復出，未知信否？公自爲序，略曰：「《歸田録》者，朝廷之遺事，史官之所不記，與夫士大夫談笑之餘而可録者，録之以備閒居之覽也。」又曰：「唐李肇《國史補》序云，言報應、叙鬼神、述夢卜、近怪異，悉去之；記事實、探物理、辨疑惑、示勸戒、采風俗、助談笑，則書之。余之所録，大抵以肇爲法，而小異於肇者，不書人之過惡，以爲職非史官，而掩惡揚善，君子之志也。覽者詳之。」

馬端臨《文獻通考・經籍考・小説家》《歸田録》二卷。

范邦甸等《天一閣書目・小説類》《歸田録》二卷刊本。宋歐陽脩撰。

徐𤊹《徐氏家藏書目・小説類》《歸田録》二卷。歐陽修。

錢謙益等《絳雲樓書目・小説類》歐陽文忠公《歸田録》二卷。朱興仲撰，《續歸田録》十卷。

《四庫全書總目提要・小説家》《歸田録》二卷。兵部侍郎紀昀家藏本。宋歐陽修撰。多記朝廷軼事及士大夫談諧之言。自序謂以唐李肇《國史補》爲法，而小異於肇者不書人之過惡。陳氏《書録解題》曰：或言公爲此録未成，而序先出，裕陵索之。其中本載時事及所經歷見聞，不敢以進，旋爲此本，而初本竟不復出。王明清《揮麈三録》則曰：歐陽公《歸田録》初成未出，而序先傳，神宗見之，遽命中使宣取。時公已致仕在潁州，因其間所記有未欲廣布者，因盡删去之。又惡其太少，則雜記戲笑不急之事，以充滿其卷帙。既繕寫進入，而舊本亦不敢存。二説小異。周煇《清波雜志》所記，與明清之説同。惟云原本亦嘗出，與明清説又不合。大抵初藁爲一本，宣進者又一本，實有此事。其旋爲之説與删除之説，則傳聞異詞耳。惟修歸潁上在神宗時，而録中稱仁宗立今上爲皇子，則似英宗時語。或平時劄記，歸田後乃排纂成之，偶忘追改歟。其中不試而知制誥一條，稱宋惟楊億陳堯叟及修三人。費衮《梁谿漫志》舉真宗至道三年四月以梁周翰夙負詞名，令加獎擢，亦不試而知制誥，實在楊億之前，糾修誤記。是偶然疎舛，亦所不免。然大致可資考據，亦國史補之亞也。

張之洞《書目答問・小説家》《歸田録》二卷。宋歐陽修。學津本。歐集附刻本。

歐公筆録

尤袤《遂初堂書目・小説類》《歐公筆録》。

碧雲騢

尤袤《遂初堂書目・小説類》《碧雲騢》。

陳振孫《直齋書録解題・小説家類》《碧雲騢》一卷。題梅堯臣撰。以厩馬爲書名，其説曰：「世以旋毛爲醜，此以旋毛爲貴，雖貴矣，病可去乎？」其不遜如此，聖俞必不爾也。所記載十餘條，公卿多所毁訐，雖范文正亦所不免。或云實魏泰所作，託之聖俞。王性之辨之甚詳，而《邵氏聞見後録》乃不然之。

馬端臨《文獻通考・經籍考・小説家》《碧雲騢》一卷。晁氏曰：皇朝梅堯臣聖俞撰。昭陵時，有御馬名碧雲騢，以旋毛貴。用以名書者，詆當時鼎貴之人，然其意專在范文正也。頃年，獲拜趙氏姑于恭南，因質此事之誕信。答曰：「異哉聖俞！作謗書以誣盛德，蓋誅絶之罪也。」

邵氏曰：梅堯臣著《碧雲騢》，當昭陵時，天下大臣惟杜祁公衍、富鄭公弼、韓魏公琦、歐陽公修無貶，外悉譏詆之，無少避。范仲淹亦在詆中，以仲淹微時常結中書舍人范仲尹，因以破家，仲淹既貴，略不收卹。王銍不服，以爲魏泰僞託堯臣著此書。銍跋范仲尹墓誌云：「近時襄陽魏泰者，場屋不得志，喜僞作他人著書，如《志怪集》、《括異志》、《倦游録》，盡假名武人張師正。又不能自抑，出其姓名，作《東軒筆録》，皆用私喜怒，誣衊前人，最後作此書。且范仲淹與歐陽修、梅堯臣立朝同心，詎有異論？特堯臣子孫不輝，故挾之借重以欺世。今録楊闢所作范仲尹墓誌，庶幾知泰亂是非之實至此也。則其他泰所厚誣者，皆迎刃而解，可盡信哉！銍猶及識泰，知其從來最詳。張而明之，使百世之下，仲淹不蒙其謬焉。潁人王銍題。」博以爲不然，亦書其下。使仲淹不蒙其謬，堯臣亦不失爲君子矣。然堯臣早接諸公，名聲相上下，獨窮老不振，中不能無躁。其聞范仲淹訃，詩云：「一出屢更郡，人皆望酒壺。俗情難可學，奏記向來無。貧賤常甘分，崇高不解諛。雖然門館隔，泣與衆人俱。」夫爲郡而以酒悦人，樂奏記、納諛佞，豈所以論范仲淹？堯臣之意真有所不足邪！如著彦博燈籠錦事，則又與《書竄詩》合矣。故疑此書實出於堯臣。

李氏曰：《碧雲騢》一書，凡慶曆以來名公鉅卿無不譏詆。世傳此書以爲出於梅堯臣怨懟之口。其後諸公論議多矣，如葉夢得、王銍則以爲非堯臣所爲，而邵博乃疑其詩，以爲堯臣之意真有所不足，遂以此書爲實出於堯臣。今以魏泰《東軒筆録》考之，然後知泰之嫁名於堯臣者，不特此書也。《筆録》載文彦博燈籠錦事，大略如《碧雲騢》所云。其載堯臣作唐介《書竄詩》，則句語狂肆，非若堯臣平時所作簡古純粹，平淡深遠。又曰：「堯臣作此詩，不敢示人，及歐陽修爲編其集，時有嫌避，又削去此詩，是以人少知者。」詳味此言，是泰既以此詩嫁於堯臣，又慮議者以爲修所編無此，遂曰修有嫌避而此不載，皆無所考之詞也。觀此，則謂泰以《碧雲騢》之書假名堯臣不妄矣。況堯臣平日爲人仁厚樂易，未嘗忤於物，歐陽修嘗以此而銘其墓。使堯臣怨懟，果爲此書以厚誣名臣，則所養可知矣。今市井輕浮之子未必爲之，而謂堯臣爲之哉？

高儒《百川書志・小説家》《碧雲騢》一卷。宋宛陵梅堯臣撰。

徐𤊹《徐氏家藏書目・小説類》《碧雲騢》一卷。宋梅堯臣。

錢謙益等《絳雲樓書目・小説類》《碧雲騢》。宋梅堯臣，此書必是一輕薄子僞撰。託之於聖俞耳。其書多誕妄，不足據也。庚辰。碧雲騢是襄陽魏泰撰。嫁之聖俞也。葉石林《避暑録》中，力辨其誣妄矣。癸未。

青箱雜記

晁公武《郡齋讀書志・小説類》《青箱雜記》十卷。右皇朝吴處厚撰。處厚，發蔡確《車蓋亭詩》事者。所記多失實。成都置交子務起於寇瑊，處厚乃以爲張詠，他多類此。

尤袤《遂初堂書目・小説類》《青箱雜記》。

陳振孫《直齋書録解題・小説家類》《青箱雜記》十卷。朝散郎吴處厚撰。知漢陽軍，箋注蔡確詩者也。後亦不顯。

馬端臨《文獻通考・經籍考・小説家》《青箱雜記》十卷。

《宋史・藝文志・小説家類》黄朝英《青箱雜記》十卷。

高儒《百川書志・小説家》《青箱雜記》十卷。宋朝散郎知漢陽軍吴處厚學著。按，學當作厚。

范邦甸等《天一閣書目・小説類》《青箱雜記》十卷刊本。宋吴處厚著。明商濬校。

徐𤊹《徐氏家藏書目・小説類》《青箱雜記》十卷。宋吴處厚。

錢謙益等《絳雲樓書目・小説類》《青箱雜記》十卷。宋吴處厚。

《四庫全書總目提要・小説家》《青箱雜記》十卷。内府藏本。宋吴處厚撰。處厚字伯固，邵武人。皇祐五年進士。初爲將作丞。以王珪薦，授館職，出知漢陽軍。後擢知衛州，卒。其書皆記當代雜事，亦多詩話。晁公武《讀書志》謂所記多失實。又譏其記成都置交子務，誤以寇瑊爲張詠。案處厚以干進不遂，挾怨羅織蔡確車蓋亭詩，驟得遷擢，爲論者所薄。故公武惡其人，併惡其書。今觀所記，如以馮道爲大人之類，頗乖風教，不但記録之譌。然處厚本工吟詠，《宣和畫譜》載其題王正升灑景亭詩一首，《剡史》載其自諸暨抵剡詩二首，皆綽有唐人格意。故其論詩往往可取，亦不必盡以人廢也。

張金吾《愛日精廬藏書志・小説類》《青箱雜記》十卷。舊抄本。宋朝散郎知漢陽軍吴處厚撰。自序曰：前世小説，有《北夢瑣言》、《酉陽雜俎》、《玉堂閒話》、《戎幕閒談》，其類甚多。近代復有《閒苑》、《閒録》、《歸田録》皆采摭一時之事，要以廣記，資講話而已。余自筮仕，未嘗廢書，又喜訪問故聞見不覺滋多，況復遇事裁量，動成品藻，亦輒紀録以爲警勸。而所紀皆叢脞不次，題曰：《青箱雜記》，凡一十卷。元祐二年春正月甲寅日謹序。

李冰治水記

《宋史・藝文志・小説家類》李注《李冰治水記》一卷。

曾南豐雜志

尤袤《遂初堂書目・小説類》《曾南豐雜志》。

《宋史・藝文志・小説家類》曾鞏《雜職》一卷。

春明退朝録

晁公武《郡齋讀書志・小説類》《春明退朝録》三卷。右皇朝宋敏求次道撰。多記國朝典故。其序云：熙寧三年，予奉朝請於春明里，因纂所聞也。

尤袤《遂初堂書目・小説類》《春明退朝録》。

馬端臨《文獻通考・經籍考・小説家》《春明退朝録》三卷。

高儒《百川書志・小説家》《春明退朝録》三卷。宋常山宋敏求著。

徐𤊹《徐氏家藏書目・小説類》《春明退朝録》三卷。宋宋敏求。

錢謙益等《絳雲樓書目・小説類》《春明退朝録》。三卷，宋次道。

涑水紀聞

尤袤《遂初堂書目・小説類》《涑水紀聞》。

范邦甸等《天一閣書目・小説類》《涑水記聞》二卷。藍絲闌鈔本。宋司馬光撰。

《四庫全書總目提要・小説家》《涑水記聞》十六卷。兵部侍郎紀昀家藏本。宋司馬光撰。光有《易説》已著録。是編雜録宋代舊事，起於太祖，訖於神宗。每條皆註其述説之人，故曰記聞。或如張詠請斬丁謂之類，偶忘名姓者，則註曰不記所傳。明其他皆有證驗也。閒有數條不註者，或總註於最後一條，以括上文。或後來傳寫不免有所佚脱也。其中所記國家大政爲多，而亦閒涉瑣事。

洛游子

陳振孫《直齋書録解題・小説家類》《洛游子》一卷。題司馬光，非也。所稱樂全子、齊物子，亦莫知何人。

馬端臨《文獻通考・經籍考・小説家》《洛游子》一卷。

游山行記

《宋史・藝文志・小説家類》 司馬光《遊山行記》十二卷。

倦遊雜録

晁公武《郡齋讀書志・小説類》 《倦遊雜録》八卷。右皇朝元豐初張師正撰。序言「倦遊」云者，仕不得志，聊書平生見聞，將以信於世也。自以非史官，雖書善惡而不敢褒貶。

馬端臨《文獻通考・經籍考・小説家》 《倦游雜録》八卷。

《宋史・藝文志・小説家類》 張師正《倦遊雜録》十二卷。

該聞録

晁公武《郡齋讀書志・小説類》 《該聞録》十卷。右皇朝李畋撰。畋，蜀人，張詠客也，與范鎮友善。熙寧中致仕，歸，與門人賓客燕談，衮衮忘倦。門人請編録，遂以「該聞」爲目。又有雜詩十二篇，係於後。

尤袤《遂初堂書目・小説類》 《該聞録》。

陳振孫《直齋書録解題・小説家類》 《該聞録》十卷。成都李畋撰。張忠定公客也。熙寧中致仕歸，與門人賓客燕談，衮衮忘倦，門人請編録之。又名《歸田録》。

馬端臨《文獻通考・經籍考・小説家》 《歸田録》十卷。

《宋史・藝文志・小説家類》 李畋《該聞録》十卷。

東齋記事

尤袤《遂初堂書目・小説類》 《東齋記事》。

晁公武《郡齋讀書志・小説類》 《東齋記》十卷。右皇朝范鎮景仁元豐中撰。序言：「既謝事，日於東齋燕坐，追憶在朝時交遊言語，與夫俚俗傳記，因纂集成一編。」崇、觀間，以其及國朝故事，禁之。

陳振孫《直齋書録解題・小説家類》 《東齋記事》十卷。翰林學士蜀郡范鎮景仁撰。

馬端臨《文獻通考・經籍考・小説家》 《東齋記》十卷。

《四庫全書總目提要・小説家》 《東齋記事》六卷。永樂大典本。宋范鎮撰。鎮字景仁，華陽人。事蹟具《宋史》本傳。是書據其自序，乃元豐中作。《宋藝文志》作十二卷。《文獻通考》作十卷。舊本久佚，未能考其孰是。今採輯《永樂大典》所收，以類編次，釐爲五卷。又江少虞事實類苑曾慥《類説》亦多引之。今刪除重複，續爲《補遺》一卷。雖未必鎮之完書，然以《宋志》及《通志》所載卷數計之，幾於得其强半矣。王得臣《塵史》載是書爲鎮退居時作，故所記蜀事較夥。晁公武《讀書志》稱崇觀間以其多及先朝故事，禁之。今觀其書，多宋代祖宗美政，無所謂誹訕君父，得罪名教之語。特以所記諸事皆與熙寧新法隱然相反，殆有寓意於其間。故鎮入黨籍，而是書亦與蘇黄文字同時禁絶。迨南渡以後，黨禁既解，其書復行。是直蔡京以王安石之故，惡其異議耳。非真得罪於朝廷也。今所存諸條句下，如張繪，註曰京版作張綸之類，凡有數處。是當時刊本且不一而足矣。鎮與司馬光相善，惟論樂不合，此書所記尚斷斷相争。而於胡瑗、阮逸，詞氣尤不能平。蓋始終自執所見者。他如記蔡襄爲蛇精之類，頗涉語怪。記室韋人三眼突厥人牛蹄之類，亦極不經。皆不免稗官之習。故通考列之小説家。然核其大綱，終非《碧雲騢》、《東軒筆録》諸書所能竝論也。

張金吾《愛日精廬藏書志・小説類》 《東齋紀事》五卷。補遺一卷文瀾閣傳抄本。宋范鎮撰。自序曰：予嘗與修《唐史》，見唐之士人著書，以述當時之事。後數百年，有可考正者甚多。而近代以來，蓋希矣。惟楊文公《談苑》、歐陽永叔《歸田録》。然各記所聞，而尚有漏略者。予既謝事，日於所居之東齋，燕坐暇多，追憶館閣中及在侍從時交遊語言，與夫里俗傳説，因纂集之，目爲《東齋記事》。其蜀之人士與其風物爲最詳者，亦耳目之熟也。至若鬼神夢卜，率收録而不遺之者，蓋取其有戒于人耳。

夢溪筆談

鄭樵《通志・藝文略・小説家》 沈存中《筆談》二十卷。

晁公武《郡齋讀書志・小説類》 《筆談》二十六卷。右皇朝沈括存中撰。括好功名，城永樂不克，貶死。而實高材博學，多技能，音律星曆尤邃。自序云：「退處林下，深居絶過從，所與談者，惟筆硯而已。」故以命其書。凡十七目。

尤袤《遂初堂書目・小説類》 沈氏《筆談》。

陳振孫《直齋書録解題・小説家類》 《夢溪筆談》二十六卷。沈括存中撰。其序言退居絶過從，所與談者，惟筆硯而已。

馬端臨《文獻通考・經籍考・小説家》 《夢溪筆談》二十六卷。

《宋史・藝文志・小説家類》 沈括《筆談》二十五卷。

高儒《百川書志・小説家》 《夢溪筆談》二十六卷。宋沈括著。

徐𤊹《徐氏家藏書目・小説類》 《夢溪筆談》二十卷。沈括。

錢謙益等《絳雲樓書目・小説類》 沈括《夢溪筆談》二十六卷。補續。

清夜録

鄭樵《通志・藝文略・小説家》 《清夜録》一卷。

高儒《百川書志・小説家》 《清夜録》一卷。宋括蒼堪隱俞文豹文蔚撰二書。淳祐中人。

錢謙益等《絳雲樓書目・小説類》 《清夜録》一卷。沈括撰又續清夜録一卷。王鉉撰。

《四庫全書總目提要・小説家》 《清夜録》一卷。浙江巡撫採進本。宋俞文豹撰。文豹有《吹劍録外集》，已著録。是編所記皆宋時雜事。敘次頗叢雜，亦多他書所已見。陶宗儀《説郛》第三十八卷載有此書，以此本相校，僅多出二三條。疑後人從《説郛》録出，而稍附益之，未必盡原本也。

清夜録

陳振孫《直齋書録解題・小説家類》 《清夜録》一卷。沈括撰。

馬端臨《文獻通考・經籍考・小説家》 《清夜録》一卷。

《宋史・藝文志・小説家類》 《清夜録》一卷。

范邦甸等《天一閣書目・小説類》 《清夜録》一卷刊本。宋佘文豹著。

徐𤊹《徐氏家藏書目・小説類》 《清夜録》一卷。宋佘文豹。

黄虞稷《千頃堂書目・小説類》 俞文豹《清夜録》一卷。字文蔚，號堪隱，括蒼人。

《宋史藝文志補・小説家》 俞文豹《清夜録》一卷。

忘懷録

馬端臨《文獻通考・經籍考・小説家》 《忘懷録》三卷。晁氏曰：皇朝元豐中夢溪丈人撰。所集皆飲食器用之式、種藝之方，可以資山居之樂者。或云沈括也。

陳氏曰：括坐永樂事閑廢，晚歲乃以光録卿分司卜居京口之夢溪，有水竹山林之適。少有《懷山録》，可資居山之樂者輒記之，自謂今可忘於懷矣，故易名《忘懷録》。

洛陽貴尚録

《宋史・藝文志・小説家類》 丘濬《洛陽貴尚録》十卷。

衣冠嘉話

晁公武《郡齋讀書志·小説類》《衣冠嘉話》一卷。右未詳何人撰。記國初至熙寧中雜事。

補妬記

晁公武《郡齋讀書志·小説類》《補妬記》一卷。右古有《妬記》，久已亡之，不知何人輯傳記中婦人嚴妬事以補亡。自商周至於唐初。

尤袤《遂初堂書目·小説類》《補妒記》。

陳振孫《直齋書録解題·小説家類》《補妒記》八卷。案：《文獻通攷》作一卷。稱京兆王績編。不知何時人。古有宋虞之《妒記》等，今不傳，故補之。自商、周而下，迄於五代，史傳所有妒婦皆載之，末及神怪、雜説、文論等，最後有治妒二方，尤可笑也。

馬端臨《文獻通考·經籍考·小説家》《補妬記》一卷。

《宋史·藝文志·小説家類》王績《補妒記》八卷。

錢謙益等《絳雲樓書目·小説類》《補妒記》一卷。亡名氏，《補妒記》八卷，京兆王績編。一卷至六卷紀妒婦，自商至唐。七卷雜妒。八卷總敘。雜妒謂淫亂而妒，及事涉神怪者。

褒善録

晁公武《郡齋讀書志·小説類》《褒善録》一卷。右皇朝王蕃撰。嘉祐中，巴縣簿黄靖國死而復蘇，道其冥中所見，廖生嘗傳之，蕃删取其要，爲此書。

馬端臨《文獻通考·經籍考·小説家》《褒善録》一卷。

湘山野録

晁公武《郡齋讀書志·小説類》《湘山野録》四卷。右皇朝熙寧中僧文瑩撰，記國朝故事。

尤袤《遂初堂書目·小説類》《湘山野録》。

馬端臨《文獻通考·經籍考·小説家》《湘山野録》三卷。《續》三卷。

《宋史·藝文志·小説家類》僧文瑩《湘山野録》三卷。

徐𤊹《徐氏家藏書目·小説類》《湘山野録》三卷。吴僧文瑩。

錢謙益等《絳雲樓書目·小説類》僧文瑩《湘山野録》三卷。續録一卷。

《四庫全書總目提要·小説家》《湘山野録》三卷、續録一卷。左都御史張若淮家藏本宋僧文瑩撰。文瑩字道温，錢唐人。《交獻通考》引晁公武《讀書志》以爲吴僧。今按《讀書志》實無吴字，通考誤也。其書成於熙寧中，多記北宋雜事。以作於荆州之金鑾寺，故以湘山爲名。《讀書志》作四卷，《通考》則《續録》亦作三卷。皆與今本不同，未詳孰是。厲鶚宋詩紀事稱文瑩及識蘇舜欽，欲挽致於歐陽修，文瑩辭不往。今考録中歐陽公謫滁州一條，稱文瑩頃持蘇子美書薦謁之，追還吴蒙見送云云。與鶚所言正相反。豈别據他説，未及考此書耶。《續録》中太宗即位一條，李燾引入《長編》，啟千古之論端。程敏政宋紀受終考，詆之尤力。然觀其始末，竝無指斥逆節之事，特後人誤會其詞，致生疑竇。是非作者本意，未可以爲是書病也。吴开優古堂詩話，論其以陽郇伯妓人入道詩誤爲陳彭年送申國長公主爲尼詩。朱翌猗《覺寮雜記》，論其載琴曲賀若一條，誤賀若夷爲賀若弼。姚寬《西溪叢語》，論其記宋齊邱事失實。蓋考證偶疎，未爲大失。王士禛《古夫于亭雜録》，論其載王欽若遇唐裴度事，小説習徑，亦不足深求。惟朱弁《曲洧舊聞》曰：宇文大資言，文瑩嘗遊丁晉公門，晉公遇之厚。野録中凡記晉公事，多佐佑之。人無董狐之公，未有不爲愛憎所奪者。然後世豈可盡欺，是則誠其一瑕耳。

玉壺清話

晁公武《郡齋讀書志・小説類》《玉壺清話》十卷。右皇朝僧文瑩元豐中撰。自序云：「文瑩收國初至熙寧中文集數千卷。其間神道、墓誌、行狀、實録、奏議之類，輯其事成一家言」。玉壺者，其隱居之潭也。

尤袤《遂初堂書目・小説類》《玉壺清話》。

陳振孫《直齋書録解題・小説家類》《玉壺清話》十卷。僧文瑩撰。

馬端臨《文獻通考・經籍考・小説家》《玉壺清話》十卷。

《宋史・藝文志・小説家類》《玉壺清話》十卷。僧文瑩。

范邦甸等《天一閣書目・小説類》《玉壺清話》五卷藍絲闌鈔本。宋餘杭沙門文瑩著。

《四庫全書總目提要・小説家》《玉壺野史》十卷。兩淮鹽政採進本。宋僧文瑩撰。據晁公武《讀書志》，文瑩湘山野録作於熙寧中。此書則作於元豐中，在野録之後。前有自序云，收國初至熙寧間文集數千卷，其間神道墓誌行狀實録奏議之類，輯其事成一家。蓋與《野録》相輔而行。玉壺者，其隱居之地也。《文獻通考》載文瑩《玉壺清話》十卷。諸書所引亦多作《玉壺清話》。此本獨作《野史》，疑後人所改題。然元人《南溪詩話》已引爲《玉壺野史》，則其來已久矣。若曹溶《學海類編》摘其中論詩之語，別名曰《玉壺詩話》，則杜撰無稽，非古人所有也。周必大《二老堂詩話》，嘗駁其記王禹偁事之譌。趙與旹《賓退録》，亦詆其誤以梁固之弟爲固之子。王楙《野客叢書》，又摘其誤以龐籍對仁宗事爲梁適。蓋不無傳聞失實者。然大致則多可考證云。

玉壺野史

錢謙益等《絳雲樓書目・小説類》《玉壺野史》十卷。宋僧文瑩撰。玉壺。其所居之潭也。

紀聞

尤袤《遂初堂書目・小説類》李圭復《紀聞》。

陳振孫《直齋書録解題・小説家類》《紀聞》一卷。集賢殿修撰李復圭審言撰。淑之子也。

馬端臨《文獻通考・經籍考・小説家》《紀聞》一卷。

錢氏私志

徐𤊹《徐氏家藏書目・小説類》《錢氏私志》二卷。宋錢世昭。

錢謙益等《絳雲樓書目・小説類》《錢氏私志》。宋錢世昭集。

《四庫全書總目提要・小説家》《錢氏私志》一卷。浙江范懋柱家天一閣藏本。舊本或題錢彥遠撰。或題錢愐撰。或題錢世昭撰。錢曾《讀書敏求記》定爲錢愐。其説曰：愐爲彭城王第三子，昭陵之甥。故記熙寧尚主玉仙求嗣事獨詳。其稱大父寶謨閣知台州回者，乃冀國公諱暄，字載陽。以父廕累官駕部郎中，知撫州，移台州，進少府監，權鹽鐵副使時也。彭城王諱景臻，字道邃，冀國公第九子。建炎二年追封，故稱先王。俗子以爲起居舍人彥遠之筆，不知彥遠乃忠遜之孫，翰林學士易之子，與彭城爲再從叔姪。世次犁然，安得反有先王之稱。所辨良是。然此書末有錢世昭序，謂叔父太尉，昭陵之甥。凡耳目之所接，事出一時，語流千載者，皆廣記而備言之。世昭敬請其説，得數萬言。敘而集之，名曰《錢氏私志》。據此，則是書固非彥遠所爲，亦非盡愐所纂。蓋愐嘗記所聞見，而世昭序而集之爾。序稱叔父太尉，則世昭愐之猶子也。宋史秦魯國大長公主本傳，主爲仁宗第十四女，以景祐五年封慶壽。即是書中所云錢某可尚慶壽公主。而《通考》前列秦魯國大長公主適錢景臻，後列慶壽公主而不言所適。則以慶壽公主與秦魯國大長公主分爲二人。證以是書，與《宋史》相合。可知《通考》之誤。惟其以《五代史吳越世家》及《歸田録》貶斥錢氏之嫌，詆歐陽修甚力，似非公論。然其末自稱皆報東門之役，則亦不自諱其挾怨矣。

衣冠盛事

《宋史・藝文志・小説家類》 錢明逸《衣冠盛事》一卷。

澠水燕談

晁公武《郡齋讀書志・小説類》 《澠水燕談》十卷。右皇朝王闢紹聖間撰。澠水，其退居之地也。闢從仕四方，與賢士大夫燕談，有可取者輒記之，久而得三百六十餘事。

陳振孫《直齋書録解題・小説家類》 《澠水燕談》十卷。齊國王闢之聖涂撰。澠，齊水名，《春秋傳》「有酒如澠」。闢之，治平四年進士。

馬端臨《文獻通考・經籍考・小説家》 《澠水燕談》十卷。

《宋史・藝文志・小説家類》 王闢之《澠水燕談》十卷。

范邦甸等《天一閣書目・小説類》 《澠水燕談》十卷。宋王闢之著。紹皇二年自序：澠水談者，齊國王闢之將歸澠水之上。治先人舊廬，與田夫牧叟閒燕談説，問接賢士大夫談議，有可取者，輒記之。久而得三百六十餘事，私編之，爲十卷。蓄之中橐，以爲南畝北窓、倚杖鼓腹之資。澠，齊水之名。其事隨所録得之，故無先後之序。

徐𤊹《徐氏家藏書目・小説類》 《澠水燕談録》十卷。宋王闢之。

錢謙益等《絳雲樓書目・小説類》 《澠水燕談録》。

《四庫全書總目提要・小説家》 《澠水燕談録》十卷。内府藏本。舊本題宋齊國王闢之撰。《宋藝文志》作王關之，蓋以闢關形近而誤。通考引晁陳二家書目竝作王闢。案魏野《東觀集》有贈王衢王闢同登第詩，則北宋實有其人。然野當真宗之時，與此書年不相及，蓋傳寫脱之字也。《山東通志》載闢之字聖塗，青州人。《書録解題》稱其爲治平四年進士。《讀書志》稱其從仕四方，與賢士大夫燕談，有可取者輒記，久而得三百六十餘事。今考此書皆記紹聖以前雜事，分十五類。帝德十七條，讜論十一條，名臣五十條，知人四條，奇節十二條，忠孝八條，才識十二條，高逸二十條，官制二十條，貢舉二十一條，先兆十七條，歌詠十八條，書畫八條，事誌三十二條，雜録三十五條，共二百八十五條。與《讀書志》所載之數不合。蓋此本爲商濬《稗海》所刻，明人庸妄，已有所删削矣。所記諸條，多與史傳相出入。其閒如誰傳佳句到幽都一詩，乃蘇轍使遼時寄其兄軾之作，而誤以爲張舜民。又如柳永以夤緣中官，獻醉蓬萊詞，爲仁宗所斥，而以爲仁宗大悦之類。亦閒有舛譌。然野史傳聞，不能盡確，非獨此書爲然。取其大致之近實可也。

歸田後録

陳振孫《直齋書録解題・小説家類》 《歸田後録》十卷。朝請郎廬江朱定國興仲撰。熙豐間人。竊取歐公舊録之名，實不相關也。

馬端臨《文獻通考・經籍考・小説家》 《歸田後録》十卷。

月河所聞集

錢謙益等《絳雲樓書目・小説類》 《月河所聞集》。

黄虞稷《千頃堂書目・小説類》 莫君陳《月河所聞》一卷。吴興人。

《宋史藝文志補・小説家》 莫君陳《月河所聞》一卷。吴興人。

《四庫全書總目提要・小説家》 《月河所聞集》一卷。浙江范懋柱家天一閣藏本。宋莫君陳撰。君陳，湖州人。其始末未詳。書中稱授知婺州朝辭，有劄子權刑部郎中，則嘗以朝官典郡矣。書中載郭璞錢塘讖，則似在南渡之初，而書中多載元祐事。又有今左丞晦叔之語。考吕公著爲尚書左丞在哲宗即位之年，則又及見北宋。周密《癸辛雜識》記當時藏書家有月河莫氏，或即其人歟。所載皆當時雜事，篇頁寥寥。且繕寫譌脱，幾不可讀。蓋書賈從説郛鈔出，非其完本矣。

幕府燕閒録

晁公武《郡齋讀書志・小説類》《幕府燕閒録》十卷。右皇朝畢仲詢撰。仲詢，元豐初爲嵐州推官，纂當代奇怪可喜之事，爲二十門。

馬端臨《文獻通考・經籍考・小説家》《幕府燕閒録》十卷。

《宋史・藝文志・小説家類》畢仲詢《幕府燕閑録》十卷。

苕川子所記三事

陳振孫《直齋書録解題・小説家類》《苕川子所記三事》一卷。不知何人。三事者，勃窣姑、王立、林果毅，皆異事也。末有韓蟲兒一事，是歐陽公所記，偶録附此。

馬端臨《文獻通考・經籍考・小説家》《苕川子所記三事》一卷。

南遷録

晁公武《郡齋讀書志・小説類》《南遷録》二卷。右皇朝張舜民芸叟撰。舜民元豐中從軍攻靈州，師還，謫授郴州監酒，即日之官，記塗中所歷并其詩文。

馬端臨《文獻通考・經籍考・小説家》《南遷録》二卷。

《宋史・藝文志・小説家類》張舜民《南遷録》一卷。

張芸叟貽訓

尤袤《遂初堂書目・小説類》《張芸叟貽訓》。

畫墁録

尤袤《遂初堂書目・小説類》《畫墁録》。

陳振孫《直齋書録解題・小説家類》《畫墁集》一卷。張舜民撰。

馬端臨《文獻通考・經籍考・小説家》《畫墁集》一卷。

《宋史・藝文志・小説家類》張舜民《畫墁録》一卷。

范邦甸等《天一閣書目・小説類》《畫墁録》一册 藍絲闌鈔本。宋張舜民撰。

徐𤊹《徐氏家藏書目・小説類》《畫墁録》一卷。宋張舜民。

錢謙益等《絳雲樓書目・小説類》《畫墁録》一卷。宋張舜民撰。其文集亦以畫墁爲名。舜民字芸叟，亦元祐黨人。歷官吏部侍郎。芸叟，邠人也。最練習西事，見東坡文。

《四庫全書總目提要・小説家》《畫墁録》一卷。内府藏本。宋張舜民撰。舜民字芸叟，自號浮休居士，又號矴齋，邠州人。中進士第。爲襄樂令。累官龍圖閣待制，知定州。坐元祐黨籍，謫商州。復集賢殿修撰，卒。事蹟具《宋史》本傳。舜民所著詩文名畫墁集。是書乃所作筆記，亦以畫墁爲名。中多載宋時雜事。於《新唐書》、《五代史》均屢致不滿之詞。蓋各有所見，不足爲異，其説不妨竝存。至徐禧於永樂死事，朝廷贈卹之典，見於史册甚詳。而舜民乃云徐禧不知所歸，人無道者。或曰有人見之夏國，疑亦有之。是直以禧爲屈節偷生，殊爲誣妄。舜民嘗從高遵裕西征，喜談兵事，殆因惡禧之失策，故醜其詞歟。其他載録，亦頗涉瑣屑。以一時典故，頗有藉以考見者。故存以備宋人小説之一種云爾。

張芸叟野語

尤袤《遂初堂書目・小説類》《張芸叟野語》。

張芸叟雜説

陳振孫《直齋書録解題・小説家類》《張芸叟雜説》一卷。吏部侍郎張舜民芸叟撰。

馬端臨《文獻通考・經籍考・小説家》《張芸叟雜説》一卷。

史　遺

《宋史・藝文志・小説家類》林思《史遺》一卷。

續　遺

《宋史・藝文志・小説家類》黄仁望《續遺》五卷。

興國拾遺

《宋史・藝文志・小説家類》《興國拾遺》二十卷。

談　藪

徐𤊹《徐氏家藏書目・小説類》《談藪》一卷。宋龐元英。

《四庫全書總目提要・小説家》《談藪》一卷。編修汪如藻家藏本。舊本題宋龐元英撰。元英有《文昌雜録》，已著録。案元英爲宰相籍子，乃元豐中人。此書乃多述南宋寧理兩朝事，相距百載，其僞殆不足攻。書中凡載雜事二十五條，皆他説部所有。殆書賈鈔合舊文，詭立新目，售僞於藏書之家者。厲鶚等南宋雜事詩註，亦誤採之，蓋偶未考。然尤侗《明史藝文志》作於康熙己未，業已著録。則其僞作自前明矣。

文昌雜録

尤袤《遂初堂書目・小説類》《文昌雜録》。

錢謙益等《絳雲樓書目・小説類》《文昌雜録》六卷，龐元英撰。籍之子也，官制初行，元英爲郎，在省四年，記一時典故。

南齋雜志

尤袤《遂初堂書目・小説類》《南齋雜録》。

《宋史・藝文志・小説家類》龐元英《南齋雜録》一卷。

雞跖集

晁公武《郡齋讀書志・小説類》《雞跖集》十卷。右未詳撰人。所集書傳中瑣碎佳事，分門編次之。《淮南子》曰：「善學者，如齊王食雞，必食其跖。」名書之意殆以此。

馬端臨《文獻通考・經籍考・小説家》《雞跖集》十卷。

二百家事類

晁公武《郡齋讀書志・小説類》《二百家事類》六十卷。右分門編古今稗官小説成一書，雖曰該博，但失於太畧耳。不題撰人姓氏。

馬端臨《文獻通考・經籍考・小説家》《二百家事類》六十卷。

深雪偶談

高儒《百川書志・小説家》《深雪偶談》一卷。宋天台方岳元善著。

黄虞稷《千頃堂書目・小説類》 方岳《深雪偶談》一卷。字元善，天台人，與歙秋崖別一人。

《宋史藝文志補・小説家》 方岳《深雪偶談》一卷。字元善，天台人，與歙秋厓別一人。

敘事

《宋史・藝文志・小説家類》 王同《敘事》一卷。

摭遺集

鄭樵《通志・藝文略・小説家》《摭遺集》二十卷。

《宋史・藝文志・小説家類》 劉斧《摭遺》二十卷。

青瑣高議

鄭樵《通志・藝文略・小説家》《青瑣高議》十八卷。劉斧撰。

晁公武《郡齋讀書志・小説類》《青瑣高議》十八卷。右不題撰人。載皇朝雜事及名士所撰記傳。然其所書，辭意頗鄙淺。

尤袤《遂初堂書目・小説類》《青瑣高議》。

馬端臨《文獻通考・經籍考・小説家》《青瑣高議》十八卷。

《宋史・藝文志・小説家類》《青瑣高議》十八卷。

范邦甸等《天一閣書目・小説類》《青瑣高議》二十卷藍絲闌鈔本。劉斧撰，資政大夫學士孫副樞序云：萬物何常不同，亦何常不異。同焉者人也，異焉者鬼也。知鬼神之情狀者聖人也，見鬼神而驚懼者常人也。吾聖人所不言者，慮後惑之甚也。劉斧秀才自京來謁，出異物事數百篇，予愛其文，嘉其志，勉道百餘字序其所以。

錢謙益等《絳雲樓書目・小説類》《青瑣高議》十八卷，亡名氏。記宋時雜事，亦間載宋以前事。

《四庫全書總目提要・小説家》《青瑣高議》前集十卷、後集十卷兩淮鹽政採進本。不著撰人名氏。晁公武《讀書志》及《宋史藝文志》皆著録，亦皆不云誰作。趙與旹《賓退録》稱爲劉斧《青瑣高議》，當必親見其標題。前有孫副樞序。不稱名而舉其官，他書亦無此例。其爲里巷俗書可知也。所紀皆宋時怪異事蹟，及諸雜傳記，多乖雅馴。每條下各爲七字標目。如張乖崖明斷分財，回處士磨鏡題詩之類，尤近於傳奇。閒有稱議曰者，寥寥數言，亦多陳腐。讀書志稱其詞意鄙淺，良非輕詆。公武所録作十八卷，《宋史藝文志》亦同。此本乃多兩卷，或坊賈傳刻，又有所竄入歟。蔡絛《鐵圍山叢談》稱所載孫勔射黿被追，見韓琦爲紫府真人事，其説不謬。然稱爲青瑣小説，或又其別名也。孫勔事，《魏公別録》、《魏公家傳》皆載之。周煇《清波雜志》又考其同異，謂當以家傳爲正。其所引王老志別一説，即蔡絛語也。韓琦名德，何必死作閻羅王乃足取重。斧作小説，侈談神怪可矣。士大夫以爲實事而記於家傳別録，好事者又校正其異同。相率説夢，不亦傎乎。

翰府名談

鄭樵《通志・藝文略・小説家》《翰府名談》二十五卷。劉斧撰。

《宋史・藝文志・小説家類》 劉斧《翰府名談》二十五卷。

王原叔談録

陳振孫《直齋書録解題・小説家類》《王原叔談録》一卷。翰林學士南京王洙之子録其父所言。

馬端臨《文獻通考・經籍考・小説家》 王原叔《談録》一卷。

《宋史・藝文志・小説家類》 《王洙談録》一卷。並不知作者。

錢謙益等《絳雲樓書目・小説類》 《王氏談録》王洙録。不著作者氏名，然必是嘉祐以前巨公所爲也。

六朝事迹

徐𤊹《徐氏家藏書目・小説類》 《六朝事迹》二卷。宋張敦頤。

南楚新録

徐𤊹《徐氏家藏書目・小説類》 《南楚新録》三卷。宋周羽翀。

蜀檮杌

徐𤊹《徐氏家藏書目・小説類》 《蜀檮杌》一卷。宋張唐英。

燕翼貽謀録

徐𤊹《徐氏家藏書目・小説類》 《燕翼貽謀録》五卷。宋王栐。

聞見雜録

徐𤊹《徐氏家藏書目・小説類》 《聞見雜録》一卷。宋蘇舜欽。

延漏録

陳振孫《直齋書録解題・小説家類》 《延漏録》一卷。不著名氏。其間稱伯父郇公，知其爲章得象之姪也。後題此書，疑章望之作，然未敢必。望之者，字表民，用郇公廕入官，歐陽公爲作《字説》者也。以宰相嫌，遂不仕。録中又記皇祐中與滕元發同試，滕首冠而已被黜，藉令非望之，亦當時場屋有聲者。章氏雋才固多也。

馬端臨《文獻通考・經籍考・小説家》 《延漏録》一卷。

東坡雜説

尤袤《遂初堂書目・小説類》 《東坡雜説》。

東坡詩話

《宋史・藝文志・小説家類》 蘇軾《東坡詩話》一卷。

炎州拾翠

鄭樵《通志・藝文略・小説家》 《炎州拾翠》十卷。蘇軾撰。

東坡手澤

陳振孫《直齋書録解題・小説家類》 《東坡手澤》三卷。蘇軾撰。今俗本

《大全集》中所謂《志林》者也。

馬端臨《文獻通考・經籍考・小説家》《東坡手澤》三卷。

徐𤊹《徐氏家藏書目・小説類》《東坡志林》十二卷。

錢謙益等《絳雲樓書目・小説類》《東坡志林》七篇。

艾子

陳振孫《直齋書録解題・小説家類》《艾子》一卷。相傳爲東坡作，未必然也。

馬端臨《文獻通考・經籍考・小説家》《艾子》一卷。

高儒《百川書志・小説家》《艾子雜記》一卷。或云東坡著，未詳。

徐𤊹《徐氏家藏書目・小説類》《艾子》一卷。宋蘇軾。

錢謙益等《絳雲樓書目・小説類》《艾子雜説》。艾子托之東坡，其實非也。昔人已辨之矣。

南宮詩話

《宋史・藝文志・小説家類》葉凱《南宮詩話》一卷。

漁樵閑話

晁公武《郡齋讀書志・小説類》《漁樵閒話》二卷。右設漁樵問答及史傳雜事。不知何人所爲。

馬端臨《文獻通考・經籍考・小説家》《漁樵閑話》二卷。

錢謙益等《絳雲樓書目・小説類》《漁樵閒話》二卷。亡名氏。

《四庫全書總目提要・小説家》《漁樵閒話》二卷。内府藏本。舊題宋蘇軾撰。明陳繼儒刻入普祕笈中，名爲《漁樵閒話録》。案晁公武《讀書志》中有此書，作《漁樵閒話》，無録字。公武又云，設爲問答及史傳雜事，不知何人所爲，亦不言出自軾手。書中多引唐小説，議論皆極淺鄙。疑宋時流俗相傳有是書，而明人重刻者復假軾以行耳。

龍川略志

晁公武《郡齋讀書志・小説類》《龍川畧志》六卷。右皇朝蘇轍撰。轍元符二年夏，居循州，杜門閉目，追憶平昔，使其子遠書之於紙，凡四十事。其秋，復記四十七事。龍川，循州地名。

尤袤《遂初堂書目・小説類》《龍川略志》。

陳振孫《直齋書録解題・小説家類》《龍川略志》六卷。蘇轍撰。龍川者，循州也。

馬端臨《文獻通考・經籍考・小説家》《龍川略志》六卷。

《宋史・藝文志・小説家類》蘇轍《龍川志》六卷。

高儒《百川書志・小説家》蘇黄門《龍川略志》十卷。宋蘇軾撰。按，軾當作轍。凡四十事。

《四庫全書總目提要・小説家》《龍川略志》十卷《別志》八卷。内府藏本。宋蘇轍撰。轍有詩傳，已著録。案晁公武《讀書志》載《龍川略志》六卷，《別志》四卷。稱轍元符二年夏居循州，杜門閉目，追惟平昔，使其子遠書之於紙。凡四十事。其秋復紀四十七事。此本《龍川略志》作十卷，《別志》作八卷。《略志》凡三十九事，較晁公武所記少一事。別志則四十八事，較晁公武所記又多一事。蓋商維濬刻本，離析卷帙，已非其舊。又誤竄《略志》中一事入《別志》中，竝轍序所稱十卷之文亦維濬所追改也。《略志》惟首尾兩卷紀雜事十四條，餘二十五條皆論朝政。蓋是非彼我之見，至謫居時猶不忘也。然惟記衆議之異同，而不似王安石曾布諸日録動輒歸怨於君父。此轍之所以爲轍歟。別志所述，多耆舊之餘聞。朱子生平以程子之故，追修洛蜀之舊怨，極不滿於二蘇。而所作名臣言行録，引轍此志幾及其半。則其説信而有徵，亦可以見矣。

龍川別志

晁公武《郡齋讀書志・小説類》《龍川別志》四卷。袁本前志卷三下小説類第一百。

尤袤《遂初堂書目・小説類》《龍川別志》。

陳振孫《直齋書録解題・小説家類》《龍川別志》四卷。

馬端臨《文獻通考・經籍考・小説家》《龍川別志》四卷。

徐𤊹《徐氏家藏書目・小説類》《龍川別志》四卷。宋蘇轍。

錢謙益等《絳雲樓書目・小説類》蘇黄門《龍川別志》四卷。

《四庫全書總目提要・小説家》《龍川別志》八卷。

欒城先生遺言

高儒《百川書志・小説家》《欒城先生遺言》一卷。宋眉山蘇籀記。

錢謙益等《絳雲樓書目・小説類》《欒城先生遺言》蘇籀集，穎溪孫中有曾祖編記語。

麟　書

黄虞稷《千頃堂書目・小説類》汪若海《麟書》一卷。字東叟，歙人，宣和中爲太學，京城失守，因述麟爲書，羅百獸而尊麟以媿賣國者，後官直秘閣，知江州。

師友談記

晁公武《郡齋讀書志・小説類》《師友談記》一卷。右皇朝李廌方叔撰。多記蘇子瞻、范淳夫及四學士所談論，故曰「師友」。

尤袤《遂初堂書目・小説類》《師友談記》。

陳振孫《直齋書録解題・小説家類》《師友閒談》一卷。案：《文獻通攷》作《師友談記》。李廌方叔撰。

馬端臨《文獻通考・經籍考・小説家》《師友談記》一卷。

《宋史・藝文志・小説家類》李廌《師友談記》十卷。

高儒《百川書志・小説家》濟南先生《師友談記》一卷。宋太華逸民謚超曠文子李廌方叔著。

徐𤊹《徐氏家藏書目・小説類》《師友談記》一卷。

古今前定録

晁公武《郡齋讀書志・小説類》《古今前定録》二卷。右皇朝尹國均輯經史子集，古今之人興衰窮達，貴賤貧富，死生壽夭，與夫一動静，一語默，一飲一啄，定於前而形於夢，兆於卜，見於相貌，應於讖記者，凡一門，以爲不知命而躁競者之戒。至若裴度以陰德而致貴，孫亮以陰譴而減齡之類，又別爲二門，使君子不以天廢人云。

馬端臨《文獻通考・經籍考・小説家》《古今前定録》二卷。

逆旅集

馬端臨《文獻通考・經籍考・小説家》《逆旅集》。淮海秦觀撰。自序曰：「余閑居，有所聞輒書記之。既盈編軸，因次爲若干卷，題曰《逆旅集》。蓋以其智愚好醜，無所不存，彼皆隨至隨往，適相遇於一時，竟亦不能久其留也。或曰：『吾聞君子言欲純事，書欲純理，詳於誌常而略於紀異。今子所集雖有先王之餘論，周、孔之遺言，而浮屠、老子、卜醫、夢幻、神仙、鬼物之説猥雜於其間，是否莫之分也，信誕莫之質也，常者不加詳而異者不加略也，無乃與所謂君子之書言者異乎？』余笑之曰：『烏栖不擇山林，惟其木而已；魚遊不擇江河，惟其水而已。彼計事而處，簡物而言，切切然去彼取此者，縉紳先生之事也。僕野人也，擁腫是師，懈怠是習，仰不知雅言之可愛，俯不知俗論之可卑，偶有所聞則隨而記之耳，又安知其純與駁邪？然觀今世，謂其言是則矍然改容，謂其言信則適然以喜，而終身未嘗信也，則又安知彼之純不爲駁而吾之駁不爲純乎？且萬物歷歷，同歸一隙，衆言喧喧，同歸一源。吾方與之沉，與之游，欲有取舍而不可得，何暇是否信誕之擇哉？子往矣。』客去，遂以爲序。」

傅公嘉話

晁公武《郡齋讀書志・小説類》《傅公嘉話》一卷。右皇朝傅堯俞之子孫記堯俞之言行，凡四十餘章。獻簡，堯俞謚也。

尤袤《遂初堂書目・小説類》《傅公嘉話》。

馬端臨《文獻通考・經籍考・小説家》《傅公嘉話》一卷。

稗官志

晁公武《郡齋讀書志・小説類》《稗官志》一卷。右皇朝吕大辨撰。雜記其所聞前言往行。

馬端臨《文獻通考・經籍考・小説家》《稗官志》一卷。

訂誤集

《宋史・藝文志・小説家類》魏泰《訂誤集》二卷。

東軒筆録

鄭樵《通志・藝文略・小説家》《東軒筆録》十卷。魏泰撰。

晁公武《郡齋讀書志・小説類》《東軒筆録》十五卷續録一卷。右皇朝魏泰撰。泰，襄陽人，曾布之婦弟，爲人無行而有口，頗爲鄉里患苦。元祐中，紀其少時公卿間所聞，成此編。其所是非多不可信。心喜章惇，數稱其長，則大概已可見。又多妄誕，姑舉其一。如謂王沂公登甲科，劉子儀爲翰林學士，嘗戲之。按沂公登科，雖在子儀後四年，其入翰林，沂公反在子儀前七年。沂公咸平五年登科，子儀天禧二年始除學士，蓋相去二十年，其謬至此。

馬端臨《文獻通考・經籍考・小説家》《東軒筆録》十五卷。《續録》一卷。

晁氏曰：右皇朝魏泰撰。襄陽人，曾布之婦弟，爲人無行而有口，頗爲鄉里患苦。元祐中，紀其少時公卿間所聞成此編。其所是非，多不可信，心喜章惇，數稱其長，則大概已可見。又多妄誕，姑舉其一，如謂王沂公登甲科，劉子儀爲翰林學士，嘗戲之。按沂公登科雖在子儀後四年，其入翰林，沂公反在子儀前七年，沂公咸平五年登科，子儀天禧三年始除學士，蓋相去二十年，其謬至此。

王氏曰：魏泰者，場屋不得志，喜僞作他人著書，如《志怪集》、《括異志》、《倦游録》，盡假名武人張師正。又不能自抑，出其姓名作《東軒筆録》。皆用私喜怒誣衊前人。最後作《碧雲騢》，假作梅堯臣，毁及范仲淹，而天下駭然不服矣。

《宋史・藝文志・小説家類》魏泰《東軒筆録》十五卷。

范邦甸等《天一閣書目・小説類》《東軒筆録》十五卷。烏絲闌鈔本。宋元祐元年臨漢魏泰撰。

徐𤊹《徐氏家藏書目・小説類》《東軒筆録》十五卷。宋魏泰。

錢謙益等《絳雲樓書目・小説類》《東軒筆録》十五卷。又續録一卷，魏泰字道輔，襄陽人，多撰僞書，此書獨自出其姓名。

《四庫全書總目提要・小説家》《東軒筆録》十五卷。内府藏本。宋魏泰撰。泰字道輔，襄陽人。曾布之婦弟也。《桐江詩話》載其試院中因上請忿争，毆主文幾死，坐是不得取應。潘子真詩話稱其博極羣書，尤能談朝野可喜事。王銍跋范仲尹墓誌，稱其場屋不得志，喜僞作他人著書，如《志怪集》、《括異志》、《倦遊録》，盡假名武人張師正。又不能自抑，作《東軒筆録》，用私喜怒誣衊前人。最後作《碧雲騢》，假作梅堯臣，毁及范仲淹。晁公武《讀書志》稱其元祐中記少時所聞成此書，是非多不可信。心喜章惇，數稱其長。則大槩已可見。又摘王曾登甲科，劉筠爲翰林學士相戲事，歲月差舛，相去幾二十年。則泰是書宋人無不詆諆之。而流傳至今，則以其書自報復恩怨以外，所記雜事亦多可採録也。

談圃

尤袤《遂初堂書目・小説類》《談圃》。

陳振孫《直齋書録解題・小説家類》《孫公談圃》三卷。臨江劉延世録高郵孫升君孚所談。升，元祐中書舍人，坐黨籍，謫汀州。

馬端臨《文獻通考・經籍考・小説家》《孫公談圃》三卷。

《宋史・藝文志・小説家類》劉延世《談圃》三卷。

高儒《百川書志・小説家》《孫公談圃》三卷。宋臨江劉延世録，高郵孫升君孚所撰。

范邦甸等《天一閣書目・小説類》《孫公談圃》三卷。烏絲闌鈔本。宋劉延世撰，皆記問于孫升之語，故名《孫公談圃》。

徐𤊹《徐氏家藏書目・小説類》《孫公談圃》三卷。宋孫升。

《四庫全書總目提要・小説家》《孫公談圃》三卷。内府藏本。宋臨江劉延世録所聞於孫升之語也。升字君孚，高郵人。元祐中官中書舍人。紹聖初謫汀州。延世父時知長汀，得從升游，因録爲此書。升爲元祐黨籍，多述時事。觀其記王安石見王雱冥中受報事，則不滿於安石。記蘇軾以司馬光薦將登政府，升言軾爲翰林學士，其任已極，不可以加。如用文章爲執政，則趙普王旦韓琦未嘗以文稱。王安石在翰林爲稱職，及居相位，天下多事。若以軾爲輔佐，願以安石爲戒。又記軾試館職策題，論漢文帝宣帝及仁宗神宗。升率傅堯俞王嵒叟言，以文帝有弊，則仁宗不爲無弊。以宣帝有失，則神宗不爲無失。則又不滿於軾。記争弔司馬光事，亦不滿程子。殆於黨籍之中，又自行一意者歟。王楙《野客叢書》曰，臨汀刊《孫公談圃》三卷，近時高沙用臨汀本復刊於郡齋。余得山陽吴氏建炎初録本校之，多三段。其後二段，乃公之甥朱稡所記。併著於此，庶幾異時好事者取而附之卷末云云。今考此本，亦無此三條。蓋楙雖有是説，而刊版迄未補入。謹據楙所録增入卷末，成完書焉。案三段《載野客叢書》第五卷第十五條。

孔氏雜説

晁公武《郡齋讀書志・小説類》《孔氏雜説記》一卷。右皇朝孔武仲撰。論載籍中前言往行及國家故實、賢哲文章，亦時記其所見聞者。

《宋史・藝文志・小説家類》《孔氏雜説》一卷。

徐𤊹《徐氏家藏書目・小説類》《孔氏雜志》一卷。孔平仲。

錢謙益等《絳雲樓書目・小説類》《孔氏雜説》一卷。孔平仲毅父。

珩璜新論

徐𤊹《徐氏家藏書目・小説類》《珩璜新論》一卷。宋孔平仲著。

錢謙益等《絳雲樓書目・小説類》孔平仲《珩璜雜論》。

黄虞稷《千頃堂書目・小説類》孔平仲《珩璜新論》一卷。

續世説

陳振孫《直齋書録解題・小説家類》《續世説》三卷。孔平仲毅父撰。編宋至五代事，以續劉義慶之書也。

馬端臨《文獻通考・經籍考・小説家》《續世説》十二卷。

《宋史・藝文志・小説家類》《續世説》十二卷。孔平仲。

錢謙益等《絳雲樓書目・小説類》《續世説新語》十二卷，孔毅父撰。

張金吾《愛日精廬藏書志・小説類》《續世説》十二卷。抄本。從照曠閣藏本傳録。宋魯國孔平仲字毅甫撰。是書取宋、齊、梁、陳、隋、唐歷代事迹，依劉義慶《世説》之目，而分隸之，爲書十二卷。後有沅州公使庫總計紙板數目，并印造紙墨褾褙工食錢數目。後又有右迪功郎司法兼監使庫翁灌等五人銜名，皆沅州官也。王士禎《居易録》曾載：是書云已失傳。近代儲藏家亦罕有著録者。此本照曠叔父介何君夢華從宋刊本影寫，金吾從之傳録者。

史書之傳，信矣，然浩博而難。觀諸子百家之小説，誠可悦目，往往或失之誣。要而不煩，信而可考，其《世説》之踶歟！舊本分纂前言，以爲要覽畧而未備。爰有博雅君子，傚而增廣之，此《續世説》之所以作也。學士孔君毅甫平仲囊括諸史，派引羣義，疏剔繁辭，撰叙名理，釐爲十二卷，可謂發史氏之英華，便學者之觀覽，豈曰小補之哉。惜其書成，未及刊行，轉相傳寫，不無烏焉成馬之弊。今兹善本，從義郎李君敏得之於前，靖守王君長孺相與鏤板而藏焉。王親授於孔，知其不謬。今李今爲沅人，徒有其本，而所傳蓋未廣也。紹興丁丑春，睢陽王公無染擢守沅。之明年，郡學鼎新，人材益進，嘗顧謂僚佐曰：沅爲郡僻遠，史書尤不易備，會史之要，莫善於《世説》，續説又盡善也。俄李氏以其書板來售，即加是正，復命鑱刻，以補其不足，將俾人得其傳，其利溥哉。此書載言行、美惡，區以別之學者，博古考類，擇善而從，去古人何必有間，不但資談説而已。然後知公措意，豈苟然哉。後之爲政者，能謹其藏，勿靳其傳，是亦公之用心也三月初一日長沙秦果序。

《直齋書録解題》曰：《續世説》十二卷，孔平仲毅父撰。編宋至五代事，以續劉義慶之書。

張之洞《書目答問・小説家》 《續世説》二十卷。宋孔平仲。守山閣本。

續世説

《四庫未收書目提要・小説家類》 《續世説》十二卷。守山閣叢書本，粵雅堂叢書續集本。

宋孔平仲撰。取宋、齊、梁、陳、隋、唐、五代事迹，依劉義慶《世説》之目，而分隸之，成書十二卷。見于《宋史》本傳、及《藝文志・小説家類》卷。袠相同。《書録解題》、《文獻通考》皆録其書。而近代儲藏家，罕有著録者。王士禎《居易録》曾道及此書，云已失傳，則士禎亦不得見此書也。此書平仲無自序，有紹興戊寅長沙秦果序。序言平仲書成未刊，從義郎李敏得善本于前，靖守王長孺，相與鏤版。王親受于孔，知其不繆。丁丑之春，睢陽王濯來守沅之明年，李氏以其書版來售，即加是正鑱刻，以補其不足云云。後有沅州公使庫總計紙版數目，并印造紙墨裱褙工食錢數目，後又有右迪功郎司法兼監使庫翁灌、右從事郎軍事判官閔敦仁、右迪功郎州學教授胡摶、左朝奉郎通判軍州事秦果、左朝散大夫知軍州事王濯，五人題名。皆沅州官也。此從宋沅州刻本傳寫者，卷袠完整無闕。特書中部次錯雜，有兩條合爲一條者，抑且時代先後，往往倒置，蓋校勘之時，不免有私爲竄改之弊。必非平仲元本之誤也。

釋稗

尤袤《遂初堂書目・小説類》 《釋稗》。

《宋史・藝文志・小説家類》 孔平仲《釋裨》一卷。

楊公筆録

尤袤《遂初堂書目・小説類》 楊彦齡《筆録》。

錢謙益等《絳雲樓書目・小説類》 《楊公筆録》。

黄虞稷《千頃堂書目・小説類》 楊彦齡《楊公筆録》一卷。

甲申雜記

尤袤《遂初堂書目・小説類》 《甲申雜録》。

《宋史・藝文志・小説家類》 王鞏《甲申雜記》一卷。

錢謙益等《絳雲樓書目・小説類》 王清虚《甲申雜記》一卷。宋王鞏。

聞見近録

《宋史・藝文志・小説家類》 王鞏《聞見近録》一卷。

《四庫全書總目提要・小説家》 《聞見近録》一卷。兩淮馬裕家藏本。 竝宋王鞏撰。鞏字定國，自號清虚先生，莘縣人。同平章事旦之孫，工部尚書素之子。嘗倅揚州，坐與蘇軾遊，謫監筠州鹽稅。後官至宗正丞。所記雜事三卷，皆紀東都舊聞。甲申雜記凡四十一條，甲申者，徽宗崇寧三年也。故所記上起仁宗，下訖崇寧，隨筆記載，不以時代爲先後。《聞見近録》凡一百四條。所記上起周世宗，下訖宋神宗，而太祖、太宗、真宗、仁宗事爲多。《隨手雜録》凡三十三條。中惟周世宗事一條，南唐事一條，吴越事一條，餘皆宋事，止於英宗之初。三書事蹟在崇寧甲申前，而原本次甲申雜記後，蓋成書在後也。卷末有其從曾孫從謹跋，稱先世著書散佚，隆興元年乃得此三編於向氏，鈔録合爲一帙。前有張邦基序，言得其本於張由儀。由儀則少從其父得於鞏家敝篋中。末題甲寅五月，爲高宗紹興三年。蓋向氏之本又出於張氏。當時親傳手迹，知確爲鞏撰，非依託矣。三書皆閒涉神怪，稍近稗官，故列之小説類中。然而所記朝廷大事爲多。一切賢姦進退，典故沿革，多爲史傳所未詳，實非盡小説家言也。《甲申雜記》中李定稱蘇軾一條，費衮梁谿漫志駁其失實。今考衮謂軾詩自熙寧初始多論新法不便，至元豐二年有烏臺詩案，前後不過十年。定云二三十年所作，文字殊不相合。其説是也。至謂能記二三十年作文之因，則人皆能之，似不足爲東坡道。則其説未然。書中所載定語，乃云所作文字詩句引證經傳，隨問即答，無一字差舛。則是指其所引之書，非指其作詩之故。衮殆未審其語歟。

四朝聞見録

錢謙益等《絳雲樓書目・小説類》《四朝聞見録》王鞏。

清虚居士隨手雜録

陳振孫《直齋書録解題・小説家類》《清虚居士隨手雜録》一卷。王鞏定國撰。待制素子，張安道之婿。

馬端臨《文獻通考・經籍考・小説家》《清虚居士隨手雜録》一卷。

《四庫全書總目提要・小説家》《隨手雜録》一卷。

大隱居士詩話

《宋史・藝文志・小説家類》《大隱居士詩話》一卷。不知姓名。

緗素雜記

鄭樵《通志・藝文略・小説家》《緗素雜記》十卷。黄朝英撰。

晁公武《郡齋讀書志・小説類》《緗素雜記》十卷。右皇朝黄朝英撰。所記二百事。朝英，建州人，紹聖後舉子也。爲王安石之學者，以「贈之以芍藥」爲男淫女，「貽我握椒」爲女淫男，前輩嘗以是爲嗤，朝英獨愛重之，他可知矣。

朝野雜編

《宋史・藝文志・小説家類》成材《朝野雜編》一卷。

曾公南遊記

晁公武《郡齋讀書志・小説類》《曾公南遊記》一卷。右曾公，未詳何人，當是公亮之孫也。共十二章，記國朝雜事。

馬端臨《文獻通考・經籍考・小説家》《曾公南遊記》一卷。

後山談叢

馬端臨《文獻通考・經籍考・小説家》《後山談叢》六卷。容齋洪氏《隨筆》

曰：後山陳無己著《談叢》，高簡有筆力，然所載國朝事，失於不考究，多爽其實。如云吕許公惡韓、富、范三公，欲廢之而不能，乃建議使行邊。及丁文簡因杜祁公一語之戲而陷蘇子美以撼祁公。丁晉公以白金賂中使，尼張乖崖之進。與張乖崖聞逐萊公，而買田宅以自污。考之諸公出處日月皆不合。前四事所係不細，乃誕漫如此。蓋前輩不藏國史，好事者肆意飾説爲美聽，疑若可信，故誤入紀述。後山之書，必傳於後世，懼貽千載之惑，予是以辨之。

高儒《百川書志・小説家》　《後山談叢》六卷。宋陳師道著。

范邦甸等《天一閣書目・小説類》　《後山叢談》六卷紅絲闌鈔本。宋彭城陳師道著。

徐𤊹《徐氏家藏書目・小説類》　《后山叢譚》四卷。宋陳師道。

錢謙益等《絳雲樓書目・小説類》　《後山叢談》洪容齋云，陳無己著《叢談》，高簡有筆力，然所載國朝事，失於不考究，多爽其實，魏鶴山亦云舛誤非一。

《四庫全書總目提要・小説家》　《後山談叢》四卷。内府藏本。宋陳師道撰。師道字無己，後山其別號也，彭城人。以薦爲棣州教授。徽宗時官至祕書省正字。事蹟具《宋史文苑傳》。陸游《老學菴筆記》頗疑此書之僞。又以爲或其少時作。然師道《後山集》前有其門人魏衍附記，稱《談叢詩話》別自爲卷。則是書實出師道手。又第四卷中記蘇軾卒時太學諸生爲飯僧。考軾卒於徽宗建中靖國元年六月，師道亦以是年十一月二十九日從祀南郊，感寒疾卒。則末年所作，非少年所作審矣。洪邁《容齋隨筆》議其載吕許公惡韓范富一條，丁文簡陷蘇子美以撼杜祁公一條，丁晉公賂中使沮張乖厓一條，張乖厓買田宅自污一條，皆爽其實。今考之良信。然邁稱其筆力高簡，必傳於後世，不云他人所贋託。邁去師道不遠，且其考證不草草。知陸游之言未免失之臆斷也。

談叢究理

《宋史・藝文志・小説家類》　陳師道《談叢究理》一卷。

後山詩話

《宋史・藝文志・小説家類》　《後山詩話》一卷。

明道雜志

高儒《百川書志・小説家》　《明道雜志》一卷。宋太史宛邱張耒文潛著。

徐𤊹《徐氏家藏書目・小説類》　《明道雜志》二卷。宋張耒。

錢謙益等《絳雲樓書目・小説類》　張太史耒《明道雜志》。

孔氏野史

馬端臨《文獻通考・經籍考・小説家》　《孔氏野史》一卷。容齋洪氏《隨筆》曰：世傳孔毅甫《野史》一卷，凡四十事。予得其書於清江劉靖之所。載趙清獻爲青城宰，挈散樂妓以歸，爲邑尉追還，大慟且怒，又因與妻忿争，由此惑志。文潞公守太原，辟司馬温公爲通判，夫人生日，温公獻小詞，爲都漕唐子方峻責。歐陽永叔、謝希深、田元鈞、尹師魯在河南，携官妓游龍門，半月不返，留守錢思公作簡招之，亦不答。范文正與京東人石曼卿、劉潛之類相結以取名，服中上萬言書，甚非言不文之義。蘇子瞻被命作《儲祥宮記》，大貂陳衍幹當宮事，得旨置酒與蘇高會，蘇陰使人發，御史董敦逸即有章疏，遂墮計中。又云子瞻四六表章不成文字。其他如潞公、范忠宣、吕汲公、吴沖卿、傅獻簡諸公，皆不免譏議。予謂决非毅甫所作，蓋魏泰《碧雲騢》之流耳。温公自用龐潁公辟，不與潞公、子方同時，其謬妄不待攻也。靖之乃原甫曾孫，佳士也，而跋是書云：「孔氏兄弟曾大父行也，思其人欲聞其言久矣，故録而藏之。」汪聖錫亦書其後，但記上官彦衡一事，豈弗深考云。

孔毅父田録

尤袤《遂初堂書目・小説類》《孔毅父田録》。

困學紀聞

徐𤊹《徐氏家藏書目・小説類》《困學紀聞》二十卷。宋王應麟。

錢謙益等《絳雲樓書目・小説類》《困學紀聞》二十卷。宋王應麟。

冷齋夜話

鄭樵《通志・藝文略・小説家》《冷齋夜話》十卷。僧惠洪撰。

晁公武《郡齋讀書志・小説類》《冷齋夜話》六卷。右皇朝僧惠洪撰。多記蘇、黄事，皆依託也。江淹擬陶淵明詩，其辭浮淺，洪既誤以爲真淵明語，且云東坡嘗稱其至到；《鬼谷子》書，世所共見，而云有「崖蜜，櫻桃也」之言，東坡《橄欖》詩：「已輸崖蜜十分甜」蓋用之。如此類甚多，不可枚舉。

陳振孫《直齋書録解題・小説家類》《冷齋夜話》十卷。僧惠洪撰。所言多誕妄。

馬端臨《文獻通考・經籍考・小説家》《冷齋夜話》六卷。

《宋史・藝文志・小説家類》僧惠洪《冷齋夜話》十三卷。

高儒《百川書志・小説家》《冷齋夜話》十卷。宋僧惠洪著。

徐𤊹《徐氏家藏書目・小説類》《冷齋夜話》十卷。

錢謙益等《絳雲樓書目・小説類》《冷齋夜話》十卷。僧惠洪。宋人已多譏此書之誕妄。

遯齋閑覽

晁公武《郡齋讀書志・小説類》《遯齋閑覽》十四卷。右皇朝陳正敏崇觀間撰。正敏自號遯翁，録其平昔所見聞，分十門，爲小説一編，以備後日披閲。

馬端臨《文獻通考・經籍考・小説家》《遯齋閑覽》十四卷。

《宋史・藝文志・小説家類》《遯齋閑覽》十四卷。

劍溪野語

陳振孫《直齋書録解題・小説家類》《劍溪野語》三卷。延平陳正敏撰。自號遯翁。別有《遯齋閑覽》十四卷，未見。

馬端臨《文獻通考・經籍考・小説家》《劍溪野語》三卷。

《宋史・藝文志・小説家類》陳正敏《劍溪野話》三卷。

蘇氏談訓

陳振孫《直齋書録解題・小説家類》《蘇氏談訓》十卷。朝請大夫蘇象先撰。述其祖魏公頌子容遺訓。

馬端臨《文獻通考・經籍考・小説家》《蘇氏談訓》十卷。

錢謙益等《絳雲樓書目・小説類》《丞相魏公談訓》。

張金吾《愛日精廬藏書志・小説類》丞相魏公《譚訓》十卷。抄本。從子謙姪藏書抄本傳録。宋長孫左朝請大夫蘇象先編。述其祖魏公頌遺訓。分二十六類凡三百餘事。

象先自少不離祖父之側。元祐丙寅，祖父爲天官尚書，居西岡楊崇訓之故第。祖父以南軒爲書室，列大案、列書史於前。又置小案於椅間。俾象先侍坐，每至夜分，退而記平日教誨之言，作談訓百餘事。後三年，祖父執政，無復曩時閒暇。又十有二年，捐館於潤。又十有九年，象先在鎮江卧病。閲五年，當靖康元年，偶記舊稿而散失脱落尚多遺逸，因廣而續之，凡三百餘篇。分爲十卷。以見一日未常忘祖訓而諄諄之誨，不可無傳也。

蘇魏公《譚訓》十卷。公之意，第欲示訓子孫，不祈於傳也。泌既得之於公之曾孫無爲判官煇。因刻之郡府。紹熙癸丑孟夏八月濟南周泌。

《直齋書録解題》曰：蘇氏《譚訓》十卷，朝請大夫蘇象先撰述其祖魏公頌子容遺訓。

坐右書

《宋史·藝文志·小説家類》 句穎《坐右書》一卷。

烏臺詩話

陳振孫《直齋書録解題·小説家類》 《烏臺詩話》十三卷。蜀人朋九萬録東坡下御史獄公案，附以初舉發章疏及謫官後表章、書啓、詩詞等。

馬端臨《文獻通考·經籍考·小説家》 《烏臺詩話》十三卷。

臺省因話録

陳振孫《直齋書録解題·小説家類》 《臺省因話録》一卷。兵部尚書新昌石公弼國佐撰。

馬端臨《文獻通考·經籍考·小説家》 《臺省因話録》一卷。

柏臺雜著

陳振孫《直齋書録解題·小説家類》 《柏臺雜著》一卷。石公弼撰。雜記典故等事。公弼本名公輔，改賜今名。爲御史攻蔡京甚力，竟坐深文謫死。然本傳言其議論反覆，非純正者。

馬端臨《文獻通考·經籍考·小説家》 《柏臺雜著》一卷。

雲齋廣録

晁公武《郡齋讀書志·小説類》 《雲齋廣録》十卷。右皇朝政和中李獻民撰。分九門，記一時奇麗雜事，鄙陋無所稽考之言爲多。

馬端臨《文獻通考·經籍考·小説家》 《雲齋廣録》十卷。

《宋史·藝文志·小説家類》 李獻民《雲齋新説》十卷。

錢謙益等《絳雲樓書目·小説類》 《雲齋廣録》十卷。宋政和中李獻民撰，皆記一時奇麗雜事。

《四庫全書總目提要·小説家》 《雲齋廣録》八卷。後集一卷。内府藏本。宋李獻民撰。獻民字彦文，延津人。是書前有政和辛卯獻民自序。所載皆一時艷異雜事。文既冗沓，語尤猥褻。晁公武《讀書志》、陳振孫《書録解題》俱云十卷，分九門。今止存六門，曰《士林清話》、曰《詩話録》、曰《靈怪》、曰《麗情》、曰《奇異》、曰《神仙》，共八卷。末有後集一卷，曰《盈盈傳》。乃作者自述所遇。然首稱皇祐中，中稱嘉祐五年，皆仁宗年號，與獻民時代不相及。則傳中所謂余者乃别一人，而佚其名，非獻民自稱也。其書大致與劉斧青瑣高議相類。然斧書雖俗，猶時有勸戒。此則純乎誨淫而已。以向來諸家著録，今姑存其目焉。

和平談選士

《宋史·藝文志·小説家類》 《和平談選士》一卷。

石渠録

陳振孫《直齋書録解題・小説家類》《石渠録》十一卷。校書郎昭武黄伯思長睿撰。

馬端臨《文獻通考・經籍考・小説家》《石渠録》十一卷。

廣　説

《宋史・藝文志・小説家類》譚世卿《廣説》二卷。

石林燕語

尤袤《遂初堂書目・小説類》《石林燕語》。

陳振孫《直齋書録解題・小説家類》《石林燕語》十卷。葉夢得少藴撰。宣和五年所作也。

馬端臨《文獻通考・經籍考・小説家》《石林燕語》十卷。

高儒《百川書志・小説家》《石林燕語》十卷。宋葉夢得撰。

徐𤊹《徐氏家藏書目・小説類》《石林燕語》十卷。宋葉夢得。

錢謙益等《絳雲樓書目・小説類》《石林燕語》十卷。宋葉夢得宣和五年作。

石林避暑録

尤袤《遂初堂書目・小説類》《石林避暑録》。

陳振孫《直齋書録解題・小説家類》《避暑録話》二卷。葉夢得紹興五年所作。

馬端臨《文獻通考・經籍考・小説家》《避暑録話》二卷。

《宋史・藝文志・小説家類》葉夢得《石林避暑録》二卷。

高儒《百川書志・小説家》《乙卯避暑録》一卷。宋葉夢得少藴紹興五年所作，通考尚闕一卷。

徐𤊹《徐氏家藏書目・小説類》《避暑録話》十卷。宋葉夢得。

錢謙益等《絳雲樓書目・小説類》《避暑録》二卷。葉石林，紹興五年作。

玉澗雜書

陳振孫《直齋書録解題・小説家類》《玉澗雜書》十卷。葉夢得撰。攷其中所記，亦當在宣和時所作。玉澗者，石林山居澗水名也。

馬端臨《文獻通考・經籍考・小説家》《玉澗雜書》十卷。

巖下放言

陳振孫《直齋書録解題・小説家類》《巖下放言》一卷。葉夢得撰。休致後所作。

馬端臨《文獻通考・經籍考・小説家》《巖下放言》一卷。

錢謙益等《絳雲樓書目・小説類》《巖下放言》一卷，葉石林休致後作。

燕語攷異

陳振孫《直齋書録解題・小説家類》《燕語攷異》十卷。成都宇文紹奕撰。舊聞汪玉山嘗辨駁《燕語》之誤，而未之見也。

馬端臨《文獻通考・經籍考・小説家》《燕語考異》十卷。

蒙齋筆談

尤袤《遂初堂書目・小説類》《蒙齋筆談》。

高儒《百川書志・小説家》《蒙齋筆談》二卷。宋湘山鄭景望著。

范邦甸等《天一閣書目・小説類》《夢齋筆談》二卷。藍絲闌鈔本。鄭景星撰。

徐𤊹《徐氏家藏書目・小説類》《蒙齋筆談》二卷。宋鄭景望。

錢謙益等《絳雲樓書目・小説類》《蒙齋筆談》。説海中刻宋鄭景璧撰。諦觀其書，當是北宋末一貴人。

黄虞稷《千頃堂書目・小説類》鄭景望《蒙齋筆談》二卷。湘山人。

《宋史藝文志補・小説家》鄭景望《蒙齋筆談》二卷。湘山人。

懶真子

《宋史・藝文志・小説家類》馬永卿《懶真子》五卷。

高儒《百川書志・小説家》《嬾真子》五卷。宋廣陵馬永卿大年撰。

徐𤊹《徐氏家藏書目・小説類》《懶真子》五卷。宋馬永卿。

錢謙益等《絳雲樓書目・小説類》《懶真子》五卷。宋馬永卿。

思遠筆録

陳振孫《直齋書録解題・小説家類》《思遠筆録》一卷。翰林學士九江王寓撰。寓以靖康元年七月，以禮部尚書入翰苑，雜記當時聞見，凡二十七條。寓父易簡以布衣召爲説書，遂顯用。寓後拜左轄，使金辭行，謫散官嶺表，父子俱南下，没於盜。

馬端臨《文獻通考・經籍考・小説家》《思遠筆録》一卷。

侯鯖録

尤袤《遂初堂書目・小説類》《侯鯖録》。

高儒《百川書志・小説家》《侯鯖録》八卷。宋趙德麟著。

范邦甸等《天一閣書目・小説類》《侯鯖録》四卷。刊本。宋趙令時德麟撰，明頓鋭序。

徐𤊹《徐氏家藏書目・小説類》《侯鯖録》六卷。宋趙德麟。

錢謙益等《絳雲樓書目・小説類》《侯鯖録》趙德麟編。

《四庫全書總目提要・小説家》《侯鯖録》八卷。内府藏本。宋趙令時撰。令時字德麟，燕王德昭元孫。元祐中簽書潁州公事。坐與蘇軾交通，罰金入黨籍。紹興初襲封安定郡王，同知行在大宗正事。是書採録故事詩話，頗爲精贍。然如第五卷辨傳奇鶯鶯事凡數十條，每條綴之以詞，未免失之冶蕩。歐陽修以艷曲數閲被誣，釋文瑩著湘山野録尚辨其枉。而令時此書，乃著其居汝陰時挾妓事，載其詩於卷中，未免近誣。朱翌猗《覺寮雜記》亦稱上元放鐙增十七十八兩夜，爲建隆五年。詔書以時和歲豐之故，見太祖實録，三朝國史諸書。令時乃云錢氏納土進錢買兩夜，亦屬妄傳。翌又稱令時雖因蘇軾入黨籍，而後附内侍譚稹以進，頗違清議。此書乃稱余爲元祐黨人牽復過陳，舉王叡昭君怨詩示張文潛。文潛云，此真先生所謂篤行而剛者云云。尤不免愧詞。然令時所與遊處皆元祐勝流，諸所記録多尚有典型，是固不以人廢言矣。

張之洞《書目答問・小説家》《侯鯖録》八卷。宋趙令時。知不足齋本。

道山青話

陳振孫《直齋書録解題・小説家類》《道山青話》一卷。不知何人。跋語稱大父國史在館閣久，多識前輩，著《館秘録》、《曝書記》，與此而三，兵火散失。近得此書於曾仲存家，末題朝奉大夫暐，亦不著姓。

馬端臨《文獻通考・經籍考・小説家》《道山清話》一卷。

高儒《百川書志・小説家》《道山清話》一卷。

徐𤊹《徐氏家藏書目・小説類》《道山清話》一卷。宋王暐。

《四庫全書總目提要・小説家》《道山清話》一卷。內府藏本。不著撰人名氏。説郛摘其數條刻之，題曰宋王暐。案書末有暐跋語云，先大父國史在館閣最久，多識前輩，嘗以聞見著館祕録曝書記并此書爲三。仍歲兵火，散失不存。近方得此書於南豐曾仲存家，因手鈔藏，示子孫。後題建炎四年庚戌，孫朝奉大夫主管亳州明道宮，賜紫金魚袋暐書。則撰此書者乃暐之祖，非暐也。周煇《清波雜志》稱成都富春坊火詩，乃洛中名德之後，號道山公子者所作，亦不言其姓氏。書中記元祐五年其父爲賀遼國正旦使，論范純仁、吕公著事，歸奏哲宗。哲宗命寄書純仁。後純仁再相，哲宗問曾見李某書否。則撰此書者李姓，非王姓也。然考李燾《通鑑長編》，是年八月庚戌，命吏部郎中蘇注户部郎中劉昱爲正旦使，供備庫使郭宗顏西京左藏庫副使畢可濟副之。後郭宗顏病，改遣西頭供奉官閤門陸孝立，無李姓者在其間。而所稱去年范純仁出守潁昌，吕公著卒於位事。考二人本傳，實均在元祐四年。則五年字又不誤，不審其何故也。或蘇字劉字傳寫譌爲李歟。所記終於崇寧五年，則成書當在徽宗時。書中頗詆王安石之姦，於伊川程子及劉摯亦不甚滿。惟記蘇黄晁張交際議論特詳。其爲蜀黨中人，固灼然可見矣。其書皆記當代雜事。王士禎居易録嘗譏其誤以兩張先爲一。今考《歐陽修集》張子野墓誌銘，《蘇軾集》、《張子野詩集》跋及定風波引，士禎之説信然。又所記陳彭年對真宗墨智墨允出春秋少陽事，稱上令祕閣取此書，既至，彭年令於第幾版尋檢，果得之云云。其説頗誣。案春秋少陽篇，隋唐志已不著録，彭年安得見之。宋祕閣又何自有之。今考皇侃論語疏陸德明經典釋文，刑昺論語疏皆引春秋少陽此條。其時尚未有昺疏，彭年所舉，非陸氏書，則皇氏書耳。是則傳聞者失實，此書因而誤載也。

道山新聞

尤袤《遂初堂書目・小説類》《道山新聞》。

《宋史・藝文志・小説家類》《道山新聞》一卷。

枕中記

陳振孫《直齋書録解題・小説家類》《枕中記》一卷。不著名氏。崇寧中人。所載多國初事。

馬端臨《文獻通考・經籍考・小説家》《枕中記》一卷。

唐語林

鄭樵《通志・藝文略・小説家》《唐語林》八卷。

晁公武《郡齋讀書志・小説類》《唐語林》十卷。右未詳撰人。效《世説》體分門，記唐世名言，新增嗜好等十七門，餘皆仍舊。

尤袤《遂初堂書目・小説類》《唐語林》。

陳振孫《直齋書録解題・小説家類》《唐語林》八卷。長安王讜正甫撰。以唐小説五十家，倣《世説》分門三十五，又益十七，爲五十二門。《中興書目》十一卷，而闕《記事》以下十五門；又云一本八卷。今本亦止八卷，而門目皆不闕。

馬端臨《文獻通考・經籍考・小説家》《唐語林》十卷。

又《唐語林》八卷。

《宋史・藝文志・小説家類》王讜《唐語林》十一卷。

高儒《百川書志・小説家》《唐語林》十卷。未詳撰人。

徐𤊹《徐氏家藏書目・小説類》《唐語林》八卷。

錢謙益等《絳雲樓書目・小説類》《唐語林》十卷。亡名氏，宋史作王讜，其書效世説體。

《四庫全書總目提要・小説家》《唐語林》八卷。永樂大典本。宋王讜撰。陳振孫《書録解題》云：長安王讜正甫，以唐小説五十家，倣《世説》分三十五門，又益十七門爲五十二門。晁公武《郡齋讀書志》云未詳撰人，效世説體，分門記唐世名言，新增嗜好等十七門，餘皆仍舊。馬端臨《經籍考》引陳氏之言入小説家，又引晁氏之言入雜家，兩門互見，實一書也。惟陳氏作八卷，晁氏作十卷，其數不合。然陳氏又云《館閣書目》十一卷，闕記事以下十五門。另一本亦止八卷，而門目皆不闕。蓋傳寫分併，故兩本不同耳。讜之名不見史傳。考書中裴佶一條，佶字空格，註云御名。宋惟徽宗諱佶，則讜爲崇寧大觀閒人矣。是書雖倣《世説》，而所紀典章故實，嘉言懿行，多與正史相發明。視劉義慶之專尚清談者不同。且所採諸書，存者亦少。其裒集之功，尤不可没。明以來刊本久佚，故明謝肇淛《五雜俎》引楊慎語，謂語林罕傳，人亦鮮知。惟武英殿書庫所藏，有明嘉靖初桐城齊之鸞所刻殘本。分爲上下二卷，自德行至賢媛止十八門。前有之鸞自序，稱所得非善本，其字畫漫漶，篇次錯亂，幾不可讀。今以永樂大典所載，參互校訂，删其重複，增多四百餘條。又得原序目一篇，載所採書名及門類總目。當日體例，尚可考見其梗概。惟是永樂大典各條散於逐韻之下，其本來門目，難以臆求。謹略以時代爲次，補於刻本之後。無時代者又後之。共爲四卷。又刻本上下二卷，篇頁過繁。今每卷各析爲二，仍爲八卷，以還其舊。此書久無校本，譌脱甚衆，文義往往難通。謹取新舊唐書及諸家説部，一一詳爲勘正。其必不可知者，則姑仍原本，庶不失闕疑之義焉。

《四庫全書總目提要・小説家》 殘本《唐語林》二卷。内府藏本。不著撰人名氏。以《永樂大典》所載考之，即王讜之書，佚其八卷耳。前有明嘉靖閒桐城齊之鸞序，亦稱所得非善本。今已採掇永樂大典，重爲補綴成帙，别著於録。此殘缺之本，已爲土苴。以其爲讜之原書，久行於世，故仍附存其目焉。

張之洞《書目答問・小説家》 《唐語林》八卷，附校勘記。宋王讜，四庫館重編。守山閣校本。又聚珍本福本。金壺本。

史話

晁公武《郡齋讀書志・小説類》 《史話》三卷。右不題撰人。自後漢及江左朝野雜事皆記之。

馬端臨《文獻通考・經籍考・小説家》 《史話》三卷。

泊宅編

尤袤《遂初堂書目・小説類》 方氏《泊宅編》。

陳振孫《直齋書録解題・小説家類》 《泊宅編》十卷。方勺仁聲撰。泊宅在烏程，相傳張志和泊舟浮家泛宅之所，勺買田卜築，號泊宅翁。本嚴瀨人。

馬端臨《文獻通考・經籍考・小説家》 《泊宅編》十卷。

《宋史・藝文志・小説家類》 方勺《泊宅編》十卷。

《泊宅編》十卷刊本。宋方勺撰。洪興祖序云：泊宅翁學博而志剛，少時謂功名可力取，不肯與世俯仰，晚得一官，益齟齬不合。一日過予，於洞汭出所著《泊宅編》示予，予曰：此翁筆端游戲三昧耳，胸中不傳之妙，盍爲我道其崖畧。翁默然無言，予因書以序之。

徐𤊹《徐氏家藏書目・小説類》 《泊宅編》十卷。宋方勺。

錢謙益等《絳雲樓書目・小説類》 《泊宅編》十卷。方勺撰。泊宅，烏程地名。勺，嚴州人，寓居烏程，故以名書。泊宅即張志和浮家泊宅處。

《四庫全書總目提要・小説家》 《泊宅編》三卷。内府藏本。宋方勺撰。勺有《青溪冠軌》，已著録。勺家本婺州，後徙居湖州之西溪。湖有張志和泊舟處，後人以志和有泛宅浮家之語，謂之泊宅村。勺寓其閒，因自號泊宅村翁。是編蓋即是時所作也。《宋史藝文志》載勺《泊宅編》十卷。此本僅三卷，乃商濬載入《稗海》者。明人傳刻古書，每多臆爲竄亂。今無别本可校，不知其爲原帙否矣。所載皆元祐迄政和閒朝野舊事。於王安石、張商英輩皆有不滿之詞，蓋亦公論。至宗澤乃其鄉里，而徽宗時功名未盛，故勺頗譏其好殺。則是非未必盡允。又袁文甕牖閒評據欽宗實録，知欽宗即位之日，王黼入賀，已勅閤門使勿納，即貶崇信軍節度使，賜死於路。而勺乃記其有從幸龍德宫獻詩，識者指以爲讖事。則記載亦或失實。然其閒遺聞軼事，摭拾甚多，亦考古者所不廢。書中閒有附註，如教授誤據建版坤爲金一條，言不欲顯其姓名，而條下註曰姚祐尚書也。又秦觀贈妓陶心詞一條，條下註曰此乃誤記東坡詞云云。皆似非勺之自註。然詳其詞氣，當亦宋人筆也。

青溪寇軌

徐𤊹《徐氏家藏書目・小説類》《青溪寇軌》一卷。宋方勺。

萍洲可談

尤袤《遂初堂書目・小説類》《萍洲可談》。

陳振孫《直齋書録解題・小説家類》《萍洲可談》三卷。吴興朱彧無或撰。中書舍人服行中之子。宣和元年序。萍洲老圃，其自號也，在黄州，蓋其喬寓之地，事見《齊安志》。而「彧」作「或」，字無惑，未詳孰是。

馬端臨《文獻通考・經籍考・小説家》《萍州可談》三卷。

《宋史・藝文志・小説家類》朱無惑《萍洲可談》三卷。

高儒《百川書志・小説家》《萍洲可談》一卷。宋朱彧著。

徐𤊹《徐氏家藏書目・小説類》《可談》一卷。宋朱彧。

又《可談》一卷。宋朱彧。

《四庫全書總目提要・小説家》《萍洲可談》三卷。永樂大典本。宋朱彧撰。彧字無惑，烏程人。是書《文獻通考》著録三卷。而左圭刻入《百川學海》、陳繼儒刻入祕笈者，均止五十餘條，不盈一卷。陶宗儀《説郛》所録更屬寥寥。蓋其本久佚，圭等特於諸書所引，掇拾殘文，以存其概，皆未及睹三卷之本也。惟《永樂大典》徵引頗繁，裒而輯之，尚可復得三卷。謹排纂成編，以還其舊。雖散佚之餘，重爲綴緝，未必毫髮無遺。然較左陳諸家所刊，幾贏四倍。約略核計，已得其十之八九矣。彧之父服，元豐中以直龍圖閣歷知萊、潤諸州，紹聖中嘗奉命使遼，後又爲廣州帥。故彧是書多述其父之所見聞，而於廣州蕃坊市舶，言之尤詳。考之宋史，服雖坐與蘇軾交遊貶官，然實非元祐之黨。嘗有隙於蘇轍，而比附於舒亶、吕惠卿。故彧作是書，於二蘇頗有微詞，而於亶與惠卿則往往曲爲解釋。甚至元祐垂簾，有政由帷箔之語。蓋欲回護其父，不得不回護其父黨。既回護其父黨，遂不得不尊紹聖之政而薄元祐之人。與蔡絛《鐵圍山叢談》同一用意，殊乖是非之公。然自此數條以外，所記土俗民風、朝章國典，皆頗足以資考證。即軼聞瑣事，亦往往有裨勸戒。較他小説之侈神怪、肆詼嘲、徒供談噱之用者，猶有取焉。

張之洞《書目答問・小説家》《萍洲可談》三卷，附校勘記。宋朱彧。守山閣本。金壺本。

珍席放談

《四庫全書總目提要・小説家》《珍席放談》二卷。永樂大典本。宋高晦叟撰。晦叟仕履無可考。所紀上自太祖，下及哲宗時事，則崇寧以後人也。是書《宋史藝文志》不著録。惟《文淵閣書目》載有一册，世無傳本。今散見於《永樂大典》者，尚可裒緝成編。謹採集排綴，釐爲上下二卷。書中於朝廷典章制度沿革損益及士大夫言行可爲法鑒者，隨所聞見，分條録載。如王旦之友悌、吕夷簡之識度、富弼之避嫌、韓琦之折佞，其事皆本傳所未詳，可補史文之闕。特間加評論，是非軒輊，往往不能持平。又當王氏學術盛行之時，於安石多曲加迴護，頗乖公議。然一代掌故，猶藉以考見大凡。所謂識小之流，於史學固不無裨助也。

漫叟見聞

晁公武《郡齋讀書志・小説類》《漫叟見聞》一卷。右不知何人建炎中所撰也。

國老閒談

尤袤《遂初堂書目・小説類》《國老閒談》。

陳振孫《直齋書録解題・小説家類》《國老閒談》二卷。稱夷門君玉撰。不著姓。

馬端臨《文獻通考・經籍考・小説家》《國老閑談》二卷。

《宋史・藝文志・小説家類》《國老閑談》二卷。題君玉撰，不知姓。

高儒《百川書志・小説家》《國老談苑》二卷。宋夷門隱叟王君玉編。

徐𤊹《徐氏家藏書目・小説類》《國老談苑》二卷。宋王銍。

《四庫全書總目提要・小説家》《國老談苑》二卷。浙江鮑士恭家藏本。舊本題夷門隱叟王君玉撰。考陳振孫《書録解題》、《宋史藝文志》，作《國老閒談》，卷數與此相合。而註稱夷門君玉撰，不著其姓。然則此名後人所改，王字亦後人所增也。是編所紀乃宋太祖、太宗、真宗三朝雜事。於當時士大夫頗有所毁譽，尤推重田錫而貶斥陶穀。其餘如馮拯諸人，俱不免於微詞。雖間或抑揚過情，而大致猶據實可信。如范質不受賂遺、竇儀議令皇弟開封尹署勅、趙普請從征上黨、曹彬平蜀回囊中惟圖書諸條，《宋史》皆採入本傳中。他亦多敘述詳贍，足與史文相參考。惟記太祖清流關之戰，謂臨陣親斬僞驍將皇甫暉。不知暉兵敗見擒，送壽州行在，周世宗尚賜以金帶鞍馬，因創甚不肎治而死，竝非戮之陣前。又謂是時環滁僧寺皆鳴鐘，遂爲定制。案滁人一日五時鳴鐘，乃後人感暉之義，以資追薦，亦非爲太祖助戰而起。此則傳聞之譌異，未可槩從。至謂太宗嚮用老成，寇準欲求速進，遂餌地黄蘆菔以求白髮，恐準亦未必至是也。

古今廣説

《宋史・藝文志・小説家類》 唐恪《古今廣説》一百二十卷。

分門古今類事

《四庫全書總目提要・小説家》《分門古今類事》二十卷。浙江巡撫採進本。不著撰人名氏。《宋史藝文志》亦未著録。卷首題蜀本二字。第八卷内載有《先大夫龍泉夢記》一篇。記中稱崇寧乙酉拔漕解，次年叨第，末署政和七年三月宋如璋記。是作此書者即如璋之子。特前後無序跋，其名已不可考矣。書分十二類。凡帝王運兆門二卷、異兆門三卷、夢兆門三卷、相兆門二卷、卜兆門二卷、讖兆門二卷、祥兆門一卷、婚兆門一卷、墓兆雜志門一卷、爲善而增門一卷、爲惡而損門一卷。大旨在徵引故事，以明事有定數、無容妄覬。而又推及於天人迪吉從逆之所以然。雖採摭叢瑣，不無涉於誕幻，而警發世俗，意頗切至。蓋亦《前定録》、《樂善録》之類。且其書成於南渡之初，中閒所引，如《成都廣記》、《該聞録》、《廣德神異録》、《唐宋遺史》、《賓仙傳》、《蜀異記》、《搢紳脞説》、《靈驗記》、《靈應集》諸書，皆後世所不傳，亦可以資博識之助也。

春渚紀聞

尤袤《遂初堂書目・小説類》《春渚紀聞》。

陳振孫《直齋書録解題・小説家類》《春渚紀聞》十卷。浦城何薳撰。自號寒青老農。東坡所薦爲武學博士曰去非者，其父也。

馬端臨《文獻通考・經籍考・小説家》《春渚記聞》十卷。

錢謙益等《絳雲樓書目・小説類》《春渚記聞》十卷。宋何薳。中有《東坡事實》一卷，記坡佚事頗詳，蓋薳之父博士，嘗爲坡所論薦，薳記坡事，必皆趨庭時所耳熟者。宜可傳信。

聞見前録

范邦甸等《天一閣書目・小説類》《邵氏聞見前録》二十卷。

徐𤊹《徐氏家藏書目・小説類》《邵氏聞見記》二十卷。宋邵伯温。

《四庫全書總目提要・小説家》《聞見前録》二十卷。内府藏本。宋邵伯温撰。伯温有《易學辨惑》，已著録。伯温藉邵子之緒，猶及見元祐諸耆舊。故於當時朝政，具悉端委。是書成於紹興二年。前十六卷記太祖以來故事，而於王安石新法始末，及一時同異之論，載之尤詳。其論洛、蜀、朔三黨相攻，惜其各立門户，授小人以閒。又引程子之言，以爲變法由於激成。皆平心之論。其記鐙籠錦事出文彦博之妻，於事理較近。其記韓富之隙由撤簾不由定策，亦足以訂强至家傳之譌。周必大跋呂獻可墓誌，謂伯温是書，頗多荒唐，凡所書人及其歲月，鮮不差誤。殆好惡已甚之詞，不盡然也。十七卷多記雜事。其洛陽永樂諸條，皆寓麥秀黍離之感。十八卷至二十卷皆記邵子之言行，而殤女轉生，黑猿感孕，意欲神奇其父，轉涉妖誣。又記邵子之言，謂老子得易之體、孟子得易之用、文中子以佛爲西方聖人，亦不以爲非，似乎附會。至投壺一事，益猥瑣不足紀。蓋亦擇焉不精者，取其大旨可耳。

張之洞《書目答問·小説家》《聞見前録》二十卷。宋邵伯温。津逮本。學津本。

漁樵問對

徐𤊹《徐氏家藏書目·小説類》《漁樵問對》一卷。宋邵雍。

聞見後録

陳振孫《直齋書録解題·小説家類》《聞見後録》二十卷。邵某撰。

馬端臨《文獻通考·經籍考·小説家》《聞見後録》二十卷。

范邦甸等《天一閣書目·小説類》《聞見後録》十四卷。緜紙鈔本明司馬公題籤。前録宋邵伯温撰，後録邵博撰。博，伯温子，是編蓋續其父書。

《四庫全書總目提要·小説家》《聞見後録》三十卷。江西巡撫採進本。宋邵博撰。博字公濟，伯温子也。是編蓋續其父書，故曰《後録》。其中論復孟后諸條，亦有與《前録》重出者。然伯温所記多朝廷大政，可裨史傳。是書兼及經義史論詩話，又參以神怪俳諧，較前録頗爲瑣雜。又伯温書盛推二程，博乃排程氏而宗蘇軾。觀所記游酢謝良佐之事，知康節没後，程氏之徒欲尊其師而抑邵，故博有激以報之。蓋怙權者務争利，必先合力以攻異黨。異黨既盡，病利之不獨擅，則同類復相攻。講學者務争名，亦先合力以攻異黨。異黨既盡，病名之不獨擅，則同類亦相攻。固勢之必然，不足怪也。至其彙輯疑孟諸説，至盈三卷。證碧雲騢真出梅堯臣手，記王子飛事稱佛法之靈，記湯保衡事推道教之驗，論晏殊薄葬之非，詆趙鼎宗洛學之謬，皆有乖邵子之家法。他若以元稹詩作黄巢之類，引據亦頗疏略。惟其辨宣仁之誣、載司馬光集外章疏之類，可資考訂。議《通鑑》削屈原之非、駁王安石取馮道之謬、辨伊川易傳非詆垂簾、證紹興玉璽實非和璧，論皆有見。談詩亦多可採。宋人説部，完美者稀，節取焉可耳。

張之洞《書目答問·小説家》《聞見後録》三十卷。宋邵博。津逮本。學津本。

雞肋編

《四庫全書總目提要·小説家》《雞肋編》三卷。江西巡撫採進本。宋莊季裕撰。季裕名綽，以字行，清源人。其始末未詳。惟呂居仁《軒渠録》記其狀貌清癯，人目爲細腰宫院子。又薛季宣《浪語集》有季裕《筮法新儀序》，亦皆不著其生平。據書中年月，始於紹聖，終於紹興，蓋在南北宋之間。又尹孝子一條，自稱嘗攝襄陽尉。又原州棠樹一條，稱作倅臨涇。李倢食糟蟹一條，稱官於順昌。瑞香亭一條，稱官於澧州。其爲何官，則莫可考矣。此書前有自序，題紹興三年二月五日，而所記有紹興九年事。疑書成之後，又續有所增。世無刊本。陶宗儀《説郛》僅録其二三十條。此本較《説郛》所載約多五倍。後有至元乙卯仲春月觀陳孝先跋曰：此書莊綽季裕手集也。綽博物洽聞，有《杜集援證》、《灸膏肓法》、《筮法新儀》行於世。聞其他著述尚多，惜未之見。此書經秋壑點定，取以爲悦生隨鈔，而譌謬最多。因爲是正如右。然掃之如塵，尚多有疑誤云云。蓋猶季裕之完本也。季裕之父在元祐中與黄庭堅蘇軾米芾諸人遊，季裕猶及識芾及晁補之。故學問頗有淵源，亦多識軼聞舊事。書中如不知《龍城録》爲同時王銍所作，反據以駁《金華圖經》之類，間失考證。然可取者多。其記遼宋誓書一條，大旨以和議爲主，亦各抒所見。季裕方浮沈郡縣，與當時朝士附合秦檜者固自有殊。統觀其書，可與後來周密《齊東野語》相埒，非《輟耕録》諸書所及也。

張之洞《書目答問·小説家》《雞肋編》三卷。宋莊季裕。琳琅祕室本。

紺珠集

晁公武《郡齋讀書志·小説類》《紺珠集》十三卷。右皇朝朱勝非編百家小說成此書。舊說張燕公有紺珠，見之則能記事不忘，故以爲名。

陳振孫《直齋書録解題・小説家類》《紺珠集》十二卷。案：《文獻通攷》作十三卷。朱勝非鈔諸家傳記、小説，視曾慥《類説》爲略。

馬端臨《文獻通考・經籍考・小説家》《紺珠集》十三集。

《宋史・藝文志・小説家類》《紺珠集》十三卷。

徐𤊹《徐氏家藏書目・小説類》《紺珠集》十三卷。宋亡名氏。

錢謙益等《絳雲樓書目・小説類》《紺珠集》四册。十三卷，朱勝非編。集百家小説爲之。勝非，南渡初名相也。

秀水閑居録

尤袤《遂初堂書目・小説類》朱丞相《秀水閑居録》。

陳振孫《直齋書録解題・小説家類》《秀水閒居録》三卷。丞相汝南朱勝非藏一撰。寓居宜春時作。秀水者，袁州水名也。

馬端臨《文獻通考・經籍考・小説家》《秀水閒居録》三卷。

類説

晁公武《郡齋讀書志・小説類》《類説》五十六卷。右皇朝曾慥編。其序云：「閒居銀峯，因集百家之説，纂集成書，可以資治體，助名教，供談笑，廣聞見。」

尤袤《遂初堂書目・小説類》《類説》。

陳振孫《直齋書録解題・小説家類》《類説》五十卷。太府卿温陵曾慥端伯撰。所編傳記小説，古今凡二百六十餘種。

馬端臨《文獻通考・經籍考・小説家》《類説》五十卷。

錢謙益等《絳雲樓書目・小説類》《曾公類説》二十册。

高齋漫録

高儒《百川書志・小説家》《高齋漫録》一卷。未詳著人，止十六事。

徐𤊹《徐氏家藏書目・小説類》《高齋漫録》一卷。宋曾慥。

《四庫全書總目提要・小説家》《高齋漫録》一卷。永樂大典本。宋曾慥撰。慥有《類説》，已著録。類説自序，以爲小道可觀，而歸之於資治體、助名教、供談笑、廣見聞。其撰述是書，亦即本是意。上自朝廷典章，下及士大夫事蹟，以至文評、詩話、詼諧嘲笑之屬，隨所見聞，咸登記録。中如給舍之當服赬帶，不歷轉運使之不得爲知制誥，皆可補史志所未備。其徵引叢雜，不無瑣屑。要其可取者多，固遠勝於遊談無根者也。陳振孫《書録解題》載此書二卷。世尠流傳。近時曹溶嘗採入《學海類編》，而祇存五頁。蓋自他書鈔撮而成，姑以備數，遺漏宏多。今從《永樂大典》各韻中捃摭裒輯，視溶所收多逾什之三四。其或溶本有之而永樂大典失載者，亦參校補入。略用時代銓次，合爲一卷。雖未必慥之完帙，然大略亦可睹矣。

却掃編

尤袤《遂初堂書目・小説類》徐敦立《却埽編》。

陳振孫《直齋書録解題・小説家類》《却埽編》三卷。吏部侍郎睢陽徐度敦立撰。

馬端臨《文獻通考・經籍考・小説家》《却埽編》三卷。

南窗記談

尤袤《遂初堂書目・小説類》《南窗記談》。

《四庫全書總目提要・小説家》《南窗記談》一卷。編修程晉芳家藏本。不著撰人名氏。多紀北宋盛時事。淳熙中袁文作甕牖閒評，已引其書。則作於孝宗以前。而中有葉夢得問章惇濟一條。又有近傳崧卿給事餽冰云云。夢得爲紹聖四年進士，高宗時終於知福州。崧卿爲政和五年進士，高宗時終於中書舍人給事中。則是書當在南北宋間也。中載葉景修述延祐戊午開元宮立虞集碑一條，乃元仁宗五年事，殊不可解。檢核別本，此條獨低二格書之。乃知上一條記蔡寬夫在金陵鑿地丈餘，得竈灰及朱漆匕箸事。元人讀是書者，因記王眉叟掘地丈餘、得花臺魚池事，批於其旁，故稱與此事相同云云。此事即指蔡寬夫事也。曹溶所藏之本，因傳寫者不究文義，一槩録作正文，故致是譌異耳。其書凡二十三條。袁文所引衛大夫一條，此本不載，蓋已非完書。然所記多名臣言行，及訂正典故，頗足以資考證。惟袁州女子登仙一條，龎籍見天書一條，頗涉語怪。然籍見天書一事，《曲洧舊聞》已載之。蓋宋人説部之通例，固無庸深詰者矣。

捫虱新話

《宋史・藝文志・小説家類》 陳善《捫虱新話》八卷。

高儒《百川書志・小説家》 《捫蝨新語》十五卷。宋潮溪先生陳善著。

徐𤊹《徐氏家藏書目・小説類》 《捫虱新話》十五卷。宋陳善。

錢謙益等《絳雲樓書目・小説類》 潮溪先生《捫蝨新話》。十五卷，陳善。

窗間紀聞

陳振孫《直齋書録解題・小説家類》 《窗間紀聞》一卷。稱陳子兼撰，未知何人。雜論詩文經傳，亦間述所聞事。

馬端臨《文獻通考・經籍考・小説家》 《窻間記聞》一卷。

筆奩録

鄭樵《通志・藝文略・小説家》 《筆奩録》七卷。

《宋史・藝文志・小説家類》 王山《筆奩録》七卷。

錢譜

《宋史・藝文志・小説家類》 董逌《錢譜》十卷。

翰墨叢紀

陳振孫《直齋書録解題・小説家類》 《翰墨叢紀》五卷。樞密睢陽滕康子濟撰。

馬端臨《文獻通考・經籍考・小説家》 《翰墨叢記》五卷。

歷代錢譜

《宋史・藝文志・小説家類》 李孝友《歷代錢譜》十卷。

通籍録異

錢東垣等輯《崇文總目・小説類》 《通籍録異》二十卷。劉振撰。

錢譜

《宋史・藝文志・小説家類》 顧烜《錢譜》一卷。

窮神記

錢東垣等輯《崇文總目·小説類》《窮神記》十卷。宋志不著撰人。

《宋史·藝文志·小説家類》《窮神記》十卷。

楓窗小牘

徐𤊹《徐氏家藏書目·小説類》《楓窗小牘》二卷。宋百歲袁老人。

錢謙益等《絳雲樓書目·小説類》《楓窗小牘》。

黄虞稷《千頃堂書目·小説類》《楓窗小牘》二卷。袁褧。

《宋史藝文志補·小説家》袁褧《楓窗小牘》二卷。

《四庫全書總目提要·小説家》《楓窗小牘》二卷。内府藏本。不著撰人名氏。前有明海鹽姚士粦序。以書中所載先三老一條，證以洪适隸釋袁良碑，知其姓袁。又有少長大梁及僑寓臨安語，可知其鄉貫。其名則終莫得詳。查慎行註蘇軾來鶴亭詩，引爲袁褧，未詳何據。褧實明人，疑慎行誤也。上卷記見崇寧閒作大鬢方額，下卷言嘉泰二年月食事。即以崇寧末年而計，亦相距九十七年。舊本題百歲老人，不誣也。所記多汴京故事，如艮嶽、京城、河渠、宫闕、户口之類，多可與史傳相參。其是非亦皆平允。惟洪芻以搜括金銀之日，勢劫内人，徵歌佐酒，其罪不可勝誅，長流海島，宋法已爲寬縱。此乃力辨其無辜，則紕繆之甚，不足徵據矣。

過庭録

范邦甸等《天一閣書目·小説類》《過庭録》一册。藍絲闌鈔本。宋高平范公偁編。

徐𤊹《徐氏家藏書目·小説類》《過庭録》一卷。宋范公稱。

錢謙益等《絳雲樓書目·小説類》范公稱《過庭録》一卷。忠宣子。

《四庫全書總目提要·小説家》《過庭録》一卷。内府藏本。宋范公偁撰。公偁仕履未詳。據其所言，乃仲淹之元孫，而不言其曾祖爲誰。觀其稱純禮爲右丞、純粹爲五侍郎，則必非純禮、純粹二人之後。純祐惟一子曰正臣，官太常寺太祝。與所言祖光禄者不合，則亦非純祐之後。考純仁傳末稱二子正平、正思。此書皆稱爲伯祖，則併似非純仁後。惟純仁傳中有没之日幼子五孫皆未官語。正平傳中亦稱以遺澤官推與幼弟。

曲洧舊聞

尤袤《遂初堂書目·小説類》《曲洧舊聞》。

陳振孫《直齋書録解題·小説家類》《曲洧舊聞》一卷。直秘閣新安朱弁少章撰。弁於晦庵爲從父，建炎丁未使金，留十七年，既歸而卒。《骫骳説》者，以續晁无咎《詞話》，而晁書未見。

馬端臨《文獻通考·經籍考·小説家》《曲洧舊聞》一卷。

錢謙益等《絳雲樓書目·小説類》朱弁《曲洧舊聞》。一卷。弁字少章，考亭叔祖《語類》中，所稱奉使叔祖者，即其人也。弁乃晁以道之戚，此書多出於晁氏之言，其生平事迹，詳見考亭所撰行狀中。

曲洧雜書

陳振孫《直齋書録解題·小説家類》《曲洧雜書》一卷。

馬端臨《文獻通考·經籍考·小説家》《曲洧雜書》一卷。

骫骳説

陳振孫《直齋書録解題·小説家類》《骫骳説》一卷。

馬端臨《文獻通考·經籍考·小説家》《骫骳説》一卷。

松漠紀聞

《宋史・藝文志・小説家類》 洪皓《松漠紀聞》二卷。

鄞川志

陳振孫《直齋書録解題・小説家類》 《鄞川志》五卷。 中書舍人龍舒朱翌新仲撰。 寓居四明，故曰鄞川。

馬端臨《文獻通考・經籍考・小説家》 《鄞川志》五卷。

猗覺寮雜記

錢謙益等《絳雲樓書目・小説類》 《猗覺寮雜記》。 朱翌字新仲著。 洪景盧序。 新仲，景盧父忠宣公友也。

黄虞稷《千頃堂書目・小説類》 朱翌《猗覺寮雜記》三卷。

《宋史藝文志補・小説家》 朱翌《猗覺寮雜記》三卷。

螢雪叢説

《宋史・藝文志・小説家類》 俞子《螢雪叢説》一卷。

高儒《百川書志・小説家》 子俞子《螢雪叢説》二卷。 宋東陽俞成德記，凡五十九則。

徐𤊹《徐氏家藏書目・小説類》 《螢雪叢説》二卷。 宋子俞子。

鐵圍山叢談

陳振孫《直齋書録解題・小説家類》 《鐵圍山叢談》五卷。 蔡絛撰。 謫鬱林博白時所作。

馬端臨《文獻通考・經籍考・小説家》 《鐵圍山叢談》五卷。

范邦甸等《天一閣書目・小説類》 《鐵圍山叢談》六卷。 藍絲闌鈔本。 宋蔡絛撰。

徐𤊹《徐氏家藏書目・小説類》 《鐵圍山叢譚》五卷。 宋蔡卞。

錢謙益等《絳雲樓書目・小説類》 《鐵圍山叢談》。 五卷，蔡絛撰，謫鬱林時所作也。 京之幼子。

《四庫全書總目提要・小説家》 《鐵圍山叢談》六卷。 浙江鮑士恭家藏本。 宋蔡絛撰。 絛字約之，自號百衲居士，興化仙遊人。 蔡京之季子也。 官至徽猷閣待制。 京敗，流白州以死。 《宋史》附載京傳末。 稱宣和六年京再起領三省，目昏眊不能視事，悉決於絛。 凡京所判，皆絛爲之。 且代京入奏。 由是恣爲姦利，竊弄威柄。 宰臣白時中李邦彦惟奉行文書。 其罪蓋與京等。 曾敏行《獨醒雜志》則載絛作《西清詩話》，多稱引蘇黄諸人，竟以崇尚元祐之學，爲言者論列。 蓋雖盜權怙勢，而知博風雅之名者。 陳振孫《書録解題》稱《西清詩話》乃絛使其客爲之。 殆以蔡攸領袖書局，懵不知學，爲物論所不歸。 故疑絛所著作亦出假手。 然此書作於竄逐之後，黨與解散，誰與捉刀。 而敍述舊聞，具有文采。 則謂之驕恣紈袴則可，不能謂之不知書也。 書中稱高宗爲今上。 謝石相字一條，稱中原傾覆後二十一年爲紹興十七年。 徽宗買茴香一條，稱中興歲戊辰爲紹興十八年。 又趙鼎亦卒於紹興十七年，而此書記鼎卒後王趯坐調護鼎被劾罷官，過白州見絛之事。 是南渡後二十餘年尚謫居無恙，亦可云倖逃顯戮矣。 絛所作《北征紀實》二卷，述伐燕之事，陳振孫謂其歸罪童貫蔡攸，爲蔡京文飾。 此書所敍京事，亦往往如是。 如史稱京患言者議己，作御筆密進，乞徽宗親書以降。 絛則稱政和三四年上自攬權綱，政歸九重，皆以御筆從事。 史稱京由童貫以進，又稱宦官宫妾合詞譽京。 絛則稱京力遏宦官，遏之不得，更反折角。 史稱范祖禹、劉安世皆因京遠竄。 絛則謂京欲援復安世及陳瓘而不能，已則與祖禹子温最相契。 其巧爲彌縫，大抵類此。 惟於其兄攸無恕詞。 蓋以攸嘗劾絛，又請京殺絛故也。

至於元祐黨籍，不置一語。詞氣之閒，頗與其父異趣。於三蘇尤極意推崇，而丁仙現一條，乃深詆王安石新法。則仍其《西清詩話》之旨也。他如述九璽之源流、元圭之形製、九鼎之鑄造、三館之建置、大晟樂之宫律，及徽宗五改年號之義，公主初改帝嬴後改帝姬之故，《宣和書譜畫譜》、《博古圖》之緣起，記所目覩，皆較他書爲詳核。以及辨禁中無六更之例、宫花有三等之别，俗諺包彈之始、粤人雞卜之法、諸葛氏筆、張滋墨、米芾研山、大觀端研、玻璃母、龍涎香、薔薇水、沈水香、合浦珠、鎮庫帶、藕絲鐙、百衲琴、建溪茶、姚黄花諸條，皆足以資考證、廣異聞。又如陳師道《後山詩話》稱蘇軾詞如教坊雷大使舞，諸家引爲故實，而不知雷爲何人。觀此書，乃知爲雷中慶，宣和中以善舞隸教坊。《三經新義》宋人皆稱王安石。觀此書，乃知惟周禮爲安石親筆，詩書二經實出王雱。又徽宗繪事世稱絶藝。觀此書，乃知皆畫院供奉代爲染寫，非真自作。尤歷來賞鑒家所未言。其人雖不足道，以其書論之，亦説部中之佳本矣。

張之洞《書目答問・小説家》 《鐵圍山叢談》六卷。宋蔡絛。知不足齋本。《文獻通考》作五卷。此本實六卷，或《通考》爲傳寫之誤歟。

訴神文

尤袠《遂初堂書目・小説類》 蔡絛《訴神文》。

詩海遺珠

《宋史・藝文志・小説家類》 湯巖起《詩海遺珠》一卷。

漁隱叢話

《宋史・藝文志・小説家類》 胡仔《漁隱叢話前後集》四十卷。

隨因紀述

《宋史・藝文志・小説家類》 姚迥《隨因紀述》一卷。

翠屏筆談

《四庫全書總目提要・小説家》 《翠屏筆談》一卷。浙江范懋柱家天一閣藏本。舊本題王應龍撰。不著時代。其書多記詩話，兼及神怪雜事，亦小説家流。然採摭冗碎，絶無體例。末一條獨有標題，記開禧閒邊釁甚悉。然以史文證之，如金人封吴曦爲蜀王在開禧二年六月，此書則在七月之類，亦小有異同。他如宋史開禧二年十一月金圍和州之後，又破信陽軍，又圍襄陽，乃犯隨州。此書於犯隨州之前脱去二事。又《宋史》是年十二月金人圍德安府，又破成州之後，吴曦乃焚河池縣、退屯青野原。而是書於吴曦焚河池縣之前又脱去二事。則亦傳聞舛漏之言，不足盡據矣。

好還集

《宋史・藝文志・小説家類》 婁伯高《好還集》十卷。

歎息

《宋史・藝文志・小説家類》 何侑《歎息》一卷。

北轅録

徐㷇《徐氏家藏書目・小説類》 《北轅録》一卷。宋周煇。

清波雜志

徐𤊹《徐氏家藏書目・小説類》《清波雜志》三卷。宋周煇。

錢謙益等《絳雲樓書目・小説類》《清波雜志》十二卷。南宋周煇。煇字昭禮，淮海人，寓錢唐清波門南，嗜學工文，隱居不仕。

《四庫全書總目提要・小説家》《清波雜志》十二卷。《别志》三卷。內府藏本。宋周煇撰。煇字昭禮，邦彦之子。厲鶚《宋詩紀事》附載馬曰琯之言曰：舊本《清波雜志》有張貴謨序，書中煇俱作燀，應從之。按是編爲影宋精本，書中俱作煇，張貴謨序亦存。恐曰琯所見者或轉是譌本。煇自題曰淮海人，而《兩浙名賢録》載之。書中有祖居錢塘後洋街語，則煇實自浙遷淮也。是書之末，有張斯中、張訢、陳晦、楊寅、張巖、龔頤正、徐似道等七跋，皆同時人。似道稱煇爲處士。然煇曾試宏詞，奏名見之書中，或當時未就官耶。《别志》又自稱嘗至金國，益不可解，或隨出使者行也。清波爲杭州城門之名，紹興中煇寓其地，因以名書。所記皆宋人雜事。方回《桐江續集》力詆其尊王安石之非。考書中稱煇之曾祖與安石爲中表，蓋親串之閒，不無回護。猶之王明清《揮麈諸録》曲爲曾布解耳。知其私意所在則可，以此盡廢其書，則又門户之見矣。是書原本十二卷。商濬《稗海》作三卷，蓋明人刊本，多好合併删削，不足爲異。諸跋竝稱二志，惟龔頤正跋作三志。考宋人著書，率以前、後、别、續、新分爲五集，則别志之前似乎當有後志。然别志中但稱前志，不及後志。嘉靖戊申姚舜牧跋，亦但稱雜志十二卷、别志三卷。則自明以來，惟此兩集。或頤正跋三字誤歟。

清波别志

《宋史・藝文志・小説家類》周煇《清波别志》二卷。

獨醒雜志

尤袤《遂初堂書目・小説類》《獨醒雜志》。

《四庫全書總目提要・小説家》《獨醒雜志》十卷。兩淮鹽政採進本。宋曾敏行撰。敏行字達臣，自號浮雲居士，又曰獨醒道人，又曰歸愚老人，吉水人。吉水屬廬陵郡，故又自題曰廬陵。曾祖孝先、祖君彦，皆當熙寧之時不肎以新學干科第。故敏行守其家法。多與正士遊，胡銓、楊萬里、謝諤皆其友也。年甫二十，以病廢不能仕進，遂專意學問，積所聞見成此書。其子三聘編爲十卷，以樊仁遠所作行狀及銓所作哀詞附後。萬里序之，諤跋之。後趙汝愚、周必大、樓鑰亦皆爲之跋。書中多紀兩宋軼聞，可補史傳之闕。閒及雜事，亦足廣見聞。於南渡後劉、岳諸將皆深相推挹。而於秦檜則惟記與翟汝文詬争一事，亦不甚置是非。於秦熺登第一事，亦僅借崔頎以寓之。考敏行卒於淳熙二年，去檜未遠，殆猶有所避歟。書中稱風鳶造自韓信，而不言所據。案唐李亢《獨異志》載有是説，小説妄談，於古無徵。又唐改正月晦日爲中和節，載於鄴侯家傳。當時嘗以命題試士，其詩載於《文苑英華》，本非僻事。而試官謬舉清明寒食之説，敏行亦不能糾正。蓋以記録爲主，不以考證爲主也。但如仁宗朝二衞士論貴賤事，乃因朝野僉載唐魏徵事而影撰。案此事先載《能改齋漫録》中，《賓退録》嘗辨之。京師知術者埋金事，乃因《國史補》遺晉隗炤事影撰。見《太平廣記》二百十六卷。敏行皆不辨而述之。又蔡絛勒停，乃爲其兄攸所軋，見《宋史蔡京傳》。而云以《西清詩話》爲言者所劾。僞吕洞賓詩乃福州黄待聘所撰，當時已捕斬於馬行街，見耿延禧林靈素傳。案此傳載《賓退録》第一卷。而云真有洞賓現化事，尤失之不考。至於欲以人挽獨輪車爲陣，尤如兒戲，其謬更甚於房琯。楊萬里序乃盛稱之，可謂舍所長而譽所短矣。

雲麓續鈔

陳振孫《直齋書録解題・小説家類》《雲麓續鈔》二卷。

馬端臨《文獻通考・經籍考・小説家》《雲麓續抄》二卷。

中吴紀聞

高儒《百川書志・小説家》　《中吴紀聞》六卷。宋龔仲希撰，凡二百二十五則。

雜志

錢謙益等《絳雲樓書目・小説類》　李昌齡《雜志》。

默記

尤袤《遂初堂書目・小説類》　《王性之默記》。

徐𤊹《徐氏家藏書目・小説類》　《默記》一卷。宋王銍。

《四庫全書總目提要・小説家》　《默記》三卷。兩淮馬裕家藏本。宋王銍撰。銍有《補侍兒小名録》，已著録。此編多載汴都朝野遺聞。末一條乃考正陳思王感甄賦事。周煇《清波雜志》嘗疑其記尹洙扼吭之妄。又其中所引《江南野史》李後主小周后事，參校馬陸二家南唐書，無此文。則亦不能無誤。然銍熟於掌故，所言可據者居多。如宋太祖以周世宗幼子賜潘美爲子事，似不近理。而證以王鞏所記，乃併其子孫世系一一有徵。則尹洙事或傳者已甚，鞏未察而書之。小周后事則今本《江南野史》已非完書，其文在佚篇之内，均未可知。未必盡構虚詞也。惟所記王朴引周世宗夜至五丈河旁見火輪小兒，知宋將代周一事，涉於語怪，頗近小説家言，不可據爲實録耳。

張之洞《書目答問・小説家》　《默記》三卷。宋王銍。知不足齋本。

續清夜録

陳振孫《直齋書録解題・小説家類》　《續清夜録》一卷。王銍性之撰。

馬端臨《文獻通考・經籍考・小説家》　《續清夜録》一卷。

《宋史・藝文志・小説家類》　王銍《續清夜録》一卷。

黄虞稷《千頃堂書目・小説類》　《續録》一卷。

續樹萱録

馬端臨《文獻通考・經籍考・小説家》　《續樹萱録》一卷。容齋洪氏《隨筆》曰：頃在秘閣抄書，得《續樹萱録》一卷，其中載隱君子元撰夜見吴王夫差與唐諸詩人吟詠事。李翰林詩曰：「芙蓉露濃紅壓枝，幽禽感秋花畔啼。玉人一去未回馬，梁間燕子三見歸。」張司業曰：「緑頭鴨兒咂萍藻，採蓮女郎笑花老。」杜舍人曰：「鼓鼙夜戰北窓風，霜葉沿階貼亂紅。」三人皆全篇。杜工部曰：「紫領寬袍漉酒巾，江頭蕭散作閑人。」白少傅曰：「不因霜葉辭林去，的當山翁未覺秋。」李賀曰：「魚鱗甃空排嫩碧，露桂梢寒掛團璧。」三人皆未終篇。細味其體格語句，往往逼真。後閲《秦少游集》，有《秋興》九首，皆擬唐人，前所載咸在焉。關子東爲《秦集》序云「擬古數篇，曲盡唐人之體」，正謂是也。何子楚云：「《續萱録》乃王性之所作，而托名他人。」今其書才有三事，其一曰賈博諭，一曰全若虚，一曰元撰，詳命名之義，蓋取諸子虚、亡是公云。

侍兒小名録

陳振孫《直齋書録解題・小説家類》　《侍兒小名録》一卷。序題朋谿居士而不著名氏。始洪炎玉父集爲此書，王銍性之、温豫彦幾續補。今又因三家而增益之，且爲分類，其中多用古字。或云董彦遠家子弟所爲也。

馬端臨《文獻通考・經籍考・小説家》《侍兒小名録》一卷。

《宋史・藝文志・小説家類》洪炎《侍兒小名録》一卷。

侍兒小名録續

陳振孫《直齋書録解題・小説家類》《侍兒小名録續》一卷。

馬端臨《文獻通考・經籍考・小説家》《侍兒小名録續》一卷。

張氏可書

《四庫全書總目提要・小説家》《張氏可書》一卷。永樂大典本。案：《張氏可書》、《宋史藝文志》、陳振孫《書録解題》、晁公武《讀書志》皆不著録。《文淵閣書目》載有一册，亦不詳撰人名氏。惟《愛日齋叢鈔》引其中司馬光、文彦博論僧換道流一事，稱爲張知甫可書。知甫不知何許人。今考書中所紀，有僕頃在京師，因幹出南薫門事。又有見海賈酇龍涎香於明節皇后閤事。是在宣和之初嘗官汴京。中間復有紹興丁巳、戊午紀年，及劉豫僭號中原事。則入南渡後二十餘年矣。蓋其人生於北宋末年，猶及見汴梁全盛之日。故都遺事，目擊頗詳。迨其晚歲，追述爲書，不無滄桑今昔之感。故於徽宗時朝廷故實，紀録尤多，往往意存鑑戒。其餘瑣聞佚事，爲他説家所不載者，亦多有益談資。雖詼諧神怪之説，雜厠其閒，不免失於冗雜。而案其本旨，實亦孟元老《東京夢華録》之流，未嘗不可存備考覈也。其書原本已佚。今據《永樂大典》收入各韻内者，採掇裒輯，共得五十條。謹編爲一卷，以存其概云。

南遊記舊

尤袤《遂初堂書目・小説類》《南遊記舊》。

陳振孫《直齋書録解題・小説家類》《南游記舊》一卷。曾紆公袞撰。

馬端臨《文獻通考・經籍考・小説家》《南游記舊》一卷。

北窗炙輠録

范邦甸等《天一閣書目・小説類》《北窻炙輠録》一卷。藍絲闌鈔本。宋施德操編。

錢謙益等《絳雲樓書目・小説類》《北窗炙輠》二卷。宋施德藻撰。字彦執，海昌人。張子韶之友。

黄虞稷《千頃堂書目・小説類》施彦執《北窗炙輠録》二卷。海寧人，字德操。

《宋史藝文志補・小説家》施彦執《北窗炙輠録》二卷。字德操，海寧人。

《四庫全書總目提要・小説家》《北窗炙輠録》一卷。浙江鮑士恭家藏本。宋施德操撰。德操有《孟子發題》，已著録。是書炙輠之名，蓋取義淳于髡事。然所記多當時前輩盛德可爲士大夫觀法者，實不以滑稽嘲弄爲主。未審何以命此名也。德操與張九成友善，故《孟子發題》附刻於《橫浦集》末。其學問則九成純耽禪悦。德操多稱道二程，雖閒一及蘇氏，而不甚鄭重。其第一條即言王氏新法由於激成，以闡明程子之意。則宗洛而不宗蜀，其微意固可概見。惟林靈素妖妄蠱惑，實方士中桀黠之雄。而德操稱其有活人之心，未免好爲異論。又解《孟子》萬物皆備一條，尤近荀卿性惡之旨。其橫浦之學偶相漸染，故立是異説歟。瑕瑜不掩，分別觀之可也。德操病廢終身，行事無所表見，志乘至不載其姓名。其書明以來傳本亦稀。朱彝尊始得是本於海鹽，乃稍稍傳鈔流播。殘編蠹蝕，幾佚幸存，亦可云希覯之祕笈矣。

桯史

陳振孫《直齋書録解題・小説家類》《桯史》十五卷。岳珂撰。「桯史」者，猶言柱記也。原註：《説文》：「桯，牀前几也。」

馬端臨《文獻通考・經籍考・小説家》《桯史》十五卷。

徐𤊹《徐氏家藏書目・小説類》《桯史》十五卷。宋岳珂。

錢謙益等《絳雲樓書目・小説類》岳珂《桯史》十五卷。

《四庫全書總目提要·小説家》 《桯史》十五卷。浙江鮑士恭家藏本。宋岳珂撰。珂有《九經三傳沿革例》，已著録。是編載南北宋雜事，凡一百四十餘條。其閒雖多俳優詼謔之詞，然惟金華士人著命司諸條不出小説習氣，爲自穢其書耳，餘則大旨主於寓褒刺，明是非，借物論以明時事，非他書所載徒資嘲戲者比。所記遺事，惟張邦昌劉豫二册文可以不存。又康與之題徽宗畫一條爲張端義《貴耳集》所駁。敖陶孫譏韓侂胄詩一條與葉紹翁《四朝聞見録》互異。亦偶然失實。至於石城堡寨汴京故城諸條，皆有關於攻取形勢。他如湯岐公罷相、施宜生、趙希先節概、葉少藴内制、乾道受書禮、范石湖一言悟主、紫宸廊食、燕山先見、大散論賞書、秦檜死報、鄭少融遷除、任元受啟、陳了翁始末、開禧北征、二將失律、愛莫助之圖、慶元公議、黄潛善諸條，皆比正史爲詳備。所録詩文，亦多足以旁資考證。在宋人説部中，亦王明清之亞也。惟其以《桯史》爲名，不甚可解。考《説郛》載柳珵常侍言旨，其第一條記明皇遷西内事，末云此事本在朱崖太尉所續《桯史》第十六條内。則李德裕先有此名，案此書唐志不著録，疑即德裕次柳氏舊聞之别名也。珂蓋襲而用之。然《考工記》曰，輪人爲蓋，達常爲圍三寸，桯圍倍之。註曰：桯，車杠也。《説文解字》曰：桯，牀前几也。皆與著書之義不合。至《廣韻》訓爲碓桯，《集韻》訓與楹同，義更相遠。疑以傳疑，闕所不知可矣。毛晉刻本末有附録一卷，前爲岳飛傳及飛遺文併珂詩文各一首，已與此書無關。又附明劉瑞孝娥井銘、王公祠記各一篇，尤足驗非此書所舊有。今併删之，庶不溷簡牘焉。

張之洞《書目答問·小説家》 《桯史》十五卷，附録一卷。宋岳珂。津逮本。學津本。

古今説海

錢謙益等《絳雲樓書目·小説類》 《古今説海》四十册。陸深纂集。《説海》中所刻《談藪》，皆記南宋時事，而其末龐元英撰，恐誤。龐乃莊敏公子，元豐初爲省郎，《談藪》中却有甯宗語，則其書必嘉定以後作，若龐此時尚存，則其年幾二百矣。《説海》中又有《文昌雜録》，其下不著撰人氏名，蓋龐元英撰四字，當綴此下，而傳寫者誤録於前耳。《宋史藝文志》可考。

《明史·藝文志·小説家》 陸楫《古今説海》一百四十二卷。

紀談録

陳振孫《直齋書録解題·小説家類》 《紀談録》十五卷。稱傳密居士，不著名氏。蓋晁公邁伯咎也。

馬端臨《文獻通考·經籍考·小説家》 《紀談録》十五卷。

硯岡筆志

陳振孫《直齋書録解題·小説家類》 《硯岡筆志》一卷。唐稷撰。自號硯岡居士。

馬端臨《文獻通考·經籍考·小説家》 《硯岡筆志》一卷。

步里客談

《宋史·藝文志·小説家類》 唯室先生《步里客談》一卷。

《四庫全書總目提要·小説家》 《步里客談》二卷。永樂大典本。宋陳長方撰。長方字齊之，侯官人。紹興戊午進士第。官江陰縣學教授。初，長方父侁爲洪州録事，卒於官。長方奉母居吴，依其外祖太僕寺卿林且。家於步里，遂以名書。《宋史藝文志》載陳唯室《步里客談》一卷。唯室即長方之别號，蓋《宋史》荒謬，未考其名。胡伯能作長方行狀，稱所著有《步里談録》二卷，亦即此書。蓋初名《談録》，後乃改今名也。所記多嘉祐以來名臣言行，而於熙寧、元豐之閒邪正是非，尤三致意。其論元祐黨人不皆君子，足破假借標牓之習。其引陳瓘與楊時書，譏欲裂白麻之非禮，亦深明大體。所見迥在宋人之上。至於評論文章，頗可多採。如謂陳師道李杜齊名吾豈敢，晚風無樹不鳴蟬句，與黄庭堅坐對真成被花惱，出門一笑大江横句，皆學杜甫縛雞行，而陳爲不類。又引王剛中語，謂文字使人擊節賞嘆，不如使人肅然起敬。又謂文章態度如風雲變滅、水波成文，直因勢而然，以議蘇軾數擬盤谷序之非。皆爲有見。至謂月自有光、非受日之光一條，由不知推步之術。謂腎無左右一條，由不知診候之方。置之不論可矣。此書《宋》志作一卷，與胡伯能狀不合。蓋傳寫之誤。今散見《永樂大典》者，裒而輯之，尚得五十八條。謹以類排纂，從胡伯能所記，仍釐爲二卷。

復齋閒記

陳振孫《直齋書録解題・小説家類》《復齋閒記》四卷。承議郎歷陽龔相聖任撰。待制原之孫，頤正之父也。

馬端臨《文獻通考・經籍考・小説家》《復齋閒記》四卷。

閒燕常談

尤袤《遂初堂書目・小説類》《閒燕常談》。

陳振孫《直齋書録解題・小説家類》《閒燕常談》三卷。董弅令升撰。取士相與談仁義於閒燕之義。

馬端臨《文獻通考・經籍考・小説家》《閒燕常談》三卷。

高儒《百川書志・小説家》《閒居常談》一卷。宋廣川董弅令升撰，《通考》稱三卷。

徐𤊹《徐氏家藏書目・小説類》《閒燕常談》一卷。宋董弅。

墨莊漫録

高儒《百川書志・小説家》《墨莊漫録》五卷。宋淮海張邦基子賢著。

尤袤《遂初堂書目・小説類》張子賢《墨莊冗録》。

徐𤊹《徐氏家藏書目・小説類》《墨莊漫録》十卷。宋張邦基。

錢謙益等《絳雲樓書目・小説類》《墨莊漫録》十卷。南宋張邦基。朱子已不得邦基爲何人，見與周益公論范文正碑文書。

吴船録

陳振孫《直齋書録解題・小説家類》《吴船録》一卷。范成大至能撰。自蜀帥東歸紀遊，取「門泊東吴萬里船」之語。

馬端臨《文獻通考・經籍考・小説家》《吴船録》一卷。

錢謙益等《絳雲樓書目・小説類》《吴船録》一卷。范大成撰。自蜀帥東歸紀游，取「門泊東吴萬里船」之句。

乾貞堂壁疏

徐𤊹《徐氏家藏書目・小説類》《乾貞堂壁疏》一卷。凌登名。

桐陰舊話

徐𤊹《徐氏家藏書目・小説類》《桐陰舊話》一卷。宋韓元吉。

五湖漫語

徐𤊹《徐氏家藏書目・小説類》《五湖漫語》一卷。張本。

揮麈録

高儒《百川書志・小説家》《揮麈録》二卷。宋楊萬里著。

黄虞稷《千頃堂書目・小説類》 楊萬里《揮塵録》三卷。

徐𤊹《徐氏家藏書目・小説類》 《揮塵録》二卷。宋楊萬里。

畫簾緒論

徐𤊹《徐氏家藏書目・小説類》 《畫簾緒論》一卷。宋胡大初。

昨夢録

徐𤊹《徐氏家藏書目・小説類》 《昨夢録》一卷。宋康譽之。

《四庫全書總目提要・小説家》 《昨夢録》一卷。編修程晉芳家藏本。宋康與之撰。與之字伯可，又字叔聞，號退軒，滑州人，故自署曰箕山。此書末有小傳，乃稱爲嘉禾人。蓋南渡後流寓也。建炎初，上中興十策，爲汪伯彦黄潛善所抑，不得用。及秦檜當國，乃附合求進，擢爲臺郎。後遂專以歌詞供奉，厠身優伶之班，大爲士論所不齒。所撰《頤菴樂府》五卷，爲談藝者所輕，世不甚傳。今亦未見其本。其僅存者惟是編，皆追述北宋軼聞。以生於滑臺，目覩汴都之盛，故以昨夢爲名。所記黄河卷埽事、竹牛角事、老君廟畫壁事，亦可資考證。其西北邊城貯猛火油事，《遼史》先有是説。然疑皆傳聞附會，終遼宋之世，均未聞用此油火攻致勝。且所産之地在高麗東，高麗去中國至近，亦不聞産此異物也。至開封尹李倫被攝事，連篇累牘，殆如傳奇。又唐人小説之末流，益無取矣。

陶朱新録

尤袤《遂初堂書目・小説類》 《陶朱新録》。

錢謙益等《絳雲樓書目・小説類》 《陶朱新録》。

黄虞稷《千頃堂書目・小説類》 馬純《陶朱新録》一卷。

《四庫全書總目提要・小説家》 《陶朱新録》一卷。浙江鮑士恭家藏本。宋馬純撰。純字子約，自號樸樕翁。單州武城人。紹興中爲江西漕使。隆興初以太中大夫致仕。居越之陶朱鄉，搜輯見聞，著是書，因名曰《陶朱新録》。純事蹟不概見。惟會稽志載其題能仁寺壁一詩，以譏僧宗昂有「黄紙除書猶到汝，定知清世不遺賢」之句，爲當時傳誦。是書自宋以來，史志及各家書目亦皆不著録。然周煇《清波雜志》引其中韓南一條，稱爲《樸樕翁陶朱集》。又稱樸樕翁單父人，嘗宦於宣政間。蓋即此書。知實出宋人，非後來依託也。所載皆宋時雜事。大抵涉於怪異者十之七八，亦洪邁《夷堅志》之流。末附元祐黨籍一碑，與全書體例頗爲不類。考録中所記馬默思、郭真人詩，純蓋默之諸孫。默在神宗朝，以户部侍郎寶文閣待制致仕奉祠，後入黨籍。南渡以後，力反宣和之政，以收人心。凡黨人子孫皆從優敘。故張綱《華陽集》中有論其除授太濫一疏。然士大夫終以爲榮。純載是碑，蓋以其祖之故，亦陸游自稱元祐黨家之意云。

四六談麈

《宋史・藝文志・小説家類》 謝伋《四六談麈》二卷。

四六餘話

《宋史・藝文志・小説家類》 楊囦道《四六餘話》二卷。

能改齋漫録

陳振孫《直齋書録解題・小説家類》 《能改齋漫録》十三卷。太常寺主簿臨川吴曾虎臣撰。

馬端臨《文獻通考・經籍考・小説家》 《能改齋漫録》十三卷。

《宋史・藝文志・小説家類》 吴曾《能改齋漫録》十三卷。

錢謙益等《絳雲樓書目·小説類》《吴曾能改齋漫録》十三卷。曾字虎臣，臨川人。南宋初，歷官吏部郎，有《得閒文集》。

艇齋詩話

《宋史·藝文志·小説家類》曾季貍《艇齋詩話》一卷。

八面鋒

高儒《百川書志·小説家》《八面鋒》十三卷。宋永嘉先生撰。都穆云：即陳傅良君舉也。凡九十三則。

老學庵筆記

陳振孫《直齋書録解題·小説家類》《老學庵筆記》十卷。陸游務觀撰。生識前輩，年登耄期，所記見聞，殊可觀也。

馬端臨《文獻通考·經籍考·小説家》《老學庵筆記》十卷。

徐𤊹《徐氏家藏書目·小説類》《老學菴筆記》十卷。陸游。

錢謙益等《絳雲樓書目·小説類》《老學菴筆記》。

山陰詩話

《宋史·藝文志·小説家類》陸游《山陰詩話》一卷。

家世舊聞

徐𤊹《徐氏家藏書目·小説類》《家世舊聞》一卷。宋陸游。

避暑漫抄

徐𤊹《徐氏家藏書目·小説類》《避暑漫抄》一卷。宋陸游。

清尊録

高儒《百川書志·小説家》《清尊録》一卷。宋廉宣仲布撰，或謂陸務觀所作，非也。二公同時，後人因誤指耳。

徐𤊹《徐氏家藏書目·小説類》《清尊録》一卷。宋廉宣仲。

容齋隨筆

尤袤《遂初堂書目·小説類》《容齋隨筆》。

《宋史·藝文志·小説家類》洪邁《隨筆五集》七十四卷。

徐𤊹《徐氏家藏書目·小説類》《容齋隨筆》七十四卷。宋洪邁。

錢謙益等《絳雲樓書目·小説類》《容齋隨筆》十冊。《隨筆》、《續筆》、《三筆》、《四筆》各十六卷，五筆十卷。

南墅閒居録

錢謙益等《絳雲樓書目·小説類》《南墅閒居録》。

黄虞稷《千頃堂書目・小説類》 王有大《南野閒居録》一卷。

《宋史藝文志補・小説家》 王有大《南墅閒居録》一卷。

姚氏殘語

陳振孫《直齋書録解題・小説家類》 《姚氏殘語》一卷。剡姚寬令威撰。又名《西溪叢話》，已板行。

馬端臨《文獻通考・經籍考・小説家》 《姚氏殘語》一卷。

《宋史・藝文志・小説家類》 姚寬《西溪叢話》二卷。

高儒《百川書志・小説家》 《西溪叢語》二卷。宋西溪姚寬令威著。

徐𤊹《徐氏家藏書目・小説類》 《西溪叢語》二卷。姚寬。

錢謙益等《絳雲樓書目・小説類》 《西溪叢語》二卷，姚寬。寬字令威，嘗著《世記》行世，見《揮麈録》。

藂話

尤袤《遂初堂書目・小説類》 姚令威《藂話》。

槁簡贅筆

尤袤《遂初堂書目・小説類》 章深《槁簡贅筆》。

陳振孫《直齋書録解題・小説家類》 《槁簡贅筆》二卷。承議郎章淵伯深撰。始得此書於程文簡氏，不知何人作，文簡題其後，以其中稱先丞相申公，知其爲章子厚子孫也。余又以其書考之，言先祖光禄，元祐三年省試，東坡知舉，擢爲第一，則又知其爲援之孫也。後以問諸章，始得其名字。其人博學有文，以場屋待士薄，如防寇盜，用蔭入仕，遂不就舉，居長興，故序稱若溪草堂。淵自號徵窒子。序言録爲五卷，今此惟分上下卷。

馬端臨《文獻通考・經籍考・小説家》 《槁簡贅筆》二卷。

紹陶録

黄虞稷《千頃堂書目・小説類》 王質《紹陶録》二卷。

《宋史藝文志補・小説家》 王質《紹陶録》二卷。

肯綮録

尤袤《遂初堂書目・小説類》 趙彦從《肯綮録》。

高儒《百川書志・小説家》 《肯綮録》一卷。宋西隱野人趙叔向著，凡四十三則。記疑誤也。

錢謙益等《絳雲樓書目・小説類》 《肯綮録》。

黄虞稷《千頃堂書目・小説類》 趙叔向《肯綮録》一卷。凡四十三則。叔向自號西隱野人。

《宋史藝文志補・小説家》 趙叔向《肯綮録》一卷。

雲麓漫抄

陳振孫《直齋書録解題・小説家類》 《雲麓漫鈔》二十卷。通判徽州趙彦衛景安撰。續二卷乃《中庸説》及《漢定安公補紀》也。彦衛，紹熙間宰烏程，有能名。

馬端臨《文獻通考・經籍考・小説家》 《雲麓漫抄》二十卷。

徐𤊹《徐氏家藏書目・小説類》 《雲麓漫抄》四卷。宋趙彦衛。

錢謙益等《絳雲樓書目・小説類》 《雲麓漫鈔》二十卷，又續鈔一卷，南宋趙彦衛撰。

梁溪漫志

《宋史・藝文志・小説家類》 費衮《梁谿漫志》一卷。

徐𤊹《徐氏家藏書目・小説類》 《梁溪漫志》十卷。宋費衮。

錢謙益等《絳雲樓書目・小説類》 《梁溪漫志》一卷，宋費袞。

費狀元錦囊試問

高儒《百川書志・小説家》 《費狀元錦囊試問》二卷。

投轄録

尤袤《遂初堂書目・小説類》 王明清《投轄録》。

陳振孫《直齋書録解題・小説家類》 《投轄録》一卷。王明清撰。所記奇聞異事，客所樂聽，不待投轄而留也。

馬端臨《文獻通考・經籍考・小説家》 《投轄録》一卷。

錢謙益等《絳雲樓書目・小説類》 《投轄録》王仲言。

《四庫全書總目提要・小説家》 《投轄録》一卷。内府藏本。宋王明清撰。是書乃其晚年所作。見於《書録解題》者一卷。與此本相同。其以投轄爲名者，陳振孫謂所記皆奇聞異事，客所樂聽，不待投轄而留也。所列凡四十四事，大都掇拾叢碎，隨筆登載，不能及《揮麈録》之援據賅洽，有資考證。然故家文獻，所言多信而有徵。在小説家中，猶爲不失之荒誕者。惟第六條之首，原闕四行，乃傳寫者所脱佚，今已不可考矣。書中於每條之下多註所聞之人。今考其江彦文一條，下註聞之陸務觀。任蓋臣虹縣良家子一條，下註聞之僧祖秀。祖秀乃宣和舊人，即作艮岳記者，明清猶及見之。而又下見陸游。其稱己未歲金人歸我河南地者，爲高宗紹興九年。又稱甲戌歲者，乃寧宗嘉定七年。則明清之老壽，可以概見。宜其於軼聞舊事，多所諳悉也。

揮麈録

尤袤《遂初堂書目・小説類》 《揮麈録》。

陳振孫《直齋書録解題・小説家類》 《揮麈録》三卷，《後録》十一卷，《第三録》三卷，《餘話》一卷。朝請大夫汝陰王明清仲言撰。明清，銍之子，曾紆公衮之外孫。故家傳聞，前言往行多所憶。《後録》，跋稱六卷，今多五卷。

馬端臨《文獻通考・經籍考・小説家》 《揮麈録》三卷，《後録》十一卷，《第三録》三卷，《餘話》一卷。

范邦甸等《天一閣書目・小説類》 《揮麈前録》三卷，《後録》十一卷，《餘話》二卷。藍絲闌緜紙鈔本。宋汝陰王明清編。

徐𤊹《徐氏家藏書目・小説類》 王氏《揮麈録》八卷。宋王明清。

錢謙益等《絳雲樓書目・小説類》 王明清《揮麈前後録》前録四卷，後録十一卷。

《宋史藝文志補・小説家》 王明清《揮麈前録》四卷。

《四庫全書總目提要・小説家》 《揮麈前録》四卷。河南巡撫採進本。宋王明清撰。明清字仲言，汝陰人。慶元中寓居嘉興。《書録解題》稱其官曰朝請大夫，《宋詩紀事》則曰泰州倅。未詳孰是也。是編皆其劄記之文。《前録》爲乾道丙戌奉親會稽時所紀，多國史中未見事。自跋謂記憶殘闕，以補册府之遺是也。末附沙隨程迥臨汝郭九悳二跋，李垕一簡，及慶元二年實録院移取《揮麈録》牒文二道。《後録》爲紹熙甲寅武林官舍中所紀。有海陵王禹錫跋。《第三録》爲慶元初請外時所紀，於高宗東狩事獨詳。《餘話》兼及詩文碑銘，補前三録所未備。有浚儀趙不譾跋。晁公武《讀書志》云總二十三卷。今止二十卷。《文獻通考》云前録三卷。今四卷。後録自跋云釐爲六卷。今多五卷。蓋久經後人分併，故卷帙不齊如此。明清爲王銍之子，曾紆之外孫，紆爲曾布第十子，故是録於布多溢美。

張之洞《書目答問・小説家》 《揮麈前録》四卷。《後録》十一卷、《三録》三卷、《餘話》二卷。宋王明清。津逮本。學津本。

揮麈後録

陳振孫《直齋書録解題・小説家類》《揮麈後録》十一卷。

馬端臨《文獻通考・經籍考・小説家》《揮麈後録》十一卷。

范邦甸等《天一閣書目・小説類》《揮麈後録》十一卷。

錢謙益等《絳雲樓書目・小説類》《揮麈後録》十一卷。

《宋史藝文志補・小説家》《揮麈後録》十一卷。

《四庫全書總目提要・小説家》《揮麈後録》十一卷。

黄丕烈《百宋一廛書録》《揮麈後録》、《揮麈第三録》。王明清《揮麈前録》四卷，《後録》十一卷，《三録》三卷，《餘話》二卷，見於延令《宋板書目》者，其全璧也。聞顧抱沖有之，未知即此本否？余向游京師於琉璃廠，得此殘宋本。《後録》勵有二卷，《三録》尚全，唯卷耑牒文具存，特稍破損，經安人填補爾。既而於華陽橋顧氏「試飲堂」見一宋本，與此稍異。《前録》、《三録》俱全，《前録》余本無之，無從對勘。《三録》與余本對勘時，有不同津逮本。於卷二「宣和中蘇叔黨游京師」一條云：「蔽」，宋刻作敝。余本如是，洵非誣也。又卷二「趙叔敬者」一條中脱「陳確，字叔能，秀人也」。目觀「是亂復爲察官上疏論其事」一行，共二十一字。兩宋刻皆有之，蓋津逮本之不如遠矣。卷耑結銜云：朝請大夫主管台州崇道觀汝陰王明清。毛刻削去此文，更非舊式。

揮麈三録

陳振孫《直齋書録解題・小説家類》《揮麈三録》三卷。王明清。

馬端臨《文獻通考・經籍考・小説家》《揮麈三録》三卷。王明清。

錢謙益等《絳雲樓書目・小説類》《揮麈三録》三卷。宋王明清，字仲言。

《宋史藝文志補・小説家》《揮麈三録》三卷。

《四庫全書總目提要・小説家》《揮麈三録》三卷。王明清。

揮麈餘話

陳振孫《直齋書録解題・小説家類》《揮麈餘話》一卷。

馬端臨《文獻通考・經籍考・小説家》《揮麈餘話》二卷。

范邦甸等《天一閣書目・小説類》《揮麈餘話》二卷。

《宋史藝文志補・小説家》《揮麈餘話》二卷。

《四庫全書總目提要・小説家》《揮麈餘話》二卷。

麈史

鄭樵《通志・藝文略・小説家》《麈史》三卷。王得臣撰。

尤袤《遂初堂書目・小説類》王彦輔《麈史》。

陳振孫《直齋書録解題・小説家類》《麈史》三卷。司農少卿安陸王得臣彦輔撰。嘉祐四年進士。其序稱政和乙未，行年八十，自號鳳臺子。蓋王昭素之後，王銍性之之伯父也。《揮麈録》詳載。

馬端臨《文獻通考・經籍考・小説家》《麈史》三卷。

《宋史・藝文志・小説家類》王得臣《麈史》三卷。

錢謙益等《絳雲樓書目・小説類》王得臣《麈史》三卷。字彦輔，元符中爲司農卿，明清伯祖也。

學齋呫嗶

高儒《百川書志・小説家》《學齋呫嗶》四卷。宋史繩祖著，凡一百二十九則。

釋常談

錢東垣等輯《崇文總目・小説類》《釋常談》一卷。

鄭樵《通志・藝文略・小説家》《釋常談》一卷。

《宋史・藝文志・小説家類》《釋常談》三卷。

高儒《百川書志・小説家》《釋常談》三卷。不著名氏，凡一百二十六則。

錢謙益等《絳雲樓書目・小説類》《釋常談》。亡名氏。龔養正著《續釋常談》，見《野客叢書》。

續釋常談

陳振孫《直齋書録解題・小説家類》《續釋常談》二十卷。秘書丞龔頤正養正撰。昔有《釋常談》一書，不著名氏，家藏亦缺此書，今故以續稱。凡常言俗語，皆注其所出。

馬端臨《文獻通考・經籍考・小説家》《續釋常談》二十卷。

芥隱筆記

高儒《百川書志・小説家》《芥隱筆記》一卷。

錢謙益等《絳雲樓書目・小説類》《芥隱筆記》一卷。龔檢討，南宋人。劉董跋，嘉泰元年也。

黄虞稷《千頃堂書目・小説類》龔頤正《芥隱筆記》一卷。

徐𤊹《徐氏家藏書目・小説類》《芥隱筆記》一卷。

《宋史藝文志補・小説家》龔頤正《芥隱筆記》一卷。

別續常談

黄虞稷《千頃堂書目・小説類》施君美《別續常談》三卷。

《宋史藝文志補・小説家》施君美《別續常談》三卷。

蘆浦筆記

錢謙益等《絳雲樓書目・小説類》《蘆浦筆記》。

黄虞稷《千頃堂書目・小説類》劉昌詩《蘆浦筆記》十卷。字興伯，清江人。與北宋另一人。

《宋史藝文志補・小説家》劉昌詩《蘆浦筆記》十卷。字興伯，清江人。與北宋別一人。

洞天清禄

黄虞稷《千頃堂書目・小説類》趙希鵠《洞天清禄集》一卷。

《宋史藝文志補・小説家》趙希鵠《洞天清禄》一卷。

煙波圖

黄虞稷《千頃堂書目・小説類》宋伯仁《煙波圖》一卷。

《宋史藝文志補・小説家》宋伯仁《煙波圖》一卷。

四朝聞見録

《四庫全書總目提要·小説家》《四朝聞見録》五卷。江蘇巡撫採進本。宋葉紹翁撰。紹翁自署龍泉人。又書中載程公許與論真德秀謚議手柬，字之曰靖逸。而厲鶚《宋詩紀事》稱其字嗣宗，建安人，與自述互異。考所載高宗航海一條，自稱本生祖曰李穎士，建之浦城人，則建安其祖籍歟。其歷官始末無考。觀所記庚辰京城災周端朝諷其論事一條，及與真德秀私校殿試卷一條，則似亦嘗爲朝官。其所居何職則不可詳矣。所録分甲、乙、丙、丁、戊五集，凡二百有七條。甲、乙、丙、戊四集皆雜敘高、孝、光、寧四朝軼事，各有標題，不以時代爲先後。惟丁集所記僅寧宗受禪、慶元黨禁二事，不及其他。紹翁與真德秀遊，故其學一以朱子爲宗。然賣武夷山一條乃深惜朱在之賴其家聲，案：在，朱子之子，時官户部侍郎。無所隱諱。然則非攀援門户者比，故所論頗屬持平。南渡以後諸野史足補史傳之闕者，惟李心傳之《建炎以來朝野雜記》號爲精核。次則紹翁是書。陳郁《藏一話腴》嘗摘其誤，以劉禹錫題壽安甘棠驛詩爲趙仲湜游天竺詩一條。周密《齊東野語》嘗摘其光宗内禪慈懿於卧内取璽一條。又摘其函韓侂胄首求和誤稱由章良能建議一條。又摘其南園香山一條。蓋小小譌異，記載家均所不免，不以是廢其書也。惟王士禎《居易録》謂其頗涉煩碎，不及李心傳書。今核其體裁，所評良允。故心傳書入史部，而此書則列小説家焉。

白獺髓

徐𤊹《徐氏家藏書目·小説類》《白獺髓》一卷。宋張仲文。

錢謙益等《絳雲樓書目·小説類》《白獺髓》。

黄虞稷《千頃堂書目·小説類》張仲文《白獺髓》一卷。

《宋史藝文志補·小説家》張仲文《白獺髓》一卷。

退齋筆録

徐𤊹《徐氏家藏書目·小説類》《退齋筆録》。

黄虞稷《千頃堂書目·小説類》侯延慶《退齋筆録》一卷。

《宋史藝文志補·小説家》侯延慶《退齋筆録》一卷。

行營雜録

徐𤊹《徐氏家藏書目·小説類》《行營雜記》一卷。宋趙葵。

黄虞稷《千頃堂書目·小説類》趙葵《行營雜録》一卷。

《宋史藝文志補·小説家》趙葵《行營雜録》一卷。

兼明書

徐𤊹《徐氏家藏書目·小説類》《兼明書》五卷。

避戎夜話

徐𤊹《徐氏家藏書目·小説類》《避戎夜話》二卷。宋石茂良。

經鋤堂雜志

陳振孫《直齋書録解題·小説家類》《經鋤堂雜志》八卷。倪思正甫撰。

馬端臨《文獻通考·經籍考·小説家》《經鋤堂雜志》八卷。

徐𤊹《徐氏家藏書目·小説類》《經鋤堂雜志》八卷。宋倪思。

錢謙益等**《絳雲樓書目・小説類》**《經鋤堂雜志》八卷，南宋倪思。

枕上語

黃虞稷《千頃堂書目・小説類》施清臣《枕上語》一卷。

《宋史藝文志補・小説家》施清臣《枕上言》一卷。

東州几上語

黃虞稷《千頃堂書目・小説類》《東州几上語》一卷。施清臣撰。

《宋史藝文志補・小説家》《東州几上語》一卷。施清臣。

北山記事

陳振孫《直齋書録解題・小説家類》《北山記事》十二卷。户部侍郎濡須王遘少愚撰。

馬端臨《文獻通考・經籍考・小説家》《北山記事》十二卷。

《宋史・藝文志・小説家類》王焕《北山紀事》十二卷。

瑣碎録

陳振孫《直齋書録解題・小説家類》《瑣碎録》二十卷。温革撰。陳昱增廣之。《後録》者，書坊增益也。

馬端臨《文獻通考・經籍考・小説家》《瑣碎録》二十卷。

瑣碎後録

陳振孫《直齋書録解題・小説家類》《瑣碎後録》二十卷。

馬端臨《文獻通考・經籍考・小説家》《瑣碎後録》二十卷。

鑑誡別録

陳振孫《直齋書録解題・小説家類》《鑑誡別録》三卷。廬陵歐陽邦基壽卿撰。周益公、洪景盧有序跋。

馬端臨《文獻通考・經籍考・小説家》《鑑誡別録》三卷。

山齋愚見

陳振孫《直齋書録解題・小説家類》《山齋愚見十書》一卷。稱灌圃耐得翁。不知何人。

馬端臨《文獻通考・經籍考・小説家》《山齋愚見十書》一卷。

古今諺

《四庫全書總目提要・小説家》《古今諺》一卷。永樂大典本。宋周守忠撰。守忠有《養生雜纂》，已著録。是編前有自序，稱略以所披之編，採摘古今俗語。又得近時常語，雖鄙俚之詞，亦有激論之理。漫録成集，名《古今諺》。《古諺》多本史傳，《今諺》則鄙俚者多矣。

養痾漫筆

徐𤊹《徐氏家藏書目·小説類》《養痾漫筆》一卷。宋趙溍。

《四庫全書總目提要·小説家》《養痾漫筆》一卷。編修汪如藻家藏本。宋趙溍撰。溍字元晉，號冰壺，葵之子也。咸淳中嘗知建寧府。是書雜記宋時瑣事，末附醫方數條，多捃摭他書而成。如《坦齋筆衡》、《鶴林玉露》、《瑞桂堂暇録》、《譚淵》之類，亦閒註出處。寥寥數頁，殆非完書。亦書賈從説部録出，託爲舊本者也。

游宦紀聞

陳振孫《直齋書録解題·小説家類》《游宦紀聞》十卷。鄱陽張士南光叔撰。

馬端臨《文獻通考·經籍考·小説家》《游宦紀聞》十卷。

徐𤊹《徐氏家藏書目·小説類》《游宦紀聞》十卷。宋張世南。

錢謙益等《絳雲樓書目·小説類》《遊宦紀聞》十卷。宋張士南。

鼠璞

陳振孫《直齋書録解題·小説家類》《鼠璞》一卷。戴埴撰。

馬端臨《文獻通考·經籍考·小説家》《鼠璞》一卷。

高儒《百川書志·小説家》戴氏《鼠璞》一卷。宋桃源戴埴撰。

徐𤊹《徐氏家藏書目·小説類》《鼠璞》二卷。宋戴埴。

《宋史藝文志補·小説家》戴埴《鼠璞》一卷。桃源人。

儆告

陳振孫《直齋書録解題·小説家類》《儆告》一卷。不著名氏，專敍報應。

馬端臨《文獻通考·經籍考·小説家》《儆告》一卷。

《宋史·藝文志·小説家類》《儆告》一卷。

牡丹榮辱志

《四庫全書總目提要·小説家》《牡丹榮辱志》一卷。内府藏本。舊本題宋邱璿撰。考宋邱璿字道源，黟縣人。天聖五年進士。官至殿中丞。邵博《聞見後録》記當時有邱濬者，以易卦推驗歷代，謂元豐正當豐卦。《靖康要録》記欽宗以郭京爲將，蓋取邱濬詩郭京、楊式、劉無忌皆在東南卧白雲之讖。其字皆從睿從水。此本亦題曰字道源，蓋即其人。而名乃作璿，殆傳寫誤歟。尤侗《明藝文志》乃以是書爲明邱濬作，又誤中之誤矣。厲鶚《宋詩紀事》稱濬有《洛陽貴尚録》，今未見。此書亦品題牡丹，以姚黄爲王、魏紅爲妃，而以諸花各分等級役屬之，又一一詳其宜忌。其體略如李商隱《雜纂》。非論花品，亦非種植，入之農家爲不倫。今附之小説家焉。

書齋夜話

高儒《百川書志·小説家》《書齋夜話》四卷。宋林屋山人，俞琰玉吾叟述。咸淳中人。

錢謙益等《絳雲樓書目·小説類》《書齋夜話》重出。

愛日齋叢鈔

黄虞稷《千頃堂書目・小説類》 葉寘《愛日齋叢鈔》十卷。

《宋史藝文志補・小説家》 葉寘《愛日齋叢抄》十卷。

坦齋筆衡

黄虞稷《千頃堂書目・小説類》 《坦齋筆衡》一卷。葉寘。

《宋史藝文志補・小説家》 《坦齋筆衡》一卷。葉寘。

醉翁談録

《宋史藝文志補・小説家》 盈之《醉翁談録》八卷。不知姓。衡州録事參軍。

高儒《百川書志・小説家》 《醉翁談録》八卷。宋從政郎新衡州録事參軍金盈之撰。分《名公佳製》、《榮貴要覽》、《京城風俗記》、《瑣闥異聞》、《禪林叢録》、《平康巷陌記》六目。記字原脱，從瞿校鈔本補。通載七十事，缺一事。

黄虞稷《千頃堂書目・小説類》 盈之《醉翁談録》八卷。不知姓。官從政郎。衡州録事參軍。凡七十事，雜記宋都城仕宦、風俗、寺院、平康、市陌瑣事。

吹劍録

徐𤊹《徐氏家藏書目・小説類》 《吹劍録》二卷。宋俞文豹。

《宋史藝文志補・小説家》 《吹劍録》四卷。俞文豹字文蔚，括蒼人。

高儒《百川書志・小説家》 《吹劍録》一卷。

錢謙益等《絳雲樓書目・小説類》 《吹劍録》。

黄虞稷《千頃堂書目・小説類》 俞文豹《吹劍録》四卷。

鶴林玉露

《宋史藝文志補・小説家》 《鶴林玉露》十六卷。宋羅大經。

徐𤊹《徐氏家藏書目・小説類》 羅大經《鶴林玉露》十六卷。

高儒《百川書志・小説家》 《鶴林玉露》十六卷。宋廬陵羅大經著。

錢謙益等《絳雲樓書目・小説類》 羅大經《鶴林玉露》十六卷。

黄虞稷《千頃堂書目・小説類》 羅大經《鶴林玉露》十六卷。（别本補）。

話　腴

《宋史藝文志補・小説家》 《話腴》一卷。宋陳郁。

徐𤊹《徐氏家藏書目・小説類》 陳郁《藏一話腴》一卷。

高儒《百川書志・小説家》 《藏一話腴》一卷。宋陳郁撰。

錢謙益等《絳雲樓書目・小説類》 《藏一話腴集》南宋臨川人。

黄虞稷《千頃堂書目・小説類》 陳郁《藏一話腴》一卷。

羅壁識遺

黄虞稷《千頃堂書目・小説類》 《羅壁識遺》十卷。字子蒼。

《宋史藝文志補・小説家》 《羅壁識遺》。字子蒼。

自警編

徐𤊹《徐氏家藏書目・小説類》 《自警編》九卷。宋趙善僚。

蠡海集

徐𤊹《徐氏家藏書目・小説類》《蠡海集》一卷。宋王逵。

當機録

徐𤊹《徐氏家藏書目・小説類》《當機録》二卷。馮孜。

厚德録

徐𤊹《徐氏家藏書目・小説類》《厚德録》二卷。宋李元綱。

竹莊書話

《宋史・藝文志・小説家類》何谿汶《竹莊書話》二十七卷。

卧游録

徐𤊹《徐氏家藏書目・小説類》《卧游録》一卷。宋吕伯恭。

錢謙益等《絳雲樓書目・小説類》《卧游録》亦魏泰僞撰。

朝野遺記

《四庫全書總目提要・小説家》《朝野遺記》一卷。編修程晉芳家藏本。舊本題宋無名氏撰。載南渡後雜事。稱寧宗爲今上，而又有寧宗字；又稱理宗爲今東宮，頗爲不倫。亦似雜採小説爲之。曹溶《學海類編》所收，往往此類也。

幽居録

《四庫全書總目提要・小説家》《幽居録》三卷。浙江范懋柱家天一閣藏本。不著撰人名氏。諸家書目亦多未著録。檢勘其書，乃全載今本周密《齊東野語》第六卷至第十卷之文。無一字異同，惟次第稍有顛倒。蓋書肆所僞託也。

延賓佳話

《宋史・藝文志・小説家類》《延賓佳話》四卷。

翰苑名談

《宋史・藝文志・小説家類》《翰苑名談》三十卷。

垂虹詩話

《宋史・藝文志・小説家類》《垂虹詩話》一卷。並不知作者。

山東野録

鄭樵《通志・藝文略・小説家》《山東野録》一卷。賈同撰。

正元飲略

《宋史・藝文志・小説家類》竇常《正元飲略》三卷。

令海珠璣

《宋史・藝文志・小説家類》尹建峯《令海珠璣》三卷。

三餘録

鄭樵《通志・藝文略・小説家》《三餘録》三卷。涉弼撰。

昭義記室別録

鄭樵《通志・藝文略・小説家》《昭義記室別録》一卷。

癸辛雜志前集

范邦甸等《天一閣書目・小説類》《癸辛雜識前集》一卷。別集二卷。藍絲闌鈔本。宋周密著。

錢謙益等《絳雲樓書目・小説類》《癸辛雜識前集》周公謹。

黄虞稷《千頃堂書目・小説類》《癸辛雜識》一卷。

倪燦《補遼金元藝文志・小説家》《癸辛雜識》一卷。周密。

《四庫全書總目提要・小説家》《癸辛雜識前集》一卷。兩江總督採進本。宋周密撰。密有《武林舊事》，已著録。是編以作於杭州之癸辛街，因以爲名。與所作《齊東野語》大致相近。然《野語》兼考證舊文，此則辨訂者無多，亦皆非要義。《野語》多記朝廷大政，此則瑣事雜言居十之九。體例殊不相同。故退而列之小説家，從其類也。明商濬《稗海》所刻，以《齊東野語》之半誤作前集，以別集誤作後集，而後集、續集則全闕，又併其自序佚之。後烏程閔元衢於金閶小肆中購得鈔本，毛晉爲刻入《津逮祕書》，始還其原帙。書中楊凝式僧净端一條，與《野語》重出，蓋删除未盡。彌陀入冥劉朔齋再娶二條，竝附註衢案云云，蓋閔氏所加。海鰌兆火一條，附註不題名字，核其語意，殆亦閔語也。書中所記頗猥雜，如姨夫眼眶諸條，皆不足以登記載。而遺文佚事可資考據者實多，究在《輟耕録》之上。所記羅椅董敬菴韓秋巖諸人於宋末講學之弊，言之最悉。其引沈仲固語一條、周平原語一條，尤言言炯戒，有關於世道人心，正未可以小説忽之矣。都穆《南濠詩話》曰：吴興唐廣嘗手録《癸辛雜識》，見其中載方萬里穢行之事，意頗不平。是夜夢方來曰：吾舊與周生有隙，故謗我至此，幸爲我暴之云云。夫是非之公，人心具在。使密果誣巇方回，不應有元一代無一人爲回訟冤，至明而其鬼忽靈者。其説荒唐，殆不足辨。且密爲忠臣，回實叛賊。即使兩人面質，人終信密不信回也，況恍惚夢語乎。

張之洞《書目答問・小説家》《癸辛雜識》。前集一卷，後集一卷，續集二卷，別集二卷。宋周密。津逮本。學津本。

癸辛雜識後集

范邦甸等《天一閣書目・小説類》《癸辛雜識後集》宋周密。

錢謙益等《絳雲樓書目・小説類》《癸辛雜識後集》周公謹。

黄虞稷《千頃堂書目・小説類》《癸辛後識》四卷。

倪燦《補遼金元藝文志・小説家》《癸辛後識》四卷。周密。

《四庫全書總目提要・小説家》《癸辛雜識後集》。

癸辛雜志續集

范邦甸等《天一閣書目・小説類》《癸辛雜識續集》二卷。

錢謙益等《絳雲樓書目・小説類》《癸辛雜識續集》。周公瑾。

黄虞稷《千頃堂書目・小説類》《癸辛續識》二卷。

倪燦《補遼金元藝文志・小説家》《癸辛續識》二卷。周密。

《四庫全書總目提要・小説家》《癸辛續集》二卷。

癸辛雜識別集

范邦甸等《天一閣書目・小説類》《癸辛雜識別集》二卷。

錢謙益等《絳雲樓書目・小説類》《癸辛雜識別集》周公謹。

《四庫全書總目提要・小説家》《癸辛雜識別集》二卷。

癸辛新識

黄虞稷《千頃堂書目・小説類》《癸辛新識》四卷。

倪燦《補遼金元藝文志・小説家》《癸辛新識》四卷。周密。

齊東野語

高儒《百川書志・小説家》《齊東野語》二十卷。東齊人周密公謹著。

徐𤊹《徐氏家藏書目・小説類》《齊東野語》二十卷。元周密。

錢謙益等《絳雲樓書目・小説類》周公謹《齊東野語》二十卷。戴表元序至元辛卯。

黄虞稷《千頃堂書目・小説類》周密《齊東野語》二十卷。

倪燦《補遼金元藝文志・小説家》周密《齊東野語》二十卷。

澄懷録

徐𤊹《徐氏家藏書目・小説類》《澄懷録》一卷。宋周密。

錢謙益等《絳雲樓書目・小説類》周公謹《澄懷集》。

黄虞稷《千頃堂書目・小説類》《澄懷録》二卷。

倪燦《補遼金元藝文志・小説家》《澄懷録》二卷。周密。

續澄懷録

黄虞稷《千頃堂書目・小説類》《續澄懷録》三卷。

倪燦《補遼金元藝文志・小説家》《續澄懷録》三卷。周密。

浩然齋視聽抄

黄虞稷《千頃堂書目・小説類》《浩然齋視聽鈔》□卷。

倪燦《補遼金元藝文志・小説家》《浩然齋視聽抄》周密。

浩然齋意抄

黄虞稷《千頃堂書目・小説類》《浩然齋意鈔》□卷。

倪燦《補遼金元藝文志・小説家》《浩然齋意抄》周密。

浩然齋雅談

黄虞稷《千頃堂書目・小説類》《浩然齋雅談》一卷。

倪燦《補遼金元藝文志・小説家》《浩然齋雅談》周密。

雲煙過眼録

黄虞稷《千頃堂書目・小説類》《雲煙過眼録》四卷。

三朝野史

徐𤊹《徐氏家藏書目・小説類》《三朝野史》一卷。

《四庫全書總目提要・小説家》《三朝野史》一卷。編修程晉芳家藏本。舊本題宋無名氏撰。記理、度、端三朝之事。然書中稱大兵渡江，賈似道出檄書。又稱周有太后在上，禪位於太祖。宋亦有太后在上，歸附於大元。則元人作矣。書僅十九條，率他説部所有。似雜摭成編之僞本。

景仰撮書

徐𤊹《徐氏家藏書目・小説類》《景仰撮書》一卷。王達善。

靖康朝野僉言

徐𤊹《徐氏家藏書目・小説類》《靖康朝野僉言》一卷。

聖賢格語碎金集

高儒《百川書志・小説家》《聖賢格語碎金集》一卷。不識著人，雜取諸書偶類，以應速觀。

萬柳溪邊舊話

徐𤊹《徐氏家藏書目・小説類》《萬柳溪邊舊話》一卷。宋尤玘。

黄虞稷《千頃堂書目・小説類》尤玘《萬柳溪邊舊話》一卷。梁溪人。

《宋史藝文志補・小説家》尤玘《萬柳溪邊舊話》一卷。

隨隱漫録

范邦甸等《天一閣書目・小説類》《隨隱漫録》五卷。藍絲闌鈔本。宋陳世崇撰。

錢謙益等《絳雲樓書目・小説類》《隨隱漫録》。

黄虞稷《千頃堂書目・小説類》陳《隨隱漫録》五卷。失名。

《宋史藝文志補・小説家》陳失名《隨隱漫録》五卷。

《四庫全書總目提要・小説家》《隨隱漫録》五卷。兵部侍郎紀昀家藏本。舊本題宋臨川陳隨隱撰。蓋後人以書中自稱隨隱，而稱陳郁爲先君，知爲臨川陳姓，故題此名。實則隨隱非名也。據所載錢舜選詩，其人嘗於理宗景定四年以布衣官東宫掌書。又載辛巳八月己丑，爲元世祖至元十八年，則其人蓋已入元。案劉壎《水雲村泯稾》，載宋度宗御批一道云：令旨付藏一，所有陳世崇詩文稾都好，可再揀幾篇來。在來日定要，千萬千萬。四月五日辰初付陳藏一。壎跋其後，以爲度宗在春宫時，盛年潛躍，汲汲斯文。惜不遇園綺羽翼，乃下訪藏一父子之卑陋。藏一爲郁字，則其子當即世崇。證以書中所記，與此批一一脗合，知隨隱即世崇號也。其書多記同時人詩話，而於南宋故事言之尤詳。如紫宸殿上壽儀、賜太子玉食批、直書閣、夫人名數、孩兒班服飾、孟享駕出儀、太子問安、展書儀帶格三十二種諸條，頗有史傳所未及者。他所記詩話雜事，亦多可採。其第二卷内論漢平帝后晉愍懷太子妃以下五條，皆假借古事以寓南宋臣降君辱之慘，與所以致敗之由。而終無一言之顯斥。猶有黍離詩人，悱惻忠厚之遺，尤非他説部所及也。

軒轅黄帝傳

阮元《四庫未收書目提要・小説家類》《軒轅黄帝傳》一卷。《平津館叢書》本。不著撰人名氏，見錢曾《讀書敏求記・傳記類》，曾于是編之前，載有《廣黄帝本行記》一卷，載無著書人姓氏，案注中引劉恕《外紀》、《蜀檮杌》等書，《蜀檮杌》爲張唐英所著，則此卷當是南宋人手筆，書中備載黄帝顛末，及其子孫，唐虞三代，相承世數，甚悉，可補皇王大紀之闕。

吾子行閒居録

錢謙益等《絳雲樓書目・小説類》《吾子行閒居録》。

精騎集

錢謙益等《絳雲樓書目・小説類》《精騎集》。

叢蘭識遺

錢謙益等《絳雲樓書目・小説類》《叢蘭識遺》。

雲山夜話

錢謙益等《絳雲樓書目・小説類》《雲山夜話》。

雞肋

《宋史藝文志補・小説家》《雞肋》一卷。宋趙崇絢。

高儒《百川書志・小説家》《雞肋》一卷。古汴趙崇絢元素録，凡四十類。宋人。

徐𤊹《徐氏家藏書目・小説類》趙崇絢《雞肋》一卷。字元素。

群玉雜俎

鄭樵《通志・藝文略・小説家》《群玉雜俎》一卷。

事物紀原類集

鄭樵《通志・藝文略・小説家》《事物紀原類集》十卷。高承撰。

野客叢書

錢謙益等《絳雲樓書目・小説類》《王楙野客叢書》。三十卷。字勉夫，長洲人，嘉定間講書，後人穀祥刊本頗佳。

黄虞稷《千頃堂書目・小説類》《王楙野客叢書》三十卷。

徐𤊹《徐氏家藏書目・小説類》《野客叢書》十二卷。宋王楙。
《宋史藝文志補・小説家》《王楙野客叢書》三十卷。

賓退録

高儒《百川書志・小説家》《賓退録》十卷。宋大梁趙與旹著。
錢謙益等《絳雲樓書目・小説類》《賓退録》宋趙與時。

文房監古

鄭樵《通志・藝文略・小説家》《文房監古》三卷。李孝美撰。

宜齋野乘

《宋史藝文志補・小説家》《宜齋野乘》一卷。宋吴枋。
徐𤊹《徐氏家藏書目・小説類》吴枋《宜齋野乘》一卷。江陰人。
高儒《百川書志・小説家》《宜齋野乘》一卷。宋江陰吴枋著。
錢謙益等《絳雲樓書目・小説類》《宜齊野乘》。
黄虞稷《千頃堂書目・小説類》吴枋《宜齋野乘》一卷。江陰人。

東觀奏記

徐𤊹《徐氏家藏書目・小説類》《東觀奏記》三卷。宋裴廷裕。

金婚子

徐𤊹《徐氏家藏書目・小説類》《金婚子》四十三卷。

仕學規範

徐𤊹《徐氏家藏書目・小説類》《仕學規範》八卷。宋張鎡。

虚谷閒抄

徐𤊹《徐氏家藏書目・小説類》《虚谷閒抄》一卷。宋方回。
黄虞稷《千頃堂書目・小説類》方回《虚谷閒鈔》一卷。

讀書雜抄

徐𤊹《徐氏家藏書目・小説類》《讀書雜抄》二卷。宋魏了翁。
錢謙益等《絳雲樓書目・小説類》魏鶴山《讀書雜鈔》。

經外雜鈔

徐𤊹《徐氏家藏書目・小説類》《經外雜抄》二卷。宋魏了翁。
錢謙益等《絳雲樓書目・小説類》魏鶴山《經外雜鈔》。

丘世良隨筆

黄虞稷《千頃堂書目·小説類》《丘世良隨筆》二卷。松江府同知。

吾衍閒居録

黄虞稷《千頃堂書目·小説類》《吾衍閒居録》二卷。

倪燦《補遼金元藝文志·小説家》《吾衍閒居録》二卷。

山中新語

黄虞稷《千頃堂書目·小説類》《山中新語》。吾衍。

倪燦《補遼金元藝文志·小説家》《山中新話》。吾衍。

醫　乘

徐𤊹《徐氏家藏書目·小説類》《醫乘》一卷。吾衍子。

楚檮杌

徐𤊹《徐氏家藏書目·小説類》《楚檮杌》一卷。

江行雜録

徐𤊹《徐氏家藏書目·小説類》《江行雜録》一卷。宋廖瑩中。

東京夢華録

徐𤊹《徐氏家藏書目·小説類》《東京夢華録》十卷。宋孟元老。

東谷所見

徐𤊹《徐氏家藏書目·小説類》《東谷所見》一卷。宋李彦之。

霏雪録

徐𤊹《徐氏家藏書目·小説類》《霏雪録》一卷。宋孟熙。

文昌雜録

徐𤊹《徐氏家藏書目·小説類》《文昌雜録》一卷。宋陳襄。

瀟湘録

徐𤊹《徐氏家藏書目·小説類》《瀟湘録》一卷。宋李隱。

蒙韃備録

徐𤊹《徐氏家藏書目・小説類》《蒙韃備録》一卷。宋孟珙。

北邊備對

徐𤊹《徐氏家藏書目・小説類》《北邊備對》一卷。宋程大昌。

友會蕞談

尤袤《遂初堂書目・小説類》《友會蕞談》。

桐陰舊話

尤袤《遂初堂書目・小説類》《桐陰舊話》。

王氏學林

尤袤《遂初堂書目・小説類》《王氏學林》。

後史補

陳振孫《直齋書録解題・小説家類》《後史補》三卷。前進士高若拙撰。

馬端臨《文獻通考・經籍考・小説家》《後史補》三卷。

西山別録

《宋史・藝文志・小説家類》趙瞻《西山別録》一卷。

湘山野録

黄丕烈《百宋一廛書録》重雕改正《湘山野録》。

續湘山野録

黄丕烈《百宋一廛書録》《續湘山野録》。

古今通論

《宋史藝文志補・小説家》楊夢發《古今通論》一册。宋南昌博士。

西疇常言

《宋史藝文志補・小説家》何坦《西疇常言》一卷。

耆舊續聞

范邦甸等《天一閣書目・小説類》《耆舊續聞》十卷。藍絲闌鈔本。宋陳鵠撰。

錢謙益等《絳雲樓書目・小説類》《耆舊續聞》。

黃虞稷《千頃堂書目・小説類》陳鵠《耆舊續聞》十卷。號西塘。

《宋史藝文志補・小説家》陳鵠《耆舊續聞》十卷。

《四庫全書總目提要・小説家》《耆舊續聞》十卷。浙江鮑士恭家藏本。案此書世有二本。一本題曰南陽陳鵠録正，似乎舊有此書，鵠特繕寫校勘之。一本題曰陳鵠西塘撰，則又爲鵠所自作。疑不能明。然諸書援引，竝稱《陳鵠耆舊續聞》，或題鵠撰者近之歟。鵠始末無考。書中載陸游辛棄疾諸人遺事，又自記嘗與知辰州陸子逸遊，則開禧以後人也。所録自汴京故事及南渡後名人言行，捃拾頗多，間或於條下夾註書名及所説人名字，蓋亦雜採而成。其閒如政和三年與外弟趙承國論學數條，乃出吕好問手帖。而雜置諸條之中，無所辨別，竟似承國爲鵠之外弟。又稱朱翌爲待制公，陸軫爲太傅公，沿用其家傳舊文，不復追改，亦類於不去葛龔。然所據皆南渡以後故家遺老之舊聞，故所載多元祐諸人緒論。於詩文宗旨，具有淵源。又如駁《苕溪漁隱叢話》議東坡《卜算子》詞之非，據宋祁奏議摘歐陽修撰薛參政墓誌之誤，亦頗有考據。雖叢談瑣語，閒傷猥雜，其可採者要不少也。

中華古今注

徐𤊹《徐氏家藏書目・小説類》《中華古今注》三卷。宋馬縞。

羅湖野録

徐𤊹《徐氏家藏書目・小説類》《羅湖野録》四卷。宋釋曉瑩。

蓼花洲閒録

徐𤊹《徐氏家藏書目・小説類》《蓼花洲閒録》一卷。宋高文虎。

宣政雜録

徐𤊹《徐氏家藏書目・小説類》《宣政雜録》一卷。宋江萬里。

樂郊私語

徐𤊹《徐氏家藏書目・小説類》《樂郊私語》一卷。桐江姚桐壽。

錢謙益等《絳雲樓書目・小説類》《樂郊私語》。

黃虞稷《千頃堂書目・小説類》姚桐壽《樂郊私語》一卷。

倪燦《補遼金元藝文志・小説家》姚桐壽《樂郊私語》一卷。

《四庫全書總目提要・小説家》《樂郊私語》一卷。兩淮馬裕家藏本。元姚桐壽撰。桐壽字樂年，睦州人。順帝後至元中嘗爲餘干教授。解官歸里，自號桐江釣叟。至正中流寓海鹽。時江南擾亂，惟海鹽未被兵火，尚得以閉户安居，從容論述。故以《樂郊私語》爲名。雖若幸之，實則傷亂之詞也。所記軼聞瑣事，多近小説家言。然其中如楊額哲武林之捷、張士誠杉青之敗，頗足與史傳相參。所辨六里山天册碑、秦檜像讚、魯訔注杜甫詩諸條，亦足資考證。末載楊維楨撰其兄椿壽墓誌一篇，頗爲不倫。桐壽欲表章其兄，何不敘之書內，而乃別載於末，核以體例，深屬有乖。今削除不載，惟録桐壽之本書焉。

米海岳遺事

黃虞稷《千頃堂書目・小説類》《米海岳遺事》一卷。陸友。

硯北雜志

錢謙益等《絳雲樓書目・小説類》《硯北雜志》陸友仁。

黃虞稷《千頃堂書目・小説類》陸友《硯北雜志》二卷。

倪燦《補遼金元藝文志・小説家》陸友仁《硯北雜志》二卷。

石澗書齋夜話

錢謙益等《絳雲樓書目・小説類》《石澗書齋夜話》四卷。

志雅堂雜鈔

錢謙益等《絳雲樓書目・小説類》周公謹《志雅堂雜鈔》。

四十家小説

錢謙益等《絳雲樓書目・小説類》《四十家小説》二十册。

示兒編

錢謙益等《絳雲樓書目・小説類》孫奕《示兒編》。

晁氏儒言

錢謙益等《絳雲樓書目・小説類》《晁氏儒言》一卷。此書皆辨正王安石學術之違僻。

雲齋廣録

潘祖蔭《滂喜齋藏書記》宋刻《雲齋廣録》八卷，《後集》一卷。一函二册。宋麇延李獻民彥文撰。卷一士林清話。卷二卷三詩話録。卷四靈怪新説。卷五卷六麗情新説。卷七奇異新説。卷八神仙新説。後集則《盈盈傳》及歌詩一首也。前有政和辛卯獻民自序。每卷冠以新雕二字。蓋猶政和閒刊本。其書荒誕不經。分門亦近瑣碎。然四庫未收，各家書目亦不著録，北宋孤本流傳至今，亦説部中之祕帙也。每半葉十五行。行廿五字。萬卷樓兩印朱文甚古。疑爲豐人翁藏書。忠義下一字微蝕。右首从邑尚可辨。疑當爲酆。豐之受姓所由始也。後歸王履吉，國朝人，泰興季氏，漢陽葉氏。

附藏印

□氏萬卷樓藏書記　世爲忠義氏

江左　王印履吉　鐵研齋

季印振宜　滄葦

漢陽葉名澧潤臣甫印　葉名澧

洛陽舊聞

尤袤《遂初堂書目・小説類》《洛陽舊聞》。

窮愁志

尤袤《遂初堂書目・小説類》《窮愁志》。

元真子偈

尤袤《遂初堂書目・小説類》《元真子偈》。

灌畦暇語

尤袤《遂初堂書目・小説類》《灌畦暇語》。

觀時集

尤袤《遂初堂書目・小説類》《觀時集》。

蒼梧雜志

尤袤《遂初堂書目・小説類》胡珵《蒼梧雜志》。

淵　書

尤袤《遂初堂書目・小説類》楊迥金《淵書》。

筆　録

《宋史・藝文志・小説家類》宋肇《筆録》三卷。次其祖祥遺語。

東臯雜記

《宋史・藝文志・小説家類》孫宗鑑《東臯雜記》十卷。

荆山雜編

《宋史・藝文志・小説家類》梁嗣真《荆山雜編》四卷。

漫堂隨筆

尤袤《遂初堂書目・小説類》《漫堂隨筆》。

金鑾退朝録

尤袤《遂初堂書目・小説類》《金鑾退朝録》。

倦遊録

尤袤《遂初堂書目・小説類》《倦遊録》。

呂氏家塾廣記

尤袤《遂初堂書目·小説類》《呂氏家塾廣記》。

呂氏紫微雜説

尤袤《遂初堂書目·小説類》《呂氏紫微雜説》。

閒談録

尤袤《遂初堂書目·小説類》《閒談録》。

五總志

尤袤《遂初堂書目·小説類》《五總志》。

青瑣摭遺

尤袤《遂初堂書目·小説類》《青瑣摭遺》。

吴氏漫録

尤袤《遂初堂書目·小説類》《吴氏漫録》。

談　藪

尤袤《遂初堂書目·小説類》《談藪》。

清談録

錢謙益等《絳雲樓書目·小説類》《清談録》。

就日録

徐𤊹《徐氏家藏書目·小説類》《就日録》一卷。

錢謙益等《絳雲樓書目·小説類》《就日録》。説海中曾刻，但不著撰人姓名，其書中多引《雲麓漫抄》、《西溪叢語》諸書。蓋南宋人也。

星江野録

尤袤《遂初堂書目·小説類》《星江野録》。

漫浪野録

尤袤《遂初堂書目·小説類》《漫浪野録》。

隨手録

尤袤《遂初堂書目・小説類》《隨手録》。

東皋雜録

尤袤《遂初堂書目・小説類》《東皋雜録》。

東野筆録

尤袤《遂初堂書目・小説類》《東野筆録》。

沈氏續筆談

尤袤《遂初堂書目・小説類》《沈氏續筆談》。

天寶藏書

錢謙益等《絳雲樓書目・小説類》《天寶藏書》。

小十三經

錢謙益等《絳雲樓書目・小説類》《小十三經》。

匏齋雜録

錢謙益等《絳雲樓書目・小説類》《匏齋雜録》。

螢牕雜記

錢謙益等《絳雲樓書目・小説類》《螢牕雜記》。

晁氏客語

高儒《百川書志・小説家》《晁氏客語》一卷。俱不著作者。

錢謙益等《絳雲樓書目・小説類》《晁氏客談》一卷。晁悦之撰。

席上腐談

徐𤊹《徐氏家藏書目・小説類》《席上腐談》二卷。俞琰。

錢謙益等《絳雲樓書目・小説類》俞玉吾《席上腐談》二卷。俞琰。

楚新語

徐𤊹《徐氏家藏書目・小説類》《楚新語》。

王氏談録

徐𤊹《徐氏家藏書目·小説類》　《王氏談録》一卷。

脚氣集

徐𤊹《徐氏家藏書目·小説類》　《脚氣集》三卷。天台專若水。

錢謙益等《絳雲樓書目·小説類》　玉峯先生《脚氣集》。

尚論前編

徐𤊹《徐氏家藏書目·小説家》　《尚論前編》一卷。王達善。

緯　略

錢謙益等《絳雲樓書目·小説類》　高似孫《緯略》。十二卷。續古，文虎之子。

見聞録

《宋史·藝文志·小説家類》　趙槩《見聞録》二卷。

李文公談録

尤袤《遂初堂書目·小説類》　《李文公談録》。

山居新語

《四庫全書總目提要·小説家》　《山居新語》四卷。浙江鮑士恭家藏本。元楊瑀撰。瑀《元史》無傳。《楊維楨集》有瑀墓碑曰：瑀字元誠，杭州人。天曆閒擢中瑞司典簿。帝愛其廉慎，超授奉議大夫、太史院判官。至正乙未，江東浙西盜羣嘯，乃改建德路總管。瑀涖郡，視之如家，民亦視之如父母，其像而祠者凡十有四所。行省最其功，進階中奉大夫云云。是書卷末有至正庚子三月瑀自跋，結銜題中奉大夫浙東道宣慰使都元帥。當成於進階以後。而卷首又有維楨序，作於是年四月。乃稱爲歸田後作，殆是年即已致仕歟。其書皆記所見聞，多參以神怪之事，蓋小説家言。然如記處州砂糖竹箭，記至元六年增糴官米，記高克恭弛火禁，記托克托開舊河，則有關於民事。記勅令格式四者之别、記八府宰相職掌、記奎章閣始末、記儀鳳司教坊司班次，則有資於典故。記朱夫人陳才人之殉節、記高麗女之守義、記樊時中之死事，則有裨於風教。其他嘉言懿行可資勸戒者頗多。至於辨正薩都剌元宫詞，謂宫車無夜出之例，不得云深夜宫車出建章。擎執宫人紫衣，大朝賀則於侍儀司法物庫關用，平日則無有，不得云紫衣小隊兩三行。北地無芙蓉，官中無石欄，不得云石欄杆畔銀鐙過，照見芙蓉葉上霜。又辨其京城春日詩，謂元制御溝不得洗手飲馬，留守司差人巡視，犯者有罪，不得云御溝飲馬不回首，貪看柳花飛過墻。則亦頗有助於考證。雖亦《輟耕録》之流，而視陶宗儀所記之猥雜，則勝之遠矣。

張之洞《書目答問·小説家》　《山居新語》四卷。元楊瑀。知不足齋本。

百斛珠

錢大昕《補元史藝文志·小學家類》　楊圃祥《百斛珠》蜀人。金章宗時。

龔顯曾《金史藝文志補録·小説家類》　《百斛珠》。楊圃祥，蜀人，金章宗時。

《金史藝文略·小説家》　《百斛珠》。楊圃祥撰。《補元史藝文志》云：金章宗時蜀人。

王庭筠叢語

黄虞稷《千頃堂書目・小説類》《王庭筠叢語》十卷。

倪燦《補遼金元藝文志・小説家》《王庭筠叢語》十卷。

藂辨

龔顯曾《金史藝文志補録・小説家類》《藂辨》十卷。王庭筠 金《志》云：一作《藂談》，倪《志》作《叢語》。

夷堅續志

高儒《百川書志・小説家》《夷堅續志》十七卷。不著作者。二書千有餘事，皆奇見新聞、鬼神怪異之事。頗駭人觀聽，未必皆實也。

錢謙益等《絳雲樓書目・小説類》元遺山《續夷堅志》見後。

又《夷堅續志》元好問。

倪燦《補遼金元藝文志・小説家》元好問《續夷堅志》。

《四庫全書總目提要・小説家》《續夷堅志》二卷。浙江巡撫採進本。金元好問撰。好問字裕之，號遺山，太原人。官至左司郎中。事蹟具金史本傳。是編蓋續宋洪邁《夷堅志》而作，所紀皆金泰和貞祐閒神怪之事。前有自序，見於《遺山集》。而此本無之，蓋傳寫佚脱也。

錢大昕《補元史藝文志・小説家類》元好問《續夷堅志》四卷。

孫星衍《平津館鑒藏書籍記》《續夷堅志》前後集二卷。題太原元好問裕之纂。前集目録後有窊窳安題識，後集目録後有至順三年石巖民瞻題識，末有金史元遺山傳，又有至正戊子吴下王東、吴道輯、孫道明三跋。王東跋稱：「予鈔北地棗本《續夷堅志》四册。至正戊子，武林新刻，《金史遺山先生傳》附於所書之後，孫道明於至正癸卯，又從王本借録，末有微峯乾隆三年筠墨筆題識。知是宋牧仲家舊本。收藏有吴元潤印白文方印，謝堂朱文方印，香雨齋吴氏珍藏圖書朱文長印。

龔顯曾《金史藝文志補録・小説家類》《續夷堅志》二卷。元好問。一作四卷。

續古今考

龔顯曾《金史藝文志補録・小説家類》《續古今考》九卷。題元好問，蓋後人僞託也。

庶齋老學叢談

高儒《百川書志・小説家》《庶齋老學叢談》三卷。宋從仕郎崇明州判官致仕盛如梓著。

錢謙益等《絳雲樓書目・小説類》《庶齋老學叢談》。

黄虞稷《千頃堂書目・小説類》盛如梓《庶齋老學叢談》三卷。從仕郎，崇明州判官。

倪燦《補遼金元藝文志・小説家》盛如梓《庶齋老學叢談》三卷。崇明州判官。

積年雜説

龔顯曾《金史藝文志補録・小説家類》《積年雜説》楊雲翼。

歸潛志

《四庫全書總目提要・小説家》《歸潛志》十四卷。浙江范懋柱家天一閣藏本。

元劉祁撰。祁字京叔，渾源人。御史從益之子。爲太學生，舉進士不第。元兵入汴，遁還鄉里。戊戌復出就試，魁南京。選充山西東路考試官。後征南行省辟置幕府，凡七年而歿。舊以《金史》載之《文藝傳》，遂題曰金人，殊非其實。是書名曰《歸潛》，蓋祁於壬辰北還，以此二字牓其室，因以題其所著。然晚年再出，西山之節不終，亦非其實也。卷首有祁乙未自序，謂昔所聞見，暇日記憶，隨得隨書。第一卷至六卷悉爲金末諸人小傳。第七卷至十卷雜記遺事。第十一卷題曰録大梁事，紀哀宗亡國始末。第十二卷題曰録崔立碑事，紀立作亂時廷臣立碑以媚之，劫祁使撰文事。又一篇題曰辨亡，敘金前代之所以治平，末造之所以亂亡。自此二篇以下，至十三卷，悉爲雜説，略如語録之體，殊不相類。疑此二篇本自爲一卷，殿全書之末。別以語録爲第十三卷，詩文爲第十四卷，附綴於後。後人因篇頁不均，割語録之半移綴此卷，故體例參差也。壬辰之變，祁在汴京目擊事狀，記載胥得其實。故《金史》本傳稱祁此志於金末之事多有足徵。《哀宗本紀》全以所言爲據。又若《大金國志》稱樞密使伊喇蒲阿出降於元。此志不書出降，與《金史》相合。可證《大金國志》之誤。《元史》稱壬辰正月太宗自白坡濟河而南，睿宗由峭石灘涉漢而北，以渡河涉漢同在一時。而此志則載睿宗涉漢在辛卯十一月，太宗渡河乃在壬辰，與《金史》及姚燧《牧菴集》、蘇天爵《名臣事略》所紀相合。可證《元史》之誤。又如載天興元年劉元規使北朝，不知所終，而《金史》本紀不書其事。載薩克蘇媒孽李元妃，本紀不著其名。載大定十七年三月朔，諸國使臣朝見，遇雨放朝，與周煇北轅録合，而本紀但載十六年三月朔日蝕放朝一條。載金代鈔法凡八易其名，而《金史食貨志》失載通貨改爲通寶，通寶又改爲通貨一條。皆足以補正史之闕。至於《金史交聘表》稱，大定十六年，宋湯邦彦充申請使，此志作祈請使。圖克坦烏登傳稱天興元年正月朝廷聞大兵入饒風關，移烏登行省閿鄉以備潼關，此志書其事於正大八年。完顏思烈傳載王渥從思烈戰歿，此志作從持嘉哈希。李英傳稱與元兵遇於霸州敗死，此志作遇於潞州。郭阿林傳稱宋兵大至，遂戰歿，此志作馬倒被擒，不知存歿。師安石傳贊稱以論列侍從，觸怒而死，此志則云既居位，人望頗減。皆有異詞。其他年月先後、姓名官階，與史不同者甚多，皆足以資互考。談金源遺事者，以此志與元好問《壬辰雜編》爲最。《金史》亦竝稱之。《壬辰雜編》已佚，則此志尤足珍貴矣。世所行本皆八卷，雖傳是樓藏本亦然。

國朝郭朝釪編纂金詩，所採録僅及前七卷，知其未見全帙。此本一十四卷，與王惲渾源世德碑相合。當猶從元本傳録。錢曾《讀書敏求記》稱陸孟鳧家鈔本《歸潛志》凡十四卷，蓋即此本也。

張金吾《愛日精廬藏書志・小説類》《歸潛志》十四卷。舊抄本。劉祁撰。自序。趙穆跋。至大辛亥。

續夷堅志

黃虞稷《千頃堂書目・小説類》吴元復《續夷堅志》二十卷。字山漁，鄱陽人。宋德祐中進士，入元不仕。一作四卷。

倪燦《補遼金元藝文志・小説家》吴元復《續夷堅志》二十卷。字山漁，鄱陽人。

錢大昕《補元史藝文志・小説家類》吴元復《續夷堅志》二十卷。一作四卷。字山漁，番陽人。

山房隨筆

徐𤊹《徐氏家藏書目・小説類》《山房隨筆》一卷。元蔣子正。

錢謙益等《絳雲樓書目・小説家》《山房隨筆》元蔣子正。

黃虞稷《千頃堂書目・小説家》蔣正子《山房隨筆》一卷。

《宋史藝文志補・小説家》蔣正子《山房隨筆》一卷。

《四庫全書總目提要・小説家》《山房隨筆》一卷。兵部侍郎紀昀家藏本。元蔣子正撰。子正不知何許人。惟書中杜善甫一條，内有余分教溧陽語，知嘗爲溧陽學官。又有穆陵在御語，知爲宋人入元者也。所記多宋末元初之事，而於賈似道事尤再三深著其罪。於鄭虎臣木棉菴事，敘述始末，亦比他書爲最詳。惟所記陸秀夫輓張世傑詩，似出附會。厓山舟覆，鯨海沸騰，烏有吟咏之暇？且詩中曾聞海上鐵斗膽句，亦不似同時之語。朱國楨《湧幢小品》謂世傑溺死在秀夫赴海之後，亦以此詩爲疑。所言良允。殆好事者欲褒忠義，故造斯言歟。至於以夏貴之降，歸咎似道，未爲無理。而反復解釋，反似於貴有恕詞，未免有乖大義。觀者不以詞害意可矣。

春風亭筆記

黄虞稷《千頃堂書目・小説類》　蘇文爵《春風亭筆記》二卷。

倪燦《補遼金元藝文志・小説家》　蘇天爵《春風亭筆記》二卷。

繼潛録

黄虞稷《千頃堂書目・小説類》　張雯《繼潛録》。

倪燦《補遼金元藝文志・小説家》　張雯《繼潛録》。

江湖紀聞

高儒《百川書志・小説家》《江湖紀聞》十六卷。元大觀郭霄鳳云翼編。

黄虞稷《千頃堂書目・小説類》　郭霄鳳《江湖紀聞》十六卷。字雲翼。

倪燦《補遼金元藝文志・小説家》　郭霄鳳《江湖紀聞》十六卷。字雲翼。

誠齋雜記

徐𤊹《徐氏家藏書目・小説類》《誠齋雜記》二卷。元周達觀。

黄虞稷《千頃堂書目・小説類》　周達觀《誠齋雜記》二卷。

倪燦《補遼金元藝文志・小説家》　周達觀《誠齋雜記》二卷。

緝柳編

徐𤊹《徐氏家藏書目・小説類》《緝柳篇》三卷。沈膺元。

黄虞稷《千頃堂書目・小説類》　沈膺元《緝柳編》三卷。

倪燦《補遼金元藝文志・小説家》　沈膺元《緝柳編》三卷。

錢大昕《補元史藝文志・小説家類》　沈膺元《緝柳編》三卷。

常陽女紅餘志

黄虞稷《千頃堂書目・小説類》《常陽女紅餘志》二卷。

倪燦《補遼金元藝文志・小説家》《常陽女紅餘志》二卷。

錢大昕《補元史藝文志・小説家類》　常陽妻《龍輔女紅餘志》二卷。

古杭雜記

徐𤊹《徐氏家藏書目・小説類》《古杭雜説》一卷。元李有。

錢謙益等《絳雲樓書目・小説類》《古杭雜記》李有撰。書中多記南宋末年事，必一宋末元初人也。

黄虞稷《千頃堂書目・小説類》　李有《古杭雜記》一卷。

倪燦《補遼金元藝文志・小説家》　李有《古杭雜記》四卷。

張金吾《愛日精廬藏書志・小説類》《古杭雜記詩詞集》四卷。精抄本。元李有撰。目録後有識語云：已上係宋朝遺事，一新繡梓，求到續集，陸續出售，與好事君子共之。

東園友聞

徐𤊹《徐氏家藏書目・小説類》《東園友聞》一卷。

黄虞稷《千頃堂書目・小説家》　夏頤《東園友聞》二卷。

倪燦《補遼金元藝文志・小説家》　夏頤《東園友聞》二卷。

《四庫全書總目提要・小説家》《東園友聞》一卷。編修程晉芳家藏本。不著撰人名氏。載曹溶《學海類編》中。所録皆宋、元閒事。核檢其文，即剽剟孫道易《東園客談》，改題此名也。

遂昌山人雜録

徐𤊹《徐氏家藏書目・小説類》《遂昌山樵雜録》一卷。元鄭元祐。

錢謙益等《絳雲樓書目・小説類》《遂昌山人雜録》鄭元祐，字德明。《遂昌山樵》。

黄虞稷《千頃堂書目・小説類》鄭元祐《遂昌山人雜録》一卷。

倪燦《補遼金元藝文志・小説家》鄭元祐《遂昌山人雜録》一卷。

《四庫全書總目提要・小説家》《遂昌雜録》一卷。内府藏本。元鄭元祐撰。元祐字明德。至正丁酉除平江路儒學教授，移疾去。後七年復擢浙江儒學提舉，卒於官。本遂昌人，其父希遠徙錢塘，元祐又流寓平江。其集以僑吴名，而是録仍題曰遂昌，不忘本也。元祐以至正二十四年卒，年七十一。則當生於前至元二十九年，故書中所列人名，上猶及見宋諸遺老，下及見泰哈布哈、倪瓚、杜本，併見杜本之卒。多記宋末軼聞，及元代高士名臣軼事，而遭逢世亂，亦閒有憂世之言。其言皆篤厚質實，非《輟耕録》諸書捃拾冗雜者可比。其記葬高、孝二陵遺骨事，作林景熙，與《輟耕録》異。蓋各據所聞，其稱南宋和議由高宗，不由於秦檜。宋既亡矣，可不必更爲高宗諱。亦誅心之論也。

安遠堂酒令

倪燦《補遼金元藝文志・小説家》曹繼善《安遠堂酒令》一卷。

錢大昕《補元史藝文志・小説家類》曹繼善《安遠堂酒令》一卷。

揆敘萬類

錢大昕《補元史藝文志・小説家類》朱士凱《揆敘萬類》。至正浙省掾。

包羅天地

錢大昕《補元史藝文志・小説家類》張小山等《包羅天地》。

文章善戲

《四庫全書總目提要・小説家》《文章善戲》一卷。兩淮馬裕家藏本。元鄭持正撰。倣韓愈《毛穎傳》例，於筆墨紙硯悉加封號，而擬爲制表之詞。又益以宋无文房十八學士制、吴必大歲寒三友、無腸公子除授集、鄭楷擬封花王册、而張敏頭責子羽文、沈約脩竹彈甘蕉文諸篇，亦附載焉。末有元統元年古雍樊士寬後序一首，謂集文房茶具圖讚、羅氏十夫八仙爲一卷。簽曰房闥羣珍，刻之介然堂。與書名不相應，未詳何故也。

至正直記

《四庫全書總目提要・小説家》《至正直記》四卷。兩淮鹽政採進本。一曰静齋類稾。元孔齊撰。齊字行素，號静齋，曲阜人。其父退之爲建康書掾，因家溧陽。元末又避兵居四明。其仕履則未詳也。是書亦陶宗儀《輟耕録》之類，所記頗多猥瑣。中一條記元文宗皇后事，已傷國體。至其稱年老多蓄婢妾，最爲人之不幸。辱身喪家，陷害子弟，靡不有之。吾家先人，晚年亦坐此患，則併播家醜矣。所謂直記，亦證父攘羊之直歟。別一本題曰《静齋直記》，其文竝同。惟分四卷爲五卷，而削去各條目録。蓋曹溶《學海類編》所改竄也。今附著於此，不更存其目焉。

張金吾《愛日精廬藏書志・小説類》《静齋至正直記》四卷。舊抄本。元闕里外史行素居士孔齊著。雜記者，記其事也。凡所見聞可以感發人心者，或里巷方言可爲後世之戒者，一事一物可爲博聞多識之助者，隨所記而筆之，以備觀省，未暇定爲次第也。至正庚子春三月壬寅記。右雜事。

冀越集

范邦甸等《天一閣書目・小説類》《冀越集》一卷。刊本。明豫熊太古撰并序。

徐𤊹《徐氏家藏書目・小説類》《冀越集》一卷。元熊太古。

《四庫全書總目提要・小説家》《冀越集記》二卷。浙江巡撫採進本。元熊太古撰。太古，豐城人。熊朋來之孫也。登進士。官至江西行省郎中。至正末，天下盜起，太古力陳守禦計。當事者不能從，遂棄官去。入明後不仕而終。此書自序題乙未歲，爲至正十五年，猶在元代所作也。太古生平足跡半天下，北涉灤河，西泛洞庭，東遊浙右，南至交廣，故舉南北所至以冀越名其集。雜記見聞，亦頗賅博。明李時珍輩撰《本草綱目》，頗援據之。然記載每不甚確，如《元史天文志》言郭守敬爲太史，四海測景之所凡二十有七。太古乃云奏遣使者十四輩，分隸十四處。殊未詳考。又河源之説據翰林學士潘昂霄道士朱思本所記，謂張騫所言乃葱嶺支川。以今核之，亦多妄傳失實也。

黄文獻公筆記

高儒《百川書志・小説類》《黄文獻公筆記》一卷。元翰林侍講學士追封江夏郡公婺人黄晉卿著，辨經辨史雜共三十五則。宋學士濂爲之序。

錢謙益等《絳雲樓書目・小説家》《黄文獻公筆記》宋景濂序。

二老堂雜志

范邦甸等《天一閣書目・小説類》《二老堂雜志》五卷。鈔本。宋周必大撰。

碧雞漫志

范邦甸等《天一閣書目・小説類》《碧雞漫志》四卷。藍絲闌鈔本。宋王灼撰。

辨惑編

徐𤊹《徐氏家藏書目・小説類》《辨惑編》四卷。元昆陵謝應芳。《續編》九卷。吴顧寅亮。

東南紀聞

《四庫全書總目提要・小説家》《東南紀聞》三卷。永樂大典本。不著撰人名氏。諸家書目亦不載。考書中有丙子之事，非復庚申之役語。丙子爲至元十三年，前一年巴顔渡江，臨安失守矣，當爲元人所作。故稱宋爲東南。而其中鄭紳一條，稱外戚生封王爵者，宋蓋自紳始。論乘簥一條，稱宋朝渡江以前，無今之簥。論三五九月一條，稱宋朝於此三月不支羊肉錢。亦皆屬元人之語。然於宋之諸帝，稱陵名，稱廟號年號，往往多内詞。殆江左遺民所追記歟。所載惟論蚳醢、論揖兩條，偶涉古事。餘皆南北宋之軼聞，間與他書相出入。疑亦雜採説部爲之。至於韓滮之清節、何自之伉直、張惟孝之任俠、單煒之書法、趙執中之木箭、史嵩之之忮忍，以及徽宗時瑞禽迎駕出市儈之智術，紹興中韋后欲觀石塔得寺僧之譎諫，則皆史傳所佚，足補紀載之闕。惟楊談耗用茶局官錢一事，足見宋政之不綱。乃載之以爲豪舉，殊不可訓。又汪勃調官一事，稱張浚韓世忠迎合秦檜。浚之心術不可知，世忠當萬萬不至此，恐未免傳聞失真。而南嶽夫人一事，尤爲猥褻。亦未免墮小説窠臼，自穢其書。然大旨記述近實，持論近正，在説部之中猶爲善本。原書久佚，卷帙無考。今以《永樂大典》分載於各韻下者，裒合排纂，勒爲三卷。

西使記

徐𤊹《徐氏家藏書目・小說類》 《西使記》一卷。元劉郁。

金　志

徐𤊹《徐氏家藏書目・小說類》 《金志》一卷。元宇文懋昭。

遼　志

徐𤊹《徐氏家藏書目・小說類》 《遼志》一卷。元葉隆禮。

青樓集

徐𤊹《徐氏家藏書目・小說類》 《青樓集》一卷。元黃雪蓑。

青樓集

錢大昕《補元史藝文志・小說家類》 喬吉《青樓集》一卷。字夢符，太原人。

希通録

徐𤊹《徐氏家藏書目・小說類》 《希通録》一卷。元蕭參。

困學齋雜録

錢謙益等《絳雲樓書目・小說類》 《困學齋雜録》元鮮于樞。

益齋嘉話

黃虞稷《千頃堂書目・小說類》 秦簡王誠泳《益齋嘉話》一卷。

勿齋易說

黃虞稷《千頃堂書目・小說類》 益莊王厚燁《勿齋易說》二卷。

蘿山雜言

黃虞稷《千頃堂書目・小說類》 宋濂《蘿山雜言》一卷。

《明史・藝文志・小說家》 宋濂《蘿山雜言》一卷。

燕　書

徐𤊹《徐氏家藏書目・小說類》 《燕書》一卷。宋濂。

草木子

高儒《百川書志・小說家》 《草木子》四卷。皇明括蒼龍泉葉子奇世傑著，雖有體道之言，亦載好奇之失，大概高於小説，次於道統之書也。舊編二十有二，後人定合八篇云。

徐𤊹《徐氏家藏書目・小説類》《草木子》四卷。括蒼葉子奇。

錢謙益等《絳雲樓書目・小説類》《草木子》葉世奇，元末明初人。

黄虞稷《千頃堂書目・小説類》葉子奇《草木子餘録》三卷。

《明史・藝文志・小説家》葉子奇《草木子餘録》三卷。

南村輟耕録

高儒《百川書志・小説家》《南村輟耕録》三十卷。元天台陶九成宗儀避兵三吴間，作勞之暇，以著述爲事。其成書甚富，此特其一耳，凡五百八十四事。或謂不當雜以淫褻之事。孫大雅稱其侈於白帖，擬於洪筆之精博，人或蓋識其大純而小疵也。

徐𤊹《徐氏家藏書目・小説類》《南村輟耕録》三十卷。

錢謙益等《絳雲樓書目・小説類》《南村輟耕録》三十卷，元陶九成《輟耕録》第十八卷，記宋宫殿一條，載元人楊奂汴故宫記。余諦觀之，楊所記者，乃是金章宗南渡以後耳。又汴梁宫人詩中有「二后睢陽去，潛身泣到明」，又「北去還沙漠，誠心畏從行」。皆詠金亡時事，以爲記宋宫殿者，南村之誤也。

黄虞稷《千頃堂書目・小説類》陶九成《輟耕録》三十卷。

《明史・藝文志・小説家》陶宗儀《輟耕録》三十卷。

《四庫全書總目提要・小説家》《輟耕録》三十卷。内府藏本。明陶宗儀撰。宗儀有《國風尊經》，已著録。此書乃雜記聞見瑣事。前有至正丙午孫作序。書中稱明兵曰集慶軍，或曰江南遊軍，蓋丙午爲至正二十七年，猶未入明時所作也。郎瑛《七修類稿》謂宗儀多録舊書，如《廣客談》、《通本録》之類，皆攘爲己作。今其書未見傳本，無由證瑛説之確否。但就此書而論，則於有元一代法令制度，及至正末東南兵亂之事，紀録頗詳。所考訂書畫文藝，亦多足備參證。惟多雜以俚俗戲謔之語，閭里鄙穢之事，頗乖著作之體。葉盛《水東日記》深病其所載猥褻，良非苛論。然其首尾賅貫，要爲能留心於掌故。故朱彝尊《静志居詩話》謂宗儀練習舊章，元代朝野舊事，實借此書以存，而許其有裨史學。則雖瑜不掩瑕，固亦論古者所不廢矣。

張之洞《書目答問・小説家》《輟耕録》三十卷。元陶宗儀。明刻本。津逮本。

説郛

錢謙益等《絳雲樓書目・小説類》陶九成《説郛》。鈔本。二十八册。一百卷，《水東日記》第五卷言：近聞陶九成《説郛》百卷，尚存其家，有九成塗改去取處，不知如何，其亦未成之書與？

《明史・藝文志・小説家》《説郛》一百二十卷。

錢大昕《補元史藝文志・小説家類》陶宗儀《説郛》一百二十卷。

名姬傳

錢大昕《補元史藝文志・小説家類》陶宗儀又《名姬傳》。

元氏掖庭記

徐𤊹《徐氏家藏書目・小説類》《元氏掖庭記》一卷。元陶宗儀。

高齋筆記

徐𤊹《徐氏家藏書目・小説類》《高齋筆記》二卷。高頤和。

農田餘話

徐𤊹《徐氏家藏書目・小説類》《農田餘話》二卷。吴張翼。

黃虞稷《千頃堂書目・小說類》 張翼《農田餘話》二卷。吴人，一稱長谷真逸。

《四庫全書總目提要・小說家》 《農田餘話》二卷。兩江總督採進本。舊本題明長谷真逸撰。不著名氏。所記多元末及張士誠竊據時事。中一條記至正壬辰紅巾入寇。又一條記至正甲申流星墜地事。皆所親歷，則其人生於元末。而下卷內一條稱正德庚午九月一日蘇臺張翼南伯志云云，相距一百五十八年。年月殊爲牴牾，或後人有所增入歟。

林泉隨筆

徐𤊹《徐氏家藏書目・小說類》 《林泉隨筆》一卷。淮浦張綸。

黃虞稷《千頃堂書目・小說類》 張綸《林泉隨筆》一卷。稱淮浦張綸。

《明史・藝文志・小說家》 張綸《林泉隨筆》一卷。

江湖紀聞

徐𤊹《徐氏家藏書目・小說類》 《江湖紀聞》二卷。

爲善陰隲

徐𤊹《徐氏家藏書目・小說類》 《爲善陰隲》十卷。太宗御製。

筠堂偶録

徐𤊹《徐氏家藏書目・小說類》 《筠堂偶録》二卷。張睿卿。

珠　淵

徐𤊹《徐氏家藏書目・小說類》 《珠淵》八卷。王路清。

王仲遵約言

徐𤊹《徐氏家藏書目・小說類》 《王仲遵約言》一卷。王路清。

牧　鑑

徐𤊹《徐氏家藏書目・小說類》 《牧鑑》八卷。楊昱。

菜根譚

徐𤊹《徐氏家藏書目・小說類》 《菜根譚》二卷。洪自誠。

續自警篇

徐𤊹《徐氏家藏書目・小說類》 《續自警篇》十六卷。金溪黄希憲。

飯牛庵雜録

黃虞稷《千頃堂書目・小說類》 張昌齡《飯牛庵雜録》一卷。

霏雪録

高儒《百川書志・小説家》　《霏雪録》十卷。皇明雒陽鎦績孟熙著。鎦原誤緇，從瞿校鈔本改。原失次，今約定十卷。

黄虞稷《千頃堂書目・小説類》　劉績《霏雪録》二卷。會稽人。

《明史・藝文志・小説家》　劉績《霏雪録》二卷。

桑榆漫志

高儒《百川書志・小説家》　《桑榆漫志》一卷。皇明夕川老人陶輔八十時所著，凡五十二則。

徐𤊹《徐氏家藏書目・小説類》　《桑榆漫志》一卷。陶輔。

黄虞稷《千頃堂書目・小説類》　陶輔《桑榆漫筆》一卷。號夕川老人，應天衛指揮僉事。

《明史・藝文志・小説家》　陶輔《桑榆漫筆》一卷。

花影集

黄虞稷《千頃堂書目・小説類》　陶輔《花影集》四卷。

翦燈新話

錢謙益等《絳雲樓書目・小説類》　《翦燈新話》、《餘話》。瞿祐著。祐字宗吉，錢唐人。少時受知於楊廉夫，明初學周王府長史。《餘話》乃永樂間李布政禎效瞿爲之者也。李方伯以著《餘話》故，殁後不得祀於鄉賢，見《孤樹裒談》。

存齋類編

黄虞稷《千頃堂書目・小説類》　瞿佑《存齋類編》。佑又有《翦鐙餘話》，正統七年癸酉李時勉請禁燬其書。故與李楨《餘話》皆不録。

香臺集

黄虞稷《千頃堂書目・小説類》　瞿佑《香臺集》三卷。

《明史・藝文志・小説家》　瞿佑《香臺集》三卷。

剪燈餘話

范邦甸等《天一閣書目・小説類》　《翦燈餘話》五卷。刊本。明李昌祺撰，曾棨、王英、羅汝、劉敬俱有序。

徐𤊹《徐氏家藏書目・小説類》　《剪燈餘話》三卷。廬陵李禎。

錢謙益等《絳雲樓書目・小説類》　《剪燈餘話》三卷。

師友話言

黄虞稷《千頃堂書目・小説類》　秦約《師友話言》。

樵史補遺

黄虞稷《千頃堂書目・小説類》　《樵史補遺》秦約。

閒適日鈔

黄虞稷《千頃堂書目・小説類》 陳贄《閒適日鈔》。

古穰雜録

黄虞稷《千頃堂書目・小説類》 李賢《古穰雜録》二卷。

古穰雜録

徐𤊹《徐氏家藏書目・小説類》 《古穰雜録》一卷。李賢。

《明史・藝文志・小説家》 李賢《古穰雜録》二卷。

薛子名言

徐𤊹《徐氏家藏書目・小説類》 《薛子名言》一卷。

類博雜言

黄虞稷《千頃堂書目・小説類》 岳正《類博雜言》二卷。

《明史・藝文志・小説家》 岳正《類博雜言》二卷。

水東日記

高儒《百川書志・小説家》 《水東日記》三十八卷。皇明崑山葉盛著，紀政典及雜事也。

范邦甸等《天一閣書目・小説類》 《水東日記》二十八卷。刊本。明崑山葉盛録。

徐𤊹《徐氏家藏書目・小説類》 《水東日記》三十八卷。崑山葉盛。

錢謙益等《絳雲樓書目・小説類》 《水東日記》三十八卷。葉盛，謚文莊。《葉文莊集》二卷。

黄虞稷《千頃堂書目・小説類》 葉盛《水東日記》三十八卷。

《明史・藝文志・小説家》 葉盛《水東日記》三十八卷。

《四庫全書總目提要・小説家》 《水東日記》三十八卷。兩淮鹽政採進本。明葉盛撰。盛有《葉文莊奏草》，已著録。是書記明代制度，及一時遺文逸事，多可與史傳相參。其閒徵引既繁，亦不免時有牴牾。又好自敘居官事蹟，殆不免露才揚己之病。王士禎作《居易録》，多自記言行，有如家傳，其源濫觴於此。古人無是體例也。至於辨請禁官舍家人操習一疏，謂人誣其子與官舍鬬鵪鶉不勝，因有是奏。深自剖析，連篇不已，抑又淺之甚者矣。然盛留心掌故，於朝廷舊典，考究最詳。又家富圖籍，其《菉竹堂書目》今尚有傳本，頗多罕覯之笈。故引據諸書，亦較他家稗販成編者特爲博洽。雖榛楛之勿翦，亦蒙茸於集翠。取長棄短，固未嘗不可資考證也。

張之洞《書目答問・小説家》 《水東日記》四十卷。明葉盛。康熙間刻本。明刻本三十八卷。

菊坡叢話

黄虞稷《千頃堂書目・小説類》 單宇《菊坡叢話》二十六卷。字時泰，臨川人，博學有文名，正統己未進士，諸暨、嵊縣令。

《明史・藝文志・小説家》 單宇《菊坡叢話》二十六卷。

復齋日記

范邦甸等《天一閣書目・小説類》 《復齋日記》一卷。刊本。浙東許浩著。

徐𤊹《徐氏家藏書目・小説類》 《復齋日記》一卷。許浩。

黄虞稷《千頃堂書目・小説類》 許浩《復齋日記》二卷。餘姚人。

《四庫全書總目提要・小説家》 《復齋日記》二卷。浙江范懋柱家天一閣藏本。

明許浩撰。浩有《宋史闡幽》，已著録。此書皆紀敘明初以來朝野事蹟，與葉盛《水東日記》頗相出入。前有自序，題乙卯蒲節，蓋宏治八年也。其中如楊榮料敵，于謙治兵，汪直亂政諸條，敘述頗詳。然如謂王振初時閑邪納誨，以成英廟盛德，不爲無補。則紕繆殊甚。至於「兒能成名妾不嫁，良人瞑目黄泉下」一詩，乃明初高啟張節婦詞，載於本集。而以爲章綸之母所作，亦失實也。

耕餘雜録

黄虞稷《千頃堂書目・小説類》 杜瓊《耕餘雜録》。字用嘉，吴縣人，從陳繼學，宣德、正統間，屢以孝廉薦，皆辭不就，學者私謚淵孝。

左贊桂坡録

黄虞稷《千頃堂書目・小説類》 《左贊桂坡録》一卷。

閒居漫讀記

黄虞稷《千頃堂書目・小説類》 倪復《閒居漫讀記》。

見聞欄楯

黄虞稷《千頃堂書目・小説類》 《見聞欄楯》。倪復。

觀古録

黄虞稷《千頃堂書目・小説類》 《觀古録》。倪復。

菽園雜記

范邦甸等《天一閣書目・小説類》 《菽園雜記》十卷。刊本。明吴郡陸容著。

徐𤊹《徐氏家藏書目・小説類》 《菽園雜記》二卷。陸容。

黄虞稷《千頃堂書目・小説家》 陸容《菽園雜記》十五卷。太倉人，參政。

《明史・藝文志・小説家》 陸容《菽園雜記》十五卷。

《四庫全書總目提要・小説家》 《菽園雜記》十五卷。浙江鮑士恭家藏本。

明陸容撰。容字文量，號式齋，太倉州人。成化丙戌進士。官至浙江右參政。事蹟具《明史・文苑傳》。史稱容與張泰、陸釴齊名，時號婁東三鳳。其詩才不及泰、釴，而博學過之。是編乃其劄録之文，於明代朝野故實，敘述頗詳，多可與史相考證，旁及談諧雜事，皆竝列簡編。蓋自唐宋以來説部之體如是也。中間頗有考辨。如元王柏作二南相配圖，棄甘棠何彼襛矣野有死麕三篇，於經義極爲乖剌。而容獨嘆爲卓識。又文廟別作寢殿祀啓聖公，而配以四配之父，其議發於熊禾。而容謂叔梁紇爲主，出於無謂。孟孫激非聖賢之徒，不當從祀。尤昧於崇功報本之義，皆不足爲據。然核其大致，可採者較多。王鏊嘗語其門人曰：本朝紀事之書，當以陸文量爲第一，即指此書也。雖無雙之譽，奬借過深。要其所以取之者，必有在矣。

張之洞《書目答問・小説家》 《菽園雜記》十五卷。明陸容。守山閣本。金壺本。

馬氏日抄

徐𤊹《徐氏家藏書目·小説類》《馬氏日抄》一卷。吴馬愈。

黄虞稷《千頃堂書目·小説家》 馬愈《馬氏日鈔》一卷。

青溪暇筆

范邦甸等《天一閣書目·小説類》《青溪暇筆》一卷。刊本。金陵姚福撰。

徐𤊹《徐氏家藏書目·小説類》《清溪暇筆》一卷。金陵姚福。

黄虞稷《千頃堂書目·小説類》 姚福《青谿暇筆》二十卷。字世昌,號守素,道人。南京羽林衛千户,成化中人。好讀書,與劉昌欽謨交善。所著述甚夥。別有《窺豹録》、《兵談纂類》、《神醫診籍》、《避喧録》、《立身警策》、《詠史詩説》、《叙古千文》、《解發蒙歌》,皆未見。

《明史·藝文志·小説家》 姚福《青谿暇筆》二十卷。

東岑子

黄虞稷《千頃堂書目·小説類》 謝理《東岑子》四卷。字一卿,成化十七年序,別有東岑筆記。不知即此否。

南園漫録

黄虞稷《千頃堂書目·小説類》 張志淳《南園漫録》十卷。

《明史·藝文志·小説家》 張志淳《南園漫録》十卷。

南園續録

黄虞稷《千頃堂書目·小説類》《南園續録》十卷。張志淳。

《明史·藝文志·小説家》《南園續録》十卷。

東園客談

錢謙益等《絳雲樓書目·小説類》《東園客談》。

《四庫全書總目提要·小説家》《東園客談》一卷。浙江范懋柱家天一閣藏本。明孫道易撰。道易字景周,自號映雪老人,華亭人。其書皆録名人嘉言懿行及近代聞見諸事。以據當時友朋所書輯之,故曰《客談》。於每條下各標其名,凡錢維善、全思誠、陶宗儀、趙宣晉、夏文彦、夏頤、朱武、郭亨、邵焕、孫中晉、孫元鑄、黄琦、費圜用、楊孫、李升、曾楧竝道易,共十七人。多元之遺民也。後有景泰丙子金霱跋,稱舊凡五十帙,散佚不全,幸存此。則已非完本矣。

讕言編

徐𤊹《徐氏家藏書目·小説類》《讕言編》一卷。曹安。

讕言長語

高儒《百川書志·小説家》《讕言長語》一卷。皇明松人曹安著。

可齋雜記

《四庫全書總目提要・小説家》《可齋雜記》一卷。浙江巡撫採進本。明彭時撰。時字純道，安福人。正統戊辰進士第一。官至文淵閣大學士。謚文憲。事蹟具《明史》本傳。此書述其生平閲歷，始正統乙丑，在國子監肄業，多稱李時勉善教事。次敘廷試第一及入翰林事，多陳夢兆禨祥及諸瑣事。次記景泰初入内閣事，所載英宗北狩、額森内侵、奪門復辟、曹吉祥謀逆，皆甚寥寥。王文入相事獨詳。敘周錢二太后竝尊及錢太后祔廟事，往返曲折甚悉。蓋平生經濟在策項忠一事，平生大節則在此一事。證以本傳，一一相合，知非詭詞以自炫。惟稱景泰初内外防禦以于謙陳循同功，似非公論。又記張英、劉長子之冤，以時方省親，自家至京，不及申救爲解。然其後時在内閣，亦未聞申攘功之誅、正骫法之罪。僅以筆記存公論，殊無謂也。時本賢相，殆以此自識其過乎。

方洲雜言

《四庫全書總目提要・小説家》《方洲雜言》一卷。浙江鮑士恭家藏本。明張寧撰。寧字靖之，方洲其號也，海鹽人。景泰甲戌進士。官至給事中。事蹟具《明史》本傳。是書所述，皆見聞瑣屑之事。於登第夢兆，記之尤詳。頗近猥雜。又祇二十餘則，篇幅寥寥，疑非足本也。

蹇齋瑣綴録

范邦甸等《天一閣書目・小説類》《謇齋瑣綴録》八卷。明尹謇齋撰，并序云：予自入仕至歸田五十餘年來，所得于耳目者，不可勝紀。每見楮筆在前，輒録一二，詞無藻繪，事無類次，積久成帙，命之曰《瑣綴》。

《四庫全書總目提要・小説家》《蹇齋瑣綴録》八卷。浙江范懋柱家天一閣藏本。明尹直撰。直有《明良交泰録》，已著録。是書所載，多明代掌故。於内閣尤詳。於同時仕宦黜陟、恩怨報復之由，亦頗縷悉。而好惡之詞，或所不免。其醜詆吴與弼不遺餘力。案《明史儒林傳》載與弼至京師，李賢推之上坐，以賓師禮事之。編修尹直至令坐於側。直大愠，出即謗與弼。及與弼歸，知府張璝謁見不得，大恚。募人代其弟投牒訟與弼，立遣吏攝之。大加侮慢，始遣還。編修張元禎不知其始末，遺書誚讓，有上告素王，正名討罪，豈容先生久竊虚名語。直復筆其事於《瑣綴録》。又言與弼跋石亨族譜，自稱門下士，士大夫用此訾與弼。又載顧允成之言，以爲好事者爲之。然與弼求名太急，實有矜心作意，刻畫聖人之處。觀其日録，約略可見。直之所記，當亦有所激而然歟。其論續通鑑綱目一條，謂宋太宗燭影斧聲之事，由陳桱誤增李燾之文，李燾又誤改文瑩之語。則考證頗詳云。

雙槐歲鈔

范邦甸等《天一閣書目・小説類》《雙槐歲鈔》十卷。刊本。明黄瑜撰并序。

《四庫全書總目提要・小説家》《雙槐歲鈔》十卷。浙江鮑士恭家藏本。明黄瑜撰。朱國楨《湧幢小品》曰：黄瑜字廷美，香山人。景泰丙子舉人。長樂縣知縣。有惠政，以勁直棄官。手植槐二，構亭吟嘯其間。自稱雙槐老人，作《雙槐歲鈔》。即此本也。所記洪武迄成化中事，凡二百二十條。黄虞稷《千頃堂書目》稱其孫佐以春坊諭德掌南京翰林院事。於院堂書簏中得吴元年故簡，因足成之。案佐有目録跋語，則所補者爲洪武初科第及永樂庶吉士姓名二條是也。其書首尾貫串，在明人野史中頗有體要。然亦多他書所載，無甚異聞。至於神怪報應之説，無關典故者，往往濫載，亦未免失於裁翦矣。

損齋備忘録

高儒《百川書志・小説家》《損齋備忘録》二卷。皇明夏邑梅純著，凡十類。

徐𤊹《徐氏家藏書目・小説類》《損齋備忘録》一卷。金陵梅純。

續百川學海

《明史・藝文志・小說家》 梅純《續百川學海》一百卷。

苹野纂聞

黃虞稷《千頃堂書目・小說類》 伍餘福《苹野纂聞》一。字君求，又字疇中，吳縣人，正統丁丑進士，鎮遠知縣。

《四庫全書總目提要・小說家》 《苹野纂聞》一卷。編修程晉芳家藏本。明伍餘福撰。餘福有《成化陝西志》，已著録。是書所紀僅二十條，皆吳中故實，閒及朝政。末有其子忠光跋，謂餘福家食時所纂，没後始於笥中檢出，因鋟諸梓云。

邇言

黃虞稷《千頃堂書目・小說類》 王啓《邇言》。

寓圃雜記

范邦甸等《天一閣書目・小說類》 《寓圃雜記》一卷。刊本。明長洲王錡著。

黃虞稷《千頃堂書目・小說類》 王錡《寓圃雜記》十卷。長洲人。字元禹，又稱康孝先生。

《明史・藝文志・小說家》 王錡《寓圃雜記》十卷。

《四庫全書總目提要・小說家》 《寓圃雜記》十卷。浙江范懋柱家天一閣藏本。明王錡撰。錡字元禹，別號夢蘇道人，長洲人。是書載明洪武迄正統閒朝野事蹟，於吳中故實尤詳。然多摭拾瑣屑，無關考據。

郊外農談

黃虞稷《千頃堂書目・小說類》 張鈇《郊外農談》三卷。慈谿人。

蘇談

范邦甸等《天一閣書目・小說類》 《蘇談》一卷。刊本。明楊循吉君謙著。

徐𤊹《徐氏家藏書目・小說類》 楊循吉《蘇談》一卷。

黃虞稷《千頃堂書目・小說家》 《蘇譚》一卷。楊循吉。

吳中故語

黃虞稷《千頃堂書目・小說類》 楊循吉《吳中故語》一卷。

蓬窗類記

徐𤊹《徐氏家藏書目・小說類》 《蓬軒別記》一卷。吳黃暐。

黃虞稷《千頃堂書目・小說家》 黃暐《蓬窗類記》五卷。字日昇，吳縣人，弘治庚戌進士，刑部郎中。

《四庫全書總目提要・小說家》 《蓬窗類記》五卷。浙江范懋柱家天一閣藏本。明黃暐撰。暐字日昇，號東樓，吳縣人。宏治庚戌進士。官至刑部郎中。此書雜記舊事，上自朝廷典故，下及詼諧鬼怪之屬，無所不録。分功臣紀、科第紀、賦役紀、國初紀、妖人紀、災異紀、異人紀、厚德紀、政績紀、忠烈紀、高士紀、異行紀、固介紀、穎慧紀、德怨紀、節婦紀、著作紀、詩話紀、技藝紀、冠衲紀、夢紀、果報紀、滑稽紀、怪異紀、黠盜紀、祛惑紀、商販紀、釋冤紀諸目。所載吳事尤多。然頗蕪雜，不盡可據。前有王鏊序，稱故友黃君，少攻舉業，未甚賅洽。及筮仕，乃始汎觀博取。此書所紀，雖不能無猥瑣，而崇正之意亦寓其閒。可謂得是非之公矣。

延林堂漫録

黃虞稷《千頃堂書目・小説類》 羅鳳《延林堂漫録》三十六卷。字子文，號印岡，南京水軍右衛人。弘治丙辰進士，官兖州、鎮遠、石阡三府知府。

《明史・藝文志・小説家》 羅鳳《漫録》三十卷。

《四庫全書總目提要・小説家》 《延休堂漫録》三十六卷。浙江范懋柱家天一閣藏本。明羅鳳撰。鳳字子文，號印岡，應天人。宏治丙辰進士。官至石阡府知府。此書徵引蒐輯，頗爲繁富。然或録漢晉以來遺事，而錯以有明。或詳有明一朝人物典制，而復泛摭前代。古今混淆，巨細錯雜，此其失也。又其所載明一代事，如謂劉基識天子氣之類，皆雜取小説，不足徵信。惟辨袁忠徹符臺外集謂元順帝爲瀛國公子之謬。謂瀛國公六歲降元，至元世祖崩時，年二十四。元順帝生於延祐庚申，其時瀛國五十矣。設使真有感夢涉疑，從釋奪后之事，在世祖未崩之前。其去順帝生時二三十年矣。此論最善，可以釋千古之疑也。

戒庵老人漫筆

黃虞稷《千頃堂書目・小説類》 李詡《戒庵老人漫筆》八卷。江陰人。

《明史・藝文志・小説家》 李詡《漫筆》八卷。

夢遇神女畧

徐𤊹《徐氏家藏書目・小説類》 《夢遇神女畧》一卷。江萬仞。

山海漫談

黃虞稷《千頃堂書目・小説類》 任環《山海漫談》。長治人，蘇松兵備副使。

暖姝由筆

黃虞稷《千頃堂書目・小説類》 徐充《暖姝由筆》三卷。

游汴記

黃虞稷《千頃堂書目・小説類》 《游汴記》一卷。

覽勝紀談

黃虞稷《千頃堂書目・小説類》 《覽勝紀談》十卷。

延州筆記

黃虞稷《千頃堂書目・小説類》 唐覲《延州筆記》四卷。

宦遊紀聞

黃虞稷《千頃堂書目・小説類》 張誼《宦遊紀聞》一卷。

公餘日録

黃虞稷《千頃堂書目・小説類》 湯沐《公餘日録》一卷。

宿齋談録

高儒《百川書志・小説類》 《宿齋談録》一卷。皇明滄州馬潛孔儀著，凡六十二條。前司馬公昂，乃其祖也。

黃虞稷《千頃堂書目・小説家》 馬潛《宿庵談録》一卷。字孔儀，滄州人，馬昂孫。

水南翰記

黃虞稷《千頃堂書目・小説類》 張袞《水南翰記》一卷。江陰人，字補之。

玉池談屑

黃虞稷《千頃堂書目・小説類》 徐泰《玉池談屑》四卷。字子元，海鹽人。弘治甲子舉人，光澤知縣。

《明史・藝文志・小説家》 徐泰《玉池談屑》四卷。

野航漫録

黃虞稷《千頃堂書目・小説類》 朱在理《野航漫録》。

名物寓言

黃虞稷《千頃堂書目・小説類》 《名物寓言》。朱在理。

西軒類編

黃虞稷《千頃堂書目・小説類》 丁養浩《西軒類編》。仁和人，成化二十三年進士，雲南布政使。

竹石屋閒鈔

黃虞稷《千頃堂書目・小説類》 蔣誼《竹石屋閒鈔》。字宣誼，南京太醫院人，成化丙戌進士，南道御史。

邃言

黃虞稷《千頃堂書目・小説類》 張璡《邃言》。字伯純，澤州人。弘治丙戌進士，陝西按察司僉事。

林下農談

黃虞稷《千頃堂書目・小説類》 陳孜《林下農談》。南陵人，弘治壬子舉人，寧羌州知州。

澤山野録

黄虞稷《千頃堂書目・小説類》 徐咸《澤山野録》。海鹽人，正德辛未進士，襄陽府知府。

西園雜記

黄虞稷《千頃堂書目・小説類》 《西園雜記》二卷。

雙溪雜記

范邦甸等《天一閣書目・小説類》 《雙溪雜記》一卷。緜紙藍絲闌鈔本。洮汶王晉溪著，并序云：予所居岩穴在雙溪之閒，怡神養氣之餘，忽有所思，輒録于册，久而成帙。雖不敢自謂盡合道理，然皆紀實無空言者。

徐𤊹《徐氏家藏書目・小説類》 《雙溪雜記》一卷。洮汾王渙。

《四庫全書總目提要・小説家》 《雙溪雜記》。無卷數。兩淮鹽政採進本。不著撰人名氏。案焦竑《經籍志》載《雙溪雜記》二卷，王瓊撰。《續説郛》所載亦題曰王瓊。檢卷中所述，竝自署其名曰瓊，與二書所載合，蓋即瓊書矣。瓊在當時，以幹略稱。所著《晉溪奏議》，已著録。是編其雜記見聞之作也。所載朝廷故事，於宏治以前頗有稽核，足與正史相參。即是非取予，亦不甚剌謬。至正嘉之閒，則自任其私，多所污衊，不可盡據爲實録。考《明史》本傳，瓊督邊之功及薦王守仁以平宸濠，其功固不可没。然平日與江彬、錢寧等相比，而與楊廷和、彭澤等不協。故記中於廷和與澤詆誣尤甚。至於大禮一事，曲徇世宗之意，悉歸其過於廷和，尤非定論矣。

墨池瑣録

黄虞稷《千頃堂書目・小説類》 王渙《墨池瑣録》□卷。字渙之，長洲人，正德己卯舉人。嘉興府通判。

《明史・藝文志・小説家》 王渙《墨池瑣録》三卷。

誨似録

黄虞稷《千頃堂書目・小説類》 《誨似録》。陳沂。

維楨録

黄虞稷《千頃堂書目・小説類》 《維楨録》。陳沂。

存疾録

黄虞稷《千頃堂書目・小説類》 《存疾録》。陳沂。

近言

徐𤊹《徐氏家藏書目・小説類》 《近言》一卷。顧璘。

客問

徐𤊹《徐氏家藏書目・小説類》《客問》一卷。黃省曾。

彭文憲筆記

徐𤊹《徐氏家藏書目・小説類》《彭文憲筆記》二卷。

西軒客談

徐𤊹《徐氏家藏書目・小説類》《西軒客談》一卷。

碧湖雜記

徐𤊹《徐氏家藏書目・小説類》《碧湖雜記》一卷。

醫閭漫記

徐𤊹《徐氏家藏書目・小説類》《醫閭漫記》一卷。遼東賀欽。

黃虞稷《千頃堂書目・小説家》賀欽《醫閭漫記》一卷。

近峰聞略

黃虞稷《千頃堂書目・小説類》皇甫録《近峰聞略》八卷。長洲人，弘治丙辰進士，□□知府，正德辛巳男沖序。

明記略

《四庫全書總目提要・小説家》《明記略》四卷。浙江范懋柱家天一閣藏本。明皇甫録撰。録字世庸，號近峯，長洲人。宏治丙辰進士。官至順慶府知府。《明史》皇甫涍傳，稱父録官重慶府知府。案録《下陴紀談》載順慶事甚詳，則《明史》字誤。是編據嘉靖壬寅其子沖序，稱原本多冗談細故，命沖讐定。於是原始要終，掇洪拾大别爲四卷云云。則録之稾本而沖所删定也。所記皆正德以前舊聞。然如鐵鉉二女在教坊作詩。建文帝騎騾在黔國公第。王振嘗爲教官，永樂末以年滿無功見閹。仁宗或云死於雷，或云爲宮人所毒，或云爲内官擊殺之類。大抵委巷之傳聞，其删除猶有未盡矣。

石田雜記

徐𤊹《徐氏家藏書目・小説類》《石田雜記》一卷。沈周。

黃虞稷《千頃堂書目・小説類》《石田雜記》。沈周。

《四庫全書總目提要・小説家》《石田雜記》一卷。編修程晉芳家藏本。明沈周撰。周字啓南，長洲人。以繪事名一時。郡守欲以賢良薦。周筮得遯之九五，遂決意不出。年八十三而卒。事蹟具《明史隱逸傳》。此編乃所記聞見雜事。末有伍忠光跋，稱先生化後二十餘年，而是記存於糊工故紙之中。手墨宛然，疑即先生絶筆。友人何良輔持以示予，因命工梓之云云。蓋本叢殘手稾，非有意於著書，故所記頗涉瑣屑云。

客座新聞

黃虞稷《千頃堂書目・小説類》沈周《客座新聞》二十二卷。

《明史·藝文志·小説家》 沈周《客坐新聞》二十二卷。

三餘贅筆

高儒《百川書志·小説家》 《三餘贅筆》二卷。皇明吴人都邛維明著，凡八十二則。

徐𤊹《徐氏家藏書目·小説類》 《三餘贅筆》二卷。都印。

黄虞稷《千頃堂書目·小説類》 都印《三餘贅筆》二卷。都穆父，字維明。

《明史·藝文志·小説家》 都邛《三餘贅筆》二卷。

聽雨紀談

高儒《百川書志·小説家》 《聽雨紀談》一卷。皇明都穆，成化丁未九月，淫雨浹旬，與客清言竟日。漫爾筆之，得事五十則爲此。穆，邛子也。

徐𤊹《徐氏家藏書目·小説類》 《聽雨紀談》一卷。都穆。

黄虞稷《千頃堂書目·小説類》 《聽雨紀談》一卷。

使西日記

高儒《百川書志·小説家》 《使西日記》二卷。穆官禮部，奉命册封慶藩。自京師至甯夏，將三月，行數千里，履歷日記，而成此書。

閱古隨筆

徐𤊹《徐氏家藏書目·小説類》 《閱古隨筆》二卷。都穆。

江海殲渠記

徐𤊹《徐氏家藏書目·小説類》 《江海殲渠記》長洲祝允明。

祝子小言

徐𤊹《徐氏家藏書目·小説類》 《祝子小言》一卷。祝允明。

黄虞稷《千頃堂書目·小説類》 《祝子小言》一卷。

讀書筆記

徐𤊹《徐氏家藏書目·小説類》 《讀書筆記》一卷。祝允明。

祝子罪知録

徐𤊹《徐氏家藏書目·小説類》 《祝子罪知録》十卷。祝允明。

前聞記

范邦甸等《天一閣書目·小説類》 《前聞記》一卷。藍絲闌鈔本。明祝允明撰。

徐𤊹《徐氏家藏書目·小説類》 《前聞記》一卷。祝允明。

黄虞稷《千頃堂書目·小説家》 《前聞記》。祝允明。

《四庫全書總目提要·小説家》 《前聞記》一卷。浙江巡撫採進本。明祝允明撰。是書雜載前明事實，散無統紀。大抵於所爲野記中別撮爲一書，而小更其次第。如野記載洪武三年二月命制四方平定巾，二十四年又諭禮部侍郎張智申明巾義。其下註云：舊傳太祖召楊維楨問以所戴巾，對曰四方平定巾。而是書則取野記之小註爲正文，後附以洪武三年二十四年事，則辭義全複也。又如野記載太祖聞危素履聲，笑曰：我只道是文天祥。是書則曰我只道伯夷、叔齊來，或云文天祥。蓋仍是一條而小變其語耳。明人欲誇著述之富，每以所著一書，分爲數種，往往似此，不足詰也。

野記

范邦甸等《天一閣書目・小説類》《野記》四卷。烏絲格鈔本。卷首有東明山人甬東范氏家藏圖書。明祝允明撰。

徐𤇆《徐氏家藏書目・小説類》《野記》二卷。祝枝山。

《四庫全書總目提要・小説家》《野記》四卷。浙江鮑士恭家藏本。明祝允明撰。允明有《蘇材小纂》，已著録。是書所記多委巷之談。如記張太后遺詔復建文年號一事，張朝瑞忠節記已辨之。至謂《永樂大典》修輯未成而罷，則他事失實可知。朱孟震《河上楮談》亦稱允明所撰志怪及此書，可信者百中無一云。

龍江夢餘録

高儒《百川書志・小説家》《龍江夢餘録》四卷。皇明雲間唐錦避暑龍江別墅所著。録以夢餘名者，得之心而寓之夢，非真紀夢中事也。

范邦甸等《天一閣書目・小説類》《龍江夢餘録》四卷。藍絲闌鈔本。唐錦著。

徐𤇆《徐氏家藏書目・小説類》《龍江夢餘録》四卷。

黃虞稷《千頃堂書目・小説類》唐錦《龍江夢餘録》四卷。

《明史・藝文志・小説家》唐錦《龍江夢餘録》四卷。

女紅志

徐𤇆《徐氏家藏書目・小説類》《女紅志》一卷。龍氏。

南郭子

高儒《百川書志・小説家》《南郭子》二卷。皇明臨江高紈著，凡十八篇。

黃虞稷《千頃堂書目・小説類》高紈《南郭子》二卷。臨江人，凡十八類。

吏隱録

黃虞稷《千頃堂書目・小説類》沈津《吏隱録》四卷。吴郡人，太醫院。

《四庫全書總目提要・小説家》《吏隱録》二卷。浙江范懋柱家天一閣藏本。明沈津撰。津有《鄧尉山志》，已著録。明有兩沈津。知此爲蘇州沈津作者，是編所載《朝野逸事》，并及其先世善醫事蹟。蘇州沈津，家世業醫。正德中選入太醫院，充唐藩醫正，與之合也。

濯纓亭筆記

黃虞稷《千頃堂書目・小説類》戴冠《濯纓亭筆記》十卷。

《明史・藝文志・小説家》戴冠《筆記》十卷。

緑雪亭雜言

黃虞稷《千頃堂書目・小説類》敖英《緑雪亭雜言》一卷。清江人。

從政録

徐𤊹《徐氏家藏書目・小説類》《薛文清從政録》一卷。薛萱。

東谷贅言

徐𤊹《徐氏家藏書目・小説類》《東谷贅言》二卷。敖英。

黄虞稷《千頃堂書目・小説類》《東谷贅言》二卷。敖英。

香奩四友傳

徐𤊹《徐氏家藏書目・小説類》《香奩四友傳》一卷。鏡梳脂粉。昆陵陸奎章著。

黄虞稷《千頃堂書目・小説類》陸奎章《香匳四友傳》一卷。

《四庫全書總目提要・小説家》《香奩四友傳》二卷。編修勵守謙家藏本。明陸奎章撰。奎章字子翰，武進人。前四友曰金亮、木理、房施、白華，乃鏡、梳、脂、粉也。後四友曰周準、齊銛、金貫、索紉，乃尺、翦、針、線也。蓋仿韓愈毛穎傳而作。後附偶人説一篇，皆詞意儇薄，了無可取。蓋明初淳實之風，至是已漸瀉矣。

鷗峯雜著

高儒《百川書志・小説家》《鷗峯雜著》四卷。皇明毗陵陸焕章子文讀書有得，輒録之以備遺忘、資問難。感今懷古□異，商訂事物之疑，久之成書，凡七十七則。

海市辨

黄虞稷《千頃堂書目・小説類》王崇慶《海市辨》一卷。

海樵子

徐𤊹《徐氏家藏書目・小説類》《海樵子》一卷。王崇慶。

庚巳編

徐𤊹《徐氏家藏書目・小説類》《庚巳編》四卷。陸粲。

黄虞稷《千頃堂書目・小説家》陸粲《庚巳編》十卷。

《明史・藝文志・小説家》陸粲《庚巳編》十卷。

淮封日記

徐𤊹《徐氏家藏書目・小説類》《淮封日記》一卷。陸深。

南遷日記

徐𤊹《徐氏家藏書目・小説類》《南遷日記》一卷。陸深。

願豐堂漫書

徐𤊹《徐氏家藏書目·小説類》《願豐堂慢書》一卷。陸深。

《四庫全書總目提要·小説家》《願豐堂漫書》一卷。編修勵守謙家藏本。明陸深撰。深年譜載所著有《願豐堂稿》，乃正德己巳成於家。今此卷末載正德壬申過蘭谿謁章懋一事，與年譜歲月不符。蓋《願豐堂稿》乃其詩文，此則所著説部也。其書亦雜記故事，僅及七條，疑非完本。

谿山餘話

徐𤊹《徐氏家藏書目·小説類》《谿山餘話》一卷。陸深。

《四庫全書總目提要·小説家》《谿山餘話》一卷。編修勵守謙家藏本。明陸深撰。所記一時名臣如劉健章懋劉大夏遺事頗詳。又多談閩事，蓋其宦閩日所著也。

玉堂慢筆

徐𤊹《徐氏家藏書目·小説類》《玉堂慢筆》三卷。陸深。

《四庫全書總目提要·小説家》《玉堂漫筆》三卷。內府藏本。明陸深撰。深有《南巡日録》，已著録。是書乃在翰林時記其每日所得，而於考核典故爲尤詳。其載楊士奇子稷得罪，爲出於陳循所構陷，亦修史者所未詳也。

停驂録

徐𤊹《徐氏家藏書目·小説類》《停驂録》一卷。陸深。

停驂録續録

徐𤊹《徐氏家藏書目·小説類》《停驂録續録》三卷。

中和堂隨筆

徐𤊹《徐氏家藏書目·小説類》《中和堂隨筆》二卷。陸深。

春風堂隨筆

徐𤊹《徐氏家藏書目·小説類》《春風堂隨筆》一卷。陸深。

《四庫全書總目提要·小説家》《春風堂隨筆》一卷。編修勵守謙家藏本。明陸深撰。雜記聞見凡二十三條。末附所載歙硯志一篇。

春雨堂雜抄

徐𤊹《徐氏家藏書目·小説類》《春雨堂雜抄》一卷。陸深。

知命録

徐𤊹《徐氏家藏書目·小説類》《知命録》二卷。陸深。

《四庫全書總目提要·小説家》《知命録》一卷。編修勵守謙家藏本。明陸深撰。蓋亦雜志之類，而所記秦蜀山川名勝爲多。乃深於嘉靖十三年赴四川左布政使任時途次所編也。其曰知命者，以初授陝藩，道經揚州蜀岡，異其名問之，則曰由此可通蜀。已而得入蜀之命。追數先徵，信由前定，因以爲名。

儼山外集

黄虞稷《千頃堂書目・小説類》 陸深陸文裕公《外儼山集》四十卷。

《明史・藝文志・小説家》 陸深《儼山外集》四十卷。

李氏居室記

黄虞稷《千頃堂書目・小説類》 李濂《李氏居室記》五卷。

科場漫筆

范邦甸等《天一閣書目・小説類》 《科場漫筆》三卷。刊本。明大梁李濂撰。

驪珠隨録

黄虞稷《千頃堂書目・小説類》 《驪珠隨録》五卷。楊儀。

墅　談

范邦甸等《天一閣書目・小説類》 《墅談》六卷。刊本。明關西胡侍撰。嘉靖丙午喬世寧序云：余覽濛溪胡子近著，《墅談》一書，其體雖不異于小説，乃其事實有可據，足以證往，籍備時事，稽政體，研物理，撫臺獅山柯公命守。西安朱君刻之，以傳余。以濛溪子窮經脩詞三十餘年，詩文若干卷，已盛傳于世。是編，雖其緒餘，而達識精詣。若此，竊懼夫世之弗察者，猥以爲稗官齊諧者類也。故畧著其指意云。

黄虞稷《千頃堂書目・小説類》 胡侍《野談》六卷。咸寧人，潞州同知。

《明史・藝文志・小説家》 胡侍《野談》六卷。

故事備要

范邦甸等《天一閣書目・小説類》 《故事備要》四册。烏絲闌鈔本。不著撰人名氏。

漫堂隨筆

范邦甸等《天一閣書目・小説類》 《漫堂隨筆》一卷。藍絲闌鈔本。明唐寅撰。卷末有跋云：吴趨唐省元伯虎遺書中有《漫堂隨筆》一卷，所載多元祐間事，雜以幽冥報應，蓴桃神奇。余疑其怪誕，況值歲單雪甚，手凍皴，不能運筆，秖摘其涉于倫理者書之。丙辰蜡月下旬皇山人姚咨識。

東澤綺語

范邦甸等《天一閣書目・小説類》 《東澤綺語》一卷。緜紙鈔本。明鄱陽張輯撰。

一得卮言

范邦甸等《天一閣書目・小説類》 《一得卮言》二卷。刊本。明邵應試撰。

雅述

徐𤊹《徐氏家藏書目・小説類》《雅述》一卷。王廷相。

廣夷堅志

《四庫全書總目提要・小説家》《廣夷堅志》二十卷。兩江總督採進本。舊本題明楊慎撰。慎有《檀弓叢訓》，已著録。是編前有嘉靖二十年慎門人夏林序。文詞猥陋，舛誤疊出。如云宋洪邁有《夷堅志》二十卷。考邁書甲集至癸集二百卷、支甲至支癸一百卷、三甲至三癸一百卷、四甲四乙二十卷，乃四百二十卷，非二十卷也。又稱因宣和皇帝喜長生不死之術，一時士大夫相習成風，争爲此類言語以媚於上，洪故賢者，亦不能免。考邁乃高宗紹興十五年進士，孝宗時官端明殿學士，非徽宗宣和時人也。又稱慎著述已滿天下，晚年學莊子之卮言，拾齊諧之剩語，仿洪氏之例而推廣之。考慎以正德六年辛未登第，年二十四。至嘉靖二十年辛丑僅五十四歲，非晚年也。其爲依託，已無疑義。及核其書，乃全録樂史《廣卓異記》，一字不異。可謂不善作僞矣。

楊子卮言

徐𤊹《徐氏家藏書目・小説類》《楊子卮言》二卷。楊慎。

黄虞稷《千頃堂書目・小説類》《楊子卮言》二卷。楊慎。

《明史・藝文志・小説家》《卮言》四卷。

卮言閏集

黄虞稷《千頃堂書目・小説類》楊慎《卮言閏集》二卷。

墐户録

黄虞稷《千頃堂書目・小説類》楊慎《墐户録》一卷。

《明史・藝文志・小説家》楊慎《墐户録》一卷。

清暑録

黄虞稷《千頃堂書目・小説類》楊慎《清暑録》二卷。

《明史・藝文志・小説家》《清暑録》二卷。楊慎。

病榻手欥

黄虞稷《千頃堂書目・小説類》楊慎《病榻手欥》一卷。

晞籛砙筆

黄虞稷《千頃堂書目・小説類》楊慎《晞籛砙筆》□卷。

再續百川學海

《明史・藝文志・小説家》司馬泰《再續百川學海》八十卷。

三續百川學海

《明史・藝文志・小説家》 司馬泰《三續百川學海》三十卷。

護龍河上雜言

黄虞稷《千頃堂書目・小説類》 《護龍河上雜言》一卷。司馬泰。

知次録

黄虞稷《千頃堂書目・小説類》 《知次録》。司馬泰。

西虹視履録

黄虞稷《千頃堂書目・小説類》 《西虹視履録》。司馬泰。

史流十品

《明史・藝文志・小説家》 司馬泰《史流十品》一百卷。

任意録

英廉奏《抽毀書目》 《任意録》二本。查《任意録》，係明羅鶴撰。書中春秋本末一條，遠夷頌德詩一條，文子曰一條，俱有偏謬語。應請抽燬。

應庵隨意筆録

黄虞稷《千頃堂書目・小説類》 羅鶴《應庵隨意筆録》十四卷。

明世學山

《明史・藝文志・小説家》 王文禄《明世學山》五十卷。

食色紳言

徐𤊹《徐氏家藏書目・小説類》 《食色紳言》二卷。諸皆春居士。

海沂子

徐𤊹《徐氏家藏書目・小説類》 《海沂子》五卷。王文禄。

黄虞稷《千頃堂書目・小説類》 《海沂子》五卷。王文録。

廉　矩

徐𤊹《徐氏家藏書目・小説類》 《廉矩》一卷。王文禄。

黄虞稷《千頃堂書目・小説類》 《廉矩》一卷。王文録。

求志編

徐𤊹《徐氏家藏書目·小説類》《求志編》一卷。王文禄。

黄虞稷《千頃堂書目·小説類》《求志編》一卷。王文録。

庭聞述畧

徐𤊹《徐氏家藏書目·小説類》《庭聞述畧》一卷。王文禄。

黄虞稷《千頃堂書目·小説類》《庭聞紀略》一卷。王文録。

竹下寤言

黄虞稷《千頃堂書目·小説類》王文録《竹下寤言》二卷。海鹽人。

雁湖子

黄虞稷《千頃堂書目·小説類》《雁湖子》四卷。王文録。

紅箱集

黄虞稷《千頃堂書目·小説類》尤鏜《紅箱集》五十卷。

《明史·藝文志·小説家》尤鏜《紅箱集》五十卷。

正楊

徐𤊹《徐氏家藏書目·小説類》《正楊》四卷。陳燿文。

學圃萱蘇

徐𤊹《徐氏家藏書目·小説類》《學圃萱蘇》六卷。陳燿文。

消遥館漫鈔

黄虞稷《千頃堂書目·小説類》朱應辰《消遥館漫鈔》十卷。字拱之，寶應人。嘉靖中貢士。

《明史·藝文志·小説家》朱應辰《漫鈔》十卷。

長洲野志

黄虞稷《千頃堂書目·小説類》伍卿忠《長洲野志》一卷。

陂東新論

黄虞稷《千頃堂書目·小説類》《陂東新論》孫緒。

猶及篇

黄虞稷《千頃堂書目・小説類》 楊名《猶及篇》一卷。

日紀存疑

黄虞稷《千頃堂書目・小説類》 蘇志仁《日紀存疑》。

吴子孝説守

黄虞稷《千頃堂書目・小説類》 《吴子孝説守》。

仁恕堂日録

黄虞稷《千頃堂書目・小説類》 《仁恕堂日録》。吴子孝。

碧里雜存

范邦甸等《天一閣書目・小説類》 《碧里雜存》一册。刊本。明浙西董穀撰。

徐𤊹《徐氏家藏書目・小説類》 《碧里雜存》一卷。董穀。

黄虞稷《千頃堂書目・小説類》 董穀《碧里雜存》一卷。海鹽人，按碧里在今澉浦所。

《四庫全書總目提要・小説家》 《碧里雜存》一卷。兩江總督採進本。明董穀撰。穀有《續澉浦志》，已著録。是書雜記瑣聞，多齊東之語。如謂明太祖作鈔，用賢人心肝。馬皇后鑿鷄鳴山石磴望太學。成祖甑蒸僧碧峰。皆不近事理。其以鄒衍爲漢儒，亦殊疎舛。甚至以禮部壁上所見「讀書須努力、寫字莫糊塗」之句，爲雜之少陵集中亦不可辨，尤不可解也。

黄卿閒鈔

黄虞稷《千頃堂書目・小説類》 《黄卿閒鈔》。

漫紀

黄虞稷《千頃堂書目・小説類》 《漫紀》。黄卿。

讀書日記

黄虞稷《千頃堂書目・小説類》 趙鯤《讀書日記》八卷。字宗南，壽張人。嘉靖己丑進士，雲南參政。

塵外塵談

黄虞稷《千頃堂書目・小説類》 李得陽《塵外塵談》。字伯茂，廣德州人。嘉靖乙丑進士，南京户部侍郎。

閑中古今録

高儒《百川書志・小説家》 《閑中今古》二卷。皇明味芝陳頎永之分教陽武時所著，引古以證今，寓言以伸志，惜沈没下僚，不見有爲耳。總計八十一條。

范邦甸等《天一閣書目・小説類》《閒中古今録》二卷。藍絲闌鈔本。有范氏圖書之記一印圖章。明陳頎撰并序云：陽武爲開封屬邑，境無山川名勝可以登臨眺望。士惟務舉子業，不樂吟味談嘯。予職在分教，有掌學者以總其要，故日與童冠之生二十餘人，點檢課業之外，卒多閒暇，而無所事焉。因録古今之事迹，且凡平昔之覩聞有可以勸懲、有可以憂喜者，萃爲一編，名之曰《閒中古今録》，聊以藏諸篋笥。

又《閒中古今録》一册。

見聞考隨録

《四庫全書總目提要・小説家》《見聞考隨録》。無卷數。浙江范懋柱家天一閣藏本。明韓邦奇撰。邦奇有《易學啟蒙意見》，已著録。是書已載入所著《苑洛集》中。此乃明人鈔出别本，中多朱筆標識，上闌又閒加評語。如胡守中結交郭勛一條，則云傳聞之過。甲申大同之變一條，則云視各書所記爲詳確。藩臯陞遷一條，則云銓法變自楊邃菴，蓋别有説。所論亦頗有見，特不知出誰手也。

病逸漫記

《四庫全書總目提要・小説家》《病逸漫記》。無卷數。浙江巡撫採進本。明陸釴撰。是書雜記當時事實。如《明史・高啟傳》稱啟歸居青邱，知府魏觀爲移其家，旦夕延見甚歡。觀以改修府治獲譴。帝見啟所作上梁文，因發怒腰斬。而是書則載啟因撰蘇州府上梁文爲巡按御史張度所奏，與知府魏觀俱被極典。本傳不載張度之奏，則是書爲加詳。又《明》志載天子冠禮一加冕服，皇太子乃三加。初加折上巾，次加進賢冠，次加冕服。是書爲天子三加。初折上巾，次遠遊冠，三九旒冕。則是釴猶及見天子三加，與《志》所載皇子儀同，蓋志舉成典，而是書據往制也。又若載三里河在天地壇前，去通州五十里，形高通州一丈九尺。置二閘，可行舟。但有一二走沙處。大通橋去通州四十里，形高通州五丈。置十閘，方可行舟。今三里河湮塞，與二閘不通。是書猶可以備志乘之採。然其他多冗瑣之談，不盡足資考證也。

賢識録

《四庫全書總目提要・小説家》《賢識録》一卷。浙江范懋柱家天一閣藏本。明陸釴撰。釴有《山東通志》，已著録。此書皆紀洪武中雜事，所採惟餘冬序録野記客座新聞草木子諸書。援據既寡，事迹亦僅寥寥數則，不足以當賢識之目。

霜速漫記

徐𤊹《徐氏家藏書目・小説類》《霜速漫記》一卷。陸釴。

孤樹裒談

范邦甸等《天一閣書目・小説類》《孤樹裒談》十卷。刊本。明李默撰。

《四庫全書總目提要・小説家》《孤樹裒談》十卷。兩淮鹽政採進本。明李默撰。默有《建陽人物傳》，已著録。是書録有明事蹟，起自洪武，迄於正德。所引用羣書凡三十種。例則編年，體則小説。大抵皆委巷之談。考《千頃堂書目》，以是書爲趙可與作。註云：可與字念中，安成人。正德癸酉舉人。福建鹽運司提舉。舊作李默，誤也。未審所據，姑兩存之。

病榻遺言

《四庫全書總目提要・小説家》《病榻遺言》二卷。安徽巡撫採進本。明高拱撰。拱有《春秋正旨》，已著録。是編備述與張居正先後構隙之端，一曰顧命紀事，二曰矛盾原由，三曰毒害深謀。以史考之，亦不盡實録。

伏戎紀事

徐𤊹《徐氏家藏書目・小説類》《伏戎紀事》一卷。高拱。

名世類苑

《四庫全書總目提要・小説家》《名世類苑》四十六卷。浙江朱彝尊家曝書亭藏本。明凌迪知撰。迪知有《左國腴詞》，已著録。是編採洪武迄嘉靖凡十朝名臣，彙集成編。其前四卷先紀姓氏爵里，係以論贊。後四十二卷列其言行，分爲九類，每類之中又各爲小目。先是楊廉輯《名臣言行録》。其後徐咸有《名臣後録》，鄭曉《吾學編》有《名臣紀》，沈應魁有《名臣新編》。迪知裒合諸本，排纂成書。正德以前凡二百七十一人。嘉靖閒三十二人，則迪知摭諸書以補之。而建文末忠臣八十二人附焉。敘述名臣，類乎傳記。而斷裂分隸，非人自爲傳。又兼及神異、詼諧、定數之類，體雜小説。故附之小説家焉。

邇訓

《四庫全書總目提要・小説家》《邇訓》二十卷。兩淮馬裕家藏本。明方學漸撰。學漸有《桐彝》，已著録。是書專載其鄉人物行誼，及其先世事之可爲法者。以近在桑梓，故名《邇訓》。凡分四十一類。門目繁碎，隸事亦不詳所出。

西吴里語

范邦甸等《天一閣書目・小説類》《西吴里語》四卷。刊本。明宋雷著并序。

《四庫全書總目提要・小説家》《西吴里語》四卷。浙江巡撫採進本。明宋雷撰。雷自號市隱居士，湖州人。是編成於嘉靖中，皆記吴興軼事。前有自序，謂予夙好博覽史傳乘載稗官小説之書。不列歲代，不序倫理，信手雜録。閒有犯孔氏不語之戒，踵史臣譌謬遺亡之失。冀就正於觀者云云。故其書隨筆摭録，皆不著所出。亦多涉荒誕，不盡可信。後有其子鑒跋。蓋雷既没後，鑒所裒集而付諸梓者也。

明朝典故輯遺

《四庫全書總目提要・小説家》《明朝典故輯遺》二十卷。浙江巡撫採進本。不著撰人名氏。雜記洪武至正德十朝事。前有自序，作於嘉靖三十二年，自稱東吴逸史。又附載魯宗人當㴐序一首。案當㴐本輯有《國朝典故》。疑此即從當㴐書採掇而成。大抵叢脞龐雜，全無義例。其紀明太祖微行爲巡軍所拘諸事，已屬不經。至以明宣宗爲建文之子，更爲荒誕也。

筆記

《四庫全書總目提要・小説家》《筆記》一卷。江蘇巡撫採進本。明連鑛撰。鑛字抑武，常熟人。嘉靖中官安陸縣知縣。兹編就其生平聞見，隨筆紀載。其目曰兩京舊聞、曰先輩故實、曰鄉邑舊事、曰宦遊約紀、曰隨手筆餘。卷末附以倭蠻紀略九則，頗多傳聞失實之詞，不足據爲徵信也。

棲逸傳

徐𤊹《徐氏家藏書目・小説類》《棲逸傳》一卷。何良俊。

何氏語林

徐𤊹《徐氏家藏書目·小説類》《何氏語林》三十卷。何元朗。

黄虞稷《千頃堂書目·小説類》 何良俊《何氏語林》三十卷。

《明史·藝文志·小説家》 何良俊《語林》三十卷。

彭元瑞《天禄琳琅書目·明版子部》《何氏語林》一函六册。明何良俊著，三十卷。是書刊刻精良，槧印清朗，爲明版最佳之本。前後不載序、跋，惟第一卷後有《清森閣雕梓木記考》、朱彝尊《明詩綜小傳》。良俊，字元朗，松江華亭人。由歲貢生授南京翰林院孔目，有《清森閣集》。則此書乃其所自刊也。書分三十六門，取歷代史鑑中事實，依類引据，止於元代。自爲之註。

《四庫全書總目提要·小説家》《何氏語林》三十卷。安徽巡撫採進本。明何良俊撰。良俊有《四友齋叢説》，已著録。是編因晋裴啓《語林》之名，其義例門目則全以劉義慶《世説新語》爲藍本，而雜採宋齊以後事蹟續之。併義慶原書共得二千七百餘條，其簡汰頗爲精審。其採掇舊文，翦裁鎔鑄，具有簡澹雋雅之致。視僞本李垕《續世説》剽掇南北二史，冗沓擁腫，徒盈卷帙者，乃轉勝之。每條之下又仿劉孝標例自爲之註，亦頗爲博贍。其閒摭拾既富，閒有牴牾。如王世懋《讀史訂疑》所謂以王莽時之陳咸爲漢成帝時之陳咸者，固所不免。然於諸書舛互，實多訂正。如第二十二卷紀元載妻王韞秀事，援引考證，亦未嘗不極確核。雖未能抗駕臨川，竝驅千古，要其語有根柢，終非明人小説所可比也。

張之洞《書目答問·小説家》《何氏語林》三十卷。明何良俊。明刻本。

四友齋叢説

黄虞稷《千頃堂書目·小説類》《四友齋叢説》三十八卷。何良俊。

《明史·藝文志·小説家》《叢説》三十八卷。

麈談録

范邦甸等《天一閣書目·小説類》《麈談録》二卷。藍絲闌鈔本。沈儀著。

黄虞稷《千頃堂書目·小説家》 沈儀《兩湖麈談録》十卷。

《明史·藝文志·小説家》 沈儀《麈談録》十卷。

立齋閒録

《四庫全書總目提要·小説家》《立齋閒録》四卷。浙江范懋柱家天一閣藏本。明宋端儀撰。端儀有《考亭淵源録》，已著録。是編雜録明代故事，自太祖吴元年迄於英宗天順，皆採明人碑誌説部爲之。與正史閒有牴牾，體例亦冗雜無緒。

百感録

黄虞稷《千頃堂書目·小説類》 丁相《百感録》一卷。字汝弼，懷寧人。

九沙草堂雜言

黄虞稷《千頃堂書目·小説類》《九沙草堂雜言》二卷。萬表。

灼艾集

高儒《百川書志·小説家》《灼艾集》二卷。皇明九沙山人萬表灼艾時所集也，倣《意林》例，凡得於意、會於心者識之，採諸小説凡三十一種。

徐𤊹《徐氏家藏書目・小説類》《灼艾集》六卷。萬表。
黄虞稷《千頃堂書目・小説類》萬表《灼艾録》十卷。
《明史・藝文志・小説家》萬表《灼艾集》十卷。

古言

徐𤊹《徐氏家藏書目・小説類》《古言》四卷。

今言

徐𤊹《徐氏家藏書目・小説類》《今言》四卷。鄭曉。

升庵新語

徐𤊹《徐氏家藏書目・小説類》《升菴新語》四卷。

經世要談

徐𤊹《徐氏家藏書目・小説類》《經世要談》一卷。鄭善夫。

雲澤紀聞

徐𤊹《徐氏家藏書目・小説類》《雲澤紀聞》一卷。王鏊。

格古要論

徐𤊹《徐氏家藏書目・小説類》《格古要論》十三卷。雲間曹昭。

西征記

徐𤊹《徐氏家藏書目・小説類》《西征記》一卷。三衢盧襄。

焚椒記

徐𤊹《徐氏家藏書目・小説類》《焚椒録》一卷。遼王鼎。

續筆疇

黄虞稷《千頃堂書目・小説類》姚淶《續筆疇》一卷。（盧補）。

幼于生志

黄虞稷《千頃堂書目・小説類》張獻翼《幼于生志》一卷。

家兒私語

黄虞稷《千頃堂書目・小説類》《家兒私語》一卷。張獻翼。

留思別案

黃虞稷《千頃堂書目・小説類》《留思別案》一卷。張獻翼。

甌東私録

徐𤊹《徐氏家藏書目・小説類》《甌東私録》六卷。永嘉項喬。

黃虞稷《千頃堂書目・小説類》項喬《甌東私録》六卷。字遷之，永嘉人。嘉靖己丑進士，按察使。

《明史・藝文志・小説家》項喬《甌東私録》六卷。

陳氏宧譜

徐𤊹《徐氏家藏書目・小説類》《陳氏宧譚》二卷。學伊。

黃虞稷《千頃堂書目・小説類》《陳氏宧譜》二卷。陳學伊。

漫齋筆談

黃虞稷《千頃堂書目・小説類》王會《漫齋筆談》。字廷亨，漳浦人。嘉靖甲午舉人，曲靖府同知。

竹屏偶録

黃虞稷《千頃堂書目・小説類》陶大年《竹屏偶録》。

官暇私記

黃虞稷《千頃堂書目・小説類》《官暇私記》。陶大年。

遠記

黃虞稷《千頃堂書目・小説類》《遠記》。陶大年。

編次名言

黃虞稷《千頃堂書目・小説類》蔡潮《編次名言》二卷。

隨筆瑣言

黃虞稷《千頃堂書目・小説類》章衮《隨筆瑣言》。字汝明，臨川人。嘉靖癸未進士，陝西按察司副使。

晴窗便覽

黃虞稷《千頃堂書目・小説類》沈啓《晴窗便覽》。

玄亭閒話

黃虞稷《千頃堂書目・小説類》周錫《玄亭閒話》。字子純，太倉人。嘉靖中貢士，潮州府通判。

五譚類鈔

黄虞稷《千頃堂書目・小説類》 陳學伊《五譚類鈔》。字爾聘，南安縣人。嘉靖壬戌進士，江西分守湖東僉事。

歸田漫録

黄虞稷《千頃堂書目・小説類》 陳麟《歸田漫録》。字道徵，洛陽人。嘉靖癸丑進士，禮科給事中。

宛委餘編

黄虞稷《千頃堂書目・小説類》 王世貞《宛委餘編》十九卷。

王元美讀書後

徐𤊹《徐氏家藏書目・小説類》 《王元美讀書後》。王世貞。

鳳洲筆記

徐𤊹《徐氏家藏書目・小説類》 《鳳洲筆記》二十八卷。王世貞。

黄虞稷《千頃堂書目・小説類》 《鳳洲筆記》三十二卷。王世貞。

世説新語補

徐𤊹《徐氏家藏書目・小説類》 《世説新語補》二十卷。

黄虞稷《千頃堂書目・小説類》 《世説新語補》二十卷。王世貞。

《四庫全書總目提要・小説家》 《世説新語補》四卷。江西巡撫採進本。舊本題明何良俊撰補。王世貞删定。良俊有《四友齋叢説》，世貞有《弇山堂别集》，皆已著録。前有康熙丙辰富陽章綋序，稱雲閒何元朗仿《世説新語》爲《語林》，甚爲當時所稱。但其詞錯出，王弇州麟州又取而删定之，改名《世説新語補》。幾百年來，梨棗不啻數十易。惟吴興凌初成原刻，悉遵古本，分爲六卷。附以王世貞所訂，名曰鼓吹云云。良俊《語林》三十卷，於漢晉之事全採《世説新語》，而摭他書以附益之。本非補《世説新語》，亦無《世説補》之名。凌濛初刊劉義慶書，始取《語林》所載，削去與義慶書重見者，别立此名，託之世貞。蓋明世作僞之習。綋從而信之，殊爲不考。然綋序字句鄙俗，詞意不相貫屬，疑亦出書賈依託。觀其所刊目録，列補編於前，列原書於後，而三十六門之名，一頁中重見疊出，不差一字，豈識黑白者所爲哉。

彭元瑞《天禄琳琅書目後編・明版子部》 《世説新語補》一函六册。

鈍吟雜録

張之洞《書目答問・小説家》 《鈍吟雜録》十卷。馮班。守山閣本。指海本。

觚不觚録

徐𤊹《徐氏家藏書目・小説類》 《觚不觚録》一卷。王世貞。

《四庫全書總目提要・小説家》 《觚不觚録》一卷。安徽巡撫採進本。明王世貞撰。世貞有《弇山堂别集》，已著録。是書專記明代典章制度，於今昔沿革尤詳。

自序謂傷觚之不復舊觚，蓋感一代風氣之升降也。雖多紀世故，頗涉瑣屑。而朝野軼聞，往往可資考據。若徐學謨《博物典彙》載高拱考察科道，被劾者二十七人，竝載名氏，説者謂其諳於故事。而是書并詳及諸人所以被劾之故，爲學謨所不及載。於情事首尾，尤爲完具。蓋世貞弱冠入仕，晚成是書，閲歷既深，見聞皆確，非他人之稗販耳食者可比。故所敘録，有足備史家甄擇者焉。

國憲家猷

黄虞稷《千頃堂書目・小説家》 王大可《國憲家猷》五十六卷。

劉子威雜俎

徐𤊹《徐氏家藏書目・小説類》《劉子威雜俎》六卷。

黄虞稷《千頃堂書目・小説類》 劉鳳《太霞雜俎》十卷。

燕　語

徐𤊹《徐氏家藏書目・小説類》《燕語》一卷。劉鳳。

黄虞稷《千頃堂書目・小説類》《劉子威燕語》一卷。

玉壘意見

徐𤊹《徐氏家藏書目・小説類》《玉壘意見》一卷。陳于陛。

黄虞稷《千頃堂書目・小説類》 陳丁陛《玉壘意見》一卷。

英廉奏《抽毁書目》《意見》一本。查《意見》，係明陳于陛撰。書内所論，宋南渡，元史張道陵，南方人才之盛諸篇，語多偏駁。應請抽燬。

西堂日記

徐𤊹《徐氏家藏書目・小説類》《西堂日記》一卷。楊豫孫。

黄虞稷《千頃堂書目・小説類》 楊豫孫《西堂日記》一卷。

長水日鈔

徐𤊹《徐氏家藏書目・小説類》《長水日抄》一卷。陸樹聲。

黄虞稷《千頃堂書目・小説類》《長水日鈔》一卷。陸樹聲。

《明史・藝文志・小説家》《長水日鈔》一卷。

清暑筆談

徐𤊹《徐氏家藏書目・小説類》《清暑筆談》一卷。陸樹聲。

黄虞稷《千頃堂書目・小説家》《清暑筆談》一卷。陸樹聲。

《明史・藝文志・小説家》 陸樹聲《清暑筆談》一卷。

息園雜著

徐𤊹《徐氏家藏書目・小説類》《息園雜著》一卷。陸樹聲。

病榻寤言

徐𤊹《徐氏家藏書目・小説類》《病榻寤言》一卷。陸樹聲。

黄虞稷《千頃堂書目・小説類》《病榻寤言》一卷。

汲古叢語

徐𤊹《徐氏家藏書目・小説類》《汲古叢語》一卷。陸樹聲。

黄虞稷《千頃堂書目・小説類》陸樹聲《汲古叢語》□卷。

耄餘雜識

徐𤊹《徐氏家藏書目・小説類》《耄餘雜識》一卷。陸樹聲。

黄虞稷《千頃堂書目・小説類》《耄餘雜識》一卷。陸樹聲。

《明史・藝文志・小説家》《耄餘雜識》一卷。

畫暇叢記

黄虞稷《千頃堂書目・小説家》徐伯相《畫暇叢記》二十卷。字良夫，浦城人，嘉靖庚子年舉人，南京户部郎中。

《明史・藝文志・小説家》徐伯相《畫暇叢記》二十卷。

散齋筆記

黄虞稷《千頃堂書目・小説家》王湖楞《散齋筆記》永嘉隱士，與張孚敬善。

臆見録

黄虞稷《千頃堂書目・小説類》喬煐《臆見録》東鹿人，嘉靖癸未進士，苑馬寺卿。

虚窗手鏡

黄虞稷《千頃堂書目・小説類》錢體仁《虚窗手鏡》二卷。常熟人，隆慶庚午男順德跋。

餘慶録

黄虞稷《千頃堂書目・小説類》徐栻《餘慶録》一卷。

松窗夢語

黄虞稷《千頃堂書目・小説類》張瀚《松窗夢語》八卷。

漫叟日録

黄虞稷《千頃堂書目・小説類》金鋭《漫叟日録》字宗潤，山陰人，舉人，廣信知府。

宦學見聞

黄虞稷《千頃堂書目・小説類》徐師曾《宦學見聞》。

菊徑漫談

徐𤊹《徐氏家藏書目・小説類》《菊徑漫談》十四卷。石磐。

黃虞稷《千頃堂書目・小説類》石槃《菊徑漫談》十四卷。字民漸，福州長樂人，嘉靖丙午舉人，廣東嶺西參政。

《明史・藝文志・小説家》石磐《菊徑漫談》十四卷。

歸有園麈談

黃虞稷《千頃堂書目・小説類》徐學謨《歸有園麈談》一卷。

冰廳劄記

黃虞稷《千頃堂書目・小説類》《冰廳劄記》一卷。徐學謨。

詞海遺珠

黃虞稷《千頃堂書目・小説類》勞堪《詞海遺珠》四卷。潯陽人。

丹浦款言

黃虞稷《千頃堂書目・小説類》李衮《丹浦款言》四卷。字子由，内鄉人。

於堧注筆

黃虞稷《千頃堂書目・小説類》《於堧注筆》四卷。李衮。

樾蔭癠語

黃虞稷《千頃堂書目・小説類》《樾蔭癠語》六卷。李衮。

微詞

黃虞稷《千頃堂書目・小説類》林曄《微詞》二十四卷。閩縣人，涉獵書史，網羅名物，成一家言。

七修類稿

徐𤊹《徐氏家藏書目・小説類》《七修類稿》五十一卷。郎瑛。

黃虞稷《千頃堂書目・小説類》郎瑛《七脩類稿》五十一卷。字仁寶，杭州人。性孝，兩封股愈母疾，内行尤至。

《明史・藝文志・小説家》郎瑛《七修類稿》五十一卷。

七修類稿續稿

黃虞稷《千頃堂書目・小説類》《七修類稿續稿》□卷。郎瑛。

權子雜俎

徐𤊹《徐氏家藏書目・小説類》《權子雜俎》一卷。耿定向。

黄虞稷《千頃堂書目・小説類》耿定向《權子雜俎》一卷。一作羅鉞。

先進遺風

《四庫全書總目提要・小説家》《先進遺風》二卷。兩江總督採進本。

孤竹賓談

黄虞稷《千頃堂書目・小説類》陳德文《孤竹賓談》四卷。

東水質疑

黄虞稷《千頃堂書目・小説類》胡衮《東水質疑》六卷。

稗史彙編

黄虞稷《千頃堂書目・小説類》王圻《稗史彙編》一百七十五卷。

道聽録

黄虞稷《千頃堂書目・小説類》李春熙《道聽録》四卷。隆慶乙巳序。

軼史隨筆

徐𤊹《徐氏家藏書目・小説類》《軼史隨筆》二卷。吴中支允堅。

時事漫紀

徐𤊹《徐氏家藏書目・小説類》《時事漫紀》三卷。吴中支。

軼語考鏡

徐𤊹《徐氏家藏書目・小説類》《軼語考鏡》三卷。吴中支。

菰苑閒評

徐𤊹《徐氏家藏書目・小説類》《菰苑閒評》二卷。吴中支。

見聞雜記

黄虞稷《千頃堂書目・小説類》李樂李尚實《見聞雜記》三卷。字臨川，桐鄉人，隆慶戊辰進士，江西按察司副使。

《四庫全書總目提要・小説家》《見聞雜記》四卷。浙江吴玉墀家藏本。明李樂撰。樂字彦和，號臨川，歸安人。隆慶戊辰進士。官至福建按察司僉事。是書前二卷全録董氏《古今粹言》及鄭曉《今言》。後二卷乃自記所見聞，凡一百八十六條。

游海夢談

徐𤊹《徐氏家藏書目·小説類》《游海夢談》四卷。惠安朱一龍。

黄虞稷《千頃堂書目·小説類》朱一龍《游海夢談》四卷。惠安人，字子田。嘉靖庚戌進士，江西参政。

河上楮談

黄虞稷《千頃堂書目·小説類》朱孟震《河上楮談》三卷。新淦人。

河上續談

黄虞稷《千頃堂書目·小説類》《河上續談》一卷。朱孟震。

浣水續談

黄虞稷《千頃堂書目·小説類》《浣水續談》一卷。朱孟震。

游宦餘談

黄虞稷《千頃堂書目·小説類》《游宦餘談》一卷。朱孟震。

禪寄筆談

徐𤊹《徐氏家藏書目·小説類》《禪寄筆談》十二卷。陳師。

黄虞稷《千頃堂書目·小説類》陳師《禪寄筆談》十卷。號貞亭，永昌知府。

《明史·藝文志·小説家》陳師《筆談》十五卷。

禪寄續筆談

徐𤊹《徐氏家藏書目·小説類》《禪寄續談》五卷。陳師。

黄虞稷《千頃堂書目·小説類》《禪寄續筆談》五卷。陳師。

諺語

黄虞稷《千頃堂書目·小説類》郭子章《諺語》七卷。

謡語

黄虞稷《千頃堂書目·小説類》《謡語》七卷。郭子章。

讖語

黄虞稷《千頃堂書目·小説類》《讖語》六卷。郭子章。

譏語

黄虞稷《千頃堂書目・小説類》《譏語》二卷。郭子章。

諧語

黄虞稷《千頃堂書目・小説類》《諧語》七卷。郭子章。

讔語

黄虞稷《千頃堂書目・小説類》《讔語》二卷。郭子章。

識論

黄虞稷《千頃堂書目・小説類》《識論》四卷。郭子章。

疾慧編

黄虞稷《千頃堂書目・小説類》《疾慧編》二卷。郭子章。

六語

《四庫全書總目提要・小説家》《六語》三十卷。浙江鮑士恭家藏本。明郭子章編。子章有《蠙衣生易解》，已著録。是編凡謠語七卷、諺語七卷、讔語二卷、識語六卷、譏語一卷、諧語七卷。皆雜採諸書爲之，頗足以資談柄。而所録明代近事，往往猥雜。蓋嗜博之過，失於翦裁也。

淑世談藪

黄虞稷《千頃堂書目・小説類》劉兑《淑世談藪》十卷。直隸新安人，隆慶丁卯舉人，陝西布政司參政。

剪燈新話

徐𤊹《徐氏家藏書目・小説類》《剪燈新話》二卷。錢塘瞿佑。

訓學訓政篇

徐𤊹《徐氏家藏書目・小説類》《訓學訓政篇》四篇。朱東光。

訓俗通言

徐𤊹《徐氏家藏書目・小説類》《訓俗通言》一卷。汪道亨。

陳貞鉉雜著

徐𤊹《徐氏家藏書目・小説類》《陳貞鉉雜著》一卷。陳正學。

與知篇

徐𤊹《徐氏家藏書目・小説類》《與知篇》一卷。黄應遴。

文林藪語

徐𤊹《徐氏家藏書目・小説類》《文林藪語》一卷。沈德琛。

槎閒漫録

黄虞稷《千頃堂書目・小説類》張元忭《槎閒漫録》。

聞見漫録

黄虞稷《千頃堂書目・小説類》盛訥《聞見漫録》。

三事遡真

徐𤊹《徐氏家藏書目・小説類》《三事遡真》一卷。李豫亨。

自樂編

徐𤊹《徐氏家藏書目・小説類》《自樂編》十六卷，《附録》一卷。華亭李豫亨。

黄虞稷《千頃堂書目・小説類》李豫亨《自樂編》十六卷，《附録》一卷。

《明史・藝文志・小説家》李豫亨《自樂編》十六卷。

閒適劇談

黄虞稷《千頃堂書目・小説類》鄧球《閒適劇談》五卷。

談　輅

徐𤊹《徐氏家藏書目・小説類》《譚輅》二卷。張鳳翼。

黄虞稷《千頃堂書目・小説類》張鳳翼《談輅》三卷。

千一録

黄虞稷《千頃堂書目・小説類》方弘静《千一録》二十六卷。萬曆辛丑序。

千一録客談

徐𤊹《徐氏家藏書目・小説類》《千一録客談》一卷。方宏静。

路　史

徐𤊹《徐氏家藏書目・小説類》《青藤山人路史》二卷。徐渭。

黄虞稷《千頃堂書目・小説類》徐渭《青藤山人路史》字文長，號天池生，山陰人，舉人。

《明史・藝文志・小説家》 徐渭《路史》二卷。

逸史搜奇

《明史・藝文志・小説家》 汪雲程《逸史搜奇》十卷。

《四庫全書總目提要・小説家》 《逸史搜奇》。無卷數。兩江總督採進本。明汪雲程編。雲程，徽州人。其書雜採漢唐迄宋小説一百四十種，彙爲一編。中分十集，大抵皆猥鄙荒怪之語。

千一疏

黄虞稷《千頃堂書目・小説類》 程涓《千一疏》二十卷。字巨源，歙人。

宋説雋

黄虞稷《千頃堂書目・小説類》 《宋説雋》八卷。

又 《宋説雋》八卷。

群談采餘

徐𤊹《徐氏家藏書目・小説類》 《羣談采餘》十卷。倪綰。

黄虞稷《千頃堂書目・小説類》 倪綰《羣談采餘》十卷。一作二十卷，倪綰作倪宦。

涇林雜記

黄虞稷《千頃堂書目・小説類》 周復俊《涇林雜記》□卷。

涇林類記

黄虞稷《千頃堂書目・小説類》 《涇林類記》周復俊。

涇林續記

黄虞稷《千頃堂書目・小説類》 周玄暐《涇林續記》□卷。復浚孫，萬曆丙戌進士，官知縣，坐書語誹謗□死。

兩航雜録

徐𤊹《徐氏家藏書目・小説類》 《兩航雜録》二卷。馮時可。

寶善編

黄虞稷《千頃堂書目・小説類》 馮時可《寶善編》二卷。

回生篇

黄虞稷《千頃堂書目・小説類》 張秉文《回生篇》二卷。

涉古贅言

黄虞稷《千頃堂書目·小説類》　江佐《涉古贅言》四卷。萬曆癸未蔡一槐序。

剡谿漫筆

黄虞稷《千頃堂書目·小説類》　孫能傳《剡谿漫筆》六卷。字一之,奉化人,萬曆壬午舉人,中書舍人,後官主事。

《明史·藝文志·小説家》　孫能傳《剡溪漫筆》六卷。

尚論廣編

徐𤊹《徐氏家藏書目·小説類》　《尚論廣編》一卷。王應山。

負薪瑣言

徐𤊹《徐氏家藏書目·小説類》　《負薪瑣言》一卷。王應山。

風雅叢談

《明史·藝文志·小説家》　王應山《風雅叢談》六十卷。

御龍子瑣談

黄虞稷《千頃堂書目·小説類》　范守己《御龍子瑣談》四卷。

揮麈雅談

黄虞稷《千頃堂書目·小説類》　《揮麈雅談》一卷。范守己。

説　儲

徐𤊹《徐氏家藏書目·小説類》　《説儲》八卷。《續説儲》八卷。陳禹謨。

黄虞稷《千頃堂書目·小説類》　陳禹謨《説塵》八卷,又《説儲》二集八卷。常熟人,兵部郎。

《明史·藝文志·小説家》　陳禹謨《説麈》八卷。

英廉奏《抽毁書目》　《説儲》二本。查《説儲》,係明陳禹謨撰。書内元兵攻歸德一條,有偏謬字句。應請抽燬。

交友觀

徐𤊹《徐氏家藏書目·小説類》　《交友觀》一卷。吴從先。

小窗自記

黄虞稷《千頃堂書目·小説類》　《小窗自記》四卷。吴從先。

《四庫全書總目提要・小説家》《小窗自紀》四卷。内府藏本。明吴從先撰。從先爵里未詳。《自紀》皆俳諧雜説及游戲詩賦，詞多儇薄。《豔紀》採録漢至明雜文，分體編録，踳駮殊甚。《清紀》摹仿世説，分清語、清事、清韻、清學四門。《別紀》兼涉志怪，總明季纖詭之習也。

小窗新語

徐𤊹《徐氏家藏書目・小説類》《小窗新語》一卷。吴從先。

廣清紀

徐𤊹《徐氏家藏書目・小説類》《廣清紀》四卷。吴從先。

小窗清紀

徐𤊹《徐氏家藏書目・小説類》《小窗清紀》五卷。吴從先。

黄虞稷《千頃堂書目・小説家》吴從先《小窗清紀》四卷。

《四庫全書總目提要・小説家》《小窗清記》五卷。

小窗豔記

《四庫全書總目提要・小説家》《小窗豔記》十四卷。

小窗別紀

徐𤊹《徐氏家藏書目・小説類》《小窗別紀》四卷。吴從先。

黄虞稷《千頃堂書目・小説家》《小窗別記》四卷。吴從先。

《四庫全書總目提要・小説家》《小窗別記》四卷。

聽子

徐𤊹《徐氏家藏書目・小説類》《聽子》二卷。趙仁甫。

黄虞稷《千頃堂書目・小説類》《聽子》二卷。趙世顯。

芝圃叢談

徐𤊹《徐氏家藏書目・小説類》《芝圃叢談》六卷。趙仁甫。

黄虞稷《千頃堂書目・小説類》《芝圃叢談》六卷。趙世顯。

松亭晤語

徐𤊹《徐氏家藏書目・小説類》《松亭晤語》六卷。趙仁甫。

黄虞稷《千頃堂書目・小説類》《松亭晤語》六卷。趙世顯。

客窗隨筆

徐𤊹《徐氏家藏書目・小説類》《客窗隨筆》六卷。趙仁甫。

黄虞稷《千頃堂書目・小説類》《客窗隨筆》六卷。趙世顯。

一得齋瑣言

徐𤊹《徐氏家藏書目・小説類》《一得齋瑣言》一卷。趙世顯。

黃虞稷《千頃堂書目・小說家》 趙世顯《一得齋瑣言》一卷。閩人。

說略

黃虞稷《千頃堂書目・小說類》 余懋衡《說略》八卷。

墨卿談乘

黃虞稷《千頃堂書目・小說類》 張懋脩《墨卿談乘》十四卷。張居正子，萬曆庚辰一甲三人，居正死，與兄嗣修俱爲民。

樊川叢話

黃虞稷《千頃堂書目・小說類》 姜兆熊《樊川叢話》八卷。湖州人。

《四庫全書總目提要・小說家》 《樊川叢話》八卷。浙江巡撫採進本。明姜兆熊撰。兆熊字恂如，歸安人。是編皆紀録雜事，分朝廟、山川、考證、詩話、閨秀、仙釋、怪異、數驗八門，每門僅十餘條。樊川即樊澤里，在湖州府城東，乃兆熊世居之地也。

西臺漫記

黃虞稷《千頃堂書目・小說類》 蔣以化《西臺漫記》六卷。吳郡人，御史。

《四庫全書總目提要・小說家》 《西臺漫記》六卷。浙江巡撫採進本。明蔣以化撰。以化字仲學，常熟人。隆慶丁卯舉人。官至監察御史。是書雜記見聞，多及僻逸幽怪之事。其紀李贄之荒悖不經，卒以臺臣會訐下獄，前後端末頗詳，而不詳其所終。又誤以姚安府知府爲姚州知州。所紀王大臣事與史所言馮保之說迴異。殆不可解。全書議論，每過於叫囂求快。似乎多恩怨之詞，不盡實録也。

使淮續采

黃虞稷《千頃堂書目・小說類》 《使淮續采》四卷。蔣以化。

蜀青日札

徐𤊹《徐氏家藏書目・小說類》 《蜀青日札》四十卷。田秇衡。

《明史・藝文志・小說家》 田藝蘅《留青日札》三十九卷。

西湖志餘

《明史・藝文志・小說家》 《西湖志餘》二十六卷。田藝蘅。

土笑零音

徐𤊹《徐氏家藏書目・小說類》 《土笑零音》一卷。田秇衡。

南國續稿

徐𤊹《徐氏家藏書目・小說類》 《南國續稿》十卷。張志淳。

法楹合删

徐𤊹《徐氏家藏書目・小説類》《法楹合删》一卷。

經籍會通

徐𤊹《徐氏家藏書目・小説類》《經籍會通》四卷。胡應麟。

四部正譌

徐𤊹《徐氏家藏書目・小説類》《四部正譌》三卷。胡應麟。

二酉綴遺

徐𤊹《徐氏家藏書目・小説類》《二酉綴遺》三卷。胡應麟。

華陽博議

徐𤊹《徐氏家藏書目・小説類》《華陽博議》二卷。胡應麟。

莊嶽委譚

徐𤊹《徐氏家藏書目・小説類》《莊嶽委譚》二卷。胡應麟。

少室山房筆叢

徐𤊹《徐氏家藏書目・小説類》《筆叢》二十四卷。胡應麟。

黄虞稷《千頃堂書目・小説類》胡應麟《少室山房筆叢》三十二卷。字元瑞，蘭谿人，萬曆丙子舉人。

《明史・藝文志・小説家》胡應麟《少室山房筆叢》三十二卷。

續少室山房筆叢

黄虞稷《千頃堂書目・小説類》《續少室山房筆叢》十六卷。胡應麟。

《明史・藝文志・小説家》《少室山房筆叢續》十六卷。

甲乙剩言

徐𤊹《徐氏家藏書目・小説類》《甲乙剩言》一卷。胡應麟。

黄虞稷《千頃堂書目・小説類》《甲乙賸言》一卷。胡應麟。

四明龍薈

《四庫全書總目提要・小説家》《四明龍薈》一卷。兩淮鹽政採進本。明聞性道撰。性道有《賀監記略》，已著録。是書專載四明諸井潭神龍見伏靈蹟，紀録寥寥。惟所載蜥蜴考一篇，於蠑螈、蝘蜓、蠦蟺等名辨證詳審。然紀四明龍事而氾濫及之，於體裁亦未協也。

青泥蓮花記

徐𤊹《徐氏家藏書目・小説類》《青泥蓮花記》十三卷。梅鼎祚。

黄虞稷《千頃堂書目・小説類》《青泥蓮花記》十三卷。梅鼎祚。

《四庫全書總目提要・小説家》《青泥蓮花記》十三卷。兩淮鹽政採進本。明梅鼎祚撰。是編記倡女之可取者。分七門。一曰記禪、二曰記元、三曰記忠、四曰記義、五曰記孝、六曰記節、七曰記從。又附外編五門。一曰記藻、二曰記用、三曰記豪、四曰記遇、五曰記戒。自謂寓維風於諧末，奏大雅於曲終。然狹斜之遊，人情易溺。懲戒尚不可挽回，鼎祚乃捃摭瑣聞，謂冶蕩之中亦有節行，使倚門者得以藉口，狎邪者彌爲傾心。雖意主善善從長，實則勸百而諷一矣。

初潭集

黄虞稷《千頃堂書目・小説類》李贄《初潭集》二十八卷。

姑妄編

黄虞稷《千頃堂書目・小説類》《姑妄編》七卷。李贄。

考槃餘事

徐𤊹《徐氏家藏書目・小説類》《考槃餘事》一卷。屠隆。

黄虞稷《千頃堂書目・小説類》屠隆《考槃餘事》一卷。

冥寥子游

徐𤊹《徐氏家藏書目・小説類》《冥寥子游》二卷。屠隆。

黄虞稷《千頃堂書目・小説類》《冥寥子游》一卷。屠隆。

知命篇

徐𤊹《徐氏家藏書目・小説類》《知命篇》一卷。屠隆。

長松茹退

黄虞稷《千頃堂書目・小説類》《長松茹退》二卷。屠隆。

廣桑子游

黄虞稷《千頃堂書目・小説類》《廣桑子游》一卷。屠隆。

娑欏館清言

黄虞稷《千頃堂書目・小説類》《娑欏館清言》一卷。屠隆。

林居漫録

徐𤊹《徐氏家藏書目・小説類》《林居漫録》六卷。吴伍表萃。

英廉奏《全毀書目》《林居漫録》四本。明伍袁萃撰。

《四庫全書總目提要・小説家》《林居漫録》前集六卷，畸集五卷。浙江鄭大節家藏本。明伍袁萃撰。袁萃字聖起，吴縣人。萬曆庚辰進士。官至廣東海北道按察司副使。事蹟附見《明史・徐貞明傳》。史稱所撰《林居漫録》、《彈園雜志》，多貶斥當世公卿大夫，而於李三才、于玉立尤甚。今觀是書，所載多朝野故實，往往引明初之事以證明季弊政。而詞氣過激，嫌於已甚。又因力排良知之説，與王守仁爲難。遂并其事功而没之，不免矯枉過正。至臚載閭巷瑣事，多參以因果之説，尤失於龐雜矣。

彈園雜志

軍機處奏《禁毀書目》《彈園雜志》一部四本。查《彈園雜志》，係明伍袁萃撰。乃其所作説部，語多偏駁，中有狂悖之處。應請銷燬。

譚冶録

徐𤊹《徐氏家藏書目・小説類》《譚冶録》十二卷。浦城徐廣。

黄虞稷《千頃堂書目・小説家》《譚冶録》十二卷。徐廣。

西山日記

《四庫全書總目提要・小説家》《西山日記》二卷。浙江巡撫採進本。明丁元薦撰。元薦字長孺，長興人。萬曆丙戌進士。官至尚寶司少卿。事蹟具《明史》本傳。是編雜録自洪武迄萬曆朝野事迹。分英斷、相業、延攬、才略、深心、名將、循良、法吏、節烈、忠義、清修、直節、德量、器識、神識、正學十六類，爲上卷。古道、友誼、義俠、格言、正論、清議、文學、師模、庭訓、母範、孝友、篤行、方術、高隱、恬退、持正、賢媛、耆壽、家訓、日録二十類，爲下卷。西山者，其所隱居處也。末附避亂五箴，蓋已刻於《拙存堂集》中者。以其切裨身世，故復入於是編云。

偶記

徐𤊹《徐氏家藏書目・小説類》《偶記》二卷。明池州佘翹。

黄虞稷《千頃堂書目・小説類》余翹《偶記》四卷。銅陵人，萬曆庚子舉人。

玉堂叢話

徐𤊹《徐氏家藏書目・小説類》《玉堂叢話》八卷。焦竑。

《明史・藝文志・小説家》《玉堂叢語》八卷。

《四庫全書總目提要・小説家》《玉堂叢語》八卷。江蘇巡撫採進本。明焦竑撰。竑有《易筌》，已著録。是編仿《世説》之體，採摭明初以來翰林諸臣遺言往行，分條臚載。凡五十有四類，而終以讐隙。案朱國楨《湧幢小品》曰：焦弱侯率直任真。元子初出閣，定講官六人。癸未則郭明龍。丙戌唐抑所、袁玉蟠、蕭元圃、全元洲。己丑則弱侯。太倉相公謂宜擇其近而易曉者勒一書進覽。無何，太倉去國，諸公不復措意。惟弱侯纂《養正圖説》一册。郭聞之不平，曰當衆爲之，奈何獨出一手。後其子攜歸，刻於南中，送之寓所。正在案瑙，陳矩適至，取去數部呈御覽。諸老大恚，謂由他途進圖大拜。又載其序吕坤《閨範》，鄭國泰乞取添入后妃一門。衆大譁，謂鄭氏著書，弱侯交結作序云云。竑作是書，以讐隙終篇，蓋感此二事，借以寓意。然陳矩爲司禮太監，鄭國泰爲貴妃之姪，何以二書適入二人之手，俱得進於宮禁。當時物議，實有其因，未可盡委之排擠也。

焦氏筆乘

徐𤊹《徐氏家藏書目・小説類》《焦氏筆乘》六卷。焦竑。

黃虞稷《千頃堂書目・小説類》 焦竑《焦氏筆乘》六卷。

《明史・藝文志・小説家》 焦竑《筆乘》二十卷。

焦氏筆乘續

徐𤊹《徐氏家藏書目・小説類》《焦氏筆乘續》八卷。

黃虞稷《千頃堂書目・小説類》《續筆乘》八卷。

筆乘別集

黃虞稷《千頃堂書目・小説類》《筆乘別集》六卷。

闇然堂類纂

黃虞稷《千頃堂書目・小説類》 潘士藻《闇然堂類纂》十卷。

《四庫全書總目提要・小説家》《闇然堂類纂》六卷。浙江巡撫採進本。明潘士藻撰。士藻有《洗心齋讀易述》，已著録。是書以所聞見雜事分類纂敘，大抵皆警世之意。一訓惇、二嘉話、三談箴、四警喻、五溢損、六徵異。成於萬曆壬辰。時當明季，正風俗雕弊之時。故士藻所録，於驕奢横溢，備徵果報，垂戒尤切。蓋所以鍼砭流俗也。

闇然堂日録

徐𤊹《徐氏家藏書目・小説類》《闇然堂日録》十一卷。新安潘士藻。

黃虞稷《千頃堂書目・小説類》《闇然堂日録》八卷。潘士藻。

闇然堂録最

黃虞稷《千頃堂書目・小説類》《闇然堂録最》十一卷。潘士藻。

蜡談

黃虞稷《千頃堂書目・小説類》 郝敬《蜡談》六卷。

貽清堂日鈔

《四庫全書總目提要・小説家》《貽清堂日鈔》。無卷數。浙江汪汝瑮家藏本。明錢養廉撰。養廉字國維，仁和人。萬曆己丑進士。官至吏部考功司郎中。是書記萬曆中縉紳門户甚詳。考養廉以争范謙贈廕，忤大學士張位削籍。故是書之首，即列戊戌落職一條。蓋所謂發憤著書者。於諸事往往醜詆，不免有恩怨之辭矣。

汝南遺事

《四庫全書總目提要・小説家》《汝南遺事》二卷。兩淮馬裕家藏本。明李本固撰。案神宗時有兩李本固。其一臨清人，萬曆壬辰進士。此李本固字叔茂，汝寧人，萬曆甲戌進士。官至大理寺卿，以言事罷歸。郡守黃鄰初屬修《汝南志》，其削草未經收録者，復輯爲是書。蓋當時志乘裁斷，或不能盡出己意，故以此續之，以示不忍割棄之意。然多涉神怪仙鬼，不免爲小説家言。又《汝南遺事》乃元王鶚記金哀宗亡國之書。本固誤襲其名，亦未考也。

翦桐載筆

《四庫全書總目提要・小説家》《翦桐載筆》一卷。兩淮鹽政採進本。明王象晉撰。象晉有《羣芳譜》，已著録。是書因奉使册封途中所作，故取義於翦桐。所載皆嘉言善行，然多涉因果。其四公厚德解等篇，體近於戲。卷首列賀登極一表，賀惠王陞位一啟，尤不倫也。

黄頷臛

徐𤊹《徐氏家藏書目・小説類》《黄頷臛》一卷。魏濬。

嶠南瑣記

《四庫全書總目提要・小説家》《嶠南瑣記》二卷。福建巡撫採進本。不著撰人名氏。卷首有萬曆壬子湛盧山中人題詞云：彙篋中所録西事，見大荒經所載神人有珥蛇者。珥，耳飾也，一曰瑱。又蠶弄絲於口亦曰珥。因以珥名。録竟，尚有碎事及續聞者百餘種，因復理而存之，命曰《嶠南瑣記》。考萬曆中閩人魏濬嘗作《西事珥》八卷，述粤西風土，已别著録。以題詞證之，此書蓋亦濬作矣。然西事珥乃地志之屬。此書多記雜事，則小説家流也。

尊生八箋

徐𤊹《徐氏家藏書目・小説類》《尊生八箋》二十卷。高濂。

瑯嬛史唾

《四庫全書總目提要・小説家》《瑯嬛史唾》十六卷。浙江巡撫採進本。明徐象梅撰。象梅有《兩浙名賢録》，已著録。是書摭史傳及稗官事語，分類紀敘。其體一仿《世説》，而别創品目。起帝符、后瑞，訖靈畜、壬人，凡一百二十二類。分配既多未確，又每條下不註引用書名，亦無徵據。書成於萬曆己未。其曰《史唾》者，自以爲拾史氏之唾餘。蓋亦何良俊《語林》之類，而持擇不及良俊多矣。

緑筠贅言

黄虞稷《千頃堂書目・小説類》章慈緑筠《贅言》二卷。龍游訓導。

寤　言

黄虞稷《千頃堂書目・小説類》何淳之《寤言》一卷。

徵信録

黄虞稷《千頃堂書目・小説類》高仁美《徵信録》。字善懷，鄞縣人，舉人，萬曆中廣西副使。

筆　談

黄虞稷《千頃堂書目・小説類》黄汝良《冰署筆談》十二卷。

《明史・藝文志・小説家》 黄汝良《筆談》十二卷。

軍機處奏《禁毀書目》 《冰署筆談》四本。查《冰署筆談》，明黄汝良撰。中有悖妄之詞。應請銷燬。

百氏繩愆

軍機處奏《禁毀書目》 《百氏繩愆》二本。查《百氏繩愆》，明黄克纘撰。其第二卷内，語句狂悖殊甚，議論亦多偏謬。應請銷燬。

碣石蕺談

徐𤊹《徐氏家藏書目・小説類》 《碣石蕺談》四卷。郭造卿。

海岳山房別稿

黄虞稷《千頃堂書目・小説類》 郭造卿《海岳山房別稿》五卷。

海岳別稿

徐𤊹《徐氏家藏書目・小説類》 《海岳別稿》五卷。郭造卿。

潛穎録

徐𤊹《徐氏家藏書目・小説類》 《潛穎録》一卷。陳益祥。

臆見彙考

徐𤊹《徐氏家藏書目・小説類》 《臆見彙考》五卷。豐城游日陞。

黄虞稷《千頃堂書目・小説類》 游日陞《臆見彙考》五卷。豐城人。

虞初志

范邦甸等《天一閣書目・小説類》 《虞初志》八册。刊本。不著撰人名氏。

錢謙益等《絳雲樓書目・小説家》 《虞初志》。

黄虞稷《千頃堂書目・小説家》 《虞初志》八卷。

《四庫全書總目提要・小説家》 《陸氏虞初志》八卷。浙江范懋柱家天一閣藏本。舊本題《陸氏虞初志》，不著其名。惟第一卷中《續齊諧記》有跋，稱得於外舅都公家，疑爲都穆壻也。其書所收諸家小説，惟吴均爲梁人。餘皆唐人雜傳，不出《太平廣記》之中，殊乏異聞。《白猿傳》舊題江總，雖曰託名，然既爲謗歐陽詢而作，則出於隋末唐初更無疑義。乃以殿唐末，未免失倫。則亦隨手鈔合，取足卷帙，無所詮次之本矣。

續虞初志

黄虞稷《千頃堂書目・小説類》 湯顯祖《續虞初志》八卷。

《明史・藝文志・小説家》 湯顯祖《續虞初志》八卷。

瑯琊代醉篇

徐𤊹《徐氏家藏書目・小説類》 《瑯琊代醉篇》四十卷。張鼎思。

黄虞稷《千頃堂書目・小説類》 張鼎思《瑯琊代醉編》四十卷。蘇州人。

《明史・藝文志・小説家》 張鼎思《瑯琊代醉編》四十卷。

英廉奏《抽毁書目》 《琅琊代醉編》十二本。查《琅琊代醉編》,係明張鼎恩撰。書内卷十二書契一篇,元氏有天下與中國異等句,語極偏謬。應請抽燬。

王百穀集

英廉奏《全燬書目》 《王百穀集》六本。明王穉登撰。

雨航記

黄虞稷《千頃堂書目・小説類》 《雨航記》一卷。王穉登。

山林友議

徐𤊹《徐氏家藏書目・小説類》 《山林友議》二卷。屠本畯輯。

黄虞稷《千頃堂書目・小説類》 《山林友議》二卷。屠本畯。

演讀書十六觀

徐𤊹《徐氏家藏書目・小説類》 《演讀書十六觀》一卷。屠本畯。

黄虞稷《千頃堂書目・小説類》 《演讀書十六觀》一卷。屠本峻。

聾觀

徐𤊹《徐氏家藏書目・小説類》 《聾觀》一卷。屠本畯。

黄虞稷《千頃堂書目・小説類》 《聾觀》一卷。

艾子外語

徐𤊹《徐氏家藏書目・小説類》 《艾子外語》一卷。屠本畯。

黄虞稷《千頃堂書目・小説類》 《艾子外語》一卷。屠本畯。

山林經濟籍

黄虞稷《千頃堂書目・小説類》 《山林經濟籍》二十四卷。屠本峻。

《明史・藝文志・小説家》 屠本畯《山林經濟籍》二十四卷。

憨子雜俎

黄虞稷《千頃堂書目・小説類》 《憨子雜俎》一卷。屠本峻。

燕閒彙纂

徐𤊹《徐氏家藏書目・小説類》 《燕閒彙纂》一卷。屠本畯。

黄虞稷《千頃堂書目・小説類》 屠本畯《燕閒彙纂》一卷。

説畧

徐𤊹《徐氏家藏書目・小説類》 顧太初《説畧》三十卷。顧起元。

黄虞稷《千頃堂書目・小説類》 顧起元《説略》六十卷。

《明史・藝文志・小説家》 顧起元《説略》六十卷。

王氏筆塵

徐𤊹《徐氏家藏書目·小説類》《王氏筆塵》四卷。金壇王肯堂。
黄虞稷《千頃堂書目·小説類》王肯堂《鬱岡齋筆麈》四卷。
《明史·藝文志·小説家》王肯堂《鬱岡齋筆麈》四卷。

枕中秘

黄虞稷《千頃堂書目·小説類》衛泳《枕中秘》二册。（吴補）

寒夜録

黄虞稷《千頃堂書目·小説類》陳宏緒《寒夜録》二卷。新安人。

藹淡墨

黄虞稷《千頃堂書目·小説類》木增雲《藹淡墨》六卷。（吴補）

覲生手鏡

黄虞稷《千頃堂書目·小説類》陳之伸《覲生手鏡》一卷。

學稼餘談

黄虞稷《千頃堂書目·小説類》陳之伸《學稼餘談》四卷。

山居代膺

黄虞稷《千頃堂書目·小説類》陳之伸《山居代膺》一卷。

枕流日劄

黄虞稷《千頃堂書目·小説類》陳之伸《枕流日劄》一卷。

初本

黄虞稷《千頃堂書目·小説類》顧起元《初本》三十卷。

客座贅語

黄虞稷《千頃堂書目·小説類》顧起元《客座贅語》十卷。
《四庫全書總目提要·小説家》《客座贅語》十卷。浙江鮑士恭家藏本。明顧起元撰。起元有《説略》，已著録。是書所記皆南京故實及諸雜事。其不涉南京者不載。蓋亦金陵瑣事之流。特不分門目，仍爲説部體例耳。雖頗足補志乘之闕，而亦多神怪瑣屑之語。至前聞紀異一百條，全録舊文，取充卷帙，尤爲無取矣。

稗　海

《明史·藝文志·小説家》 商濬《稗海》三百六十八卷。

文海披沙

徐𤊹《徐氏家藏書目·小説類》《文海披沙》八卷。謝肇浙。

黄虞稷《千頃堂書目·小説類》《文海披沙》八卷。謝肇淛。

《明史·藝文志·小説家》《文海披沙》八卷。

五雜俎

徐𤊹《徐氏家藏書目·小説類》《五雜俎》十六卷。謝肇浙。

黄虞稷《千頃堂書目·小説類》 謝肇淛《五雜俎》十六卷。

《明史·藝文志·小説家》 謝肇淛《五雜組》十六卷。

軍機處奏《禁毁書目》《五雜俎》六本。查《五雜俎》，謝在杭撰。皆分類劄記之文。中有指斥之語。應請銷燬。

麈　餘

徐𤊹《徐氏家藏書目·小説類》《麈餘》四卷。謝肇浙。

黄虞稷《千頃堂書目·小説類》《麈餘》四卷。謝肇淛。

《明史·藝文志·小説家》《麈餘》四卷。

巵言餘録

徐𤊹《徐氏家藏書目·小説類》《巵言餘録》十三卷。

巴陵游譜

黄虞稷《千頃堂書目·小説類》《巴陵游譜》一卷。徐𤊹。

諧史續

黄虞稷《千頃堂書目·小説類》《諧史續》二卷。徐𤊹。

客惠紀聞

黄虞稷《千頃堂書目·小説類》《客惠紀聞》一卷。徐𤊹。

徐氏筆精

徐𤊹《徐氏家藏書目·小説類》《徐氏筆精》十卷。徐𤊹。

黄虞稷《千頃堂書目·小説類》 徐𤊹《徐氏筆精》八卷。

《明史·藝文志·小説家》 徐𤊹《徐氏筆精》八卷。

篷窗日録

徐𤊹《徐氏家藏書目·小説類》《篷窗日録》八卷。陳全之。

黄虞稷《千頃堂書目·小説類》陳全之《篷窗日録》八卷。閩人，參政。

英廉奏《抽毀書目》《蓬窗日録》二本。查《蓬窗日録》，係明陳全之撰。書内寰宇等篇，雖泛論邊事，而議論多極駁雜。應請抽燬。

輟耰述

徐𤊹《徐氏家藏書目·小説類》《輟耰述》四卷。陳全之。

黄虞稷《千頃堂書目·小説類》《輟耰述》四卷。陳全之。

説圃識餘

徐𤊹《徐氏家藏書目·小説類》《説圃識餘》二卷。王兆雲。

漱石閒談

徐𤊹《徐氏家藏書目·小説類》《漱石閒談》一卷。王兆雲。

白醉璅言

徐𤊹《徐氏家藏書目·小説類》《白醉璅言》二卷。

野獲編

英廉奏《全毀書目》《野獲編》二十本。明沈德符撰。

呼桓日記

黄虞稷《千頃堂書目·小説類》項鼎鉉《呼桓日記》十二卷。秀水人。

雪濤閣四小書

黄虞稷《千頃堂書目·小説類》江盈科《雪濤閣四小書》譚叢二卷。閒紀□卷。諧史二卷。詩評□卷。

閲耕餘録

黄虞稷《千頃堂書目·小説類》張所望《閲耕餘録》六卷。

《明史·藝文志·小説家》張所望《閲耕餘録》六卷。

閲耕續録

黄虞稷《千頃堂書目·小説類》張所望《閲耕續録》□卷。

秉燭叢談

黄虞稷《千頃堂書目・小説類》 張所敬《秉燭叢談》□卷。字長輿。（盧補）

東螽放言

黄虞稷《千頃堂書目・小説類》 鄒光弼《東螽放言》臨川人，萬曆己卯舉人。

罍瓦編

黄虞稷《千頃堂書目・小説類》 吴安國《罍瓦編》十卷。字文仲，長洲人。

罍瓦二編

黄虞稷《千頃堂書目・小説類》 吴安國《罍瓦二編》十二卷。

罍瓦三編

黄虞稷《千頃堂書目・小説類》 吴安國《罍瓦三編》□□卷。

罍瓦四編

黄虞稷《千頃堂書目・小説類》 吴安國《罍瓦四編》十卷。

焦氏説楛

黄虞稷《千頃堂書目・小説類》 焦周《焦氏説楛》七卷。焦竑子，萬曆庚子舉人。

益部談資

黄虞稷《千頃堂書目・小説類》 何宇度《益部談資》三卷。字仁仲，何遷子。

竹素雜攷

徐𤊹《徐氏家藏書目・小説類》 《竹素雜攷》三卷。黄履康。

黄虞稷《千頃堂書目・小説類》 黄履康《竹素雜考》三卷。字堯衢，萬曆初莆田縣諸生。

千頃齋雜録

黄虞稷《千頃堂書目・小説類》 黄居中《千頃齋雜録》十卷

日損齋雜著

徐𤊹《徐氏家藏書目・小説類》 《日損齋雜著》。王世懋。

靖海編

英廉奏《全燬書目》 《靖海編》四本。明錢人楷輯。

吴越遊集

英廉奏《抽燬書目》 《吴越遊集》六本。查《吴越遊集》，係明王叔承撰。叔承係嘉靖中人，其卷二有警詩内，語涉謬妄。應請抽燬。

王奉常雜著

英廉奏《抽燬書目》 《王奉常雜著》三本。查《王奉常雜著》，係明王世懋撰。書中窺天外乘一條，語涉偏謬。應請抽燬。

樵　史

黄虞稷《千頃堂書目·小説類》 陸應陽《樵史》二卷。字伯生，嘉興人。

紀聞彙編

徐𤊹《徐氏家藏書目·小説類》 《紀聞彙編》四卷。竇子明。

黄虞稷《千頃堂書目·小説類》 竇文熙《紀聞彙編》四卷。字子明，秀水舉人。

見只篇

黄虞稷《千頃堂書目·小説類》 姚士粦《見只篇》三卷。

桐　薪

黄虞稷《千頃堂書目·小説類》 錢希言《桐薪》三卷。常熟人。

戲　假

黄虞稷《千頃堂書目·小説類》 《戲假》三卷。錢希言。

偶　記

黄虞稷《千頃堂書目·小説類》 張燮《偶記》十卷。

邇言原始

徐𤊹《徐氏家藏書目·小説類》 《邇言原始》三卷。張燮。

黄虞稷《千頃堂書目·小説類》 《邇言原始》四卷。張燮。

鏡古録

徐𤊹《徐氏家藏書目·小説類》 《鏡古録》三卷。張燮。

黄虞稷《千頃堂書目・小説類》《鏡古録》三卷。

採疊緒言

徐𤊹《徐氏家藏書目・小説類》《採疊緒言》一卷。張燮。

黄虞稷《千頃堂書目・小説類》《采疊緒言》一卷。張燮。

鼂采清課

徐𤊹《徐氏家藏書目・小説類》《鼂采清課》二卷。費元禄。

轉情集

黄虞稷《千頃堂書目・小説類》費元禄《轉情集》二卷。

瓦釜漫記

黄虞稷《千頃堂書目・小説類》劉世節《瓦釜漫記》四卷。

譚　林

徐𤊹《徐氏家藏書目・小説類》《譚林》三卷。

陳眉公秘笈

范邦甸等《天一閣書目・小説類》《陳眉公秘笈》十二册。刊本。明陳繼儒編。

《明史・藝文志・小説家》陳繼儒《秘笈》一百三十卷。

讀書十六觀

徐𤊹《徐氏家藏書目・小説類》《讀書十六觀》一卷。陳繼儒。

求福點景篇

徐𤊹《徐氏家藏書目・小説類》《求福點景篇》一卷。胡傛。

葴一話腴

徐𤊹《徐氏家藏書目・小説類》《葴一話腴》一卷。見《説郛》。

謬　言

徐𤊹《徐氏家藏書目・小説類》《陳一齋謬言》一卷。陳第。

又《謬言》一卷。陳第。

讀書鏡

徐𤊹《徐氏家藏書目・小説類》《讀書鏡》十卷。陳繼儒。

見聞録

徐𤊹《徐氏家藏書目・小説類》《見聞録》八卷。陳繼儒。

黄虞稷《千頃堂書目・小説類》陳繼儒《見聞録》八卷。

《四庫全書總目提要・小説家》《見聞録》八卷。副都御史黄登賢家藏本。明陳繼儒撰。繼儒有《邵康節外紀》，已著録。此書排次明代朝士事實，閒及典章制度。如蔣瑶之悟武宗、李充嗣之禦宸濠，其事皆史所未詳。然叙次叢雜，先後無緒，仍不出其生平著述，潦草成編之習也。

珍珠船

徐𤊹《徐氏家藏書目・小説類》《珍珠船》四卷。陳繼儒。

黄虞稷《千頃堂書目・小説類》《珍珠船》四卷。陳繼儒。

妮古録

徐𤊹《徐氏家藏書目・小説類》《妮古録》四卷。陳繼儒。

羣碎録

徐𤊹《徐氏家藏書目・小説類》《羣碎録》一卷。陳繼儒。

黄虞稷《千頃堂書目・小説類》《羣碎録》一卷。陳繼儒。

偃曝餘談

徐𤊹《徐氏家藏書目・小説類》《暥曝餘談》二卷。陳繼儒。

黄虞稷《千頃堂書目・小説類》《偃曝餘談》二卷。陳繼儒。

巖棲幽事

徐𤊹《徐氏家藏書目・小説類》《巖栖幽事》一卷。陳繼儒。

黄虞稷《千頃堂書目・小説類》《巖棲幽事》一卷。陳繼儒。

枕譚

徐𤊹《徐氏家藏書目・小説類》《枕譚》一卷。陳繼儒。

黄虞稷《千頃堂書目・小説類》《枕譚》一卷。陳繼儒。

太平清話

徐𤊹《徐氏家藏書目・小説類》《太平清話》四卷。陳繼儒。

《四庫全書總目提要・小説家》《太平清話》四卷。内府藏本。明陳繼儒撰。是書雜記古今瑣事，徵引舛錯，不可枚舉。當時稱繼儒能識古今書畫。然如所載耐辱居士墨竹筆銘，證以唐書司空圖傳，乖舛顯然。殊不能知其僞也。

書蕉

徐𤍵《徐氏家藏書目・小説類》 《書焦》二卷。陳繼儒。

黄虞稷《千頃堂書目・小説類》 《書蕉》二卷。陳繼儒。

筆記

徐𤍵《徐氏家藏書目・小説類》 《筆記》二卷。陳繼儒。

黄虞稷《千頃堂書目・小説類》 《筆記》二卷。陳繼儒。

銷夏録

徐𤍵《徐氏家藏書目・小説類》 《銷夏》四卷。陳繼儒。

黄虞稷《千頃堂書目・小説類》 《銷夏録》四卷。陳繼儒。

辟寒録

徐𤍵《徐氏家藏書目・小説類》 《辟寒》四卷。陳繼儒。

黄虞稷《千頃堂書目・小説類》 《辟寒録》四卷。陳繼儒。

寶顔堂虎薈

黄虞稷《千頃堂書目・小説類》 《寶顔堂虎薈》六卷。陳繼儒。

安得長者言

徐𤍵《徐氏家藏書目・小説類》 《安得長者言》一卷。陳繼儒。

狂夫之言并續

徐𤍵《徐氏家藏書目・小説類》 《狂夫之言并續》共五卷。陳繼儒。

畫禪室隨筆

黄虞稷《千頃堂書目・小説類》 董其昌《畫禪室隨筆》四卷。

《明史・藝文志・小説家》 董其昌《畫禪室隨筆》二卷。

亘史鈔

黄虞稷《千頃堂書目・小説類》 潘之恒《亘史鈔》九十一卷。

《明史・藝文志・小説家》 潘之恒《亘史鈔》九十一卷。

新知録

徐𤍵《徐氏家藏書目・小説類》 《新知録》三十卷。廬陵劉士義。

歐餘漫録

黄虞稷《千頃堂書目・小説類》 閔元衢《歐餘漫録》十二卷。

增定玉壺冰

黄虞稷《千頃堂書目・小説類》 《增定玉壺冰》二卷。閔元衢。

槜齋漫録

黄虞稷《千頃堂書目・小説類》 許自昌《槜齋漫録》十二卷。

筠齋漫録

黄虞稷《千頃堂書目・小説類》 王學海《筠齋漫録》十卷。

《明史・藝文志・小説家》 王學海《筠齋漫録》十卷。

筠齋續録

黄虞稷《千頃堂書目・小説類》 王學海《筠齋續録》一卷。

筠齋新録

黄虞稷《千頃堂書目・小説類》 王學海《筠齋新録》一卷。

筠齋別録

黄虞稷《千頃堂書目・小説類》 王學海《筠齋別録》一卷。

筠齋外録

黄虞稷《千頃堂書目・小説類》 王學海《筠齋外録》一卷。

六硯齋筆記

黄虞稷《千頃堂書目・小説類》 李日華《六硯齋筆記》十二卷。

《明史・藝文志・小説家》 李日華《六研齋筆記》十二卷。

六硯齋二筆

黄虞稷《千頃堂書目・小説類》 《六硯齋二筆》四卷。李日華。

六硯齋三筆

黄虞稷《千頃堂書目・小説類》 李日華《六硯齋三筆》四卷。

紫桃軒雜綴

黄虞稷《千頃堂書目・小説類》 李日華《紫桃軒雜綴》四卷。

紫桃軒又綴

黄虞稷《千頃堂書目·小説類》 李日華《紫桃軒又綴》四卷。

六硯齋日記

《明史·藝文志·小説家》 《六硯齋日記》二十卷。李日華。

藝林鉤微録

黄虞稷《千頃堂書目·小説類》 馬應龍《藝林鉤微録》二十四卷。字伯光,安丘人,萬曆壬辰進士,禮部主事。

《明史·藝文志·小説家》 馬應龍《藝林鉤微録》二十四卷。

霧市選言

黄虞稷《千頃堂書目·小説類》 王宇《霧市選言》四卷。

升庵新語

黄虞稷《千頃堂書目·小説類》 王宇《升庵新語》四卷。

金華雜識

《四庫全書總目提要·小説家》 《金華雜識》四卷。浙江吴玉墀家藏本。明楊德周撰。德周有《澹圃芋記》,已著録。是編乃其爲金華教諭時所作。雜採軼文逸事,以補地志所未備。如潘良貴與陳瓘實非同母,無瓘父借妾生子事。良貴父有子六人,亦非晚年乏嗣。辨周密《癸辛雜識》之誤,亦間有考證。然多採小説神怪之語,自穢其書,則貪多嗜奇之過也。

輿識隨筆

徐𤊹《徐氏家藏書目·小説類》 《輿識隨筆》十二卷。楊德周。

黄虞稷《千頃堂書目·小説類》 楊德周《輿識隨筆》十二卷。

《明史·藝文志·小説家》 楊德周《隨筆》十二卷。

荒政紀畧

徐𤊹《徐氏家藏書目·小説類》 《荒政紀畧》一卷。楊德周。

書肆説鈴

黄虞稷《千頃堂書目·小説類》 葉秉敬《書肆説鈴》二卷。

貝曲雜説

黄虞稷《千頃堂書目·小説類》 葉秉敬《貝典雜説》一卷。

硯北瑣言

黄虞稷《千頃堂書目・小説類》 王志堅《硯北瑣言》一卷。

清賞録

黄虞稷《千頃堂書目・小説類》 包衡《清賞録》十二卷。

《明史・藝文志・小説家》 包衡《清賞録》十二卷。

清賞録

黄虞稷《千頃堂書目・小説類》 張翼《清賞録》二卷。餘杭人。據遺書目。（吴補）

避暑漫筆

黄虞稷《千頃堂書目・小説類》 談脩《避暑漫筆》二卷。

《四庫全書總目提要・小説家》 《避暑漫筆》二卷。兩淮鹽政採進本。明談修撰。修有《惠山古今考》，已著録。是編皆掇取先進言行可爲師法，及近代風俗澆薄可爲鑒戒者，臚叙成篇。其書成於萬曆中。當時世道人心，皆極弊壞。修發憤著書，故其詞往往過激云。

呵凍筆談

黄虞稷《千頃堂書目・小説類》 談脩《呵凍筆談》二卷。

風雩漫録

黄虞稷《千頃堂書目・小説類》 談脩《風雩漫録》八卷。

滴露漫録

黄虞稷《千頃堂書目・小説類》 談脩《滴露漫録》六卷。

三餘筆録

黄虞稷《千頃堂書目・小説類》 談脩《三餘筆録》七卷。

開惑編

黄虞稷《千頃堂書目・小説類》 談脩《開惑編》一卷。

思問初編

徐𤊹《徐氏家藏書目・小説類》 《思問初編》十二卷。温陵陳元齡。

黄虞稷《千頃堂書目・小説類》 陳元齡《思問初編》十二卷。

軍機處奏《禁毁書目》 《思問初編》一部三本。查《思問初編》，係明陳元齡撰。其史編内，語多觸悖。應請銷燬。再，此本尚缺第四、五、六卷，有无違礙，應令該督撫再行查銷。

元壺雜俎

黄虞稷《千頃堂書目·小説類》 趙裔昌《元壺雜俎》八卷。

傣菴野紀

徐𤊹《徐氏家藏書目·小説類》 《傣菴野紀》一卷。蔡士順。

吴氏叢語

徐𤊹《徐氏家藏書目·小説類》 《吴氏叢語》十二卷。華亭吴恫。

士翼

徐𤊹《徐氏家藏書目·小説類》 《士翼》三卷。崔銑。

廣交友論

徐𤊹《徐氏家藏書目·小説類》 《廣交友論》四卷。嘉興朱廷旦。

警枕集

徐𤊹《徐氏家藏書目·小説類》 《警枕集》一卷。朱廷旦。

歸正集

徐𤊹《徐氏家藏書目·小説類》 《歸正集》十卷。林祖述。

西堂紀聞

徐𤊹《徐氏家藏書目·小説類》 《西堂紀聞》四卷。麻城鄧楚望。

于榖峰筆塵

徐𤊹《徐氏家藏書目·小説類》 《于榖峰筆塵》十八卷。于慎行。

蜣靐篇

徐𤊹《徐氏家藏書目·小説類》 《蜣靐篇》二卷。沈顥。

山居閒考

徐𤊹《徐氏家藏書目·小説類》 《山居閒考》一卷。林宏衍。

木幾冗談

徐𤊹《徐氏家藏書目·小説類》 《木幾冗談》一卷。彭汝讓。

黄虞稷《千頃堂書目·小説類》　彭汝讓《木幾冗談》一卷。

漁樵閒話

范邦甸等《天一閣書目·小説類》　《漁樵閒話》一卷。刊本。明朱睦㮮撰。

株守談略

黄虞稷《千頃堂書目·小説類》　馬攀龍《株守談略》三十一卷。一作四卷。

《明史·藝文志·小説家》　馬攀龍《株守談略》四卷。

震澤紀聞

范邦甸等《天一閣書目·小説類》　《震澤記聞》一卷。藍絲闌鈔本。卷首有東明草堂范氏看書記七十二峯一吾廬之印。不著撰人名氏。

張之洞《書目答問·小説家》　《震澤紀聞》二卷。《震澤長語》二卷。明王鏊。借月山房本。《紀聞》有珠塵本，《長語》有指海本。

槎上老舌

徐𤊹《徐氏家藏書目·小説類》　《槎上老舌》一卷。

鄭孔肩偶語

徐𤊹《徐氏家藏書目·小説類》　《鄭孔肩偶語》一卷。

篝燈碎語

徐𤊹《徐氏家藏書目·小説類》　《篝燈碎語》一卷。陳衎。

山游十六卷

徐𤊹《徐氏家藏書目·小説類》　《山游十六卷》一卷。沈廷賞。

史甓

徐𤊹《徐氏家藏書目·小説類》　《史甓》四卷。鄭奎光。

邊事小紀

徐𤊹《徐氏家藏書目·小説類》　《邊事小紀》六卷。周文郁。

邊務要略

徐𤊹《徐氏家藏書目·小説類》　《邊務要畧》一卷。蔡鼎。

闇然録最

徐𤊹《徐氏家藏書目·小説類》　《闇然録最》四卷。潘去華。

陰德録

徐𤊹《徐氏家藏書目・小説類》《陰德録》二卷。袁黄。

黄鳥啼春

徐𤊹《徐氏家藏書目・小説類》《黄鳥啼春》一卷。韓疊雲。

南牖日箋

黄虞稷《千頃堂書目・小説類》陳元素《南牖日箋》□卷。字古白，長洲人。

沈氏弋説

徐𤊹《徐氏家藏書目・小説類》《沈氏弋説》六卷。杭沈長卿。

黄虞稷《千頃堂書目・小説類》沈長卿《沈氏弋説》十卷。字幼宰，杭州人，萬曆舉人。

英廉奏《全毁書目》《沈氏弋説》六本。明沈長卿撰。

沈氏月旦

黄虞稷《千頃堂書目・小説類》《沈氏月旦》六卷。沈長卿。

軍機處奏《禁毁書目》《沈氏日旦》六本。查《沈氏日旦》，係明沈長卿撰。皆其隨筆日記之語，中間干犯字句甚多。應請銷燬。

沈氏蘧記

軍機處奏《禁毁書目》《沈氏蘧記》十本。查《沈氏蘧記》，明沈長卿撰。長卿落魄狂生，議論本多佻㒓，且多有指斥之詞。應請銷燬。

霜舲日札

黄虞稷《千頃堂書目・小説類》丁雄飛《霜舲日札》。

江湄舊話

黄虞稷《千頃堂書目・小説類》丁雄飛《江湄舊話》。

琴鶴鄉賸史

黄虞稷《千頃堂書目・小説類》丁雄飛《琴鶴鄉賸史》。

輿　史

黄虞稷《千頃堂書目・小説類》丁雄飛《輿史》。

德慧録

黄虞稷《千頃堂書目・小説類》包杰《德慧録》四卷。

山中白雲

黃虞稷《千頃堂書目·小説類》 周暉《山中白雲》一卷。字吉甫，金陵隱士。

元羽隨筆

徐𤊹《徐氏家藏書目·小説類》 《元羽隨筆》八卷。張大齡。

黃虞稷《千頃堂書目·小説類》 張大齡《元羽隨筆》八卷。

天都載

徐𤊹《徐氏家藏書目·小説類》 《天都載》六卷。馬大壯。

黃虞稷《千頃堂書目·小説家》 馬大壯《天都載》六卷。字仲履，羅汝芳之門人。

明世説

黃虞稷《千頃堂書目·小説類》 《明世説》八卷。

又 李紹文《明世説新語》八卷。

《明史·藝文志·小説家》 李紹文《明世説新語》八卷。

又 《明世説》八。

《四庫全書總目提要·小説家》 《明世説新語》八卷。兩江總督採進本。明李紹文撰。紹文有《藝林累百》，已著録。是書全仿宋劉義慶《世説新語》，其三十六門亦仍其舊。所載明一代佚事瑣語，迄於嘉隆，蓋萬曆中作也。前有釋名一則，詳列書中諸人名字謚號爵里。陸從平序謂紹文近以文學受知於熊劍化，劍化復爲釐其謬誤。然今書方正門以文徵明論先人世誼語屬之對上相楊公。品藻門以王畿貪嗔癡救戒定慧語屬之對陸樹聲。皆與他説部不合。是傳聞異詞，未能盡確。又以楊士奇爲東楊，楊榮爲西楊，其釋名亦頗多舛互云。

玉堂叢語

黃虞稷《千頃堂書目·小説類》 《玉堂叢語》八卷。

舌華録

徐𤊹《徐氏家藏書目·小説類》 《舌華録》九卷。新都曹臣。

黃虞稷《千頃堂書目·小説類》 曹臣《舌華録》九卷。蘇州人。

聞雁齋筆談

徐𤊹《徐氏家藏書目·小説類》 《聞雁齋筆談》六卷。張大復。

又 張大復《筆談》六卷。

黃虞稷《千頃堂書目·小説類》 張大復《聞雁齋筆談》十四卷。吴縣人。

《明史·藝文志·小説家》 張大復《筆談》十四卷。

梅花草堂集

英廉奏《全燬書目》 《梅花草堂集》二本。明張大復撰。

天爵堂筆録

徐𤊹《徐氏家藏書目·小説類》 薛千仞《筆餘》二卷。薛岡。
黄虞稷《千頃堂書目·小説類》 薛岡《天爵堂筆録》二卷。

清浪雜録

黄虞稷《千頃堂書目·小説類》 徐良彦《清浪雜録》一卷。

隨風録

黄虞稷《千頃堂書目·小説類》 徐良彦《隨風録》一卷。

談薈

黄虞稷《千頃堂書目·小説類》 徐應秋《談薈》三十六卷。
《明史·藝文志·小説家》 徐應秋《談薈》三十六卷。

泉南雜記

黄虞稷《千頃堂書目·小説類》 陳懋仁《泉南雜記》二卷。

博識考事

徐𤊹《徐氏家藏書目·小説類》 《博識考事》二卷。戴應鰲。
黄虞稷《千頃堂書目·小説類》 戴應鼇《博識考事》四卷。

博識考事續編

徐𤊹《徐氏家藏書目·小説類》 《博識考事續編》四卷。戴應鰲。
黄虞稷《千頃堂書目·小説類》 《博識考事續編》四卷。戴應鰲。

檢蠹隨筆

徐𤊹《徐氏家藏書目·小説類》 《檢蠹隨筆》三十卷。楊崇吾。
黄虞稷《千頃堂書目·小説類》 楊崇吾《檢蠹隨筆》三十卷。
《明史·藝文志·小説家》 楊崇吾《檢蠹隨筆》三十卷。

林居漫録

徐𤊹《徐氏家藏書目·小説類》 《林居漫録》六卷。

槎庵小乘

黄虞稷《千頃堂書目·小説類》 來斯行《槎庵小乘》四十六卷。字道之，蕭山人，萬曆丁未進士，福建左布政使。

《明史・藝文志・小説家》　來斯行《槎菴小乘》四十六卷。

塵談燕語

黄虞稷《千頃堂書目・小説類》　來斯行《塵談燕語》。

蟲天志

《明史・藝文志・小説家》　沈弘正《蟲天志》十卷。

雷藪

黄虞稷《千頃堂書目・小説類》　王乾元《雷藪》一卷。

河上日記

黄虞稷《千頃堂書目・小説類》　丁此召《河上日記》新建人，萬曆戊戌進士，工部主事。

衡門晤語

黄虞稷《千頃堂書目・小説類》　潘景南《衡門晤語》二卷。

四不知類鈔

黄虞稷《千頃堂書目・小説類》　吴亮《四不知類鈔》十卷。

名山藏

黄虞稷《千頃堂書目・小説類》　張千壘《名山藏》一百卷。張燮子。

自得語

徐𤊹《徐氏家藏書目・小説類》　《自得語》三十卷。朱懷吴。

元亨涉筆

徐𤊹《徐氏家藏書目・小説類》　《元亨涉筆》一卷。王志遠。

又　《元亨涉筆》一卷。王志達。

黄虞稷《千頃堂書目・小説類》　王志遠《元亨涉筆》十卷。

西學記

徐𤊹《徐氏家藏書目・小説類》　《西學記》一卷。

聖朝佐缺

黄虞稷《千頃堂書目・小説類》　許大受《聖朝佐缺》一卷。許孚遠子。

避暑漫録

黄虞稷《千頃堂書目·小説類》 陳王政《避暑漫録》六卷。

守官漫録

黄虞稷《千頃堂書目·小説類》 劉萬春《守官漫録》五卷。

軍機處奏《禁燬書目》 《守官漫録》一部二本。查《守官漫録》，係明劉萬春撰。其書小説家言，本屬荒誕。第五卷東事瑣言，尤多指斥之詞。

偶得紺珠

黄虞稷《千頃堂書目·小説類》 黄一正《偶得紺珠》六卷。字定父，江都人。

秋檐漫紀

黄虞稷《千頃堂書目·小説類》 楊玉潤《秋檐漫紀》四卷。字德潤。萬曆己亥白我心序。

耕餘筆談

黄虞稷《千頃堂書目·小説類》 馮子咸《耕餘筆談》。字貞甫，惟健子。萬曆癸酉舉人，一再上公車，遂棄歸，人推其學行，私謚貞静先生。

四事豹斑

黄虞稷《千頃堂書目·小説類》 劉璞《四事豹斑》四卷。莒州人，鄢縣知縣。

晴窗綴語

黄虞稷《千頃堂書目·小説類》 韓期維《晴窗綴語》四卷。字光宋。鄢縣人。萬曆□□進士。新鄭知縣。

脞録雜言

黄虞稷《千頃堂書目·小説類》 朱師孔《脞録雜言》一卷。

荒略

黄虞稷《千頃堂書目·小説類》 陳龍光《荒略》一卷。

劍吹樓筆記

黄虞稷《千頃堂書目·小説類》 曹司直《劍吹樓筆記》四卷。字應麟，宜興人。尚書三賜子。

媿林漫録

黄虞稷《千頃堂書目・小説類》 瞿式耜《媿林漫録》二卷。

讀書雜録

黄虞稷《千頃堂書目・小説類》 胡震亨《讀書雜録》二卷。

《明史・藝文志・小説家》 胡震亨《讀書雜録》三卷。

藥房隨筆

黄虞稷《千頃堂書目・小説類》 高道素《藥房隨筆》二卷。嘉興人。

露書

黄虞稷《千頃堂書目・小説類》 姚旅《露書》十四卷。字園客，莆田人。

姤記

黄虞稷《千頃堂書目・小説類》 楊若曾《姤記》十卷。

類纂灼艾集

黄虞稷《千頃堂書目・小説類》 王佐《類纂灼艾集》十六卷。

吹景集

黄虞稷《千頃堂書目・小説類》 董斯張《吹景集》十四卷。

京口紀聞

黄虞稷《千頃堂書目・小説類》 陳仁錫《京口紀聞》二卷。

八編類纂

軍機處奏《禁毀書目》 《八編類纂》一部六十本。查《八編類纂》，係明陳仁錫輯。取邱濬《大學衍義補》等八書，分類編次。大抵剿襲陳言，取盈卷帙，殊无可取。其《邊類》中，語有干礙，所載遼、金二代，體例尤爲狂謬。應請銷燬。

明紀畧鼎臠

軍機處奏《禁毀書目》 《明紀畧鼎臠》一部二本。查《明紀畧鼎臠》，原本題陳仁錫撰，倪元璐評。乃以明代歷朝事蹟，編作五言韻。其第四卷内，狂悖語甚多。應請銷燬。

咫聞録

黄虞稷《千頃堂書目・小説類》 華繼善《咫聞録》五卷。

黄虞稷《千頃堂書目・小説類》 華繼善《咫聞録》五卷。

閒署日鈔

黄虞稷《千頃堂書目·小説類》　舒榮都《閒署日鈔》二十二卷。

湘烟録

黄虞稷《千頃堂書目·小説類》　閔元京《淩義渠湘煙録》十六卷。

《明史·藝文志·小説家》　閔元京《湘烟録》十六卷。

人倫佳事

黄虞稷《千頃堂書目·小説類》　孫令弘《人倫佳事》一卷。平湖人。

集世説

黄虞稷《千頃堂書目·小説類》　孫令弘《集世説》六卷。

雪堂日抄

黄虞稷《千頃堂書目·小説類》　孫克弘《雪堂日抄》□卷。

昨非庵日纂

黄虞稷《千頃堂書目·小説類》　鄭暄《昨非庵日纂》一集二十卷。

昨非庵日纂二集

黄虞稷《千頃堂書目·小説類》　鄭暄《昨非庵日纂二集》二十卷。

昨非庵日纂三集

黄虞稷《千頃堂書目·小説類》　鄭暄《昨非庵日纂三集》二十卷。

英廉奏《抽毀書目》　《昨非庵日纂三集》十六本。查《昨非庵日纂三集》，係明鄭瑄撰。其書前有錢謙益序文。應請抽燬。

蘭畹居清言

《四庫全書總目提要·小説家》　《蘭畹居清言》十卷。浙江巡撫採進本。明鄭仲夔撰。仲夔字龍如，江西人。其書採録僻事雋語，自漢魏以迄嘉隆，分門别類，一如劉義慶《世説》之例。其已見劉孝標註及王世貞所補者。案《世説新語補》本何良俊《語林》之文，坊本託名於王世貞，此從原序之文，謹附識於此。則不複載。又以一人編中錯見。名字爵謚不一其稱者，别爲釋名，以附於前。亦仿汪藻校定《世説》之例。

冷　賞

黄虞稷《千頃堂書目·小説類》　鄭仲夔《冷賞》八卷。

雋　區

黄虞稷《千頃堂書目·小説類》　鄭仲夔《雋區》八卷。玉山人，天啓丁卯舉人。

督師紀畧

軍機處奏《禁毁書目》 《督師紀畧》三本。查《督師紀略》，係明茅元儀撰。元儀嘗在孫承宗幕府，此書所紀皆承宗督師時事蹟。承宗，《明史》已有列傳。此乃元儀私行紀録，往往自誇其謀畫，未足憑信。且觸悖字句甚多。應請銷燬。

暇老齋雜記

徐𤊹《徐氏家藏書目・小説類》 《暇老齋雜記》三十二卷。茅元儀。

黄虞稷《千頃堂書目・小説類》 茅元儀《暇老齋雜記》三十二卷。歸安人。

《明史・藝文志・小説家》 茅元儀《雜記》三十二卷。

暇老齋雜記

軍機處奏《禁毁書目》 《暇老齋雜記》八本。查《暇老齋雜記》，明茅元儀撰。元儀所著《六月譚》諸書，業經奏燬，此書亦多狂悖。應一併銷燬。

戍樓閒話

徐𤊹《徐氏家藏書目・小説類》 《戍樓閒話》四卷。茅元儀。

黄虞稷《千頃堂書目・小説類》 《戍樓閒話》四卷。茅元儀。

西峰淡話

徐𤊹《徐氏家藏書目・小説類》 《西峰淡話》四卷。茅元儀。

黄虞稷《千頃堂書目・小説家》 《西峰談話》四卷。茅元儀。

《四庫全書總目提要・小説家》 《西峯淡話》四卷。浙江巡撫採進本。明茅元儀撰。元儀有《嘉靖大政類編》，已著録。是書多論明末時政。其論有明制度，多本於元，尤平情之公議，非明人挾持私見、曲相排抑者可比。然其中憤激已甚之詞，亦不能免，仍當時詬争之積習也。

野航史話

徐𤊹《徐氏家藏書目・小説類》 《野航史話》四卷。茅元儀。

黄虞稷《千頃堂書目・小説家》 《野航史話》四卷。茅元儀。

平巢事蹟考

徐𤊹《徐氏家藏書目・小説類》 《平巢事蹟考》一卷。茅元儀。

福唐寺貝餘

徐𤊹《徐氏家藏書目・小説類》 《福唐寺貝餘》五卷。茅元儀。

黄虞稷《千頃堂書目・小説類》 《福唐寺貝餘》五卷。茅元儀。

青　光

徐𤊹《徐氏家藏書目・小説類》 《青光》十卷。茅元儀。

黄虞稷《千頃堂書目・小説類》 《青光》十卷。茅元儀。

軍機處奏《禁毁書目》 《青光》二本。查《青光》，亦明茅元儀撰。其中指斥之詞，與所著諸書一類。應請一併銷燬。

澄水帛

徐𤊹《徐氏家藏書目・小説類》《澄水帛》十三卷。茅元儀。

黄虞稷《千頃堂書目・小説類》《澄水帛》十三卷。茅元儀。

軍機處奏《禁毀書目》《澄水帛》二本。查《澄水帛》，亦明茅元儀撰。中多妄悖。應請一併銷燬。

青油史漫

徐𤊹《徐氏家藏書目・小説類》《青油史漫》二卷。茅元儀。

黄虞稷《千頃堂書目・小説類》《青油史漫》二卷。茅元儀。

掌記

徐𤊹《徐氏家藏書目・小説類》《掌記》六卷。茅元儀。

黄虞稷《千頃堂書目・小説類》《掌記》六卷。茅元儀。

軍機處奏《禁毀書目》《掌記》一部一本。查《掌記》，係明茅元儀所撰。皆記所聞見雜事，中有悖礙之處。應請銷燬。

六月譚

徐𤊹《徐氏家藏書目・小説類》《六月譚》七卷。茅元儀。

黄虞稷《千頃堂書目・小説類》《六月談》十卷。茅元儀。

軍機處奏《禁毀書目》《六月潭》二本。查《六月潭》，係明茅元儀撰。元儀嘗在孫承宗軍中，此書所記，多指斥之詞。應請銷燬。

千百年眼

徐𤊹《徐氏家藏書目・小説類》《千百年眼》十二卷。瀟湘張燧。

黄虞稷《千頃堂書目・小説類》張燧《千百年眼》十二卷。楚人。

英廉奏《全毀書目》《千百年眼》三本。明張燧撰。

日格類鈔

徐𤊹《徐氏家藏書目・小説類》《日格類鈔》三十卷。王所。

黄虞稷《千頃堂書目・小説類》王所《日格類鈔》三十卷。

《宋史藝文志補・小説家》王所《日格類鈔》三十卷。

粃言

徐𤊹《徐氏家藏書目・小説類》鄭明選《秕言》四卷。

黄虞稷《千頃堂書目・小説類》鄭明選《粃言》四卷。號香寰，歸安人。萬曆己丑進士，南刑科給事中。

霞外塵談

徐𤊹《徐氏家藏書目・小説類》《霞外塵談》十卷。周應治。

黄虞稷《千頃堂書目・小説類》周應治《霞外麈談》十卷。鄞縣人。

世林

黃虞稷《千頃堂書目·小說類》 藍文炳《世林》十八卷。

雪庵清史

黃虞稷《千頃堂書目·小說類》 樂純《雪庵清史》五卷。沙縣人。

英廉奏《抽毀書目》 《雪菴清史》四本。查《雪菴清史》，係明樂純撰。其書皆明季纖仄之習，卷二傳奇一條，卷五生聖朝一條，語多偏妄。應請抽燬。

含元子

徐𤊹《徐氏家藏書目·小說類》 《含元子》十卷。趙樞生。

聞見解

徐𤊹《徐氏家藏書目·小說類》 《聞見解》三卷。曾曰唯。

何之子

徐𤊹《徐氏家藏書目·小說類》 《何之子》一卷。周宏禴。

管窺小識

《四庫全書總目提要·小說家》 《管窺小識》四卷。浙江巡撫採進本。不著撰人名氏。書中世宗崇尚青詞一條云：少年至都猶及見之。又稱張居正以橫肆敗。則其人在嘉靖萬曆之間。又九卿保留新鄭一條云：先太保正在行河，不與其事。則當時大臣之子。故其自序云：余少鮮具識，然於宦遊過庭之間，亦頗有一二識憶也。其書記當時門户傾軋、專權亂政之事，多史所未詳。其記會推有立推坐推行推之異，亦諸書所未及。然於高拱、張居正詆諆頗甚，而獨推尊徐階，殆亦恩怨之詞，不盡直筆矣。

湧幢小品

《明史·藝文志·小說家》 朱國禎《湧幢小品》二十四卷。

麟臺野筆

高儒《百川書志·小說家》 《麟臺野筆》一卷。明鄉貢進士東流道人陶性著。止賦三篇。

四端通俗詩詞

高儒《百川書志·小說家》 《四端通俗詩詞》一卷。明致政指揮鳳陽陶輔廷弼著。凡十六目，詩詞四十八首，以解勤儉富貴驕奢貧賤之四端，並陳圖說。

金沙賦

高儒《百川書志·小說家》 《金沙賦》二卷。皇明金沙知縣石屏戴璟撰，凡四賦。

學齋呫嗶

徐𤊹《徐氏家藏書目・小説類》　《學齋呫嗶》四卷。

聞見漫録

黄虞稷《千頃堂書目・小説類》　陳槐《聞見漫録》二卷。

劉凝和筆談

黄虞稷《千頃堂書目・小説類》　劉烶《劉凝和筆談》二卷。

翦鐙紀訓

黄虞稷《千頃堂書目・小説類》　陳鍾盛《翦鐙紀訓》。

情　史

黄虞稷《千頃堂書目・小説類》　馮夢龍《情史》二十四卷。

野椎雅言

黄虞稷《千頃堂書目・小説類》　田賦《野樵雅言》。

梅幌寤言

黄虞稷《千頃堂書目・小説類》　張克儉《梅幌寤言》。

兵行紀略

黄虞稷《千頃堂書目・小説類》　張克儉《兵行紀略》。

增補鶴林玉露

黄虞稷《千頃堂書目・小説類》　謝天瑞《增補鶴林玉露》二十四卷。杭州人。玉露本十六卷。天瑞增補八卷。

纂言鉤玄

黄虞稷《千頃堂書目・小説類》　王勣《纂言鉤玄》十六卷。

《明史・藝文志・小説家》　王勣《纂言鉤玄》十六卷。

枕　書

黄虞稷《千頃堂書目・小説類》　李九標《枕書》二十卷。福清人。

蟬雪嚨言

黃虞稷《千頃堂書目・小説類》 畢拱辰《蟬雪嚨言》八卷。

醒世外史

黃虞稷《千頃堂書目・小説類》 汪于沚《醒世外史》六十卷。

鏡古篇

徐𤊹《徐氏家藏書目・小説類》 《鏡古篇》五卷。董鳴瑋。

黃虞稷《千頃堂書目・小説類》 董鳴瑋《鏡古篇》五卷。董應舉子。南京都察院經歷。

巵　林

黃虞稷《千頃堂書目・小説類》 周嬰《巵林》十卷。字方叔。莆田人。

息齋筆記

黃虞稷《千頃堂書目・小説類》 吴桂森《息齋筆記》二卷。字叔美，無錫人。從學錢一本，自署曰東林素衣，人稱素衣先生。崇禎癸酉鄒期相序。

覓燈因話

徐𤊹《徐氏家藏書目・小説類》 《覓燈因話》二卷。邵景詹。

黃虞稷《千頃堂書目・小説類》 邵景詹《覓鐙因話》二卷。

雪堂塵談

黃虞稷《千頃堂書目・小説類》 潘振《雪堂塵談》。

癸未夏鈔

《四庫全書總目提要・小説家》 《癸未夏鈔》四卷。兩淮鹽政採進本。明釋静福撰。静福，錢塘人。所謂癸未，蓋崇禎十六年也。其書鈔撮諸家説部，亦閒載其所見聞，頗無倫次。惟多載緇徒惡蹟，不爲其教少諱，視儒家堅持門户者爲猶賢焉。

亡烏子

高儒《百川書志・小説家》 《亡烏子》一卷。不知何人所著，或曰亡是公與烏有先生共成此書以示訓。又恐世之人罪其多言也，故隱其名。凡四篇。

黃虞稷《千頃堂書目・小説類》 《亡烏子》一卷。凡四篇以下，皆不知時代。

惠潮兵紀

英廉奏《全毁書目》 《惠潮兵紀》四本。明崇禎間人所輯，不著姓名。

明季遺聞

英廉奏《全毀書目》《明季遺聞》二本。鄒漪撰。

陽秋館集

英廉奏《全毀書目》《陽秋館集》六本。明帥機撰。

滑耀編

黄虞稷《千頃堂書目・小説類》《滑耀編》十七卷。常州賈三近輯。

鴛湖百家談異録

黄虞稷《千頃堂書目・小説類》《鴛湖百家談異録》八卷。

狐媚叢談

黄虞稷《千頃堂書目・小説類》墨屎子《狐媚叢談》五卷。

古今勝覽奇聞

黄虞稷《千頃堂書目・小説類》青隱子《古今勝覽奇聞》十册。

弁山樵暇語

黄虞稷《千頃堂書目・小説類》《弁山樵暇語》十卷。失姓名。

湖海新聞

黄虞稷《千頃堂書目・小説類》《湖海新聞》二卷。

愚見記忘

黄虞稷《千頃堂書目・小説類》《愚見記忘》二卷。

説物寓武

黄虞稷《千頃堂書目・小説類》《説物寓武》一卷。

益暇録

黄虞稷《千頃堂書目・小説類》《益暇録》五册。

翦鐙續録

黄虞稷《千頃堂書目・小説類》《翦鐙續録》十卷。

説抄
黄虞稷《千頃堂書目·小説類》《説抄》五十卷。

隨筆雜抄
黄虞稷《千頃堂書目·小説類》《隨筆雜抄》三十卷。

明斷篇
徐𤊹《徐氏家藏書目·小説類》《明斷篇》一卷。樂平程楷。

比事摘録
徐𤊹《徐氏家藏書目·小説類》《比事摘録》一卷。

蘿山雜言
徐𤊹《徐氏家藏書目·小説類》《蘿山雜言》一卷。

蒙泉雜言
徐𤊹《徐氏家藏書目·小説類》《蒙泉雜言》一卷。

未齋雜言
徐𤊹《徐氏家藏書目·小説類》《未齋雜言》一卷。臨川黎久。

南山素言
徐𤊹《徐氏家藏書目·小説類》《南山素言》一卷。上虞潘府。

松窗寤言
徐𤊹《徐氏家藏書目·小説類》《松窗寤言》一卷。鄰都崔銑。

井觀瑣言
徐𤊹《徐氏家藏書目·小説類》《井觀瑣言》一卷。閔南鄭瑗。

程氏演繁露
徐𤊹《徐氏家藏書目·小説類》《程氏演繁露》二十二卷。大昌。

偶客談
徐𤊹《徐氏家藏書目·小説類》《偶客談》一卷。唐樞。

鶯花夢餘録

徐𤊹《徐氏家藏書目·小説類》《鶯花夢餘録》一卷。鄭登明。

未學學

徐𤊹《徐氏家藏書目·小説類》《未學學》一卷。唐樞。

郭孝廉夢紀

徐𤊹《徐氏家藏書目·小説類》《郭孝廉夢紀》一卷。鄂郭嵩。

賜谷漫録

高儒《百川書志·小説家》《賜谷漫録》一卷。未詳著人，止四事。

論孟古義

高儒《百川書志·小説家》《論孟古義》一卷。或曰止齋著，又曰王從之著，未詳孰是。

翰林策要

高儒《百川書志·小説家》《翰林策要》四卷，四問三十八事。

策學矜式五段錦

高儒《百川書志·小説家》《策學矜式五段錦》一卷。

場屋準繩

高儒《百川書志·小説家》《場屋準繩》三卷。

應菴任意録

錢謙益等《絳雲樓書目·小説類》《應菴任意録》。

蠡海録

錢謙益等《絳雲樓書目·小説類》《蠡海録》。

劉西江霏雪録

徐𤊹《徐氏家藏書目·小説類》《劉西江霏雪録》一卷。

狀游發

徐𤊹《徐氏家藏書目·小説類》《狀游發》一卷。王思任狀，屠本畯發，張可大翻。

君子堂日詢
徐㶿《徐氏家藏書目·小説類》《君子堂日詢》一卷。王濟。

俟命編
徐㶿《徐氏家藏書目·小説類》《俟命編》一卷。曾才漢。

衡翁世行録
徐㶿《徐氏家藏書目·小説類》《衡翁世行録》。

王文恪筆記
徐㶿《徐氏家藏書目·小説類》《王文恪筆記》王鏊。

剪燈叢話
徐㶿《徐氏家藏書目·小説類》《剪燈叢話》八卷。

立齋閒録
徐㶿《徐氏家藏書目·小説類》《立齋閒録》一卷。

蜩笑偶言
徐㶿《徐氏家藏書目·小説類》《蜩笑偶言》一卷。閩鄭瑗。

丙丁雜佩
徐㶿《徐氏家藏書目·小説類》《丙丁雜佩》一卷。曹蕃。

馬端肅三記
徐㶿《徐氏家藏書目·小説類》《馬端肅三記》。

西番録
徐㶿《徐氏家藏書目·小説類》許襄敏《西番録》。

外夷諸賦
徐㶿《徐氏家藏書目·小説類》《外夷諸賦》一卷。

安南奏議
徐㶿《徐氏家藏書目·小説類》《安南奏議》一卷。

平蠻録

徐𤊹《徐氏家藏書目·小説類》《平蠻録》一卷。

枕餘

徐𤊹《徐氏家藏書目·小説類》《枕餘》一卷。徐汝廉。

存論

徐𤊹《徐氏家藏書目·小説類》《存論》一卷。天台野人。

玉振

徐𤊹《徐氏家藏書目·小説類》《玉振》一卷。昌巖。

閒情撫

徐𤊹《徐氏家藏書目·小説類》《閒情撫》一卷。

石桃丙舍草

徐𤊹《徐氏家藏書目·小説類》《石桃丙舍草》。蔣德譲。

書憲

徐𤊹《徐氏家藏書目·小説類》《書憲》一卷。吴季子。

讀書通

徐𤊹《徐氏家藏書目·小説類》《讀書通》一卷。孫國光。

九發

徐𤊹《徐氏家藏書目·小説類》《九發》一卷。支華平。

客齋使令

徐𤊹《徐氏家藏書目·小説類》《客齋使令》一卷。俞密僧。

雅俗辯

徐𤊹《徐氏家藏書目·小説類》《雅俗辯》一卷。黄孟威。

長嘯餘

徐𤊹《徐氏家藏書目·小説類》《長嘯餘》一卷。孫燕貽。

嘔絲

徐㶿《徐氏家藏書目・小説類》《嘔絲》一卷。何偉然。

倉庚集

徐㶿《徐氏家藏書目・小説類》《倉庚集》一卷。魏昆陽。

有情癡

徐㶿《徐氏家藏書目・小説類》《有情癡》一卷。吴季子。

山游十六觀

徐㶿《徐氏家藏書目・小説類》《山游十六觀》一卷。沈懋功。

識小編

徐㶿《徐氏家藏書目・小説類》《識小編》一卷。周賓所。

秋水鏡

徐㶿《徐氏家藏書目・小説類》《秋水鏡》一卷。洪月誠。原名《臆見》。

審是帙

徐㶿《徐氏家藏書目・小説類》《審是帙》一卷。張靖之。原名《雜言》。

月唳

徐㶿《徐氏家藏書目・小説類》《月唳》一卷。凌仲望。

一聲鶯

徐㶿《徐氏家藏書目・小説類》《一聲鶯》一卷。張來初。

于榖山瑮言

徐㶿《徐氏家藏書目・小説類》《于榖山瑮言》一卷，《雜記》一卷。

松霞館贅言

徐㶿《徐氏家藏書目・小説類》《松霞館贅言》一卷。李長卿。元名《偶譚》。

粧樓眉刻

徐㶿《徐氏家藏書目・小説類》《粧樓眉刻》一卷。何偉然。

瀾堂夕話

徐𤊹《徐氏家藏書目・小説類》《瀾堂夕話》一卷。張次仲。

初仕録

徐𤊹《徐氏家藏書目・小説類》《初仕録》一卷。吴遵。

無事編

徐𤊹《徐氏家藏書目・小説類》《無事編》二卷。嘉興項真。

誕　言

黄虞稷《千頃堂書目・小説類》劉梧《誕言》一卷。（盧補）

芝園外集

徐𤊹《徐氏家藏書目・小説類》《芝園外集》二十四卷。張時徹。

洗炭録

黄虞稷《千頃堂書目・小説類》吴璉《洗炭録》。

程于止□□録

黄虞稷《千頃堂書目・小説類》《程于止□□録》十卷。休寧人。（盧補）

蘇米譚史

黄虞稷《千頃堂書目・小説類》張師繹《蘇米譚史》二卷。

蘇米談史廣

黄虞稷《千頃堂書目・小説類》郭化《蘇米談史廣》六卷。宣州人。（吴補）

莫氏八林

黄虞稷《千頃堂書目・小説類》莫是門《莫氏八林》十六卷。

快　書

黄虞稷《千頃堂書目・小説類》閔景賢《快書》五十卷。

汴遊録

黄虞稷《千頃堂書目・小説類》蕭士瑋《汴遊録》一卷。

蕭齋日記

黃虞稷《千頃堂書目・小説類》 蕭士瑋《蕭齋日記》一卷。

英廉奏《抽毀書目》 蕭伯玉《蕭齋日記》一本。

南歸録

黃虞稷《千頃堂書目・小説類》 蕭士瑋《南歸録》。

日涉園録

黃虞稷《千頃堂書目・小説類》 蕭士瑋《日涉園録》一卷。

春浮日録

黃虞稷《千頃堂書目・小説類》 蕭士瑋《春浮日録》一卷。

英廉奏《抽毀書目》 《春浮園偶録》一本。查《春浮園偶録》、《蕭齋日記》，俱明蕭伯玉撰。《偶録》三十二頁、二十八晴作錢受之詩一條，五十六頁、二十八與錢牧齋書一條，《日記》内第十頁、十四傳寇警一條，三十三頁、十七錢牧齋寄來一條，俱有推重錢謙益語。應請抽燬。

百川學海

錢謙益等《絳雲樓書目・小説類》 《百川學海》。分十集，誤以王明清《揮麈録》爲楊萬里所著。

閒情小品

徐𤊹《徐氏家藏書目・小説類》 《閒情小品》十卷。淑。

旃瑣言

黃虞稷《千頃堂書目・小説類》 蘇祐逌《旃瑣言》二卷。尚書。

茂對集

徐𤊹《徐氏家藏書目・小説類》 《茂對集》八卷。朱廷佐。

五湖外史

徐𤊹《徐氏家藏書目・小説類》 《五湖外史》一卷。倪鍾醇。

黃　辭

徐𤊹《徐氏家藏書目・小説類》 《黃辭》一卷。黃俞言。

鑑古瑣譚

徐𤊹《徐氏家藏書目・小説類》 《鑑古瑣譚》一卷。徐以清。

白雲梯

徐𤊹《徐氏家藏書目・小説類》《白雲梯》一卷。李何事。

晉塵

徐𤊹《徐氏家藏書目・小説類》《晉塵》一卷。已下四十五種俱快書。

螢燈

徐𤊹《徐氏家藏書目・小説類》《螢燈》一卷。

月鏡

徐𤊹《徐氏家藏書目・小説類》《月鏡》一卷。

光明葳

徐𤊹《徐氏家藏書目・小説類》《光明葳》一卷。原名《醒言》。倪允昌。

秋濤

徐𤊹《徐氏家藏書目・小説類》《秋濤》一卷。原名《會心篇》。王聖俞。

六旬曼

徐𤊹《徐氏家藏書目・小説類》《六旬曼》一卷。趙宧光。

皇華筆諏

徐𤊹《徐氏家藏書目・小説類》《皇華筆諏》一卷。諸葛羲。

車塵雜述

徐𤊹《徐氏家藏書目・小説類》《車塵雜述》一卷。陳國禎。

孤鶴亭録

徐𤊹《徐氏家藏書目・小説類》《孤鶴亭録》一卷。徐浦。

言提録

徐𤊹《徐氏家藏書目・小説類》《言提録》二卷。黄元龍。

書紳外紀

徐𤊹《徐氏家藏書目・小説類》《書紳外紀》一卷。曹藎卿。

酉室核疑

徐𤊹《徐氏家藏書目・小説類》《酉室核疑》二卷。黄履康。

因明子

英廉奏《抽毁書目》《因明子》一本。查《因明子》，係張恒撰。第七十九頁世亂有本一條，語極偏謬。應請抽燬。

九朝談纂

英廉奏《抽毁書目》《九朝談纂》十本。查《九朝談纂》，無撰人名氏。係裒集明初説部編次成書。其内明太祖取天下一條、用兵之要一條，又鐃歌十二章第一首，及成祖定鼎，自五代以來一段，議論率多偏謬。應請抽燬。

醫貧集

范邦甸等《天一閣書目・小説類》《醫貧集》一册。刊本。檇李孫子麟述。

啄酏言

范邦甸等《天一閣書目・小説類》《啄酏言》一册。刊本。古睦吴明誠著。

還山春事

范邦甸等《天一閣書目・小説類》《還山春事》一卷。刊本。程先貞著。

案垢録

范邦甸等《天一閣書目・小説類》《案垢録》。刊本。彬陽何孟春著。

龍木論

范邦甸等《天一閣書目・小説類》《龍木論》十卷。刊本。不著撰人名氏。

懶仙竹林漫録

范邦甸等《天一閣書目・小説類》《懶仙竹林漫録》三卷。刊本。不著撰人名氏。

改三寶爲家寶

范邦甸等《天一閣書目・小説類》《改三寶爲家寶》一卷。緜紙藍絲闌鈔本。不著撰人名氏。

箒齋讀書録

高儒《百川書志・小説類》《箒齋讀書録》二卷。南皋子述。

公餘日録

范邦甸等《天一閣書目・小説類》《公餘日録》四卷。刊本。明李尚實著，程宗尹等有序。

今古鉤元

英廉奏《抽毁書目》《今古鉤元》二十本。查《今古鉤元》，係明諸茂卿撰。其書採説部各條分類裒輯。第十二卷太祖有天下一條，語屬誣妄。應請抽燬。

左兵

英廉奏《抽毁書目》《左兵》二本。查《左兵》二本，係明龔爽輯，取《左傳》兵事，編輯成書。其章世純序一篇，語有狂謬。應請抽燬。

翼學編

英廉奏《抽毁書目》《翼學編》五本。查《翼學編》，係明朱應奎撰。其書以格致、誠正、修齊、治平分爲四集。内治平集卷十三内散逆黨一條，遼東一條，語涉乖謬。應請抽燬。

靳史

英廉奏《抽毁書目》《靳史》六本。查《靳史》，係明查應光輯。卷十七余靖一條，卷二十二紹興乙卯一條，京城一條，二十五道宗朝一條，元制一條，俱有偏駁語。應請抽燬。

姚承菴集

英廉奏《抽毁書目》《姚承菴集》六本。查《姚承菴集》，係明姚舜牧撰。卷一裁訂史綱要領間出小論序一首，代人題楊總兵遼東卷一首，卷十論高宗無淚可揮一首，論加秦檜太師一首，論明宗立弟爲皇太子一首，卷十二元仁宗諭中書省臣一首，俱有偏謬。應請抽燬。

治平類纂

英廉奏《抽毁書目》《治平類纂》十本。查《治平類纂》，不著編輯人姓名。書内海防一篇，語有干涉。應請抽燬。

先撥志始

軍機處奏《禁毁書目》《先撥志始》一部二本。查《先撥志始》，係長洲文秉撰。秉乃明大學士文震孟之子，於明季朝政見聞最熟，此書皆所紀三案紛争及魏忠賢亂政本末，頗爲詳確，書中惟涉及當時邊事之處四五條，應行删燬外，其餘俱係紀述明黨寔蹟，尚无悖礙。應請毋庸全燬。

廣治平畧

軍機處奏《禁毁書目》《廣治平畧》一部二十本。查《廣治平畧》，係崑山蔡方炳撰。其書因明朱健之《治平畧》而重加訂正。皆纂次列代典故，分爲四十四門。每門又各分子目。大抵採蕞諸書而成，尚无干礙，外省因朱健原本，係必應銷燬之書，遂將此本一併送燬，未加分別。應請毋庸銷燬。

群書典彙

軍機處奏《禁毁書目》 《群書典彙》十四本。查《羣書典彙》，題黄道周評輯。核之道周所輯《博物典彙》並不相合，且龐雜無次，當係書賈借名射利之本。其第九卷内，多有狂悖語句，應請銷燬。再，此書原闕不全，恐尚有違礙之處，應行令各督撫將全本一併查銷。

經世挈要

軍機處奏《禁毁書目》 《經世挈要》四本。查《經世挈要》，係明張燧輯。所録多係策科套語，本無足取，其中悖觸之處尤不一而足。應請銷燬。

古今議論參

軍機處奏《禁毁書目》 《古今議論參》二十本。查《古今議論參》五十五卷，係明林德謀輯。乃當時策科之書，摭拾舊文，語皆習見，本無可取。其第四十八卷中悖謬字句甚多。應請銷燬。

廣古今議論參

軍機處奏《禁毁書目》 《廣古今議論參》八本。查《廣古今議論參》，係明吴中龍等選輯。内第五卷所載《京、省、九邊考》各篇，悖妄殊甚，其餘所録亦俱係習見之文，無庸節存。應銷燬。再，書内原闕三卷，恐尚有違礙之處，應行令各督撫一併查銷。

鴻　書

軍機處奏《禁毁書目》 《鴻書》一部二十本。查《鴻書》，係明劉仲達所輯。類自天文至紀寵，凡分十五總類。每類又各有子目，皆採掇諸書而成。其中世系部内，叙述遼金二代甚爲乖謬，其他亦間有援引偏駁之處，俱應抽燬外，至全書各類尚无干礙，應請毋庸全燬。

兵鏡備考

軍機處奏《禁毁書目》 《兵鏡備考》一部十二本。查《兵鏡備考》，係鳳陽鄧廷羅撰。於孫子十三篇中，摘其要語爲綱。而採歷代名將用兵機畧，分條綴列，以爲之目。書中有外省簽出各條，查俱係嘉靖以前事蹟。且《明史》所已載，尚无干礙。應請毋庸銷燬。

名臣寧攘要編

軍機處奏《禁毁書目》 《名臣寧攘要編》一部六本。查《名臣寧攘要編》，係明項德楨輯。取諸家所記明初以迄隆慶間邊疆用兵事蹟，彙爲一書。大抵皆指楚粵蠻司及交趾、土魯番、朵顔三衛、諳答等款剿之事。並无干礙，應請毋庸銷燬。惟間有字句偏駁處，仍應酌删。

明名臣經濟録

軍機處奏《禁毁書目》 《明名臣經濟録》一部八本。查《明名臣經濟録》，係明陳九德刪次。以開國保治及内閣六部各衙門列爲十目，取奏疏事蹟之有資治道者分係其下。自明初迄正德末而止。中間惟宋濂諭中原檄及他文内詞意偏謬者應行刪燬外，具餘尚无干礙，應請毋庸全燬。

文直行書

英廉奏《全燬書目》 《文直行書》八本。明熊明遇撰。

古今治統

英廉奏《全燬書目》 《古今治統》六本。明徐奮鵬撰。

軍機處奏《禁燬書目》 《古今治統》一部五本。《古今治統》，係明徐奮鵬撰。乃所作歷代史論，詞多膚淺，無資考訂。末卷内有違礙語。應請銷燬。

議　撮

軍機處奏《禁燬書目》 《議撮》一本。查《議撮》，亦係明于燕芳撰。其書狂悖已極。應請銷燬。

古今名將傳

軍機處奏《禁燬書目》 《古今名將傳》四本。查《古今名將傳》，係明陳元素撰。其書所叙歷代名將事蹟，皆係剿竊史文，别无考訂。書前冠以綉像，全似坊刻小説，殊爲鄙末。載《劉綎一傳》，字面甚多指斥。應請銷燬。

明經世寔用編

軍機處奏《禁燬書目》 《明經世寔用編》十二本。查《明經世寔用編》，係明馮應京撰。皆抄撮明代典故二十八類。多係剿襲成書，无可採取。《邊防類》中有悖礙之處。應請銷燬。

戰守全書

軍機處奏《禁燬書目》 《戰守全書》一部六本。查《戰守全書》，係明范景文撰。所論用兵事宜，大都紙上空談，其守部中有狂悖字句。應請銷燬。

兵曹條議

軍機處奏《禁燬書目》 《兵曹條議》一部一本。查《兵曹條議》，明鄒維璉撰。語多指斥。應請銷燬。

先餘録

軍機處奏《禁燬書目》 《先餘録》一部八本。查《先餘録》，明姜志衡撰。係坊本，策略自一卷至六卷，皆用論兵事，語多指斥。應請銷燬。

策　略

軍機處奏《禁燬書目》 《策略》一部本。查《策略》，係明末人抄本。《策略》中多狂悖語。應請銷燬。

呂氏醫貫

軍機處奏《禁毀書目》《呂氏醫貫》一部二本。查《呂氏醫貫》，係明趙獻可撰。另有别本行世，此本爲逆賊呂留良所評。應請銷燬。

東明聞見録

軍機處奏《禁毀書目》《東明聞見録》一部二本。查《東明聞見録》，明桂王由榔僞行人司行人瞿共美撰，冠以《粤游見聞記》。唐王聿鍵之事不入卷數。其書中全記桂王之事。始丁亥訖庚寅，皆用桂王僞號，記年中間多狂悖之詞。應請銷燬。

謏聞續筆

軍機處奏《禁毀書目》《謏聞續筆》一部二本。查《謏聞續筆》，係張怡撰。皆記明季破京師及福、唐、桂三王僭號事蹟。中多悖妄語。應請銷燬。

緑滋館考信編

軍機處奏《禁毀書目》《緑滋館考信編》一部四本。查《緑滋館考信編》，係明吴士奇撰。議論偏謬，中有干礙處。應請銷燬。

如面談

軍機處奏《禁毀書目》《如面談》一部十四本。查《如面談》，原本題明鍾譚撰。係坊間托名之本，多係活套之尺牘，本不足存。其武弁一門中語有偏駁。應請銷燬。

經世要畧

軍機處奏《禁毀書目》《經世要畧》一部三本。查《經世要畧》，係明黄仁溥撰。所記皆邊防事宜，大抵紙上空談，字句亦多違礙。應請銷燬。

戎政先知

軍機處奏《禁毀書目》《戎政先知》一部二本。查《戎政先知》，係明江杏撰。皆剽竊兵家言湊集成書。中多悖礙字句。應請銷燬。

帗語

軍機處奏《禁毀書目》《帗語》一部一本。查《帗語》，亦係陳孝逸撰。語多妄誕。應請銷燬。

寰宇分合志

軍機處奏《禁毀書目》《寰宇分合志》一部八本。查《寰宇分合志》，係明徐樞撰。中間議論甚爲偏謬。應請銷燬。

兵鏡

軍機處奏《禁毀書目》《兵鏡》一部八本。查《兵鏡》，係明吴惟順、吴若禮撰。其書大抵剿襲兵家陳言，並无發明，末卷内語多狂悖。應請銷燬。

明代野史

軍機處奏《禁毁書目》《明代野史》一部四本。查《明代野史》，不著編次人姓名。其中分作三書，一曰《嶺表紀年》，乃耑記桂王由榔事蹟。一曰《蜀難紀畧》。一曰《楚事紀畧》。皆紀二首兵亂始末。其《嶺表紀年》，内用隆武永曆年號，語多悖礙。應請銷燬。

太白劍

軍機處奏《禁毁書目》《太白劍》一部四本。查《太白劍》，係明姚康撰。其書借唐黄巢以立論，大都牽合時事，附會无當，且多狂悖字句。應請銷燬。

中興録

軍機處奏《禁毁書目》《中興録》一部一本。查《中興録》，不著撰人姓名。皆取福王在南京時邸報，湊集成書，中多悖礙字句。應請銷燬。

金湯借箸

軍機處奏《禁毁書目》《金湯借箸》一部五本。查《金湯借箸》，一名《金湯十二籌》，係明李盤撰。其書皆剿撮兵家唾餘，不過紙上空談。序文内狂悖之語甚多。應請銷燬。

南樵外紀

軍機處奏《禁毁書目》《南樵外紀》一部一本。查《南樵外紀》，自題天末山樵，不著姓名。皆記明福王、唐王、桂王事蹟。書中以三王年號紀年，語多狂悖。應請銷燬。

嬾雲居士集

軍機處奏《禁毁書目》《嬾雲居士集》一部十二本。查《嬾雲居士集》，係明裴應奉撰。書中狂悖字句甚多，其奏疏内亦皆係詆觸之詞。應請銷燬。

群書備考

軍機處奏《禁毁書目》《群書備考》一部五本。查《羣書備考》，原本題明袁黄撰。皆餖飣剿襲之語，蓋坊間所托名。第四卷内語極狂悖。應請銷燬。

續群書備考

軍機處奏《禁毁書目》《續群書備考》一部一本。查《續羣書備考》，係明袁儼撰。書中語有指斥。應請銷燬。

管城記

軍機處奏《禁毁書目》《管城記》一部一本。查《管城記》，係明戴有孚撰。

書中字句干礙。應請銷燬。

闈義

軍機處奏《禁毀書目》《闈義》一部四本。查《闈義》，係吴肅公撰。書中叙事處字句有違礙。應請銷燬。

幸存録

軍機處奏《禁毀書目》《幸存録》一部一本。查《幸存録》，係明夏允彝撰。書中俱記明季門户之事。語多偏駁，其觸礙字句甚多。應請銷燬。

幸存録

軍機處奏《禁毀書目》《幸存録》、《續幸存録》共二本。查《幸存録》，係明夏允彝撰。《續幸存録》，係允彝之子夏完淳撰。所紀皆明季封疆黨禍始末。大都門户之見，不足盡憑。《續録》尤多失寔，中間指斥之句甚多。應請銷燬。

籌兵藥言

軍機處奏《禁毀書目》《籌兵藥言》一部三本。查《籌兵藥言》，係明曹飛撰。書中指斥之處不一而足。應請銷燬。

百將兵法

軍機處奏《禁毀書目》《百將兵法》一部二本。查《百將兵法》，係明顧其言撰。大抵抄撮他書而成，甚爲弇陋。其《劉挺一傳》，尤多指斥字面。應請銷燬。

古學要覽

軍機處奏《禁毀書目》《古學要覽》一部五本。查《古學要覽》，係王道升選。冗陋无足觀，内有屈大均。應請銷燬。

孤樹裒談

軍機處奏《禁毀書目》《孤樹裒談》一部五本。查《孤樹裒談》，係明吏部尚書李默撰。紀明太祖至武宗九朝事蹟，皆雜採諸書而成，所録僅至正德末年而止，不及嘉靖以後之事，並无干礙，應請毋庸銷燬。惟書中間有議論偏謬之處，仍應删節抽燬。

雲間志略

英廉奏《全燬書目》《雲間志略》八本。明何三畏撰。

山書

英廉奏《全燬書目》《山書》四本。明孫承澤撰。

世澤編

英廉奏《全燬書目》《世澤編》五本。明羅萬化輯。

三楚文獻録

英廉奏《全毁書目》《三楚文獻録》四本。高世泰輯。

閫外春秋

英廉奏《全毁書目》《閫外春秋》八本。明尹商編。

海防纂要

英廉奏《全毁書目》《海防纂要》六本。明王在晉纂。

甘露園短書

英廉奏《全毁書目》《甘露園短書》四本。明陳汝錡撰。

沈氏學弢

英廉奏《全毁書目》《沈氏學弢》四本。沈堯中撰。

古今兵鑑

英廉奏《全毁書目》《古今兵鑑》六本。明鄭璧撰。

左氏兵略

英廉奏《抽毁書目》《左氏兵略》十六本。查《左氏兵略》，係明陳禹謨撰。書首進書疏内，語有違悖。應請抽燬。

軍機處奏《禁毁書目》《兵畧》十四本。查《兵略》，係明陳象明撰。其書作於崇禎九年，取自古兵家言，分類抄撮，體例與《武備志》相同。多係勦襲各書成文，了無發明之處。其遼東、薊門諸類中語句尤多詆斥。應請銷燬。

參籌秘書

英廉奏《抽毁書目》《參籌祕書》八本。查《參籌祕書》，係明汪三益撰。卷首楊廷樞序，語有狂謬。應請抽燬。

治平言

英廉奏《抽毁書目》《治平言》二本。查《治平言》，係明曾大奇撰。書中主術議一篇，語有偏駁。應請抽燬。

説　原

英廉奏《抽毁書目》《説原》六本。查《説原》，係明穆希文撰。原地内匈奴有五種一條，語極荒誕。應請抽燬。

洹詞記事鈔

英廉奏《抽毁書目》《洹詞記事鈔》一本。查《洹詞記事鈔》，係明崔銑撰。書中載明太祖祭元幼主文一篇，語多偏謬。應請抽燬。

尚絅小語

英廉奏《抽毁書目》《尚絅小語》二本。查《尚絅小語》，係明姚張斌撰。書内大明道統及富貴單行一篇内語多偏駁。應請抽燬。

古今評録

英廉奏《抽毁書目》《古今評録》二本。查《古今評録》，係明高維濬撰。書内匈奴五種及賞罰一條，語極偏駁。應請抽燬。

掌　録

英廉奏《抽毁書目》《掌録》一本。查《掌録》，舊題係明綉雲居士輯，不著姓名。書内捺鉢及夷與夏反一條，措語偏駁。應請抽燬。

静談選要

英廉奏《抽毁書目》《静談選要》六本。查《静談選要》，係明王貞善撰。書内象山與朱子淵書一條，有偏謬語。應請抽燬。

呂氏筆奕

英廉奏《抽毁書目》《呂氏筆奕》四本。查《呂氏筆奕》，係明呂曾見撰。其第八卷内論朝汐一篇，持論極爲偏謬。應請抽燬。

從先維俗議

英廉奏《抽毁書目》《從先維俗議》五本。查《從先維俗議》，係明管志道撰。卷四内中國之士仕元等二篇，持論極爲偏謬。應請抽燬。

王門宗指

英廉奏《抽毁書目》《王門宗指》十二本。查《王門宗指》，係明周汝登撰。書中書徐調元卷一篇，語有駁雜。應請抽燬。

賜閒堂集

英廉奏《抽毁書目》《賜閒堂集》二十本。查《賜閒堂集》，係明申時行撰。卷二内題清秋出塞圖一首，語多駁雜。應請抽燬。

宙合編

英廉奏《抽毁書目》《宙合編》十六本。查《宙合編》，係明林兆珂撰。書内疊字集建元一條，連字集邊防一條，字面偏駁。應請抽燬。

射　林

英廉奏《抽毁書目》《射林》四本。查《射林》，係明朱克裕撰。其書作於嘉靖中，卷一建都一篇、卷三創守一篇、卷七疆戎系及遼東鎮考，俱有偏謬處。應請抽燬。

廣仁品

英廉奏《抽毀書目》《廣仁品》八本。查《廣仁品》，係明李長科撰。書内經史果報中宋趙顯復讎一條，甚屬誣謬。應請抽燬。

讀書偶然録

英廉奏《抽毀書目》《讀書偶然録》二本。查《讀書偶然録》，係國初程正揆撰。卷六古史家一條，有偏謬語。應請抽燬。

劉直洲集

英廉奏《抽毀書目》《劉直洲集》五本。查《劉直洲集》，係明劉文卿撰。卷三己丑廷試策内有偏謬語。應請抽燬。

圓音語録

軍機處奏《禁毀書目》《圓音語録》一本。查《圓音語録》，釋古梵撰。中言丹霞事，皆指金堡。應請銷燬。

象胥録

軍機處奏《禁毀書目》《象胥録》一本。查《象胥録》，明茅瑞徵撰。所記皆外國事蹟，本係抄撮成書，不足憑據，且有悖妄語句。應請銷燬。

佷亭語録

軍機處奏《禁毀書目》《佷亭語録》四本。查《佷亭語録》，明末徐世臣撰。世臣，晚爲僧，號佷亭。與金堡交好。中多往來書牘。應請銷燬。

丹霞語録

軍機處奏《禁毀書目》《丹霞語録》一本。查《丹霞語録》，釋古如撰。中間多稱述金堡詞語，亦多妄誕。應請銷燬。

中興從信録

軍機處奏《禁毀書目》《中興從信録》四本。查《中興從信録》，明福王時馮夢龍編採。取一時揭入估塘報雜記之類，餖飣成編。分仁、義、禮、智四集。大抵里巷傳聞，不足爲據。中亦多觸犯狂悖之詞。應請銷燬。

皇極篇

軍機處奏《禁毀書目》《皇極篇》十本。《南極篇》十本。查《皇極篇》、《南極篇》二種，俱明文翔鳳撰。翔鳳作文以怪僻爲宗，本無足取，集名《皇極》，已屬誕妄不經，其八卷《海海稿》中《禦邊策》内，有狂悖語。應請銷燬。

紺珠集

軍機處奏《禁毀書目》《紺珠集》一本。查《紺珠集》，明王玉汝編。其書板心作《紺珠集》，或又作《睿筭部》。書前首行又作《來隱居彙編時事始末》，序文内又作《金鏡録》。名目叢雜，不可詳詰。大抵皆採掇一時案牘，以備後場之用，本不成書，字句尤多違礙。應請銷燬。

遼籌

軍機處奏《禁毀書目》《遼籌》二本。查《遼籌》，明張鼒撰。皆其所上奏疏，並擬詔諭及書札之文。大都紙上空談，不足徵信。且中多悖犯之語。應請銷燬。

歷朝勝筭閒編

軍機處奏《禁毀書目》《歷朝勝筭閒編》一本。查《歷朝勝筭閒編》，無撰人名氏，自題丹霄洞主赤赤子閒編，殆明末人所作。首標人混沌年月，已屬荒誕，末數頁尤多狂悖指斥之詞。應請銷燬。

諸子兵家言

軍機處奏《禁毀書目》《諸子兵家言》一本。查《諸子兵家言》，不題撰人姓名。乃坊間所刊策科之本，後又附註釋一卷。編次冗雜，淺陋已極。且有悖犯語。應請銷燬。

玉鏡新譚

軍機處奏《禁毀書目》《玉鏡新譚》二本。查《玉鏡新譚》，明朱長祚撰。記魏忠賢擅權事迹，分類編輯，中多指斥之詞。應請銷燬。

舊京遺事

軍機處奏《禁毀書目》《舊京遺事》殘稿一本。查《舊京遺事》，明史元撰。但有下卷，而無上卷。中有挖去之字，以上下文義推之，皆有指斥之詞。應請銷燬。

書奕

軍機處奏《禁毀書目》《書奕》六本。查《書奕》，明黄秉石撰。中有指斥之語。應請銷燬。

清流摘鏡

軍機處奏《禁毀書目》《清流摘鏡》一部三本。查《清流摘鏡》，係明王嶽撰。所載皆天啟中事，語多悖觸。應銷燬。

宋西事案

軍機處奏《禁毀書目》《宋西事案》一部二本。查《宋西事案》，係明祁爾光撰。序文中狂悖之語甚多。應請銷燬。

衆山皆響圖説

軍機處奏《禁毁書目》《衆山皆響圖説》一部二本。查《衆山皆響圖説》，係明何九雲撰。書中顯有悖斥。應請銷燬。

玉麈新談

軍機處奏《禁毁書目》《玉麈新談》四本。查《玉麈新談》，係明鄭仲夔撰。書分四門，内雋區及偶記二門中，有指斥之詞。應請銷燬。

中興肇記

軍機處奏《禁毁書目》《中興肇記》一部四本。查《中興肇記》，係明諸生朱鎰等撰。紀明福王南都事跡，皆雜抄邸報之文，湊集成書，无資考證。中多干犯字句，序中亦有指斥語。應請銷燬。

全史謀篇

軍機處奏《禁毁書目》《全史謀篇》八本。查《全史謀篇》，係明郭占春撰。其書原係抄本，中間水佐、火佐篇内，語尤詆觸。應請銷燬。

瑣事剩録

軍機處奏《禁毁書目》《瑣事剩録》一本。查《瑣事剩録》，係明周暉撰。書中皆紀聞見細事，干礙字面甚多。應請銷燬。

獅山掌録

黄虞稷《千頃堂書目・小説類》 吴之俊《獅山掌録》二十八卷。

《明史・藝文志・小説家》 吴之俊《獅山掌録》二十八卷。

脉望

徐𤊹《徐氏家藏書目・小説類》《脉望》八卷。趙台鼎。

稽古彙編

徐𤊹《徐氏家藏書目・小説類》《稽古彙編》十二卷。林光華。

子史類語

軍機處奏《禁毁書目》《子史類語》六本。查《子史類語》，係明魯重民撰。其書將子史成語分類編録，本係坊刻剿襲陋本，殊不成書。末卷《大政論》内，語甚狂悖。應請銷燬。

中興全勝録

軍機處奏《禁毁書目》《中興全勝録》九本。查《中興全勝録》，係明應天布衣何光顯撰。是書于崇禎元年赴通政司投獻。蓋庸妄小人僥倖富貴之作，内多狂吠之詞。應請銷燬。

安龍逸史

軍機處奏《禁毀書目》《安龍逸史》一本。查《安龍逸史》，不著名氏，但題滄洲漁隱撰。其書叙明桂王入滇僭號始末，核其年月，蓋成于康熙初年而稱大兵曰清兵、曰滿兵，又每條之下，以國朝年號與三藩僭號分註，而摹仿通鑑綱目之例，佁爲書法發明于簡端，殊爲悖逆。應請銷燬。

補漏居寓言

軍機處奏《禁毀書目》《補漏居寓言》一本。查《補漏居寓言》，顔季亨撰。書内有擬上奏疏二篇，語多指斥。應請銷燬。

談兵畧

軍機處奏《禁毀書目》《談兵畧》二本。查《談兵畧》，係明戴日昭撰。其書第三卷内，原本多挖空處，蓋係指斥之語。應請銷燬。

登壇必究

軍機處奏《禁毀書目》《登壇必究》一部三十二本。查《登壇必究》，係明王鳴鶴撰。皆論次兵家事宜，多係雜湊成書，並无發明。書中有觸悖字句，其二十一至二十四共四卷，原板挖去，均係違礙之處。應請銷燬。

九十九籌

軍機處奏《禁毀書目》《九十九籌》一部四本。查《九十九籌》，係明顔季亨撰。及所作論兵之書九十篇，故以爲名。此本僅六十篇，查勘目録似无缺佚，蓋當時刊刻未完。其詞氣佻纖，不出明季惡習，中多悖礙字句。應請銷燬。

詰戎踐墨

軍機處奏《禁毀書目》《詰戎踐墨》一部六本。查《詰戎踐墨》，係明阮漢聞撰。乃所作談兵之書，分爲十類，雜引經史而加以論斷。大抵紙上空談，中間字句甚多悖謬之處。應請銷燬。

武經集注

軍機處奏《禁毀書目》《武經集註》六本。查《武經集註》，係明沈應明撰。取《武經七書》各爲註釋本。坊刻陋本，粗淺猥鄙，殊无可取。第十一卷《濟時策》内語皆狂悖。應請銷燬。

守圉全書

軍機處奏《禁毀書目》《守圉全書》十四本。查《守圉全書》，係明韓霖撰。分酌古設險等篇，雜採子史及時人奏疏，附以論斷。大槩剿襲陳言，取盈卷帙，書中悖礙之處不一而足。應請銷燬。

豆區八友傳

《四庫全書總目提要・小説家》《豆區八友傳》一卷。兩淮鹽政採進本。國朝王蓍撰。蓍字宓草，秀水人。以製造菽乳，其名有八。因呼八友，各爲寓名而傳之。蓋游戲之小品。後有胡奉衡跋，題己卯年。蓋其書成於崇禎十二年也。

筆史

《四庫全書總目提要・小説家》《筆史》二卷。兩淮鹽政採進本。國朝楊忍本撰。忍本字因之，南城人。其書内編一卷，分原始、定名、屬籍、結撰、効用、膺秩、寵遇、引退、考成九門。外編一卷，分徵事上下及述贊三門。大旨由韓愈毛穎傳而推衍之。雜引故典，鈔撮爲書，不以著作論也。

板橋雜記

《四庫全書總目提要・小説家》《板橋雜記》三卷。大學士英廉購進本。國朝余懷撰。懷字無懷，號澹心，閩縣人。自明太祖設官伎於南京，遂爲冶遊之場，相沿謂之舊院。此外又有珠市，亦名倡所居。明季士氣儇薄，以風流相尚。雖兵戈日警，而歌舞彌增。懷此書追述見聞，上卷爲雅遊，中卷爲麗品，下卷爲軼事。文章悽縟，足以導欲增悲，亦唐人《北里志》之類。然律以名教，則風雅之罪人矣。

讀史隨筆

《四庫全書總目提要・小説家》《讀史隨筆》六卷。浙江巡撫採進本。國朝陳忱撰。忱字遐心，秀水人。是書前四卷雜論黄帝至宋元事。後二卷皆論明事，叙述獨詳。蓋年遠則紀載多略，世近則見聞易悉，其勢然也。然其中多採掇瑣屑，類乎説部。如叙黄帝夢風后力牧、武丁夢傅説事，斷之曰以夢求賢，爲後世不能數有之事。叙齊代女子婁逞事，斷之曰觀此則木蘭從軍不足異也。又或但書其事。如叙成化十三年樂安王奏寧王奠培慘酷貪淫不軌等事，命太監羅吉祥往勘多實，擬罪姑從寬典，革去禄米一年。更不論斷一字，亦不知何所取。蓋其立名似乎史評，實則雜記之類也。

玉堂薈記

《四庫全書總目提要・小説家》《玉堂薈記》一卷。副都御史黄登賢家藏本。國朝楊士聰撰。士聰字朝徹，號鳧岫，濟寧人。前明崇禎辛未進士。官翰林院檢討。入國朝，官至諭德。是書成於崇禎癸未之十二月，距明之亡僅百餘日。自序謂古來正史所闕，或得之雜録漫記，以補其所不足，亦識其小者之意也。自余叨史局，不廢記存，且積有年歲。壬午再入春明，感興時事，乃取舊所編輯，更加撰次。不拘年月，惟有概於中則書之，彙爲一帙。凡十餘年來世局朝政、物態人情，約略粗載於此。而戲笑不經之事，亦往往而在。今觀其書，於當日周延儒、薛國觀、温體仁、王應熊諸人門户傾軋之由，政刑顛倒之故，頗能道其委曲，多正史之所未及。然士聰爲延儒門生，筆墨之閒，頗爲回護。而於黄道周、倪元璐皆有不滿之意。至謂道周不坐宦官之房，不以通家名刺與宦官，皆爲太過。其記張溥試詩，亦詆諆已甚。皆不免於恩怨之詞。又孔有德之變，乃新城王氏所激，毛霦平叛記言之最詳。而以爲由於誅袁崇焕，失遼人之心。殊非實録。至於鄙謔穢語皆備載之，尤爲猥雜。又非歸田録諸書偶記俳諧之例矣。是書自序稱一帙，而書首題卷一字，則當有二卷。中閒癸未九月經筵以下，舊本别爲一頁，與前不屬。疑爲下卷之首，傳寫佚其標題也。

庭聞州世説

《四庫全書總目提要・小説家》《庭聞州世説》。無卷數。兩江總督採進本。題曰桃都漫士宫紫陽述。不著其名，亦不著作書年月。核其書中所言，及卷首自序，蓋前明崇禎癸未進士，而是書則成於國朝康熙甲辰。檢《江南通志》，崇禎癸未進士有泰州宮偉鏐，官翰林，當即其人矣。所記皆泰州雜事，故曰《州世説》。又皆聞於庭訓，故曰庭聞。目録分六段，似有六卷。而刊本則不標卷帙，未詳其體例云何也。

客途偶記

《四庫全書總目提要・小説家》 《客途偶記》一卷。山東巡撫採進本。國朝鄭與僑撰。與僑字惠人，濟寧人。前明崇禎丙子舉人。是編述明末所見聞者二十五篇，多忠義節烈之事。所謂義犬、義猫、義象諸記，疑寓言以媿背主者。敗節紀一篇，亦爲守義不堅者諷也。雜説十篇，多借事以寓憤激。遊記一篇，則遊河南所作，多叙流賊殘破之狀。其中濟寧守禦紀、濟寧倡義紀二篇，序當時方略頗詳。折姦紀則與無賴小人交易，偶失簿籍，復偶然得之。事至瑣瑣，殊不足記也。

玉劍尊聞

《四庫全書總目提要・小説家》 《玉劍尊聞》十卷。左都御史張若淮家藏本。國朝梁維樞撰。維樞字慎可，真定人。在前明由舉人官工部主事。是書作於國朝順治甲午。取有明一代軼聞瑣事，依劉義慶《世説新語》門目，分三十四類而自爲之註。文格亦全仿之。然隨意鈔撮，頗乏持擇。如李贄嘗云宇宙内有五大部文章。漢有司馬子長史記，唐有杜子美集，宋有蘇子瞻集，元有施耐菴水滸傳，明有李獻吉集之類。皆狂謬之詞，學晉人放誕而失之者。其註尤多膚淺。如曹操李白之類，人人習見，何必多累簡牘乎。至所以名書之義、吴偉業諸人之序及維樞自作小引均未之言。今亦莫得而詳焉。

明語林

《四庫全書總目提要・小説家》 《明語林》十四卷。安徽巡撫採進本。國朝吴肅公撰。肅公有《讀禮問》，已著録。是書凡三十七類，皆用《世説新語》舊目。其德行、言語、方正、雅量、識鑒、容止、俳調七類，又各有補遺數條，體格亦摹《世説》。然分類多涉混淆。若夙慧類載楊東里母改適羅理，東里從往時方六歲。嘗私磨磚土如主式，祀其三世。羅爲之感泣。此至行也，與德行類所載劉謹六歲時事正相類。然劉入德行，而楊入夙慧。事同例異，莫知所從。所載亦多挂漏。

明逸編

《四庫全書總目提要・小説家》 《明逸編》十卷。湖南巡撫採進本。國朝鄒統魯撰。是編搜訪有明一朝逸事，以《世説新語》原目分録，本名《明世説補》。會其友江有溶先著《逸編》一書，因次第補入，仍名《逸編》。自序云示弗自專也。統魯之子定周、有溶之子度註之。前列釋名一篇，著諸人官爵謚號稱名之不一者，蓋仿宋汪藻校《世説新語》例也。其書疎略太甚，誣妄尤多。如仇隙内載仁宗葛妃進毒一事，信螭頭密語所紀之言，遽筆之書。使洪熙令主，遭此冤謗，又不止黄公酒壚作裴郎學矣。統魯字大系，衡陽人。有溶字谷尚，長沙人。

聞見集

《四庫全書總目提要・小説家》 《聞見集》三卷。江西巡撫採進本。國朝蔡憲陞撰。憲陞字江雲，南昌人。是書皆紀明末雜事。其偶及明中葉者，僅謝榛桑懌徐渭等數條耳。所記多與史合。如劉綎之父顯，本龔氏子，其祖岷養以爲子，遂冒其姓，則史所未及也。然中亦有傳聞失實之説。如云天啟辛酉諸名士觴雪滕王閣，賦詩得滕字。一漁父往來閣下，若有所思。諸名士戲曰：爾能詩耶？曰：公等吟咏，某適憶滕王蛺蝶圖耳。即朗吟其句「鴨鵞夜亂功收蔡，蛺蝶春深戲試滕」云云。是乃宋末吕徽之事，載於陶宗儀《輟耕録》中。但改易數字，即别撰一人，何其誣也。其云李贄官姚安時，以削髮爲上官所劾，下詔獄。與明末李自成陷揚州。亦均無其事。

蚓菴瑣語

《四庫全書總目提要・小説家》《蚓菴瑣語》一卷。大學士英廉購進本。國朝李王逋撰。王逋字肱枕，嘉興人。是編記明末及國初見聞，皆其鄉里中事，大抵語怪者多。末述屠象美、陳梧據嘉興作亂始末，及白頭賊之事頗詳。

笻竹杖

《四庫全書總目提要・小説家》《笻竹杖》七卷。兩淮鹽政採進本。國朝施男撰。男字偉長，吉水人。順治初，隨征廣西，以軍功授廣西按察使副使。是編前三卷爲男官桂林時所作。記峒黎風土，并所自作詩句。卷四卷五則遊於江浙吴楚間所作。多記山川名勝。卷六爲自著詩集。卷七則録劉湘客、楊廷麟、劉大璞、劉日襄、倪元璐五家之作。其所著詩文，詞多險僻，蓋猶沿明末公安竟陵之餘習也。

矩齋雜記

《四庫全書總目提要・小説家》《矩齋雜記》二卷。江西巡撫採進本。國朝施閏章撰。閏章仕履已附見《青原志略》條下。是書多記見聞雜事，兼涉神怪，舊載閏章外集中。蓋《河東集》後附《龍城録》之例。然終爲不類，今析出别著録焉。

觚賸

《四庫全書總目提要・小説家》《觚賸》八卷。浙江巡撫採進本。國朝鈕琇撰。琇字玉樵，吴江人。康熙壬子拔貢生。歷官至陝西知府。是編成於康熙庚辰。皆記明末國初雜事。隨所至之地，録其見聞。《几吴觚》三卷、《燕觚》、《豫觚》、《秦觚》各一卷，《粤觚》二卷。《續編》成於康熙甲午。分類排纂爲言觚、事觚、人觚、物觚四卷，體例與初編略殊。各有琇自序。琇本好爲儷偶之詞，故叙述是編，幽艷悽動，有唐人小説之遺。然往往點綴敷衍，以成佳話，不能盡核其實也。

觚賸續編

《四庫全書總目提要・小説家》《觚賸續編》四卷。

雲閒雜記

《四庫全書總目提要・小説家》《雲閒雜記》三卷。浙江巡撫採進本。舊本題明人撰，不著名氏。下卷載顧氏東園北園一條，稱後遭鼎革，二園皆成榛莽，則國朝人撰矣。所記皆明萬曆以前松江軼事。中載徐階爲首輔時，忤旨下獄，會地震，幸得赦免一條。其事爲正史所未載，殆委巷之談也。

二續表忠記

英廉奏《全毁書目》《二續表忠記》八本。趙吉士撰。

皇華紀聞

《四庫全書總目提要・小説家》《皇華紀聞》四卷。山東巡撫採進本。國朝王士禎撰。康熙甲子，士禎以少詹事奉使，祭告南海。因綴其道途所經之地，搜採故事爲此書。多採小説地志之文，直録其事。無所考證，不及其《池北偶談》諸書也。

隴蜀餘聞

《四庫全書總目提要・小説家》《隴蜀餘聞》一卷。山東巡撫採進本。國朝王士禎撰。士禎有《古歡録》，已著録。是編皆記隴蜀碎事。如吴山岍山之類，亦間有考證。以其奉使時所記，多非親見之事，且多非所經之地，故曰餘聞。兼及趙州介休者，則以往隴蜀時驛路所必經也。

池北偶談

張之洞《書目答問・小説家》《池北偶談》二十六卷。王士禎。通行本。

居易録

張之洞《書目答問・小説家》《居易録》三十四卷。

孑遺録

軍機處奏《禁毁書目》《孑遺録》一部一本。查《孑遺録》，係戴名世撰。應請銷燬。

四書語類鈔

軍機處奏《禁毁書目》《四書語類鈔》一部六本。查《四書語類鈔》，係呂留良輯。所抄雖俱係《朱子語類》之文，但原書具存，此本係呂留良所刻，未便存留。應請銷燬。

呂留良家訓真蹟

軍機處奏《禁毁書目》《呂留良家訓真蹟》一本。查《呂留良家訓真蹟》。應請銷燬。

松陵文獻

英廉奏《全毁書目》《松陵文獻》四本。潘檉章輯。

崇禎遺録

英廉奏《全毁書目》《崇禎遺録》一本。王世德撰。

四禮守約

軍機處奏《禁毁書目》《四禮守約》一部一本。查《四禮守約》，係平湖沈文對撰，書成於康熙五十四年。所論皆民間冠婚喪祭之禮，取其繁簡適中者，大抵本《朱子家禮》而變通之，尚无干礙，應請毋庸銷燬。惟内有呂留良語一條，仍應删燬。

羣言瀝液

軍機處奏《禁毁書目》《羣言瀝液》四本。查《羣言瀝液》，係梁顯祖撰。其書係節採格言，乃多引吕留良之語。雜入先儒緒論中，悖妄殊甚。應請銷燬。

壑雲篇

軍機處奏《禁毀書目》《壑雲篇》八本。查《壑雲篇》，係李伍渶撰。書中十四、十五卷内，俱有悖犯語。應請銷燬。

丹霞山志

軍機處奏《禁毀書目》《丹霞山志》四本。查《丹霞山志》，係陳世英撰。志中多記金堡事蹟。應請銷燬。

曹溪通志

軍機處奏《禁毀書目》《曹溪通志》四本。查《曹溪通志》，馬元、釋真樸同撰。中有錢謙益、金堡之文，且語句亦有違礙，應請銷燬。

千山語録

軍機處奏《禁毀書目》《千山語録》二本。查《千山語録》，釋函可撰。函可與金堡善，語多悖誕。應請銷燬。

天然語録

軍機處奏《禁毀書目》《天然語録》一本。查《天然和尚語録》，釋函昰撰。昰行狀係金堡所作，語句亦有干犯處。應請銷燬。

海雲禪藻集

軍機處奏《禁毀書目》《海雲禪藻集》三本。查《海雲禪藻集》，乃徐作霖等所輯雷峰諸僧之詩。中有金堡詩句，其他亦多冗雜不倫。應請銷燬。

秋谷雜編

《四庫全書總目提要・小説家》《秋谷雜編》三卷。浙江巡撫採進本。國朝金維寧撰。維寧有《垂世芳型》，已著録。是編皆載同時瑣事。而維寧居鄉頗忤於同里，居官又頗忤於同官，以浮躁罷歸。故詞旨憤激，多傷忠厚。其記董含鬻婢及作三岡識略諸條，恐未必如是之甚也。至旁摭《山海經》、《拾遺記》諸書舊文，隱其出處以足卷帙，亦非著述之體。

硯北叢録

《四庫全書總目提要・小説家》《硯北叢録》。無卷數。編修勵守謙家藏本。國朝黄叔琳撰。叔琳有《研北易鈔》，已著録。是編卷首有魏兆龍序，稱爲叔琳巡撫浙江時罷官以後所偶録。皆雜採唐宋元明及近時説部，亦益以耳目所聞見。大抵多文人嘲戲之詞，如《諧史》、《笑林》之類。或著出處，或不著出處，爲例不一。亦未分卷帙，蓋憂患之中借以遣日而已，意不在於著書也。

漢世説

《四庫全書總目提要・小説家》《漢世説》十四卷。浙江巡撫採進本。國朝章撫功編。撫功字仁黼，錢塘人。是書仿劉義慶《世説新語》體例，以紀漢人言行。

大抵以《史記》、《漢書》爲主，而雜以他書附益之。分十四門。曰德行、曰言語、曰政事、曰文學、曰方正、曰雅量、曰識鑒、曰賞譽、曰品藻、曰清介、曰才智、曰英氣、曰義烈、曰寵禮。與義慶原本小異，其採摭亦備。然事皆習見，無他異聞。又分類往往不確。如龔遂刺昌邑王過，自宜入方正。鄧禹師行有紀，自應入政事。乃俱入之德行。至射的山仙人取箭，自是誌怪之説，入之此書，尤無體例也。其凡例云：書以語名，始《論語》也。《國語》紀言，不參以事。陸賈《新語》，馬上翁每奏稱善。臨川《世説》一書，諸多士所共撰述。始自竹林，迄於江左。風流簡遠，少許勝多，最爲可貴。兹編獨尊兩漢，意專叙事，故不以新語名篇云云。案劉向先有《世説》，故義慶所撰，别名《世説新書》，後人乃改爲《新語》。黄伯思《東觀餘論》考之最詳。非以記言而謂之《新語》，撫功之説殊誤。至義慶所述，上接東漢，何得云始自竹林，益爲失檢矣。

曠園雜志

《四庫全書總目提要·小説家》《曠園雜志》二卷。大學士英廉購進本。國朝吴陳琬撰。陳琬有《春秋三傳同異考》，已著録。是書皆記見聞雜事，而涉神怪者十之七八。惟所記楊維垣僞題柩字，棄城夜遁，爲刼盜所殺，非死於國事。及葬明莊烈帝始末。二事足備考證耳。

鄢署雜鈔

《四庫全書總目提要·小説家》《鄢署雜鈔》十四卷。浙江巡撫採進本。國朝汪爲熹撰。爲熹字若木，桐鄉人。康熙末官鄢陵知縣。欲修縣志而未果，因摭其地之遺聞瑣事綴爲此書。自序稱事涉鄢陵者十之六七，涉省郡别州縣者十之三四。合以身之所歷，目之所覩，得十四卷。大抵多採稗官説部一切神怪之言，蓋本儲地志之材。而繙閲既多，捃摭遂濫。又嗜奇愛博，不忍棄去，乃裒而成帙，别以雜鈔爲名。是特説部之流，非圖經之體也。今存目於小説家中，庶從其類。至卷首冠以康熙五十二年覃恩勅命，莫喻其理。殆見唐宋文集有以告身冠集首者，故亦效之歟。不知彼乃後人所加，非所自編。又皆施於專集，非施於筆記之類也。

今世説

《四庫全書總目提要·小説家》《今世説》八卷。浙江巡撫採進本。國朝王晫撰。晫有《遂生集》，已著録。是書全仿劉義慶《世説新語》之體。以皆近事，故以今名。其分類亦從舊目。惟除自新、黜免、儉嗇、讒險、紕漏、仇隙六類。惑溺一類，則擇近雅者存焉。其中刻畫摹擬，頗嫌太似。所稱許亦多溢量。蓋標榜聲氣之書，猶明代詩社餘習也。至於載入己事，尤乖體例。徐喈鳳序引漢黄憲爲説。然《天禄閣外史》本王逢年之僞書，烏足據乎。文學門中載吴百朋以殹鄦二字問吴任臣。任臣對以殹也同本秦權古文、鄦許同本《説文》長箋。百朋嘆服。案殹字出秦權是矣。然《説文》自有殹字，註曰擊中聲。惟趙宧光《説文長箋》以《説文》也字訓義不雅，改從秦權，以殹字代也字。不得舉一遺一也。《説文》有[illegible]字，即鄦字也。註甫侯所封，在潁川，今通作許。其正作鄦字者，則見《史記·鄭世家》鄦公惡鄭於楚。註：許靈公也。是其字見於正史。任臣以爲出《説文》長箋，殊不得其本。晫遽以爲博洽而記之，亦爲不考。信乎空談易而徵實難也。

秦酉陽手抄小説二十種

錢謙益等《絳雲樓書目·小説類》《秦酉陽手抄小説二十種》。

异聞分部

山海經

《四庫全書總目提要·小説家》《山海經》十八卷。内府藏本。晉郭璞注。

卷首有劉秀校上奏，稱爲伯益所作。案，《山海經》之名始見《史記・大宛傳》，司馬遷但云《禹本記》、《山海經》所有怪物余不敢言，而未言爲何人所作。列子稱大禹行而見之，伯益知而名之，夷堅聞而志之。似乎即指此書而不言其名《山海經》。王充《論衡・別通篇》曰：「禹主行水，益主記異物。海外山表，無所不至，以所見聞作《山海經》。」趙煜《吴越春秋》所説亦同。惟《隨書・經籍志》云：「蕭何得秦圖書，後又得《山海經》，相傳夏禹所記。」其文稍異，然似皆因列子之説推而衍之。觀書中載夏后啓周文王及秦漢長沙象郡餘暨下嶲諸地名，斷不作於三代以上。殆周秦間人所述，而後來好異者又附益之歟。觀《楚詞・天問》，多與相符，使古無是言，屈原何由杜撰。朱子《楚詞辨證》謂其反因《天問》而作，似乎不然。至王應麟《王會補傳》引朱子之言，謂《山海經》記諸異物飛走之類，多云東向，或曰東首，疑本因圖畫而述之。古有此學，如九歌、天問皆其類云云。則得其實矣。郭璞註是書，見於《晉書》本傳。《隋》、《唐》二志皆云二十三卷。今本乃少五卷，疑後人併其卷帙以就劉秀奏中一十八篇之數，非闕佚也。《隋》、《唐》志又有郭璞《山海經圖讃》二卷，今其讃猶載璞集中。其圖則宋志已不著録，知久佚矣。舊本所載劉秀奏中，稱其書凡十八篇，與《漢》志稱十三篇者不合。《七畧》即秀所定，不應自相牴牾。疑其贋託。然璞序已引其文，相傳既久，今仍併録焉。書中序述山水，多參以神怪，故《道藏》收入太元部競字號中。究其本旨，實非黄老之言。然道里山川，率難考據，案以耳目所及，百不一真。諸家並以爲地理書之冠，亦爲未允。核實定名，實則小説之最古者爾。

張金吾《愛日精廬藏書續志・小説類》 《山海經》三卷。毛氏斧季手校宋尤袤本。晉郭氏璞傳。每卷首末俱有虞山毛扆手校印記。郭璞序。

山海經廣注

《四庫全書總目提要・小説家》 《山海經廣註》十八卷。浙江巡撫採進本。國朝吴任臣撰。任臣有《十國春秋》，已著録。是書因郭璞《山海經注》而補之，故曰廣注。於名物訓詁、山川道里，皆有所訂正。雖嗜奇愛博，引據稍繁，如堂庭山之黄金，青邱山之鴛鴦，雖販婦傭奴，皆識其物，而旁徵典籍，未免贅疣。卷首冠雜述一篇，亦涉冗蔓。然掎摭宏富，多足爲考證之資。所列逸文三十四條，自楊慎《丹鉛録》以下十八條，皆明代之書，所見實無別本。其爲裨販誤記，無可致疑。至應劭《漢書註》以下十四條，則或古本有異，亦頗足以廣見聞也。舊本載圖五卷，分爲五類。曰靈祇、曰異域、曰獸族、曰羽禽、曰鱗介。云本宋咸平舒雅舊稿。雅本之張僧繇。其説影響依稀，未之敢據。其圖亦以意爲之，無論不真出雅與僧繇，即説果確實，二人亦何由見而圖之。故今惟録其註，圖則從删。又前列引用書目五百三十餘種，多採自類書。虚陳名目，亦不瑣録焉。

山海經釋義

《四庫全書總目提要・小説家》 《山海經釋義》十八卷，圖二卷。通行本。明王崇慶撰。崇慶有《周易議卦》，已著録。是書全載郭璞注。崇慶間有論説，詞皆膚淺。其圖亦書肆俗工所臆作，不爲典據。

穆天子傳

范邦甸等《天一閣書目・小説類》 《穆天子傳》六卷。刊本。晉郭璞注。至正壬子北岳王漸元翰序云：《穆天子傳》出汲冢，晉荀勗校定爲六卷。有序言：其事雖不典，其文甚古，頗可觀覽。予考書序稱，穆王享國百年，耄荒。太史公記穆王賓西王母事，諸傳説所載多合。則此書蓋備記一時之詳，不可厚誣也。南臺都事海岱劉貞庭翰舊藏是書，懼其無傳，暇日稍加讐校訛舛，命金陵學宮重刊，與博雅之士共之。明司馬公諱欽訂。

《穆天子傳》六卷。刊本。晉郭璞注，宋王漸序，明司馬公諱欽訂，陳德文校刊。

《四庫全書總目提要・小説家》 《穆天子傳》六卷。兩江總督採進本。晉郭璞註。前有荀勖序。案《束晳傳》云：「太康二年，汲縣人不準盜發魏襄王墓，得竹書《穆天子傳》五篇，又《雜書》十九篇，周食田法、周書論楚事、周穆王美人盛姬事；」案今盛姬事載《穆天子傳》第六卷，蓋即《束晳傳》所謂雜書之一篇也。尋其文義，應歸此傳。《束晳傳》別出之，非也。此書所紀，雖多夸言寡實。然所謂西王母者，不過西方一國君。所謂縣圃者，不過飛鳥百獸之所飲食，爲大荒之圃澤，無所謂神仙怪異之事。所謂河宗氏者，亦僅國名，無所謂魚龍變見之説。較《山海經》、《淮南子》猶爲近實。郭璞注《爾雅》，於西至西王母句，不過曰西方昏荒之國。於河出崑崙墟句，雖引大荒西經而不言其靈異。其註此書，乃頗引志怪之談。蓋釋經不敢不謹嚴，而箋釋雜書則務矜博洽故也。

案，《穆天子傳》舊皆入起居注類，徒以編年紀月，叙述西遊之事，體近乎起居注耳。實則恍惚無徵，又非《逸周書》之比。以爲古書而存之可也，以爲信史而録之，則史體雜、史例破矣。今退置於小説家，義求其當，無庸以變古爲嫌也。

張金吾《愛日精廬藏書志・小説類》 《穆天子傳》六卷。舊抄本。

晉郭璞注。前有荀勖序，序首有結銜五行云：侍中中書監光禄大夫濟北侯臣勖一行，領中書令議郎上蔡伯臣嶠言部二行，祕書主書令史譴勳給三行，祕書校書中郎張宙四行，郎中傳瓚校古文《穆天子傳》已訖謹並第録五行，世行本無此五行。案《史記索隱》引《穆天子傳》目録云：傳瓚爲校書郎，與荀勖同校定《穆天子傳》，蓋即指此。板心有元覽中區四字，蓋秦西巖藏本也。

姚振宗《漢書藝文志拾補・小説家》 《穆天子傳》六卷。汲冢竹書荀勖本。

晉荀勖校。上序曰：古文《穆天子傳》者，其書言周穆王遊行之事。《春秋左氏傳》曰：穆王欲肆其心，周行於天下，將皆使有車轍馬跡焉。此書所載則其事也。王好巡守，得驊騮騄耳之乘，造父爲御，以觀四荒。北絶流沙，西登崑崙，見西王母。與太史公記同。汲郡收書不謹，多毁落殘缺，雖其言不典，皆是古書，頗可觀覽。

《隋志》史部起居注篇：《穆天子傳》六卷，汲冢書，郭璞注。又曰：晉時又得汲冢書，有《穆天子傳》，體制與今起居注正同。蓋周時内史所記，王命之副也。《唐經籍志》：《穆天子傳》六卷，郭璞注：《藝文志》郭璞《穆天子傳》六卷。《宋史志》别史類：郭璞注《穆天子傳》六卷。

晁氏《讀書志》曰：《穆天子傳》六卷，晉太康二年汲縣民盗發古冢所得，凡六卷八千五百一十四字。詔荀勖和嶠等以隸字寫之，郭璞注本，謂之《周王遊行記》，勖之時，古文已不能盡識，時有缺者，又轉寫益誤，殆不可讀。

臨海洪頤煊校刊序曰：案《史記》，穆王在位五十五年，此書所載，尋其甲子不過四五年間事耳。雖殘篇斷簡，其文字古雅，信非周秦以下人所能作，尤足與經史相證。據《晁志》云：書凡六卷，八千五百一十四字。今本僅六千六百二十二字，則又非晁氏所見之本矣。

燕丹子

《隋書・經籍志・小説家》 《燕丹子》一卷。丹，燕王喜太子。梁有《青史子》一卷；又《宋玉子》一卷、録一卷，楚大夫宋玉撰；《羣英論》一卷，郭頒撰；《語林》十卷，東晉處士裴啓撰。亡。

《舊唐書・經籍志・小説家》 《燕丹子》三卷。燕太子撰。

《新唐書・藝文志・小説家》 《燕丹子》一卷。燕太子。

錢東垣等輯《崇文總目・小説家》 《燕丹子》三卷。燕太子丹撰。侗按：舊本丹譌作山，今校改，唐志一鄭。

鄭樵《通志・藝文略・小説家》 《燕丹子》一卷。丹，燕王喜太子。

馬端臨《文獻通考・經籍考・小説家》 《燕丹子》三卷。

《中興藝文志》：丹，燕王喜太子。此書載太子丹與荊軻事。

周氏《涉筆》曰：燕丹、荊軻事既卓佹，傳記所載，亦甚崛奇。今觀《燕丹子》三篇，與《史記》所載皆相合，似是《史記》事本也。然烏頭白，馬生角，機橋不發，《史記》則以怪誕削之；進金擲鼃，膾千里馬肝，截美人手，《史記》則以過當削之；聽琴姬，得隱語，《史記》則以徵所聞削之。司馬遷不獨文字雄深，至於識見高明，超出戰國以後。其書芟削百家誣謬，亦豈可勝計哉！今世祇謂太史公好奇，亦未然也。又如許由、伊尹、范蠡，亦多疑辭。惟信孔氏門人傳録太過，如《五帝本紀》、《孔子世家》，其間秕妄居多，是亦未能充其類也。晁氏曰：不題撰人。

《宋史・藝文志・小説家類》 《燕丹子》三卷。

楊士奇等《文淵閣書目・小説家類》 《燕丹子》。一部一册，闕。

尤袤《遂初堂書目・雜家類》 《燕丹子》。

《四庫全書總目提要・小説家》 《燕丹子》三卷。永樂大典本。

不著撰人名氏。所載皆燕太子丹事。《漢志》法家有《燕十事》十篇，註曰不知作者。雜家有《荊軻論》五篇，註曰司馬相如等論荊軻事。無燕丹子之名。至《隋書經籍志》，始著録於小説家。唐李善註《文選》，始援引其文。是其書在唐以前。又《史記刺客列傳》曰：世言荊軻，其稱太子丹之命，天雨粟，馬生角也，太過。其文見此書中，而裴駰《集解》不引此書。司馬貞《索隱》曰：《風俗通》及《論衡》皆有此説，仍云廄門木烏生肉足也，亦不引此書。註家引書，以在前者爲據，知此書在應劭、王充後矣。《史記正義》引《田光論》夏扶、宋意、秦舞陽事，又引秦王乞聽琴事，均作燕太子。《索隱》引進金丸膾馬肝等事，亦作燕太子。殆傳寫異文歟。《宋》志尚著於録，至明遂佚。故馬驌作《繹史》，稱《魯連子》、《燕丹子》之類，或真或僞，今皆亡。其所輯秦事，引燕丹子凡十條。大抵本之《文選註》、《太平御覽》諸書，字句亦頗多舛異。今檢《永樂大典》載有全本，蓋明初尚存。然其文實割裂諸書燕丹荊軻事雜綴而成。其可信者已見《史記》。其他多鄙誕不可信，殊無足採。謹仰遵聖訓，附存其目。隋志作一卷。《唐》志、《宋》志及《文獻通考》竝作三卷。《永樂大典》所載併爲一卷，而實作三篇。故今仍以三卷著録焉。

《越縵堂讀書記・小説家》《燕丹子》。

閲《燕丹子》。此書四庫退入小説存目，以爲僞作。孫淵如與洪筠軒更爲校訂，凡三篇分爲三卷，以復《唐志》之舊。其末篇記荊軻刺秦王事，自圖窮而匕首出下云：軻左手把秦王袖，右手椹其胸。孫氏曰此借椹爲戡，説文戡刺也。史記索隱引徐廣云，一作抗，抗又抌字之誤。説文抌突擊也，史記作揕誤。數之曰：足下負燕日久，貪暴海内，不知厭足。於期無罪而夷其族，軻將孫曰：此下疑脱爲字。海内報讐。今燕王母病，與軻促期，從吾計則生，不從則死。秦王曰：今日之事，從子計耳，乞聽琴聲而死。召姬人鼓琴，琴聲曰：羅縠單衣，可掣而絶；八尺屏風，可超而越；鹿盧之劍，可負而拔。軻不解音，秦王從琴聲，負劍拔之，于是奮袖超屏風而走。軻拔匕首擿之，決秦王耳，入銅柱，火出然。秦王還斷軻兩手，軻因倚柱而笑，箕踞而罵曰：吾坐輕易，爲豎子所欺，燕國之不報，我事之不立哉！所言與《國策》、《史記》大異，以情理度之，皆非事實。然文甚古雅，孫氏謂審是先秦古書，誠未必然，要出於宋齊以前高手所爲，故至《隋志》始著録。而唐人如虞世南《北堂書鈔》、張守節《史記正義》、李善《文選注》、馬總《意林》諸書皆得引之，存此以廣異聞可也。同治甲子（一八六四）二月十七日。

張之洞《書目答問・小説家》《燕丹子》三卷。章宗源輯岱南閣本。又平津館本。問經堂本。一卷雜。

姚振宗《漢書藝文志拾補・小説家》《燕丹子》一卷。

《史記・燕召公世家》：今王喜二十三年，太子丹質於秦，亡歸燕，燕見秦且滅六國，秦兵臨易水，禍且至。太子丹陰養壯士二十人，使荊軻獻督亢地圖於秦，因襲刺秦王，秦王覺殺軻，使將軍王翦擊燕。二十九年，秦攻拔我薊，燕王亡，徙居遼東，斬丹以獻秦。三十三年，秦拔遼東，虜燕王喜，卒滅燕。

又《荊卿列傳》：燕太子丹者，故嘗質於趙，而秦王政生於趙，其少時與丹驩，及政立爲秦王，而丹質於秦，秦王之遇太子丹不善，故丹怨而亡歸，歸而求爲報秦王者。

孫氏平津館岱南閣兩本校刊序曰：《燕丹子》三卷，世無傳本，惟見《永樂大典》紀相國昀既録入四庫書子部小説類存目中，乃以鈔本見付。《燕丹子》之著録，始自《隋經籍志》，然裴駰注《史記》引劉向《別録》云，督亢，膏腴之地。司馬貞《索隱》引劉向云，丹，燕王熹之太子。則劉向《七略》有此書。不可以《藝文志》不載而疑其後出。《藝文志》法家有《燕十事》十篇。雜家有《荊軻論》五篇，據注言司馬相如等論荊軻事則俱非《燕丹子》也。古之愛士者，率有傳書，由身没之後賓客紀録遺事，報其知遇，如管晏《吕氏春秋》，皆不必其人自著。則此書題燕太子丹撰者，《舊唐書》之誣，亦不得以此疑其僞也。其書長於叙事，嫻於詞令。審是先秦古書，亦略與《左氏》、《國策》相似，學在縱横小説兩家之間。且多古字、古義，《國策》、《史記》取此爲文，削其烏白頭、馬生角及聽秦聲之事，而增徐夫人匕首、夏無且藥囊，足證此書，作在史遷劉向之前。或以爲後人割裂諸書雜綴成之，未必然矣。

姚振宗《隋書經籍志考證・小説家》《燕丹子》一卷。丹，燕王喜太子。

《史記・刺客荊卿列傳》：燕太子丹者，故嘗質于趙，而秦王政生于趙，其少時與丹驩，及政立爲秦王，而丹質于秦，秦王之遇太子丹不善，故丹怨而亡歸，歸而求爲報秦王者。

《史記・燕召公世家》：今王喜二十三年，太子丹質于秦，亡歸燕，燕見秦且滅六國，秦兵臨易水，禍且至。太子丹陰養壯士二十人，使荊軻獻督亢地圖于秦，因襲刺秦王，秦王覺殺軻。使將軍王翦擊燕。二十九年，秦攻拔我薊。燕王亡，徙居遼東，斬丹以獻秦。三十三年，秦拔遼東，虜燕王喜，卒滅燕。

《唐書經籍志》：《燕丹子》三卷，燕太子撰。

《唐書藝文志》：《燕丹子》一卷，燕太子。

《宋史藝文志》：《燕丹子》三卷。

《文獻經籍考》、《中興藝文志》：《燕丹子》三卷。丹，燕王喜太子。此書載太子丹與荊軻事。

周氏《涉筆》曰，燕丹、荊軻事，既卓佹，傳記所載亦甚崛奇，今觀《燕丹子》三篇，與《史記》所載皆相合，似是《史記》事本也。然烏頭白、馬生角、機橋不發，《史記》則以怪誕削之，進金擲黿、膾千里馬肝、截美人手，《史記》則以過當削之，聽琴姬得隱語，《史記》則以徵所聞削之。司馬遷不獨文字雄深，至于識見高明，超出戰國以後。其書芟削百家，誣謬亦豈可勝計哉？今世祇謂太史公好奇，亦未然也。

明宋濂《諸子辯》曰：《燕丹子》三卷。丹，燕王喜太子。此書載其事爲詳，其辭氣頗類《吳越春秋》、《越絶書》，決爲秦漢間人所作無疑。考其事與司馬遷《史記》往往皆合，獨烏頭白、馬生角等事皆不之載，周氏謂遷削去之，理或然也。夫丹不量力而輕撩虎鬚，荆軻持一劍之勇而許人以死，卒至身滅國破，爲天下萬世笑，其事本不足議，獨其書叙事有法，而文采爛然，亦學文者之所不廢哉！

案：《漢志・雜家》：《荆軻論》五篇，注云：軻爲燕刺秦王不成而死，司馬相如等論之。疑此其前三篇也。《史記集解》、《索隱》引劉向《别録》二語，似亦《荆軻論》叙録中文，然皆無碻證，姑識其疑。孫序云云，似紀文達初意欲文淵閣著録，嗣以奉詔列入存目，故付外别傳之也。唐《日本國書目》，《燕丹子》一卷，晉處士裴啓撰，《日本書目》大致依據本志。以本志此一段注文校之，則因裴啓《語林》相涉，而誤晉處士之前，敚去《語林》書題目一條也。不知者將誤認《燕丹子》爲裴啓所撰矣。因并附誌于此。

十洲記

陳振孫《直齋書録解題・小説家類》《十洲記》一卷。亦稱東方朔撰。二書詭誕不經，皆假託也。《漢書》本傳叙朔之辭，末言劉向所録朔書具是矣，世所傳他事皆非也。贊又言，朔之談諧，其事浮淺，行於衆庶，而後世好事者，因取奇言怪語附著之朔，故詳録焉。史家欲祛妄惑，可謂明矣。

馬端臨《文獻通考・經籍考・小説家》《十洲記》一卷。

范邦甸等《天一閣書目・小説家》《十洲記》一卷。藍絲闌鈔本。漢東方朔撰。

《四庫全書總目提要・小説家》《海内十洲記》一卷。兩江總督採進本。舊本題漢東方朔撰。十洲者，祖洲、瀛洲、懸洲、炎洲、長洲、元洲、流洲、生洲、鳳麟洲、聚窟洲也。又後附以滄海島、方丈洲、扶桑、蓬邱、崑崙五條。其言或稱臣朔，似對君之詞。或稱武帝，又似追記之文。又盛稱武帝不能盡朔之術，故不得長生，則似道家夸大之語。大抵恍惚支離，不可究詰。考劉向所録朔書無此名。書中載武帝幸華林園射虎事。案《文選》應貞晉武帝華林園集詩，李善註引《洛陽圖經》曰：華林園在城内東北隅，魏明帝起名芳林園，齊王芳改爲華林。武帝時安有是號？蓋六朝詞人所依託。觀其引衛叔卿事，知出《神仙傳》。後引五岳真形圖事，知出《漢武内傳》後也。然自《隋》志已著於録，李善註張衡《南都賦》、宋玉《風賦》、鮑照《舞鶴賦》、張衡《思元賦》、曹植《洛神賦》、郭璞《遊仙詩》第一首第七首、江淹《擬郭璞遊仙詩》、夏侯元《東方朔畫贊》、陸倕《新刻漏銘》，竝引其文爲證。足見其詞條豐蔚，有助文章。陸德明《經典釋文》亦於《莊子》北冥條下引此書曰，水黑色謂之冥海，無風洪波百丈。則通儒訓詁，且據其文矣。唐人詞賦，引用尤多，固録異者所不能廢也。諸家著録，或入地理。循名責實，未見其然。今與《山海經》同，退置小説家焉。

漢武故事

徐𤊹《徐氏家藏書目・小説類》《漢武故事》一卷。班固。

《四庫全書總目提要・小説家》《漢武故事》一卷。江蘇巡撫採進本。舊本題漢班固撰。然史不云固有此書，《隋》志著録傳記類中，亦不云固作。晁公武《讀書志》引張柬之《洞冥記》跋，謂出於王儉。唐初去齊、梁未遠，當有所考也。所言亦多與《史記》、《漢書》相出入，而雜以妖妄之語。然如《藝文類聚》、《三輔黄圖》、《太平御覽》諸書所引甲帳珠簾、王母青雀、茂陵玉椀諸事，稱出《漢武故事》者，乃皆無之。又李善註《文選》、《西征賦》，引漢武故事二條，其一爲柏谷亭事，此本亦無之；其一爲衛子夫事，此本雖有之而文反略於善註。考《隋》志載此書二卷，諸家著録竝同。錢曾《讀書敏求記》亦尚作二卷。稱所藏凡二本。一是錫山秦汝操繡石書堂本。一是陳文燭晦伯家本。又與秦本互異，今兩存之云云。兩本今皆未見。此本爲明吳琯古今逸史所刻，併爲一卷，僅寥寥七八頁。蓋已經刊削，又非兩家之本。以其六朝舊帙，姑存備古書之一種云爾。

姚振宗《漢書藝文志拾補・小説家》《漢武故事》二卷。

葛洪《西京雜記》序曰：洪家復有漢武帝《禁中起居注》一卷，《漢武故事》二卷。世人希有之者，今并爲五卷一秩，庶免淪没焉。并《西京雜記》、《起居注》、《故事》

三種爲一秩五卷也。

《隋志》史部起居注篇：漢武帝有《禁中起居注》，後漢明德馬后撰《明帝起居注》。然則漢時起居似在宮中爲女史之職，然皆零落不可復知。又舊事篇《漢武帝故事》二卷，《唐經籍志》故事類著録同，《藝文志》同。

《史通史官篇》：古者，人君外朝則有國史，内朝則有女史。内之與外，其任皆同。故晉獻惑亂，驪姬夜泣，床笫之私，房中之事，不得掩焉。楚昭王讌游，蔡姬對以其願，王顧謂史書之。蔡姬許從，孤死矣。夫寔私而有書事之册，蓋受命者，即女史之流乎。至漢武帝時，有《禁中起居注》，明德馬皇后撰《明帝起居注》，凡斯著述，似出宮中，求其職司，未聞位號。

按《御覽》六百六十四引，《漢起居注》曰：李少君之將去也，武帝夢共登高山，見使者稱太一之命召請，既覺，語左右曰：少君將去。數日果病死解去。當即此《禁中起居注》。亦見《抱朴子・論仙篇》。又按，《漢起居注》，大抵皆備於漢著記百九十卷中，見《漢志》春秋家。故事則録在尚書，此兩書皆當時別行之本。大都小説家言爲多，故列於此。

又按，《隋志》所載，當出葛稚川所傳。兩唐志唯有故事二卷，今傳《漢武故事》一卷，題班固撰者，唐張柬之《洞冥記》跋云：出齊王儉，非稚川所見明矣。宋志有班固《漢武故事》五卷，似即王儉書。今本又非其全帙。

漢武帝内傳

《四庫全書總目提要・小説家》 《漢武帝内傳》一卷。江蘇巡撫採進本。舊本題漢班固撰。隋志著録二卷，不註撰人。宋志亦註曰不知作者。此本題曰班固，不知何據。殆後人因《漢武故事》僞題班固，遂併此書歸之歟。《漢書東方朔傳》贊，稱好事者取奇言怪語附著之朔。此書乃載朔乘龍上昇，與傳贊自相矛盾，其不出於固，灼然無疑。其文排偶華麗，與王嘉《拾遺記》、陶宏景真誥體格相同。考徐陵《玉臺新咏》序有靈飛六甲高擅玉函之句，實用此傳六甲靈飛十二事封以白玉函語，則其僞在齊、梁以前。又考郭璞游仙詩，有漢武非仙才句，與傳中王母所云殆恐非仙才語相合。葛洪《神仙傳》所載孔元方告馮遇語，與傳中稱受之者四十年傳一人、無其人、八十年可頓受二人、非其人謂之泄天道、得其人不傳是謂蔽天寶云云，相合。張華《博物志》載漢武帝好道，西王母七月七日漏七刻乘紫雲車來云云，與此傳亦合。今本《博物志》雖真僞相參，不足爲證。而李善註《文選・洛神賦》已引《博物志》此語，足信爲張華之舊文。其殆魏晉閒文士所爲乎。陸德明《莊子釋文》註《大宗師》篇西王母，亦引《漢武内傳》云西王母與上元夫人降帝，美容貌，神仙人也。事與今本所載同，而文句迥異。或德明檃括其詞歟。錢曾《讀書敏求記》曰，《漢武内傳》一卷、孱守居士空居閣校本。案孱守居士，常熟馮舒之別號也。廣記删去元靈二曲及十二事篇目，又脱朱鳥窗一段，對過始知此本爲完書。案李商隱詩曰：玉桃偷得憐方朔，金屋修成貯阿嬌。又曰：如何漢殿穿針夜，又向窗前覷阿環。皆用朱鳥窗事，知古本當有此一段。李善註《文選》郭璞遊仙詩，引漢武内傳西王母侍女歌曰「遂乘萬龍輴，馳騁眄九野」二句，正元靈曲中語。知古本當有此二曲，錢曾所云良是。今檢此本，亦無元靈二曲及朱鳥窗一段，而有十二事之篇目，與曾所説又不同。又《玉海》引《中興書目》曰：《漢武帝内傳》二卷，載西王母事。後有淮南王、公孫卿、稷邱君八事，乃唐終南元都道士游巖所附，今亦無此八事。蓋明人删竄之本，非完書矣。

張金吾《愛日精廬藏書續志・小説類》 《漢武帝内傳》一卷。抄本。從陳君子準藏舊抄足本影寫。不著撰人名氏。

伯宇跋。

黄琴六先生手跋曰：《漢武帝内傳》一書，凡《太平廣記》所録，及明《漢魏叢書》諸刻皆非完帙。向稱汲古閣刊道藏本爲最善，惜傳本亦稀。今春從陳子準處借得舊抄足本，讀之知俗本皆剛節過半，即毛刻亦多脱落，益見舊本之足貴矣。爰倩表弟陳竹亭影寫一帙，藏之。復取宋人《續談助》中節本彙諸刻細校一過，間有舊抄訛脱，而他刻得之者附注於旁，以備參考。又《談助》卷末跋中，載有唐道士跋，詳淮南八公姓氏，爲他書所未經見，與《玉海》中所引，合并録之。又内外傳本一書如《吴越春秋》之例，外傳即内傳之下卷，自删本僅存内傳，不知者遂以外傳爲別一書。觀談助跋語自見。然不得此本，又孰從而證明之耶。嘉慶庚辰黄廷鑑校訖識。

張之洞《書目答問・小説家》 《漢武内傳》一卷，附録外傳校勘記。齊王儉。守山閣本。又金壺本。

漢武帝内外傳

范邦甸等《天一閣書目・小説類》 《漢武帝内外傳》二卷。緜編闌絲闌鈔本。

徐𤊹《徐氏家藏書目・小説類》 《漢武帝内外傳》三卷。

洞冥記

陳振孫《直齋書録解題・小説家類》 《洞冥記》四卷。東漢光禄大夫郭憲子横撰。題《漢武别國洞冥記》，其《别録》又於《御覽》中鈔出，然則四卷亦非全書也。凡若是者，藏書之家備名數而已，無之不足爲損，有之不足爲益，況於詳略，尤非所計也。《唐志》入神仙家。

馬端臨《文獻通考・經籍考・小説家》 《洞冥記》四卷。

《宋史・藝文志・小説家類》 《漢武帝洞冥記》四卷。東漢郭憲編。

高儒《百川書志・小説家》 《漢武帝别國洞冥記》四卷。東漢郭憲撰。

徐𤊹《徐氏家藏書目・小説類》 《洞冥記》四卷。漢郭憲。

《四庫全書總目提要・小説家》 《漢武洞冥記》四卷。江蘇巡撫採進本。舊本題後漢郭憲撰。憲字子横，汝南宋人。官至光禄勳。事蹟具《後漢書方術傳》。是書《隋》志止一卷。《唐》志始作四卷。《文獻通考》有拾遺一卷。晁公武《讀書志》引憲自序，謂漢武明雋特異之主，東方朔因滑稽浮誕以匡諫，洞心於道教，使冥迹之奥昭然顯著，故曰洞冥。陳振孫《書録解題》云，其别録又於《御覽》中鈔出。則四卷亦非全書，别録當即拾遺也。今憲序與拾遺俱已佚，惟存此四卷。核以諸書所引，皆相符合。蓋猶舊本。考范史載，憲初以不臣王莽，至焚其所賜之衣，逃匿海濱。後以直諫忤光武帝，時有關東觥觥郭子横之語。蓋亦剛正忠直之士。徒以潠酒救火一事，遂抑之方術之中。其事之有無，已不可定。至於此書所載，皆怪誕不根之談，未必真出憲手。又詞句縟豔，亦迥異東京，或六朝人依託爲之。然所言影娥池事，唐上官儀用以入詩，時稱博洽。後代文人詞賦，引用尤多。蓋以字句妍華，足供採摭，至今不廢，良以是耳。若其中伏生受尚書於李克一條，悠謬支離，全乖事實。朱彝尊乃採以入《經義考》，則嗜博貪奇，有失别擇，非著書之體例矣。

姚振宗《後漢藝文志・小説家》 郭氏《漢武洞冥記》一卷。

《隋志史部雜傳篇》：《漢武洞冥記》一卷。郭氏撰。唐《日本國書目》：《漢武洞冥記》四卷。郭子横撰。《唐經籍志》：《漢别國洞冥記》四卷。郭憲撰。《藝文志道家神仙類》：郭憲漢武帝《别國洞冥記》四卷。《宋志史部傳記類》、《郭憲洞冥記》四卷。

按：范書《方術傳》不言郭憲有是書，《隋志》一卷亦但稱郭氏，此郭氏或東漢人。故後人傳益其書爲四卷、五卷者，以東漢初之郭憲實之。侯志著録郭憲《洞冥記》四卷。今從《隋志》録最初之郭氏一卷。

洞冥記拾遺

陳振孫《直齋書録解題・小説家類》 《洞冥記拾遺》一卷。

馬端臨《文獻通考・經籍考・小説家》 《洞冥記拾遺》一卷。

異聞記

姚振宗《後漢藝文志・小説家》 陳寔《異聞記》。寔始末具史部雜傳記類。《抱朴子對俗篇》曰：故太丘長潁川陳仲弓篤論士也，撰《異聞記》云：其郡人張廣定者，遭亂，常避地。有一女，年四歲，不能步，涉又不可擔負。計棄之，固當餓死，不欲令其骸骨之露。村口有古大塚，上巔先有穿穴，乃以器盛縋之下此女于塚中，以數月許乾飯及水漿與之，而舍去。候世平定，其間三年，廣定乃得還鄉里。欲收塚中所棄女骨，更殯埋之。廣定往視，女故坐塚中，見其父母猶識之。甚喜，而父母初猶恐其鬼也，入就之，乃知其不死。問之從何得食，女言糧初盡時，甚飢。見塚角有一物，伸頸吞氣，試效之，轉不復飢。日月爲之，以至于今。父母去時，所留衣被自在塚中。不行往來，衣服不敗，故不寒凍。廣定乃索女所言物，乃是一大龜耳。女中食穀，初小腹痛嘔逆，久許乃習。

明周嬰《巵林》曰：予覽《北户録》引陳仲弓《異聞記》曰：東城池有王餘，魚池決，魚不得去。將死，或以鏡照之，魚看影謂其有雙，于是比目而去。則此書唐尚存也。

《侯志》曰：胡元瑞《二酉綴遺》曰：陳太邱絶不聞著書，而《抱朴子》載陳仲弓《異聞記》，《太平廣記》及《御覽》俱不載。蓋其亡已久。康按《隋》、《唐》志無此書，唐時未必存段公路《北户録》，或從他處轉引。

列異傳

姚振宗《三國藝文志・小説家》 魏文帝《列異傳》三卷。

《隋志》史部雜傳家《列異傳》三卷，魏文帝撰。又曰：魏文帝作《列異》以序鬼物，奇怪之事相繼而作者甚衆。

《侯志》曰：裴氏注《三國志》，凡兩引此書。《華歆傳》引一條，記歆自當爲公。《蔣濟傳》引一條。記濟亡兒爲泰山録事，惟濟于齊王時始徙領軍將軍，而書中已有濟爲領軍之語，則非出自文帝。又《御覽》七百七引一條景初時事，八百八十四引一條甘露時事，皆在文帝後。豈後人又有增益耶？又《史記封禪書》索隱引一條，記秦穆公獲陳寶。《水經渭水注》、《後漢書光武紀》注引一條，記秦文公時梓樹化爲牛。則所載不獨時事也。

案：《唐經籍志》雜傳家有《列異傳》三卷，張華撰。《唐藝文志》小説家有張華《列異傳》一卷。意張華續文帝書，而後人合之。《御覽》所引文帝後事，當出張華《初學記》果木部引魏文帝《列異傳》言袁本初時事，則實出文帝。

列異傳

《新唐書・藝文志・小説家類》 張華《列異傳》一卷。

玄中記

文廷式《補晉書藝文志・小説家類》 郭氏《玄中記》。

《左傳宣四年》正義引《玄中要記》曰，千歲之黿能與人語。近人高郵茆泮林有輯本。羅泌《路史注》以此書「狗封氏事」與《山海經注》同，定爲郭璞作，亦無的證。

志　怪

文廷式《補晉書藝文志・小説家類》 曹毗《志怪》。章宗源《隋書經籍志攷證》云，《初學記》地部，《太平御覽》地部，並引曹毗《志怪》言：漢武鑿昆明池，極深，悉是灰墨，無復土。東方朔曰：「可問西域人。」至後漢明帝時，外國道人入洛，試問之，答曰，經云：「天地大劫將盡則劫燒，此劫燒之餘。」

神異記

文廷式《補晉書藝文志・小説家類》 王浮《神異記》。《御覽》八百六十七引此書虞洪入山遇丹邱子事。

異　林

文廷式《補晉書藝文志・小説家類》 陸氏《異林》。《三國志・鍾繇傳》注引一條有云，叔父清河太守説如此。清河太守，陸雲也。則此書乃雲從子所作。案《陸機傳》，二子蔚、夏，則不知其蔚歟，夏歟？

搜神後記

徐𤊹《徐氏家藏書目・小説類》 《搜神後記》十卷。陶潛。

《四庫全書總目提要・小説家》 《搜神後記》十卷。内府藏本。

舊本題晉陶潛撰。中記桃花源事一條，全録本集所載詩序，惟增註漁人姓黃名道真七字。又載干寶父婢事，亦全録《晉書》。剽掇之迹，顯然可見。明沈士龍跋，謂潛卒於元嘉四年，而此有十四、十六兩年事。《陶集》多不稱年號，以干支代之，而此書題永初元嘉。其爲僞託，固不待辨。然其書文詞古雅，非唐以後人所能。《隋書經籍志》著録，已稱陶潛，則贋撰嫁名，其來已久。又陸羽《茶經》引其中晉武帝時宣城人秦精入武昌山採茗一條，與此本所載相合。封演《聞見記》引其中有人因病能飲一斛二門後吐一物一條，與此書桓宣武督將一條，僅文有詳畧，及牛肺字作土肚，茗瘕字作斛二瘕，其事亦與此本所載相合。知今所傳刻猶古本矣。其中丁令威化鶴、阿香雷車諸事，唐宋詞人竝遞相援引，承用至今。題陶潛撰者固妄，要不可謂非六代遺書也。

文廷式《補晉書藝文志・小説家類》 陶潛《搜神後説》十卷。今存。

甄異傳

《新唐書・藝文志・小説家類》 戴祚《甄異傳》三卷。

文廷式《補晉書藝文志・小説家類》 戴祚《甄異傳》三卷。西戎主簿。《太平御覽》、《太平廣記》並引之。章宗源曰，《藝文類聚樂部》引吴郡陳緒事，《御覽服用部》引樂安章沈事，並作《甄異記》。《類聚》八十六引《甄異傳》夏侯文規事，《御覽》八百八十五引《甄異記》徐州人吴清事，七百五十八引《甄異傳》隆安中吴縣張君才事，七百一十八義熙中沛郡秦坩事，四十三《甄異傳》歷陽謝允事。蘇易簡《文房四譜》卷四引《甄異傳》王肇事。

志怪

《新唐書・藝文志・小説家類》 孔氏《志怪》四卷。

文廷式《補晉書藝文志・小説家類》 《孔氏志怪》四傳。《世説》方正門注、容止門注、巧藝門注、排調門注《初學記》三十並引之。《初學記》卷八亦引之。《御覽》九百三十一、《御覽》九百三十二又引《許氏志怪》不知誰作，《翻譯名義集》卷六亦引此書。楚文王時有人獻大鵬雛事，是此書南宋猶存，《太平廣記》二百七十六，晉明帝條引《孔約志怪》，約當是其名。

志怪

《新唐書・藝文志・小説家類》 祖台之《志怪》四卷。

文廷式《補晉書藝文志・小説家類》 《祖台之志怪》二卷。光禄大夫。《初學記》、《北堂書鈔》、《太平御覽》、《太平廣記》引此書凡數十條。余輯爲一卷。《初學記》二十六，《書鈔》七十七、一百三十五、一百四十二，《御覽》九百又七十三。

靈鬼志

《新唐書・藝文志・小説家類》 荀氏《靈鬼志》三卷。

文廷式《補晉書藝文志・小説家類》 荀氏《靈鬼志》三卷。《御覽》三百五十九引此書秦元中道人事，七百三十八《靈鬼志》石虎時胡道人事。《隋志》雜傳類此書列干陶《搜神記》之後、祖孔《志怪》之前，蓋晉人書也。《世説注》、《太平御覽》諸書並引之。《類聚》卷六十引《靈鬼志》記河間王顒給使陳安事。《世説》方正門注、傷逝門注，兩引《靈鬼志》謡徵。「謡徵」二字當是篇名，忿狷篇亦引《靈鬼志》謡徵。

鬼神列傳

《新唐書・藝文志・小説家類》 謝氏《鬼神列傳》二卷。

搜神記

《新唐書・藝文志・小説家類》 干寶《搜神記》三十卷。

尤袤《遂初堂書目・小説類》 《搜神記》。

范邦甸等《天一閣書目・小説類》 晉干寶《搜神記》紅絲闌縣紙鈔本。

徐𤊹《徐氏家藏書目・小説類》 《搜神記》二十卷。晉干寶。

錢謙益等《絳雲樓書目・小説家》 干寶《搜神記》三十卷。

《四庫全書總目提要・小説家》 《搜神記》二十卷。内府藏本。舊本題晉干寶撰。寶字令升，新蔡人。元帝時以著作郎領國史，遷散騎常侍。事蹟具《晉書》本傳。史稱寶感父婢再生事，遂撰集古今靈異神祇、人物變化爲此書。其自序一篇，亦載於傳内。《隋志》、《新舊唐志》俱著録三十卷。《宋》志作《搜神總記》十卷，亦云寶撰。《崇文總目》則云《搜神總記》十卷，不著撰人名氏，或云干寶撰，非也。案此條見玉海。此本爲胡震亨祕册彙函所刻，後以其版歸毛晉，編入津逮秘書者。考《太平廣記》所引，一一與此本相同。以古書所引證之，裴松之《三國志註》魏志明帝紀引其柳谷石一條、齊王芳紀引其火浣布一條、蜀志糜竺傳引其婦人寄載一條、吴志孫策傳引其于吉一條、吴夫人傳引其夢月一條、朱夫人傳引其朱主一條，皆具在此本中。劉孝標《世説新語註》引其盧充金盌一條、劉昭《續漢志註》五行志荊州童謡條下引其華容女子一條、建安四年武陵充縣女子重生條下引其李娥一條、桓帝延熹七年條下引其大蛇見德陽殿一條、郡國志馬邑條下引其秦人築城一條、故道條下引其旄頭騎一條、李善註王粲贈文叔良詩引其文穎字叔良一條、註《思元賦》引其張車子一條、註鮑照《擬古詩》引其太康帕頭一條、劉知幾《史通》引其王喬飛舄一條，亦皆具在此本中。似乎此本即寶原書。惟《太平寰宇記》青陵臺條下引其韓憑化蛺蝶一條，此本乃作化鴛鴦。郭忠恕佩觿上篇稱干寶《搜神記》以琵琶爲頻婆，此本吴赤烏三年豫章民楊度一條凡三見琵琶字。安陽城南亭一條亦有琵琶字。均不作頻婆。又《續漢志》註地理志緱氏條下引其延壽亭一條、巴郡條下引其澤中有龍鳴鼓則雨一條、五行志建安七年醴陵山鳴條下引其論山鳴一條、李善《蜀都賦》註引其澹臺子羽一條、陸機皇太子宴元圃詩引其程猗説石圖一條，此本亦皆無之。至於六卷、七卷全録兩《漢書》五行志。司馬彪雖在寶前，《續漢書》寶應及見，似決無連篇鈔録、一字不更之理。殊爲可疑。然其書叙事多古雅，而書中諸論亦非六朝人不能作，與他僞書不同。疑其即諸書所引，綴合殘文，傳以他説，亦與《博物志》、《述異記》等。但輯二書者耳目隘陋，故罅漏百出。輯此書者則多見古籍，頗明體例，故其文斐然可觀。非細核之，不能辨耳。觀書中謝尚無子一條，《太平廣記》三百二十二卷引之，註曰出《誌怪録》，是則捃拾之明證。胡震亨跋但稱謝尚爲鎮西將軍，在穆帝永和中。寶此書嘗示劉惔，惔卒於明帝大寧中。則書在尚加鎮西將軍之前二十餘年，疑爲後人所附益。猶未考此條之非本書也。胡應麟《甲乙剩言》曰：姚叔祥見余家藏書目中有干寶《搜神記》，大駭，曰：果有是書乎？余應之曰：此不過從《法苑》、《御覽》、《藝文》、《初學》、《書鈔》諸書中録出耳，豈從金函石匱幽巖土窟掘得耶。大抵後出異書，皆此類也。斯言允矣。

文廷式《補晉書藝文志・小説家類》 干寶《搜神記》三十卷。今存。宋蘇易簡《文房四譜》卷四引干寶表曰，臣前聊欲撰記古今怪異非常之事，會聚散逸使自一貫。博訪知古者，片紙殘行，事事各異。又乏紙筆或書故紙。詔答云，今賜紙二百枚。蓋即撰此記時所上表也。似不出《晉書》。俟檢。

搜神總記

錢東垣等輯《崇文總目・小説類》 《搜神總記》十卷。不著撰人名氏，或題干寶撰，非也。見《玉海・藝文類》，天一閣鈔本有首句。

尤袤《遂初堂書目・小説類》 《搜神摭記》。

《宋史・藝文志・小説家類》 干寶《搜神總記》十卷。

拾遺記

陳振孫《直齋書録解題・小説家類》 《拾遺記》十卷。晉隴西王嘉子年撰。蕭綺序録。

馬端臨《文獻通考・經籍考・小説家》 《王子年拾遺記》十卷。晁氏曰：梁蕭綺叙録。晉王嘉，字子年，嘗著書百二十篇，載伏羲以來異事、前世奇詭之説。書逸不完，綺綴拾殘缺而叙之。

《宋史・藝文志・小説家類》 《王子年拾遺記》十卷。晉王嘉撰。

高儒《百川書志・小説家》 《王子年拾遺記》十卷。晉隴西王嘉著。蕭綺序録。二百二十篇。

范邦甸等《天一閣書目・小説類》 《王子年拾遺記》十卷。刊本。蕭綺録并序云，《拾遺記》者，晉隴西安陽人王嘉字子年所撰。凡十九卷，二百二十篇，皆爲殘缺。今搜檢殘遺，合爲一部十卷，序而録焉。

徐𤊹《徐氏家藏書目・小説類》《拾遺記》十卷。晉王子年名嘉。

《四庫全書總目提要・小説家》《拾遺記》十卷。内府藏本。秦王嘉撰。嘉字子年，隴西安陽人。事蹟具《晉書・藝術傳》。考舊本繫之晉代。然嘉實苻秦方士，是時關中雲擾，與典午隔絶久矣。稱晉人者，非也。其書本十九卷，二百二十篇。後經亂亡殘闕，梁蕭綺搜羅補綴，定爲十卷。并附著所論，命之曰録，即此本也。綺序稱文起羲炎以來，事迄西晉之末。然第九卷記石虎燋龍至石氏破滅，則事在穆帝永和六年之後，入東晉久矣。綺亦約略言之也。嘉書蓋仿郭憲《洞冥記》而作。其言荒誕，證以史傳皆不合。如皇娥讌歌之事、趙高登仙之説，或上誣古聖，或下奬賊臣，尤爲乖迕。綺録亦附會其詞，無所糾正。然歷代詞人，取材不竭，亦劉勰所謂事豐奇偉、辭富膏腴，無益經典而有助文章者歟。虞初九百，漢人備録。六朝舊笈，今亦存備採掇焉。

彭元瑞《天禄琳琅書目後編・元版子部》《拾遺記》一函五册。晉王嘉撰。嘉字子年，隴西安門人。事具《晉書・藝術傳》。書十卷，據諸家書目本十九卷二百二十篇，後殘缺。梁蕭綺掇補。著録謂，文起羲炎以來，事迄西晉之末，即此本也。前有綺序録，後有後序，即引《藝術傳》之文。

張之洞《書目答問・小説家》《拾遺記》十卷。秦王嘉。漢魏叢書本。

名山記

陳振孫《直齋書録解題・小説家類》《名山記》一卷。亦稱王子年，即前之第十卷。案：此句原本誤脱，今據《文獻通攷》增入。大抵皆詭誕。嘉，苻秦時人，見《晉書・藝術傳》。

馬端臨《文獻通考・經籍考・小説家》《名山記》一卷。

夏鼎志

文廷式《補晉書藝文志・小説家類》《夏鼎志》。《搜神記》引《夏鼎志》曰，罔兩如三歲兒云云。又曰，掘地而得狗名曰賈，掘地而得豚名曰邪，掘地而得人名曰聚。聚，無傷也。此物自然，無謂鬼神而怪之。《法苑珠林》卷六。

集異傳

文廷式《補晉書藝文志・小説家類》葛洪《集異傳》十卷。本傳。

集靈記

《新唐書・藝文志・小説家類》《集靈記》十卷。顔之推。

還冤志

《新唐書・藝文志・小説家類》顔之推《冤魂志》三卷。

錢東垣等輯《崇文總目・小説類》《還冤志》三卷。顔之推撰。

尤袤《遂初堂書目・小説類》顔之推《還冤志》。

陳振孫《直齋書録解題・小説家類》北齊《還冤志》二卷。顔之推撰。

馬端臨《文獻通考・經籍考・小説家》北齊《還冤志》二卷。

《宋史・藝文志・小説家類》顔之推《還冤志》三卷。

徐𤊹《徐氏家藏書目・小説類》《還冤記》二卷。顔之雅。

《四庫全書總目提要・小説家》《還冤志》三卷。内府藏本。隋顔之推撰。之推有《家訓》，已著録。此書《隋志》不載。《唐書・藝文志》作《冤魂志》三卷。《文獻通考》作《北齊還冤志》二卷。考《宋史・藝文志》作顔之推《還冤志》，《太平廣記》所引亦皆稱《還冤志》，與今本合。則《唐》志爲傳寫之譌。至書中所記，上始周宣王杜伯之事，不得目以北齊。即之推亦始本梁人，後終隋代。觀陸法言《切韻》序，則開皇之初，尚與劉臻等八人同時定韻，更不得目以北齊。殆因舊本之首題北齊黄門侍郎顔之推撰，遂誤以冠於書名上歟。觀《宋史》又載釋庭藻《續北齊還冤志》一卷，則誤稱北齊，亦已久矣。自梁武以後，佛教彌昌。士大夫率皈禮能仁，盛談因果。之推《家訓》有歸心篇，於罪福尤爲篤信。故此書所述，皆釋家報應之説。然齊有彭生，晉有申生，鄭有伯有，衛有渾良夫，其事竝載春秋傳。趙氏之大厲，趙王如意之蒼犬，以及魏其武安之事，亦未嘗不載於正史。强魂毅魄，憑厲氣而爲變，理固有之。尚非天堂地獄，幻杳不可稽者比也。其文詞亦頗古雅，殊異小説之冗濫。存爲鑑戒，固亦無害於義矣。陳繼儒嘗刻入祕笈中，刊削不完，僅存一卷。此本乃何鏜漢魏叢書所刻，猶爲原帙。今據以著録焉。

幽明録

《新唐書・藝文志・小説家類》 劉義慶《幽明録》三十卷。

錢謙益等《絳雲樓書目・小説類》 劉義慶《幽冥録》。三十卷。

近異録

《新唐書・藝文志・小説家類》 劉質《近異録》二卷。

古異傳

《新唐書・藝文志・小説家類》 袁王壽《古異傳》三卷。

感應傳

《新唐書・藝文志・小説家類》 王延秀《感應傳》八卷。

冥祥記

《新唐書・藝文志・小説家類》 王琰《冥祥記》一卷。

錢謙益等《絳雲樓書目・小説類》 王琰《冥詳録》十卷。

述異記

《新唐書・藝文志・小説家類》 祖沖之《述異記》十卷。

錢謙益等《絳雲樓書目・小説類》 《述異記》。十卷，祖沖之，宋人。

續冥祥記

《新唐書・藝文志・小説家類》 王曼穎《續冥祥記》十一卷。

冥通録

錢東垣等輯《崇文總目・小説類》 周子良《冥通録》三卷。

《宋史・藝文志・小説家類》 周子良《冥通記》四卷。

神　録

《新唐書・藝文志・小説家類》 劉之遴《神録》五卷。

妍神記

《新唐書・藝文志・小説家類》梁元帝《妍神記》十卷。

繫應驗記

《新唐書・藝文志・小説家類》陸果《繫應驗記》一卷。

因果記

《新唐書・藝文志・小説家類》劉泳《因果記》十卷。

徵應集

《新唐書・藝文志・小説家類》《徵應集》二卷。

旌異記

《新唐書・藝文志・小説家類》侯君素《旌異記》十五卷。

岷山異事

《宋史・藝文志・小説家類》勾台符《岷山異事》三卷。

冥報記

《新唐書・藝文志・小説家類》唐臨《冥報記》二卷。

陳振孫《直齋書録解題・小説家類》《冥報記》二卷。唐吏部尚書京兆唐臨本德撰。

馬端臨《文獻通考・經籍考・小説家》《冥報記》二卷。

《宋史・藝文志・小説家類》唐臨《冥報記》二卷。

錢謙益等《絳雲樓書目・小説類》《冥報録》。二卷。唐臨。

王氏神通記

《新唐書・藝文志・小説家類》王方慶《王氏神通記》十卷。

補江總白猿傳

錢東垣等輯《崇文總目・小説類》《補江總白猿傳》一卷。唐人惡歐陽詢者爲之。

《新唐書・藝文志・小説家類》《補江總白猿傳》一卷。

尤袤《遂初堂書目・小説類》《補江總白猿傳》。

陳振孫《直齋書録解題・小説家類》《補江總白猿傳》一卷。無名氏。歐陽紇者，詢之父也。詢貌類獮猿，蓋嘗與長孫無忌互相嘲謔矣。此傳遂因其嘲，廣之以實其事，託言江總，必無名子所爲也。

《宋史・藝文志・小説家類》《集補江總白猿傳》一卷。

定命録

《新唐書・藝文志・小説家類》 趙自勤《定命論》十卷。天寶祕書監。

《宋史・藝文志・小説家類》 趙自勤《定命録》二卷。

異物志

錢東垣等輯《崇文總目・小説類》 《異物志》三卷。沈如筠撰。

《新唐書・藝文志・小説家類》 沈如筠《異物志》三卷。

《宋史・藝文志・小説家類》 沈如筠《異物志》二卷。

造化權輿

錢東垣等輯《崇文總目・小説類》 《造化權輿》六卷。趙自勔撰。

《新唐書・藝文志・小説家類》 趙自勔《造化權輿》六卷。

靈怪集

《新唐書・藝文志・小説家類》 張薦《靈怪集》二卷。

還魂記

《新唐書・藝文志・小説家類》 戴少平《還魂記》一卷。貞元待詔。

會真記

范邦甸等《天一閣書目・小説家》 《會真記》一册。刊本。唐河南元稹撰，東陽郭基校刊。

離魂記

錢東垣等輯《崇文總目・小説類》 《離魂記》一卷。陳元祐撰。

玄怪録

錢東垣等輯《崇文總目・小説類》 《元怪録》十卷。牛僧孺撰。

《新唐書・藝文志・小説家類》 牛僧孺《玄怪録》十卷。

晁公武《郡齋讀書志・小説類》 《玄怪録》十卷。右唐牛僧孺撰。僧孺爲宰相，有聞於世，而著此等書，《周秦行紀》之謗，蓋有以致之也。

陳振孫《直齋書録解題・小説家類》 《玄怪録》十卷。唐牛僧孺撰。《唐志》十卷，又言李復言《續録》五卷，《館閣書目》同。今但有十一卷，而無《續録》。

馬端臨《文獻通考・經籍考・小説家》 《玄怪録》十卷。

《宋史・藝文志・小説家類》 牛僧孺《玄怪録》十卷。

高儒《百川書志・小説家》 《幽怪録》十一卷。唐隴西牛僧孺撰。載隋唐神奇鬼異之事，各據聞見出處，起信於人，凡四十四事。

徐𤊹《徐氏家藏書目・小説類》 《幽怪録》十二卷。唐牛僧儒著，李復言續。

錢謙益等《絳雲樓書目・小説類》 牛僧孺《幽怪録》十卷。

《四庫全書總目提要・小説家》 《幽怪録》一卷，《續幽怪録》一卷。兩淮鹽政採進本。《幽怪録》，唐牛僧孺撰。僧孺事蹟具《新唐書》本傳。《唐書・藝文志》作《元怪録》。朱國楨《湧幢小品》曰，牛僧孺撰《元怪録》，楊用修改爲《幽怪録》。因世廟時重元字，用修不敢不避。其實一書，非刻之誤也。然《宋史・藝文志》載李德裕《幽怪録》十四卷，則此名爲複矣。《唐志》作十卷。今止一卷，殆鈔合而成，非其舊本。晁公武《讀書志》云，僧孺爲宰相，有聞於世，而著此等書。《周秦行紀》之謗，蓋有以致之也。末附唐李復言《續録》一卷。考《唐志》及《館閣書目》皆作五卷。《通考》則作十卷，云分仙術、感應二門。今僅殘篇數頁，竝不成卷矣。然志怪之書，無關風教，其完否亦不必深考也。

河東記

晁公武《郡齋讀書志・小説類》《河東記》三卷。右唐薛漁思撰。亦記譎怪事。序云續牛僧孺之書。

馬端臨《文獻通考・經籍考・小説家》《河東記》三卷。

卓異記

《新唐書・藝文志・小説家類》陳翶《卓異記》一卷。憲、穆時人。

晁公武《郡齋讀書志・小説類》《卓異記》一卷。右唐李翶撰，或題云陳翶。開成中，在襄陽，記唐室君臣功業殊異者，二十七類。

陳振孫《直齋書録解題・小説家類》《卓異記》一卷。稱李翶撰。記當時君臣卓絶盛事。或云長城陳翶。

馬端臨《文獻通考・經籍考・小説家》《卓異記》一卷。

《宋史・藝文志・小説家類》陳翰《卓異記》一卷。

又 李翶《卓異記》一卷。

高儒《百川書志・小説家》《卓異記》一卷。唐李皐述，凡二十六事。

徐𤊹《徐氏家藏書目・小説類》《卓異記》一卷。唐李翶。

續卓異志

《新唐書・藝文志・小説家類》裴紫芝《續卓異記》一卷。

《宋史・藝文志・小説家類》裴紫芝《續卓異記》一卷。

錢東垣等輯《崇文總目・小説類》《續卓異志》一卷。裴紫芝撰。

鄭氏談綺

鄭樵《通志・藝文略・小説家》《鄭氏談綺》一卷。

《宋史・藝文志・小説家類》鄭餘慶《談綺》一卷。

錢東垣等輯《崇文總目・小説類》《鄭氏談綺》一卷。鄭餘慶撰。

幽怪録

尤袤《遂初堂書目・小説類》《幽怪録》。

《宋史・藝文志・小説家類》李德裕《幽怪録》十四卷。

南方異物志

《宋史・藝文志・小説家類》房千里《南方異物志》一卷。

集異記

錢東垣等輯《崇文總目・小説類》《集異記》三卷。薛用弱撰。

《新唐書・藝文志・小説家類》 薛用弱《集異記》三卷。字中勝,長慶光州刺史。

晁公武《郡齋讀書志・小説類》 《集異記》二卷。右唐薛用弱撰。集隋唐間譎詭之事。一題《古異記》。首載徐佐卿化鶴事。

馬端臨《文獻通考・經籍考・小説家》 《集異記》二卷。

《宋史・藝文志・小説家類》 薛用弱《集異記》一卷。

高儒《百川書志・小説家》 《集異記》二卷。唐河東薛用弱集,凡十六事。

徐𤊹《徐氏家藏書目・小説類》 《集異記》二卷。薛用弱。

《四庫全書總目提要・小説家》 《集異記》一卷。江蘇巡撫採進本。 唐薛用弱撰。案《唐書・藝文志》載用弱字中勝,長慶光州刺史。其里籍則未言。此本卷首題曰河東。然唐代士族,率題郡望。劉必彭城、李必隴西,其確生何地則未之知。《三水小牘》案此書今佚,此條見《太平廣記》三百十二卷所引載其大和中自儀曹郎出守弋陽,爲政嚴而不殘。蓋在當時稱良吏,其事蹟亦無考也。是書所記凡十六條。晁公武《讀書志》稱其首載徐佐卿化鶴事,此本正以此條爲首,與晁氏所記合。蓋猶舊本。其叙述頗有文采,勝他小説之凡鄙。世所傳狄仁傑《集翠裘》、王維《鬱輪袍》、王積《新婦姑圍棊》、王之涣《旗亭畫壁》諸事,皆出此書。其良常山新宫銘、洪邁《容齋隨筆》推爲奇作。蘇軾與子過詩所謂「爾應奴隷蔡少霞,我亦伯仲山元卿」者,即用其事。卷帙雖狹,而歷代詞人恒所引據,亦小説家之表表者。陳振孫《書録解題》謂是書一名《古異記》。然諸家著録,俱無此名,不知振孫何本。又唐比部郎中陸勳亦有《集異記》二卷,與用弱此本名同。故《文獻通考》題勳書曰《陸氏集異記》,以别於用弱書焉。

古異記

《新唐書・藝文志・小説家類》 《古異記》一卷。

前定録

錢東垣等輯《崇文總目・小説類》 《前定録》一卷。鍾輅撰。

《新唐書・藝文志・小説家類》 鍾簵《前定録》一卷。

尤袤《遂初堂書目・小説類》 《前定録》。

陳振孫《直齋書録解題・小説家類》 《前定録》一卷。唐崇文館校書鍾簵撰。凡二十二事。别本又有《續録》二十四事。

馬端臨《文獻通考・經籍考・小説家》 《前定録》一卷。

《宋史・藝文志・小説家類》 鍾輅《前定録》一卷。

高儒《百川書志・小説家》 《前定録》一卷。唐鍾輅纂,二十三事。

徐𤊹《徐氏家藏書目・小説類》 《前定録》二卷。上唐鍾輅,下宋洪邁。

《四庫全書總目提要・小説家》 《前定録》一卷。浙江鮑士恭家藏本。 唐鍾輅撰。輅,大和中人。官崇文館校書郎。《唐書藝文志》作鍾簵,未詳孰是也。是書所録前定之事,凡二十三則,與《書録解題》所言合。前有自序,稱庶達識之士知其不誣,奔競之徒亦足以自警。較他小説爲有勸戒。高彦休《唐闕史》曰,世傳《前定録》所載事類實繁,其間亦有鄰委曲以成其驗者,蓋即指此書。然小説多不免附會,亦不能獨爲此書責也。《續録》一卷,不題撰人名氏。《書録解題》亦載之。觀其以唐明皇與唐元宗析爲兩條,知爲雜採類書而成,失於删併。又柳宗元一條,乃全引《龍城録》語。《龍城録》爲宋王銍僞撰,則非唐以前書明矣。

續前定録

錢東垣等輯《崇文總目・小説類》 《續前定録》一卷。鍾輅撰。闕。見天一閣鈔本。

尤袤《遂初堂書目・小説類》 《續前定録》。

高儒《百川書志・小説家》 《續前定録》一卷。凡二十四事。

《四庫全書總目提要・小説家》 《續録》一卷。

定命論

錢東垣等輯《崇文總目・小説類》 《定命録》二卷。吕道生撰。闕。見天一閣鈔本。

《新唐書・藝文志・小説家類》 吕道生《定命録》二卷。大和中，道生增趙自勤之説。

續定命録

錢東垣等輯《崇文總目・小説類》 《續定命録》一卷。温畬撰。闕。見天一閣鈔本。

《新唐書・藝文志・小説家類》 温畬《續定命録》一卷。

《宋史・藝文志・小説家類》 温畬《續定命録》一卷。

纂異記

錢東垣等輯《崇文總目・小説類》 《纂異記》一卷。李玫撰。

《新唐書・藝文志・小説家類》 李玫《纂異記》一卷。大中時人。

《宋史・藝文志・小説家類》 李玫《纂異記》一卷。

獨異志

錢東垣等輯《崇文總目・小説類》 《獨異志》十卷。李元撰。

《新唐書・藝文志・小説家類》 李亢《獨異志》十卷。

《宋史・藝文志・小説家類》 李亢《獨異志》十卷。

徐𤊹《徐氏家藏書目・小説類》 《獨異志》三卷。

又 《獨異志》二卷。唐李冗。

錢謙益等《絳雲樓書目・小説類》 李元《獨異記》十卷，唐人。

《四庫全書總目提要・小説家》 《獨異志》二卷。江蘇巡撫採進本。唐李冘撰。《唐藝文志》作李亢。未詳孰是。其書雜録古事，亦及唐代瑣聞。大抵語怪者居多。如女媧兄妹爲夫婦事，皆齊東之語。又如列子海人狎鷗、愚公移山事，皆摭寓言爲實事，尤爲膠固。至王涯爲仇士良所害，本非文宗之命，乃稱涯爲天兵梟戮，則悖謬甚矣。

續玄怪録

錢東垣等輯《崇文總目・小説類》 《續元怪録》十卷。李復言撰。

《新唐書・藝文志・小説家類》 李復言《續玄怪録》五卷。

晁公武《郡齋讀書志・小説類》 《續玄怪録》十卷。右唐李復言撰。續牛僧孺書也。分仙術、感應三門。

尤袤《遂初堂書目・小説類》 《續幽怪録》。

馬端臨《文獻通考・經籍考・小説家》 《續玄怪録》十卷。

《宋史・藝文志・小説家類》 李復言《續玄怪録》五卷。

《四庫全書總目提要・小説家》 《續元怪録》四卷。浙江范懋柱家天一閣藏本。唐李復言撰。是書世有二本。其附載牛僧孺《幽怪録》末者，蓋從《説郛》録出。一即此本。凡二十三事，與唐志卷數亦不符。蓋從《太平廣記》録出者。雖稍多於《説郛》本，然亦非完帙也。

又 《續幽怪録》一卷。

靈怪集

《宋史・藝文志・小説家類》 《靈怪集》一卷。

大唐奇事記

錢東垣等輯《崇文總目・小説類》 《大唐奇事記》十卷。李隱撰。

《新唐書・藝文志・小説家類》 李隱《大唐奇事記》十卷。咸通中人。

尤袤《遂初堂書目・小説類》 《大唐奇事》。

《宋史・藝文志・小説家類》 李隱《大唐奇事》十卷。

報應録

錢東垣等輯《崇文總目·小説類》 《報應録》三卷。王轂撰。

《宋史·藝文志·小説家類》 王轂《報應録》三卷。

陸氏集異記

晁公武《郡齋讀書志·小説類》 《陸氏集異記》二卷。右唐陸勳纂。語怪之書也，凡三十二事，言犬怪者居三之一。

馬端臨《文獻通考·經籍考·小説家》 《陸氏集異記》二卷。

《宋史·藝文志·小説家類》 陸勳《集異志》二卷。

錢謙益等《絳雲樓書目·小説類》 《陸勳集異志》二卷。唐人語怪之書也。

《四庫全書總目提要·小説家》 《陸氏集異記》四卷。兩江總督採進本。舊本題唐比部郎中陸勳撰。《書録解題》及《宋史·藝文志》竝作二卷。陳振孫曰，語怪之書也。凡三十二事，言犬怪者居三之一。此書較陳氏所載多二卷，而事較振孫所記之數多三四倍，亦不多言犬怪。豈後人附會，非其本書歟？

傳奇

錢東垣等輯《崇文總目·小説類》 《傳奇》三卷。裴鉶撰。

《新唐書·藝文志·小説家類》 裴鉶《傳奇》三卷。高駢從事。

晁公武《郡齋讀書志·小説類》 《傳奇》三卷。右唐裴鉶撰。《唐志》稱鉶高駢客。故其書所記皆神仙恢譎事。駢之惑吕用之，未必非鉶輩導諛所致。

尤袤《遂初堂書目·小説類》 《傳奇》。

陳振孫《直齋書録解題·小説家類》 《傳奇》六卷。唐裴鉶撰。高駢從事也。尹師魯初見范文正《岳陽樓記》曰：「傳奇體爾。」然文體隨時，要之理勝爲貴，文正豈可與傳奇同日語哉！蓋一時戲笑之談耳。《唐志》三卷，今六卷，皆後人以其卷帙多而分之也。

馬端臨《文獻通考·經籍考·小説家》 《傳奇》三卷。

《宋史·藝文志·小説家類》 裴鉶《傳奇》三卷。

高儒《百川書志·小説家》 《傳奇》一卷。唐裴鉶撰。高駢客也。皆神仙恢譎事。《通考》稱三卷，又分六卷，今止二十二事，恐非全書。

宣室志

錢東垣等輯《崇文總目·小説類》 《宣室志》十卷。張讀撰。

《新唐書·藝文志·小説家類》 張讀《宣室志》十卷。

晁公武《郡齋讀書志·小説類》 《宣室志》十卷。右唐張讀聖朋撰。纂輯仙鬼靈異事。名曰《宣室志》者，取漢文召見賈生論鬼神之義。苗台符爲之序。

尤袤《遂初堂書目·小説類》 《宣室志》。

陳振孫《直齋書録解題·小説家類》 《宣室志》十卷。唐吏部侍郎常山張讀聖用撰。「宣室」者，漢文帝問鬼神之處也。

馬端臨《文獻通考·經籍考·小説家》 《宣室志》十卷。

《宋史·藝文志·小説家類》 張讀《宣室志》十卷。

錢謙益等《絳雲樓書目·小説類》 張讀《宣室志》十卷。苗台符序，亦集異記之流。讀，字聖用，唐僖宗時吏部侍郎。

《四庫全書總目提要·小説家》 《宣室志》十卷。《補遺》一卷。内府藏本。唐張讀撰。陳振孫《書録解題》稱讀字聖朋。《唐書藝文志》載讀建中《西狩録》十卷，註曰讀字聖用。朋用字形相近，義亦兩通，未詳孰是也。深州陸澤人。《舊唐書》附見其祖張薦傳中。稱其登進士第，有俊材。累官至中書舍人、禮部侍郎、典貢舉。時稱得士。位終尚書左丞。《新唐書·藝文志》則稱爲僖宗時吏部侍郎。高彦休《唐闕史》亦稱張侍郎讀爲員外郎張休復之子、案《舊唐書》作希復牛僧孺之外孫。年十九，登進士第。不言其爲吏部禮部。以典貢舉之文證之，蓋《新唐書》爲誤矣。是書所記，皆神鬼靈異之事。豈以其外祖牛僧孺嘗作《元怪録》，讀少而習見，故沿其流波歟。《補遺》一卷，舊本併題讀撰。然諸家書目皆無之。疑刊刻者摭他書所引，載於後也。宣室之義，蓋取漢文帝宣室受釐、召賈誼問鬼神事。然鬼神之對，雖在宣室，而宣室之名，實不因鬼神而立。取以題誌怪之書，於義未當，特久相沿習不覺耳。今特附訂其失，庶讀者有考，無相沿用焉。

通幽記

錢東垣等輯《崇文總目・小説類》《通幽記》三卷。陳劭撰。

《新唐書・藝文志・小説家類》陳劭《通幽記》一卷。

《宋史・藝文志・小説家類》陳邵《通幽記》三卷。

異聞集

錢東垣等輯《崇文總目・小説類》《異聞集》十卷。陳翰撰。

《新唐書・藝文志・小説家類》陳翰《異聞集》十卷。唐末屯田員外郎。

晁公武《郡齋讀書志・小説類》《異聞集》十卷。右唐陳翰編。以傳記所載唐朝奇怪事，類爲一書。

陳振孫《直齋書録解題・小説家類》《異聞集》十卷。唐屯田員外郎陳翰撰。翰，唐末人，見《唐志》。而第七卷所載王魁乃本朝事，當是後人勦入之耳。

馬端臨《文獻通考・經籍考・小説家》《異聞集》十卷。

《宋史・藝文志・小説家類》陳輸《異聞集》十卷。

高儒《百川書志・小説家》《異聞集》一卷。《通考》：唐陳翰編，凡十卷。今止二十三事，亦不著撰人。

窮神秘苑

錢東垣等輯《崇文總目・小説類》《窮神秘苑》十卷。焦璐撰。

《新唐書・藝文志・小説家類》焦璐《窮神祕苑》十卷。

尤袤《遂初堂書目・小説類》《窮神祕苑》。

稽神異苑

晁公武《郡齋讀書志・小説類》《稽神異苑》十卷。右題云南齊焦度撰。雜編傳記鬼神變化及草木禽獸妖怪譎詭事。按焦度，南安氏也，質訥樸戇，以勇力事高帝，決不能著書。又，卒於建元四年，而所記有梁天監中事，必非也。《唐志》有焦路《窮神祕苑》十卷，豈即此書而相傳之訛歟？

馬端臨《文獻通考・經籍考・小説家》《稽神異苑》十卷。

《宋史・藝文志・小説家類》焦潞《稽神異苑》十卷。

靈圖感應歌

錢東垣等輯《崇文總目・小説類》《靈圖感應歌》一卷。狐剛子撰。闕。見天一閣鈔本。

《宋史・藝文志・小説家類》狐剛子《靈圖感應歌》一卷。

感應類從譜

錢東垣等輯《崇文總目・小説類》《感應類從譜》一卷。狐剛子撰。闕。見天一閣鈔本。

搜古異録

《宋史・藝文志・小説家類》李復言《搜古異録》十卷。

搜神録

《宋史・藝文志・小説家類》 焦璐《搜神録》三卷。

祥異集驗

《宋史・藝文志・小説家類》 麻安石《祥異集驗》二卷。

神異書

《宋史・藝文志・小説家類》 元真子《神異書》三卷。

靈異圖

《宋史・藝文志・小説家類》 曹大雅《靈異圖》一卷。

鬼神傳

《宋史・藝文志・小説家類》 曾寓《鬼神傳》二卷。

秉異

《宋史・藝文志・小説家類》 《秉異》三卷。

感定録

《宋史・藝文志・小説家類》 鍾輅《感定録》一卷。

溟洪録

錢東垣等輯《崇文總目・小説類》 《冥洪録》一卷。諸家書目並不著撰人。

《宋史・藝文志・小説家類》 《溟洪録》二卷。

奇應録

錢東垣等輯《崇文總目・小説類》 《奇應録》三卷。闕。見天一閣鈔本。

《宋史・藝文志・小説家類》 夏大珏《奇應録》五卷。

貫怪圖

錢東垣等輯《崇文總目・小説類》 《貫怪圖》二卷。

《宋史・藝文志・小説家類》 《貫怪圖》二卷。

劍俠傳

《四庫全書總目提要・小説家》 《劍俠傳》二卷。江蘇巡撫採進本。舊本題爲唐人撰。不著名氏。載明吴琯《古今逸史》中。皆紀唐代劍俠之事，與《太平廣記》一百九十三卷至一百九十六卷所載豪俠四卷文盡相同。次序及句下夾註如潘將軍條下所附忘其名疑爲潘鶻硉也九字，亦復脗合。但謌鶻硉爲鶴碎耳。蓋明人剿襲《廣記》之文，僞題此名也。

廣前定録

錢東垣等輯《崇文總目・小説類》《廣前定録》七卷。馮鑑撰。闕。見天一閣鈔本。

《宋史・藝文志・小説家類》馮鑑《廣前定録》七卷。

録異記

錢東垣等輯《崇文總目・小説類》《録異記》十卷。杜光庭撰。

《宋史・藝文志・小説家類》杜光庭《録異記》十卷。

范邦甸等《天一閣書目・小説類》《録異記》八卷。監絲闌鈔本。唐杜光庭撰。

徐𤊹《徐氏家藏書目・小説類》《録異記》八卷。唐杜光庭。

錢謙益等《絳雲樓書目・小説類》杜光庭《録異記》。八卷，分十七類。光庭，蜀道士，孟昶最崇信之，授以顯秩。觀其所著書。殆陶仲文之類耳。

《四庫全書總目提要・小説家》《録異記》八卷。兩江總督採進本。蜀杜光庭撰。光庭有《了證歌》，已著録。此書《宋》志作十卷，與今本異。白雲霽《道藏目録》收於洞元部記傳類恭字號中。然光庭雖道士，而此書所述實無與於道家。卷首沈士龍題辭謂光庭以方術事蜀孟昶，故成此書以取悦。考陶岳《五代史補》，光庭以唐僖宗幸蜀時入道。其後歷事王建、王衍，未入後蜀。即以此書而論，其記蜀丁卯年會昌廟城壕側龜著金書玉字大吉字，則王建天復七年也。又稱蜀皇帝乾德元年己卯七月十五日庚辰降誕廣聖節，王彦徽得白龜以進，則王衍元年也。凡此皆爲前蜀王氏誕陳符瑞。以云悦昶，失考甚矣。其言皆荒誕不足信。冶城客論曰，廣成先生杜光庭撰《仙傳》、《録異》等書，率多自作。故人有無稽之言謂之杜撰。然則光庭之妄，前人已言之矣。

録異記

高儒《百川書志・小説家》《録異記》八卷。五代人尚書廣成先生上。

虬鬚客傳

《宋史・藝文志・小説家類》杜光庭《虬鬚客傳》一卷。

續北齋還冤志

《宋史・藝文志・小説家》僧庭藻《續北齊還冤志》一卷。

靈異志

《宋史・藝文志・小説家類》裴約言《靈異志》五卷。

妖怪録

錢東垣等輯《崇文總目・小説類》《妖怪録》五卷。皮光業撰。

《宋史・藝文志・小説家類》皮光業《妖怪録》五卷。

聞奇録

錢東垣等輯《崇文總目・小説類》《聞奇録》三卷。《通志略》、《宋志》並不著撰人。

陳振孫《直齋書録解題・小説家類》《聞奇録》一卷。不著名氏，當是唐末人。

馬端臨《文獻通考・經籍考・小説家》《聞奇録》一卷。

《宋史・藝文志・小説家類》《聞奇録》三卷。

開寶遺事

徐𤊹《徐氏家藏書目・小説類》《開寶遺事》二卷。唐王仁裕。

《四庫全書總目提要・小説家》《開元天寶遺事》四卷。兵部侍郎紀昀家藏本。

五代王仁裕撰。仁裕字德輦，天水人。唐末爲秦州節度判官。後仕蜀爲翰林學士。唐莊宗平蜀，復以爲秦州節度判官。廢帝時以都官郎中充翰林學士。晉高祖時爲諫議大夫。漢高祖時復爲翰林學士承旨，遷户部尚書，罷爲兵部尚書、太子少保。周顯德三年乃卒。事迹具《五代史雜傳》。晁公武《讀書志》曰，蜀亡，仁裕至鎬京，採摭民言，得《開元天寶遺事》一百五十九條，分爲四卷。洪邁《容齋隨筆》則以爲託名仁裕，摘其中舛謬者四事。一爲姚崇在武后時已爲宰相，而云開元初作翰林學士。一爲郭元振貶死後十年，張嘉貞乃爲宰相，而云元振少時，宰相張嘉貞納爲壻。一爲張九齡去位十年，楊國忠始得官，而云九齡不肎及其門。一爲蘇頲爲宰相時，張九齡尚未達，而云九齡覽其文卷，稱爲文陣雄師。所駁詰皆爲確當。然蘇軾集中有讀開元天寶遺事四絶句，司馬光作《通鑑》亦採其中張彖指楊國忠爲冰山語。則其書實在二人以前，非《雲仙散録》之流晚出於南宋者可比。蓋委巷相傳，語多失實，仁裕採摭於遺民之口，不能證以國史，是即其失。必以爲依託其名，則事無顯證。劉義慶《世説新語》，劉孝標註往往摘其牴牾，要不以是謂不出義慶手也。故今仍從舊本，題爲仁裕撰焉。

稽神録

錢東垣等輯《崇文總目・小説類》《稽神録》十卷。徐鉉撰。

晁公武《郡齋讀書志・小説類》《稽神録》六卷。右南唐徐鉉撰。記怪神之事。序稱「自乙未歲至乙卯，凡二十年，僅得百五十事」。楊大年云：「江東布衣蒯亮好大言夸誕，鉉喜之，館於門下。《稽神録》中事，多亮所言。」

陳振孫《直齋書録解題・小説家類》《稽神録》六卷。南唐徐鉉撰。元本十卷。今無卷第，總作一卷，當是自他書中録出者。

尤袤《遂初堂書目・小説類》《稽神録》。

馬端臨《文獻通考・經籍考・小説家》《稽神録》六卷。

《宋史・藝文志・小説家類》徐鉉《稽神録》十卷。

錢謙益等《絳雲樓書目・小説類》徐鉉《稽神録》六卷。鉉字鼎臣。

《四庫全書總目提要・小説家》《稽神録》六卷。内府藏本。宋徐鉉撰。鉉字鼎臣，廣陵人。仕南唐爲翰林學士。隨李煜歸宋，官至直學士院、給事中、散騎常侍。淳化初，坐累謫静難軍司馬，卒於官。事蹟具《宋史》本傳。是編皆記神怪之事。晁公武《讀書志》載其自序，稱自乙未歲至乙卯，凡二十年。則始於後唐廢帝清泰二年，迄於周世宗顯德二年，猶未入宋時所作。書中惟乾寧、天復、天祐、開成、同光書其年號。自後唐明宗以後則但書甲子。考馬永卿《嬾真子》，稱南唐自顯德五年用中原正朔，士大夫以爲恥，碑文但書甲子。此書猶在李璟去帝號前三年，殆必原用南唐年號，入宋以後追改之。其稱楊行密曰僞吴，稱南唐曰江南，其官亦稱僞某官，亦入宋以後所追改歟。《讀書志》云所載一百五十事。陳振孫《書録解題》云元本十卷，此無卷第，當是他書中録出者。案今本止六卷，而反有一百七十四事。末又有拾遺十三事。與晁氏、陳氏所云卷數、條數俱不合。案《楓窗小牘》云，太宗命儒臣修《太平廣記》，時徐鉉實與編纂。《稽神録》，鉉所著也。每欲採擷，不敢自專。輒示宋白，使問李昉。昉曰：詎有徐率更言無稽者。於是此録遂得見收。疑是録全載《太平廣記》中，後人録出成帙。而三大書徵引浩博，門目叢雜，所列諸事，凡一名疊見者，《太平御覽》皆作又字。《文苑英華》皆作前名字，《廣記》皆作同上字。其間前後相連，以甲蒙乙者，往往而是。或緣此多録數十條，亦未可知也。《讀書志》又云，楊大年云，江東布衣蒯亮好大言誇誕，鉉喜之，館於門下。《稽神録》中事，多亮所言。考鉉《騎省集》中有送蒯參軍亮詩。前四句云：昔年聞有蒯先生，二十年來道不行。抵掌曾談天下事，折腰猶忤俗人情。則鉉客實有蒯亮，然不言及説鬼事。又書中載破瘤得碁子得鍼二章，云聞之於亮。則不題亮名者，似非亮語。趙與旹《賓退録》備載洪邁《夷堅志》諸序，稱其三志庚集序考徐鉉《稽神録》、辨《楊文公談苑》所載蒯亮之事非是。其説必有所考，今不得而見之矣。

靈怪實録

《宋史・藝文志・小説家類》《靈怪實録》三卷。

嶺南異物志

錢東垣等輯《崇文總目・小説類》《嶺南異物志》一卷。孟琯撰。

湖湘神仙顯異

錢東垣等輯《崇文總目・小説類》《湖湘神僊顯異》二卷。曹衍撰。

《宋史・藝文志・小説家類》曹衍《湖湘神仙顯異》三卷。

譔　林

《宋史・藝文志・小説家類》李諷《譔林》五卷。

集異記

《宋史・藝文志・小説家類》《集異記》。谷神子撰。

嘯　旨

《宋史・藝文志・小説家類》《嘯旨》。谷神子撰。

又　玉川子《嘯旨》一卷。

角力記

尤袤《遂初堂書目・小説類》《角力記》。

《宋史・藝文志・小説家類》調露子《角力記》一卷。

異聞録

尤袤《遂初堂書目・小説類》《異聞録》。

驚聽録

《宋史・藝文志・小説家類》沈氏《驚聽録》一卷。並不知名。

嶺表録異

錢東垣等輯《崇文總目・小説類》《嶺表録異》三卷。劉恂撰。

海山記

徐𤊹《徐氏家藏書目・小説類》《海山記》一卷。

《四庫全書總目提要・小説家》《海山記》一卷。江蘇巡撫採進本。三書竝載明吴琯《古今逸史》中。不著撰人名氏。《海山記》述隋煬帝西苑事。所録煬帝諸歌，其調乃唐李德裕所作望江南調。段安節《樂府雜録》述其緣起甚詳，大業中安有是體。考劉斧《青瑣高議後集》載有此記，分上下二篇，其文較詳。蓋宋人所依託。此本删併爲一卷，益僞中之僞矣。《迷樓記》亦見《青瑣高議》，載煬帝幸江都、唐帝入京見迷樓云云。竟以迷樓爲在長安，乖謬殊甚。《開河記》述麻叔謀開汴河事，詞尤鄙俚，皆近於委巷之傳奇。同出依託，不足道也。

迷樓記

徐𤊹《徐氏家藏書目・小説類》《迷樓記》一卷。

《四庫全書總目提要・小説家》《迷樓記》一卷。

開河記

徐𤊹《徐氏家藏書目・小説類》《開河記》一卷。

《四庫全書總目提要・小説家》《開河記》一卷。

清異録

尤袤《遂初堂書目・小説類》《清異録》。

陳振孫《直齋書録解題・小説家類》《清異録》二卷。稱翰林學士陶穀撰。凡天文、地理、花木、飲食、器物，每事皆制爲異名新説。其爲書殆似《雲仙散録》，而語不類國初人，蓋假託也。

馬端臨《文獻通考・經籍考・小説家》《清異録》二卷。

范邦甸等《天一閣書目・小説家》《清異録》二卷。烏絲闌鈔本。宋陶穀撰。

徐𤊹《徐氏家藏書目・小説類》《清異録》二卷。五代陶穀。

錢謙益等《絳雲樓書目・小説類》陶穀《清異録》。二卷，其書亦有疑其出於假託者。

《四庫全書總目提要・小説家》《清異録》二卷。浙江巡撫採進本。宋陶穀撰。穀字秀實，邠州新平人。本唐彦謙之孫。避晉諱，改陶氏。仕晉爲知制誥、倉部郎中。仕漢爲給事中。仕周爲兵部侍郎、翰林承旨。入宋仍原官，加户部尚書。事蹟具《宋史》本傳。是書皆採摭唐及五代新穎之語，分三十七門。各爲標題，而註事實緣起於其下。陳振孫《書録解題》以爲不類宋初人語。胡應麟《筆叢》嘗辨之。今案穀雖入宋，實五代舊人。當時文格，不過如是。應麟所云良是。惟穀本北人，僅一使南唐，而花九品九命一條云，張翊者世本長安，因亂南來，先主擢置上列。乃似江南人語，是則稍不可解耳。豈亦雜録舊文、删除未盡耶。所記諸事，如出一手。大抵即穀所造，亦《雲仙散録》之流，而獨不僞造書名。故後人頗引爲詞藻之用。樓鑰《攻媿集》有白醉軒詩，據其自序，亦引此書。則宋代名流，即已用爲故實。相沿既久，遂亦不可廢焉。

洛中記異

錢東垣等輯《崇文總目・小説類》《洛中記異》十卷。秦再思撰。

晁公武《郡齋讀書志・小説類》《洛中紀異》十卷。右皇朝秦再思記五代及國初讖應雜事。

尤袤《遂初堂書目・小説類》《洛中紀異録》。

馬端臨《文獻通考・經籍考・小説家》《洛中記異》十卷。

《宋史・藝文志・小説家類》秦再思《洛中紀異》十卷。

又 秦再思《洛中記異》十卷。

江淮異人録

《宋史・藝文志・小説家類》 吴淑《江淮異人録》三卷。

高儒《百川書志・小説家》 《淮江異人録》一卷。按：淮江二字當乙。宋吴淑撰。載道流俠士奇女異童二十五人，各著小傳。

范邦甸等《天一閣書目・小説類》 《江淮異人録》二卷。藍絲闌鈔本。宋吴淑撰。

《四庫全書總目提要・小説家》 《江淮異人録》二卷。永樂大典本。宋吴淑撰。淑有《事類賦》，已著録。是編所紀，多道流俠客術士之事。凡唐代二人、南唐二十三人。徐鉉嘗積二十年之力，成《稽神録》一書。淑爲鉉壻，殆耳濡目染、挹其流波，故亦喜語怪歟。鉉書説鬼，率誕漫不經。淑書所記，則《周禮》所謂怪民、《史記》所謂方士，前史往往見之，尚爲事之所有。其中如耿先生之類，馬令陸游二南唐書皆採取之。則亦非盡鑿空也。尤袤《遂初堂書目》載此書，作《江淮異人傳》，疑傳寫之譌。又《宋史》淑本傳載是書三卷。而陳振孫《書録解題》作二卷，《宋藝文志》亦同。則列傳以二爲三，由字誤矣。其書久無傳本。今從《永樂大典》中掇拾編次，適得二十五人之數。首尾全備，仍爲完書。謹依宋志，仍分爲上、下二卷，以復其舊焉。

異僧記

錢東垣等輯《崇文總目・小説類》 《異僧記》一卷。闕。見天一閣鈔本。

《宋史・藝文志・小説家類》 吴淑《異僧記》一卷。

廣唐卓異記

錢東垣等輯《崇文總目・小説類》 《廣唐卓異記》三卷。樂史撰。雍熙三年正月上。見《玉海・藝文類》。

陳振孫《直齋書録解題・小説家類》 《廣卓異記》二十卷。樂史子正撰。

馬端臨《文獻通考・經籍考・小説家》 《廣卓異記》二十卷。

《宋史・藝文志・小説家類》 樂史《廣卓異記》二十卷。

續廣卓異記

《宋史・藝文志・小説家類》 樂史《續廣卓異記》三卷。

物類相感志

《宋史・藝文志・小説家類》 釋贊寧《物類相感志》五卷。

傳載

《宋史・藝文志・小説家類》 僧贊寧《傳載》八卷。

傳載

《宋史・藝文志・小説家類》 《傳載》一卷。

志異

《宋史・藝文志・小説家類》 陳彭年《志異》十卷。

江南別録

徐𤊹《徐氏家藏書目・小説類》《江南別録》一卷。宋陳彭年。

洞仙集

尤袤《遂初堂書目・小説類》《洞仙集》。

異聞集傳

尤袤《遂初堂書目・小説類》《異聞集傳》。

感知録

尤袤《遂初堂書目・小説類》《感知録》。

物類相感志

尤袤《遂初堂書目・小説類》《物類相感志》。

乘異記

晁公武《郡齋讀書志・小説類》《乘異記》三卷。右皇朝張君房撰。其序謂

「乘者，載記之名；異者，非常之事」。蓋志鬼神變怪之書，凡十一門，七十五事。

陳振孫《直齋書録解題・小説家類》《乘異記》三卷。南陽張君房撰。咸平癸卯序，取「晉之乘」之義也。君房又有《脞説》，家偶無之。晁公武《讀書志》以《脞説》爲張唐英君房撰。又言君房著《名臣傳》、《蜀檮杌》、《雲笈七籤》行於世。按君房，祥符、天禧以前人，楊大年改閑忙令所謂「紫微失却張君房」者，即其人也。常爲御史屬，坐鞫獄貶秩，因編修《七籤》得著作佐郎。《七籤》序自言君房蓋其名，非字也。唐英字次功，熙、豐間人，丞相商英天覺之兄，作《名臣傳》、《蜀檮杌》者，與君房了不相涉，不知晁何以合爲一人也。其誤明矣。

馬端臨《文獻通考・經籍考・小説家》《乘異記》三卷。

《宋史・藝文志・小説家類》張君房《乘異記》三卷。

洞微志

晁公武《郡齋讀書志・小説類》《洞微志》十卷。右皇朝錢希白述，記唐以來詭譎事。

尤袤《遂初堂書目・小説類》《洞微志》。

陳振孫《直齋書録解題・小説家類》《洞微志》三卷。學士錢易希白撰。

馬端臨《文獻通考・經籍考・小説家》《洞微志》十卷。

《宋史・藝文志・小説家類》錢易《洞微志》三卷。

祖異志

晁公武《郡齋讀書志・小説類》《祖異志》十卷。右皇朝聶田撰。田，天禧中進士，不中第，至元祐初，因記近時詭聞異見一百餘事。天禧至元祐七十餘年，田且百歲矣。

陳振孫《直齋書録解題・小説家類》《祖異志》十卷。信陵聶田撰。康定元年序。

馬端臨《文獻通考・經籍考・小説家》《祖異志》十卷。

《宋史・藝文志・小説家類》 聶田《俱異志》十卷。

三異記

《宋史・藝文志・小説家類》 劉攽《三異記》一卷。

括異記

晁公武《郡齋讀書志・小説類》 《括異記》十卷。右皇朝張師正撰。師正擢甲科，得太常博士。後遊宦四十年，不得志，於是推變怪之理，參見聞之異，得二百五十篇。魏泰爲之序。

尤袤《遂初堂書目・小説類》 《括異記》。

陳振孫《直齋書録解題・小説家類》 《括異志》十卷，《後志》十卷。襄國張師正撰。

馬端臨《文獻通考・經籍考・小説家》 《括異記》十卷。

《宋史・藝文志・小説家類》 張師正《括異志》十卷。

錢謙益等《絳雲樓書目・小説類》 《括異志》十卷。魏泰僞造，托之武人張師正。

《四庫全書總目提要・小説家》 《括異志》十卷。内府藏本。舊本題宋張師正撰。師正字不疑。熙寧中爲辰州帥。《文獻通考》載師正擢甲科後，宦遊四十年不得志。於是推變怪之理，參見聞之異，得二百五十篇。魏泰爲之序。此本不載魏序，蓋傳寫佚之。然王銍《默記》以是書即魏泰作。蓋泰爲曾布之婦兄，而銍則曾紆之壻，猶及識泰，其言當不誣也。

怪集

《宋史・藝文志・小説家類》 張師正《怪集》五卷。

吉凶影響録

晁公武《郡齋讀書志・小説類》 《吉凶影響録》十卷。右皇朝岑象求編。象求，熙寧末閒居江陵，披閱載籍，見善惡報應事，輒删潤而記之。間有聞見者，難乎備載，亦采摘著於篇。

馬端臨《文獻通考・經籍考・小説家》 《吉凶影響録》十卷。

《宋史・藝文志・小説家類》 岑象求《吉凶影響録》八卷。

勸善録

晁公武《郡齋讀書志・小説類》 《勸善録》六卷。右皇朝周明寂元豐中纂道釋、神奇、禍福之效前人爲傳紀者，成一編，以誡世。

馬端臨《文獻通考・經籍考・小説家》 《勸善録》六卷。

勸善録拾遺

晁公武《郡齋讀書志・小説類》 《勸善録拾遺》十五卷。右不題撰人。疑亦明寂所纂，僅百事。

馬端臨《文獻通考・經籍考・小説家》 《勸善録拾遺》十五卷。

説神集

晁公武《郡齋讀書志・小説類》 《説神集》二卷。右不題撰人。記滑稽之説。唐有邯鄲淳《笑林》，此其類也。

馬端臨《文獻通考・經籍考・小説家》 《悦神集》一卷。

物類相感志

徐𤊹《徐氏家藏書目·小説類》《物類相感志》一卷。宋蘇軾。

見聞異辭

尤袤《遂初堂書目·小説類》 韓易《見聞異辭》。

搜神秘覽

陳振孫《直齋書録解題·小説家類》《搜神秘覽》三卷。京兆章炳文叔虎撰。

馬端臨《文獻通考·經籍考·小説家》《搜神秘覽》三卷。

《宋史·藝文志·小説家類》 章炳文《搜神秘覽》三卷。

樂善録

陳振孫《直齋書録解題·小説家類》《樂善録》十卷。蜀人李昌齡伯崇撰。以《南中勸戒録》增廣之，多因果報應之事。

馬端臨《文獻通考·經籍考·小説家》《樂善録》十卷。

徐𤊹《徐氏家藏書目·小説類》《樂善録》二卷。宋李昌齡。

錢謙益等《絳雲樓書目·小説類》《樂善録》十卷。宋李昌齡撰，所記多因果報應之事云。

搜采異聞録

徐𤊹《徐氏家藏書目·小説類》《搜采異聞録》五卷。宋永亨。

錢謙益等《絳雲樓書目·小説類》《搜采異聞録》五卷。宋永亨。

黄虞稷《千頃堂書目·小説類》《搜采異聞録》五卷。

《宋史藝文志補·小説家》《搜采異聞録》五卷。

夷堅志

尤袤《遂初堂書目·小説類》《夷堅志》。

陳振孫《直齋書録解題·小説家類》《夷堅志》甲至癸二百卷、支甲至支癸一百卷、三甲至三癸一百卷、四甲四乙二十卷，大凡四百二十卷。翰林學士鄱陽洪邁景盧撰。稗官小説，昔人固有爲之者矣。游戲筆端，資助談柄，猶賢乎已可也，未有卷帙如此其多者，不亦謬用其心也哉！且天壤間反常反物之事，惟其罕也，是以謂之怪。苟其多至於不勝載，則不得爲異矣。世傳徐鉉喜言怪，賓客之不能自通與失意而見斥絶者，皆詭言以求合。今邁亦然。晚歲急於成書，妄人多取《廣記》中舊事，改竄首尾，别爲名字以投之，至有數卷者，亦不復删潤，徑以入録。雖叙事猥釀，屬辭鄙俚，不恤也。

《夷堅志類編》三卷。四川總領陳昱日華取《夷堅志》中詩文、藥方類爲一編。

馬端臨《文獻通考·經籍考·小説家》《夷堅志類編》三卷。《夷堅志》甲至癸二百卷，支甲至支癸一百卷，三甲至三癸一百卷，四甲四乙二十卷，大凡四百二十卷。

《宋史·藝文志·小説家類》《夷堅志》六十卷。甲、乙、丙志。

又《夷堅志》八十卷。丁、戊、己、庚志。

徐𤊹《徐氏家藏書目·小説類》《夷堅志》五十卷。宋洪邁。

錢謙益等《絳雲樓書目·小説類》《夷堅志》十册。洪邁。田叔禾家翻宋刻分類夷堅志五十一卷。

黄虞稷《千頃堂書目・小説類》　洪邁《夷堅支志》七十卷。原一百卷。今存甲乙丙丁戊庚癸七集。又《夷堅三志》三十卷。原一百卷。今存己辛壬三集。

又　《類編夷堅志》五十一卷。以下俱不知撰人。

夷堅支志

《四庫全書總目提要・小説家》　《夷堅支志》五十卷。編修汪如藻家藏本。宋洪邁撰。邁所著《容齋隨筆》，已著録。是書所記，皆神怪之説，故以《列子》夷堅事爲名。考列子謂大禹行而見之，伯益知而名之，夷堅聞而志之，正謂珍禽異獸，如《山海經》之類。邁雜録仙鬼諸事，而名取於斯，非其本義。然唐華原尉張慎素已有夷堅録之名，則邁亦有所本也。陳振孫《書録解題》稱《夷堅志》甲至癸二百卷、支甲至支癸一百卷、三甲至三癸一百卷、四甲四乙二十卷，共四百二十卷。趙與旹《賓退録》亦載《夷堅志》三十二編，凡三十一序，不相重複。各節録其序之大略，頗爲詳備。此本僅存自甲至戊五十卷，標題但曰《夷堅志》。以其序文校與旹之所載，乃支甲至支戊，非其正集。惟與旹記支丙作支景，謂避其曾祖之嫌名，而此仍作丙。殆傳寫者所改歟。胡應麟《筆叢》謂所藏之本有百卷。核其卷目次第，乃支甲至三甲共十一帙。此殆胡氏之本，又佚其半也。朱國楨《湧幢小品》不知爲志中之一集，乃云《夷堅志》本四百二十卷，今行者五十一卷。蓋病其煩蕪刪之，則誤之甚矣。陳振孫譏邁爲謬用其心，其説頗正。陳櫟《勤有堂隨録》則謂邁欲修國史，借此練習其筆，似乎曲爲之詞。然其中詩詞之類，往往可資採録。而遺聞瑣事，亦多足爲勸戒，非盡無益於人心者。小説一家，歷來著録，亦何必拘於方隅，獨爲邁書責歟。

夷堅別志

馬端臨《文獻通考・經籍考・小説家》　《夷堅別志》二十四卷。王質景文撰。自序略曰：志怪之書甚夥，至鄱陽《夷堅志》出，則盡超之。余平生所嗜，略類洪公，始讀《左傳》、《史記》、《漢書》，稍得其記事之法，而無所施，因志怪發之。久之習熟，調利滋耽，翫不能釋。間自觀覽，要不爲無補於世，而古今文章之關鍵，亦間有相通者，不以是爲無益而中畫，愈裒所見聞，益之事五百七十，卷二十四，今書之目也。余心尚未艾，書當如之，則將浸及於《夷堅》矣。凡《夷堅》所有而洊見者刪之，更生佛之類是也；凡《夷堅》所有而未備者補之，黄元道之類是也。其名仍爲《夷堅》，而別志之，辨於鄱陽也。得歲月者紀歲月，得其所者紀其所，得其人者記其人，三者並書之備矣。闕一二亦書，皆闕則弗書。醜而不欲著姓名者婉見之，如《夷堅》碓夢之類是也；醜而姓名不可不著者顯揭之，如《夷堅》人牛之類是也。其稱某人云，又某人得諸某人云，若己所見，各識其所自來，皆循《夷堅》之規弗易。所書甲子之一爲期，過是弗書，耳目相接也；所書鬼神之事爲主，非是弗書，名實相稱也；於《夷堅》之規皆仍之，其異也者，筆力瞠乎其後矣。

賢異録

陳振孫《直齋書録解題・小説家類》　《賢異録》一卷。亦無名氏。所記四事，其一曰鬼傳者，言王曮家子弟所遇，與世傳王子高事大同小異，當是一事耳。

馬端臨《文獻通考・經籍考・小説家》　《賢異録》一卷。

睽車志

陳振孫《直齋書録解題・小説家類》　《睽車志》五卷。知興國軍歷陽郭彖次象撰。取《睽》上六「載鬼一車」之語。

馬端臨《文獻通考・經籍考・小説家》　《睽車志》五卷。

《宋史・藝文志・小説家類》　郭彖《睽車志》一卷。

徐𤊹《徐氏家藏書目・小説類》　《睽車志》一卷。宋陸偉。

錢謙益等《絳雲樓書目・小説類》　《睽車志》五卷，南宋郭彖撰。取睽上九載鬼一車之語，《睽車志》説海中刻陸偉撰。未知何據。

《四庫全書總目提要・小説家》　《睽車志》六卷。内府藏本。宋郭彖撰。彖字伯象，和州人。由進士歷官知興國軍。是書皆紀鬼怪神異之事，爲當時耳目所見聞者。其名睽車志，蓋取《易》睽卦上六載鬼一車之語也。張端義《貴耳集》曰，憲聖在南内，愛神鬼幻誕等書，郭彖《睽車志》始出，洪景盧《夷堅志》繼之。似此書嘗經進御矣。《宋史・藝文志》小説家類載有是書一卷。陳振孫《書録解題》作五卷。而明商維濬刻入《稗海》者又作六卷。參錯不一。考《夷堅志》載趙三翁得道事，有張檮朋父爲作傳，郭彖伯象得其文，載於《睽車志》末云云。今勘檢此本，惟張檮作張壽，傳寫異文。其在卷末，則與洪説相應。知猶舊本。特後人屢有分析，故卷目多寡互異耳。書中所載，多建炎、紹興、乾道、淳熙間事，而汴京舊聞亦間爲録入。各條之末，悉分註某人所説。蓋用《杜陽雜編》之例。其大旨亦主於闡明因果，以資勸戒。特摭拾既廣，亦往往緣飾附會，有乖事實。如米芾本北宋名流，而疑爲蟒精。程迥亦南渡宿儒，多所著述，而以爲其家奉玉真娘子，由此致富。張觷能斥姦平亂，志操甚正，身後尚廟食邵武，而以爲挾嫌殺人，白晝見鬼而卒。皆灼然可知其妄。其他亦多涉荒誕。然小説家言，自古如是，不能盡繩以史傳。取其勉人爲善之大旨可矣。

峽山神異記

《四庫全書總目提要・小説家》《峽山神異記》一卷。永樂大典本。宋王輔撰。輔里籍未詳。是書作於嘉定戊寅，輔時辟爲瀧水縣令。自序謂予備員西征，始聞峽山非常可駭之事，始猶未敢以爲然。及觀前賢所記，由東坡以來，連篇累牘，悉出於名公巨卿之口。以其人之可信，則事必可信矣。訪峽山集舊板散失，於是哀集傳之。然其叙述飛來殿，謂至德元年峽有二神人化爲方士，夜扣穎州貞俊禪師曰：本峽居清遠上流，吾欲建道場，師能去否。俊諾之。是夕風雨驟作，黎明薄霽，啟户而觀，則佛殿與神像已運至山中矣。俊師乃於峯前石上安坐。本淮南西路舒州延祚寺之所移。其事涉於語怪，是小説之支流，非地志之正體也。

閒窗括異志

范邦甸等《天一閣書目・小説類》《閒窗括異志》一册，烏絲闌鈔本。東湖魯應龍編。

徐𤊹《徐氏家藏書目・小説類》《閒窓括異志》一卷。宋李應龍。

錢謙益等《絳雲樓書目・小説家》《閒窗括異志》一卷。宋魯應龍。

黄虞稷《千頃堂書目・小説家》魯應龍《閒窗括異志》一卷。

《四庫全書總目提要・小説家》《閒窗括異志》一卷。浙江鄭大節家藏本。宋魯應龍撰。自署東湖，蓋嘉興人。書中稱淳祐甲申館於沈氏，則理宗時也。其書皆言神怪之事，而多借以明因果。前半帙皆所聞見，後半帙則雜採古事以足之。大半與唐、五代小説相出入。

説異集

《宋史・藝文志・小説家類》《説異集》二卷。

北窓記異

《宋史・藝文志・小説家類》《北窓記異》一卷。

五色線

高儒《百川書志・小説家》《五色線》三卷。浩然翁邵文伯手鈔，摭百家雜事記類之。

范邦甸等《天一閣書目・小説類》《五色線集》二卷。刊本。不著撰人名氏。

按：《中興館閣書目》稱，不知作者，摭百家雜事記之爲類門。

徐𤊹《徐氏家藏書目・小説類》《五色線》三卷。

黄虞稷《千頃堂書目・小説類》邵文伯浩然翁手鈔《五色綫》二卷。

《四庫全書總目提要・小説家》《五色線》二卷。内府藏本。不著編輯者名氏。載毛晉津逮祕書中。考《中興館閣書目》有此書名。然是書雜引諸小説新誕之語，或不紀所出。割裂舛謬，不可枚舉。至謂楚襄王夢神女事出《史記》，其庸妄可知。未知果宋時舊本否也。

歷代神異感應録

《宋史・藝文志・小説家類》 令狐皥如《歷代神異感應録》二卷。

豪異秘纂

陳振孫《直齋書録解題・小説家類》 《豪異秘纂》一卷。無名氏。所録五事，其扶餘國王一則，即所謂虬鬚客者也。

馬端臨《文獻通考・經籍考・小説家》 《豪異秘纂》一卷。

祛疑説

《宋史藝文志補・小説家》 儲泳《祛疑説》一卷。字華谷，雲間人。

徐𤊹《徐氏家藏書目・小説家》 《祛疑記》一卷。宋儲泳。

江湖奇文類記

錢謙益等《絳雲樓書目・小説類》 《江湖奇文類記》八册。

李文正談録

尤袤《遂初堂書目・小説類》 《李文正談録》。

瑯環記

徐𤊹《徐氏家藏書目・小説類》 《瑯環記》三卷。元伊世珍。

黄虞稷《千頃堂書目・小説家》 伊世珍《瑯環記》三卷。

倪燦《補遼金元藝文志・小説家》 伊世珍《瑯環記》三卷。

錢大昕《補元史藝文志・小説家類》 伊世珍《瑯環記》三卷。

鬼董狐

錢謙益等《絳雲樓書目・小説類》 《鬼董狐》。

黄虞稷《千頃堂書目・小説類》 關漢卿《鬼董》五卷。

倪燦《補遼金元藝文志・小説家》 關漢卿《鬼董》五卷。

錢大昕《補元史藝文志・小説家類》 關漢卿《鬼董》五卷。

録鬼簿

錢大昕《補元史藝文志・小説家類》 鍾嗣成《録鬼簿》二卷。字繼先，汴梁人。

異聞總録

徐𤊹《徐氏家藏書目・小説類》 《異聞總論》四卷。元人。

錢謙益等《絳雲樓書目・小説類》 《異聞總録》。

黄虞稷《千頃堂書目・小説類》 《異聞總録》四卷。

《宋史藝文志補・小説家》 《異聞總録》四卷。

《四庫全書總目提要・小説家》《異聞總録》四卷。内府藏本。不著撰人名氏，亦不著時代。其中林行可一條，稱大德丁酉，則元人矣。然所載臨安倡女儀珏一條，稱其編隸鄱陽，予嘗於席間與紙筆，即賦詞。大略美吾兄弟有鄱江英氣鍾三秀之語。乃洪邁《夷堅志》原文。所謂子者，即邁。所謂弟兄三秀，即邁適遵也。此本剿襲其言，併其自稱亦未改，則亦剽剟而成者矣。

錢大昕《補元史藝文志・小説家類》《異聞總録》四卷。不著撰人。

廣艷異編

徐𤊹《徐氏家藏書目・小説類》《廣艷異編》三十五卷。吴大震。

效顰集

黄虞稷《千頃堂書目・小説類》趙弼《效顰集》三卷。

《四庫全書總目提要・小説家》《效顰集》三卷。兩淮鹽政採進本。明趙弼撰。弼有《雪航膚見》，已著録。是編皆紀報應之事，意寓勸懲而詞則近於小説。第三卷中闕疥鬼對夢遊番陽傳二篇，殆傳寫佚之。

釋異類纂

徐𤊹《徐氏家藏書目・小説類》《釋異類纂》一卷。

兩湖麈談録

徐𤊹《徐氏家藏書目・小説類》《兩湖麈談録》一卷。

嘉樹軒紀聞

黄虞稷《千頃堂書目・小説類》柴奇《嘉樹軒紀聞》。

見聞紀訓

徐𤊹《徐氏家藏書目・小説類》《見聞紀訓》二卷。吴興陳良謨。

黄虞稷《千頃堂書目・小説類》陳良謨《見聞紀訓》一卷。安吉州人，正德丁丑進士，貴州參政。

《四庫全書總目提要・小説家》《見聞紀訓》一卷。兩江總督採進本。明陳良謨撰。良謨字中夫，安吉人。正德丁丑進士。官至貴州布政司參政。是書雜記見聞，多陳因果。雖大旨出於勸戒，而語怪者太多。

語怪録

黄虞稷《千頃堂書目・小説類》《語怪録》。陳沂。

畜德録

徐𤊹《徐氏家藏書目・小説類》《畜德録》二卷。陳良策。

黄虞稷《千頃堂書目・小説類》陳沂《畜德録》一卷。號石亭，鄞縣人，侍講。

下陴紀談

黄虞稷《千頃堂書目・小説類》《下陴紀談》二卷。皇甫録。

《四庫全書總目提要・小説家》《下陴紀談》二卷。浙江范懋柱家天一閣藏本。明皇甫録撰。是書乃其守四川順慶府時所作。或載時事，或考前聞，大抵皆有關於是地者也。時值藍鄢之亂，賊三犯順慶，録授兵固守。以其登城則守陴、下陴則著書，故以下陴爲名。末附三峽山水記一卷，爲其子沖作。沖字子浚，嘉靖戊子舉人。《明史》附見《皇甫涍傳》。稱所著有幾策兵統枕戈雜言三書，今皆未見。惟此書附其父書以存耳。

近峯聞畧

范邦甸等《天一閣書目・小説類》《近峯聞畧》八卷。烏絲闌鈔本。明吴郡皇甫録世庸著。子沖序云，先君頗好編纘，淹貫經緯，周覽邱墳，一時博文多識之士，識辨而不能窮，起義而不能難焉。然頗好編纘，積二十餘年，得數百千條，授沖爲之編次，命曰《義本散珠》。言因汗漫，吾以識歲月云爾。毋以類繫，傷吾本旨。于是讐其訛謬，删其互同，分爲八卷，闕而不載者蓋十三四云。不以流貫體裁爲別，而以披閱見聞爲次，目曰《近峯聞略》，命梓人鐫諸家篋。

《四庫全書總目提要・小説家》《近峯聞略》八卷。浙江鮑士恭家藏本。明皇甫録撰。此書亦其子沖所删定。於稗官雜説採摭頗繁，而考證全疎，舛謬亦復不少。如《拾遺記》介子推之白鵶、《龍城録》李賀之赤虬，皆信爲實事。又如楊溝事出《古今注》，乃引《霏雪録》爲始。妻之父曰外舅，文本《爾雅》，而云始漢董承。前進士見《國史補》而云出《唐會要》。甘草、苦草之説出《師曠占》，而云出《大戴禮》。其他如以龍生九子爲出《爾雅》，以李商隱樂游原詩爲王建，以二喬爲妓皆不考之甚。至於陳善《捫蝨新語》記馬大師等在孔子上之類，皆謬妄之語。袁宗徹《客座新聞記》元順帝爲瀛國公子之類，亦誣罔之詞。一概取之，尤冗濫矣。

都公譚纂

范邦甸等《天一閣書目・小説類》《都公譚纂》二卷。刊本。有東明外史一印。明陸采編次。

黄虞稷《千頃堂書目・小説類》《都公談纂》二卷。

《四庫全書總目提要・小説家》《談纂》二卷。浙江鮑士恭家藏本。明都穆撰。穆有《壬午功臣爵賞録》，已著録。是書記録元、明以來逸事。然多涉神怪，不足徵信。書中龔泰、軒輗、張仙三條註稱采曰者，乃其門人陸采附記。蓋此書采所編次，故原本題曰《都公談纂》云。

南濠賓語

黄虞稷《千頃堂書目・小説類》《南濠賓語》□卷。都穆。

志怪録

高儒《百川書志・小説類》《志怪録》五卷。國朝吴逸祝允明希哲撰。記述前時奇事。此編經人删定者也。

徐𤊹《徐氏家藏書目・小説家》《語怪四編》一卷。祝枝山。

黄虞稷《千頃堂書目・小説家》祝允明《語怪編》四十卷。一名《支山志怪録》。自一編至四編。每編十卷。

《四庫全書總目提要・小説家》《志怪録》五卷。兩淮鹽政採進本。明祝允明撰。允明有《蘇材小纂》，已著録。是編所載皆怪誕不經之事。觀所著《野記》諸書，記人事尚多不實，則説鬼者可知矣。朱孟震《河上楮談》謂允明所作志怪凡數百卷，疑無此事。卷字殆條字之誤歟。

翦勝野聞

范邦甸等《天一閣書目・小説類》《翦勝野聞》一卷。刊本。明徐禎卿撰。

徐𤊹《徐氏家藏書目・小説類》《剪勝野聞》一卷。徐禎卿。

《四庫全書總目提要・小説家》《翦勝野聞》一卷。浙江范懋柱家天一閣藏本。

不著撰人名氏。所記皆明太祖初年之事，亦多互見他書。陶珽《續説郛》、黄虞稷《千頃堂書目》皆載此書，題吴郡徐楨卿著。然《明史》楨卿本傳及《藝文志》俱不載。書中所紀，亦往往不經。如謂徐達追元順帝將及之而遽班師，常遇春愬於帝、達入自疑，拔劍斬闔而出。真齊東野人之語，楨卿似未必至是也。

異　林

徐𤊹《徐氏家藏書目·小説類》《異林》一卷。徐禎卿。

黄虞稷《千頃堂書目·小説家》徐昌穀《異林》一卷。

《明史·藝文志·小説家》徐禎卿《異林》一卷。

西樵野記

徐𤊹《徐氏家藏書目·小説類》《西樵野記》十卷。吴郡侯甸。

黄虞稷《千頃堂書目·小説類》侯甸《西樵野記》十卷。吴郡人。

《明史·藝文志·小説家》侯甸《西樵野記》十卷。

《四庫全書總目提要·小説家》《西樵野記》四卷。兩淮鹽政採進本。明侯甸撰。甸，蘇州人。《明史·藝文志》載是書作十卷。此本卷數不符，疑有散佚。然原序稱一百七十餘條，計數無闕，或《明史》誤也。序又稱所載悉幽怪之事。此本所載乃有不涉幽怪者二十三條，爲例未免不純。其女子咏錢一詩，見沈括《筆談》。摭爲近事，尤疎舛矣。

檐曝偶談

徐𤊹《徐氏家藏書目·小説類》《簷曝偶談》一卷。顧元慶。

黄虞稷《千頃堂書目·小説類》顧元慶《檐曝偶談》一卷。

纂異集

黄虞稷《千頃堂書目·小説類》《纂異集》四卷。吴瓚癡。

秉燭清談

黄虞稷《千頃堂書目·小説類》《秉燭清談》五卷。周禮。

湖海奇聞

黄虞稷《千頃堂書目·小説類》《湖海奇聞》五卷。周禮。

奇見異聞筆坡叢脞

黄虞稷《千頃堂書目·小説類》雷燮《奇見異聞筆坡叢脞》一卷。建安人。

剪燈奇録

高儒《百川書志·小説家》《翦鐙奇録》六卷。皇明邱燧集，凡二十類。前三卷凡九十四事，續三卷一百三事，俱載鬼神奇怪之事。

黄虞稷《千頃堂書目·小説類》丘燧《翦鐙奇録》前集三卷，後集三卷。分二十類，前集九百十四事，後集一百三事。

傳疑録

徐𤊹《徐氏家藏書目・小説類》《傳疑録》二卷。陸深。

河汾燕閒録

徐𤊹《徐氏家藏書目・小説類》《河汾燕閒録》二卷。陸深。

同異録

徐𤊹《徐氏家藏書目・小説類》《同異録》二卷。陸深。

金臺紀聞

徐𤊹《徐氏家藏書目・小説類》《金臺紀聞》二卷。陸深。

《四庫全書總目提要・小説家》《金臺紀聞》二卷。内府藏本。明陸深撰。皆深官翰林時雜記正德乙酉至戊子四年中朝廷故事及友朋論説。

野人信從録

黄虞稷《千頃堂書目・小説類》陸伸《野人信從録》。容子。

農渠録

黄虞稷《千頃堂書目・小説類》《農渠録》。陸伸。

冶城客論

《四庫全書總目提要・小説家》《冶城客論》二卷。浙江范懋柱家天一閣藏本。

明陸采撰。采字子元，長洲人。粲之弟也。是編乃其肄業南雍時記所聞見，大抵妖異不根之言。其胡銓後身一條云聞之祝允明。又云初聞祝子之言，以爲祝好奇，必記此，不暇詳叩。因近閲語怪兩編無之，追書於册。是允明有所不記而采記之，其誕更甚於允明矣。乃譏沈周作客座新聞多信門客妄言，何也。卷末鴛鴦記一篇，述施氏婦閨閤幽會之事，淫媟萬狀，如身歴目睹。此同時士大夫家也，誰見之而誰言之乎？尤有乖名教矣。

汴京勼異記

范邦甸等《天一閣書目・小説類》《汴京勼異記》八卷。刊本。明大梁李濂川父著，并序云，余既著《汴京遺蹟志》，凡荒唐幻恠之説，悉黜之矣。客有造余者曰，汴地爲古帝都，人物繁夥，其間神奇詭異之迹見諸載籍、傳之父老者，弗可勝述，子胡爲不録？余應之曰，魯論有之，子不語怪力亂神。客曰，不然，著於《易》、《書》、《詩》、《春秋》者，若曰中見鬥、載鬼一車、姜嫄之孕、傳巖之夢，豈非神怪之甚哉！苟局于耳目聞見之狹，而遂謂天下無是事，何其固也！余思其言，亦有至理，於是蒐索羣書，以爲《汴京勼異記》。門分類聚，勸善懲惡，雖未能成一家之言，聊足以存邑里之舊聞，助閒居之叢談而已。

黄虞稷《千頃堂書目・小説家》李濂《汴京勼異記》八卷。

耳鈔祕録

《四庫全書總目提要・小説家》《耳鈔祕録》一卷。浙江巡撫採進本。舊本題上元壬午南贍部洲二十八年林之東無名氏撰述。考書中所紀，其人當在嘉靖時。壬午即嘉靖元年，而稱二十八年。其詞詭誕，未之詳也。所紀皆明代雜事，然無一非委巷之談。如謂明成祖發劉基之墓，得一朱匣，中有賀永樂元年登極表。元順帝爲明所敗，匿於古寺而死，即以寺梁爲棺。寧王權爲許遜後身。邱濬爲蝦蟆精。凡孔氏襲衍聖公者，其相必口露雙齒如孔子。明太祖以公主嫁朝鮮國世子。劉基對明太祖稱白鬍子變紅鬍子。明孝宗爲牟尼佛降生，故年號上下二字皆取牟字字頭。其鄙俚荒唐，殆不足與辯。至於以危素爲姓魏，以于謙爲姓余，殆市井略識字人妄聽之而妄記之。不知何以得傳至今也。

祐山雜説

《四庫全書總目提要・小説家》《祐山雜説》一卷。兩淮鹽政採進本。明馮汝弼撰。汝弼字惟良，平湖人。嘉靖壬辰進士。官工科給事中。以言事謫灊山縣丞，遷知太倉州。調揚州府同知，不赴。隆慶中追贈布政司參政。是書自記生平瑣事，率涉夢卜禨祥。其所記他人事，亦多不出此。末載種植數方，尤與全書不類。

埤雅廣要

《四庫全書總目提要・小説家》《埤雅廣要》二十卷。内府藏本。明牛衷撰。衷里貫未詳。官蜀府護衛千户。蜀王以陸佃《埤雅》未爲盡善，令衷補正爲此書。然佃雖以引用王安石《字説》爲陳振孫等所譏，而其博奥之處要不可廢。衷所補龐雜餖飣，殆不成文。甚至字謎小説，雜然竝載，爲薦紳之所難言。乃輕詆佃書，殊不知量。今退而列於小説家，俾以類從。衷序所稱蜀王，不著其名。攷明史諸王年表，蜀和王悦㷿以宣德十年進封，薨於天順五年。衷序爲天順元年作，則王當爲悦㷿審矣。

十處士傳

《四庫全書總目提要・小説家》《十處士傳》一卷。浙江巡撫採進本。明支立撰。立字中夫，嘉興人。天順中官翰林院孔目。是編乃其爲常州學官時作。取布衾、木枕、紙帳、蒲席、瓦爐、竹床、杉幾、茶甌、燈檠、酒壺十物，仿毛穎傳例，各爲之姓名里貫。蓋冷官游戲，消遣日月之計。末有自跋，稱初爲九傳，夜夢酒壺詬争，乃補爲十。則滑稽太甚矣。

博物志補

《四庫全書總目提要・小説家》《博物志補》二卷。兩江總督採進本。明游潛撰。潛字用之，豐城人。宏治辛酉舉人。官雲南賓川知州。是編補張華之書，體例畧如李石所續。而猥雜冗濫，無一異聞。又出石書之下。

居學餘情

《四庫全書總目提要・小説家》《居學餘情》三卷。浙江巡撫採進本。明陳中州撰。中州字洛夫，青田人。宏治中由貢生官廬江縣教諭。初號太鶴山人。久而落拓不得志，占得尤悔之象，復自號亢惕子。佯狂恣肆，蕩然於禮法之外。嘗琢石爲冠，刻太極兩儀五行八卦之象。是編首載其圖，併繫以詩。有「圈子不須龍馬背，老夫頭上頂羲皇」之句。其妄誕可想。其餘諸篇，亦皆踵毛穎革華之窠臼，無非以游戲爲文。雖曰文集，實則小説，故今存其目於小説家焉。

丹鉛總録

徐𤊹《徐氏家藏書目・小説類》 《丹鉛總録》三十七卷。楊慎。

黄虞稷《千頃堂書目・小説類》 楊慎《丹鉛總録》二十七卷。

《明史・藝文志・小説家》 楊慎《丹鉛總録》二十七卷。

藝林伐山

范邦甸等《天一閣書目・小説類》 《秇林伐山》二十卷。明楊慎著。隆慶六年吴郡凌雲翼刊。

徐𤊹《徐氏家藏書目・小説類》 《秇林伐山》六卷。楊慎。

黄虞稷《千頃堂書目・小説類》 《藝林伐山》二十卷。楊慎。

《明史・藝文志・小説家》 《藝林伐山》二十卷。

丹鉛續録

黄虞稷《千頃堂書目・小説類》 楊慎《丹鉛續録》十二卷。

《明史・藝文志・小説家》 《丹鉛續録》十二卷。楊慎。

丹鉛餘録

黄虞稷《千頃堂書目・小説類》 楊慎《丹鉛餘録》十七卷。

《明史・藝文志・小説家》 楊慎《丹鉛餘録》十七卷。

丹鉛新録

黄虞稷《千頃堂書目・小説類》 楊慎《丹鉛新録》七卷。

《明史・藝文志・小説家》 楊慎《丹鉛新録》七卷。

丹鉛閏録

黄虞稷《千頃堂書目・小説類》 楊慎《丹鉛閏録》九卷。

《明史・藝文志・小説家》 楊慎《丹鉛閏録》九卷。

丹鉛續録考證

徐𤊹《徐氏家藏書目・小説類》 《丹鉛續録考證》六卷。楊慎。

黄虞稷《千頃堂書目・小説類》 《丹鉛續録考證》六卷。

兩山墨談

徐𤊹《徐氏家藏書目・小説類》 《兩山墨談》十八卷。陳霆。

黄虞稷《千頃堂書目・小説類》 陳霆《兩山墨談》十八卷。號水南，德清人，提學僉事。

《明史・藝文志・小説家》 陳霆《兩山墨談》十八卷。

水南閒居録

黄虞稷《千頃堂書目・小説類》 《水南閒居録》。陳霆。

緑鄉筆林

黄虞稷《千頃堂書目·小説類》 《緑鄉筆林》。陳霆。

河館閒談

黄虞稷《千頃堂書目·小説類》 司馬泰《河館閒談》四卷。字魯瞻，江寧人。嘉靖癸未進士，南監察御史，出守懷慶、嘉興、濟南三府。

文昌旅語

徐𤊹《徐氏家藏書目·小説類》 《文昌旅語》一卷。王文禄。

黄虞稷《千頃堂書目·小説類》 《文昌旅語》一卷。王文録。

月山叢談

徐𤊹《徐氏家藏書目·小説類》 《月山叢談》四卷。宜山李文鳳。

《明史·藝文志·小説家》 李文鳳《月山叢談》十卷。

耳剽集

黄虞稷《千頃堂書目·小説類》 《耳剽集》三卷。伍卿忠。

無用閒談

黄虞稷《千頃堂書目·小説類》 孫緒《無用閒談》十二卷。

觀槿野言

黄虞稷《千頃堂書目·小説類》 《觀槿野言》。楊名。

高坡異纂

徐𤊹《徐氏家藏書目·小説類》 《高坡異纂》三卷。楊儀。

黄虞稷《千頃堂書目·小説家》 楊儀《高坡異纂》三卷。

《四庫全書總目提要·小説家》 《高坡異纂》二卷。江西巡撫採進本。明楊儀撰。儀有《蟎頭密語》，已著録。是編乃志怪之書。前有自序，謂高坡者京邸之寓名。案明張爵《坊巷衚衕集》，東城有高坡衚衕，蓋即所居也。錢希言《獪園》稱楊儀禮部素不信元怪之談。因聞王維賢親見仙人騎鶴事，始遂傾心，著有《高坡異纂》行於世。然書中所記，往往誕妄。如黄澤爲元末通儒，趙汸之所師事，本以經術名家。而儀謂劉基入石壁得天書，從澤講授。真可謂齊東之語。至謂織女渡河，文曲星私窺其媟狎，織女誤牽文曲星衣，上帝醜之，手批牽牛頰，傷眉流血。竟公然敢於侮天矣。小説之誕妄，未有如斯之甚者也。

蟎頭密語

《四庫全書總目提要·小説家》 《蟎頭密語》一卷。兩江總督採進本。舊本題明楊儀撰。儀字夢羽，常熟人。嘉靖丙戌進士。官至山東按察司副使。其書雜記明代時事，僅二十餘條，而語多不經。如建文帝從隧道出亡、仁宗中毒、宣宗微行，皆里巷無稽之談。所誌孝宗、武宗佚事，尤涉鄙俚。《常熟志》載儀所著有《南宮集》、《高坡異纂》，獨無此書。疑或出於僞託也。

見聞搜玉

徐𤊹《徐氏家藏書目·小説類》《見聞搜玉》八卷。山陰高鶴。

黄虞稷《千頃堂書目·小説類》高鶴《見聞搜玉》八卷。山陰人。

《明史·藝文志·小説家》高鶴《見聞搜玉》八卷。

畜德集

徐𤊹《徐氏家藏書目·小説類》《畜德集》一卷。臨海秦禮。

黄虞稷《千頃堂書目·小説類》秦禮《畜德集》一卷。臨海人。

奇聞類記

黄虞稷《千頃堂書目·小説類》施顯卿《奇聞類記》三卷。

《四庫全書總目提要·小説家》《古今奇聞類記》十卷。兩淮鹽政採進本。明施顯卿撰。顯卿字純甫，無錫人。嘉靖壬子舉人。官新昌縣知縣。是書成於萬曆丙子。分天文、地理、五行、神祐、前知、凌波、奇遇、驍勇、降龍、伏虎、禁蟲、除妖、馘毒、物精、仙佛、神鬼十六門。兼及明代近事，頗取史傳，而掇拾稗官小説者爲多。

山棲志

黄虞稷《千頃堂書目·小説類》慎蒙《山棲志》一卷。

見聞瑣録

黄虞稷《千頃堂書目·小説類》《見聞瑣録》。陶大年。

艷異編

徐𤊹《徐氏家藏書目·小説類》《艷異篇》四十五卷。

黄虞稷《千頃堂書目·小説家》《艷異編》三十五卷。王世貞。

異物彙苑

黄虞稷《千頃堂書目·小説類》《異物彙苑》十八卷。閔文振。

涉異志

黄虞稷《千頃堂書目·小説類》閔文振《涉異志》一卷。字道充，浮梁人，嘉靖丙申序。

述異補遺

范邦甸等《天一閣書目·小説類》《述異補遺》一卷。藍絲闌鈔本。明李昌齡編。卷末題嘉靖戊申蜡月既望，録于陶齋。汝南袁表志。

異　林

黄虞稷《千頃堂書目·小説類》　支允堅《異林》十卷。嘉善人。李維楨序。

獨異志

范邦甸等《天一閣書目·小説類》　《獨異志》三卷。藍絲闌鈔本。明李冗纂，序殘，嘉靖戊申袁表識云：《廣異》、《稽神》、《宣室》三種，皆從吴方山太學所借得，托羅事拙謄繕，類八《獨異志》，共成一帙，以便披覽，且免散逸之苦。

索奇志

范邦甸等《天一閣書目·小説類》　《索奇志》一卷。刊本。明顧祖訓編。

艷異編

范邦甸等《天一閣書目·小説類》　《艷異編》四十五卷。刊本。不著撰人名氏。

清異續録

《四庫全書總目提要·小説家》　《清異續録》三卷。編修程晉芳家藏本。明李琪枝撰。琪枝字雲連，號奇峰，嘉興人。李肇亨之子，李日華之孫。書中卵色天一條，稱先太僕有詩云云。囊雲一條，稱先冏卿筮仕江州司理，被譏拂衣云云。畫隱一條，稱黄魯直詩李侯畫隱百僚底，冏卿用下五字鐫一圖記，自作畫則識之云云。皆指日華也。是書續陶穀《清異録》而作。穀書皆載唐末五代近事。此則皆採古書。穀書分三十七門。此則併爲天文、地理、君道、官志、君子、女行、麼麼、釋族、仙宗、人事、詞苑、藝能、肢體、居室、衣服、粧飾、陳設十七門。女行之末又附載婦女雙名一門，體例頗不相同。而採摭故事，或佚脱其出典，或舛誤其字句。如開卷天笑一條，出東方朔《神異經》，人人習見，而題曰《莊子》。四雨一條，自是詩話，而入之天文。舊雨一條，本出杜甫集，而註曰白孔六帖。影娥池本出洞冥記，而註曰三輔黄圖。蕊女一條，引關尹子是也，而又引漢童謡河閒蕊女工數錢句，不知《續漢志》實作姹女。蝦蟆更一條，據郎瑛《七修類稾》指爲宋事，而不知唐張泌詩已有蝦蟆更急海城寒句，先載蜀韋縠才調集中。是雖蒐羅實事，轉不如陶穀之多構虚詞矣。

艮岳記

徐𤊹《徐氏家藏書目·小説類》　《艮岳記》一卷。宋淏。

丹鉛新録

徐𤊹《徐氏家藏書目·小説類》　《丹鉛新録》八卷。胡應麟。

秇林學山

徐𤊹《徐氏家藏書目·小説類》　《秇林學山》八卷。胡應麟。

才鬼記

徐𤊹《徐氏家藏書目·小説類》　《才鬼記》一卷。楊鼎祚。

黃虞稷《千頃堂書目・小說類》 梅鼎祚《才鬼記》十五卷。

《四庫全書總目提要・小說家》 《才鬼記》十六卷。浙江鮑七恭家藏本。明梅鼎祚撰。鼎祚字禹金，宣城人。嘗作《三才靈記》。一爲《才神記》，一爲《才幻記》，一即此書。所載上自周，下至明代。末二卷，則箕仙之語。皆從諸小說採出。然如《左傳》所載渾良夫夢譟之詞，偶成韻語，目以才鬼，似乎未然。又如《搜神記》之段孝直、《水經注》之鮮于冀，但有辨枉之詞，亦不得以才論。至《搜神記》之劉伯文寄一家書，即謂之才，尤爲非理。小說家語怪之書，汗牛充棟。鼎祚捃拾殘賸，以成是編，本無所取義，而體例龐雜又如是，真可謂作爲無益矣。

才神記

黃虞稷《千頃堂書目・小說類》 《才神記》□□卷。梅鼎祚。

才妖記

黃虞稷《千頃堂書目・小說類》 《才妖記》□卷。梅鼎祚。

二俠傳

徐𤊹《徐氏家藏書目・小說類》 《二俠傳》二十卷。男俠女俠，拓浦徐廣輯。

三俠傳

黃虞稷《千頃堂書目・小說類》 徐廣《三俠傳》二十卷。浦城人。

辨異録

黃虞稷《千頃堂書目・小說類》 《辨異録》。高仁美。

耳談

徐𤊹《徐氏家藏書目・小說類》 《耳談》。王同軌。

黃虞稷《千頃堂書目・小說類》 王同軌《耳談》十五卷。一名《賞心粹語》。字行父。黃岡人。貢生。官南京太僕寺丞。

《四庫全書總目提要・小說家》 《耳談》十五卷。安徽巡撫採進本。明王同軌撰。同軌字行父，黃岡人。由貢生官江寧縣知縣。其書皆纂集異聞，亦洪邁《夷堅志》之流。每條必詳所說之人，以示徵信，則用蘇鶚《杜陽雜編》之例。前有陶冶序，稱其事不必盡核，理不必盡合，文不必盡諱。亦小說家之定評也。然其中推重方士陶仲文，稱漫加削奪、時論大乖，則其他曲筆諒多矣。

耳談類增

黃虞稷《千頃堂書目・小說類》 《耳談類增》五十六卷。王同軌。

江漢叢談

黃虞稷《千頃堂書目・小說類》 陳士元《江漢叢談》二卷。

異　林

徐𤊹《徐氏家藏書目·小説類》《朱欝儀異録》十六卷。朱謀㙔。

黄虞稷《千頃堂書目·小説類》朱謀㙔《異林》十六卷。

《明史·藝文志·小説家》朱謀㙔《異林》十六卷。

虎　苑

黄虞稷《千頃堂書目·小説類》王穉登《虎苑》一卷。

吴社編

徐𤊹《徐氏家藏書目·小説類》《吴社》一卷。王穉登。

黄虞稷《千頃堂書目·小説類》《吴社編》一卷。

《四庫全書總目提要·小説家》《吴社編》一卷。浙江孫仰曾家藏本。明王穉登撰。穉登有《吴郡丹青志》，已著録。是書專紀吴中里社之事。其神名五方賢聖，乃淫祀之尤者，而謂本於《搜神記》。殊屬附會不經。所列走會、捺會諸條，亦徵風俗之弊。末附顧文龍書，謂穉登是編有憫時之懷、先事之慮。然鋪張太過，不免諷一而勸百矣。

廣玉壺冰

徐𤊹《徐氏家藏書目·小説類》《廣玉壺冰》一卷。張邦侗。

黄虞稷《千頃堂書目·小説類》張邦侗《廣玉壺冰》一卷。

燃犀集

徐𤊹《徐氏家藏書目·小説類》《燃犀集》三卷。

黄虞稷《千頃堂書目·小説類》樹瓠子《然犀集》三卷。

《四庫全書總目提要·小説家》《燃犀集》四卷。通行本。不著撰人名氏。自稱茂苑樹瓠子。有嘉靖辛酉自序。摘取小説家所録神怪之事，彙録成編。大都與他書複出，無可採也。

湖海搜奇

徐𤊹《徐氏家藏書目·小説類》《湖海搜奇》一卷。

揮麈新談

徐𤊹《徐氏家藏書目·小説類》《揮麈新談》二卷。王兆雲。

烏衣佳話

徐𤊹《徐氏家藏書目·小説類》《烏衣佳話》六卷。王兆雲。

驚座新書

《明史·藝文志·小説家》王兆雲《驚座新書》八卷。

王氏青箱餘

《明史・藝文志・小説家》 《王氏青箱餘》十二卷。王兆雲。

王氏雜記

《四庫全書總目提要・小説家》 《王氏雜記》十四卷。浙江巡撫採進本。明王兆雲撰。兆雲有《詞林人物考》，已著録。是編凡《湖海搜奇》二卷、《揮麈新談》二卷、《白醉璅言》二卷、《説圃識餘》二卷、《漱石閒談》二卷、《烏衣佳話》四卷。皆雜記新異之事，本各自爲書，後人裒爲一帙，總題曰《王氏雜記》，非其本名也。其中《烏衣佳話》，《明史・藝文志》作八卷。此本僅前後二集，每集分上下卷，或爲合併，或爲闕佚，均不可知。然志怪之書，無關學問，其完否亦無容深考。惟其中記張孚敬晚遇一條，謂廷臣議追封大禮，拘於俗説濮園之非云云。則意存左袒，不爲公論，有不可不糾正者耳。

燕山叢録

《四庫全書總目提要・小説家》 《燕山叢録》二十二卷。浙江巡撫採進本。明徐昌祚撰。昌祚字伯昌，常熟人。是編蓋其官刑部時所作。多載京畿之事，故以燕山爲名。凡分二十二類，大抵多涉語怪。末附以長安里語，尤爲鄙俚。又多失其本字本音，不足以資考證。書成於萬曆壬寅。有昌祚自序，謂因輯《太常寺志》得《徵州縣志書》，因採其所記成此書。則亦剽掇之學也。

芙蓉鏡孟浪言

《四庫全書總目提要・小説家》 《芙蓉鏡孟浪言》四卷。浙江巡撫採進本。明江東偉撰。東偉字青來，自號壺公，開化人。萬曆丙午舉人。其書分元部、幻部、靈部、幽部爲四集，皆摘録諸書神仙鬼怪之事。各系評語，而佻纖殊甚。如幻部中載張南軒晚得奇疾，没時就殮，通身透明，腑臟筋骨，歷歷可數，瑩徹如水晶云云。本説部無稽之談。東偉乃爲之評曰：此明明德之本體。可謂無所不戲侮矣。其曰孟浪言者，蓋取《莊子・齊物篇》語，殆亦自知其不經歟。

敝帚軒剩語

《四庫全書總目提要・小説家》 《敝帚軒剩語》三卷。兩淮鹽政採進本。明沈德符撰。德符有《飛鳧語略》，已著録。是書雜記神怪俳諧，事多猥鄙。至記林潤劾嚴世蕃論死，世蕃爲厲鬼以報潤，則又顛倒是非之甚矣。

敝帚軒剩語補遺

《四庫全書總目提要・小説家》 《敝帚軒剩語補遺》一卷。

聞見録

《四庫全書總目提要・小説家》 《聞見録》一卷。浙江鄭大節家藏本。明姚宣撰。宣字懋昭，應天人。是書所記雜事，多涉神怪。舊事則註出某書，新事則註聞之某人。而序述冗拙，亦或失於詮次。如「禄薄儉常足、官卑廉自尊」一聯，一以爲正德閒浙江巡檢題，一以爲洪武中御史劉子敏左遷侯官典史時題。一頁之中相隔三行，而複出兩條，可知其雜鈔無緒也。

問奇一臠

徐𤊹《徐氏家藏書目・小説類》 《問奇一臠》三十卷。郭良翰。

黄虞稷《千頃堂書目・小説類》《問奇一臠》三十卷。郭良翰。

問奇類林

黄虞稷《千頃堂書目・小説類》郭良翰《問奇類林》三十六卷。

《明史・藝文志・小説家》郭良翰《問奇類林》三十六卷。

問奇類林續

黄虞稷《千頃堂書目・小説類》《問奇類林續》三十卷。郭良翰。

快雪堂漫録

《四庫全書總目提要・小説家》《快雪堂漫録》一卷。浙江巡撫採進本。明馮夢禎撰。夢禎有《歷代貢舉志》，已著録。是編爲陸烜奇晉齋所刻，皆記見聞異事。語怪者十之三，語因果者十之六。記翰林舊例大同米價、回回人、義僕、節婦、虞長孺、漢印、吴茂昭品龍井茶、李于鱗棄岕茶，以及栽蘭、藏茶、炒茶、茉莉酒、造印色、鑄鏡、造糊、造色紙諸法，爲雜家言者十之一。故從其多者，入之小説家焉。

孝經集靈

《四庫全書總目提要・小説家》《孝經集靈》一卷。編修程晉芳家藏本。明虞淳熙撰。淳熙字長孺，錢塘人。萬曆癸未進士。官至吏部稽勳司郎中。《經義考》載淳熙有《孝經邇言》九卷、《今文孝經説》一卷，今皆未見。此書專輯《孝經》靈異之事，如赤虹化玉之類，故曰集靈。夫釋氏好講福田，尚非上乘。况於闡揚經義而純用神怪因果之説乎。其言既不詁經，未可附於經解。退居小説，庶肖其真。至其採録頗舛。如張角作亂，向詡上便宜，不欲國家興兵，但遣將於河上北向讀孝經，則賊當自消滅一條。乃嗤鄙之事，古來傳以爲笑者。亦收爲靈蹟，殆信爲賊果消滅乎。

前定録

《四庫全書總目提要・小説家》《前定録》二卷。浙江鮑士恭家藏本。明蔡善繼編。善繼字伯達，烏程人。萬曆辛丑進士。官至福建左布政使。其書皆載古來前定之事。上卷凡七十八事，下卷凡九十三事。前有善繼自序，後有泉州府訓導張啓睿跋。細核所録，乃全剽《太平廣記》第一百四十六卷至第一百六十卷定數一門之文。名姓次序，一字無異。惟上卷之末增延陵包隰一人，下卷之首增竇易直至劉逸二十人，爲原書所無。然亦自《廣記》他門移掇竄入者。《廣記》爲習見之書，乃取其中十五卷別立書名，攘爲已有，作僞之拙，於是極矣。

仙佛奇蹤

《四庫全書總目提要・小説家》《仙佛奇蹤》四卷。内府藏本。明洪應明撰。應明字自誠，號還初道人。其里貫未詳。是編成於萬曆壬寅。前二卷記仙事，後二卷記佛事。首載老子至張三豐六十三人，名曰消摇墟。末附長生詮一卷。次載西竺佛祖自釋迦牟尼至般若多羅十九人。中華佛祖自菩提達摩至船子和尚四十二人。曰寂光境。末附無生訣一卷。仙佛皆有繪像，殆如兒戲。考釋道自古分門，其著録之書亦各分部。此編兼採二氏，不可偏屬。以多荒怪之談，姑附之小説家焉。

獪園

黄虞稷《千頃堂書目・小説類》《獪園》十六卷。錢希言。

《四庫全書總目提要・小説家》《獪園》十六卷。浙江巡撫採進本。明錢希言撰。希言有《戲瑕》，已著録。是書成於萬曆癸丑。皆記當時神怪之事。一仙幻、二釋異、三影響、四報緣、五冥蹟、六靈祇、七淫祀、八奇鬼、九妖孽、十瓌聞。其以獪園名書者，獪者狡獪之意，狡獪者戲弄之意也。其中記陳祖皋陷冤獄，出金資營救，反爲人所紿事。影響類中作其姻家錢日省，因其從子朗生誘祖皋妻鏹三百緡，及金鳳釵諸物，爲沈儒宗所脅致敗，祖皋妻死而爲厲。靈祇類中作指揮采成文構成其獄，因其同里沈瑞徵誘祖皋母鏹六百緡，後瑞徵獨匿其賂，成文無所得，因陷祖皋大辟，祖皋父與郊爲厲。兩卷之中，姓名事迹自相矛盾。記所見如是，記所聞者可知矣。

聽濫志

黄虞稷《千頃堂書目・小説類》 《聽濫志》四卷。錢希言。

二酉委談

徐𤊹《徐氏家藏書目・小説類》 《二酉委談》一卷。王世懋。

《四庫全書總目提要・小説家》 《二酉委談》一卷。兩淮鹽政採進本。明王世懋撰。世懋有《卻金傳》，已著録。此編乃隨筆雜記，多説神怪之事，亦閒作放達語。蓋其時山人習氣漸染及於士大夫也。卷頁頗寥寥。其西山雲霧茶一條云，追憶夜來風味，書一通以贈先生。案先生指蔡琳泉也。五月十二日歸自郡城一條云，坐心遠堂中命筆伸紙，作數行記之。萬曆十二年一條云，第三子士駪年十三，書此付之。三月晦日一條云，歸而記之，以示兩兒。殆平時所作雜帖，其後人録之爲帙歟。

香案牘

徐𤊹《徐氏家藏書目・小説類》 《香案牘》一卷。陳繼儒。

黄虞稷《千頃堂書目・小説類》 《香案牘》一卷。陳繼儒。

崖州城隍除妖記

徐𤊹《徐氏家藏書目・小説類》 《崖州城隍除妖記》一卷。陳朝定。

黄虞稷《千頃堂書目・小説類》 陳朝定《崖州城隍除妖記》一卷。字元之，閩縣人。隆慶庚午舉人，崖州知州，陞同知。

耳新

黄虞稷《千頃堂書目・小説類》 鄭仲夔《耳新》八卷。

《四庫全書總目提要・小説家》 《耳新》十卷。兩淮鹽政採進本。明鄭仲夔撰。仲夔有《蘭畹居清言》，已著録。是書雜記瑣事，多及仙鬼因果，亦《輟耕録》之流亞。中記魏忠賢事，蓋明末人也。

岱宗拾遺記

徐𤊹《徐氏家藏書目・小説類》 《岱宗拾遺記》一卷。

續問奇類林

徐𤊹《徐氏家藏書目・小説類》 《續問奇類林》三十卷。林兆珂。

明遺事

《四庫全書總目提要・小説家》 《明遺事》三卷。兩淮鹽政採進本。不著撰人名氏。皆記明太祖初起之事。始於壬辰六月，爲元順帝之至正十二年。止於洪武元年四月壬戌，至正之二十八年也。編年紀月，亦頗詳悉。而多録小説瑣事，如以酒飲蛇之類，皆荒誕不足信。非史體也。

周文襄見鬼紀

徐𤊹《徐氏家藏書目·小説類》《周文襄見鬼紀》一卷。

黄虞稷《千頃堂書目·小説家》《書周文襄見鬼事》一卷。

劍俠傳

徐𤊹《徐氏家藏書目·小説類》《劍俠傳》四卷。弢菴居士。

金璧故事

徐𤊹《徐氏家藏書目·小説類》《金璧故事》。

書言故事

徐𤊹《徐氏家藏書目·小説類》《書言故事》。

睡鄉記

徐𤊹《徐氏家藏書目·小説類》《睡鄉記》一卷。鄭之惠。

七幅菴

徐𤊹《徐氏家藏書目·小説類》《七幅菴》一卷。傅遠度。

鴛鴦譜

徐𤊹《徐氏家藏書目·小説類》《鴛鴦譜》一卷。

軍機處奏《禁毁書目》《鴛鴦譜》一部二本。查《鴛鴦譜》，係明陰化陽輯。皆所摘四六活套之語，殊爲猥鄙不堪，中間悖礙處甚多。應請銷燬。

惑溺供

徐𤊹《徐氏家藏書目·小説類》《惑溺供》一卷。林子。

錢罾

徐𤊹《徐氏家藏書目·小説類》《錢罾》一卷。支華平。

挑鐙集異

黄虞稷《千頃堂書目·小説類》周人龍《挑鐙集異》八卷。

紀事文華

范邦甸等《天一閣書目・小説類》 《紀事文華》一册。刊本。明朱寳撰。

定鼎奇聞

軍機處奏《禁毀書目》 《定鼎奇聞》一部二本。查《定鼎奇聞》，不著撰人名氏。乃通俗小説，本屬誕妄，且書作於本朝，而封面題《大明崇禎傳》。書中又稱大明神宗皇帝，殊爲悖謬。應請銷燬。

玉光劍氣

英廉奏《全毁書目》 《玉光劍氣》十二本。張怡撰。

棗林雜俎

英廉奏《抽毁書目》 《棗林雜俎》五本。查《棗林雜俎》，係明談遷撰。書内唐李元瓘一條，有偏謬語。嘲邊一條，壬午癸未二條，天啓二年一條，頌魏忠賢詩一條，左都督田宏遇一條，俱有悖謬語。李何詩一條，藏書二條，張士信一條，常熟張漢儒一條，常熟楊子常一條，雲間許都諫一條，皆載錢謙益議論及事蹟。應請抽燬。

冥報録

《四庫全書總目提要・小説家》 《冥報録》二卷。大學士英廉購進本。國朝陸圻撰。圻有《新婦譜》，已著録。此編皆記冥途因果之事，意主勸善。其真妄不可究詰也。

果報見聞録

《四庫全書總目提要・小説家》 《果報見聞録》一卷。大學士英廉購進本。國朝楊式傳撰。式傳字雪崕，鄞縣人。是編皆述善惡之報，而大旨歸心於二氏。其逆婦小善免死一條，雖意主戒殺，然婦欲殺姑，罪通於天矣，豈偶救數鳥之命即可以贖乎。殆不可訓也。

雷譜

《四庫全書總目提要・小説家》 《雷譜》一卷。浙江巡撫採進本。國朝金侃撰。侃字亦陶，吴縣人。其書雜録雷之典故與雷之果報。雖意主戒惡，而所摭皆小説家言。

史異纂

《四庫全書總目提要・小説家》 《史異纂》十六卷。浙江巡撫採進本。國朝傅燮詷撰。燮詷字去異，靈壽人。工部尚書維鱗子。官至汀州府知府。是書雜纂災祥怪異之事，自上古至元，悉據正史採入。凡外傳雜記，皆不録。分天異、地異、祥異、人異、事異、術異、譯異、鬼異、物異、雜異十門。

有明異叢

《四庫全書總目提要・小説家》 《有明異叢》十卷。浙江巡撫採進本。國朝傅變調撰。是書記明一代怪異之事。亦分十類，與《史異纂》門目相同。皆從小説中撮鈔而成，漫無體例。如尹蓬頭騎鐵鶴上升、正德中上蔡知縣霍恩爲流賊所殺、頭出白氣、及天啟丙寅王恭廠災之類，往往一事而兩見。又有實非怪異而載者。如事異門内胡壽昌毁延平淫祠而絶無妖、任高妻女三人罵賊没水、次日浮出面如生。術異門内汪機以藥治狂癇。物異門内蕭縣岳飛祠内竹生花。雜異門内漳州火藥局災、大石飛去三百步之類。皆事理之常，安得別神其説。至如譯異門内謂黑婁在嘉峪關西，近土魯番，其地山川草木禽獸皆黑，男女亦然。今土魯番以外咸入版圖，安有是種類乎。其妄可知矣。

信徵録

《四庫全書總目提要·小説家》《信徵録》一卷。大學士英廉購進本。國朝徐慶撰。慶字賓溪，自署曰烏山人，不知何地之烏山也。是編雜記果報，語多荒誕。夫福善禍淫，天有顯道。即明神肸蠁，亦當在杳冥之間。至於人鬼對言、幽明相接，指陳獄牘，判決是非，如虞山孫振先竊銀因果記之類，何其怪而不經也。命曰信徵，豈其然乎。

述異記

《四庫全書總目提要·小説家》《述異記》三卷。大學士英廉購進本。舊本題東軒主人撰。不著名氏。所記皆順治末年康熙初年之事。多陳神怪，亦閒及奇器。觀其述《江村雜記》一條，其人尚在高士奇後也。

見聞録

《四庫全書總目提要·小説家》《見聞録》一卷。大學士英廉購進本。國朝徐岳撰。岳字季方，嘉善人。是編皆記怪異之事，亦《夷堅》、《睽車》之流。

瑣語分部

神異經

錢東垣等輯《崇文總目·小説類》《神異經》二卷。東方朔撰，張華注。

陳振孫《直齋書録解題·小説家類》《神異經》一卷。稱東方朔撰。張茂先傳。

馬端臨《文獻通考·經籍考·小説家》《神異經》一卷。

《宋史·藝文志·小説家類》東方朔《神異經》二卷。晉張華傳。

范邦甸等《天一閣書目·小説類》《神異經》一卷。刊本。漢東方朔撰。

徐𤊹《徐氏家藏書目·小説家》《神異經》一卷。東方朔。

《四庫全書總目提要·小説家》《神異經》一卷。内府藏本。舊本題漢東方朔撰。所載皆荒外之言，怪誕不經。共四十七條。陳振孫《書録解題》已極斥此書，稱東方朔撰、張茂先傳之僞。今考《漢書》朔本傳，歷叙朔所撰述，言凡劉向所録朔書俱是。世所傳他事皆非。其贊又言，後世好事者，取其奇言怪語附著之朔云云。則朔書多出附會，在班固時已然。此書既劉向《七略》所不載，則其爲依託，更無疑義。《晉書》張華本傳，亦無註《神異經》之文，則併華註亦似屬假借。振孫所疑，誠爲有見。然《隋志》載此書，已稱東方朔撰，張華註，則其僞在隋以前矣。觀其詞華縟麗，格近齊、梁，當由六朝文士影撰而成，與《洞冥》、《拾遺》諸記先後竝出。故其中西北荒金闕銀盤明月珠事，陸倕《石闕銘》引用之。其中玉女投壺事，徐陵《玉臺新詠》序引用之。流傳既久，固不妨過而存之，以廣異聞。又考《廣韻》去聲四十一漾收㺊字。《説文》、《玉篇》皆所不載。註稱獸似獅子，實本此經。北方有獸焉，其狀如獅子，名曰㺊之文。則小學家已相援據，不但文人詞藻、轉相採摭已也。《隋志》列之史部地理類，《唐志》又列之子部神仙類，今核所言，多世外恍惚之事，既有異於輿圖，亦無關於修煉，其分隸均屬未安。今從《文獻通考》列小説類中，庶得其實焉。

文廷式《補晉書藝文志·小説家類》張華、東方朔《神異經傳》二卷。見《宋志》。《日本見在書目》一卷。按《齊民要術》卷十引《神異經》曰：南方荒中有沛竹，其子美，食之已瘡癘。張茂先注曰：子，筍也，則此書後魏以前有之。

笑　林

《隋書・經籍志・小説家》《笑林》三卷。後漢給事中邯鄲淳撰。

《舊唐書・經籍志・小説家》《笑林》三卷。邯鄲淳撰。

《新唐書・藝文志・小説家類》邯鄲淳《笑林》三卷。

鄭樵《通志・藝文略・小説家》《笑林》三卷。後漢給事中邯鄲淳撰。

姚振宗《三國藝文志・小説家》邯鄲淳《笑林》三卷。《魏志王粲傳》注：《魏略》曰：淳一名竺，字子叔。案《藝文類聚》七十四引《魏略》：邯鄲淳，字淑。似敚一子，《字法書要録》作子淑，似子叔爲子淑之誤。潁川人，博學有才，章善倉雅蟲篆。許氏《字指》。初平時，從三輔客荆州，荆州内附，爲臨菑侯，植官屬。黄初初，爲博士給事中。

《北史江式傳》：式上論書表曰：陳留邯鄲淳與張揖同時，博聞古藝，特善倉雅。許氏《字指》八體六書精究閑理，有名于揖，以書教諸皇子。又建《三字石經》于漢碑西。

卷後漢給事中邯鄲淳撰。《日本國見在書目》同《唐經籍志》：《笑林》三卷，邯鄲淳撰。《藝文志》：邯鄲淳《笑林》三卷。

馬國翰輯本序曰：此書皆記可笑之事，《隋》、《唐》志並三卷。今從《類聚》、《御覽》、《太平廣記》贊寧《筍譜》諸書輯録爲卷，凡二十六條。

案：《文心雕龍・諧讔篇》，至魏文因俳説以著《笑書》，《笑書》疑即是編。淳奉詔所撰，或淳因《笑書》別爲《笑林》亦未可知。

博物志

《舊唐書・經籍志・小説家》《博物志》十卷。張華撰。

錢東垣等輯《崇文總目・小説類》《博物志》十卷。張華撰。

《新唐書・藝文志・小説家類》張華《博物志》十卷。

晁公武《郡齋讀書志・小説類》周盧注《博物志》十卷，盧氏注六卷。右晉張華撰。載歷代四方奇物異事。兩本前六卷畧同，無周氏注者稍多而無後四卷。周名日用。

尤袤《遂初堂書目・小説類》張華《博物志》。

陳振孫《直齋書録解題・小説家類》《周盧注博物志》十卷。晉張華撰。其書作奇聞異事。華能辨龍鮓，識劍氣，其學固然也。《盧氏注》六卷。

馬端臨《文獻通考・經籍考・小説家》《周盧注博物志》十卷。

殷文奎啟注：晉張華讀三十車書，作《博物志》四百。武帝以爲繁，只作十卷。

晁氏曰：晉張華撰。載歷代四方奇物異事。兩本前六卷略同，無周氏注者稍多，而無後四卷。周名日用。《西京賦》曰「小説九百，起自虞初」，周人也。其小説之來尚矣，然不過志夢卜、紀譎怪、記談諸之類而已。其後史臣務採異聞，往往取之。故近時爲小説者，始多及人之善惡，甚者肆喜怒之私，變是非之實，以誤後世，至於譽桓温而毁陶侃、褒盧杞而貶陸贄者有之。今以志怪者爲上，褒貶者爲下云。

陳氏曰：其書作奇聞異事。華能辯龍鮓，識劍氣，其學固然也。《盧氏注》六卷。

范邦甸等《天一閣書目・小説類》《博物志》十卷。刊本。晉司空張華撰，汝南周日用音註，明宏治癸亥劉遜重刊。

徐𤊹《徐氏家藏書目・小説類》《博物志》十卷。晉張華。

錢謙益等《絳雲樓書目・小説類》張華《博物志》十卷。

《四庫全書總目提要・小説家》《博物志》十卷。内府藏本。舊本題晉張華撰。考王嘉《拾遺記》，稱華好觀祕異圖緯之部，捃采天下遺逸。自書契之始，考驗神怪及世間閭里所説，造《博物志》四百卷，奏於武帝。帝詔詰問，卿才綜萬代，博識無倫，然記事采言，亦多浮妄，可更芟截浮疑，分爲十卷云云。是其書作於武帝時。今第四卷物性類中稱武帝泰始中武庫火，則武帝以後語矣。書影有謂《藝文類聚》引《博物志》子貢説社樹一條，今本不載者。案此條實在第八卷中，書影蓋偶然未檢。然考裴松之《三國志註》魏志太祖紀、文帝紀、濊傳，吴志、孫賁傳，引《博物志》四條。今本惟有太祖紀所引一條，而佚其前半。餘三條皆無之。又江淹《古銅劍贊》引張華《博物志》曰：鑄銅之工，不可復得，惟蜀地羌中時有解者。今本無此語，足證非宋、齊、梁時所見之本。又《唐會要》載顯慶三年太常丞吕才奏，按張華《博物志》曰，白雪是泰帝使素女鼓五弦曲名，以其調高，人遂和寡。又張彦遠《歷代名畫記》引張華《博物志》曰：劉褒，漢桓帝時人，曾畫雲漢圖，人見之覺熱。又畫北風圖，人見之覺涼。今本皆無此語。李善註《文選》引張華《博物志》十二條，見今本者九條。其《西京賦》註引王孫公子皆古人相推敬之詞一條、閒居賦註引張騫使大夏得石榴李廣利爲貳師將軍伐大宛得蒲陶一條、七命註引橙似橘而非若柚而有芬香一條，則今本皆無此語。段公路《北户録》引《博物志》五條，見今本者三條。其鵂鶹一名雞鵂一條、金魚腦中有麩金出邛婆塞江一條，則今本皆無此語。足證亦非唐人所見之本。《太平廣記》引《博物志》鄭宏沈釀川一條、趙彦衛《雲麓漫鈔》引《博物志》黄藍張騫得自西域一條，今本皆無之。晁公武《讀書志》稱卷首有理略，後有讚文。今本卷首第一條爲地理，稱地理略。自魏氏曰以前云云，無所謂理略。讚文惟地理有之，亦不在卷後。又趙與旹《賓退録》稱張華《博物志》卷末載湘夫人事，亦誤以爲堯女。今本此條乃在八卷之首，不在卷末。皆相矛盾，則併非宋人所見之本。或原書散佚，好事者掇取諸書所引《博物志》，而雜採他小説以足之。故證以《藝文類聚》、《太平御覽》所引，亦往往相符。其餘爲他書所未引者，則大抵剽剟《大戴禮》、《春秋繁露》、《孔子家語》、《本草經》、《山海經》、《拾遺記》、《搜神記》、《異苑》、《西京雜記》、《漢武内傳》、《列子》諸書，餖飣成帙，不盡華之原文也。又劉昭《續漢志》註律歷志引《博物記》一條、輿服志引《博物記》一條、五行志引《博物記》二條、《郡國志》引《博物記》二十九條。《齊東野語》引其中日南野女一條，謂《博物記》當是秦、漢閒古書，張華取其名而爲志。楊慎《丹鉛録》亦稱據《後漢書註》，《博物記》乃唐蒙所作。今觀裴松之《三國志註》引《博物記》四條，又於《魏》志凉茂傳中引《博物記》一條。灼然二書，更無疑義。此本惟載江河水赤一條。又載漢末關中女子及范明友奴發冢重生，一條而分爲兩條。又載日南野女一條，謂羣行不見夫句爲羣行見丈夫。謂其狀皛且白句爲狀晶目。其餘三十一條，則悉遺漏。豈非偶於他書見此三條，以博物二字相同，不辨爲兩書而貿貿採入乎。至於雜説下所載豫章衣冠人有數婦一條，乃《隋書・地理志》之文。唐人所撰，華何自見之。尤雜合成編之明證矣。書中閒有附註，或稱盧氏，或稱周日用。案《文獻通考》載周盧註《博物志》十卷，又盧氏註《博物志》六卷。此所載寥寥數條，殆非完本，或亦後人偶爲摘附歟。

笑　林

文廷式《補晉書藝文志・小説家類》　陸雲《笑林》。宋人《五色綫》卷下引陸雲《笑林》云，漢人適吴，人設筍，問所煮何物？曰，竹也。歸煮其簀，不熟，謂其妻曰，吴人欺我如此。按，此事見邯鄲淳《笑林》，未聞陸士龍復有《笑林》也。姑録其目，俟攷。

古文瑣語

文廷式《補晉書藝文志・小説家類》　《古文瑣語》四卷。《水經澮水注》引《太平御覽》、《廣記》多引之，稱《古文瑣語》。

按，《束晳傳》云：《汲冢書瑣語》十一篇，諸國卜夢妖怪等書也。《隋志》入雜史，今改入小説。杜預《春秋後序正義》亦稱《瑣語》十一卷。

齊諧記

《新唐書・藝文志・小説家類》　東陽無疑《齊諧記》七卷。

述異記

錢東垣等輯《崇文總目・小説類》　《述異記》二卷。任昉撰。

晁公武《郡齋讀書志・小説類》　《述異記》二卷。袁本前志卷三下小説類第十。

右梁任昉撰。昉家藏書三萬卷。天監中，采輯前代之事，纂《新述異》，皆時所未聞，將以資後來屬文之用，亦博物之意。《唐志》以爲祖同所作，誤也。

尤袤《遂初堂書目・小説類》　任昉《述異記》。

馬端臨《文獻通考・經籍考・小説家》　《述異記》二卷。

《宋史・藝文志・小説家類》 任昉《述異記》二卷。

徐𤊹《徐氏家藏書目・小説家》 《述異記》二卷。任昉。

《四庫全書總目提要・小説家》 《述異記》二卷。内府藏本。 舊本題梁任昉撰。昉字彦昇，樂安人。官至新安太守。事蹟具《梁書》本傳。此書宋志始著録，卷數與今本相符。晁公武《讀書志》曰：昉家藏書三萬卷。天監中採輯先世之事，纂新述異，皆時所未聞。將以資後來屬文之用，亦博物志之意。《唐》志以爲祖沖之所作，誤也。案《隋》志先有祖沖之《述異記》十卷，《唐》志蓋沿其舊文。以爲別自一書，則可。以爲誤題祖沖之，則史不誤而公武反誤矣。其書文頗冗雜，大抵剽剟諸小説而成。如開卷盤古氏一條，即採徐整《三五歷記》。其餘精衛諸條，則採《山海經》。園客諸條，則採《列仙傳》。龜歷諸條，則採《拾遺記》。老桑諸條，則採《異苑》。以及防風氏、蚩尤、夜郎王之類，皆非僻事，不得云世所未聞。其武陵源一條，則襲陶潛所記，而於桃外增李，移其地於吴中。周禮孤竹之管、空桑之琴瑟二條，則附會竹生東海、空桑生大野山，尤爲拙文陋識。考昉本傳，稱著雜傳二百四十七卷、《地志》二百五十二卷、文章三十三卷，不及此書。且昉卒於梁武帝時，而下卷地生毛一條云，北齊武成河清年中。案河清元年壬午，當陳天嘉三年、周保定二年、後梁蕭巋天保元年。距昉之卒久矣，昉安得而記之。其爲後人依託，蓋無疑義。姚寬《西溪叢語》謂潘岳閒居賦房陵朱仲之李句，李善注朱仲未詳。此書中乃有其事，摭以補善注之逸。今考李善閒居賦注，此句下引荆州記曰：房陵縣有朱仲者，家有縹李，代所希有。竝無未詳之語。寛偶讀誤本，不知此書之剽《文選注》，反謂選注未見此書，舛誤甚矣。考《太平廣記》所引《述異記》，皆與此本相同，則其僞在宋以前。其中桃都天雞事，温庭筠雞鳴埭歌用之。燕昭王爲郭隗築臺事，白居易六帖引之。則其書似出中唐前。蛇珠龍珠之諺乃剽竊《灌畦暇語》。則其書又似出中唐後。或後人雜採類書所引《述異記》，益以他書雜記，足成卷帙，亦如世所傳張華《博物志》歟。

續齊諧記

錢東垣等輯《崇文總目・小説類》 《續齊諧記》三卷。吴均撰。

《新唐書・藝文志・小説家類》 吴均《續齊諧記》一卷。

尤袤《遂初堂書目・小説類》 梁吴筠《續齊諧記》。

陳振孫《直齋書録解題・小説家類》 《續齊諧記》一卷。梁奉朝請吴均撰。齊諧志怪，本《莊子》語也。《唐志》又有東陽無疑《齊諧志》，今不傳。此書殆續之者歟。

馬端臨《文獻通考・經籍考・小説家》 《續齊諧記》一卷。

《宋史・藝文志・小説家類》 吴均《續齊諧記》一卷。

高儒《百川書志・小説家》 《續齊諧記》一卷。梁吴筠撰，凡十七事。

徐𤊹《徐氏家藏書目・小説家》 《續齊諧記》二卷。梁吴均。

《四庫全書總目提要・小説家》 《續齊諧記》一卷。江蘇巡撫採進本。 梁吴均撰，均事蹟具《梁書》本傳。《唐藝文志》作吴筠。案唐有道士吴筠，乃大曆時人。是書《隋志》著録，杜公瞻《荆楚歲時記》註歐陽詢《藝文類聚》已先引其文，非筠明甚。《唐志》蓋傳寫之譌。吴琯刊本有元陸友跋曰：《齊諧》志怪，蓋莊生寓言。今均所續，特取義云爾。前無其書也。案《隋書經籍志》雜傳類，均書之，前有宋散騎侍郎東陽無疑《齊諧記》七卷，唐志小説家亦並載之。然則均書實續無疑。友謂前無其書，亦爲失考。所記皆神怪之説。然李善註《文選》，於陸機《豫章行》引其田氏三荊樹一條，於謝惠連七月七日夜詠牛女詩引其成武丁一條，韋絢劉禹錫《嘉話》引其霍光金鳳轄一條、蔣潛通天犀導一條。張彦遠《歷代名畫記》引其徐邈畫鯔魚一條。是在唐時已援爲典據。亦小説之表表者矣。惟劉阮天台一事，徐子光註李瀚《蒙求》引《續齊諧記》之文，述其始末甚備，而今本無此條。豈原書久佚，後人於《太平廣記》諸書内鈔合成編，故偶有遺漏歟。

瑣　語

《隋書・經籍志・小説家》 《瑣語》一卷。梁金紫光禄大夫顧協撰。

鄭樵《通志・藝文略・小説家》 《瑣語》一卷。梁金紫光禄大夫顧協撰。

啟顏録

《舊唐書・經籍志・小説家》 《啓顏録》十卷。侯白撰。

《新唐書・藝文志・小説家類》 侯白《啓顔録》十卷。

鄭樵《通志・藝文略・小説家》 《啓顔録》十卷。侯白撰。

陳振孫《直齋書録解題・小説家類》 《啓顔録》八卷。不知作者。雜記詼諧調笑事。《唐志》有侯白《啓顔録》十卷，未必是此書，然亦多有侯白語，但訛謬極多。

馬端臨《文獻通考・經籍考・小説家》 《啟顔録》八卷。

《宋史・藝文志・小説家類》 《啓顔録》六卷。

解頤

《隋書・經籍志・小説家》 《解頤》二卷。陽玠松撰。

鄭樵《通志・藝文略・小説家》 《解頤》二卷。楊松玢撰。

笑苑

《隋書・經籍志・小説家》 《笑苑》四卷。

鄭樵《通志・藝文略・小説家》 《笑苑》四卷。

笑林

錢東垣等輯《崇文總目・小説類》 《笑林》三卷。何自然撰。見天一閣鈔本。

《新唐書・藝文志・小説家類》 何自然《笑林》三卷。

鄭樵《通志・藝文略・小説家》 《笑林》三卷。唐何自然撰。

《宋史・藝文志・小説家類》 何自然《笑林》三卷。

博異志

錢東垣等輯《崇文總目・小説類》 《博異志》三卷。

《新唐書・藝文志・小説家類》 谷神子《博異志》三卷。

晁公武《郡齋讀書志・小説類》 《博異志》一卷。右題曰谷神子纂。序稱其書頗箴規時事，故隱姓名。或曰名還古而竟不知其姓。志怪之書也。

陳振孫《直齋書録解題・小説家類》 《博異志》一卷。稱谷神子，不知何人。所記初唐及中世事。

馬端臨《文獻通考・經籍考・小説家》 《博異志》一卷。

《宋史・藝文志・小説家類》 《博異志》一卷。谷神子纂，不知姓。

高儒《百川書志・小説家》 《博異記》一卷。唐谷神子還古纂，凡記十八事。

徐𤊹《徐氏家藏書目・小説類》 《博異記》一卷。唐谷神子名還古。

錢謙益等《絳雲樓書目・小説類》 《博異志》三卷，谷神子志怪之書也，記唐初及中世事。

《四庫全書總目提要・小説家》 《博異記》一卷。江蘇巡撫採進本。舊本題唐谷神子還古撰。不著姓氏。考晁公武《讀書志》載《老子指歸》十三卷，亦題谷神子註，不著姓氏。而《唐書藝文志》有馮廓註《老子指歸》十三卷，與公武所言書名卷數皆合。則谷神子其馮廓歟。胡應麟《二酉綴遺》則曰：唐有詩人鄭還古，嘗爲殷七七作傳。其人正晚唐，而殷傳文與事皆類，是書蓋其作也。其説亦似有依據。然古無明文，闕所不知可矣。其書載敬元穎、許漢陽、王昌齡、張竭忠、崔元微、陰隱客、岑文本、沈亞之、劉方元、馬燧十人。《太平廣記》三百四十八卷載李全質一條，稱會昌壬戌濟陰大水，谷神子與全質同舟云云，此本無之。蓋亦鈔合而成，非完帙也。所記皆神怪之事，叙述雅贍。而所録詩歌頗工緻，視他小説爲勝。惟師曠鏡銘一條，不似三代語爾。陳振孫《書録解題》謂語觸時忌，故隱其名。前有自序，亦稱非徒資笑語，抑亦粗顯箴規。或冀逆耳之詞，稍獲周身之戒。今觀所載，殊不見觸忌之語。而證以《太平廣記》所引，又確爲本書，非出依託。未審其寓言之旨何在也。

會昌解頤

錢東垣等輯《崇文總目・小説類》《會昌解頤》四卷。諸家書目並不著撰人。

《新唐書・藝文志・小説家類》《會昌解頤》四卷。

鄭樵《通志・藝文略・小説家》《會昌解頤録》一卷。

《宋史・藝文志・小説家類》《會昌解頤録》五卷。

酉陽雜俎

錢東垣等輯《崇文總目・小説類》《酉陽雜俎》三十卷。段成式撰。

《新唐書・藝文志・小説家類》段成式《酉陽雜俎》三十卷。

鄭樵《通志・藝文略・小説家》《酉陽雜俎》三十卷。段成式撰。

晁公武《郡齋讀書志・小説類》《酉陽雜俎》二十卷。右唐段成式撰。自序云：「縫掖之徒，及怪及戲，無侵於儒。《詩書》爲太羹，史爲折俎，子爲醯醢，大小二酉山多藏奇書，故名篇曰《酉陽雜俎》。分三十門，爲二十卷。」其後續十卷。

尤袤《遂初堂書目・小説類》《酉陽雜俎》。

陳振孫《直齋書録解題・小説家類》《酉陽雜俎》二十卷。唐太常少卿臨淄段成式柯古撰。所記故多譎怪，其標目亦奇詭，如《天咫》、《玉格》、《壺史》、《貝編》、《尸穸》之類。成式，文昌之子。

馬端臨《文獻通考・經籍考・小説家》《酉陽雜俎》二十卷。

《宋史・藝文志・小説家類》段成式《酉陽雜俎》二十卷。

高儒《百川書志・小説家》《酉陽雜俎》二十卷。唐太常少卿段成式編。

徐𤊹《徐氏家藏書目・小説類》《酉陽雜俎》三十卷。唐段成式。

錢謙益等《絳雲樓書目・小説類》《酉陽雜俎》二十卷。又續集十卷。唐段成式。

《四庫全書總目提要・小説家》《酉陽雜俎》二十卷。內府藏本。唐段成式撰。成式字柯古，臨淄人。宰相文昌之子。官至太常卿。事蹟具《唐書》本傳。是書首有自序云凡三十篇，爲二十卷。今自忠志至肉攫部，凡二十九篇，尚闕其一。考語資篇後有云：客徵鼠蝨事，余戲摭作破蝨録。今無所謂破蝨録者，蓋脱其一篇。獨存其篇首引語，綴前篇之末耳。至其《續集》六篇十卷，合前集爲三十卷，諸史志及諸家書目竝同。而胡應麟《筆叢》云：《酉陽雜俎》世有二本，皆二十卷，無所謂續者。近於《太平廣記》中鈔出《續記》，不及十卷，而前集漏軼者甚多。悉鈔入續記中爲十卷，俟好事者刻之。又似乎其書已佚，應麟復爲鈔合者。然不知應麟何以得其篇目，豈以意爲之耶。其書多詭怪不經之談、荒渺無稽之物。而遺文祕籍，亦往往錯出其中。故論者雖病其浮誇，而不能不相徵引。自唐以來，推爲小説之翹楚，莫或廢也。其曰《酉陽雜俎》者，蓋取梁元帝賦訪酉陽之逸典語。二酉，藏書之義也。其子目有曰諸皐記者，吴曾《能改齋漫録》以爲諸皐太陰神名，語本《抱朴子》，未知確否。至其貝編玉格、天咫、壺史諸名，則在可解不可解之閒，蓋莫得而深考矣。

張金吾《愛日精廬藏書志・小説類》《酉陽雜俎》二十卷。元刊本。唐臨淄段成式撰。自序。

張之洞《書目答問・小説家》《酉陽雜俎》二十卷《續》十卷。唐段成式。津逮本。學津本。坊刻單行本。

續酉陽雜俎

晁公武《郡齋讀書志・小説類》《續酉陽雜俎》十卷。

陳振孫《直齋書録解題・小説家類》《續酉陽雜俎》十卷。

馬端臨《文獻通考・經籍考・小説家》《續酉陽雜俎》十卷。

《宋史・藝文志・小説家類》《續酉陽雜俎》十卷。

張之洞《書目答問・小説家》《續酉陽雜俎》十卷。

俳諧集

《新唐書・藝文志・小説家類》劉訥言《俳諧集》十五卷。

鄭樵《通志・藝文略・小説家》《俳諧集》十五卷。劉訥言撰。

笑海叢珠

《四庫全書總目提要・小説家》《笑海叢珠》一卷。永樂大典本。舊本題唐陸龜蒙撰。然書中有蘇軾、黄庭堅、僧了元及黨進事。龜蒙生於唐末，何得預知？其爲妄人依託可知矣。

開顔集

錢東垣等輯《崇文總目・小説類》《開顔集》三卷。周文規撰。

陳振孫《直齋書録解題・小説家類》《開顔集》三卷。校書郎周文規撰。未知何時人。以《古笑林》多猥俗，迺於書史中鈔出可資談笑者爲此編。

馬端臨《文獻通考・經籍考・小説家》《開顔集》三卷。

《宋史・藝文志・小説家類》周文玘《開顔集》二卷。

錢謙益等《絳雲樓書目・小説類》《開顔録》三卷，校書郎周文規撰。其時代未詳，所記皆書史中可資談笑之事。

《四庫全書總目提要・小説家》《開顔集》二卷。浙江范懋柱家天一閣藏本。宋周文玘撰。文玘嘗官試祕書省校書郎。其里籍未詳。此書《通考》作三卷。此本僅上下二卷，而所載三十五事與自序合。疑《通考》誤二爲三也。文玘《通考》作文規。《書録解題》謂文規未知何人。然此刻本玘字甚分明，亦疑《通考》傳寫之誤。其書皆古來詼諧事，各註出典。然其中如《世説》濟尼一條，無可笑者。《列子》攫金一條，增吏大笑之四字。《後漢書》袁隗婦一條，增隗大笑之四字。皆非本文，亦一病也。

群居解頤

《宋史・藝文志・小説家類》高擇《羣居解頤》三卷。

頤山録

《宋史・藝文志・小説家類》陸希聲《頤山録》一卷。

怡顔集

尤袤《遂初堂書目・小説類》《怡顔集》。

滑稽集

《宋史・藝文志・小説家類》錢易《滑稽集》一卷。

談苑

晁公武《郡齋讀書志・小説類》楊文公《談苑》八卷。右皇朝宋庠編。初，楊公億里人黄鑑裒撰平生異聞爲一編，庠取而删類之，分爲二十一門。

尤袤《遂初堂書目・小説類》楊文公《談苑》。

陳振孫《直齋書録解題・小説家類》《談苑》十五卷。丞相宋庠公序所録楊文公億言論。初，文公里人黄鑑從公遊，纂其異聞奇説，名《南陽談藪》。宋公删其重複，分爲二十一門，改曰《談苑》。

馬端臨《文獻通考・經籍考・小説家》《楊文公談苑》八卷。

《宋史・藝文志・小説家類》宋庠《楊億談苑》十五卷。

司馬温公瑣語

錢謙益等《絳雲樓書目・小説類》《司馬温公瑣語》。

東坡問答録

《四庫全書總目提要・小説家》《東坡問答録》一卷。内府藏本。舊本題宋蘇軾撰。所記皆與僧了元往復之語，詼諧謔浪，極爲猥褻。又載佛印環疊字詩，及東坡長亭詩。詞意鄙陋，亦出委巷小人之所爲。僞書中之至劣者也。

孔氏談苑

高儒《百川書志・小説家》《孔氏談苑》一卷。宋金部郎中孔平仲毅父撰。

范邦甸等《天一閣書目・小説類》《孔氏談苑綱目》五卷。藍絲闌鈔本。宋孔平仲撰。

徐𤊹《徐氏家藏書目・小説類》《談苑》四卷。宋孔平仲。

錢謙益等《絳雲樓書目・小説類》孔平仲《談苑》。朱子言此書多抄取江鄰幾《嘉祐雜志》中語。

《四庫全書總目提要・小説家》《孔氏談苑》四卷。浙江鮑士恭家藏本。舊本題宋孔平仲撰。平仲有《珩璜新論》，已著録。是書多録當時瑣事，而頗病叢雜。趙與旹《賓退録》嘗駁其記吕夷簡張士遜事。謂以宰相押麻不合當時體制，疑爲不知典故者所爲，必非孔氏真本。今考其所載，往往與他書相出入。如梁灝八十二爲狀元一條，見於《遯齋閒覽》。錢俶進寶帶一條、王禹玉上元應制一條，見於《錢氏私志》。宰相早朝上殿一條，見於《王文正筆録》。上元燃燈一條、詔勑用黄紙一條，見於《春明退朝録》。寇萊公守北門一條，見於《國老談苑》。其書或在平仲前，或與平仲同時，似亦摭拾成編之一證。至於王雱才辨傲很，新法之行雱實有力，而稱之爲不慧，殊非事實。至張士遜死入地獄等事，尤誕幻無稽，不可爲訓。與旹所論未可謂之無因。姑以宋人舊本，存備參稽云爾。

談藪

高儒《百川書志・小説家》《談藪》一卷。宋楊玠撰，凡三十四則。

談淵

《宋史・藝文志・小説家類》王陶《談淵》一卷。

徐𤊹《徐氏家藏書目・小説家》《談淵》一卷。

續博物志

徐𤊹《徐氏家藏書目・小説類》《續博物志》十卷。宋李后。

錢謙益等《絳雲樓書目・小説類》李石《續博物志》十卷。

《四庫全書總目提要・小説家》《續博物志》十卷。江蘇巡撫採進本。舊本題晉李石撰。然第二卷稱今上於前朝作鎮睢陽，洎開國，號大宋，是宋太祖時人矣。而又稱曾公亮得龍之脊、王安石得龍之睛，全摭陸佃《埤雅》之説。又引《子華子》、陳正敏《遯齋閒覽》、曾慥《集仙傳》，均南北宋閒之書，則併非北宋初人。別本末有其門人迪功郎眉山薄黄宗泰跋，稱爲方舟先生。方舟爲宋李石之號，所作詩如例，已著録經部中。則稱晉李石誤也。然石爲紹興乾道閒人，亦不應稱太祖爲今上。殆亦剽掇説部以爲之，仍其舊文，未及削改歟。其書以補張華所未備。惟華書首地理，此首天象，體例小異。其餘雖不分門目，然大致畧同。故自序謂次第仿華説，一事續一事。然鼅巢蓮葉一條，與華説複出，竟不及檢。又王士禎香祖筆記摘其既云劉亮合仙丹，得白蝙蝠，服之立死。又云陳子真得蝙蝠，大如鴉，食之，一夕大泄而死。乃更云丹水石穴蝙蝠，百歲者倒懸，得而服之，使人神仙。自相矛盾。

又摘其以文帝使掌故歐陽生受伏生尚書、以伏生墓爲在濡水、以蟠溪爲在汲郡。皆附會舛誤。特以宋人舊笈，軼聞瑣語，閒有存焉，姑録以備參考云爾。

談　諧

范邦甸等《天一閣書目・小説類》　《談諧》一卷。藍絲闌鈔本。陳日華編。

《四庫全書總目提要・小説家》　《談諧》一卷。兩淮鹽政採進本。

宋陳日華撰。日華不知何許人。《文獻通考》載所著《金淵利術》八卷，亦不著時代。別有《詩話》一卷，中引朱子之語。考姜夔《白石詩集》有陳日華侍兒讀書詩。又張端義《貴耳集》稱淳熙閒有二婦人，足繼李易安之後，曰清菴鮑氏、秀齋方氏。秀齋即陳日華之室。則孝宗時人也。所記皆俳優嘲弄之語，視日華所作詩話，尤爲猥雜。然古有《笑林》諸書，今雖不盡傳。而《太平廣記》所引數條，體亦如此，蓋小説家。

玉照新志

范邦甸等《天一閣書目・小説類》　《玉照新志》五卷。藍絲闌鈔本。宋王明清編，自序。

徐𤊹《徐氏家藏書目・小説類》　《玉照新志》六卷。王明清。

錢謙益等《絳雲樓書目・小説類》　《玉照新志》王明清。又著《清林詩話》。

黄虞稷《千頃堂書目・小説類》　王明清《玉照新志》六卷。

《四庫全書總目提要・小説家》　《玉照新志》六卷。内府藏本。宋王明清撰。

此書多談神怪及瑣事，亦閒及朝野舊聞，及前人逸作。所載胡舜申《己酉避亂録》，頗詆諆韓世忠，明清不爲置辨。蓋當時相去甚近，毀譽糾紛，尚未論定。宋齊愈獄牘一條，深不滿於李綱。則《朱子語類》亦有是語。非好詆諆正人。他如王堯臣諫取燕雲疏、李長民廣汴都賦、姚平仲擬劫寨破敵露布，皆載其全文，足資參證。又如載曾布馮燕水調歌頭排遍七章，爲詞譜之所未載，亦足以見宋時大曲之式。蓋明清博物洽聞，兼嫻掌故，故隨筆記録，皆有裨見聞也。其曰《玉照新志》者，自序謂得一玉照於永嘉鮑子正，又獲米南宫書玉照二字，揭之寓舍。因以名其所著書云。

《宋史藝文志補・小説家》　《玉照新志》六卷。元本五卷。王明清。

諧　史

徐𤊹《徐氏家藏書目・小説類》　《諧史》一卷。宋沈俶。

《四庫全書總目提要・小説家》　《諧史》一卷。編修程晉芳家藏本。舊本題宋沈俶撰。俶始末未詳。書中載有趙師睪爲臨安尹時事，則嘉定以後人矣。所録皆汴京舊聞。以多詼嘲之語，故名曰《諧史》。其載吴興項羽廟事，謂鬼神之於人，但侮其命之當死及衰者。又謂魑魅罔兩假羽名以興禍福。所論頗正。然與書名殊不相應，疑亦後人雜鈔成編也。

拊掌録

徐𤊹《徐氏家藏書目・小説類》　《拊掌録》一卷。宋邢居實。

《四庫全書總目提要・小説家》　《拊掌録》一卷。編修程晉芳家藏本。

舊本題元人撰。不著名氏。後有至正丙戌華亭孫道明跋，亦不言作者爲誰。《説郛》載此書題爲宋元懷。前有自序，稱延祐改元立春日韅然子書。蓋元懷自號也。此本見曹溶《學海類編》中。失去前序，遂以爲無名氏耳。書中所記皆一時可笑之事。自序謂補東萊吕居仁軒渠録之遺，故目之曰《拊掌録》云。

貴耳集

徐𤊹《徐氏家藏書目・小説類》　《貴耳集》一卷。宋張端義。

錢謙益等《絳雲樓書目・小説類》　張荃翁《貴耳集》三卷，名端義，卷首有自序。淳祐元年也。

又《貴耳集》重出。

黄虞稷《千頃堂書目・小説類》 張端義《貴耳集》二卷。字正夫，别號荃翁，鄭州人。居姑蘇。端平初年上書，特旨詔州安置，别有《荃翁集》未見。

取笑筌蹄

鄭樵《通志・藝文略・小説家》《取笑筌蹄》三卷。

戲語集説

《宋史・藝文志・小説家類》 南陽德長《戲語集説》一卷。

善謔集

鄭樵《通志・藝文略・小説家》《善謔集》一卷。竇苹撰。

錢謙益等《絳雲樓書目・小説類》《善謔録》。

林下笑談

鄭樵《通志・藝文略・小説家》《林下笑談》二十卷。

尤袤《遂初堂書目・小説類》《林下談笑》。

《宋史・藝文志・小説家類》《林下笑談》一卷。

笑林

錢東垣等輯《崇文總目・小説類》《笑林》三卷。路氏撰。見天一閣鈔本。

鄭樵《通志・藝文略・小説家》《笑林》三卷。路氏撰。

《宋史・藝文志・小説家類》 路氏《笑林》三卷。

滑稽小傳

《四庫全書總目提要・小説家》《滑稽小傳》二卷。永樂大典本。一名《滑稽逸傳》。不著撰人名氏。自序稱烏有先生，亦借司馬相如之語，非其本號也。序稱《史記》特爲滑稽立傳，以俳諧之中自有箴諷，是以取之。余遊士大夫間，街談巷語，輒取而書之。然所載皆毛穎傳容成侯傳之類，大抵寓言，無事實也。

笑苑千金

《四庫全書總目提要・小説家》《笑苑千金》一卷。永樂大典本。舊本題張致和撰。致和未詳何許人。中一條稱周益公罷相云云，則亦南宋時人也。

醉翁滑稽風月笑談

《四庫全書總目提要・小説家》《醉翁滑稽風月笑談》一卷。永樂大典本。不著撰人名氏。其書首條爲二勝環，刺高宗不迎徽欽。又有韓信娶三秦之謔，以刺秦檜。蓋亦南宋人所爲。

笑談可用集

鄭樵《通志・藝文略・小説家》《笑談可用集》三卷。郭思撰。

溪蠻叢笑

徐𤊹《徐氏家藏書目·小説類》《溪蠻叢笑》一卷。宋朱輔。

緒諧史

徐𤊹《徐氏家藏書目·小説類》《緒諧史》二卷。徐興公。

林下偶談

徐𤊹《徐氏家藏書目·小説類》荆溪《林下偶談》八卷。宋子良。

錢謙益等《絳雲樓書目·小説類》《林下偶談》。

黄虞稷《千頃堂書目·小説類》荆溪吴氏《林下偶談》四卷。不知名。

湛淵静語

錢謙益等《絳雲樓書目·小説類》《湛淵静語》白珽。

太平小説

尤袤《遂初堂書目·小説類》《太平小説》。

搘頤録

黄虞稷《千頃堂書目·小説類》何中《搘頤録》十卷。

倪燦《補遼金元藝文志·小説家》何中《搘頤録》十卷。

廣客談

徐𤊹《徐氏家藏書目·小説類》《廣客談》一卷。

錢謙益等《絳雲樓書目·小説類》《廣客談》。

黄虞稷《千頃堂書目·小説類》《廣客談》一卷。

倪燦《補遼金元藝文志·小説家》《廣客談》一卷。失名。

玉堂嘉話

徐𤊹《徐氏家藏書目·小説類》《玉堂嘉話》八卷。元王惲。

錢謙益等《絳雲樓書目·小説類》《玉堂嘉話》王惲。

黄虞稷《千頃堂書目·小説類》王惲《玉堂嘉話》八卷。

倪燦《補遼金元藝文志·小説家》王惲《玉堂嘉話》八卷。

玉堂詩話

《四庫全書總目提要·小説家》《玉堂詩話》一卷。永樂大典本。不著撰人名氏。所採皆唐宋人小説。隨意雜録，不拘時代先後。又多取鄙俚之作，以資笑噱。此《諧史》之流，非《詩品》之體，故入之小説家焉。

玉堂雜記

徐𤊹《徐氏家藏書目·小説類》 《玉堂雜記》三卷。宋周必大。

古杭雜記詩集

《四庫全書總目提要·小説家》 《古杭雜記詩集》四卷。浙江汪啓淑家藏本。不著撰人名氏。皆載宋人小詩之有關事實者，各爲詳其本末，如本事詩之例。目録末有題識云：已上係宋朝遺事，一新繡梓。求到續集，陸續出售，與好事君子共之。其書目又别題一依廬陵正本六字。蓋元時江西書賈所刊也。所記凡四十九條，多理宗、度宗時嘲笑之詞，不足以資考核。案陶宗儀《説郛》内亦載有是書，題作元李東有撰。然與此本參較，僅首二條相同，餘皆互異，未喻其故。觀書首標題，殆古杭雜記爲總名，而詩集爲子目。乃其全書之一集，非完帙也。

縣笥瑣探

徐𤊹《徐氏家藏書目·小説類》 《縣笥瑣探》一卷。吴郡劉昌。

黄虞稷《千頃堂書目·小説類》 劉昌《縣笥瑣探》一卷。

瑯琊漫抄

徐𤊹《徐氏家藏書目·小説類》 《瑯琊漫抄》一卷。吴郡文林。

黄虞稷《千頃堂書目·小説類》 文林《瑯琊漫鈔》一卷。

異　林

《四庫全書總目提要·小説家》 《異林》十六卷。河南巡撫採進本。明朱睦㮮撰。睦㮮有《易學識遺》，已著録。此乃摘百家雜史中所載異事。分爲四十二目，頗爲雜糅。如防風僬僥之類，世所習聞，不足稱異。而他書稍僻者仍不無挂漏。惟詳註所出書名，在明末説家中體例差善耳。

閒中瑣録

黄虞稷《千頃堂書目·小説類》 羅欽德《閒中瑣録》二卷。弘治己未進士，黄州按察使。

《明史·藝文志·小説家》 羅欽德《閒中瑣録》二卷。

詢芻録

黄虞稷《千頃堂書目·小説類》 《詢芻録》陳沂。

善謔録

黄虞稷《千頃堂書目·小説類》 《善謔録》。陳沂。

拘虚寤言

徐𤊹《徐氏家藏書目·小説類》 《拘虚寤言》一卷。陳沂。

黄虞稷《千頃堂書目・小説類》《拘虚寤言》一卷。陳沂。

玉壺冰

錢謙益等《絳雲樓書目・小説類》《玉壺冰》都穆。

黄虞稷《千頃堂書目・小説類》都穆《玉壺冰》一卷。

奚囊續要

黄虞稷《千頃堂書目・小説類》《奚囊續要》二十卷。都穆。

《明史・藝文志・小説家》都穆《奚囊續要》二十卷。

西洪叢語

黄虞稷《千頃堂書目・小説類》周恭《西洪叢語》四卷。字寅之，崑山人，自號梅花主人。方豪爲崑山令，欲見恭，不可得，題其門曰鹿門。

癡翁臆説

黄虞稷《千頃堂書目・小説類》吴瓚《癡翁臆説》十卷。

警心叢説

黄虞稷《千頃堂書目・小説類》周禮《警心叢説》六卷。字德恭，號静軒，餘杭人。

天池聲雋

黄虞稷《千頃堂書目・小説類》陸采《天池聲雋》四十卷。

《明史・藝文志・小説家》陸采《天池聲雋》四十卷。

説聽

徐𤊹《徐氏家藏書目・小説類》《説聽》四卷。陸延枝。

黄虞稷《千頃堂書目・小説類》陸延枝《説聽》四卷。陸粲子。

艾子後語

徐𤊹《徐氏家藏書目・小説類》《艾子後語》一卷。陸灼。

黄虞稷《千頃堂書目・小説類》陸灼《艾子後語》一卷。長洲人。

真珠船

黄虞稷《千頃堂書目・小説類》《真珠船》八卷。胡侍。

笑資

黄虞稷《千頃堂書目・小説類》《笑資》九卷。胡侍。

滑稽雜編

黄虞稷《千頃堂書目・小説類》 王薇《滑稽雜編》一卷。長安人，號鶴田。

解頤新語

范邦甸等《天一閣書目・小説類》 《解頤新語》八卷。刊本。明皇甫汸撰，黄魯曾序。

古今文房登庸録

《四庫全書總目提要・小説家》 《古今文房登庸録》一卷。浙江巡撫採進本。明黄謙撰。謙，江寧人。昔曹植組表，加以爵位，爲俳諧游戲之祖。嗣後作者日繁，曼衍及於諸物。宋林洪有《文房圖贊》一卷。元羅先登又爲《圖贊續》一卷。各繫以職官名號。此書因而衍之，所擬諸文，更加徵拜詔贊諸名。陳陳相因，皆敝精神於無用之地者也。

黎洲野乘

《四庫全書總目提要・小説家》 《黎洲野乘》。無卷數。浙江范懋柱家天一閣藏本。明舒繆撰。繆字振伯，餘姚人。嘉靖乙未進士。官王府長史。是書乃其游戲之作。爲太極氏本紀者一，爲性書學者二，爲歲月日時表者四，爲悦翁愚隱君、何有先生、逋盗、魚言、達觀居士、中虚子、浣公等列傳者入。皆仿史例爲之。蓋欲仿莊、列之寓言。實則詞旨淺陋，尚遠出革華諸傳下也。

談苑醍醐

徐𤊹《徐氏家藏書目・小説類》 《譚苑醍醐》九卷。楊慎。

黄虞稷《千頃堂書目・小説類》 《譚苑醍醐》九卷。楊慎。

《明史・藝文志・小説家》 《談苑醍醐》九卷。

古今諺

《四庫全書總目提要・小説家》 《古今諺》二卷。浙江汪啓淑家藏本。明楊慎編。是書採録《古今謡諺》各爲一編。然《賈子》及《太公兵法》引黄帝語，自屬巾機銘之遺文。或列子所謂黄帝書者。不得謂之爲諺。且是書成於嘉靖癸卯，即載正德嘉靖時諺。然則慎自造數語亦可入之矣。此蓋久居戍所，借編録以遣歲月，不足以言著書。其孫宗吾誤刻之耳。

古今風謡

《四庫全書總目提要・小説家》 《古今風謡》二卷。

瑣語編

徐𤊹《徐氏家藏書目・小説類》 《璅語篇》一卷。楊慎。

黄虞稷《千頃堂書目・小説類》 《瑣語編》一卷。楊慎。

山堂瑣語

黄虞稷《千頃堂書目·小説類》 《山堂瑣語》二卷。陳霆。

廣説郛

《明史·藝文志·小説家》 司馬泰《廣説郛》八十卷。

古今彙説

《明史·藝文志·小説家》 司馬泰《古今彙説》六十卷。

機警

徐𤊹《徐氏家藏書目·小説類》 《機警》一卷。王文禄。

黄虞稷《千頃堂書目·小説類》 《機警》一卷。王文録。

北窗瑣語

徐𤊹《徐氏家藏書目·小説類》 《北窗瑣語》一卷。鄞余永麟。

《四庫全書總目提要·小説家》 《北窗瑣語》。無卷數。浙江范懋柱家天一閣藏本。明余永麟撰。永麟，鄞縣人。嘉靖戊子舉人。官蘇州府通判。書中叙日本出處、土俗、朝貢三事頗詳。其餘紀載則頗多失實。如周岐鳳以邪術坐罪，而永麟以爲豪俠跌宕，力爲左袒。又謂明太祖殺徐中山王達夫人。太祖雖猜忌殘忍，何至如是。殆近於無稽之談。至所載淫辭瑣事，更不足觀矣。

談資

徐𤊹《徐氏家藏書目·小説類》 《談資》二卷。秦鳴雷。

黄虞稷《千頃堂書目·小説類》 秦鳴雷《談資》三卷。

談藝録

范邦甸等《天一閣書目·小説類》 《談藝録》二卷。刊本。明歸安山泉慎蒙編選，光禄公校正。

古今諺

黄虞稷《千頃堂書目·小説類》 范欽《古今諺》一卷。

鳳林備采

黄虞稷《千頃堂書目·小説類》 《鳳林備采》。周錫。

説林

黄虞稷《千頃堂書目·小説類》 張時徹《説林》二十四卷。

《明史·藝文志·小説家》 張時徹《説林》二十四卷。

前后四十家小説

《明史・藝文志・小説家》袁褧《前後四十家小説》八十卷。

廣四十家小説

《明史・藝文志・小説家》袁褧《廣四十家小説》四十卷。

藝苑巵言

范邦甸等《天一閣書目・小説類》《藝苑巵言》四卷。刊本。明王世貞著。

徐𤊹《徐氏家藏書目・小説類》《藝苑巵言》八卷。王世貞。

博物異苑

徐𤊹《徐氏家藏書目・小説類》《博物異苑》十卷。王世貞。

廣諧史

徐𤊹《徐氏家藏書目・小説類》《廣諧史》。

黄虞稷《千頃堂書目・小説類》陳良卿《廣諧史》十卷。字長俊。秀水人。

《四庫全書總目提要・小説家》《廣諧史》十卷。內府藏本。明陳邦俊編。邦俊字良卿，秀水人。先是，徐常吉嘗採録唐宋以來以物爲傳者七十餘篇，彙而録之，名曰《諧史》。邦俊因復爲增補得二百四十餘首。夫寓言十九，原比諸史傳之滑稽。一時游戲成文，未嘗不可少資諷諭。至於效尤滋甚，面目轉同。無益文章，徒煩楮墨。搜羅雖富，亦難免於疊牀架屋之譏矣。

錦囊瑣綴

黄虞稷《千頃堂書目・小説類》姚弘謨《錦囊瑣綴》八卷。字繼文。秀水人。嘉靖癸未進士。吏部郎中。

《明史・藝文志・小説家》姚弘謨《錦囊瑣綴》八卷。

異識資諧

黄虞稷《千頃堂書目・小説類》《異識資諧》八卷。閔文振。

厭次瑣語

黄虞稷《千頃堂書目・小説類》劉世偉《厭次瑣語》一卷。陽信人。知縣。

諧　史

黄虞稷《千頃堂書目・小説類》徐常吉《諧史》四卷。

賢奕編

徐𤊹《徐氏家藏書目・小説類》《賢奕編》四卷。劉元卿。

黄虞稷《千頃堂書目・小説類》劉元卿《賢奕篇》四卷。

益智書

黄虞稷《千頃堂書目・小説類》《益智書》。孫能傳。

廣滑稽

《四庫全書總目提要・小説家》《廣滑稽》三十六卷。浙江巡撫採進本。明陳禹謨編。禹謨有《經籍異同》，已著録。是編採掇諸書瑣事雋語。不分門目，仍以原書爲次第，仿曾慥《類説》之例。其原書久帙，僅從他書所引裒輯數條，仍標原目，則仿陶宗儀《説郛》例也。

古今寓言

《四庫全書總目提要・小説家》《古今寓言》十二卷。兩淮馬裕家藏本。明陳世寶撰。世寶字介錫，鉅鹿人。萬曆中官監察御史、巡按江西。其書鈔撮諸家文集中託諷取譬之作，分十二類。體近俳諧，頗傷猥雜。

諧史集

《四庫全書總目提要・小説家》《諧史集》四卷。兩淮鹽政採進本。明朱維藩編。維藩，淮安人。是書成於萬曆乙未。取徐常吉《諧史》、賈三近《滑稽耀編》删削補綴，共爲一集。凡明以前游戲之文，悉見採録。而所録明人諸作，尤爲猥雜。據其體例，當入總集。然非文章正軌，今退之小説類中，俾無溷大雅。據其自序，稱題於豫章官署，則非遊食山人流也。讀聖賢之書，受民社之寄，而敝精神於此種。明末官方士習，均可以睹矣。

説　類

徐𤊹《徐氏家藏書目・小説類》《葉氏説類》六十二卷。葉向高。

黄虞稷《千頃堂書目・小説類》葉向高《説類》六十二卷。或作林茂槐。

《明史・藝文志・小説家》林茂槐《説類》六十二卷。

五子諧策

黄虞稷《千頃堂書目・小説類》《五子諧策》五卷。屠本峻。

齊諧軼篇

徐𤊹《徐氏家藏書目・小説類》《齊諧軼篇》一卷。黄履康。

黄虞稷《千頃堂書目・小説類》《齊諧軼篇》一卷。黄履康。

廣聞録

徐𤊹《徐氏家藏書目・小説類》《廣聞録》一卷。黄履康。

黄虞稷《千頃堂書目・小説類》《廣聞録》一卷。黄履康。

捧腹編

黄虞稷《千頃堂書目・小説類》《捧腹編》十卷。許自昌。

娯耳集

徐𤊹《徐氏家藏書目・小説類》《娯耳集》十二卷。華亭張重華。

黄虞稷《千頃堂書目・小説類》張重華《娯耳集》十二卷。華亭人。

《明史・藝文志・小説家》張重華《娯耳集》十二卷。

藝林剩語

徐𤊹《徐氏家藏書目・小説類》《秇林剩語》十二卷。雲間顧成憲。

黄虞稷《千頃堂書目・小説類》顧成憲《藝林賸語》十二卷。松江人。

賓榻悠談

徐𤊹《徐氏家藏書目・小説類》《賓榻悠談》八卷。葉繼熙。

黄虞稷《千頃堂書目・小説類》葉繼熙《賓榻悠談》八卷。

談　林

黄虞稷《千頃堂書目・小説類》劉獻翶《談林》三卷。

奏雅編

黄虞稷《千頃堂書目・小説類》顧言《奏雅編》二卷。

智　囊

黄虞稷《千頃堂書目・小説類》馮夢龍《智囊》二十□卷。

古今談概

黄虞稷《千頃堂書目・小説類》馮夢龍《古今談概》三十四卷。

瀛槎談苑

黄虞稷《千頃堂書目・小説類》鉤瀛子《瀛槎談苑》四册。

正續資諧

黄虞稷《千頃堂書目・小説類》思貞子《正續資諧》八卷。

談　林

徐𤊹《徐氏家藏書目・小説類》《談林》三卷。

戲　瑕

徐𤊹《徐氏家藏書目・小説類》《戲瑕》一卷。簡栖。

本餖飣之學，无可採録，其因國朝大政，卷中肆言狂吠。應請銷燬。

正法眼

徐𤊹《徐氏家藏書目・小説類》《正法眼》一卷。佘津雲，原名《偶記》。

笑贊贊

徐𤊹《徐氏家藏書目・小説類》《笑贊贊》一卷。

怕婆經

徐𤊹《徐氏家藏書目・小説類》《怕婆經》一卷。

游録

徐𤊹《徐氏家藏書目・小説類》《游録》一卷。何槐。

捧腹編

黄虞稷《千頃堂書目・小説類》許元祐《捧腹編》□□卷。

合纂類語

軍機處奏《禁毀書目》《合纂類語》十四本。查《合纂類語》，係明魯重民撰。

類書部

論述

焦竑《國史經籍志・類家類序》 流覽貴乎傅，患其不精；強記貴乎要，患其不備。古昔所壽，必憑簡策，綜貫羣典，約爲成書。此類家所由起也。自魏《皇覽》而下，莫不代集儒碩，開局編摩，乃私家所成，亦復猥衆。大都包絡今古，原本始終，類聚臚列之而百世可知也。韓愈氏所稱鉤元提要者，其謂斯乎！蓋施之文爲通儒，厝於事爲達政，其爲益亦甚鉅已。前史有雜家，無類書，近代纂述棻雜，乃爲別出。要之，雜家出自一人，類書兼總諸籍，自不容溷也。他如《嘉祐謚法》，淳熙《孝史》，乾道《翰苑羣書》，雖馳騁古今而首尾一事，自歸其部，此不復列云。

《四庫全書總目提要・類書類序》 類事之書，兼收四部。而非經非史，非子非集。四部之內，乃無類可歸。《皇覽》始於魏文，晉荀勗《中經》部分隸何門，今無所考。《隋志》載入子部，當有所受之。歷代相承，莫之或易。明胡應麟作《筆叢》，始議改入集部。然無所取義，徒事紛更，則不如仍舊貫矣。此體一興，而操觚者易於檢尋，註書者利於剽竊，轉輾裨販，實學頗荒。然古籍散亡，十不存一。遺文舊事，往往託以得存。《藝文類聚》、《初學記》、《太平御覽》諸編，殘璣斷壁，至捃拾不窮，要不可謂之無補也。其專考一事如《同姓名録》之類者，別無可附，舊皆入之類書。亦今仍其例。

耿文光《萬卷精華樓藏書記・類書類序》 類書非經非史，非子非集，而四部之書靡不兼收，無類可歸。《隋志》強入子部，至今因之，而諸家不以爲允。茲所録者凡三十五家，而專考一事如《小名録》、《萬姓譜》之類，亦附入焉。校勘諸家多引《初學記》、《太平御覽》、《事文類聚》諸書，以其多存古籍也。然類書展轉裨販，未必出於原書。其中訛誤之處有不可究詰者，雖唐宋善本亦難盡信。愚著《藏書記》、《玉海・藝文》以外，一切類書皆所不采，蓋有以也。

雜録

《舊唐書・經籍志・類事》 右類事二十二部，凡七千八十四卷。

錢東垣等輯《崇文總目・類書類上》 共四十六部，計四千六百五十卷。

《新唐書・藝文志・類書類》 右類書類十七家，二十四部，七千二百八十八卷。失姓名三家，王義方以下不著録三十二家，一千三百三十八卷。

《宋史・藝文志・類事類》 右類事類三百七部，一萬一千三百九十三卷。

《明史・藝文志・類書類》 右類書類八十三部，二萬七千一百八十六卷。

《四庫全書總目提要・類書類存目三》 右類書類二百一十七部，二萬七千五百零四卷。內七部無卷數。皆附存目。

又 《四庫全書總目提要・類書類二》 右類書類六十五部，七千零四十五卷，皆文淵閣著録。

張之洞《書目答問・類書第十三》 類書實非子，從舊例，附列於此。舉其有本原者。

綜述

皇覽

《隋書・經籍志・雜家》 《皇覽》一百二十卷。繆襲等撰。梁六百八十卷。梁又有《皇覽》一百二十三卷，何承天合；《皇覽》五十卷，徐爰合；《皇覽目》四卷，又有《皇覽抄》二十卷，梁特進蕭琛抄。亡。

姚振宗《隋書經籍志考證・雜家》 《皇覽》一百二十卷。繆卜等撰。

《舊唐書・經籍志・類事》 《皇覽》一百二十二卷。何承天撰。

《新唐書・藝文志・類書類》 何承天并合《皇覽》一百二十二卷。

鄭樵《通志・藝文略・類書類》 何承天并合《皇覽》一百二十二卷。宋御史中丞何承天編。

并合皇覽

《舊唐書・經籍志・類事》 又八十四卷。徐爰并合。

《新唐書・藝文志・類書類》 徐爰并合《皇覽》八十四卷。

《通志・藝文略・類書類》 徐爰并合《皇覽》八十四卷。

姚振宗《隋書經籍志考證・雜家》 梁又有《皇覽》五十卷。徐爰合。《皇覽目》四卷，亡。徐爰有《集注繫辭》，見經部易家。

皇　覽

周中孚《鄭堂讀書記・類書類》 《皇覽》一卷。問經堂叢書本。魏皇象等奉敕撰。國朝孫馮翼輯。馮翼仕履見別史類。

張之洞《書目答問》 《皇覽》一卷。魏繆襲。問經堂輯本。

皇鑒抄

姚振宗《隋書經籍志考證・雜家》 梁又有《皇覽抄》二十卷。梁特進蕭琛抄。亡。

要　覽

錢東垣等輯《崇文總目・類書類》 《要覽》二卷。陸士衡撰。侗按《舊唐志》三卷。

尤袤《遂初堂書目・類書類》 陸機《要覽》。

《宋史・藝文志・類事類》 陸機《會要》一卷。

纂　要

丁國鈞《補晉書藝文志・補遺》 《纂要》一卷。戴逵。謹按見《隋志》舊題戴安道。逵，字也。亦作顔延之撰。不審孰譌。

科　録

《隋書・經籍志・雜家》 《科録》二百七十卷。元暉撰。

姚振宗《隋書經籍志考證・雜家》 《科録》七十卷。元暉撰。一本作元碑，誤。七十卷亦似敚二百字。

類　苑

《隋書・經籍志・雜家》 《類苑》一百二十卷。梁征虜刑獄參軍劉孝標撰。梁《七録》八十二卷。

《舊唐書・經籍志・類事》 《類苑》一百二十卷。劉孝標撰。

《新唐書・藝文志・類書類》 劉孝標《類苑》一百二十卷。

鄭樵《通志・藝文略・類書類》 劉孝標《類苑》一百二十卷。

姚振宗《隋書經籍志考證・雜家》 《類苑》一百二十卷。梁征虜刑獄參軍劉孝標撰。梁《七録》八十二卷。

華林遍略

《隋書・經籍志・雜家》 《華林遍略》六百二十卷。梁綏安令徐僧權等撰。

《舊唐書・經籍志・類事》 《華林編略》六百卷。徐勉撰。

《新唐書・藝文志・類書類》徐勉《華林遍略》六百卷。

鄭樵《通志・藝文略・類書類》《華林遍略》六百卷。徐勉編。

姚振宗《隋書經籍志考證・雜家》《華林遍略》六百二十卷。梁綏安令徐僧權等撰。

學　苑

焦竑《國史經籍志・類家》《學苑》一百卷。陶宏景。

古今刀劍録

馬端臨《文獻通考・經籍考・類書》《古今刀劍録》一卷。晁氏曰：梁陶弘景撰。記古今刀劍。

壽光書苑

《隋書・經籍志・雜家》《壽光書苑》二百卷。梁尚書左丞劉杳撰。

《舊唐書・經籍志・類事》《壽光書苑》二百卷。劉香撰。

《新唐書・藝文志・類書類》劉杳《壽光書苑》二百卷。

鄭樵《通志・藝文略・類書類》《壽光書苑》二百卷。劉杳編。

姚振宗《隋書經籍志考證・雜家》《壽光書苑》二百卷。梁尚書左丞劉杳撰。

聖賢羣輔録

《四庫全書總目提要・類書類存目一》《聖賢羣輔録》二卷。山東巡撫採進本。一名《四八目》，舊附載《陶潛集》中。唐宋以來相沿引用，承譌踵謬，莫悟其非。邇以編録遺書，始蒙睿鑒高深，斷爲僞託。

錦　帶

《四庫全書總目提要・類書類存目一》《錦帶》一卷。兩江總督採進本。舊本題梁昭明太子蕭統撰。陳振孫《書録解題》又云梁元帝撰。

古今同姓名録

晁公武《郡齋讀書志・類書類》《同姓名録》三卷。右梁元帝撰。纂類歷代同姓名人，成書一卷。

馬端臨《文獻通考・經籍考・類書》《同姓名録》三卷。

《四庫全書總目提要・類書類一》《古今同姓名録》二卷。《永樂大典》本。梁孝元皇帝撰。

《萬卷精華樓藏書記・類書類》《古今同姓名録》三卷。梁孝元皇帝撰，唐陸善經續，元葉森補。

語　麗

錢東垣等輯《崇文總目・類書類》《語麗》十卷。朱澹遠撰。

尤袤《遂初堂書目・類書類》《語麗》。

晁公武《直齋書録解題・類書類》《語麗》十卷。梁湘東王功曹參軍朱澹遠撰。

馬端臨《文獻通考・經籍考・類書》《語麗》十卷。

《宋史・藝文志・類事類》朱澹遠《語麗》十卷。

彩璧

《宋史・藝文志・類事類》 庚肩吾《彩璧》五卷。

書圖泉海

《隋書・經籍志・雜家》《書圖泉海》二十卷。陳張式撰。

《舊唐書・經籍志・類事》《書圖泉海》七十卷。張氏撰。

《新唐書・藝文志・類書類》 張氏《書圖泉海》七十卷。

鄭樵《通志・藝文略・類書類》 張氏《書圖泉海》七十卷。

姚振宗《隋書經籍志考證・雜家》《書圖泉海》二十卷。陳張式撰。 張式始末未詳。

帝王集要

《隋書・經籍志・雜家》《帝王集要》三十卷。崔安撰。

姚振宗《隋書經籍志考證・雜家》《帝王集要》三十卷。崔安撰。安當爲宏。

《北史崔宏傳》宏字玄伯，清河東武城人，魏司空林之六世孫也。

修文殿御覽

《隋書・經籍志・雜家》《聖壽堂御覽》三百六十卷。

《舊唐書・經籍志・類事》《修文殿御覽》三百六十卷。

錢東垣等輯《崇文總目・類書類》《修文殿御覽》三百六十卷。祖珽等撰。

《新唐書・藝文志・類書類》 祖孝徵等《脩文殿御覽》三百六十卷。

鄭樵《通志・藝文略・類書類》《修文殿御覽》三百六十卷。北齊祖孝徵等編。

尤袤《遂初堂書目・類書類》《修文殿御覽》。

陳振孫《直齋書録解題・類書類》《修文殿御覽》三百六十卷。北齊尚書左僕射范陽祖珽孝徵等撰。

馬端臨《文獻通考・經籍考・類書》《修文殿御覽》三百六十卷。

《宋史・藝文志・類事類》 祖孝徵《修文殿御覽》三百六十卷。

錢謙益等《絳雲樓書目・類書類》《脩文殿御覽》一百六十四册。三百六十卷。祖珽。

姚振宗《隋書經籍志考證・雜家》《聖壽堂御覽》三百六十卷。不著撰人。

修文御覽

楊士奇等《文淵閣書目・類書》《修文御覽》。一部，四十五册。闕。

長洲玉鏡

《隋書・經籍志・雜家》《長洲玉鏡》二百三十八卷。

《舊唐書・經籍志・類事》《長洲玉鏡》一百三十八卷。虞綽等撰。

《新唐書・藝文志・類書類》 虞綽等《長洲玉鏡》二百三十八卷。

鄭樵《通志・藝文略・類書類》《長洲玉鑑》二百三十八卷。虞綽等編。

姚振宗《隋書經籍志考證・雜家》《長洲玉鏡》二百三十八卷。不著撰人。

玄門寶海

《隋書・經籍志・雜家》《玄門寶海》一百二十卷。大業中撰。

《舊唐書・經籍志・類事》《玄門寶海》一百二十卷。諸葛穎撰。

《新唐書・藝文志・類書類》 諸葛頴《玄門寶海》一百二十卷。

鄭樵《通志・藝文略・類書類》《玄門寶海》百二十卷。諸葛穎撰。

姚振宗《隋書經籍志考證・雜家》《玄門寶海》一百二十卷。大業中撰。不著撰人。

編珠　編珠補遺　續編珠

錢東垣等輯《崇文總目・類書類》《編珠》五卷。杜公瞻撰。

鄭樵《通志・藝文略・類書類》《編珠》五卷。隋杜公瞻撰。

尤袤《遂初堂書目・類書類》《編珠》。

《宋史・藝文志・類事類》杜公瞻《編珠》四卷。

《四庫全書總目提要・類書類一》《編珠》二卷、《補遺》二卷、《續編珠》二卷。内府藏本。

又《編珠》二卷。舊本題隋杜公瞻撰。

北堂書鈔

《隋書・經籍志・雜家》《書鈔》一百七十四卷。

《舊唐書・經籍志・類事》《北堂書抄》一百七十三卷。虞世南撰。

錢東垣等輯《崇文總目・類書類》《書抄》一百七十三卷。虞世南撰。原釋闕。見天一閣鈔本。

《新唐書・藝文志・類書類》虞世南《北堂書鈔》一百七十三卷。

鄭樵《通志・藝文略・類書類》《北堂書鈔》一百七十三卷。隋祕書郎虞世南編。

晁公武《郡齋讀書志・類書類》《北堂書鈔》一百七十三卷。唐虞世南撰。

尤袤《遂初堂書目・類書類》《北堂書鈔》。

陳振孫《直齋書録解題・類書類》《北堂書鈔》一百六十卷。唐秘書臨餘姚虞世南伯施撰。其書成於隋世。

馬端臨《文獻通考・經籍考・類書》《北堂書鈔》一百七十三卷。

《宋史・藝文志・類事類》虞世南《北堂書鈔》一百六十卷。

楊士奇等《文淵閣書目・類書》《北堂書鈔》。一部，七册。闕。

范邦甸等《天一閣書目・類書類》《北堂書鈔》一百七十卷。刊本。唐虞世南撰。

錢謙益等《絳雲樓書目・類書類》《北堂書鈔》。一百七十三卷。虞世南原書久亡。今所行者，乃後人僞造也。

黃虞稷《千頃堂書目・類書類》陳禹謨又補注《北堂書鈔》一百六十卷。

錢曾《讀書敏求記・類家》《北堂書鈔》一百六十卷。

《明史・藝文志・類書類》陳禹謨補注《北堂書鈔》一百六十卷。

《四庫全書總目提要・類書類一》《北堂書鈔》一百六十卷。内府藏本。唐虞世南撰。世南字伯施，餘姚人。官至銀青光禄大夫、宏文館學士。謚文懿。事蹟具《唐書》本傳。

于敏中等《天禄琳琅書目・明版子部》《北堂書鈔》。二函，二十册。唐虞世南撰。世南字伯施，餘姚人。官宏文館學士，謚文懿。

孫星衍《平津館鑒藏書籍記》《北堂書鈔》一百六十卷。題祕書郎虞世南撰。

黃丕烈《蕘圃藏書題識》《古唐類範》一百六十卷。鈔本。

張金吾《愛日精廬藏書志・類書類》《北堂書鈔》一百六十卷。舊抄本。曹楝亭藏書。隋祕書郎虞世南撰。

張之洞《書目答問・類書》校明初寫本《北堂書鈔》五十五卷。唐虞世南。嚴可均校。四録堂本罕見。今通行刻本一百六十卷，乃明陳禹謨刪補者。

兔園策

晁公武《郡齋讀書志・類書類》《兔園策》十卷。右唐虞世南撰。

馬端臨《文獻通考・經籍考・類書》《兔園策》十卷。

藝文類聚

《舊唐書・經籍志・類事》《藝文類聚》一百卷。歐陽詢等撰。

錢東垣等輯《崇文總目・類書》《蓺文類聚》一百卷。歐陽詢撰。

《新唐書・藝文志・類書》 歐陽詢《藝文類聚》一百卷。令狐德棻、袁朗、趙弘智等同脩。

鄭樵《通志・藝文略・類書類》《藝文類聚》一百卷。唐歐陽詢撰。

晁公武《郡齋讀書志・類書類》《藝文類聚》一百卷。右唐歐陽詢等撰。

尤袤《遂初堂書目・類書類》《藝文類聚》。

陳振孫《直齋書録解題・類書類》《藝文類聚》一百卷。唐弘文館學士長沙歐陽詢信本撰。

馬端臨《文獻通考・經籍考・類書》《藝文類聚》一百卷。

《宋史・藝文志・類事類》 歐陽詢《藝文類聚》一百卷。

楊士奇等《文淵閣書目・類書》《藝文類聚》。一部，二十册。殘缺。

《藝文類聚》。一部，二十册。殘缺。

高儒《百川書志・類書》《藝文類聚》一百卷。唐太子率更令歐陽詢撰。

范邦甸等《天一閣書目・類書類》《藝文類聚》一百卷。刊本。唐歐陽詢撰并序。

徐𤊹《徐氏家藏書目・彙書》《藝文類聚》一百卷。

張萱等《内閣藏書目録・類書部》《藝文類聚》十六册，全。唐歐陽詢輯。又十二册，全。又十四册，不全。

錢謙益等《絳雲樓書目・類書類》《藝文類聚》。一百卷。歐陽詢。

于敏中等《天禄琳琅書目・明版子部》《藝文類聚》。四函，四十四册。唐歐陽詢著。一百卷。前詢自序。

《四庫全書總目提要・類書類一》《藝文類聚》一百卷。内府藏本。唐歐陽詢撰。詢字信本，潭州臨湘人。仕隋爲太常博士。入唐官至太子率更令、宏文館學士。事蹟具《唐書》本傳。

彭元瑞等《天禄琳琅書目後編・宋版子部》《藝文類聚》。八函，四十册。唐歐陽詢等撰。詢字信本，臨湘人，官太子率更令、宏文閣學士。《唐書》有傳。

麟角

錢東垣等輯《崇文總目・類書類》《麟角》一百二十卷。

鄭樵《通志・藝文略・類書》《麟角》一百二十卷。

《宋史・藝文志・類事類》 歐陽詢《麟角》一百二十卷。

羣書治要

《宋史・藝文志・類事類》《羣書治要》十卷。祕閣所録。

兔園册府

尤袤《遂初堂書目・類書類》《兔園册府》。

文館詞林

尤袤《遂初堂書目・類書類》《文館詞林》。

文思博要

《舊唐書・經籍志・類事類》《文思博要》并《目》一千二百一十二卷。張大素撰。

《新唐書・藝文志・類書類》《文思博要》一千二百卷。《目》十二卷。

鄭樵《通志・藝文略・類書類》《文思博要》一千二百卷。貞觀中高士廉等奉敕編。又《目》十二卷。

尤袤《遂初堂書目・類書類》《文思博要》。

《宋史・藝文志・類事類》 高士廉、房玄齡《文思博要》一卷。

東殿新書

《新唐書・藝文志・類書類》《東殿新書》二百卷。許敬宗、李義府奉詔於武德內殿脩撰。

鄭樵《通志・藝文略・類書類》《東殿新書》二百卷。

筆海

《新唐書・藝文志・類書類》王義方《筆海》十卷。

鄭樵《通志・藝文略・類書類》《筆海》十卷。王義方撰。

玄宗事類

《新唐書・藝文志・類書類》《玄宗事類》一百三十卷。

鄭樵《通志・藝文略・類書》《明皇事類》一百三十卷。

玄覽

《舊唐書・經籍志・類事》《玄覽》一百卷。天后撰。

《新唐書・藝文志・類書類》武后《玄覽》一百卷。

鄭樵《通志・藝文略・類書類》《武后玄覽》一百卷。

三教珠英

《舊唐書・經籍志・類事》《三教珠英》并《目》一千三百一十三卷。張昌宗等撰。

《新唐書・藝文志・類書類》《三教珠英》一千三百卷。

鄭樵《通志・藝文略・類書類》《三教珠英》一千三百卷。唐武后編。又《目》十二卷。

晁公武《郡齋讀書志・類書類》《三教珠英》三卷。右唐張昌宗等撰。

馬端臨《文獻通考・經籍考・類書》《三教珠英》三卷。

初學記

錢東垣等輯《崇文總目・類書類》《初學記》三十卷。徐堅等撰。

《新唐書・藝文志・類書類》《初學記》三十卷。

鄭樵《通志・藝文略・類書類》《初學記》三十卷。唐徐堅等編。

晁公武《郡齋讀書志・類書類》《初學記》三十卷。石唐徐堅等撰。

尤袤《遂初堂書目・類書類》《初學記》。

陳振孫《直齋書録解題・類書類》《初學記》三十卷。唐集賢院學士長城徐堅元固撰。

馬端臨《文獻通考・經籍考・類書》《初學記》三十卷。

《宋史・藝文志・類事》徐堅《初學記》三十卷。

高儒《百川書志・類書》《初學記》三十卷。唐集賢院學士開國公徐堅等奉敕編修，以教諸王。

范邦甸等《天一閣書目・類書類》《初學記》三十卷。刊本。唐東海郡開國公徐堅等奉敕撰。

徐𤊹《徐氏家藏書目・彙書》《初學記》三十卷。唐明皇詔徐堅等編。

錢謙益等《絳雲樓書目・類書類》《初學記》。三十卷。錫山安氏刻佳。

于敏中等《天祿琳琅書目・明版子部》《初學記》。五函，二十册。唐徐堅著。三十卷。前宋劉本序。

《四庫全書總目提要・類書類一》《初學記》三十卷。內府刊本。唐徐堅等奉敕撰。

于敏中等《天祿琳琅書目後編・宋版子部》《初學記》。一函，十五册。唐徐堅等撰。堅字元固，長城人。官集賢學士。《唐書》有傳。

孫星衍《平津館鑒藏書籍記》元版　新刊《初學記》三十卷。題光禄大夫、行右散騎常侍、集賢院學士、副知院事、東海郡開國公徐堅等奉敕撰。

張之洞《書目答問・類書》　《初學記》三十卷。唐徐堅。明無錫安氏仿宋本。古香齋袖珍本。

龍筋鳳髓判

洪邁《容齋題跋》　跋張鷟《龍筋鳳髓判》。

《宋史・藝文志・類事類》　張鷟《龍筋鳳髓判》十卷。

都穆《南濠居士文跋》　《龍筋鳳髓判》。

《四庫全書總目提要・類書類一》　《龍筋鳳髓判》四卷。浙江鄭大節家藏本。

唐張鷟撰。鷟字文成，自號浮休子，深州陸梁人。調露初登進士第。授襄陽尉。累官四門員外郎，終於龔州長史。事蹟具莫休符《桂林風土記》。《唐書》附其孫張薦傳中。

珠玉鈔

鄭樵《通志・藝文略・類書類》　《珠玉鈔》一卷。張九齡撰。

琱玉集

錢東垣等輯《崇文總目・類書類》　《琱玉集》二十卷。原釋闕。見天一閣鈔本。

鄭樵《通志・藝文略・類書類》　《琱玉集》二十卷。

《宋史・藝文志・類事類》　《彫玉集類》二十卷。

李慈銘《越縵堂讀書記・類書類》　《琱玉集》。閲《琱玉集》。此書名見《宋史藝文志》及《通志藝文略》，究不定其爲誰作；此刻出自日本人舊鈔卷子本。

金鑾啓秀

鄭樵《通志・藝文略・類書類》　《金鑾啓秀》二十卷。顔真卿撰。

《宋史・藝文志・類事類》　《金鑾秀蘂》二十卷。

通典

錢東垣等輯《崇文總目・類書類》　《通典》二百卷。杜佑撰。

《新唐書・藝文志・類書類》　杜佑《通典》二百卷。

鄭樵《通志・藝文略・類書》　《通典》二百卷。唐杜佑撰。

《宋史・藝文志・類事類》　杜佑《通典》二百卷。

楊士奇等《文淵閣書目・類事》　《通典》。一部，一百册。殘缺。

《通典》。一部，四十一册。完全。

《通典》。一部，三十五册。完全。

《通典》。一部，四十册。完全。

《通典》。一部，四十册。殘缺。

《通典》。一部，十册。殘缺。

《杜氏通典》。一部，四册。闕。

徐𤊹《徐氏家藏書目・彙書類》　《杜氏通典》二百卷。杜佑。

張萱等《内閣藏書目録・類書部》　《杜氏通典》三十四册。全。唐杜佑著，凡二百卷。

又四十一册。全。原闕十一至十五卷，今以別本補完。

又三十九册。不全。

又八册。不全。

錢謙益等《絳雲樓書目・類書類》　《杜氏通典》。二百卷。杜佑撰。佑字君卿。宋白《續通典》二百卷。

備舉文言

錢東垣等輯《崇文總目・類書類》《偹舉文言》二十卷。陸贄撰。

《新唐書・藝文志・類書類》 陸贄《備舉文言》二十卷。

鄭樵《通志・藝文略・類書類》《備舉文言》二十卷。陸贄撰。

晁公武《郡齋讀書志・類書類》《備舉文言》二十卷。右唐陸贄撰。

尤袤《遂初堂書目・類書類》《備舉文言》。

馬端臨《文獻通考・經籍考・類書》《備舉文言》二十卷。

《宋史・藝文志・類事類》 陸贄《備舉文言》三十卷。

警年

錢東垣等輯《崇文總目・類書類》《警年》十卷。陸羽撰。

繆荃孫《新唐書・藝文志・類書類》 陸羽《警年》十卷。

鄭樵《通志・藝文略・類書類》 陸羽《警年》十卷。

《宋史・藝文志・類事類》 陸羽《警年》十卷。

元和姓纂

《四庫全書總目提要・類書類一》《元和姓纂》十八卷。《永樂大典》本。 唐林寶撰。寶，濟南人。官朝議郎、太常博士。序稱元和壬辰歲，蓋憲宗七年也。

張之洞《書目答問・類書》《元和姓纂》十八卷。唐林寶。嘉慶七年洪氏刻本。

元氏類集

《新唐書・藝文志・類書類》《元氏類集》三百卷。元稹。

鄭樵《通志・藝文略・類書類》《元氏類集》三百卷。

繆荃孫《新唐書・藝文志注・類事》《元氏類集》三百卷。元稹。

蒙求

錢東垣等輯《崇文總目・類書類》《蒙求》三卷。李瀚撰。

晁公武《郡齋讀書志・類書類》《蒙求》三卷。右唐李瀚撰。

陳振孫《直齋書録解題・類書類》《蒙求》三卷。唐李翰撰。

《宋史・藝文志・類事類》 李翰《蒙求》三卷。

《四庫全書總目提要・類書類一》《蒙求集註》二卷。江蘇蔣曾瑩家藏本。 晉李瀚撰。瀚始末未詳。

張之洞《書目答問・類書》《李氏蒙求》。後唐李瀚。宋徐子光注。

白氏六帖

錢東垣等輯《崇文總目・類書類》《六帖》三十卷。白居易撰。

《新唐書・藝文志・類書類》《白氏經史事類》三十卷。白居易。一名《六帖》。

鄭樵《通志・藝文略・類書類》 白氏《經史事類》三十卷。

晁公武《郡齋讀書志・類書類》《六帖》三十卷。右唐白居易撰。

尤袤《遂初堂書目・類書類》《白氏六帖》。

陳振孫《直齋書録解題・類書類》《六帖》三十卷。唐太子少傅太原白居易撰。

馬端臨《文獻通考・經籍考・類書》《六帖》三十卷。

《宋史・藝文志・類事類》 白居易《白氏六帖》三十卷。

楊士奇等《文淵閣書目・類書類》《白氏六帖》。一部，六册。闕。

《白氏六帖》。一部，五册。闕。

《白氏六帖》。一部，四十册。闕。

十三家貼

《新唐書·藝文志·類書類》 盛均《十三家貼》。均，字之材，泉州南安人，終昭州刺史。以《白氏六帖》未備而廣之，卷亡。

鄭氏談綺

楊士奇等《文淵閣書目·類書》 《鄭氏談綺》。一部，一册。闕。

小名録

晁公武《郡齋讀書志·類書類》 《小名録》三卷。右唐陸龜蒙撰。

尤袤《遂初堂書目·類書類》 《小名録》。

馬端臨《文獻通考·經籍考·類書》 《小名録》三卷。

錢謙益等《絳雲樓書目·雜藝類》 《小名録》。五卷。陸龜蒙。

《四庫全書總目提要·類書類》 《小名録》二卷。兩江總督採進本。唐陸龜蒙撰。

歲華紀麗

《四庫全書總目提要·類書類存目一》 《歲華紀麗》四卷。内府藏本。舊本題唐韓鄂撰。

累璧

《舊唐書·經籍志·類事》 《累璧》四百卷。許敬宗撰。

《新唐書·藝文志·類事類》 《累璧》四百卷。又《目録》四卷。許敬宗等撰，龍朔元年上。

鄭樵《通志·藝文略·類事類》 《累璧》四百卷。又《目録》四卷。

摇山玉彩

《新唐書·藝文志·類書類》 許敬宗《摇山玉彩》五百卷。

鄭樵《通志·藝文略·類書類》 許敬宗《瑶山玉彩》五百卷。

策府

《舊唐書·經籍志·類事》 《策府》五百八十二卷。張大素撰。

《新唐書·藝文志·類書類》 張大素《策府》五百八十二卷。

鄭樵《通志·藝文略·類書類》 《册府》五百八十二卷。張大素編。

碧玉芳林

《舊唐書·經籍志·類事》 《碧玉芳林》四百五十卷。孟利貞撰。

《新唐書·藝文志·類書類》 孟利貞《碧玉芳林》四百五十卷。

鄭樵《通志·藝文略·類書類》 《碧玉芳林》四百五十卷。孟利貞編。

玉藻瓊林

《舊唐書・經籍志・類事》《玉藻瓊林》一百卷。孟利貞撰。

《新唐書・藝文志・類事類》《玉藻瓊林》一百卷。

鄭樵《通志・藝文略・類書類》《玉藻瓊林》一百卷。

翰苑

錢東垣等輯《崇文總目・類書類》《翰苑》七卷。張楚金撰。

《新唐書・藝文志・類書類》張楚金《翰苑》七卷。

鄭樵《通志・藝文略・類書類》《翰苑》七卷。唐張楚金撰。

事對

《宋史・藝文志・類事類》燕公《事對》十卷。

青囊書

《新唐書・藝文志・類書類》竇蒙《青囊書》十卷。國子司業。

鄭樵《通志・藝文略・類書類》《青囊書》十卷。唐竇蒙撰。

《宋史・藝文志・類事類》陸贄《青囊書》十卷。

詞圃

錢東垣等輯《崇文總目・類書類》《詞圃》十卷。張仲素撰。

《新唐書・藝文志・類書類》張仲素《詞圃》十卷。字繪之，元和翰林學士、中書舍人。

鄭樵《通志・藝文略・類書類》《詞圃》十卷。唐張仲素撰。

《宋史・藝文志・類事類》張仲素《詞圃》十卷。

起予集

《宋史・藝文志・類事類》姚勗《起予集》四十卷。

集類

錢東垣等輯《崇文總目・類書類》《集類》一百卷。劉綺莊撰。

《新唐書・藝文志・類書類》劉綺莊《集類》一百卷。

鄭樵《通志・藝文略・類書類》《集類》一百卷。唐劉綺莊編。

晁公武《郡齋讀書志・類書類》《集類》一百卷。右唐劉綺莊撰。綺莊，昆陵人，嘗爲蘇州崑山縣令。

尤袤《遂初堂書目・類書類》劉昆山《集類》。

馬端臨《文獻通考・經籍考・類書》《集類》一百卷。

《宋史・藝文志・類事類》劉綺莊《集類》一百卷。

記室新書

錢東垣等輯《崇文總目・類書類》《記室新書》三十卷。李途撰。

《新唐書・藝文志・類書類》李途《記室新書》三十卷。

鄭樵《通志・藝文略・類書類》《記室新書》三十卷。唐李途撰。

晁公武《郡齋讀書志・類書類》《記室新書》三十卷。唐李途撰。

尤袤《遂初堂書目・類書類》《記室新書》。

馬端臨《文獻通考・經籍考・類書》《記室新書》三十卷。

《宋史・藝文志・類事類》李途《記室新書》三卷。

楊士奇等《文淵閣書目・類書》《記室新書》。一部，一册。闕。

稽瑞

耿文光《萬卷精華樓藏書記・類書類》《稽瑞》一卷。唐劉賡撰。

侍兒小名録

錢謙益等《絳雲樓書目・雜藝類》《侍兒小名録》。一卷。

事始

尤袤《遂初堂書目・類書類》劉存《事始》。

事始

尤袤《遂初堂書目・類書類》劉馮《事始》。

續事始

尤袤《遂初堂書目・類書類》馮鑑《續事始》。

戚苑英華

錢東垣等輯《崇文總目・類書類》《戚苑英華》十卷。袁説重脩。

《新唐書・藝文志・類書類》《戚苑英華》十卷。唐劉揚名撰。

鄭樵《通志・藝文略・類書類》《戚苑英華》十卷。

晁公武《郡齋讀書志・類書類》《戚苑英華》十卷。

馬端臨《文獻通考・經籍考・類書》《戚苑英華》十卷。

陳振孫《直齋書録解題・類書類》《戚苑英華》十卷。唐仙居令袁悦撰。《唐志》云重修，蓋因揚名之舊而廣之。

《宋史・藝文志・類事類》劉揚名《戚苑英華》十卷。

戚苑纂要

錢東垣等輯《崇文總目・類書類》《戚苑纂要》十卷。劉揚名撰。

《新唐書・藝文志・類書類》劉揚名《戚苑纂要》十卷。

鄭樵《通志・藝文略・類書類》《戚苑纂要》十卷。唐劉揚名編，記宗族内外親姻事。

馬端臨《文獻通考・經籍考・類書》《戚苑纂要》十卷。

陳振孫《直齋書録解題・類書類》《戚苑纂要》十卷。案：原本作「戚畹」，《文獻通攷》作「戚英」，俱誤。今據《唐書藝文志》改正。唐劉揚名撰。皆集内外宗族姻親故事。

《宋史・藝文志・類事類》劉揚名《戚苑纂要》十卷。

皮氏鹿門家鈔

錢東垣等輯《崇文總目・類書類》《鹿門家鈔》九十卷。皮日休撰。

《新唐書・藝文志・類書類》皮氏《鹿門家鈔》九十卷。皮日休，字襲美，咸通太常博士。

鄭樵《通志・藝文略・類書類》《鹿門家抄》九十卷。唐皮日休編，作五言詩類事。

雙金

《宋史・藝文志・類事類》鄭嵎一作「㬰」《雙金》五卷。

集類略

錢東垣等輯《崇文總目・類書類》《集類略》三十卷。高邱詞撰。

《新唐書・藝文志・類書類》高丘詞《集類略》三十卷。

鄭樵《通志・藝文略・類書類》《集類略》三十卷。唐高邱詞撰。因劉綺莊之書而略之。

金鑰

鄭樵《通志・藝文略・類書類》《金鑰》二卷。李商隱撰。

尤袤《遂初堂書目・類書類》《金鑰》。

陳振孫《直齋書録解題・類書類》《金鑰》二卷。唐太學博士河内李商隱義山撰。

馬端臨《文獻通考・經籍考・類書》《金鑰》二卷。

《宋史・藝文志・類事類》李商隱《金鑰》二卷。

學海

錢東垣等輯《崇文總目・類書類》《學海》二十卷。温庭筠撰。

《新唐書・藝文志・類書類》温庭筠《學海》三十卷。

鄭樵《通志・藝文略・類書類》《學海》三十卷。唐温庭筠撰。

《宋史・藝文志・類事類》温庭筠《學海》三十卷。

要録

《隋書・經籍志・雜家》《要録》六十卷。

《舊唐書・經籍志・類事》《要録》六十卷。

《新唐書・藝文志・類書類》《要録》六十卷。

檢事書

《舊唐書・經籍志・類事》《檢事書》一百六十卷。

《新唐書・藝文志・類書類》《檢事書》一百六十卷。

鄭樵《通志・藝文略・類書類》《檢事書》一百六十卷。

帝王要覽

《舊唐書・經籍志・類事》《帝王要覽》二十卷。

《新唐書・藝文志・類書類》《帝王要覽》二十卷。

鄭樵《通志・藝文略・類書類》《帝王要覽》二十卷。

十九部書語類

錢東垣等輯《崇文總目・類書類》《十九書語類》十卷。是光乂撰。

《新唐書・藝文志・類書類》是光乂《十九部書語類》十卷。開元末，自祕書省正字上，授集賢院脩撰，後賜姓齊。

鄭樵《通志・藝文略・類書類》《十九部書語類》十卷。唐是光乂撰。

《宋史・藝文志・類事類》是光乂《十九書語類》十卷。

政典

《新唐書・藝文志・類書類》劉秩《政典》三十五卷。

鄭樵《通志・藝文略・類書類》《政典》三十五卷。唐劉秩撰。

會要

錢東垣等輯《崇文總目・類書類》《會要》四十卷。蘇冕撰。

《新唐書・藝文志・類書類》蘇冕《會要》四十卷。

《宋史・藝文志・類事類》蘇冕《會要》四十卷。

續會要

《新唐書・藝文志・類書類》《續會要》四十卷。楊紹復、裴德融、崔瑑、薛逢、鄭言、周膚敏、薛廷望、于珪、于球等撰，崔鉉監脩。

王氏千門

錢東垣等輯《崇文總目・類書類》《王氏千門》四十卷。王洛賓撰。

《新唐書・藝文志・類書類》《王氏千門》四十卷。王洛賓。

《宋史・藝文志・類事類》《王氏千門》四十卷。

類林

錢東垣等輯《崇文總目・類書類》《類林》十卷。于立政撰。

《新唐書・藝文志・類書類》于立政《類林》十卷。

《宋史・藝文志・類事類》于立政《類林》十卷。

事鑒

錢東垣等輯《崇文總目・類書類》《事鑑》五十卷。郭道規撰。

《新唐書・藝文志・類書類》郭道規《事鑑》五十卷。

鄭樵《通志・藝文略・類書類》《事鑑》五十卷。唐郭道規編。

《宋史・藝文志・類事類》郭道規《事鑑》五十卷。

穿楊集

錢東垣等輯《崇文總目・類書類》《穿楊集》四卷。馬幼昌撰。

《新唐書・藝文志・類書類》馬幼昌《穿楊集》四卷。判目。

《宋史・藝文志・類事類》馬幼昌《穿楊集》四卷。

瀛類

錢東垣等輯《崇文總目・類書類》《瀛類》十卷。韋稔撰。

《新唐書・藝文志・類書類》韋稔《瀛類》十卷。

鄭樵《通志・藝文略・類書類》《瀛類》十卷。唐韋稔編。

應用類對

錢東垣等輯《崇文總目・類書類》《應用類對》十卷。韋稔撰。

《新唐書・藝文志・類書類》《應用類對》十卷。

鄭樵《通志・藝文略・類書類》《應用類對》十卷。唐韋稔編。

《宋史・藝文志・類事類》韋稔《筆語類對》十卷。

《應用類對》十卷。一名《筆語類對》。

韻　對

錢東垣等輯《崇文總目・類書類》《韻對》十卷。高測撰。

《新唐書・藝文志・類書類》高測《韻對》十卷。

鄭樵《通志・藝文略・類書類》《韻對》十卷。唐高測撰。

《宋史・藝文志・類事類》高測《韻對》十卷。

修文海

錢東垣等輯《崇文總目・類書類》《修文海》十七卷。王博古撰。

《新唐書・藝文志・類書類》王博古《脩文海》十七卷。

鄭樵《通志・藝文略・類書類》《修文海》十七卷。唐王博古撰。

《宋史・藝文志・類事類》王博古《脩文海》十七卷。

兩同書

徐𤊹《徐氏家藏書目・子類》《兩同書》二卷。唐羅隱。

錦繡谷

錢東垣等輯《崇文總目・類書類》《錦繡谷》五卷。孫翰撰。

《新唐書・藝文志・類書類》孫翰《錦繡谷》五卷。

鄭樵《通志・藝文略・類書類》《錦繡谷》五卷。唐孫翰撰。錦繡谷乃所居山名。

《宋史・藝文志・類事類》孫翰《錦繡谷》五卷。

麟角抄

錢東垣等輯《崇文總目・類書類》《麟角抄》十二卷。

鄭樵《通志・藝文略・類書類》《麟角抄》十二卷。

《宋史・藝文志・類事類》《麟角抄》十二卷。

文飛應詔

《宋史・藝文志・類事類》顔休《文飛應詔》十五卷。

唐蒙求

錢東垣等輯《崇文總目・類書類》《唐蒙求》三卷。白廷翰撰。

《宋史・藝文志・類事類》白廷翰《唐蒙求》三卷。

弘文館續會要

《宋史・藝文志・類事類》崔鉉《弘文館續會要》四十卷。

古人姓字相同録

晁公武《郡齋讀書志·類書類》《古人姓字相同録》一卷。唐丘光庭撰。光庭中進士第。

馬端臨《文獻通考·經籍考·類書》《古今姓字相同録》。

《宋史·藝文志·類事類》丘光庭《同姓名録》一卷。

童子洽聞記

晁公武《郡齋讀書志·類書類》《童子洽聞記》三卷。不題撰人。

馬端臨《文獻通考·經籍考·類書》《童子洽聞記》三卷。

童子洽聞

錢東垣等輯《崇文總目·類書類》《童子洽聞》一卷。

《宋史·藝文志·類事類》《童子洽聞》一卷。

古城冢記

馬端臨《文獻通考·經籍考·類書》《古城冢記》二卷。

系　蒙

錢東垣等輯《崇文總目·類書類》《系蒙》十卷。李伉撰。

《宋史·藝文志·類事類》李伉《系蒙求》十卷。

子談論

錢東垣等輯《崇文總目·類書類》《子談論》三卷。

《宋史·藝文志·類事類》《諸子談論》三卷。不知作者。

春秋義鑑

錢東垣等輯《崇文總目·類書類》《春秋義鑑》三十卷。郭翔撰。

《宋史·藝文志·類事類》郭翔《春秋義鑒》三十卷。

勵忠節

《宋史·藝文志·類事類》魏玄成《勵忠節》四卷。

文場秀句

《宋史·藝文志·類事類》《文場秀句》一卷。

史　海

錢東垣等輯《崇文總目·類書類》《史海》十卷。曹化撰。

鄭樵《通志·藝文略·類書類》《史海》十卷。顯德中，曹化編。

六帖

鄭樵《通志・藝文略・類書類》《六帖》三十卷。唐于政立編。

仙苑編珠

晁公武《郡齋讀書志・類書類》《仙苑編珠》二卷。右唐王松年撰。

諸史偶論

《四庫全書總目提要・類書類存目一》《諸史偶論》十卷。兩淮鹽政採進本。

王府新書

錢東垣等輯《崇文總目・類書類》《王府新書》三卷。

鄭樵《通志・藝文略・類書類》《王府新書》三卷。梁齊逸人撰。

《宋史・藝文志・類事類》齊逸人《王府新書》三卷。

古今國典

《宋史・藝文志・類事類》蘇冕《古今國典》一百卷。

羣書麗藻

錢謙益等《絳雲樓書目・類書類》《羣書麗藻》。六十五卷。南唐崔遵度編。

資談

錢東垣等輯《崇文總目・類書類》《資談》六十一卷。范贊時撰。

鄭樵《通志・藝文略・類書類》《資談》六十卷。吴越范贊時撰。

《宋史・藝文志・類事類》《資談》六十卷。

名苑

《宋史・藝文志・類事類》楊九齡《名苑》五十卷。

備忘小抄

晁公武《郡齋讀書志・類書類》《備忘小鈔》十卷。僞蜀文谷撰。

尤袤《遂初堂書目・類書類》《備忘小鈔》。

馬端臨《文獻通考・經籍考・類書》《備忘小抄》十卷。

屬文寶海

錢東垣等輯《崇文總目・類書類》《屬文寶海》一百卷。郭微撰。

鄭樵《通志・藝文略・類書類》《屬文寶海》一百卷。僞蜀郭微撰。

《宋史・藝文志・類事類》郭微《屬文寶海》一百卷。

十經韻對

錢東垣等輯《崇文總目・類書類》《十經韻對》二十卷。陳鄂撰。

鄭樵《通志・藝文略・類書類》《十經韻對》二十卷。僞蜀陳鄂撰。

四庫韻對

錢東垣等輯《崇文總目・類書類》《四庫韻對》九十八卷。陳鄂撰。

鄭樵《通志・藝文略・類書類》《四庫韻對》九十八卷。僞蜀陳鄂撰。

唐朝事類

《宋史・藝文志・類事類》《唐朝事類》十卷。

新修唐朝事類

錢東垣等輯《崇文總目・類書類》《新修唐朝事類》十卷。郭廷誨撰。

鄭樵《通志・藝文略・類書類》《新修唐書事類》十卷。僞蜀郭廷鈞編。

古今精義

《宋史・藝文志・類事類》薛洪《古今精義》十五卷。

治亂集

《宋史・藝文志・類事類》蘇源《治亂集》三卷。

羣書致類

錢東垣等輯《崇文總目・類書類》《羣書致類》一卷。

九經類義

錢東垣等輯《崇文總目・類書類》《九經類義》二十卷。劉濟撰。

鄭樵《通志・藝文略・類書類》《九經類義》二十卷。劉濟纂。

《宋史・藝文志・類事類》劉濟《九經類議一作「義」》二十卷。

蒙　求

錢東垣等輯《崇文總目・類書類》《蒙求》二十卷。

羣書系蒙

錢東垣等輯《崇文總目・類書類》《羣書系蒙》三卷。劉潛撰。

《宋史・藝文志・類事類》劉漸《羣書系蒙》三卷。

彫金集

錢東垣等輯《崇文總目・類書類》《雕金集》十卷。

鄭樵《通志・藝文略・類書類》《雕金集》十卷。劉閏國撰。

《宋史・藝文志・類事類》《彫金集》三卷。

廣彫金集

《宋史・藝文志・類事類》劉國潤《廣彫金類集》十卷。

經史事對

錢東垣等輯《崇文總目・類書類》《經史事對》十卷。

《宋史・藝文志・類事類》《經史事對》三十卷。

王氏屬對

錢東垣等輯《崇文總目・類書類》《王氏屬對》十卷。

文　鑑

錢東垣等輯《崇文總目・類書類》《文鑑》五卷。

《宋史・藝文志・類事類》沈寥子《文鑑》四十卷。

文華心鑑

錢東垣等輯《崇文總目・類書類》《文華心鑑》六卷。鈔本。

鄭樵《通志・藝文略・類書類》《文華心鑑》六卷。

玉　英

錢東垣等輯《崇文總目・類書類》《玉英》二卷。

《宋史・藝文志・類事類》《玉英》二卷。

經典正要

錢東垣等輯《崇文總目・類書類》《經典正要》三卷。鈔本。

鄭樵《通志・藝文略・類書類》《經典正要》三卷。

《宋史・藝文志・類事類》《經典政要》三卷。

脩文異名録

錢東垣等輯《崇文總目・類書類》《修文異名録》十卷。

鄭樵《通志・藝文略・類書類》《修文異名録》十卷。

《宋史・藝文志・類事類》裴説《脩文異名録》十一卷。

玉　屑

錢東垣等輯《崇文總目・類書類》《玉屑》二卷。

鄭樵《通志・藝文略・類書類》《玉屑》二卷。
尤袤《遂初堂書目・類書類》《玉屑》。
陳振孫《直齋書録解題・類書類》《玉屑》十五卷。無名氏。
馬端臨《文獻通考・經籍考・類書》《玉屑》十五卷。
《宋史・藝文志・類事類》《玉屑》二卷。

廣畧新書

錢東垣等輯《崇文總目・類書類》《廣畧新書》三卷。
鄭樵《通志・藝文略・類書類》《廣略新書》三卷。
《宋史・藝文志・類事類》楊名《廣一作「唐」略新書》三卷。

碎金抄

錢東垣等輯《崇文總目・類書類》《碎金抄》十卷。
鄭樵《通志・藝文略・類書類》《碎金抄》十卷。

繡囊

錢東垣等輯《崇文總目・類書類》《繡囊》五卷。

儒林碎寶

錢東垣等輯《崇文總目・類書類》《儒林碎寶》二卷。
鄭樵《通志・藝文略・類書類》《儒林碎寶》二卷。

典要

錢東垣等輯《崇文總目・類書類》《典要》三卷。

軺書事類

錢東垣等輯《崇文總目・類書類》《軺書事類》三卷。
《宋史・藝文志・類事類》《軺車事類》三卷。

春秋要類

錢東垣等輯《崇文總目・類書類》《春秋要類》五卷。

名氏族

錢東垣等輯《崇文總目・類書類》《名氏族》十卷。楊知惲撰。
《宋史・藝文志・類事類》楊知惲《名字族》十卷。

勵忠節抄

《宋史・藝文志・類事類》王伯璵《勵忠節抄》十卷。

書判幽燭

錢東垣等輯《崇文總目・類書類》《書判幽燭》四十卷。

《宋史・藝文志・類事類》《書判幽燭》四十卷。

詈玉字

錢東垣等輯《崇文總目・類書類》《詈玉字》十卷。

寶鑑絲綸

錢東垣等輯《崇文總目・類書類》《寶鑑絲綸》二十卷。

鄭樵《通志・藝文略・類書類》《寶鑑絲綸》二十卷。馮洪敏撰。

《宋史・藝文志・類事類》馮洪敏《寶鑑絲綸》二十卷。

門類解題

錢東垣等輯《崇文總目・類書類》《門類解題》十卷。

《宋史・藝文志・類事類》《門類解題》十卷。

唐會要

錢東垣等輯《崇文總目・類書類》《唐會要》一百卷。王溥撰。

《宋史・藝文志・類事類》王溥《續唐會要》一百卷。

五代會要

錢東垣等輯《崇文總目・類書類》《會要》三十卷。王溥撰。

《宋史・藝文志・類事類》《五代會要》三十卷。

魯史分門屬類賦

晁公武《郡齋讀書志・類書類》《魯史分門屬類賦》三卷。皇朝楊筠撰。

馬端臨《文獻通考・經籍考・類書》《魯史分門屬類賦》三卷。

《宋史・藝文志・類事類》《魯史分門屬類賦》一卷。

太平廣記

錢東垣等輯《崇文總目・類書類》《廣記》五百卷。李昉等撰。

鄭樵《通志・藝文略・類書類》《太平廣記》五百卷。李昉編。《御覽》之外採其異事而爲《廣記》。

楊士奇等《文淵閣書目・類書》《太平廣記》。一部，五十一册。闕。

徐𤊹《徐氏家藏書目・彙書類》《太平廣記》五百卷。宋太宗詔編。

錢謙益等《絳雲樓書目・類書類》《太平廣記》。重出。見前小說家。

文苑英華

尤袤《遂初堂書目・類書類》《文苑英華》。

太平御覽

錢東垣等輯《崇文總目・類書類》《太平御覽》一千卷。李昉等撰。

鄭樵《通志・藝文略・類書類》《太平御覽》一千卷。太平興國中詔李昉等十四人編集，八年書成。初名《太平總類》，後改曰《太平御覽》，蓋以年號命名。

又《目録》十卷。

晁公武《郡齋讀書志・類書類》《太平總類》一千卷。皇朝李昉等撰。

尤袤《遂初堂書目・類書類》《太平御覽》。

陳振孫《直齋書録解題・類書類》《太平御覽》一千卷。翰林學士李昉、扈蒙等撰。

馬端臨《文獻通考・經籍考・類書》《太平御覽》一千卷。

《宋史・藝文志・類事類》李昉《太平御覽》一千卷。

楊士奇等《文淵閣書目・類書》《太平御覽》。一部，一百三十册。殘缺。

又《太平總類》。一部，一百册。闕。

《太平御覽》。一部，一百册。殘缺。

徐𤊹《徐氏家藏書目・彙書類》《太平御覽》一千卷。宋太宗詔編。

張萱等《内閣藏書目録・類書部》《太平御覽》六十七册。不全。宋太平興國間，太宗命諸臣撰集。

又二十六册。不全。

錢謙益等《絳雲樓書目・類書類》《太平御覽》。一千卷。太平興國間編輯。與《册府元龜》、《太平廣記》、《文苑英華》之類同時纂集。

《四庫全書總目提要・類書類一》《太平御覽》一千卷。侍講張燾家藏本。宋李昉等奉敕撰。

孫星衍《平津館鑒藏書籍記》《太平御覽》一千卷。《目録》十卷。《圖書綱目》一卷。

黄丕烈《蕘圃藏書題識》《太平御覽》三百六十卷。殘宋本。

張金吾《愛日精廬藏書志・類書類》《太平御覽》一千卷。舊抄本。

張之洞《書目答問・類書》《太平御覽》一千卷。宋李昉等。鮑校刻宋小字本，張刻大字本。又明汪昌序校活字版本最要。

事類賦

鄭樵《通志・藝文略・類書類》《事類賦》三十卷。吴淑撰。

趙希弁《讀書附志・　》《補註事類賦》三十卷。

尤袤《遂初堂書目・類書類》《事類賦》。

陳振孫《直齋書録解題・類書類》《事類賦》三十卷。校理丹陽吴淑正儀撰進并注。

馬端臨《文獻通考・經籍考・類書》《事類賦》三十卷。

《宋史・藝文志・類事類》吴淑《事類賦》三十卷。

范邦甸等《天一閣書目・類書類》《事類賦》三十卷。刊本。宋吴淑撰并自序。紹興丙寅邊惇德序。

徐𤊹《徐氏家藏書目・彙書類》《事類賦》三十卷。宋吴淑。

錢謙益等《絳雲樓書目・雜藝類》吴淑《注事類賦》三十卷。

于敏中等《天禄琳琅書目・明版子部》《事類賦》。二函，十六册。宋吴淑著。

《四庫全書總目提要・類書類一》《事類賦》。内府藏本。宋吴淑撰併自註。

彭元瑞等《天禄琳琅書目後編・宋版子部》《事類賦》。二函，十六册。宋吴淑撰。淑字正儀，丹陽人。官起居舍人職方員外郎。見《宋史文苑傳》。書三十卷。

孫星衍《平津館鑒藏書籍記》《事類賦》三十卷。題宋博士渤海吴淑撰注。

黄丕烈《蕘圃藏書題識再續録》《事類賦》三十卷。宋刻鈔補本。

文選雙字類要

陳振孫《直齋書録解題・類書類》《文選雙字類要》三卷。蘇易簡撰。摘取雙字，以類編集。

馬端臨《文獻通考・經籍考・類書》《文選雙字類要》三卷。

《宋史・藝文志・類事類》《文選雙字類要》四十卷。

范邦甸等《天一閣書目・類書類》《文選雙字類要》三卷。刊本。宋學士蘇易簡著。明嘉靖庚子莆田姚虞序。凡爲門四十，爲類五百。皇甫汸序後。

《四庫全書總目提要・類書類存目一》《文選雙字類要》三卷。浙江汪啟淑家藏本。舊本題宋蘇易簡撰。

丁丙《善本書室藏書志・類書類》《文選雙字類要》三卷。明刊本。沈椒園藏書。宋學士蘇易簡著。

文選抄

錢東垣等輯《崇文總目・類書類》《文選抄》十二卷。蘇易簡撰。

鄭樵《通志・藝文略・類書類》《文選抄》十二卷。宋朝蘇易簡撰。

文選菁英

《宋史・藝文志・類事類》蘇易簡《文選菁英》二十四卷。

青宮懿典

錢東垣等輯《崇文總目・類書類》《青宮懿典》十五卷。王純臣撰。

《宋史・藝文志・類事類》王純臣《青宮懿典》十五卷。

古今語要

《宋史・藝文志・類事類》喬舜封《古今語要》十二卷。

册府元龜

錢東垣等輯《崇文總目・類書類》《册府元龜》一千卷。王欽若等撰。

鄭樵《通志・藝文略・類書類》《册府元龜》一千卷。

晁公武《郡齋讀書志・類書類》《册府元龜》一千卷。

尤袤《遂初堂書目・類書類》《册府元龜》。

陳振孫《直齋書録解題・類書類》《册府元龜》一千卷。

馬端臨《文獻通考・經籍考・類書》《册府元龜》一千卷。

《宋史・藝文志・類事類》王欽若《册府元龜》一千卷。

楊士奇等《文淵閣書目・類書》《册府元龜》。一部，二百五十册。殘缺。

《册府元龜》。一部，一百五十册。殘缺。

范邦甸等《天一閣書目・類書類》新刊監本大字《册府元龜》一千卷。藍絲闌繭紙鈔本。宋王欽若等奉敕纂。

張萱等《内閣藏書目録・類書部》《册府元龜》一百四十六册。不全。宋王欽若等奉敕纂。凡一千卷。今闕一百三十二卷。

錢謙益等《絳雲樓書目・類書類》《册府元龜》。一千卷。分三十一部。

《四庫全書總目提要・類書類一》《册府元龜》一千卷。内府藏本。宋王欽若、楊億等奉敕撰。

孫星衍《平津館鑒藏書籍記》新刊監本大字《册府元龜》一千卷。

張金吾《愛日精廬藏書志・類書類》新刊監本《册府元龜》一千卷。舊抄本。宋推忠協謀同德守正佐理功臣樞密使特進、行吏部尚書、檢校太尉同中書門下平章事、修國史、上柱國、太原郡開國公、食邑七千户食實封二千八百户臣王欽若等奉敕纂。

張之洞《書目答問・類書》《册府元龜》一千卷。宋王欽若等。明崇禎李嗣京刻本。

册府元龜音義

《宋史・藝文志・類事類》《册府元龜音義》一卷。

國朝會要

《宋史・藝文志・類事類》章得象《國朝會要》一百五十卷。宋初至慶曆四年。

續蒙求

錢東垣等輯《崇文總目・類書類》《續蒙求》三卷。王殷範撰。

《宋史・藝文志・類事類》王殷範《續蒙求》三卷。

楊士奇等《文淵閣書目・類書》《續蒙求》。一部，一册。完全。

天和殿御覽

錢東垣等輯《崇文總目・類書類》《天和殿御覽》四十卷。晏殊等撰。

鄭樵《通志・藝文略・類書類》《天和殿御覽》四十卷。晏殊等。略采《册府元龜》。

尤袤《遂初堂書目・類書類》《天和殿御覽》。

陳振孫《直齋書録解題・類書類》《天和殿御覽》四十卷。

馬端臨《文獻通考・經籍考・類書》《天和殿御覽》四十卷。

《宋史・藝文志・類事類》晏殊《天和殿御覽》四十卷。

類要

錢東垣等輯《崇文總目・類書類》《類要》十五卷。晏殊撰。

鄭樵《通志・藝文略・類書類》《類要》七十四卷。晏殊編。

晁公武《郡齋讀書志・類書類》《類要》六十五卷。

尤袤《遂初堂書目・類書類》《晏公類要》。

陳振孫《直齋書録解題・類書類》《類要》七十六卷。晏殊撰。曾鞏爲序。

馬端臨《文獻通考・經籍考・類書》《類要》六十五卷。

《宋史・藝文志・類事類》《類要》七十七卷。

楊士奇等《文淵閣書目・類書》《類要》。一部，一百六册。闕。

《四庫全書總目提要・類書類存目一》《類要》一百卷。浙江范懋柱家天一閣藏本。宋晏殊撰。殊字同叔，撫州臨川人。景德初，張知白以神童薦，賜同進士出身。擢祕書省正字。官至集賢殿學士、同平章事、兼樞密使。卒謚元獻。事蹟具《宋史》本傳。

孫星衍《平津館鑑藏書籍記》晏元獻公《類要》卅七卷。

姓解

楊守敬《日本訪書志》《姓解》三卷。北宋槧本。刻入《古逸叢書》。宋邵思撰。

將帥要略

《宋史・藝文志・類事類》胡旦《將帥要略》二十卷。

唐書類苑

錢東垣等輯《崇文總目・類書類》《唐書類苑》二卷。邵思撰。

鄭樵《通志・藝文略・類書類》《唐書類苑》二卷。宋朝邵思撰。

記室新書

《四庫全書總目提要・類書類存目一》《記室新書》七十卷。兩江總督採進本。舊本題宋方龜年編。龜年，莆田人。景祐元年進士。官至屯田郎中。

重廣會史

《宋史・藝文志・類事類》《重廣會史》一百卷。

春秋經傳類對賦

《四庫全書總目提要・類書類存目一》《春秋經傳類對賦》一卷。兩江總督採進本。宋徐晉卿撰。晉卿里貫未詳。自署稱將仕郎祕書省校書郎，亦不知其始末也。

雞跖集

鄭樵《通志・藝文略・類書類》《雞跖集》二十卷。

尤袤《遂初堂書目・類書類》《雞跖集》。

《宋史・藝文志・類事類》宋庠《雞跖集》二十卷。

三昧集

楊士奇等《文淵閣書目・類書》李端叔《三昧集》。一部，一册。闕。

國史對韻

晁公武《郡齋讀書志・類書類》《國史對韻》十二卷。右皇朝范鎮撰。

馬端臨《文獻通考・經籍考・類書》《國史對韻》十二卷。

晉史屬辭

陳振孫《直齋書録解題・類書類》《晉史屬辭》三卷。永嘉戴迅簡之撰。

馬端臨《文獻通考・經籍考・類書》《晉史屬辭》三卷。

瑣碎録

楊士奇等《文淵閣書目・書》《瑣碎録》。一部，六册。闕。

文選類林

徐𤊹《徐氏家藏書目・彙書類》《文選類林》二十卷。

《四庫全書總目提要・類書類存目一》《文選類林》十八卷。浙江范懋柱家天一閣藏本。舊本題宋劉攽撰。攽字貢父，新喻人。敞之弟也。與敞同舉慶曆六年進士。歷官祕書少監，出知蔡州。後終於中書舍人。事蹟具《宋史》本傳。

禁殺録

晁公武《郡齋讀書志・類書類》《禁殺録》一卷。右皇朝李象先纂。

馬端臨《文獻通考・經籍考・類書》《禁殺録》一卷。

職官分紀

《四庫全書總目提要・類書類一》《職官分紀》五十卷。江蘇巡撫採進本。宋孫逢吉撰。逢吉字彦同，富春人。事蹟具《宋史》本傳。

兩漢蒙求

晁公武《郡齋讀書志・類書類》《兩漢蒙求》五卷。《唐史屬辭》五卷。《南北史蒙求》十卷。右未詳撰人。

陳振孫《直齋書録解題・類書類》《兩漢蒙求》十卷。樞密吳興劉珏希范撰。紹聖中所序。

《宋史・藝文志・類事類》劉珏《兩漢蒙求》十卷。

《四庫全書總目提要・類書類存目一》《兩漢蒙求》十一卷。《永樂大典》本。宋劉班撰。班字希范，吳興人。仕至同知三省樞密院事。

海録碎事

尤袤《遂初堂書目・類書類》《海録碎事》。

陳振孫《直齋書録解題・類書類》《海録碎事》三十三卷。知泉州建安葉廷珪撰。

馬端臨《文獻通考・經籍考・類書》《海録碎事》三十三卷。

《宋史・藝文志・類事類》葉庭珪《海録碎事》二十三卷。

楊士奇等《文淵閣書目・類書》《海録碎事》。一部，十五册。殘缺。《海録碎事》。一部，十五册。殘缺。

范邦甸等《天一閣書目・類書類》《海録碎事》二十二卷。藍絲闌繭紙鈔本。宋葉庭珪撰。

徐𤊹《徐氏家藏書目・彙書類》《海録碎事》二十二卷。宋葉廷珪。

錢謙益等《絳雲樓書目・類書類》《海録碎事》。三十三卷。宋葉廷珪撰。

《四庫全書總目提要・類書類一》《海録碎事》二十二卷。内府藏本。宋葉廷珪撰。廷珪字嗣忠，崇安人。政和五年進士。出知德興縣。紹興中爲太常寺丞。與秦檜忤，以左朝請大夫出知泉州軍州事。

彭元瑞等《天禄琳琅書目後編・明版子部》《海録碎事》。二函，十二册。宋葉廷珪撰。廷珪字嗣忠，崇安人。政和五年進士。紹興中爲太常寺丞，與秦檜忤，出知泉州。

續補侍兒小名録

錢謙益等《絳雲樓書目・雜藝類》《侍兒小名録拾遺補續》。一卷。序題明溪居士，而不著名氏。

《四庫全書總目提要・類書類存目一》《續補侍兒小名録》一卷。内府藏本。宋温豫撰。豫字彦幾，晉陽人。

分門古今類事

黄虞稷《千頃堂書目・類書類》《分門古今類事》二十卷。

倪燦等《宋史藝文志補・類書類》《分門古今類事》二十卷。

實賓録

晁公武《郡齋讀書志・類書類》《異號録》二十卷。右皇朝馬永易明叟編。

尤袤《遂初堂書目・類書類》《實賓録》。

陳振孫《直齋書録解題・類書類》《實賓録》三十卷，《後集》三十卷。高郵馬永易明叟撰，蜀人句龍材校正，文彪增廣。

馬端臨《文獻通考・經籍考・類書》《異號録》二十卷。

《宋史・藝文志・類事類》馬永易《實賓録》三十卷。

又《異號録》三十卷。

《四庫全書總目提要・類書類一》《實賓録》十四卷。《永樂大典》本。宋馬永易撰。永易字明叟，揚州人。

《四庫全書總目提要・類書類存目一》《別本實賓録》一卷。浙江范懋柱家天一閣藏本。不著編輯者名氏。

張金吾《愛日精廬藏書志・類書類》《實賓録》十四卷。文瀾閣傳抄本。宋馬永易撰。

宣和書譜

錢謙益等《絳雲樓書目・雜藝類》《宣和書譜》。

文房纂要

《宋史・藝文志・類事類》王雲《文房纂要》十卷。

書敘指南

鄭樵《通志・藝文略・類書類》《書敘指南》二十卷。任廣撰。

晁公武《郡齋讀書志・類書類》《書敘指南》二十卷。右皇朝任浚撰。

尤袤《遂初堂書目・類書類》《書敘指南》。

陳振孫《直齋書録解題・類書類》《書敘指南》二十卷。任廣撰。崇寧中人。

馬端臨《文獻通考・經籍考・類書》《書敘指南》二十卷。

《宋史・藝文志・類事類》任廣《書敘指南》二十卷。

楊士奇等《文淵閣書目・類書》《書敘指南》。一部，十册。殘缺。

錢謙益等《絳雲樓書目・類書類》《書敘指南》四册。二十卷。任浚撰。宋崇寧間人。

《四庫全書總目提要・類書類一》《書敘指南》二十卷。兩淮鹽政採進本。宋任廣撰。廣字德儉，浚儀人。

黄丕烈《蕘圃藏書題識》《書敘指南》十二卷。明刊本。《書敘指南》十二卷。明嘉靖時刻。

自警編

楊士奇等《文淵閣書目・類書》《自警編》。一部，七册。完全。

《自警編》。一部，五册。完全。

《自警編》。一部，五册。完全。

《自警編》。一部，六册。完全。

《自警編》。一部，五册。完全。

《自警編》。一部，五册。闕。

古今姓氏書辨證

《四庫全書總目提要・類書類一》《古今姓氏書辨證》四十卷。《永樂大典》本。宋鄧名世撰，而其子椿裒次之。名世字元亞，臨川人。祖孝甫，見《宋史隱逸傳》，即原序所稱文昌先生者是也。

張之洞《書目答問・史部譜録》《古今姓氏書辨證》四十卷。《校勘記》三卷。宋鄧名世。守山閣本，又洪刻本。

唐宋白孔六帖

《宋史・藝文志・類事類》《前後六帖》三十卷。前，白居易撰。後，宋孔傳撰。

徐𤊹《徐氏家藏書目・彙書類》《白孔六帖》一百卷。白居易。

錢謙益等《絳雲樓書目・類書類》《白孔六帖》。

王士禛《漁洋書跋》《白孔六帖》。白樂天作《六帖》。

于敏中等《天禄琳琅書目・明版子部》《白孔六帖》。十函，五十册。唐白居易纂，宋孔傳續編，共成一百卷。宋韓駒序。

《四庫全書總目提要・類書類一》《白孔六帖》一百卷。内府藏本。案《文獻通考》：《六帖》三十卷。唐白居易撰。

彭元瑞等《天禄琳琅書目後編・明版子部》《白孔六帖》。十函，一百册。唐白居易、宋孔傳撰。書一百卷。凡一千三百九十九條。南宋時合編及注人俱無考。

張之洞《書目答問・類書》《白孔六帖》一百六卷。唐白居易宋孔傳。通行本。

類説

《宋史・藝文志・類事類》曾慥《類説》五十卷。

楊士奇等《文淵閣書目・類書》《類説》。一部，二十一册。殘缺。《類説》。一部，七册。殘缺。

南北分門事類

《宋史・藝文志・類事類》吴曾《南北分門事類》十二卷。

皇朝事實類苑

陳振孫《直齋書録解題・類書類》《皇朝事實類苑》二十六卷。知吉州江少虞撰。紹興中人。

馬端臨《文獻通考・經籍考・類書》《皇朝事實類苑》二十六卷。

《宋史・藝文志・類事類》江少虞《皇朝事實類苑》二十六卷。

文選華句

尤袤《遂初堂書目・類書類》《文選華句》。

學選

鄭樵《通志・藝文略・類書類》《學選》二十五卷。

經語韻對

鄭樵《通志・藝文略・類書類》《經語韻對》五卷。鄭澥撰。

續韻類選

鄭樵《通志·藝文略·類書類》《續韻類選》三十卷。

慶曆萬題

鄭樵《通志·藝文略·類書類》《慶曆萬題》六十卷。錢昌宗編。
晁公武《遂初堂書目·類書類》《慶曆萬題》。

玉山題府

鄭樵《通志·藝文略·類書類》《玉山題府》三十卷。
尤袤《遂初堂書目·類書類》《玉山題府》。
《宋史·藝文志·類事類》《玉山題府》二十卷。

壬寅題寶

鄭樵《通志·藝文略·類書類》《壬寅題寶》十卷。

熙寧題髓

鄭樵《通志·藝文略·類書類》《熙寧題髓》十五卷。
《宋史·藝文志·類事類》《熙寧題髓》十五卷。

千題適變

鄭樵《通志·藝文略·類書類》《千題適變》十六卷。
《宋史·藝文志·類事類》陳貽範《千題適變録》十六卷。

經傳集外注題

鄭樵《通志·藝文略·類書類》《經傳集外注題》五十卷。楊損之編。

解　題

鄭樵《通志·藝文略·類書類》《解題》四十五卷。方龜年編。

題　海

鄭樵《通志·藝文略·類書類》《題海》八十卷。

續題海

鄭樵《通志·藝文略·類書類》《續題海》八十卷。

韻　海

鄭樵《通志·藝文略·類書類》《韻海》五十卷。許冠編。

韻類解題

鄭樵《通志·藝文略·類書類》 《韻類解題》五卷。張孟纂。

押韻

晁公武《郡齋讀書志·類書類》 《押韻》五卷。右皇朝張孟撰。

馬端臨《文獻通考·經籍考·類書》 《押韻》五卷。

猪肉臠

鄭樵《通志·藝文略·類書類》 《猪肉臠》二十卷。

邊崖類聚

鄭樵《通志·藝文略·類書類》 《邊崖類聚》三十卷。

《宋史·藝文志·類事類》 《邊崖類聚》三十二卷。

分門類海

鄭樵《通志·藝文略·類書類》 《分門類海》一百卷。

典類

鄭樵《通志·藝文略·類書類》 《典類》一百卷。釋守能編撰。

《宋史·藝文志·類事類》 僧守能《典類》一百卷。

學林

鄭樵《通志·藝文略·類書類》 《學林》三十卷。陳鎡編。

楊士奇等《文淵閣書目·類書》 《學林》。一部，十册。闕。

採璧

鄭樵《通志·藝文略·類書類》 《採璧》十五卷。

會史

鄭樵《通志·藝文略·類書類》 《會史》一百卷。

晁公武《遂初堂書目·類書類》 《會史》。

廣會史

鄭樵《通志·藝文略·類書類》 《廣會史》二十五卷。

諸史總要

鄭樵《通志・藝文略・類書類》《諸史總要》五十卷。

策　苑

鄭樵《通志・藝文略・類書類》《策苑》四十卷。

羣書數類

鄭樵《通志・藝文略・類書類》《羣書數類》一卷。林扶編撰。

經史子集名數

鄭樵《通志・藝文略・類書類》《經史子集名數》六卷。

《宋史・藝文志・類事類》《新編經史子集名卷》六卷。

左氏蒙求

晁公武《郡齋讀書志・類書類》《左氏蒙求》三卷。

左氏綱領

晁公武《郡齋讀書志・類書類》《左氏綱領》四卷。右皇朝文濟道撰。排比事實爲儷句，《蒙求》之類也。

尊號録

趙希弁《讀書附志・類書類》《尊號録》一卷。右宋元憲公庠所編也。自漢至于仁宗，有序有評有贊。龍圖閣學士、提舉寶籙宫宋康年進。

十七史類

趙希弁《讀書附志・類書類》《十七史類》七十七卷。右三山鄭某所編也。自周而下，每一事相類，則編而次之。

羣玉義府

《宋史・藝文志・類事類》王掄《羣玉義府》五十四卷。

西漢總類

趙希弁《讀書附志・類書類》《西漢總類》二十六卷。右沈長卿文伯所編也。

祕府書林

趙希弁《讀書附志・類書類》《祕府書林》二十二卷。右張文伯正夫所編。

楊士奇等《文淵閣書目・類書》《祕府書林》。一部，四册。闕。

通志

楊士奇等《文淵閣書目・類書》《通志》。一部，一百七十册。殘缺。

《通志》。一部，一百六十八册。完全。

《通志》。一部，一百五十八册。闕。

錢謙益等《絳雲樓書目・類書類》 鄭樵《通志》。

文樞要録

尤袤《遂初堂書目・類書類》《文樞要録》。

經史事始

尤袤《遂初堂書目・類書類》《經史事始》。

三國蒙求

尤袤《遂初堂書目・類書類》《三國蒙求》。

本朝蒙求

尤袤《遂初堂書目・類書類》《本朝蒙求》。

陳振孫《直齋書録解題・類書類》《本朝蒙求》三卷。端明殿學士成都范鎮景仁撰。

《宋史・藝文志・類事類》 范鎮《本朝蒙求》二卷。

唐史屬辭

尤袤《遂初堂書目・類書類》《唐史屬辭》。

敘古蒙求

尤袤《遂初堂書目・類書類》《敘古蒙求》。

《宋史・藝文志・類事類》 胡宏《敘古蒙求》一卷。

小説蒙求

尤袤《遂初堂書目・類書類》《小説蒙求》。

葉才老和蒙求

尤袤《遂初堂書目・類書類》《葉才老和蒙求》。

《宋史・藝文志・類事類》 葉才老《和李翰蒙求》三卷。

經史類對

尤袤《遂初堂書目・類書類》《經史類對》。

張萱等《内閣藏書目録・類書部》《經史類對》八册。不全。釋道蒙編。集經史故實，爲四言對，每四句爲一韻。前後俱缺，莫詳卷數。

采箱子

尤袤《遂初堂書目・類書類》《采箱子》。

分門節要

尤袤《遂初堂書目・類書類》《分門節要》。

開卷録

尤袤《遂初堂書目・類書類》《開卷録》。

文選事類

尤袤《遂初堂書目・類書類》《文選事類》。

漢雋

陳振孫《直齋書録解題・類書類》《漢雋》十卷。括蒼林越撰。

馬端臨《文獻通考・經籍考・類書》《漢雋》十卷。

《宋史・藝文志・類事類》林越《漢雋》十卷。

徐𤊹《徐氏家藏書目・彙書類》《漢雋》十卷。

錢謙益等《絳雲樓書目・類書類》《漢雋》。十卷。宋林鉞撰。以《西漢書》分類爲五十篇。

後六帖

尤袤《遂初堂書目・類書類》《孔氏六帖》。

陳振孫《直齋書録解題・類書類》《後六帖》三十卷。

馬端臨《文獻通考・經籍考・類書》《後六帖》三十卷。

楊士奇等《文淵閣書目・類書》《孔氏六帖》。一部，十册。闕。

彭元瑞等《天禄琳琅書目後編・宋版子部》《孔氏六帖》。四函，二十册。宋孔傳撰。傳字世文，孔子四十七代孫。中丞道輔之孫，從孔端友南遷，居衢州。官朝散大夫，知撫州。

諸史提要

陳振孫《直齋書録解題・類書類》《諸史提要》十五卷。參政吴越、錢端禮、處和撰。

馬端臨《文獻通考・經籍考・類書》《諸史提要》。

《宋史・藝文志・類事類》錢端禮《諸史提要》十五卷。

詩律武庫

《四庫全書總目提要・類書類存目一》《詩律武庫》前後集三十卷。江蘇巡撫採進本。舊本題宋吕祖謙編。

歷代制度詳説

范邦甸等《天一閣書目・類書類》《歷代制度詳説》十一卷。緜紙藍絲闌鈔本。宋吕祖謙撰。

《四庫全書總目提要・類書類一》《歷代制度詳説》十二卷。兩淮馬裕家藏本。宋吕祖謙撰。

張金吾《愛日精廬藏書志・類書類》新刻《歷代制度詳説》十二卷。舊抄本。宋東萊先生吕祖謙伯恭編撰。

觀史類編

陳振孫《直齋書録解題・類書類》《觀史類編》六卷。吕祖謙撰。

馬端臨《文獻通考・經籍考・類書》《觀史類編》六卷。

《宋史・藝文志・類事類》吕祖謙《觀史類編》六卷。

大事記通釋

楊士奇等《文淵閣書目・類書》《大事記通釋》。一部，一册。闕。

《大事記通釋》。一部，一册。闕。

幼學須知

陳振孫《直齋書録解題・類書類》《幼學須知》五卷。餘姚孫應符仲潛撰次。

《宋史・藝文志・類事類》孫應符《幼學須知》五卷。

楊士奇等《文淵閣書目・類書》《幼學須知》。一部，一册。闕。

兩漢博聞

陳振孫《直齋書録解題・類書類》《兩漢博聞》二十卷。無名氏。或云楊侃。

馬端臨《文獻通考・經籍考・類書》《兩漢博聞》二十卷。

錢謙益等《絳雲樓書目・類書類》《兩漢博聞》四册。二十卷。宋楊侃纂。真宗時人。

選腴

陳振孫《直齋書録解題・類書類》《選腴》五卷。天台王若撰。

馬端臨《文獻通考・經籍考・類書》《選腴》五卷。

遷史删改古書異辭

陳振孫《直齋書録解題・類書類》《遷史删改古書異辭》十二卷。倪思撰。

馬班異辭

陳振孫《直齋書録解題・類書類》《馬班異辭》三十五卷。倪思撰。

趙氏家塾蒙求

陳振孫《直齋書録解題・類書類》《趙氏家塾蒙求》二十五卷。趙彦綎撰。

宗室蒙求

陳振孫《直齋書録解題・類書類》《宗室蒙求》三卷。趙彦綎撰。

古鏡記

馬端臨《文獻通考・經籍考・類書》《古鏡記》一卷。

侍女小名

馬端臨《文獻通考・經籍考・類書》《侍女小名》一卷。

古今故事録

馬端臨《文獻通考・經籍考・類書》《古今故事録》二十卷。

《宋史・藝文志・類事類》 閻一德《古今故事録》二十一卷。

錦繡萬花谷前集　後集　續集　別集

陳振孫《直齋書録解題・類書類》《錦繡萬花谷》四十卷，《續》四十卷。序稱淳熙十五年作，而不著名氏。

馬端臨《文獻通考・經籍考・類書》《錦綉萬花谷》四十卷，《續》四十卷。

范邦甸等《天一閣書目・類書類》《錦繡萬花谷前集》三十二卷，《後集》四十卷，《續集》四十卷。刊本。卷面缺數行。宋衢人蕭贊元著。

徐𤊹《徐氏家藏書目・彙書類》《錦繡萬花谷》一百五十卷。

錢謙益等《絳雲樓書目・類書類》《錦繡萬花谷》。四十卷。《續》四十卷。序稱淳熙十五年作，而不著名氏。

黃虞稷《千頃堂書目・類書類》《錦繡萬花谷前集》四十卷，《後集》四十卷，《續集》四十卷，《別集》三十卷。

倪燦等《宋史藝文志補・類書類》《錦繡萬花谷前集》四十卷。

又《後集》四十卷。

又《續集》四十卷。

又《別集》三十卷。以下失名。

于敏中等《天禄琳琅書目・明版子部》《錦繡萬花谷》。二函，十六册。不著纂人姓氏。八十一卷。前自序。

《四庫全書總目提要・類書類一》《錦繡萬花谷前集》四十卷，《後集》四十卷，《續集》四十卷。兩江總督採進本。不著撰人名氏。

彭元瑞等《天禄琳琅書目後編・宋版子部》《錦繡萬花谷》。四函，五十册。不著撰人姓名。

帝王經世圖譜

陳振孫《直齋書録解題・類書類》《帝王經世圖譜》十卷。著作佐郎金華唐仲友與正撰。

馬端臨《文獻通考・經籍考・類書》《帝王經世圖譜》十卷。

《宋史・藝文志・類事類》 唐仲友《帝王經世圖譜》十卷。

楊士奇等《文淵閣書目・類書》《帝王經世圖譜》。一部，六册。完全。

《四庫全書總目提要・類書類一》《帝王經世圖譜》十六卷。《永樂大典》本。宋唐仲友撰。仲友字與政，金華人。紹興中登進士第，復中宏詞科。後守台州，與朱子相忤，爲朱子所論罷。故宋史不爲立傳。

張金吾《愛日精廬藏書志・類書類》《帝王經世圖譜》十六卷。文瀾閣傳抄本。宋唐仲友撰。

明善編

楊士奇等《文淵閣書目・類書》《明善編》。一部，四册。完全。

事物紀原

趙希弁《讀書附志・類書類》《事物紀原》十卷。右高承編。

尤袤《遂初堂書目・類書類》《事物紀原》。

高儒《百川書志・類書》《事物紀原集類》十卷。

徐𤊹《徐氏家藏書目・彙書類》《事物紀原》十卷。亡名氏。

錢謙益等《絳雲樓書目・類書類》 高承《事物紀原》十卷。見《宋史藝文志》。元豐間人也。

《四庫全書總目提要・類書類一》《事物紀原》十卷。編修嚴福家藏本。明正統閒南昌簡敬所刊。

彭元瑞等《天禄琳琅書目後編・明版子部》《事物紀原》。二函，十二册。宋高承撰。

張金吾《愛日精廬藏書志・類書類》《事物紀原集類》二十卷。校宋本，致爽閣藏書。宋高承撰。

錦帶書

《宋史・藝文志・類事類》 孟詵《錦帶書》八卷。

忘筌書

楊士奇等《文淵閣書目・類書》《忘筌書》。一部，二册。闕。

金玉新書

楊士奇等《文淵閣書目・類書》《金玉新書》。一部，十二册。闕。

敘古千文

楊士奇等《文淵閣書目・類書》《敘古千文》。一部，一册。完全。

故事備要

楊士奇等《文淵閣書目・類書》《故事備要》。一部，四册。闕。

宋舒津蒙求

楊士奇等《文淵閣書目・類書》《宋舒津蒙求》。一部，一册。闕。

玉　府

楊士奇等《文淵閣書目・類書》《玉府》。一部，九册。闕。

李橘山四六

楊士奇等《文淵閣書目・類書》《李橘山四六》。一部，三册。闕。

羣書備覽

楊士奇等《文淵閣書目・類書》《羣書備覽》。一部，三十二册。闕。

經子法語

陳振孫《直齋書録解題・類書類》《經子法語》二十四卷。

馬端臨《文獻通考・經籍考・類書》《經子法語》二十四卷。

《宋史・藝文志・類事類》洪邁《經子法語》二十四卷。

楊士奇等《文淵閣書目・類書》《經子法語》。一部，三册。闕。

《經子法語》。一部，二册。闕。

左傳法語

陳振孫《直齋書録解題・類書類》《左傳法語》六卷。

馬端臨《文獻通考・經籍考・類書》《左傳法語》六卷。

《宋史・藝文志・類事類》《春秋左氏傳法語》六卷。

史記法語

陳振孫《直齋書録解題・類書類》《史記法語》十八卷。

馬端臨《文獻通考・經籍考・類書》《史記法語》十八卷。

《宋史・藝文志・類事類》《史記法語》八卷。

西漢法語

陳振孫《直齋書録解題・類書類》《西漢法語》二十卷。

馬端臨《文獻通考・經籍考・類書》《西漢法語》二十卷。

《宋史・藝文志・類事類》《前漢法語》二十卷。

後漢精語

陳振孫《直齋書録解題・類書類》《後漢精語》十六卷。

馬端臨《文獻通考・經籍考・類書》《後漢精語》十六卷。

《宋史・藝文志・類事類》《後漢精語》十六卷。

三國精語

陳振孫《直齋書録解題・類書類》《三國精語》六卷。

馬端臨《文獻通考・經籍考・類書》《三國精語》六卷。

《宋史・藝文志・類事類》《三國志精語》六卷。

晉書精語

陳振孫《直齋書録解題・類書類》《晉書精語》五卷。

馬端臨《文獻通考・經籍考・類書》《晉書精語》五卷。

《宋史・藝文志・類事類》《晉書精語》五卷。

南史精語

陳振孫《直齋書録解題・類書類》《南史精語》十卷。洪邁撰。

馬端臨《文獻通考・經籍考・類書》《南史精語》十卷。

《宋史・藝文志・類事類》《南史精語》六卷。

唐書精語

《宋史・藝文志・類事類》《唐書精語》一卷。

四六膏馥

《四庫全書總目提要・類書類存目一》《四六膏馥》七卷。《永樂大典》本。舊本題宋楊萬里撰。

西漢會要

《宋史・藝文志・類事類》徐天麟《西漢會要》七十卷。

項氏家説

楊士奇等《文淵閣書目・類書》《項氏家説》。一部，六册。闕。

山堂考索前集　後集　續集　別集

楊士奇等《文淵閣書目・類書》《山堂考索》。一部，二十一册。殘缺。

高儒《百川書志・類書》《山堂考索》二百一十二卷。《前集》六十六卷，《後集》六十五卷，《續集》五十六卷，《別集》二十五卷。宋國子博士章俊卿編輯。

范邦甸等《天一閣書目・類書類》《羣書考索前集》六十六卷，《續集》五十六卷，《別集》二十五卷。刊本。宋章如愚編輯。正德戊辰鄭京序。

徐𤊹《徐氏家藏書目・彙書類》《山堂考索》二百十二卷。宋章如愚。

張萱等《内閣藏書目録・類書部》《山堂考索》四册。不全。宋寧宗朝金華章如愚輯。《前集》六十六卷，《後集》六十五卷，《續集》五十六卷，《別集》二十五卷。

錢謙益等《絳雲樓書目・類書類》《山堂考索》。三十二册。六十六卷。章如愚，字俊卿，金華有好人。慶元中登第，歷知州，以忤韓侂胄免歸。元板。

黄虞稷《千頃堂書目・類書類》章俊卿《山堂羣書考索》二百十二卷。前、後、續、別四集。字如愚，金華人。慶元中進士，官國子博士。忤韓侂胄，罷職歸。

倪燦等《宋史藝文志補・類書類》章俊卿《山堂羣書考索前集》六十六卷。

又《後集》六十五卷。

又《續集》五十六卷。

又《別集》二十五卷。字如愚，金華人，國子博士。

于敏中等《天禄琳琅書目・明版子部》《羣書考索》。十二函，一百册。宋章如愚輯。《前集》六十六卷，《後集》六十五卷，《續集》五十六卷，《別集》二十五卷，共二百十二卷。

《四庫全書總目提要・類書類一》《山堂考索前集》六十六卷，《後集》六十五卷，《續集》五十六集，《別集》二十五卷。内府藏本。宋章如愚撰。如愚字俊卿，婺州金華人。慶元中登進士第。初授國子博士，改知貴州。開禧初，被召，疏陳時政。忤韓侂胄，罷歸。事蹟具《宋史・儒林傳》。

彭元瑞等《天禄琳琅書目後編・明版子部》《羣書考索》。三函，三十二册。宋章如愚撰。如愚，字俊卿，金華人。慶元中進士，官知貴州。

張之洞《書目答問・類書》《山堂考索》二百一十二卷。宋章如愚。明正德慎獨齋刻本。《前集》六十六卷，《後集》六十五卷，《續集》五十六卷，《別集》二十五卷。

記纂淵海

楊士奇等《文淵閣書目・類書》《記纂淵海》。一部，十二册。闕。

《記纂淵海》。一部，三十九册。闕。

高儒《百川書志・類書》《記纂淵海》一百九十五卷。宋潘自牧、賈昉、汪淳叔撰。

范邦甸等《天一閣書目・類書類》《記纂淵海》一百九十五卷。緜紙藍絲闌鈔本。宋金華潘自牧著。嘉定己巳自序云：凡爲部二十有二，爲門一千二百四十有六，合二百三十六卷，總八十萬言。

徐𤊹《徐氏家藏書目・彙書類》《記纂淵海》二百卷。潘如愚。

黃虞稷《千頃堂書目・類書類》潘自牧《記纂淵海》一百九十五卷。《金華志》作潘景憲，字叔度。龍興元年進士，官教授。

倪燦等《宋史藝文志補・類書類》潘自牧《記纂淵海》一百九十五卷。字牧之，龍游令。《金華志》作潘景憲。叔度著今本一百卷。

于敏中等《天禄琳琅書目・明版子部》《記纂淵海》。四函，三十二册。宋潘自牧著。一百卷。前明陳文燧、胡維新二序，次編校姓氏。

《四庫全書總目提要・類書類一》《記纂淵海》一百卷。兩淮馬裕家藏本。宋潘自牧撰。

彭元瑞等《天禄琳琅書目後編・明版子部》《記纂淵海》。五函，四十册。宋潘自牧撰。自牧，金華人。慶元元年進士，官龍游令。書一百卷，分五十八部。

名賢氏族言行類稾

《四庫全書總目提要・類書類一》《名賢氏族言行類稾》六十卷。江蘇巡撫採進本。宋章定撰。定，建安人。仁履無考。

姬侍類偶

黃虞稷《千頃堂書目・類書類》周守忠《姬侍類偶》二卷。

倪燦等《宋史藝文志補・類書類》周守忠《姬侍偶類》二卷。

《四庫全書總目提要・類書類存目一》《姬侍類偶》二卷。浙江吳玉墀家藏本。宋周守忠撰。

押韻釋疑

范邦甸等《天一閣書目・類書類》《押韻釋疑》八卷。刊本。不著撰人名氏。

源流至論前集　後集　續集　別集

范邦甸等《天一閣書目・類書類》《古今源流至論》十卷。刊本。宋林駉撰。

徐𤊹《徐氏家藏書目・子類》《源流至論》十卷。宋林駉。

《四庫全書總目提要・類書類一》《源流至論前集》十卷，《後集》十卷，《續集》十卷，《別集》十卷。內府藏本。

張金吾《愛日精廬藏書志・類書類》新箋決科《古今源流至論前集》十卷，《後集》十卷，《續集》十卷，《別集》十卷。元延祐抄本。

後源流至論

徐𤊹《徐氏家藏書目・子類》《後源流至論》十卷。宋黃履翁。

新編分門標題皇鑑箋要

張金吾《愛日精廬藏書志・類書類》《新編分門標題皇鑑箋要》六十卷。舊抄本。宋閩川林駉德頌撰。

璧水羣英待問會元選要

范邦甸等《天一閣書目・類書類》《璧水羣英待問會元選要》八十二卷。嘉靖壬辰慎獨齋刊行。宋劉達可編集。明正德四年王敕序。

黃虞稷《千頃堂書目・類書類》 劉達可《璧水羣英集》八十二卷。建安人。

倪燦等《宋史藝文志補・類書類》 劉達可《璧水羣英集》八十二卷。建安人。

《四庫全書總目提要・類書類存目一》 《璧水羣英待問會元選要》八十二卷。浙江巡撫採進本。宋建安劉達可編。元華亭沈子淮選。寧州查仲孺、吴江徐珩批點。俱不知何許人。

璧水羣英集

徐𤊹《徐氏家藏書目・彙書類》 《璧水羣英集》八十二卷。

屠赤水鴻包

徐𤊹《徐氏家藏書目・彙書類》 《屠赤水鴻包》四十八卷。

事文類聚前集　後集　續集　別集　新集　外集

趙希弁《讀書附志・類書類》 《事文類聚》六十卷。右祝穆和父編。

楊士奇等《文淵閣書目・類書》 《事文類聚》。一部，六十册。殘缺。

《事文類聚》。一部，三十册。殘缺。

《事文類聚》。一部，三十五册。殘缺。

《事文類聚》。一部，二十八册。殘缺。

《事文類聚》。一部，九十册。殘缺。

高儒《百川書志・類書》 《事文類聚》二百二十二卷。

徐𤊹《徐氏家藏書目・彙書類》 《事文類聚》二百二十一卷。

張萱等《内閣藏書目録・類書部》 《事文類聚》三十一册，不全。宋祝穆編。又三十二册。不全。

劉若愚《内板經書紀略》 《事文類聚》。一百三十本。千三百六十葉。

黃虞稷《千頃堂書目・類書類》 祝穆《事文類聚》前、後、續、别四集，一百七十卷。

倪燦等《宋史藝文志補・類書類》 祝穆《事文類聚前集》六十卷。

又 《後集》五十卷。

又 《續集》二十八卷。

又 《別集》三十二卷。

于敏中等《天禄琳琅書目・明版子部》 《新編古今事文類聚》。十三函，一百三十册。《前集》六十卷，《後集》五十卷，《續集》二十八卷，《別集》三十二卷。宋祝穆編。《新集》三十六卷，《外集》十五卷。富大用編。書首有穆自序。

《四庫全書總目提要・類書類一》 《事文類聚前集》六十卷，《後集》五十卷，《續集》二十八卷，《別集》三十二卷，《新集》三十六卷，《外集》十五卷，《遺集》十五卷。江西巡撫採進本。

類編古今事林羣書一覽

《四庫全書總目提要・類書類存目一》 《類編古今事林羣書一覽》十卷。江西巡撫採進本。舊本題宋祝穆撰。

朝野類要

楊士奇等《文淵閣書目・類書》 《朝野類要》。一部，一册。闕。

羣書會元截江綱

錢謙益等《絳雲樓書目・類書類》 《羣書會元截江綱》十册。

黃虞稷《千頃堂書目・類書類》 胡煦《羣書會元截江綱》十六卷。

倪燦《補遼金元藝文志・類書類》《羣書會元截江綱》三十五卷。失名。舊作十六卷。胡煦著。

《四庫全書總目提要・類書類一》《羣書會元截江綱》三十五卷。浙江巡撫採進本。不著撰人名氏。

全芳備祖前集　後集

楊士奇等《文淵閣書目・類書》《全芳備祖》。一部，八册。闕。

《全芳備祖》。一部，八册。闕。

范邦甸等《天一閣書目・類書類》《全芳備祖》七卷。藍絲闌鈔本。宋陳景沂編集。

錢謙益等《絳雲樓書目・類書類》《全芳備祖》。陳景沂，淮泚人。南宋寶祐中纂。祝穆訂正。

黄虞稷《千頃堂書目・類書類》陳景沂《花木果卉全芳備祖前集》二十七卷，《後集》三十一卷。天台人。稱江淮肥遯愚子。寶祐元年癸丑安陽老圃韓境序。

倪燦等《宋史藝文志補・類書類》陳景沂《全芳備祖前集》二十七卷。

又《後集》三十一卷。天台人。

《四庫全書總目提要・類書類一》《全芳備祖前集》二十七卷，《後集》三十一卷。編修勵守謙家藏本。宋陳景沂撰。

古今合璧事類備要前集　後集　續集　别集　外集

范邦甸等《天一閣書目・類書類》《古今合璧事類備要前集》六十九卷。刊本。宋建安謝維新編并序。

張萱等《内閣藏書目録・類書部》《合璧事類》七十二册。不全。宋寶祐間膠庠進士謝維新編。有前、後、續、别、外五集，凡六十九卷。

黄虞稷《千頃堂書目・類書類》謝維新《合璧事類》前、後、續、别、外五集，三百六十六卷。

倪燦等《宋史藝文志補・類書類》謝維新《合璧事類備要前集》六十九卷。

又《後集》八十一卷。

又《續集》五十六卷。

又《别集》九十四卷。

又《外集》六十六卷。

于敏中等《天禄琳琅書目・明版子部》《古今合璧事類備要》。十二函，一百二十册。《前集》六十九卷，《後集》八十一卷，《續集》五十六卷。宋謝維新編。《别集》九十四卷，《外集》六十六卷。宋虞載編。《前集》首載維新自序、宋黄似道跋。

《四庫全書總目提要・類書類一》《古今合璧事類備要前集》六十九卷，《續集》五十六卷，《别集》九十四卷，《外集》六十六卷。兩江總督採進本。宋謝維新編。維新字去咎，建安人。其始末未詳。自署曰膠庠進士，蓋太學生也。是書成於寶祐丁巳。

合璧事類

徐𤊹《徐氏家藏書目・彙書類》《合璧事類》三百卷。

翰苑新書前集　後集　續集　别集

楊士奇等《文淵閣書目・類書》《翰墨新書》。一部，二十五册。闕。

《翰墨新書》。一部，三册。闕。

《翰墨新書》。一部，十六册。闕。

《翰墨新書》。一部，十二册。闕。

范邦甸等《天一閣書目・類書類》《新編翰墨新書前集》七十卷，《後集》三十一卷，《别集》十二卷，《續集》四十二卷。緜紙藍絲闌鈔本。進士劉子實茂父著。

錢謙益等《絳雲樓書目・類書類》《翰苑新書》。二十七卷。

黄虞稷《千頃堂書目・類書類》《翰苑新書》七十卷。又别本三十五卷。

前、後、續、別四集。

倪燦等《宋史藝文志補・類書類》《翰苑新書前集》七十卷。

又《後集》三十二卷。

又《別集》十二卷。

又《續集》四十二卷。

《四庫全書總目提要・類書類一》《翰苑新書》前集七十卷，《後集上》二十六卷，《後集下》六卷，《別集》十二卷，《續集》四十二卷。編修勵守謙家藏本。不著撰人名氏。據明陳文燭序，亦但稱爲宋人。今别有刊本。題宋謝枋得撰者，坊賈所贋託也。

祕笈新書

黃虞稷《千頃堂書目・類書類》謝枋得《祕笈新書》十六卷。

倪燦等《宋史藝文志補・類書類》謝枋得《祕笈新書》十六卷。

玉海

楊士奇等《文淵閣書目・類書》《玉海》。一部，一百二十册。完全。

《玉海》。一部，一百二十册。殘缺。

《玉海》。一部，一百二十册。殘缺。

《玉海》。一部，一百二十册。殘缺。

《玉海》。一部，一百五十册。完全。

范邦甸等《天一閣書目・類書類》《玉海》二百卷。附《辭學指南》四卷。刊本。宋王應麟撰。

徐𤊹《徐氏家藏書目・彙書類》《玉海》二百卷。宋王應麟。

張萱等《内閣藏書目録・類書部》《玉海》五十册。全。鈔本。宋王應麟著。

《玉海》一百册。全。萬曆戊子南京國子祭酒趙用賢校刻。

又七十册。不全。

又五十册。不全。

又二十八册。不全。

錢謙益等《絳雲樓書目・類書類》王應麟《玉海》。二百四卷。至元四年浙東開板。

黃虞稷《千頃堂書目・類書類》王應麟《玉海》二百卷。

倪燦等《宋史藝文志補・類書類》王應麟《玉海》二百卷。

《四庫全書總目提要・類書類一》《玉海》二百卷。附《辭學指南》四卷。兩江總督採進本。宋王應麟撰。

孫星衍《平津館鑒藏書籍記》《玉海》二百四卷。題浚儀王應麟伯厚甫《玉海》本二百卷，末四卷爲《詞學指南》。

張金吾《愛日精廬藏書志・類書類》《玉海》二百卷。附《辭學指南》四卷。元刊本。宋浚儀王應麟伯厚甫撰。

小學紺珠

楊士奇等《文淵閣書目・類書》《小學紺珠》。一部，二册。闕。

徐𤊹《徐氏家藏書目・彙書類》《小學紺珠》。宋王應麟。

黃虞稷《千頃堂書目・類書類》王應麟《小學紺珠》十卷。

倪燦等《宋史藝文志補・類書類》王應麟又《小學紺珠》十卷。

《四庫全書總目提要・類書類一》《小學紺珠》十卷。江西巡撫採進本。宋王應麟撰。

詞學題苑

楊士奇等《文淵閣書目・類書》《詞學題苑》。一部，十册。闕。

姓氏急就篇

倪燦等《宋史藝文志補・類書類》 王應麟《姓氏急就篇》二卷。

《四庫全書總目提要・類書類一》 《姓氏急就篇》二卷。通行本。宋王應麟撰。

彭元瑞等《天禄琳琅書目後編・明版子部》 《姓氏急就篇》。一函，一册。宋王應麟撰。

張之洞《書目答問・史部譜録類》 《姓氏急就篇》二卷。宋王應麟并自注。玉海附刻本。

詩苑叢珠

楊士奇等《文淵閣書目・類書》 《詩苑叢珠》。一部，六册。闕。

于敏中等《天禄琳琅書目・元版子部》 《詩苑叢珠》。一函，三册。元仇舜臣編，曹彦文增輯。三十卷。前曹輗序。

翰墨大全

楊士奇等《文淵閣書目・類書》 《翰墨全書》。一部，十九册。闕。

高儒《百川書志・類書》 《翰墨全書》一百三十卷。

范邦甸等《天一閣書目・類書類》 《新編翰墨大全》一百十卷。刊本。宋劉應李撰。

徐𤊹《徐氏家藏書目・彙書類》 《翰墨大全書》一百四十五卷。

黄虞稷《千頃堂書目・類書類》 劉應李《翰墨全書》一百三十三卷。一作百四十五卷。

倪燦等《補遼金元藝文志・類書類》 劉應李《事文類聚翰墨全書前集》一百四十二卷。又《後集》六十三卷。字希泌，建陽人。

《四庫全書總目提要・類書類存目一》 《翰墨大全》一百二十五卷。兩淮鹽政採進本。宋劉應李撰。應李自稱鄉貢進士，其里籍未詳。是書仿祝穆《事文類聚》之例，分二十五門。採摭頗博，而踳駁亦甚。下至對聯套語，皆紛紛闌入，尤爲穢瑣。

彭元瑞等《天禄琳琅書目後編・元版子部》 《事文類聚翰墨全書》。六函，六十册。宋劉應李撰。應李，字希泌，建陽人。咸淳甲戌進士，調建陽主簿。書九十八卷，分十集。

錢大昕《補元史藝文志・類事類》 劉應李《事文類聚翰墨全書》一百四十五卷。

孫星衍《平津館鑒藏書籍記》 《新編事文類聚翰墨大全》。

野服考

《四庫全書總目提要・類書類存目一》 《野服考》一卷。編修程晉芳家藏本。宋方鳳撰。鳳一名景山，字韶卿，浦陽人。宋末授容州文學。國亡不仕，放浪山澤間，與謝翱、吴思齊友善。

事林廣記

楊士奇等《文淵閣書目・類書》 《事林廣記》。一部，四册。闕。

《事林廣記》。一部，七册。闕。

《事林廣記》。一部，四册。闕。

徐𤊹《徐氏家藏書目・彙書類》 《事林廣記》六卷。宋陳元靚。

又 《事林廣記》十卷。元人陳元靚著。

黄虞稷《千頃堂書目・類書類》 《纂圖增注羣書類要事林廣記》四十卷。

又 陳元靚《事林廣記》十卷。一作十二卷。

倪燦《宋史藝文志補・類書類》 陳元靚《事林廣記》十卷。一作十二卷。

倪燦《補遼金元藝文志・類書類》《纂圖增注羣書類要事林廣記》四十卷。

孫星衍《平津館鑒藏書籍記》《新編纂圖增注羣書類要事林廣記》。

詩學大成

楊士奇等《文淵閣書目・類書》《詩學大成》。一部，五册。闕。

《詩學大成》。一部，八册。闕。

《詩學大成》。一部，四册。闕。

《詩學大成》。一部，七册。闕。

《詩學大成》。一部，四册。闕。

高儒《百川書志・類書》《詩學大成》十三卷。宋建安毛直方編。《前集》事對，《後集》詩聯。三十一門，五百二十八事。

劉若愚《内板經書紀略》《詩學大成》。十四本，一千葉。

黄虞稷《千頃堂書目・類書類》毛直方《詩學大成》三十卷。建安人。

倪燦《宋史藝文志補・類書類》毛直方《詩學大成》三十卷。建安人。

文選雙事

尤袤《遂初堂書目・類書類》《文選雙事》。

蘇氏選鈔

尤袤《遂初堂書目・類書類》《蘇氏選鈔》。

班左訓蒙

尤袤《遂初堂書目・類書類》《班左訓蒙》。

應用集類

尤袤《遂初堂書目・類書類》《應用集類》。

掞天録

尤袤《遂初堂書目・類書類》《掞天録》。

類題玉册

尤袤《遂初堂書目・類書類》《類題玉册》。

題淵

尤袤《遂初堂書目・類書類》《題淵》。

續題府

尤袤《遂初堂書目・類書類》《續題府》。

選類

尤袤《遂初堂書目・類書類》《選類》。

永嘉八面鋒

范邦甸等《天一閣書目·類書類》《永嘉八面鋒》八卷。刊本。宋陳傅民著。方逢辰批點，薛應旂都穆記，張益序。

《四庫全書總目提要·類書類一》《永嘉八面鋒》十三卷。浙江鮑士恭家藏本。不著撰人名氏。

集類

《宋史·藝文志·類事類》薛高立《集類》三十卷。

類事

《宋史·藝文志·類事類》《類事》十卷。

五經資政

《宋史·藝文志·類事類》周佑之《五經資政》二十卷。

經史要覽

《宋史·藝文志·類事類》尹弘遠《經史要覽》三十卷。

章句纂類

《宋史·藝文志·類事類》《章句纂類》十四卷。

檢志

《宋史·藝文志·類事類》李知實一作「寶」《檢志》三卷。

理樞

《宋史·藝文志·類事類》李慎微一作「徽」《理樞》七卷。

廣蒙書

《宋史·藝文志·類事類》鄒順《廣蒙書》十卷。

九經對語

《宋史·藝文志·類事類》《九經對語》十卷。

九經簡要

《宋史·藝文志·類事類》錢承志《九經簡要》十卷。

子史語類拾遺

《宋史・藝文志・類事類》《子史語類拾遺》十卷。

經語協韻

《宋史・藝文志・類事類》黄彬《經語協韻》二十卷。

語　類

《宋史・藝文志・類事類》朱澹《語類》五卷。

十議典録

《宋史・藝文志・類事類》《十議典録》三卷。

學堂要記

《宋史・藝文志・類事類》李德孫《學堂要記一作「紀」》十卷。

搢紳要録

《宋史・藝文志・類事類》《搢紳要録》二卷。

文場纂要

《宋史・藝文志・類事類》段景《文場纂要》二卷。

蔣氏寶車

《宋史・藝文志・類事類》《蔣氏寶車一作「庫」》十卷。

瓊林採實

《宋史・藝文志・類事類》《瓊林採實》三卷。

叢　髓

《宋史・藝文志・類事類》《叢髓》三卷。

文　髓

《宋史・藝文志・類事類》盧重華《文髓》一卷。

勁弩子

《宋史・藝文志・類事類》《勁弩子》三卷。

玉苑麗文
《宋史・藝文志・類事類》《玉苑麗文》五卷。

疊　辭
《宋史・藝文志・類事類》段景《疊辭》二卷。

金　匱
《宋史・藝文志・類事類》《金匱》二卷。

常脩半臂
《宋史・藝文志・類事類》《常脩半臂》十卷。

紫香囊
《宋史・藝文志・類事類》《紫香囊》二十卷。

事　解
《宋史・藝文志・類事類》李齊莊《事解》七卷。

康國集
《宋史・藝文志・類事類》李大華《康國集》四卷。

家藏龜鑑録
《宋史・藝文志・類事類》李貴臣《家藏龜鑑録》四卷。

分史衡鑑
《宋史・藝文志・類事類》徐德言《分史衡鑑》十卷。

筆藏論
《宋史・藝文志・類事類》《筆藏論》三卷。

治道要言
《宋史・藝文志・類事類》《治道要言》十卷。

皇覽總論
《宋史・藝文志・類事類》《皇覽總論》十卷。

唐年經略志

《宋史·藝文志·類事類》張陟《唐年經略志》十卷。

雍公叡注張楚金翰苑

《宋史·藝文志·類事類》雍公叡注張楚金《翰苑》十一卷。

廣　略

《宋史·藝文志·類事類》黎翹《廣略》六卷。

兩漢史海

《宋史·藝文志·類事類》曹化《兩漢史海》十卷。

輔弼名對

《宋史·藝文志·類事類》劉顔《輔弼名對》四十卷。

邊臣要略

《宋史·藝文志·類事類》景泰《邊臣要略》二十卷。

溉漕新書

《宋史·藝文志·類事類》李虚一《溉漕新書》四十卷。

漢臣蒙求

《宋史·藝文志·類事類》《漢臣蒙求》二十卷。

文選韻粹

《宋史·藝文志·類事類》黄簡《文選韻粹》三十五卷。

玉連環

《宋史·藝文志·類事類》白氏《玉連環》七卷。

白氏隨求

《宋史·藝文志·類事類》白氏《隨求》一卷。不知名。

引證事類備用

《宋史·藝文志·類事類》《引證事類備用》三十卷。

瓊林會要

《宋史·藝文志·類事類》《瓊林會要》三十卷。

青雲梯籍

《宋史·藝文志·類事類》《青雲梯籍》二十卷。

南史類要

《宋史·藝文志·類事類》《南史類要》二十卷。

粹　籍

《宋史·藝文志·類事類》《粹籍》十五卷。

六朝採要

《宋史·藝文志·類事類》《六朝採要》十卷。

十史事語

《宋史·藝文志·類事類》《十史事語》十卷。

十史事類

《宋史·藝文志·類事類》《十史事類》十二卷。

三傳分門事類

《宋史·藝文志·類事類》《三傳分門事類》十二卷。

嘉祐新編二經集粹

《宋史·藝文志·類事類》《嘉祐新編二經集粹》十卷。

鹿革事類

《宋史·藝文志·類事類》《鹿革事類》二十卷。

職官事對

《宋史·藝文志·類事類》《職官事對》九卷。

掞天集

《宋史·藝文志·類事類》《掞天集》六卷。

碎玉四淵海集

《宋史·藝文志·類事類》《碎玉四淵海集》百九十五卷。

書　林

《宋史·藝文志·類事類》《書林》四卷。

寶　龜

《宋史·藝文志·類事類》《寶龜》三卷。

離辭筆苑

《宋史·藝文志·類事類》《離辭筆苑》二卷。

詩句類

《宋史·藝文志·類事類》《詩句類》二卷。

南北事偶

《宋史·藝文志·類事類》《南北事偶》三卷。

珠　浦

《宋史·藝文志·類事類》《珠浦》一卷。

重廣策府沿革

《宋史·藝文志·類事類》《重廣策府沿革》一卷。

鴻都編

《宋史·藝文志·類事類》《鴻都編》一卷。

文章庫

《宋史·藝文志·類事類》《文章庫》一卷。

左傳類要

《宋史·藝文志·類事類》《左傳類要》五卷。

羣玉雜俎

《宋史·藝文志·類事類》《羣玉雜俎》三卷。

增廣羣玉雜俎

《宋史・藝文志・類事類》《增廣羣玉雜俎》四卷。

分聲類説

《宋史・藝文志・類事類》《分聲類説》三十二卷。

書林事類

《宋史・藝文志・類事類》《書林事類》一百卷。並不知作者。

楊士奇等《文淵閣書目・類書》《書林事類》。一部，三十一册。殘缺。

張萱等《内閣藏書目録・類書部》《書林事類》二十一册。莫詳姓氏。殘闕不完。

歷代蒙求

《宋史・藝文志・類事類》鄭氏《歷代蒙求》一卷。

書林韻會

《宋史・藝文志・類事類》王敦詩《書林韻會》二十八卷。

孝類書

《宋史・藝文志・類事類》曾恬《孝類書》二卷。

賡韻孝悌蒙求

《宋史・藝文志・類事類》邵笥《賡韻孝悌蒙求》二卷。

古今異偶

《宋史・藝文志・類事類》譙令憲《古今異偶》一百卷。

班史名物編

《宋史・藝文志・類事類》王倬《班史名物編》十卷。

至孝通神集

《宋史・藝文志・類事類》過勗《至孝通神集》三十卷。

典刑録

楊士奇等《文淵閣書目・類書》吴宏《典刑録》。一部，四册。闕。

羣書故事

《宋史・藝文志・類事類》鄧至《羣書故事》十五卷。

故事類要

《宋史・藝文志・類事類》《故事類要》三十卷。

事　原

《宋史・藝文志・類事類》朱繪《事原》三十卷。

爨堂要覽

《宋史・藝文志・類事類》陳顔禧《爨堂要覽》十卷。

重廣六帖學林

《宋史・藝文志・類事類》陳紹《重廣六帖學林》三十卷。

摭　史

《宋史・藝文志・類事類》王資深《摭史》四卷。

十子奇對

《宋史・藝文志・類事類》蕭之美《十子奇對》三卷。

莊子寓言類要

《宋史・藝文志・類事類》《莊子寓言類要》一卷。

三傳合璧要覽

《宋史・藝文志・類事類》《三傳合璧要覽》二卷。

三子合璧要覽

《宋史・藝文志・類事類》《三子合璧要覽》二卷。

四子合璧要覽

《宋史・藝文志・類事類》《四子合璧要覽》二卷。

孝　史

《宋史・藝文志・類事類》謝諤《孝史》五十卷。

漢書家範

《宋史·藝文志·類事類》倪遇《漢書家範》十卷。

隆平政斷

《宋史·藝文志·類事類》李宗序《隆平政斷》二十卷。

漢　規

《宋史·藝文志·類事類》鄭大中《漢規》四卷。

勸誡别録

《宋史·藝文志·類事類》歐陽邦基《勸戒别録》三卷。

六言蒙求

《宋史·藝文志·類事類》吴逢道《六言蒙求》六卷。

補注蒙求

《宋史·藝文志·類事類》吴逢道《補注蒙求》八卷。

仕途經史類對

《宋史·藝文志·類事類》僧道蒙《仕途經史類對》十二卷。

讀書記

《宋史·藝文志·類事類》吴祖謙《讀書記》四卷。

續考古編

《宋史·藝文志·類事類》《續攷古編》十卷。

名臣四科事寶

《宋史·藝文志·類事類》魏彦惇《名臣四科事寶》十四卷。

垂拱元龜會要詳節

《宋史·藝文志·類事類》范師道《垂拱元龜會要詳節》四十卷。

通鑑分門類要

《宋史·藝文志·類事類》鄭厚《通鑑分門類要》四十卷。

西漢蒙求

《宋史・藝文志・類事類》柳正夫《西漢蒙求》一卷。

文房監古

《宋史・藝文志・類事類》李孝美《文房監古》三卷。

載籍討源

《宋史・藝文志・類事類》竇苹《載籍討源》一卷。

語　本

《宋史・藝文志・類事類》王仲閎《語本》二十五卷。

帝王事實

《宋史・藝文志・類事類》《帝王事實》十卷。

聖賢事實

《宋史・藝文志・類事類》《聖賢事實》十卷。

漢唐事實

《宋史・藝文志・類事類》《漢唐事實》十五卷。

國朝韻對

《宋史・藝文志・類事類》《國朝韻對》八卷。

引證事類

《宋史・藝文志・類事類》《引證事類》三十卷。

古今通編

《宋史・藝文志・類事類》《古今通編》八卷。

三場通用引易活法

《四庫全書總目提要・類書類存目一》《三場通用引易活法》九卷。《永樂大典》本。不著撰人名氏。蓋南宋人取説易之詞，分類排比，以備場屋之用者也。其詞雖皆解易，而其體則全爲類書。不可復列之經類，故改隸子部焉。

萬卷菁華前集　後集　續集

楊士奇等《文淵閣書目・類書》《萬卷菁華》。一部，五册。闕。

黄虞稷《千頃堂書目・類書類》《萬卷菁華前集》八十卷。又《後集》八十卷。

倪燦《宋史藝文志補・類書類》《萬卷菁華前集》八十卷。又《後集》八十卷。

《四庫全書總目提要・類書類存目一》《萬卷菁華前集》八十卷，《後集》八十卷，《續集》三十四卷。浙江范懋柱家天一閣藏本。不著撰人名氏，亦無序跋。觀其體例，蓋宋人科舉之書也。

增修聲律萬卷英華

黄虞稷《千頃堂書目・類書類》《增修聲律萬卷英華》九十二卷。

倪燦《宋史藝文志補・類書類》《增脩聲律萬卷英華》九十二卷。

太學增脩聲律資用萬卷菁華前集

范邦甸等《天一閣書目・類書類》《太學增脩聲律資用萬卷菁華前集》八十卷。藍絲闌繭紙鈔本。不著撰人名氏。

八詩六帖

楊士奇等《文淵閣書目・類書》《八詩六帖》。一部，五册。闕。

《四庫全書總目提要・類書類存目一》《八詩六帖》二十九卷。《永樂大典》本。舊本題宋王狀元撰。而不著其名。蓋坊賈所爲之贋本。

訓女蒙求

《四庫全書總目提要・類書類存目一》《訓女蒙求》一卷。《永樂大典》本。宋徐伯益撰。伯益爵里未詳。是書仿李瀚《蒙求》之體，類集婦女事蹟，爲四言韻語以括之。皆習見之詞，無足採録。

十二先生詩宗集韻

《四庫全書總目提要・類書類存目一》《十二先生詩宗集韻》二十卷。兩淮鹽政採進本。宋裴良甫編。案趙希弁《讀書附志》曰：《十二先生詩宗集韻》二十卷。

古今詩材

《四庫全書總目提要・類書類存目一》《古今詩材》八卷。永樂大典本。宋蕭元登撰。元登爵里未詳。是書取唐宋人詩分類編輯。

補侍兒小名録

晁公武《郡齋讀書志・類書類》《侍女小名録》一卷。袁本前志卷三下類書類第二十四。右皇朝王銍纂。

范邦甸等《天一閣書目・類書類》《補侍兒小名録》。藍絲闌鈔本。宋王銍集。

《四庫全書總目提要・類書類存目一》《補侍兒小名録》一卷。內府藏本。

宋王銍撰。銍字性之，汝陰人。

小字録

錢謙益等《絳雲樓書目・雜藝類》《古賢小字録》。陳思。

《四庫全書總目提要・類書類一》《小字録》一卷。兩淮鹽政採進本。宋陳思撰。思有《寶刻叢編》，已著録。

黄丕烈《蕘圃藏書題識》《小字録》不分卷。明活字本。

侍兒小名録拾遺

《四庫全書總目提要・類書類存目一》《侍兒小名録拾遺》一卷。内府藏本。舊本題宋晉陽張邦幾撰。

杜詩六帖

陳振孫《直齋書録解題・類書類》《杜詩六帖》十八卷。建安陳應行季陵撰。用《白氏》門類，編類杜詩語。

馬端臨《文獻通考・經籍考・類書》《杜詩六帖》十八卷。

羣書類句

陳振孫《直齋書録解題・類書類》《羣書類句》十四卷。三山葉鳳撰。以《羣書新語》增廣。自五字以至九字，爲七百五十一門，各以平仄聲爲偶對。

馬端臨《文獻通考・經籍考・類書》《郡書類句》十四卷。

楊士奇等《文淵閣書目・類書》《羣書類句》。一部，十册。闕。

《四庫全書總目提要・類書類存目一》《羣書類句》二十七卷。《永樂大典》本。宋詹光大撰。

羣書新語

鄭樵《通志・藝文略・類書類》《羣書新語》十卷。方龜年撰。

《宋史・藝文志・類事類》方龜年《羣書新語》十一卷。

六帖補

楊士奇等《文淵閣書目・類書》《楊氏六帖》。一部，五册。闕。

范邦甸等《天一閣書目・類書類》《六帖補》二十卷。藍絲闌綿紙鈔本。宋代郡楊伯嵒彦瞻著。竹吕年序殘。淳祐甲辰衢州學教諭俞在禮後序。

黄虞稷《千頃堂書目・類書類》楊伯嵒《六帖補》三十卷。

倪燦等《宋史藝文志補・類書類》楊伯嵒《六帖補》二十卷。

《四庫全書總目提要・類書類一》《六帖補》二十卷。江蘇巡撫採進本。宋楊伯嵒撰。

蒙求注

尤袤《遂初堂書目・類書類》徐子光《注蒙求》。

陳振孫《直齋書録解題・類書類》《補注蒙求》八卷。徐子光撰。以李翰《蒙求》句爲之注。本句之外，兼及其人他事。

《宋史・藝文志・類事類》徐子光《補注蒙求》四卷。

范邦甸等《天一閣書目・類書類》《標題補注蒙求》三本，三卷。萬曆改元刊本。唐李翰撰，宋徐子光補注。

《四庫全書總目提要・類書類存目一》《標題補注蒙求》三卷。浙江鮑士恭家藏本。晉李瀚撰。宋徐子光註。《書録解題》、《宋史藝文志》皆作八卷。今所行者凡二本。

雞肋

《四庫全書總目提要・類書類一》《雞肋》一卷。内府藏本。宋趙崇絢撰。崇絢字元素。

錦帶補注

《四庫全書總目提要・類書類存目一》《錦帶補註》一卷。浙江范懋柱家天一閣藏本。舊本題宋杜開撰。

邇英要覽

焦竑《國史經籍志・類家》《邇英要覽》二十卷。蘇頌。

會館印正古今合璧事類前集

范邦甸等《天一閣書目・類書類》《會館印正古今合璧事類前集》六十三卷。刊本。明宏治戊午重刊，錫山華燧序。

決科截江綱

范邦甸等《天一閣書目・類書類》《決科截江綱》三十二卷。刊本。不著撰人名氏。

三場文海

范邦甸等《天一閣書目・類書類》《三場文海》一百卷。藍絲闌鈔本。首頁有司馬公「東明」二字與「萬古同心之學」六字二圖章。宋人編輯。

數書

錢曾《讀書敏求記・類家》《數書》四十卷。自一至百聚其事而彙成之。閣中本在王雲來處。不著述者何人，書法橅歐虞，仍出一人手，疑是宋時進呈本，然十存其四，趙清常知王玄韜家所藏，録于閣本未失之前，因假借繕寫。完書之難如此，覩清常跋語，爲之撫卷浩款。

十七史蒙求

陳振孫《直齋書録解題・類書類》《十七史蒙求》一卷。題王先生。不著名氏。或云王令也。

《宋史・藝文志・類事類》王先生《十七史蒙求》十六卷。

張之洞《書目答問・别録》王氏《十七史蒙求》。宋王令。康熙五十二年程刻本。

經學對仗

錢謙益等《絳雲樓書目・類書類》宋景元《經學對仗》。

《四庫全書總目提要・類書類存目一》《經學對仗》三卷。兩江總督採進本。舊本題朱景元撰。景元不知何時人。

仕學規範

《宋史·藝文志·類事類》 張磁《仕學規範》四十卷。

楊士奇等《文淵閣書目·類書》 《仕學規範》。一部，五册。殘缺。

《仕學規範》。一部，五册。殘缺。

仙梟羽翼

錢東垣等輯《崇文總目·類書類》 《仙梟羽翼》三十卷。曾致堯撰。

鄭樵《通志·藝文略·類書類》 《仙梟羽翼》三十卷。宋朝僧智曉撰。

《宋史·藝文志·類事類》 曾致堯《仙梟羽翼》三十卷。

學海搜奇録

《宋史·藝文志·類事類》 樂黄目《學海搜奇録》六十卷。

國朝類要

《宋史·藝文志·類事類》 《國朝類要》十二卷。范師道撰。

唐書解題

鄭樵《通志·藝文略·類書類》 《唐書解題》三十卷。樓郁編。

韻類題選

鄭樵《通志·藝文略·類書類》 《韻類題選》一百卷。

陳振孫《直齋書録解題·類書類》 《韻類題選》一百卷。朝奉大夫知處州鄞袁轂容直撰。

馬端臨《文獻通考·經籍考·類書》 《韻類題選》一百卷。

元祐學海

《宋史·藝文志·類事類》 馬共《元祐學海》三十卷。

左傳類對賦

《宋史·藝文志·類事類》 毛友《左傳類對賦》六卷。

唐　鱠

趙希弁《讀書附志·類書類》 《唐鱠》五十卷。右張文忠公九成所著也。

前漢六帖

尤袤《遂初堂書目·類書類》 《前漢六帖》。

《宋史·藝文志·類事類》 陳天麟《前漢六帖》十二卷。

左氏摘奇

陳振孫《直齋書録解題・類書類》 《左氏摘奇》十三卷。給事中吴郡胡元質長文撰。

馬端臨《文獻通考・經籍考・類書》 《左氏摘奇》十二卷。

務學須知

《宋史・藝文志・類事類》 鄒應龍《務學須知》二卷。

史韻

陳振孫《直齋書録解題・類書類》 《史韻》四十九卷。嘉禾錢諷正初撰。附韻類事,頗便檢閲。

馬端臨《文獻通考・經籍考・類書》 《史韻》四十九卷。

《宋史・藝文志・類事類》 錢諷《史韻》四十二卷。

阮元《四庫未收書目提要・類書類》 《回溪史韻》二十三卷。宋錢諷撰。諷字正初,本錢塘人。爲吴越王之裔,後卜居於嘉禾之回溪,故自號回溪。

經學足用

楊士奇等《文淵閣書目・類書》 《劉抑之經學足用》。一部,六册。闕。

書言故事

黄虞稷《千頃堂書目・類書類》 胡繼宗《書言故事》十卷。

倪燦等《宋史藝文志補・類書類》 胡繼宗《書言故事》十卷。

數類

楊士奇等《文淵閣書目・類書》 《數類》。一部,四十一册。殘缺。

張萱等《内閣藏書目録・類書部》 《數類》四十册。全。鈔本。莫詳譔集姓氏。以數而類古今事蹟,自一至百。

十史類要

《宋史・藝文志・類事類》 李安上《十史類要》十卷。

班左誨蒙

陳振孫《直齋書録解題・類書類》 《班左誨蒙》三卷。程俱致道撰。

《宋史・藝文志・類事類》 程俱《班左誨蒙》三卷。

張金吾《愛日精廬藏書志・類書類》 《班左誨蒙》三卷。抄本。宋左通奉大夫、徽猷閣待制、除提舉萬壽觀、實録院修撰程俱撰。

會萃古今事類

黄虞稷《千頃堂書目・書類》 高伯壎《會萃古今事類》二百卷。字汝諧,福寧人。領宋漕薦。

倪燦等《宋史藝文志補・類書類》 高伯壎《會萃古今事類》二百卷。字汝諧，福寧州。

類編秘府圖書畫一元龜

孫星衍《廉石居藏書記内外編・内編》 《類編祕府圖書畫一元龜》二十册。右《畫一元龜》分甲乙等集，不全本。宋版。覯於吴門。十五行，二十五字。如古聖賢門周公、孔子，以經史子集曲故依次編列，但所取子書不備，亦無僻書。殊不及《太平御覽》等類書也。

太學新編畫一元龜

楊士奇等《文淵閣書目・類書》 《畫一元龜》。一部，十八册。闕。《畫一元龜》。一部，十三册。闕。

黄虞稷《千頃堂書目・類書類》 《太學新編畫一元龜》一百卷。

倪燦等《宋史藝文志補・類書類》 《太學新編畫一元龜》一百卷。

致知編

楊士奇等《文淵閣書目・類書》 《致知編》。一部，七册。闕。

五色線

尤袤《遂初堂書目・類書類》 《五色線》。

《宋史・藝文志・類事類》 《五色線》一卷。

錢謙益等《絳雲樓書目・類書類》 《五色線》。三卷。亡名詩中，曾引此書。不著作氏。錢箋杜者氏名，但云宋人而已。

黄虞稷《千頃堂書目・類書類》 《五色綫》三卷。鮑云。舊刻三卷。毛氏《津逮秘書》佚中卷。

倪燦等《宋史藝文志補・類書類》 《五色線》二卷。

聖宋名賢四六叢珠

范邦甸等《天一閣書目・類書類》 《聖宋名賢四六叢珠》一百卷。烏絲闌鈔本。宋建安葉蕡撰。

錢謙益等《絳雲樓書目・類書類》 《四六叢珠》。

黄虞稷《千頃堂書目・類書類》 《四六叢珠》四十卷。

倪燦等《宋史藝文志補・類書類》 《四六叢珠》四十卷。

陸心源《皕宋樓藏書志・類書類一》 《聖宋名賢四六叢珠》一百卷。舊抄本。兼牧堂舊藏。宋建安葉蕡子實編。

格物類編

楊士奇等《文淵閣書目・類書》 《格物類編》。一部，三册。闕。

錢大昕《補元史藝文志・類事類》 潘迪《格物類編》。

續通典

鄭樵《通志・藝文略・類書類》 《續通典》二百卷。宋朝宋白、李宗諤等奉勑編。自唐至德初至周顯德末。又《目録》二卷。

《宋史・藝文志・類事類》 宋白、李宗諤《續通典》二百卷。

黄氏日抄

楊士奇等《文淵閣書目·類書》《黄氏日抄》。一部，五十册。殘缺。《黄氏日抄》。一部，四十九册。殘缺。

徐𤊹《徐氏家藏書目·彙書類》《黄氏日抄》九十七卷。宋黄震。

名臣事纂

《宋史·藝文志·類事類》葉適《名臣事纂》九卷。

文苑英華

趙琦美編《脉望館書目·類書類》《文苑英華》八十本。

重添校正蜀本書林事類韻會

陳振孫《直齋書録解題·類書類》《書林韻會》一百卷。無名氏。蜀書坊所刻，規模《韻類題選》而加詳焉。

馬端臨《文獻通考·經籍考·類書》《書林韻會》一百卷。

瞿鏞《鐵琴銅劍樓藏書目録·類書類》《重添校正蜀本書林事類韻會》二十七卷。宋刊殘本。不著撰人名字。

聖宋千家名賢表啟

瞿鏞《鐵琴銅劍樓藏書目録·類書類》《聖宋千家名賢表啟》四册。宋刊殘本。不著編纂姓氏，亦無序跋。存四册。卷數俱爲書估剜改，不知原書有若干卷。

歌詩押韻

晁公武《郡齋讀書志·類書類》《歌詩押韻》五卷。右皇朝楊咨編古今詩人警句，附於韻之下，以備押強韻。

馬端臨《文獻通考·經籍考·類書》《歌詩押韻》五卷。

《宋史·藝文志·類事類》楊諮《古今名賢歌詩押韻》二十四卷。

書林韻海

晁公武《郡齋讀書志·類書類》《書林韻海》一百卷。右不題撰人。分門依韻纂經史雜事，以備尋閲。或云皇朝許冠所編。

馬端臨《文獻通考·經籍考·類書》《書林韻海》一百卷。

孝悌類鑒

晁公武《郡齋讀書志·類書類》《孝悌類鑒》七卷。右皇朝俞觀能撰。取經史孝悌事，成四言韻語。

馬端臨《文獻通考·經籍考·類書》《孝悌類鑒》七卷。

《宋史·藝文志·類事類》俞觀能《孝經類鑑》七卷。

太學新編排韻字類

于敏中等《天禄琳琅書目·宋版子部》《太學新編排韻字類》。八函，六十四册。宋李錫、虞韶撰。

歷代蒙求

楊士奇等《文淵閣書目・類書》《歷代蒙求》。一部，一册。完全。

阮元《四庫未收書目提要・類書類》《歷代蒙求》一卷。元王芮撰。

大學碎金

楊士奇等《文淵閣書目・類書》《大學碎金》。一部，一册。闕。

通用碎金

楊士奇等《文淵閣書目・類書》《通用碎金》。一部，二册。闕。

聚課瓊珠詩對

《四庫全書總目提要・類書類存目一》《聚課瓊珠詩對》九卷。永樂大典本。不著撰人名氏，亦不詳時代。皆以淺俗對句分類編次。每類之中又分一字、二字、三字、四字等目，蓋村塾課蒙之作。

類林雜説

楊士奇等《文淵閣書目・類書》《類林雜説》。一部，二册。闕。

錢曾《讀書敏求記・類家》《類林》十五卷。《類林》亡來已久。此爲平陽王朋壽增廣者。

黄丕烈《蕘圃藏書題識》《增廣類林》十五卷。影鈔金本。

張金吾《愛日精廬藏書志・類書類》《重刊增廣分門類林雜説》十五卷。舊抄本。吴方山藏書。金平陽王朋壽編。

韻類節事

黄虞稷《千頃堂書目・類書類》鄭當時《韻類節事》。

倪燦等《補遼金元藝文志・類書類》鄭當時《韻類節事》。

珍珠囊

楊士奇等《文淵閣書目・類書》《珍珠囊》。一部，四册。闕。

詔誥章表機要

錢謙益等《絳雲樓書目・類書類》《詔誥章表機要》。

泰和編類陳言文字

錢大昕《補元史藝文志・類事類》《泰和編類陳言文字》二十卷。完顔綱、喬宇、宋元吉等修。

羣書會要

錢謙益等《絳雲樓書目・類書類》《羣書會要》。

黄虞稷《千頃堂書目・類書類》鄭當時《羣書會要》。字仲康，洪洞人。大定中進士，汾州教授。

倪燦等《補遼金元藝文志・類書類》 鄭當時《羣書會要》。字仲康，洪洞人。大定中進士，汾州教授。

錢大昕《補元史藝文志・類事類》 鄭當時《羣書會要》。

萬英會元

楊士奇等《文淵閣書目・類書》 《萬英會元》。一部，五册。闕。

集　言

楊士奇等《文淵閣書目・類書》 《集言》。一部，八册。闕。

宋朝類書

楊士奇等《文淵閣書目・類書》 《宋朝類書》。一部，十册。闕。

宋朝類苑

楊士奇等《文淵閣書目・類書》 《宋朝類苑》。一部，八册。殘缺。《宋朝類苑》。一部，六册。闕。

事類合璧

楊士奇等《文淵閣書目・類書》 《事類合璧》。一部，九十册。殘缺。《事類合璧》。一部，九十册。殘缺。

兼金合璧

楊士奇等《文淵閣書目・類書》 《兼金合璧》。一部，三十册。闕。

事類備要

楊士奇等《文淵閣書目・類書》 《事類備要》。一部，五册。闕。《事類備要》。一部，二十六册。闕。《事類備要》。一部，二十六册。闕。

建章録

楊士奇等《文淵閣書目・類書》 《建章録》。一部，十四册。闕。

集事淵海

楊士奇等《文淵閣書目・類書》 《集事淵海》。一部，五十。闕。

事文小編

楊士奇等《文淵閣書目・類書》 《事文小編》。一部，四册。闕。

羣書備檢

楊士奇等《文淵閣書目・類書》《羣書備檢》。一部，三册。殘缺。

羣書備類

楊士奇等《文淵閣書目・類書》《羣書備類》。一部，一册。闕。

羣書引論

楊士奇等《文淵閣書目・類書》《羣書引論》。一部，八册。闕。

聲律會元

楊士奇等《文淵閣書目・類書》《聲律會元》。一部，十册。闕。

分門字苑

楊士奇等《文淵閣書目・類書》《分門字苑》。一部，五册。闕。

故事合璧

楊士奇等《文淵閣書目・類書》《故事合璧》。一部，二册。闕。
《故事合璧》。一部，二册。闕。

分門故事

楊士奇等《文淵閣書目・類書》《分門故事》。一部，四册。闕。

坦明故事

楊士奇等《文淵閣書目・類書》《坦明故事》。一部，一册。闕。

萬花谷

楊士奇等《文淵閣書目・類書》《萬花谷》。一部，四十册。完全。
《萬花谷》。一部，三十册。完全。
《萬花谷》。一部，三十册。完全。

經史百家制度

楊士奇等《文淵閣書目・類書》《經史百家制度》。一部，三册。闕。

經學會元

楊士奇等《文淵閣書目・類書》《經學會元》。一部，十六册。闕。

文史括要

楊士奇等《文淵閣書目·類書》《文史括要》。一部，三册。闕。

分聲類説

楊士奇等《文淵閣書目·類書》《分聲類説》。一部，一册。闕。

考古集

楊士奇等《文淵閣書目·類書》《攷古集》。一部，一册。闕。

百衲錦

楊士奇等《文淵閣書目·類書》《百衲錦》。一部，一册。闕。

鄭師中獨善兼善書

楊士奇等《文淵閣書目·類書》《鄭師中獨善兼善書》。一部，二册。闕。

師　海

楊士奇等《文淵閣書目·類書》《師海》。一部，三册。完全。

善俗十書

楊士奇等《文淵閣書目·類書》《善俗十書》。一部，四册。闕。

博聞録

楊士奇等《文淵閣書目·類書》《博聞録》。一部，五册。闕。

羣書備要

楊士奇等《文淵閣書目·類書》《羣書備要》。一部，一册。闕。

紺珠集

楊士奇等《文淵閣書目·類書》《紺珠集》。一部，一册。闕。

儒家備要

楊士奇等《文淵閣書目·類書》《儒家備要》。一部，一册。闕。

内翰談苑

楊士奇等《文淵閣書目·類書》《内翰談苑》。一部，一册。闕。

武庫琅函

楊士奇等《文淵閣書目・類書》 《武庫琅函》。一部，一册。闕。

閨閣類編

楊士奇等《文淵閣書目・類書》 《閨閣類編》。一部，一册。闕。

婚姻備用

楊士奇等《文淵閣書目・類書》 《婚姻備用》。一部，二册。闕。

志書分紀

楊士奇等《文淵閣書目・類書》 《志書分紀》。一部，二册。闕。

故事金璧

楊士奇等《文淵閣書目・類書》 《故事金璧》。一部，一册。闕。

文史聯珠

楊士奇等《文淵閣書目・類書》 《文史聯珠》。一部，四册。闕。

好還集

楊士奇等《文淵閣書目・類書》 房融《好還集》。一部，二册。闕。

廣益集聚寶論

楊士奇等《文淵閣書目・類書》 《廣益集聚寶論》。一部，二册。闕。

史總類

楊士奇等《文淵閣書目・類書》 《史總類》。一部，二册。闕。

詞學題海

楊士奇等《文淵閣書目・類書》 《詞學題海》。一部，十册。闕。

居家必用

楊士奇等《文淵閣書目・類書》 《居家必用》。一部，五册。闕。《居家必用》。一部，二册。闕。

劉若愚《内板經書紀略》 《居家必用》。十本。八百八十葉。

啟劄天機錦

楊士奇等《文淵閣書目·類書》《啟劄天機錦》。一部，五册。闕。

手簡捷徑

楊士奇等《文淵閣書目·類書》《手簡捷徑》。一部，一册。闕。

四六矜式

楊士奇等《文淵閣書目·類書》《四六矜式》。一部，一册。闕。

四六錦繡

楊士奇等《文淵閣書目·類書》《四六錦繡》。一部，一册。闕。

李梅亭四六

楊士奇等《文淵閣書目·類書》《李梅亭四六》。一部，八册。完全。《李梅亭四六標準》。一部，三册。闕。

集英四六

楊士奇等《文淵閣書目·類書》《集英四六》。一部，二册。闕。

《集英四六》。一部，二册。闕。

古今類事

楊士奇等《文淵閣書目·類書》《古今類事》。一部，三册。闕。

類對事苑

楊士奇等《文淵閣書目·類書》《類對事苑》。一部，六册。闕。

事類旁通

楊士奇等《文淵閣書目·類書》《事類旁通》。一部，一册。完全。

六藝珍篤

楊士奇等《文淵閣書目·類書》《六藝珍篤》。一部，一册。闕。

啟蒙宏綱

楊士奇等《文淵閣書目·類書》《啟蒙宏綱》。一部，二册。完全。

賦學捷法

楊士奇等《文淵閣書目·類書》《賦學捷法》。一部，一册。闕。

賦學訓蒙

楊士奇等《文淵閣書目·類書》《賦學訓蒙》。一部，一册。闕。

詩對賽大成

楊士奇等《文淵閣書目·類書》《詩對賽大成》。一部，二册。闕。

對屬指蒙

楊士奇等《文淵閣書目·類書》《對屬指蒙》。一部，一册。闕。

詩韻大成

黄虞稷《千頃堂書目·類書類》胡繼宗《詩韻大成》二卷。廬陵人。

倪燦等《宋史藝文志補·類書類》胡繼宗《詩韻大成》二卷。廬陵人。

高儒《百川書志·類書》《詩韻大成》二卷。附廬陵胡繼宗《詩韻大成》誠詩學之筌蹄，後人之捷徑也。

名物蒙求

楊士奇等《文淵閣書目·類書》《名物蒙求》。一部，一册。闕。

《名物蒙求》。一部，一册。闕。

三字蒙求

楊士奇等《文淵閣書目·類書》《三字蒙求》。一部，一册。闕。

正蒙四書

楊士奇等《文淵閣書目·類書》《正蒙四書》。一部，一册。闕。

蒙求增註

楊士奇等《文淵閣書目·類書》《蒙求增註》。一部，一册。闕。

賡韻小説蒙求

楊士奇等《文淵閣書目·類書》《賡韻小説蒙求》。一部，三册。闕。

五典毓蒙

楊士奇等《文淵閣書目·類書》《五典毓蒙》。一部，一册。闕。

和李翰林蒙求

楊士奇等《文淵閣書目·類書》《和李翰林蒙求》。一部，一册。闕。

千文句解

楊士奇等《文淵閣書目·類書》《千文句解》。一部，一冊。闕。

新編類書

楊士奇等《文淵閣書目·類書》《新編類書》。一部，三十冊。闕。

事類廣記

高儒《百川書志·類書》《事類廣記》十二卷。宋西潁陳元靚編。六集，五十七類。集事一千四百有奇。諸子百家之言，粗具數卷之中，信亦奇矣。斯博洽之不可闕者。

書言故事

高儒《百川書志·類書》《書言故事》十卷。宋廬陵胡繼宗編。靡類不載，靡物不備，靡事不周，靡書不引。足充學者之胸襟，但惜其斷章取義，不能脉絡貫通，雖小註之，雖原作維。從瞿校鈔本改。終遺恨耳。凡二百餘類。

故事題辭

楊士奇等《文淵閣書目·類書》《故事題辭》。一部，一冊。闕。

幼學日誦格言

楊士奇等《文淵閣書目·類書》《幼學日誦格言》。一部，二冊。闕。

黎獻事類蒙求

錢謙益等《絳雲樓書目·類書類》《黎獻事類蒙求》。九卷。

啟劄淵海

楊士奇等《文淵閣書目·類書》《啟劄淵海》。一部，二十一冊。闕。

《四庫全書總目提要·類書類存目一》《啟劄淵海》二卷。永樂大典本。不著撰人名氏。首載四六體式，次曰四六名對，次曰四六警對，次曰全篇式，次曰時令類。又有起居、神祐、申訴、台照、候問、頌德、敘官、自敘諸式。亦俗書也。

對屬發蒙

《四庫全書總目提要·類書類存目一》《對屬發蒙》二卷。永樂大典本。不著撰人名氏。其八十一門，分類至爲瑣屑。如節候門有云上數目下節候，如三春、三冬之類。又云上虛字下節候，如新春、先春之類。又云上節候下聲色，如春光、春容之類。在俗書之中，亦至下者也。

賦學剖蒙

《四庫全書總目提要·類書類存目一》《賦學剖蒙》二卷。永樂大典本。不著撰人名氏。其書割裂舊文，分類編輯。字句陳因，更多牽湊。其標目尤爲鄙陋，如將字類、必字類之屬，皆自爲一門。是直剽竊之活套而已。

啟劄青錢

楊士奇等《文淵閣書目·類書》《啟劄青錢》。一部，四冊。闕。

《四庫全書總目提要·類書類存目一》《啟劄青錢》十八卷。永樂大典本。

不著撰人名氏。

詩學集成押韻淵海

楊士奇等《文淵閣書目·類書》《詩學集成》。一部，五冊。闕。

錢謙益等《絳雲樓書目·類書類》嚴毅《押韻淵海》二十冊。

黃虞稷《千頃堂書目·類書類》嚴毅《押韻淵海》二十卷。字子仁。

倪燦等《補遼金元藝文志·類書類》嚴毅《押韻淵海》二十卷。字子仁。

《四庫全書總目提要·類書類存目一》《增修詩學集成押韻淵海》二十卷。

浙江巡撫採進本。元嚴毅撰。毅字子仁，建安人。

彭元瑞等《天祿琳琅書目後編·元版子部》《增修詩學集成押韻淵海》。二函，十冊。《增修詩學集成押韻淵海》。二函，二十冊。

羣書通要

阮元《四庫未收書目提要·類書類》《羣書通要》七十三卷。不著撰人姓氏。

韻府羣玉

高儒《百川書志·類書》《韻府羣玉》二十卷。陰時夫勁弦編輯。凡經史文集諸子百家，隨韻收入，蓋類書之膏腴。修文之士，不可無者。新吳陰中夫復春編註之。

范邦甸等《天一閣書目·類書類》《韻府羣玉》十八卷。刊本。宋陰時夫撰。其弟中夫註。騰賓序。

劉若愚《內板經書紀略》《韻府羣玉》。十本，一千四十葉。

黃虞稷《千頃堂書目·類書類》陰幼遇《韻府羣玉》二十卷。一作陰時遇。字時夫，奉新人。數世同居，登宋寶祐九經科，入元不仕。兄中夫幼達注釋。宋濂云：幼遇名時夫，字勁紘，中夫字復春。未知孰是。

倪燦等《補遼金元藝文志·類書類》陰時夫《韻府羣玉》二十卷。字幼遇，其兄中夫幼達注。

《四庫全書總目提要·類書類一》《韻府羣玉》二十卷。兵部侍郎紀昀家藏本。

宋陰時夫撰。其弟中夫註。

彭元瑞等《天祿琳琅書目後編·元版子部》《韻府羣玉》。四函，二十冊。元陰時夫撰。中夫注。二十卷。

《韻府羣玉》。四函，二十冊。篇目同上，惟目録首有增刻一東宗風戎四韻並新序。首八十版十六字，末有仙童捧雲拱福畫像。當係坊間即元版重修本。

《韻府羣玉》。四函，二十冊。同上，係一版摹印。

《韻府羣玉》。二函，二十冊。同上，係一版摹印。

孫星衍《平津館鑒藏書籍記》元版《新增說文韻府羣玉》二十卷。

又明版《新增直音說文韻府羣玉》廿卷。題晚學陰時夫勁弦編輯，新吳陰中夫復春編注。

文獻通考

楊士奇等《文淵閣書目·類書》《文獻通考》。一部，一百二十冊。殘缺。

《文獻通考》。一部，一百二十二冊。殘缺。

《文獻通考》。一部，四十一冊。殘缺。

《文獻通考》。一部，一百四冊。殘缺。

《文獻通考》。一部，一百冊。完全。

《文獻通考》。一部，八十册。闕。

徐𤊹《徐氏家藏書目・彙書類》《文獻通考》三百四十八卷。馬端臨。

劉若愚《内板經書紀略》《文獻通考》。一百本，一萬八百三十六葉。

錢謙益等《絳雲樓書目・類書類》《文獻通考》。馬端臨，宏治間江右學使。專刻《通攷》中《經籍攷》一種，最便於初學。何司寇作序。

錢大昕《補元史藝文志・類事類》馬端臨《文獻通考》三百四十八卷。

新編古今姓氏遥華韻

范邦甸等《天一閣書目・類書類》《新編姓氏遥華韻》九十八卷。藍絲闌鈔本。丙缺乙集卷五至丙集卷十一。宋布衣臨川法景脩編并自序。元至大三年庚戌程鉅夫序。其書自甲至癸，分十集。

張金吾《愛日精廬藏書志・類書類》《新編古今姓氏遥華韻》九十六卷。抄寫本。從天一閣舊抄本影。

古賦題　後集

《四庫全書總目提要・類書類存目一》《古賦題》十卷，《後集》五卷。永樂大典本。

事文類聚新集　外集

黄虞稷《千頃堂書目・類書類》富大用《事文類聚》新、外二集五十一卷。字時可。《新集》三十六卷，《外集》十五卷。

倪燦等《補遼金元藝文志・類書類》富大用《事文類聚新集》三十六卷。

又《外集》十五卷。

錢大昕《補元史藝文志・類事類》富大用《古今事文類聚新集》三十六卷。

又《外集》十五卷。字時可，南江人。

經世大典

楊士奇等《文淵閣書目・類書》《元朝經世大典》。一部，七百八十一册。闕。

漢唐事箋對策機要　後集

張金吾《愛日精廬藏書志・類書類》《漢唐事箋對策機要》十二卷，《後集》八卷。元至正刊本。元進士旴黎朱禮德嘉著。

羣書鉤玄

高儒《百川書志・類書》《羣書鉤玄》十二卷。元臨邛高恥傳輯。恥傳鋭意於筆機，機疑當作札。凡一事一言之善，雖片言隻事必録之。

錢謙益等《絳雲樓書目・類書類》《羣書鈎元》。元高恥傳輯。其中亦誤以《揮麈録》爲楊萬里所輯。曾見好元板。

黄虞稷《千頃堂書目・類書類》高恥傳《羣書鉤玄》十二卷。臨邛人。

倪燦等《補遼金元藝文志・類書類》高恥傳《羣書鉤玄》十二卷。臨邛人。

《四庫全書總目提要・類書類存目一》《羣書鉤元》十二卷。浙江巡撫採進本。元高恥傳撰。恥傳，臨邛人。

錢大昕《補元史藝文志・類事類》高恥傳《羣書鉤玄》十二卷。臨邛人。

聲律發蒙

楊士奇等《文淵閣書目・類書》《聲律發蒙》。一部，一册。闕。

《四庫全書總目提要・類書類存目一》《聲律發蒙》五卷。内府藏本。元祝明撰。潘瑛續。明劉節校補。

別本聲律發蒙

《四庫全書總目提要・類書類存目一》《別本聲律發蒙》六卷。編修周永年家藏本。元祝明撰。原書二卷，此本作五卷，蓋後人所分。末附歌一卷。題曰黄石居士撰，不知爲誰。每卷又題馬崇儒重訂，亦不知何許人。據書中前後題識，蓋嘉靖中衡王府醫正也。

左氏蒙求注

瞿鏞《鐵琴銅劍樓藏書目録・類書類》《左氏蒙求》一卷。東洋刊本。元吴化龍撰。自序。天瀑序。

啟劄雲錦囊

楊士奇等《文淵閣書目・類書》《啟劄雲錦囊》。一部，十册。闕。

《四庫全書總目提要・類書類存目一》《啟劄雲錦裳》八卷。永樂大典本。不著撰人名氏，亦不詳時代。其書以書劄泛詞分類編次，門目猥雜，字句庸腐，蓋至陋之俗書。然《永樂大典》全部收之，則猶元以前本矣。

名公新編翰苑啓劄雲錦

范邦甸等《天一閣書目・類書類》《名公新編翰苑啓劄雲錦》五册。藍絲闌鈔本。不著撰人名氏。

啟天機錦

錢謙益等《絳雲樓書目・類書類》《啟天機錦》。

排韻增廣事類氏族大全

范邦甸等《天一閣書目・類書類》《排韻增廣氏族大全》六卷。刊本。不著撰人名氏。

《四庫全書總目提要・類書類二》《排韻增廣事類氏族大全》二十二卷。浙江巡撫採進本。不著撰人名氏。

彭元瑞等《天禄琳琅書目後編・元版子部》《新編排韻增廣事類氏族大全》。一函，六册。不著撰人名氏。書二十卷。分十集，每集二卷。依廣韻次第隸姓，末卷覆姓，摘敘經史人物姓，末多附女德、婚姻以供婚啟之用。其事蹟迄於南宋之季，蓋元時人所編。麻沙版梓行。

純正蒙求

《四庫全書總目提要・類書類二》《純正蒙求》三卷。浙江鮑士恭家藏本。元胡炳文撰。

宋板蒙求

錢謙益等《絳雲樓書目・類書類》《宋板蒙求》。

裁纂類函

《四庫全書總目提要・類書類存目一》《裁纂類函》一百六十卷。浙江汪啟淑家藏本。不著撰人名氏。

敏求機要

楊士奇等《文淵閣書目・類書》《敏求機要》。一部，五冊。闕。

《敏求機要》。一部，四冊。完全。

黄虞稷《千頃堂書目・類書類》劉芳寔、劉茂寔《敏求機要》十六卷。方寔字月梧，茂寔字鳳梧，同編。

倪燦等《宋史藝文志補・類書類》劉芳實、劉茂實《敏求機要》十六卷。芳實字月梧，茂實字鳳梧。同編。

《四庫全書總目提要・類書類存目一》《敏求機要》十六卷。編修汪如藻家藏本。舊本題月梧劉實撰鳳梧劉茂實註。而撰人於劉字之下實字之上空一字。疑二人兄弟，本以實字連名，舊本模糊，傳寫者因於撰者之名空一字也。

啟劄錦語

《四庫全書總目提要・類書類一》《啟劄錦語》七卷。永樂大典本。不著撰人名氏，亦不詳時代。與《啟劄錦裳》並載《永樂大典》中。其體例相同，其猥鄙亦如出一轍。

羣書類編故事

阮元《四庫未收書目提要・類書類》《羣書類編故事》二十四卷。元王罃撰。按罃姓名見《甯波府志》，明初曾任廣東肇慶太守，事迹無考。

太平廣彙

倪燦等《補遼金元藝文志・類書類》〔元〕楊惟中《太平廣彙》十集，九十六篇。字彥誠，宏州人，宣撫使。

韻　語

黄虞稷《千頃堂書目・類書類》白珽《韻語》二十卷。鮑云：「韻」當作「静」，今祇存二卷。

經子類訓

黄虞稷《千頃堂書目・類書類》白珽《經子類語訓》二十卷。

倪燦等《補遼金元藝文志・類書類》白珽《經子類訓》二十卷。

錢大昕《補元史藝文志・類事類》白珽《經子類訓》二十卷。

集翠裘

黄虞稷《千頃堂書目・類書類》白珽《集翠裘》二十卷。

倪燦等《補遼金元藝文志・類書類》白珽《集翠裘》二十卷。

錢大昕《補元史藝文志・類事類》白珽《集翠裘》二十卷。

事偶韻語

楊士奇等《文淵閣書目・類書》《事偶韻語》。一部，一冊。闕。

黃虞稷《千頃堂書目・類書類》 淩緯《事偶韻語》。

倪燦等《補遼金元藝文志・類書類》 淩緯《事偶韻語》。

錢大昕《補元史藝文志・類事類》 淩緯《事偶韻語》。

破萬總録

黃虞稷《千頃堂書目・類書類》 唐懷德《破萬總録》一千卷。凡所讀之書，撮其諸凡而附之以己論辯。

倪燦等《補遼金元藝文志・類書類》 唐懷德《破萬總録》一千卷。凡所讀之書，輒撮其諸凡而附之以論辯。

錢大昕《補元史藝文志・類事類》 唐懷德《破萬總録》一千卷。

鉤玄集

黃虞稷《千頃堂書目・類書類》 唐懷德《鉤玄集》。二書據盧本補。

倪燦等《補遼金元藝文志・類書類》 唐懷德《鉤玄集》。

錢大昕《補元史藝文志・類事類》 唐懷德《鉤玄集》。

丹墀獨對

黃虞稷《千頃堂書目・類書類》 吳黼《丹墀獨對》十卷。

倪燦等《補遼金元藝文志・類書類》 吳黼《丹墀獨對》十卷。

錢大昕《補元史藝文志・類事類》 吳黼《丹墀獨對》十卷。

韻府羣玉掇遺

黃虞稷《千頃堂書目・類書類》 錢全衮《韻府羣玉掇遺》十册。華亭人，元末杜門著書，不仕張氏。

倪燦等《補遼金元藝文志・類書類》 錢全衮《韻府羣玉掇遺》十册。華亭人。

聲律關鍵

黃虞稷《千頃堂書目・類書類》 鄭起潛《聲律關鍵》八卷。

倪燦等《補遼金元藝文志・類書類》 鄭起潛《聲律關鍵》八卷。

書林廣記

楊士奇等《文淵閣書目・類書》 《書林廣記》。一部，一册。闕。

錢謙益等《絳雲樓書目・類書類》 《書林廣記》。

黃虞稷《千頃堂書目・類書類》 《書林廣記》二十卷。

倪燦等《補遼金元藝文志・類書類》 《書林廣記》二十卷。

士林龜鏡

黃虞稷《千頃堂書目・類書類》 《士林龜鏡》。

倪燦等《補遼金元藝文志・類書類》 《士林龜鏡》。

羣書一覽

楊士奇等《文淵閣書目・類書》 《羣書一覽》。一部，十册。闕。

黃虞稷《千頃堂書目・類書類》 《羣書一覽》十卷。

倪燦等《補遼金元藝文志・類書類》 《羣書一覽》十卷。

小學日記故事

黄虞稷《千頃堂書目·類書類》 虞韶《小學日記故事》十卷。建安人。

錢大昕《補元史藝文志·類事類》 虞韶《小學日記故事》十卷。建安人。

竹素鉤玄

黄虞稷《千頃堂書目·類書類》 俞希魯《竹素鉤玄》三十卷。

倪燦等《補遼金元藝文志·類書類》 俞希魯《竹素鉤玄》三十卷。

錢大昕《補元史藝文志·類事類》 俞希魯《竹素鉤玄》三十卷。

萬寶詩山

黄虞稷《千頃堂書目·類書類》 錢縉《萬寶詩山》二十卷。

倪燦等《補遼金元藝文志·類書類》 錢縉《萬寶事山》二十卷。

錢大昕《補元史藝文志·類事類》 錢縉《萬寶事山》二十卷。

史事類書澤

黄虞稷《千頃堂書目·類書類》 張經《史事類書澤》三十卷。字子惠，建安人。

倪燦等《補遼金元藝文志·類書類》 張諒經《史事類書澤》三十卷。字子惠，學易於邱富國。

錢大昕《補元史藝文志·類事類》 張諒經《史事類書澤》三十卷。建安人。

六藝類要

楊士奇等《文淵閣書目·類書》 《六藝類要》。一部，二册。完全。

顧櫰三《補五代史藝文志·類事類》 周剛善《六藝類要》六卷。臨江人。

言行龜鑑

楊士奇等《文淵閣書目·類書》 張光祖《言行龜鑑》。一部，三册。完全。

禁扁

楊士奇等《文淵閣書目·類書》 《禁扁》。一部，一册。闕。

萬啟類編

楊士奇等《文淵閣書目·類書》 《萬啟類編》。一部，一册。闕。

中州啟劄

楊士奇等《文淵閣書目·類書》 《中州啟劄》。一部，一册。闕。

六藝綱目

楊士奇等《文淵閣書目·類書》 《六藝綱目》。一部，二册。殘缺。

顧櫰三《補五代史藝文志・類書類》 舒天民《六藝綱目》四卷。鄞人。

張之洞《書目答問・別録》 《六藝綱目》。元舒天民。嘉蔭簃本。指海本。

新編通用啟劄截江網

瞿鏞《鐵琴銅劍樓藏書目録・類書類》 《新編通用啟劄截江網》六卷。元刊本。不著編輯姓氏，亦無序跋。

事文類聚遺集

倪燦等《補遼金元藝文志・類事類》 祝淵《事文類聚遺集》十五卷。

聯新事備詩學大成

范邦甸等《天一閣書目・類書類》 《聯新事備詩學大成》三十卷。刊本。明林楨編集。

圖繪寶鑒

錢謙益等《絳雲樓書目・雜藝類》 《圖繪寶鑒》。五卷。夏文彥，字士良，號蘭渚生，吳興人。陶南村與之爲友，極稱其賞鑑之精。見《輟耕録》十八卷。明韓昂有《續圖繪寶鑒》。

皇明祖訓

劉若愚《内板經書紀略》 《皇明祖訓》。一本，五十葉。

錢謙益等《絳雲樓書目・類書類》 《皇明祖訓》。一卷。太祖，即祖訓録。

孝慈録

錢謙益等《絳雲樓書目・類書類》 《孝慈録》。

資世通訓

錢謙益等《絳雲樓書目・類書類》 《資世通訓》。

清教録

錢謙益等《絳雲樓書目・類書類》 《清教録》。

千家姓

范邦甸等《天一閣書目・類書類》 《千家姓》一册。刊本。明洪武十四年，翰林吳沉、典籍劉仲質、吳伯宗同奉敕纂。

劉若愚《内板經書紀略》 《千家姓》。一本，五十九葉。

華夷譯語

劉若愚《内板經書紀略》 《華夷譯語》。一本，八十八葉。

省躬録

劉若愚《内板經書紀略》《省躬録》。一本，七十二葉。

錢謙益等《絳雲樓書目・類書類》《省躬録》。七卷。洪武中命學士劉三吾等編。皆記歷代災異之應於臣下者。

稽古定制

劉若愚《内板經書紀略》《稽古定制》。一本，八十二葉。

錢謙益等《絳雲樓書目・類書類》《稽古定制》。

釋文三註

楊士奇等《文淵閣書目・類書》《釋文三註》。一部，一册。闕。《釋文三註》。一部，一册。闕。

永樂大典

劉若愚《内板經書紀略》纍臣若愚曾聞成祖勅儒臣纂修《永樂大典》一部，係湖廣王洪等編。

黄虞稷《千頃堂書目・類書類》《永樂大典》二萬二千二百一十一卷。

《明史・藝文志・類書類》《永樂大典》二萬二千九百卷。永樂初，解縉等奉敕編。

《四庫全書總目提要・類書類存目一》《永樂大典》二萬二千八百七十七卷《目録》六十卷。翰林院藏本。

歷代名臣奏議

劉若愚《内板經書紀略》《歷代名臣奏議》。百五十本，九千七百二十葉。

爲善陰騭

劉若愚《内板經書紀略》《爲善陰騭》。一本，三百七十二葉。

孝順事實

劉若愚《内板經書紀略》《孝順事實》。一本，二百九十二葉。

錢謙益等《絳雲樓書目・類書類》《成祖孝順事實》四册。此書成祖輯。永樂十八年頒以訓儲宮者。降天下學宮。

歷代臣鑒

劉若愚《内板經書紀略》《歷代臣鑒》。十本，五百六十葉。

錢謙益等《絳雲樓書目・類書類》《歷代臣鑒》五册。三十七卷。宣宗編。序文宣德元年四月。

姓源珠璣

范邦甸等《天一閣書目・類書類》《姓原珠璣》一册。藍紙刊本。明江陰楊信民著。王直序。

《四庫全書總目提要·類書類存目一》《姓源珠璣》六卷。左都御史張若溎家藏本。明楊信民撰。信民，江陰人。永樂中官日照縣知縣。

文安策略

《四庫全書總目提要·類書類存目一》《文安策略》十卷。江西巡撫採進本。明劉定之撰。定之有《易經圖釋》，已著録。

丁仁《八千卷樓書目·類書類》《文安策略》十卷。明劉定之撰。刊本。

羣書纂類

高儒《百川書志·類書》《羣書纂數》十二卷。皇明建昌袁均哲庶明。因張九韶《備數》失倫，即其門類，加以註釋。增八百二十三事，自一至百，依次貫之。總一千四百三十四條。

黄虞稷《千頃堂書目·類書類》袁均哲《羣書纂數》十二卷。字廉明，建昌人。增廣九韶所著，廉一作庶。

《明史·藝文志·類書類》袁均哲《羣書纂數》十二卷。楊士奇《文籍志》云明初人所編。

《四庫全書總目提要·類書類存目一》《羣書纂類》十二卷。内府藏本。明袁均哲撰。均哲字庶明，建昌人。正統中官郴州知州。

五倫書

劉若愚《内板經書紀略》《五倫書》。六十二本。一千七百一葉。

錢謙益等《絳雲樓書目·類書類》宣宗《五倫書》六十二册。

韻府續編

黄虞稷《千頃堂書目·類書類》《續韻府羣玉》四十卷。

《四庫全書總目提要·類書類存目一》《韻府續編》四十卷。内府藏本。舊本題元青田包瑜撰。考《括蒼彙編》，包瑜字希賢，青田人。景泰庚午舉人。官教諭。

孫星衍《平津館鑒藏書籍記》《類聚古今韻府續編》四十卷。題後學青田包瑜編輯。

事物紀原删定

高儒《百川書志·格物家》《事物紀原删定》二十卷。皇明南平趙弼校定。

詩壇叢韻

黄虞稷《千頃堂書目·類書類》吴綬《詩壇叢韻》二十八卷。字孟章，成化間錦衣指揮僉事。滁州人。程篁墩爲之序。

彭元瑞等《天禄琳琅書目後編·明版子部》《詩壇叢韻》。六函，六十册。明吴綬撰。綬，滁州人。

三才廣志

范邦甸等《天一閣書目·類書類》《三才廣志》一千一百八十四卷。緜紙藍絲。闌鈔本。不著撰人名氏。

黄虞稷《千頃堂書目·類書類》吴珫《三才廣志》三百卷。

《明史·藝文志·類書類》吴珫《三才廣志》三百卷。

大明會典

劉若愚《內板經書紀略》《大明會典》。一百四十五百九本，六千十葉。

羣書集事淵海

高儒《百川書志・類書》《羣書集事淵海》四十卷。不著作者。

徐𤊹編《徐氏家藏書目・彙書類》《羣書集事淵海》四十七卷。

黃虞稷《千頃堂書目・類書類》《羣書集事淵海》四十七卷。《百川書志》云：弘治間人編。案謝遷序，疑此書爲元末人作，高氏豈未見此序耶。

《明史・藝文志・類書類》《羣書集事淵海》四十七卷。《百川書志》云弘治時人編。

于敏中等《天祿琳琅書目・明版子部》《羣書集事淵海》。六函，三十二册。不著撰人姓氏。四十七卷。前明劉健序，後明李東陽、謝遷二序。

《四庫全書總目提要・類書類存目一》《羣書集事淵海》四十七卷。浙江巡撫採進本。不著撰人名氏。

彭元瑞等《天祿琳琅書目後編・明版子部》《羣書集事淵海》。四函，三十二册。明初時人編，不著姓氏。書四十七卷。分十門。

又《羣書集事淵海》。十函，一百册。同上，係一版摹印。闕補卷三十四十七、四十八卷三十二一。

又《羣書集事淵海》。十函，一百册。同上，係一版摹印。

涉覽屬比

《四庫全書總目提要・類書類存目一》《涉覽屬比》四卷。兩淮鹽政採進本。明朱文撰。文，睢州人。

王制考

《四庫全書總目提要・類書類存目一》《王制考》四卷。浙江朱彝尊家曝書亭藏本。明李黼撰。黼，無錫人。

新編博物策會

祁承編《澹生堂藏書目・類家》《博物策會》四册。十七卷。

詞林摘艷

范邦甸等《天一閣書目・類書類》《詞林摘艷》十卷。刊本。明張禄撰，劉楫序。

羣書類考

范邦甸等《天一閣書目・類書類》《羣書類考》二十二卷。刊本。明凌瀚著并序。

黃虞稷《千頃堂書目・類書類》凌瀚《羣書類考》二十二卷。蘭谿人，從章懋學。嘉靖乙酉舉人。官周府紀善。

《明史・藝文志・類書類》凌瀚《羣書類考》二十二卷。

左粹類纂

《通志・藝文略・類書類》《左粹類纂》十二卷。浙江吴玉墀家藏本。明施仁撰。仁字宏濟，長洲人。嘉靖戊子舉人。玆編以《左傳》所紀之事，分十五門編載。變解經之書寫類事之書，去春秋之義遠矣。

續編錦囊詩對故事

范邦甸等《天一閣書目・類書類》《續編錦囊詩對故事》四卷。刊本。不著撰人名氏。

事典考略

徐𤊹《徐氏家藏書目・彙書類》《事典考畧》六卷。徐袍著。孫學聚刊。

黄虞稷《千頃堂書目・類書類》徐袍《事典考略》六卷。蘭谿人，字叔章。嘉靖甲午舉人。

《明史・藝文志・類書類》徐袍《事典考略》六卷。

《四庫全書總目提要・類書類存目一》《事典考略》六卷。江蘇周厚堉家藏本。明徐袍編。袍字仲章，婺源人。是書採前代事蹟及先儒議論，分目凡八十有一。割裂經典，叢雜瑣碎，蓋兔園册子也。

對偶菁華

黄虞稷《千頃堂書目・類書類》蔡潮《對偶菁華》一卷。

騷　苑

《四庫全書總目提要・類書類存目一》《騷苑》四卷。兩淮鹽政採進本。前三卷明黄省曾撰。後一卷張所敬補。

注釋啟蒙對偶續編

《四庫全書總目提要・類書類存目一》《註釋啟蒙對偶續編》四卷。內府藏本。明孟紱撰。鄭以誠註。紱、以誠，皆始末未詳。

對　類

高儒《百川書志・類書》《對類》二十卷。凡二十二門。

錢謙益等《絳雲樓書目・類書類》《對類》十二册。

《四庫全書總目提要・類書類存目二》《對類》二十卷。兩江總督採進本。不著撰人名氏，亦不詳時代。凡二十門。蓋村塾課蒙之本。驗其格式，猶明中葉所刊也。

奚囊手鏡

黄虞稷《千頃堂書目・類書類》楊循吉《奚囊手鏡》二十卷。

《明史・藝文志・類書類》楊循吉《奚囊手鏡》二十卷。

云峰廣要

黄虞稷《千頃堂書目・類書類》楊循吉《雲峰廣要》。

詩學事類

《四庫全書總目提要・類書類存目一》《詩學事類》二十四卷。內府藏本。

舊本題明李攀龍撰。攀龍字于鱗，歷城人。嘉靖甲辰進士。官至河南按察使。

韻學事類

《四庫全書總目提要·類書類存目一》《韻學事類》十二卷。内府藏本。舊本題明李攀龍撰。分韻隸事，惟有上下平聲。蓋僅備律詩之用。龐雜弇陋，亦僞託也。

韻學淵海

《四庫全書總目提要·類書類存目一》《韻學淵海》十二卷。内府藏本。舊本題明李攀龍撰。唐順之校。

古今説海

范邦甸等《天一閣書目·類書類》《古今説海》一百四十二卷。刊本。明黄良玉、姚如晦、顧應夫、沈叔明、陸思豫、唐贇同纂。唐錦序。書分四部，凡一百三十五種。

古今原始

趙琦美編《脉望館書目·類書類》《古今原始》四本。

五車霏玉

《四庫全書總目提要·類書類存目一》《五車霏玉》三十四卷。兩淮馬裕家藏本。明吳昭明撰。汪道昆增訂。昭明始末未詳。道昆字伯玉，歙縣人。嘉靖丁未進士。官至兵部左侍郎。《明史文苑傳》附見王世貞傳中。

考古辭宗

范邦甸等《天一閣書目·類書類》《考古辭宗》二十卷。刊本。明高安況叔祺編。嘉靖壬戌趙鈛鼎卿序。

黄虞稷《千頃堂書目·類書類》況叔祺《考古詞宗》二十卷。

《明史·藝文志·類書類》況叔祺《考古詞宗》二十卷。

《四庫全書總目提要·類書類存目一》《考古辭宗》二十卷。浙江汪啟淑家藏本。明況叔祺編。叔祺字吉甫，高安人。嘉靖庚戌進士。官至貴州提學僉事。

國憲家猷

《四庫全書總目提要·類書類存目一》《國憲家猷》五十六卷。浙江巡撫採進本。明王可大撰。可大字元簡，南京錦衣衛人。嘉靖癸丑進士。官至台州府知府。是書凡分十四部。

修辭指南

徐𤊹編《徐氏家藏書目·彙書類》《修詞指南》二十卷。

黄虞稷《千頃堂書目·類書類》浦南金《修辭指南》二十卷。東海人。國子助教。

《明史·藝文志·類書類》浦南金《修辭指南》二十卷。

《四庫全書總目提要·類書類存目一》《修辭指南》二十卷。江蘇巡撫採進本。明浦南金編。南金，吳縣人。嘉靖壬午舉人。官國子監助教。是編取《爾雅》、《左腴》、《漢雋》、《書敘指南》四書，彙爲一編。分二十部，四十類。輾轉裨販，殊無可觀。

哲匠金桴

錢謙益等《絳雲樓書目・類書類》《哲匠金桴》。

黄虞稷《千頃堂書目・類書類》 楊慎《哲匠金桴》五卷。

《四庫全書總目提要・類書類存目一》《哲匠金桴》五卷。浙江吴玉墀家藏本。明楊慎撰。採摘漢、魏以後詩雋句及賦頌之類，分韻編録。然徵引龐雜，掛漏亦多，不足重也。

均　藻

黄虞稷《千頃堂書目・類書類》 楊慎《均藻》四卷。

《四庫全書總目提要・類書類存目一》《均藻》四卷。内府藏本。明楊慎撰。其書乃《韻府羣玉》之流。

謝華啟秀

黄虞稷《千頃堂書目・類書類》 楊慎《謝華啟秀》七卷。

《四庫全書總目提要・類書類存目一》《謝華啟秀》八卷。内府藏本。明楊慎撰。慎有《檀弓叢訓》，已著録。是書取諸書新艷字句裁爲對偶。

可知編

黄虞稷《千頃堂書目・類書類》 楊慎《可知編》八卷。

《四庫全書總目提要・類書類存目一》《可知編》八卷。浙江巡撫採進本。舊本題明楊慎撰。亦隸事之書。然升菴書目不載此名。其書分天、地、人三部，又分子目三十八。援引踳駁，必坊賈所依託也。

希姓録

周中孚《鄭堂讀書記補逸・類書類》《希姓録》五卷。函海本。亦楊慎撰。

羣書麗句

黄虞稷《千頃堂書目・類書類》 楊慎《羣書麗句》二卷。

升庵外集

黄虞稷《千頃堂書目・類書類》 焦竑編次《楊升庵外集》一百卷。

《明史・藝文志・類書類》 楊慎《升菴外集》一百卷。焦竑編次。

古今諺

錢謙益等《絳雲樓書目・類書類》《古今諺》。魏華文著《古今攷》。方虚谷續之。

古今風謡

錢謙益等《絳雲樓書目・類書類》《古今風謡》。

姓觿

《四庫全書總目提要·類書類存目一》《姓觿》十卷。浙江汪啟淑家藏本。明陳士元撰。是編亦其《歸雲別集》之一種。

名疑

《四庫全書總目提要·類書類二》《名疑》四卷。河南巡撫採進本。明陳士元撰。

張之洞《書目答問·譜録類》《名疑》四卷。明陳士元。借月山房本。

姓匯

《四庫全書總目提要·類書類存目一》《姓匯》四卷。浙江汪啟淑家藏本。明陳士元撰。士元有《易象鉤解》，已著録。

物原

范邦甸等《天一閣書目·類書類》《物原》一册。刊本。明山陰羅頎著。

《四庫全書總目提要·類書類存目一》《物原》一卷。兩淮馬裕家藏本。明羅頎撰。頎字儀甫，浙江山陰人。

三通政典

《四庫全書總目提要·類書類存目二》《三通政典》。無卷數。江蘇巡撫採進本。不著撰人名氏，并不著書名。江蘇採進《遺書目録》題曰《三通政典》，亦不知何據也。

崑玉騰輝

范邦甸等《天一閣書目·類書類》《崑玉騰輝》一卷。刊本。明嘉靖吉水彭恒撰。

中麓山人拙對

范邦甸等《天一閣書目·類書類》《中麓山人拙對》二卷。紅絲闌鈔本。明李開先著并序。

正音攟言

《四庫全書總目提要·類書類存目二》《正音攟言》四卷。直隸總督採進本。明王荔撰。荔字子巖，高陽人。嘉靖中舉人。官至青州府推官。

紺珠集

軍機處奏《禁毁書目》《紺珠集》一本。查《紺珠集》明王玉汝編。

事物考

徐𤊹《徐氏家藏書目·彙書類》《事物考》八卷。

《四庫全書總目提要・類書類存目一》《事物考》八卷。浙江朱彝尊家曝書亭藏本。明傅巖撰。巖字野清，義烏人。崇禎甲戌進士。官至監察御史。

大學衍義補纂要

張萱等《内閣藏書目録・類書部》《大學衍義補纂要》六册。全。慶隆間徐栻纂。

經濟文鈔

范邦甸等《天一閣書目・類書類》《經濟文鈔》十卷。刊本司馬公題籤。明張惟爻輯并序。是書每類以事體先後爲序，八代不論。謂當今要務莫大于宗藩、北虜、河漕三事，故采録尤注意焉。

手鏡摘覽

范邦甸等《天一閣書目・類書類》《手鏡摘覽》八卷。藍絲闌鈔本。殘。卷首未鈔序文、目録。著書人名無查。明隆慶辛未方山吴岫卷後跋云：南峯楊公集百家言爲《奚囊手鏡》，以卷篇繁浩，改訂無常，積五十年而竟不成書。末年括爲《摘覽》八卷。

祝氏事偶

黄虞稷《千頃堂書目・類書類》祝彦《祝氏事偶》。字無善，山陰人。萬曆癸酉舉人。潁州知府。

《四庫全書總目提要・類書類存目二》《祝氏事偶》十五卷。浙江巡撫採進本。明祝彦撰。彦字元美，山陰人。萬曆癸酉舉人。

翰林諸書選粹

《四庫全書總目提要・類書類存目二》《翰林諸書選粹》四卷。内府藏本。明張元忭撰。元忭有《紹興府志》，已著録。是書採掇諸子之語，分編二十五類。其第四卷臣道類外又分吏、户、禮、兵、刑、工六科，門目殊嫌冗雜。

異物彙苑

《四庫全書總目提要・類書類存目一》《異物彙苑》五卷。直隸總督採進本。舊本題明王世貞撰。世貞有《弇山堂别集》，已著録。是書分二十七門，大抵捃摭類書，冗碎無緒。且删改原文，多失本意。

類苑詳注

黄虞稷《千頃堂書目・類書類》王世貞《王氏類苑詳注》三十六卷。

《明史・藝文志・類書類》王世貞《類苑詳注》三十六卷。

《四庫全書總目提要・類書類存目一》《彙苑詳註》三十六卷。内府藏本。一名《類苑詳註》。舊本題明王世貞撰，鄒善長重訂。善長不知何許人。其書成於萬曆乙亥。《明史藝文志》亦著録。

異物彙苑

高儒《百川書志・格物家》《異物彙苑》十八卷。皇明浮梁閔文振道充編。引用書二百五十五家。分二十七部，所彙異物一千四十四種。觀之不爲玩物，取其多識鳥獸草木之名。

范邦甸等《天一閣書目・類書類》《異物彙苑》十八卷。烏絲闌緜紙鈔本。不著撰人名氏。卷首闕三頁。

《四庫全書總目提要・類書類存目二》《異物彙苑》十八卷。浙江巡撫採進本。明閔文振撰。文振字道充，浮梁人。

楚騷綺語

黃虞稷《千頃堂書目・類書類》 張之象《楚騷綺語》六卷。

《四庫全書總目提要・類書類存目二》《楚騷綺語》六卷。浙江巡撫採進本。明張之象編。之象有《太史史例》，已著録。

左國腴詞

黃虞稷《千頃堂書目・類書類》 凌迪知《左國腴詞》八卷。

《明史・藝文志・類書類》 凌迪知《左國腴詞》八卷。

文選錦字録

黃虞稷《千頃堂書目・類書類》 凌迪知《文選錦字録》二十一卷。

《明史・藝文志・類書類》 凌迪知《文選錦字》二十一卷。

《四庫全書總目提要・類書類存目一》《文選錦字》二十一卷。浙江巡撫採進本。明凌迪知撰。迪知有《左國腴詞》，已著録。是書以文選字句輯爲二十七門。

太史華句

黃虞稷《千頃堂書目・類書類》 凌迪知《太史華句》八卷。

《明史・藝文志・類書類》 凌迪知《太史華句》八卷。

萬姓統譜　氏族博攷

《四庫全書總目提要・類書類二》《萬姓統譜》一百四十六卷。附《氏族博攷》十四卷。直隸總督採進本。明凌迪知撰。迪知有《左國腴詞》，已著録。

文林綺繡

黃虞稷《千頃堂書目・類書類》 凌迪知《文林綺繡》五十九卷。

《明史・藝文志・類書類》 凌迪知《文林綺繡》七十卷。

彭元瑞等《天禄琳琅書目後編・明版子部》《文林綺繡》。四函，二十冊。明凌迪知彙刻。迪知，字稚哲，吴興人。嘉靖丙辰進士，官工部員外郎。

又 《文林綺繡》。四函，三十二冊。同上，係一版摹印。

類　雋

范邦甸等《天一閣書目・類書類》《類雋》二十四卷。明句吴虛舟鄭若庸纂輯。

黃虞稷《千頃堂書目・類書類》 鄭若庸《類雋》三十卷。

《明史・藝文志・類書類》 鄭若庸《類雋》三十卷。

《四庫全書總目提要・類書類存目二》《類雋》三十卷。内府藏本。明鄭若庸撰。若庸字虛舟，崑山人。

卓氏藻林

徐𤊹《徐氏家藏書目・彙書類》《卓氏藻林》八卷。卓明卿。

黄虞稷《千頃堂書目·類書類》 卓明卿《卓氏藻林》八卷。

《明史·藝文志·類書類》 卓明卿《藻林》八卷。

《四庫全書總目提要·類書類存目二》 《卓氏藻林》八卷。内府藏本。明卓明卿撰。明卿字徵甫，錢塘人。萬曆中由國子臨生官光禄寺署正。

荆川稗編

徐𤊹《徐氏家藏書目·彙書類》 《荆川稗篇》一百二十卷。

黄虞稷《千頃堂書目·類書類》 唐順之《荆川稗編》一百二十卷。

《明史·藝文志·類書類》 唐順之《稗編》一百二十卷。

于敏中等《天禄琳琅書目·明版子部》 《荆川稗編》。六函，六十册。明唐順之著。一百二十卷。前明茅坤序，次順之自序，次茅一相序并例義。

《四庫全書總目提要·類書類二》 《荆川稗編》一百二十卷。内府藏本。明唐順之編。順之有《廣右戰功録》，已著録。

蟫史集

《四庫全書總目提要·類書類存目二》 《蟫史》十一卷。浙江巡撫採進本。明穆希文撰。希文有《説原》，已著録。

穆氏説原

徐𤊹《徐氏家藏書目·彙書類》 《穆氏説原》十六卷。穆希文。

圖書編

黄虞稷《千頃堂書目·類書類》 章潢《圖書編》一百二十七卷。字本清，南昌府諸生。萬曆間知府范淶薦授南昌府學訓導，月給以米。

《明史·藝文志·類書類》 章潢《圖書編》一百二十七卷。

《四庫全書總目提要·類書類二》 《圖書編》一百二十七卷。河南巡撫採進本。明章潢撰。潢有《周易象義》，已著録。

稗史彙編

黄虞稷《千頃堂書目·類書類》 王圻《稗史彙編》一百七十五卷。

古今考

黄虞稷《千頃堂書目·類書類》 王圻《古今考》□卷。

三才圖會

黄虞稷《千頃堂書目·類書類》 王圻《三才圖會》一百六卷。

《明史·藝文志·類書類》 王圻《三才圖會》一百六卷。

嵇璜等《續通志·圖譜略·文科》 明王圻《三才圖會》。章潢圖書編。

《四庫全書總目提要·類書類存目一》 《三才圖會》一百六卷。浙江巡撫採進本。明王圻撰。是書彙輯諸書圖譜，共爲一編。

駢字憑霄

黄虞稷《千頃堂書目·類書類》 徐應秋《駢字憑霄》二十卷。字雪林，衢州西安人。萬曆丙戌科進士，福建右布政使。

《明史·藝文志·類書類》 徐應秋《駢字憑霄》二十卷。

《四庫全書總目提要・類書類存目二》《騈字憑霄》二十四卷。江蘇巡撫採進本。明徐應秋撰。應秋字君義，號雲林，浙江西安人。萬曆丙辰進士。官至福建布政使。

類編雜説

黃虞稷《千頃堂書目・類書類》彭好古《彭氏類編雜説》六卷。

《明史・藝文志・類書類》彭好古《類編雜説》六卷。

男子雙名記

《四庫全書總目提要・類書類存目二》《男子雙名記》一卷。編修程晉芳家藏本。明陶涵中撰。涵中字雪凡，嘉興人。萬曆戊子舉人。官至建昌府同知。

彊識略

黃虞稷《千頃堂書目・類書類》吴楚材《彊域略》二十四卷。

《明史・藝文志・類書類》吴楚材《強識略》二十四卷。

《四庫全書總目提要・類書類存目一》《彊識略》四十卷。内府藏本。明吴夢材編。夢材字國賢，崇陽人。

天中記

徐𤊹編《徐氏家藏書目・彙書類》《天中記》六十卷。陳耀文。

錢謙益等《絳雲樓書目・類書類》《天中記》。五十卷。陳耀文。錢箋《杜詩》第五卷近時郭家師子花注及十一卷共醉終同卧竹根注俱引此書。

黃虞稷《千頃堂書目・類書類》陳耀文《天中記》六十卷。

《明史・藝文志・類書類》陳耀文《天中記》六十卷。

《四庫全書總目提要・類書類二》《天中記》六十卷。直隸總督採進本。明陳耀文撰。耀文有《經典稽疑》，已著録。

張之洞《書目答問・類書》《天中記》五十卷。明陳耀文。明刻本罕見，原書六十卷。以上各書，不惟文家所用，可考古書佚文異本，其用甚大。

喻林

黃虞稷《千頃堂書目・類書類》徐元泰《喻林》一百二十卷。字汝賢，宣城人。嘉靖乙丑進士，南京刑部尚書。

《明史・藝文志・類書類》徐元泰《喻林》一百二十卷。

《四庫全書總目提要・類書類二》《喻林》一百二十卷。兩江總督採進本。明徐元太撰。元太字汝賢，宣城人。嘉靖乙丑進士。官至刑部尚書。

喻林髓

黃虞稷《千頃堂書目・類書類》徐元泰《喻林髓》十卷。

詩對押韻

范邦甸等《天一閣書目・類書類》《詩對押韻》二册。刊本。明耿純編次并説。

六經類雅

祁承㸁編《澹生堂藏書目・類家》《六經類雅》五册。五卷。徐常吉。

事詞類奇

黄虞稷《千頃堂書目·類書類》 徐常吉《事詞類奇》三十卷。

《明史·藝文志·類書類》 徐常吉《事詞類奇》三十卷。

《四庫全書總目提要·類書類存目二》 《事詞類奇》三十卷。兩江總督採進本。明徐常吉撰。常吉字士彰，武進人。萬曆癸未進士。官浙江按察司僉事。是書爲類二十有四。其序次先經後子史，以及仙釋之屬。分門輯事，依類選詞。其條下註釋，則吴人陸伯元作也。

彭元瑞等《天禄琳琅書目後編·明版子部》 《事詞類奇》。二函，十二册。明徐常吉撰。常吉字士彰，號儆弦，武進人。萬曆癸未進士，官浙江按察司僉事。

六經類聚

《四庫全書總目提要·類書類存目二》 《六經類聚》四卷。江蘇周厚堉家藏本。明徐常吉編。陶元良續增。元良字乃永，武進人。是書以六經之語分類爲十八門，以備時文剽剟之用。

事物紺珠

黄虞稷《千頃堂書目·類書類》 黄一正《事物紺珠》四十六卷。字定文，江都人。

《明史·藝文志·類書類》 黄一正《事物紺珠》四十六卷。

《四庫全書總目提要·類書類》 《事物紺珠》四十一卷。浙江巡撫採進本。明黄一正編。一正字定父，揚州人。是編成於萬曆辛卯。《明史藝文志》著録四十六卷。今考其目，自天文、地理至瑣言、瑣事，凡四十六目，非四十六卷也。所録典故，率割裂餖飣，又概不著原書之名。是雖杜撰以盈卷帙亦莫得而稽矣。

彭元瑞等《天禄琳琅書目後編·明版子部》 《事物紺珠》。一函，十册。明黄一正撰。一正字定父，揚州人。仕履無考。

古今類腴

黄虞稷《千頃堂書目·類書類》 陳世寶《古今類腴》十八卷。

《明史·藝文志·類書類》 陳世寶《古今類腴》十八卷。

古今類腴

《四庫全書總目提要·類書類存目一》 《古今類腴》十八卷。江蘇巡撫採進本。不著撰人名氏。前有吴一鵬序，云是王麟洲所作。麟洲，王世懋别號也。

選雋

徐㸌《徐氏家藏書目·彙書類》 《選雋》十卷。

考古彙編

徐㸌《徐氏家藏書目·彙書類》 《考古彙編》二十六卷。

醒俗勸懲便録

徐㸌《徐氏家藏書目·彙書類》 《醒俗勸懲便録》四卷。括蒼勿非子撰。

古今事物原始

徐𤊹編《徐氏家藏書目・彙書類》《事物原始》三十卷。杭徐炬。

《四庫全書總目提要・類書類存目二》《古今事物原始》三十卷。浙江巡撫採進本。明徐炬撰。炬有《酒譜》，已著録。

彭元瑞等《天禄琳琅書目後編・明版子部》《古今事物原始》。二函，十六册。明徐炬撰。炬字明夫，臨安人。仕履無考。書三十卷，分十七部。前有萬曆癸巳張瀚序。瀚字子文，仁和人。嘉靖乙未進士，官吏部尚書，謚恭懿。著《奚囊蠹餘》。

金　海

黄虞稷《千頃堂書目・類書類》朱謀埠《金海》一百二十卷。

《明史・藝文志・類書類》朱謀埠《金海》一百二十卷。

對制談經

《四庫全書總目提要・類書類存目二》《對制談經》十五卷。浙江吴玉墀家藏本。明杜溼編。溼，西安人。其始末無考。

山堂肆考　補遺

徐𤊹《徐氏家藏書目・彙書類》《山堂肆考》。

黄虞稷《千頃堂書目・類書類》彭大翼《山堂肆考》二百四十卷。

《明史・藝文志・類書類》彭大翼《山堂肆考》二百四十卷。

《四庫全書總目提要・類書類二》《山堂肆考》二百二十八卷，《補遺》十二卷。江蘇巡撫採進本。明彭大翼撰。大翼字雲舉，又字一鶴，揚州人。

古今元屑

黄虞稷《千頃堂書目・類書類》王家佐《古今元屑》八卷。

《明史・藝文志・類書類》王家佐《古今元屑》八卷。

事文玉屑

黄虞稷《千頃堂書目・類書類》楊淙《事文玉屑》二十四卷。

《明史・藝文志・類書類》楊淙《事文玉屑》二十四卷。

《四庫全書總目提要・類書類存目二》《事文玉屑》二十四卷。安徽巡撫採進本。明楊淙撰。淙不知何許人。是書《明史藝文志》著録。然二十六類之中，荒唐俚謬，罄竹難書。明人著述之陋，殆無出其右矣。

續　鈔

黄虞稷《千頃堂書目・類書類》徐良彦《續鈔》二卷。字季良，新建人。萬曆戊戌進士，南京工部侍郎。

劉氏類山

徐𤊹《徐氏家藏書目・彙書類》《劉氏類山》十卷。桐城劉昌。

黄虞稷《千頃堂書目・類書類》劉胤昌《劉氏類山》十卷。字燕及，桐城人。萬曆甲辰進士，興化知府。

《明史・藝文志・類書類》 劉胤昌《類山》十卷。

《四庫全書總目提要・類書類存目一》 《劉氏類山》十卷。浙江巡撫採進本。明劉嗣昌撰。嗣昌字燕及，桐城人。萬曆中官至興化府知府。

類林探賾

馬國翰《玉函山房藏書簿録・類家》 《類林探賾》一百十卷。並明刊本。明通州江一夔章父撰。

古雋考略

黄虞稷《千頃堂書目・類書類》 顧充《古雋考略》十卷。上虞人。

《明史・藝文志・類書類》 顧充《古雋考略》十卷。

《四庫全書總目提要・類書類存目二》 《古雋考略》六卷。內府藏本。明顧充撰。充有《字義總略》，已著録。

故事白眉

黄虞稷《千頃堂書目・類書類》 鄧志謨《故事白眉》十二卷。別本作十卷。並注云許以忠集，鄧志謨校。

祁承編《澹生堂藏書目・類家》 《故事白眉》四册。十二卷。鄧志謨。

經世格要

《四庫全書總目提要・類書類存目一》 《經世格要》二十八卷。浙江巡撫採進本。明鄒泉撰。泉有《尚論編》，已著録。

八經類集

《四庫全書總目提要・類書類存目二》 《八經類集》二卷。江西巡撫採進本。明許獬撰。獬字子遜，同安人。萬曆辛丑進士。官翰林院編修。

學古適用類

黄虞稷《千頃堂書目・類書類》 吕純儒《學古適用類》九十一卷。

編年拔秀

黄虞稷《千頃堂書目・類書類》 《編年拔秀》二卷。

錢謙益等《絳雲樓書目・類書類》 《編年拔秀》。

丁仁《八千卷樓書目・類書類》 《編年拔秀》二卷。明孫森撰。明刊本。

唐類函

徐𤊹《徐氏家藏書目・彙書類》 《唐類函》二百卷。

黄虞稷《千頃堂書目・類書類》 俞安期《唐類函》二百卷。彙《初學記》、《藝文類聚》、《北堂書鈔》、《白氏六帖》、《杜氏通典》、《歲華紀麗》爲書。

《明史・藝文志・類書類》 俞安期《唐類函》二百卷。

《四庫全書總目提要・類書類存目二》 《唐類函》二百卷。內府藏本。明俞安期編。安期初名策，字公臨，後改今名，字羨長。萬曆末布衣。

彭元瑞等《天禄琳琅書目後編・明版子部》 《唐類函》。五函，四十册。明俞安期撰。安期初名策，字公臨。後改名，字羨長。吴江人。嘉靖丙午舉人，官湖州推官。

張之洞《書目答問・類書》《唐類函》二百卷。明俞安期。明刻本。

類苑瓊英

《四庫全書總目提要・類書類存目二》《類苑瓊英》十卷。兩淮鹽政採進本。明俞安期編。分別事類，纂輯故實，每條止撮舉二字，而以原文細註其下。其體例前後頗無倫次。又王文一類盡皆闕如，疑爲未成之書也。

詩雋類函

《四庫全書總目提要・類書類存目二》《詩雋類函》一百五十卷。内府藏本。明俞安期撰。是書取皇古以迄唐代之詩，彙爲一編。

典籍便覽

黄虞稷《千頃堂書目・類書類》范泓《典籍便覽》八卷。

《明史・藝文志・類書類》范泓《典籍便覽》八卷。

《四庫全書總目提要・類書類存目一》《典籍便覽》八卷。安徽巡撫採進本。明范泓撰。泓字本涵，婺源人。書前題新安員一隱士，蓋未仕者也。其書分天象、月令、地勢、經世、德行、言語、政事、文學、人類、物類十部，每部又各分子目。所採故實，不免蕪雜里漏之譏。

五侯鯖

徐𤊹《徐氏家藏書目・彙書類》《五侯鯖》十二卷。彭儼。

黄虞稷《千頃堂書目・類書類》彭儼《五侯鯖》十二卷。

《明史・藝文志・類書類》彭儼《五侯鯖》十二卷。

《四庫全書總目提要・類書類存目二》《五侯鯖》十二卷。兩江總督採進本。明彭儼撰。儼字若思，江西人。其書分類隸事，凡十四門。所載皆不著出典，摭拾叢雜，無可採録。

經濟類編

范邦甸等《天一閣書目・類書類》《經濟類編》一百卷。刊本。明北海馮琦撰。弟瑗校并序。其書自帝王、政治迄道術、雜言，分二十三類。

黄虞稷《千頃堂書目・類書類》馮琦《經濟類編》一百卷。

《明史・藝文志・類書類》馮琦《經濟類編》一百卷。

《四庫全書總目提要・類書類二》《經濟類編》一百卷。山東巡撫採進本。明馮琦編。琦字琢菴，臨朐人。萬曆丁丑進士。官至禮部尚書。謚文敏。

經濟類編

范邦甸等《天一閣書目・類書類》《經濟類編》六十一卷。藍絲闌緜紙鈔本。不著撰人名氏。自天文、曆法、儀象，迄草木、禽獸、昆虫，分八十三門。

駢志

黄虞稷《千頃堂書目・類書類》陳禹謨《駢志》二十卷。

《明史・藝文志・類書類》陳禹謨《駢志》二十卷。

《四庫全書總目提要・類書類二》《駢志》二十卷。浙江巡撫採進本。明陳禹謨撰。禹謨有《經籍異同》，已著録。

文奇豹斑

徐𤊹《徐氏家藏書目・彙書類》《文奇豹斑》。

黄虞稷《千頃堂書目・類書類》《文苑豹斑》十二卷。陳繼儒輯。

《四庫全書總目提要・類書類存目二》《文奇豹斑》十二卷。浙江巡撫採進本。明陳繼儒撰。繼儒有《邵康節外記》，已著録。是編分天文、地理、人物、文史、花木、鳥獸、器用、人事、釋教、字學十類。皆剽竊餖飣之文。末一卷分韻編古字，尤多舛謬。

萬寶全書

馬國翰《玉函山房藏書簿録・類家》《萬寶全書》二十一卷。致和堂本。明華亭陳維儒仲醇撰。毛文焕增補。凡二十一門，分上下層，世事無不談備。

廣博物志

黄虞稷《千頃堂書目・類書類》董斯張《廣博物志》五十卷。

《四庫全書總目提要・類書類二》《廣博物志》五十卷。浙江汪啟淑家藏本。明董斯張撰。斯張有《吴興備志》，已著録。

學海君道部

彭元瑞等《天禄琳琅書目後編・明版子部》《學海》。十函，八十册。明饒伸撰。伸字抑之，進賢人。萬曆癸未進士，官刑部侍郎。

駢語雕龍

《四庫全書總目提要・類書類存目一》《駢語雕龍》四卷。浙江巡撫採進本。明游日章撰。日章字學絅，莆田人。嘉靖乙未進士。官至知府。

四六雕龍

范邦甸等《天一閣書目・類書類》《四六雕龍》八卷。刊本。明王世貞選，林世勤註，游日章著，王穉登校，張獻翼敘。

文苑彙雋

《四庫全書總目提要・類書類存目二》《文苑彙雋》二十四卷。浙江巡撫採進本。明孫丕顯撰。丕顯字啟周，自稱閩人。未詳其邑里。其書分二十九門，鈔撮類書，體例殊爲猥雜。

清珠淵

黄虞稷《千頃堂書目・類書類》王路《清珠淵》十卷。

《明史・藝文志・類書類》王路《清珠淵》十卷。

劉氏鴻書

徐𤊹《徐氏家藏書目・彙書類》《劉氏鴻書》。

黄虞稷《千頃堂書目・類書類》劉仲達《劉氏鴻書》一百八卷。字九逵，宣城人。

《明史・藝文志・類書類》 劉仲達《鴻書》一百八卷。

軍機處奏《禁毁書目》 《鴻書》一部，二十本。查《鴻書》係明劉仲達所輯。類自天文至紀麗，凡分十五總類，每類又各有子目。皆採掇諸書而成。

《四庫全書總目提要・類書類存目二》 《劉氏鴻書》一百八卷。浙江巡撫採進本。明劉仲達編。仲達字九逵，宣城人。

名物類考

《四庫全書總目提要・類書類存目一》 《名物類考》四卷。副都御史黄登賢家藏本。明耿隨朝撰。隨朝號敬菴，滑縣人。嘉靖丁未進士。官至山西按察司副使。

詞叢類採　續詞叢類採

徐𤊹《徐氏家藏書目・彙書類》 《詞叢類採》八卷，《續》八卷。古田林濂。

黄虞稷《千頃堂書目・類書類》 林濂《詞叢類采》八卷，《續詞叢類采》八卷。

《明史・藝文志・類書類》 林濂《詞叢類採》八卷，《續》八卷。

藻軒閒録補續詞叢類採

《四庫全書總目提要・類書類存目二》 《藻軒閒録補續詞叢類採》八卷。兩江總督採進本。明林濂撰。濂字元盛，福州人。官廣東三水、龍門二縣教諭，終於昌化縣知縣。

廣蒙求

《四庫全書總目提要・類書類存目二》 《廣蒙求》三十七卷。浙江巡撫採進本。明姚光祚撰。光祚字允昌，吴縣人。萬曆戊子舉人。官保定府同知。

臆見彙考

祁承㸁《澹生堂藏書目・類家》 《臆見彙考》二册。五卷。游日陞。

博古奇句聯珍

黄虞稷《千頃堂書目・類書類》 劉曰寧《博古奇句聯珍》十二册。

説略

《四庫全書總目提要・類書類》 《説略》三十卷。浙江巡撫採進本。明顧起元撰。起元有《金陵古金石考》，已著録。

玉海纂

《四庫全書總目提要・類書類存目一》 《玉海纂》二十二卷。内府藏本。明劉鴻訓編。鴻訓字默成，長山人。萬曆癸丑進士。官至文淵閣大學士。

諸經纂註

《四庫全書總目提要・類書類存目二》《諸經纂註》三十四卷。江蘇周厚堉家藏本。明楊聯芳編。聯芳字懋賞，漳州人。是書成於萬曆癸丑。以諸經割裂分類，而各註字義於旁，以便記誦。

諸書考略

黄虞稷《千頃堂書目・類書類》徐鑒《諸書考略》四卷。萬曆乙卯序。

《明史・藝文志・類書類》徐鑒《諸書考略》四卷。

《四庫全書總目提要・類書類存目二》《諸書考録》四卷。内府藏本。明徐鑒撰。鑒字觀父，豐城人。萬曆辛丑進士。官監察御史、提督應天學政。

諸經紀數

《四庫全書總目提要・類書類存目二》《諸經紀數》十四卷。浙江巡撫採進本。明徐鑒撰。

獅山掌録

《四庫全書總目提要・類書類存目二》《獅山掌録》二十八卷。浙江吴玉墀家藏家。明吴之俊撰。之俊字彦章，號芝房，歙縣人。萬曆癸丑進士。官武強縣知縣。

朱　翼

《四庫全書總目提要・類書類存目二》《朱翼》。無卷數。浙江巡撫採進本。明江旭奇編。旭奇字舜升，歙縣人。萬曆中官安岳縣縣丞。

五雜俎

軍機處奏《禁毀書目》《五雜俎》六本。查《五雜俎》謝在杭撰。皆分類劄記之文。中有指斥之語，應請銷毀。

三才考略

《四庫全書總目提要・類書類存目二》《三才考略》十二卷。江蘇巡撫採進本。明莊元臣撰。元臣字忠原，歸安人。隆慶戊辰進士。

尚友録

范邦甸等《天一閣書目・類書類》《尚友録》十二卷。刊本。明廖用賢撰并序。

《四庫全書總目提要・類書類存目二》《尚友録》二十二卷。浙江巡撫採進本。明廖用賢編。用賢字賓于，建寧人。

詞林海錯

黄虞稷《千頃堂書目・類書類》夏樹芳《詞林海錯》十六卷。

《明史・藝文志・類書類》 夏樹芳《詞林海錯》十六卷。

玉麒麟

丁仁《八千卷樓書目・類書類》 《玉麒麟》二卷。明夏樹芳撰。明刊本。

奇姓通

《四庫全書總目提要・類書類存目二》 《奇姓通》十四卷。浙江汪啟淑家藏本。明夏樹芳撰。樹芳有《栖真志》，已著録。

彭元瑞等《天禄琳琅書目後編・明版子部》 《奇姓通》。一函，八册。明夏樹芳撰。樹芳字茂卿，江陰人。仕履無考。

事言要元

徐𤊹編《徐氏家藏書目・彙書類》 《事言要元》二十八卷。

《四庫全書總目提要・類書類存目二》 《事言要元》三十二卷。浙江巡撫採進本。明陳懋學撰。懋學字希顔，福唐人。萬曆壬子舉人。官兵馬司指揮。

事文類纂

黄虞稷《千頃堂書目・類書類》 陳懋學《事文類纂》十六卷。福清人。

《明史・藝文志・類書類》 陳懋學《事文類纂》十六卷。

事言要元集

黄虞稷《千頃堂書目・類書類》 唐希言《事言要元集》二十二卷。

《明史・藝文志・類書類》 唐希言《事言要玄集》二十二卷。

何氏類鎔

黄虞稷《千頃堂書目・類書類》 何三畏《何氏類鎔》□卷。

《明史・藝文志・類書類》 何三畏《類鎔》二十卷。

《四庫全書總目提要・類書類存目二》 《何氏類鎔》三十五卷。兩江總督採進本。明何三畏撰。三畏有《雲間志略》，已著録。

秘笈新書　別集

《四庫全書總目提要・類書類存目二》 《祕笈新書》十三卷，《別集》三卷。山西巡撫採進本。明吴道南編。道南有《河渠志》，已著録。

啟蒙金璧

范邦甸等《天一閣書目・類書類》 《啟蒙金璧》四卷。刊本。明吴道南撰。

小字録補

周中孚《鄭堂讀書記補逸・類書類》 《小字録補》六卷。編閣刊本。明沈宏正撰。履貫見譜録類。

史學璧珠

黄虞稷《千頃堂書目・類書類》 錢應充《史學璧珠》十卷。

《明史・藝文志・類書類》 錢應充《史學璧珠》十八卷。

《四庫全書總目提要・類書類存目二》 《史學璧珠》十八卷。浙江巡撫採進本。明錢應充撰。應充字子美，紹興人。萬曆中貢生。

羣書備攷

黄虞稷《千頃堂書目・類書類》 袁黄《羣書備攷》二十卷。

《明史・藝文志・類書類》 袁黄《羣書備攷》二十卷。

軍機處奏《禁毀書目》 《羣書備考》一部，五本。查《羣書備考》原本題明袁黄撰。

增訂羣書備考

范邦甸等《天一閣書目・類書類》 《增訂羣書備考》四卷。刊本。明袁黄著。内《九邊圖考》抽燬。

廣修辭指南

黄虞稷《千頃堂書目・類書類》 陳與郊《廣修辭指南》二十卷。

《四庫全書總目提要・類書類存目二》 《廣修辭指南》二十卷。浙江巡撫採進本。明陳與郊撰。與郊有《檀弓集註》，已著録。

古今名喻

范邦甸等《天一閣書目・類書類》 《古今名喻》八卷。刊本。明吴仕期撰并序。

藝林纍百

《四庫全書總目提要・類書類存目二》 《藝林纍百》八卷。浙江吴玉墀家藏本。明李紹文撰。紹文字節之，華亭人。

經濟言

《四庫全書總目提要・類書類存目二》 《經濟言》十二卷。兩江總督採進本。明陳子壯編。子壯字集生，南海人。萬曆己未進士。官至禮部侍郎、晉尚書。明亡殉難。

麗句集

黄虞稷《千頃堂書目・類書類》 《麗句集》十二卷。

《四庫全書總目提要・類書類存目二》 《麗句集》六卷。内府藏本。明許之吉撰。之吉爵里未詳。其書採前人儷偶之語，或一聯或數十聯，分門編次。亦楊慎《謝華啟秀》之類。

子史類語

黄虞稷《千頃堂書目・類書類》 胡尚洪《子史類語》二十四卷。

《明史・藝文志・類書類》 胡尚洪《子史類語》二十四卷。

經濟八編類纂

黄虞稷《千頃堂書目・類書類》 陳仁錫《經濟八編類纂》二百五十五卷。一作二百八十五卷。

《明史・藝文志・類書類》 陳仁錫《經濟八編類纂》二百五十五卷。

軍機處奏《禁燬書目》 《八編類纂》一部，六十本。查《八編類纂》係明陳仁錫輯。取邱濬《大學衍義補》等八書，分類編次。大抵勦襲陳言，取盈卷帙，殊無可取。

潛確居類書

黄虞稷《千頃堂書目・類書類》 陳仁錫《潛確居類書》一百二十卷。

《明史・藝文志・類書類》 陳仁錫《潛確居類書》一百二十卷。

古儷府

《四庫全書總目提要・類書類二》 《古儷府》十二卷。江蘇巡撫採進本。明王志慶編。志慶字與游，崑山人。天啟丁卯舉人。

十三經類語

《四庫全書總目提要・類書類存目二》 《十三經類語》十四卷。浙江巡撫採進本。舊本題明羅萬藻編。萬藻字文止，江西人。天啟丁卯舉人。福王時官上杭縣知縣。唐王僭號於福建，擢爲禮部主事，未幾卒。

古事鈔

錢謙益等《絳雲樓書目・類書類》 《古事鈔》。

考盤餘事

錢謙益等《絳雲樓書目・類書類》 《考槃餘事》。屠隆。

羣書歸正

錢謙益等《絳雲樓書目・類書類》 林昺《羣書歸正》四册。

博物策會

錢謙益等《絳雲樓書目・類書類》 《博物策會》八册。

葉臺山説類

錢謙益等《絳雲樓書目・類書類》 葉臺山《説類》十册。

華夷花木鳥獸珍玩考

黄虞稷《千頃堂書目・類書類》 愼懋官《華夷花木鳥獸珍玩考》十二卷。西吴人。

鴻乙通

黄虞稷《千頃堂書目·類書類》 周獻臣《鴻乙通》□卷。字竅六，臨川人。萬曆丙戌進士。

茹古略集

黄虞稷《千頃堂書目·類書類》 程良孺《茹古略》八十卷。字稺修，孝感人。天啓貢士，户部主事。

《明史·藝文志·類書類》 程良孺《茹古略》八十卷。

《四庫全書總目提要·類書類存目二》 《茹古略集》三十卷。浙江巡撫採進本。明程良孺撰。良孺有《讀書考定》，已著録。

廣韻藻

《四庫全書總目提要·類書類存目二》 《廣韻藻》六卷。内府藏本。明方夏撰。夏字南明，自號養春子，長洲人。

名物考

《四庫全書總目提要·類書類存目二》 《名物考》十卷。内府藏本。明劉侗撰。侗有《帝京景物略》，已著録。是書分二十三部，附《物理考》、《通微志》二篇。皆採輯類書而成。卷帙無多，搜羅甚隘，不足以供考核也。

古今類書纂要增删

周中孚《鄭堂讀書記補逸·類書類》 《古今類書纂要增删》十二卷。吴門童涌之刊本。明璩崑玉撰。崑玉，字朝陽，龍邱人。

博物典彙

黄虞稷《千頃堂書目·類書類》 黄道周《博物典彙》二十卷。

羣書典彙

軍機處奏《禁毁書目》 《羣書典彙》十四本。查《羣書典彙》題黄道周評輯。

姓氏譜纂

丁仁《八千卷樓書目·類書類》 《姓氏譜纂》七卷。明李日華撰。刊本。

《四庫全書總目提要·類書類存目二》 《姓氏譜纂》七卷。浙江巡撫採進本。舊本題明李日華撰。

時物典彙

《四庫全書總目提要·類書類存目二》 《時物典彙》二卷。浙江巡撫採進本。舊本題明李日華撰。是書僅一百三十九頁，雜剽類書故實，餖飣成帙，舛謬百出。卷首題魯重民補訂，錢蔚起校正，或即二人所託名歟。

古今好議論

《四庫全書總目提要・類書類存目二》《古今好議論》十五卷。編修勵守謙家藏本。明吕一經編。一經字子傳，號非庵，吴縣人。崇禎辛未進士。官至河南提學副使。

庶物異名疏

黄虞稷《千頃堂書目・類書類》 陳懋仁《庶物異名疏》三十卷。嘉興人。

《四庫全書總目提要・類書類存目二》《庶物異名疏》三十卷。浙江吴玉墀家藏本。明陳懋仁撰。懋仁有《年號韻編》，已著録。

雨牘

黄虞稷《千頃堂書目・類書類》 陳懋仁《雨牘》一卷。

治平類纂

軍機處奏《禁毀書目》《治平類纂》十本。查《治平類纂》不著編輯人姓名。書内「海防」一篇，語有干涉，應請抽燬。

表異録

周中孚《鄭堂讀書記補逸・類書類》《名句文身表異録》二十卷。海鹽陳氏刊本。明王志堅編。志堅，字淑士，號聞修，崑山人。萬曆庚戌進士，官至湖廣提學僉事。

續羣書備考

軍機處奏《禁毀書目》《續羣書備考》一部，一本。查《續羣書備考》係明袁儼撰。書中語有指斥，應請銷燬。

古學彙纂

范邦甸等《天一閣書目・類書類》《古學彙纂》十卷。刊本。明周時雍輯并序。方震儒序。

子史彙纂

《四庫全書總目提要・類書類存目二》《子史彙纂》二十四卷。浙江巡撫採進本。明馮廷章撰。廷章字子建，常熟人。

子史類語

軍機處奏《禁毀書目》《子史類語》六本。查《子史類語》係明魯重民撰。

合纂類語

軍機處奏《禁毀書目》《合纂類語》十四本。查《合纂類語》係明魯重民撰。

錦囊詩對

黄虞稷《千頃堂書目·類書類》 博平恭裕王安減《錦囊詩對》。

唐彙林

黄虞稷《千頃堂書目·類書類》 陸應陽《唐彙林》□卷。

三才管見

黄虞稷《千頃堂書目·類書類》 程廷策《三才管見》。

三才括典

黄虞稷《千頃堂書目·類書類》 潘晟《三才括典》四卷。

鴛鴦譜

軍機處奏《禁毁書目》 《鴛鴦譜》一部，二本。查《鴛鴦譜》係明陰化陽輯。

四六霞肆

《四庫全書總目提要·類書類存目二》 《四六霞肆》十六卷。内府藏本。明何偉然撰。吴正炳、吴宗邵增删。

傭吹録首集　次集

《四庫全書總目提要·類書類存目二》 《傭吹録首集》二十卷，《次集》二十一卷。副都御史黄登賢家藏本。明文德翼撰。德翼有《宋史存》，已著録。

五經總類

《四庫全書總目提要·類書類存目二》 《五經總類》四十卷。内府藏本。明張雲鸞撰。雲鸞字羽臣，號泰嚴，無錫人。崇禎初，嘗以所輯經書講義獻之闕下。

五車韻瑞

黄虞稷《千頃堂書目·類書類》 凌以棟《五車韻瑞》一百八十卷。字稺隆，湖州人。

《明史·藝文志·類書類》 凌以棟《五車韻瑞》一百六十卷。

《四庫全書總目提要·類書類存目二》 《五車韻瑞》一百六十卷。通行本。明凌稚隆撰。

萬年統紀

《四庫全書總目提要·類書類存目二》 《萬年統紀》十二卷。江蘇巡撫採進本。不著撰人名氏。所引明代諸書，皆仍其皇明之稱，則明人矣。

古史彙編

《四庫全書總目提要・類書類存目二》 《古史彙編》四卷。浙江巡撫採進本。明韓孔贇撰。孔贇字羲一,里貫未詳。是書摭諸史典故,分四十七門,起於唐虞,終於明代,大致仿《文獻通考》而敘述簡略,僅足供舉業對策之用。

六經纂要

《四庫全書總目提要・類書類存目二》 《六經纂要》。無卷數。江蘇巡撫採進本。明顔茂猷撰。茂猷有《迪吉録》,已著録。

策統綱目

《四庫全書總目提要・類書類存目二》 《策統綱目》三十九卷。福建巡撫採進本。明卓有見撰。有見,莆田人。

事類通考

徐𤊹《徐氏家藏書目・彙書類》 《事類通考》十卷。

黄虞稷《千頃堂書目・類書類》 劉業《古今事類通考》十卷。

《明史・藝文志・類書類》 劉業《古今事類通考》十卷。

《四庫全書總目提要・類書類存目二》 《事類通考》十卷。浙江巡撫採進本。明劉業撰。業字芝華,饒州人。

文竽彙氏

《四庫全書總目提要・類書類存目二》 《文竽彙氏》二十四卷。安徽巡撫採進本。明傅作興撰。作興字廷用,建昌人。

婦女雙名記

《四庫全書總目提要・類書類存目二》 《婦女雙名記》一卷。編修程晉芳家藏本。明李肇亨撰。肇亨字會泰,嘉興人。

儒函數類

黄虞稷《千頃堂書目・類書類》 汪宗姬《儒數類函》六十二卷。字肇邰。

《明史・藝文志・類書類》 汪宗姬《儒函數類》六十二卷。

《四庫全書總目提要・類書類存目二》 《儒函數類》六十二卷。安徽巡撫採進本。明汪宗姬撰。宗姬字肇邰,歙縣人。

故事選要

《四庫全書總目提要・類書類存目二》 《故事選要》十四卷。浙江巡撫採進本。明王思義撰。

詩學彙選

《四庫全書總目提要・類書類存目二》 《詩學彙選》二卷。内府藏本。明胡文焕編。

史説萱蘇

《四庫全書總目提要·類書類存目二》《史説萱蘇》一卷。兩淮鹽政採進本。

明黄以陞撰。以陞字孝義,龍溪人。

與識隨筆

《四庫全書總目提要·類書類存目二》《與識隨筆》一卷。兩淮鹽政採進本。

明楊德周撰。德周有《澹圃芓記》,已著録。是書雜採經史奇字,鈔撮成帙。多引原註,發明甚少。

縹緗對類

《四庫全書總目提要·類書類存目二》《縹緗對類》二十卷。内府藏本。舊本題明屠隆撰。

黔類

徐𤊹《徐氏家藏書目·彙書類》《黔類》十八卷。郭子章。

黄虞稷《千頃堂書目·類書類》郭子章《黔類》十八卷。

《明史·藝文志·類書類》郭子章《黔類》十八卷。

《四庫全書總目提要·類書類存目二》《黔類》十八卷。安徽巡撫採進本。明郭子章撰。

含元齋别編

《四庫全書總目提要·類書類存目二》《含元齋别編》十卷。浙江朱彝尊家曝書亭藏本。明趙樞生撰。樞生字彦材,徽州人。

楮記室

范邦甸等《天一閣書目·類書類》《楮記室》十五卷。刊本。卷首有古司馬氏圖章。明潘塤纂。

徐𤊹《徐氏家藏書目·彙書類》《楮記室》十五卷。淮陰潘塤。

《四庫全書總目提要·類書類存目二》《楮記室》十五卷。浙江汪汝瑮家藏本。明潘塤撰。

亘史鈔

《四庫全書總目提要·類書類存目二》《亘史鈔》。無卷數。兩江總督採進本。明潘之恒撰。

羣書纂粹

《四庫全書總目提要·類書類存目一》《羣書纂粹》八卷。浙江吴玉墀家藏本。舊本題明徐時行編。

雜　俎

《四庫全書總目提要・類書類存目一》《雜俎》十卷。兩淮馬裕家藏本。明劉鳳撰。

策府羣玉

《四庫全書總目提要・類書類存目一》《策府羣玉》三卷。江西巡撫採進本。明何喬新撰。

羣書備數

楊士奇等《文淵閣書目・類書》《羣書備數》。一部，一册。闕。

高儒《百川書志・類書》《羣書備數》十二卷。元臨江張九韶纂輯經史子集所載之事可數紀者，彙成一集。分十二門，凡一千三百四十九條。大凡天地人物，古今事蹟，莫不鱗次羽襲，以類相從，庶幾一覽而得。略見其大要也。

徐𤊹《徐氏家藏書目・彙書類》《羣書備數》。

黄虞稷《千頃堂書目・類書類》張九韶《羣書備數》十二論。臨江人。

《明史・藝文志・類書類》張九韶《羣書備數》十二卷。

《四庫全書總目提要・類書類存目一》《羣書備數》十二卷。内府藏本。明張九韶撰。檢核其文，與《羣書拾唾》一字不異。蓋書肆重刊，改新名以炫俗也。

《四庫全書總目提要・類書類存目一》《羣書拾唾》十二卷。浙江巡撫採進本。明張九韶撰。

孫星衍《平津館鑒藏書籍記》《羣書備數》十二卷。題臨江張九韶美和編。

原始秘書

《四庫全書總目提要・類書類存目一》《原始祕書》十卷。浙江范懋柱家天一閣藏本。明寧王權撰。

春秋内外傳類選

《四庫全書總目提要・類書類存目二》《春秋内外傳類選》八卷。江蘇巡撫採進本。舊本題明進士楚潛樊王家撰。

同姓名録　録補

《四庫全書總目提要・類書類二》《同姓名録》十二卷，《録補》一卷。浙江鮑士恭家藏本。明余寅撰。周應賓補。

藝圃萃盤録

范邦甸等《天一閣書目・類書類》《藝圃萃盤録》。刊本。明周汝礪選，蔣以忠纂，蔣以化輯。

《四庫全書總目提要・類書類存目二》《藝圃萃盤録》十卷。浙江巡撫採進本。

類　雅

《四庫全書總目提要・類書類存目二》《類雅》二十卷。浙江汪啟淑家藏本。

不著撰人名氏。

大政管窺

《四庫全書總目提要·類書類存目二》《大政管窺》四卷。兩淮鹽政採進本。不著撰人名氏。

汲古編

《四庫全書總目提要·類書類存目二》《汲古編》四卷。江西巡撫採進本。不著撰人名氏。

天華山房祕藏玉杵臼

《四庫全書總目提要·類書類存目二》《天華山房祕藏玉杵臼》三卷。浙江巡撫採進本。原本無序録。

三才雜俎

黄虞稷《千頃堂書目·類書類》沈夢熊《三才雜俎》五卷。

《明史·藝文志·類書類》沈夢熊《三才雜俎》五卷。

六緯擷華

黄虞稷《千頃堂書目·類書類》詹景鳳《六緯擷華》十卷。

《明史·藝文志·類書類》詹景鳳《六緯擷華》十卷。

學　海

黄虞稷《千頃堂書目·類書類》茅絢《學海》一百六十四卷。

《明史·藝文志·類書類》茅絢《學海》一百六十四卷。

類　林

黄虞稷《千頃堂書目·類書類》焦竑《焦氏類林》八卷。

《明史·藝文志·類書類》焦竑《類林》八卷。

玉林摘粹

徐𤊹《徐氏家藏書目·彙書類》《玉林摘粹》八卷。建安朱東光。

黄虞稷《千頃堂書目·類書類》朱東光《玉林摘粹》八卷。

《明史·藝文志·類書類》朱東光《玉林摘粹》八卷。

賦苑聯芳

丁仁《八千卷樓書目·類書類》《賦苑聯芳》十五卷。明范欽撰。明抄本。

博文篇

黄虞稷《千頃堂書目·類書類》沈易《博文編》四卷。

《明史·藝文志·類書類》沈易《博文編》四卷。

雜纂

黃虞稷《千頃堂書目·類書類》　李先芳《拾翠軒雜纂》四十卷。類編象緯、堪輿、歲時、人物事。

《明史·藝文志·類書類》　李先芳《雜纂》四十卷。

博蒐録

丁丙《善本書室藏書志·類書類》　《博蒐録》一卷。舊鈔本。明桑喬著此書。未見著録家。

纂古類要

錢謙益等《絳雲樓書目·類書類》　《纂古類要》。

滄海遺珠續編

錢謙益等《絳雲樓書目·類書類》　《滄海遺珠續編》。

韻偶

錢謙益等《絳雲樓書目·類書類》　《韻偶》。

姬氏類鈔

錢謙益等《絳雲樓書目·類書類》　《姬氏類鈔》。

龍庵類鈔

錢謙益等《絳雲樓書目·類書類》　《龍庵類鈔》。

增廣韻林

錢謙益等《絳雲樓書目·類書類》　《增廣韻林》。

纂言必法

錢謙益等《絳雲樓書目·類書類》　《纂言必法》。

古今鉤元

錢謙益等《絳雲樓書目·類書類》　《古今鉤元》二十册。

鉤元輯要

錢謙益等《絳雲樓書目·類書類》　《鉤元輯要》十二册。

鹽梅志

錢謙益等《絳雲樓書目·類書類》《鹽梅志》八册。

李蘇見物

錢謙益等《絳雲樓書目·類書類》《李蘇見物》。

數書精粹

錢謙益等《絳雲樓書目·類書類》《數書精粹》。

羣書纂要

黄虞稷《千頃堂書目·類書類》徐璉《羣書纂要》一百九十六卷。

《明史·藝文志·類書類》徐璉《羣書纂要》一百九十六卷。

玉府鉤玄

黄虞稷《千頃堂書目·類書類》沈堯中《玉府鉤玄》六卷。

津逮秘書

《明史·藝文志·類書類》毛晉《津逮祕書》十五集。

文獻彙編

《明史·藝文志·類書類》司馬泰《文獻彙編》一百卷。

秘册彙函

《明史·藝文志·類書類》胡震亨《祕册彙函》二十卷。

博聞類纂

黄虞稷《千頃堂書目·類書類》商濬《博聞類纂》二十卷。

《明史·藝文志·類書類》商濬《博聞類纂》二十卷。

稗海大觀

范邦甸等《天一閣書目·類書類》《稗海大觀》十九册。刊本。明商濬校。

枳　記

黄虞稷《千頃堂書目·類書類》《枳記》二十八卷。

《明史·藝文志·類書類》《枳記》二十八卷。

音注對類

高儒《百川書志・類書》《音註對類》二十卷，《目録》一卷。俱不知著人。詳音明註，頗便初學。

黃虞稷《千頃堂書目・類書類》《音注對類》二十卷。

學山

黃虞稷《千頃堂書目・類書類》《學山》一百卷。按王完輯丘陵學山，凡四十四種。

日用便覽事類

黃虞稷《千頃堂書目・類書類》《日用便覽事類》十卷。

儒學樞要

高儒《百川書志・類書》《儒學樞要》六卷。未詳著人。凡古今典籍中事物有切用者，纂圖舉要，七十六則。

黃虞稷《千頃堂書目・類書類》《儒學樞要》六卷。

稽古彙編

徐㶿《徐氏家藏書目・彙書類》《稽古彙編》十二卷。

黃虞稷《千頃堂書目・類書類》《稽古彙編》十二卷。

居家必用事類全集

黃虞稷《千頃堂書目・類書類》《居家必用事類全集》十卷。一云熊宗立編。

類林雜説

黃虞稷《千頃堂書目・類書類》《類林雜説》十五卷。楊士奇《文籍志》云：明初人所編，以下不知撰人。

《明史・藝文志・類書類》《類林雜説》十五卷。

文林廣記

黃虞稷《千頃堂書目・類書類》雷金科《文林廣記》三十一卷。

《明史・藝文志・類書類》雷金科《文林廣記》三十一卷。

閲古類奇

黃虞稷《千頃堂書目・類書類》張元玘《閲古類奇》□卷。字采初，松江人。建寧知府。

倫史鴻文

黃虞稷《千頃堂書目・類書類》林琦《倫史鴻文》二十四卷。福清人。

《明史・藝文志・類書類》 林琦《倫史鴻文》二十四卷。

事物別名　古今合字

黄虞稷《千頃堂書目・類書類》 盧一元《事物別名》三卷。字復初，無錫人。又《古今合字》二卷。

經史詞林

黄虞稷《千頃堂書目・類書類》 唐汝諤《經史詞林》□卷。

客窗餘録

黄虞稷《千頃堂書目・類書類》 王光裕《客窗餘録》二十二卷。

《明史・藝文志・類書類》 王光裕《客窗餘録》二十二卷。

紀事珠

范邦甸等《天一閣書目・類書類》 《紀事珠》。刊本。明劉國翰撰并自序。是書分十四門，不著卷數。

黄虞稷《千頃堂書目・類書類》 劉國翰《紀事珠》十卷。

《明史・藝文志・類書類》 劉國翰《紀事珠》十卷。

《鄭堂讀書記補逸・類書類》 《紀事珠》。不分卷數。明刊本。明劉國翰撰。國翰，明州人。官秦王府教授。

翼學編

黄虞稷《千頃堂書目・類書類》 宋應奎《翼學編》十三卷。

《明史・藝文志・類書類》 宋應奎《翼學編》十三卷。

軍機處奏《禁毁書目》 《翼學編》五本。查《翼學編》係明宋應奎撰。其書以格致、誠正、修齊、治平，分爲四集。内「治平集」卷十三内，散逆黨一條，遼東一條，語涉乖謬，應請抽燬。

藝林華燭

黄虞稷《千頃堂書目・類書類》 曹大同《藝林華燭》一百六十卷。南直隸通州人。

《明史・藝文志・類書類》 曹大同《藝林華燭》一百六十卷。

經史文編

黄虞稷《千頃堂書目・類書類》 吴琉《經史文編》三十卷。

《明史・藝文志・類書類》 吴琉《經史文編》三十卷。

廣　志

錢謙益等《絳雲樓書目・類書類》 《廣志》三十六册。郭義恭。

黄虞稷《千頃堂書目・類書類》 《廣志》二百四十册。

丁丙《善本書室藏書志・類書類》 《廣志》一百十卷。明鈔本。

滄海遺珠

黃虞稷《千頃堂書目・類書類》 吴相《滄海遺珠》十卷。

《明史・藝文志・類書類》 吴相《滄海遺珠》十卷。

經史子集名數

黃虞稷《千頃堂書目・類書類》 《經史子集名數》六卷。

尺牘筌蹄

楊士奇等《文淵閣書目・類書》 《尺牘筌蹄》。一部，一册。闕。

《尺牘筌蹄》。一部，一册。闕。

廣韻府羣玉

黃虞稷《千頃堂書目・類書類》 倪鉅《廣韻府羣玉》。字偉長，常熟人。

廣蒙求

黃虞稷《千頃堂書目・類書類》 倪鉅《廣蒙求》。

古今事類

錢謙益等《絳雲樓書目・類書類》 《古今事類》。

尺牘法言

楊士奇等《文淵閣書目・類書》 《尺牘法言》。一部，一册。闕。

《尺牘法言》。一部，一册。闕。

正韻詩押

黃虞稷《千頃堂書目・類書類》 趙繼宗《正韻詩押》二十二卷。正德庚午序。

四六叢珠彙選

《四庫全書總目提要・類書類存目一》 《四六叢珠彙選》十卷。浙江汪啟淑家藏本。舊本題當塗縣學官晉江王明嶅、繁昌教諭黃金璽同校選。

名物通

丁仁《八千卷樓書目・類書類》 《名物通》十卷。明鍾惺撰。刊本。

圓機話法

范邦甸等《天一閣書目·類書類》《圓機話法》五十卷。刊本。亦詞章家之類書。卷首無序文，不知何人所著。

對相識字

楊士奇等《文淵閣書目·類書》《對相識字》。一部，一册。闕。

新編書林摘秀

范邦甸等《天一閣書目·類書類》《新編書林摘秀》二卷。刊本。明長州管簫撰。謝瑞校正。丁丑林符序。

羣珠摘粹

范邦甸等《天一閣書目·類書類》《羣珠摘粹》一卷。藍絲闌鈔本。不著撰人名氏。

警語類抄

徐𤊹《徐氏家藏書目·子類》《警語類抄》八卷。程達。

事物考

丁仁《八千卷樓書目·類書類》《事物考》八卷。明何起鳴撰。明刊本。

大學衍義補

張萱等《内閣藏書目録·類書部》《大學衍義補》。二十九册。不全。大學士丘公濬著。鈔本。

劉若愚《内板經書紀略》《大學衍義補》。四十本，三千六百葉。

帝鑑圖説

劉若愚《内板經書紀略》《帝鑑圖説》。六本，三百五十六葉。

古今疏

《四庫全書總目提要·類書類存目三》《古今疏》十五卷。内府藏本。國朝朱虚撰。虚字邵齋，號可菴，又號介菴，曹州人。順治丁亥進士。官至紹興府知府。

三才彙編

《四庫全書總目提要·類書類存目三》《三才彙編》四卷。江蘇巡撫採進本。國朝龔在升撰。在升字聞園，嘉善人。順治己亥進士。官蘇州府推官。

千家姓文

《四庫全書總目提要·類書類存目三》《千家姓文》一卷。兩江總督採進本。國朝崔冕撰。冕字貢收，巢縣人。

三酉彙刪

《四庫全書總目提要·類書類存目三》《三酉彙刪》二十四卷。山東巡撫採進本。國朝王訓撰。訓字敷彝，安邱人。順治丁亥進士。

類書纂要

《四庫全書總目提要·類書類存目三》《類書纂要》三十三卷。內府藏本。國朝周魯撰。魯字南林，無錫人。是編於類書之内裨販而成。譌舛相仍，皆不著其出典。流俗沿用，頗誤後來。

宋稗類鈔

《四庫全書總目提要·類書類二》《宋稗類鈔》三十六卷。浙江巡撫採進本。國朝潘永因編。

同姓名録

《四庫全書總目提要·類書類存目三》《同姓名録》八卷。浙江鮑士恭家藏本。國朝王廷燦撰。廷燦，錢塘人。康熙辛酉舉人。官崇明縣知縣。

古事比

《四庫全書總目提要·類書類存目三》《古事比》五十三卷。浙江巡撫採進本。國朝方中德撰。中德字用伯，桐城人。

經世篇

《四庫全書總目提要·類書類存目三》《經世篇》十二卷。編修汪如藻家藏本。舊本題崑山顧炎武撰。其書門類悉依《場屋策目》，每日一篇。附以諸家雜説，頗爲弇陋。蓋應科舉者鈔撮類書爲之，而坊賈託名於炎武也。

五經類編

《四庫全書總目提要·類書類存目三》《五經類編》二十八卷。通行本。國朝周世樟編。世樟字章成，太倉人。是編摘取五經之語，分爲十門，每門又分子目。皆以備時文之用。末附諸經略説、經義辨譌、辨疑各數條，亦皆無關考證。

古事苑

《四庫全書總目提要·類書類存目三》《古事苑》十二卷。內府藏本。國朝鄧志謨撰。志謨字景南，饒安人。是書成於康熙丙寅。捃摭古事，裁爲儷偶，凡六十篇。其註釋則各附篇末。大致欲仿吴淑《事類賦》，而不能諧以聲韻，貫以脉絡。遂各爲無首無尾，不相聯貫之四六云。

羣言瀝液

軍機處奏《禁毀書目》《羣言瀝液》四本。查《羣言瀝液》係梁顯祖撰。其書係節採格言。乃多引吕留良之語，雜入先儒緒論中，悖妄殊甚，應請銷燬。

三才藻異

《四庫全書總目提要・類書類存目三》《三才藻異》三十三卷。江蘇巡撫採進本。國朝屠粹忠撰。粹忠號芝巖，定海人。順治戊戌進士。官至兵部尚書。

廣事類賦

《四庫全書總目提要・類書類存目三》《廣事類賦》四十卷。内府藏本。國朝華希閔撰。希閔字豫原，無錫人。康熙庚子舉人。

御定淵鑑類函

《四庫全書總目提要・類書類二》《御定淵鑑類函》四百五十卷。康熙四十九年聖祖仁皇帝御定。

行年録

《四庫全書總目提要・類書類存目三》《行年録》。無卷數。禮部尚書曹秀先家藏本。國朝魏方泰撰。方泰字日乾，號魯峯，江西廣昌人。康熙癸未進士。官至禮部右侍郎、翰林院學士。

杜韓集韻

《四庫全書總目提要・類書類存目三》《杜韓集韻》三卷。編修汪如藻家藏本。國朝汪文柏撰。文柏字秀青，號柯庭，嘉興人。官兵馬司指揮。

讀書紀數略

《四庫全書總目提要・類書類二》《讀書紀數略》五十四卷。内府藏本。國朝宫夢仁編。夢仁字定山，泰州人。康熙戊戌進士。官至福建巡撫。

張之洞《書目答問・别録》《讀書紀數畧》。宫夢仁。較《小學紺珠》爲詳。明人《錦字藻林》之屬，不注出典，最謬。

韻　粹

《四庫全書總目提要・類書類存目三》《韻粹》一百七卷。兩淮鹽政採進本。舊本題國朝朱彝尊撰。

典引輯要

《四庫全書總目提要・類書類存目三》《典引輯要》十八卷。浙江巡撫採進本。國朝丁昌遂撰。昌遂字秀崖，懷寧人。

御定佩文韻府

《四庫全書總目提要・類書類二》《御定佩文韻府》四百四十四卷。康熙五十年聖祖仁皇帝御定。

御定韻府拾遺

周中孚《鄭堂讀書記・類書類三》《御定韻府拾遺》一十二卷。武英殿刊本。康熙五十九年，大學士張廷玉等奉敕撰。

《四庫全書總目提要・類書類二》《御定韻府拾遺》一百十二卷。康熙五十五年，聖祖仁皇帝御定。

御定駢字類編

《四庫全書總目提要・類書類二》《御定駢字類編》二百四十卷。康熙五十八年，聖祖仁皇帝敕撰。雍正四年告成，世宗憲皇帝製序頒行。

御定子史精華

《四庫全書總目提要・類書類二》《御定子史精華》一百六十卷。康熙末，聖祖仁皇帝敕修。雍正五年，世宗憲皇帝御定頒行。

張之洞《書目答問・別録》《子史精華》。康熙六十年敕撰。采擇最精。

御定分類字錦

《四庫全書總目提要・類書類二》《御定分類字錦》六十四卷。康熙六十一年，聖祖仁皇帝御定。

宮閨小名録　後録

《四庫全書總目提要・類書類存目三》《宮閨小名録》四卷，《後録》一卷。浙江巡撫採進本。國朝尤侗撰。

石樓臆編

《四庫全書總目提要・類書類存目三》《石樓臆編》五卷。浙江巡撫採進本。國朝周綸撰。綸字膺垂，松江華亭人。康熙中官國子監學正。

廣羣輔録

《四庫全書總目提要・類書類存目三》《廣羣輔録》六卷。浙江鮑士恭家藏本。國朝徐汾撰。汾字武令，錢塘人。

氏族箋釋

《四庫全書總目提要・類書類存目三》《氏族箋釋》八卷。浙江巡撫採進本。國朝熊峻運撰。峻運字在湄，新建人。

考古類編

《四庫全書總目提要・類書類存目三》《考古類編》十二卷。通行本。國朝柴紹炳撰。紹炳有《古韻通》，已著録。

古今圖書集成

敕編《國朝宫史・書籍門》《古今圖書集成》一部。聖祖仁皇帝以載籍極博，浩如淵海，爰命廷臣倣古人左圖、右史之義，統爲一書，卷帙繁富，久而未就。世宗憲皇帝繼承先志，特命詳加編校，列爲六編，析爲三十二典。

齒譜

丁仁《八千卷樓書目・類書類》《齒譜》一卷。不著撰人名氏。抄本。

博雅備考

丁仁《八千卷樓書目・類書類》《博雅備考》二十七卷。國朝張彦琦撰。刊本。

春秋經傳類聯

《四庫全書總目提要・類書類存目三》《春秋經傳類聯》。無卷數。浙江巡撫採進本。國朝王繩曾撰。繩曾字武沂，無錫人。雍正庚戌進士。官揚州府教授。

格致鏡原

《四庫全書總目提要・類書類二》《格致鏡原》一百卷。江蘇巡撫採進本。國朝陳元龍撰。元龍字廣陵，海寧人。康熙乙丑進士及第。歷官文淵閣大學士。謚文簡。

張之洞《書目答問・別録》《格致鏡原》。陳元龍。

類腋

周中孚《鄭堂讀書記・類書類三》《類腋》天部八卷、地部十六卷、人部十五卷、物部十六卷。巾箱小本。前二部國朝姚培謙撰。後二部培謙與張卿雲同撰。培謙字平山，號述齋。卿雲號栖静。皆華亭人。

通俗編

周中孚《鄭堂讀書記補逸・類書類》《通俗編》三十八卷。無不宜齋刊本。國朝翟灝撰。履貫見經部四書類。

選材録

丁仁《八千卷樓書目・類書類》《選材録》一卷。國朝周春撰。昭代叢書本。

家塾蒙求

周中孚《鄭堂讀書記・類書類三》《家塾蒙求》五卷。霞映堂刊本。國朝康基淵撰。基淵，字鏡溪，臨縣人。乾隆壬申進士。

史姓韻編

周中孚《鄭堂讀書記・類書類三》《史姓韻編》六十四卷。雙節堂刊本。國朝汪輝祖撰。輝祖字煥曾，號龍莊，蕭山人。乾隆乙未進士。官湖南寧遠縣知縣。

張之洞《書目答問・譜録類》《史姓韻編》六十四卷。汪輝祖。家刻本。江甯活字版本。

九史同姓名略　補遺

周中孚《鄭堂讀書記・類書類三》《九史同姓名略》七十二卷，《補遺》四卷。雙節堂刊本。國朝汪輝祖撰。

張之洞《書目答問・譜録類》《九史同姓名略》七十二卷，《補遺》四卷。汪輝祖。家刻本。《古今同姓名録》二卷，舊題梁元帝撰，唐陸善經續，元葉森補。函海本。

遼金元三史同名録

周中孚《鄭堂讀書記・類書類三》《三史同名録》四十卷。雙節堂刊本。國朝汪輝祖撰。其子繼培補。繼培字因可，號厚叔。嘉慶乙丑進士。官吏部主事。

張之洞《書目答問・譜録類》《遼金元三史同名録》四十卷。汪輝祖。家刻本。

儀禮韻言

張之洞《書目答問・別録》《儀禮韻言》。檀萃。通行本。

清河偶鈔

周中孚《鄭堂讀書記・類書類三》《清河偶鈔》四卷。程氏遺書本。國朝程際盛撰。際盛仕履見禮類。

駢字分箋

丁仁《八千卷樓書目・類書類》《駢字分箋》二卷。國朝程際盛撰。藝海珠塵本。昭代叢書本。

續廣事類賦

周中孚《鄭堂讀書記・類書類三》《續廣事類賦》三十卷。石渠閣刊本。國朝王鳳喈撰并自注。鳳喈號簡亭，江西新城人。

奇字名

周中孚《鄭堂讀書記補逸・類書類》《奇字名》十二卷。函海本。國朝李調元撰。仕履見經部易類。

樂府侍兒小名録

周中孚《鄭堂讀書記補逸・類書類》《樂府侍兒小名録》一卷。函海本。亦李調元撰。

經傳釋義

周中孚《鄭堂讀書記補逸・類書類》《經傳釋義》五十卷。校字齋刊本。國朝陳煒撰。煒，字星輝，慈溪人。

廣廣事類賦

周中孚《鄭堂讀書記・類書類三》《廣廣事類賦》三十二卷。籯經堂刊本。國朝吴世旃撰并自注。世旃字通帛，涇縣人。

人壽金鑑

周中孚《鄭堂讀書記補逸・類書類》《人壽金鑑》二十二卷。柳衣■刊本。國朝程得齡輯。得齡，字輿九，號湘舟，淮安人。

事類賦補遺

周中孚《鄭堂讀書記・類書類三》《事類賦補遺》十四卷。通行本。國朝張均撰并自注。均號坦齋，□□人。

巧對録

丁仁《八千卷樓書目・類書類》《巧對録》八卷。國朝梁章鉅撰。刊本。

讀史碎金　注

丁仁《八千卷樓書目・類書類》《讀史碎金》六卷，《注》八十卷。國朝吴文炳撰。刊本。

清異編珠

丁仁《八千卷樓書目・類書類》《清異編珠》四卷。國朝福申撰。刊本。

三才略

張之洞《書目答問・別録》《三才略》。《恒星圖》、《步天歌》、《地球圖》、《輿地畧》、《括地畧》、《歷代統圖》、《讀史論畧》。上海局本。

蠹存

丁仁《八千卷樓書目・類書類》《蠹存》二卷。國朝方旭撰。刊本。

文獻通考節貫

《四庫全書總目提要・類書類存目三》《文獻通考節貫》十卷。江蘇周厚堉家藏本。國朝周宗濂撰。宗濂有《恥亭遺書》，已著録。

駢語類鑑

《四庫全書總目提要・類書類存目三》《駢語類鑑》四卷。編修周厚轅家藏本。國朝周池撰。

是菴日記

《四庫全書總目提要·類書類存目三》《是菴日記》十四卷。兩江總督採進本。國朝楊擁編。擁字蔚芝，號是菴。爵里無考。

政　譜

《四庫全書總目提要·類書類存目三》《政譜》十二卷。浙江巡撫採進本。國朝朱栗夷撰。栗夷字心菴，山陰人。

唐句分韻初集　二集　續集　四集

《四庫全書總目提要·類書類存目三》《唐句分韻初集》四卷，《二集》四卷，《續集》二卷，《四集》五卷。兩淮鹽政採進本。國朝馬瀚撰。瀚字炎洲，順天人。其書以唐人詩句分一百七韻，編次以爲集句之用。初集、二集兼取五言、七言。續集、四集則惟取七言。

經濟宏詞

《四庫全書總目提要·類書類存目三》《經濟宏詞》十二卷。浙江巡撫採進本。是書前有凡例，題汪學信四如父編次。卷首又題新安太易父汪以時選輯。無序無跋，未審果出誰手。凡分十二門，皆明人之文，可以爲場屋荅策之用者。其凡例亦自稱取便制舉業云。

讀古紀源

《四庫全書總目提要·類書類存目三》《讀古紀源》九卷。山東巡撫採進本。國朝何懋永撰。懋永字念修，山陰人。其書分爲二編。一曰「三才緯略」，一曰「六官綜制」。其分爲九考。皆鈔撮類書，非根柢之學。

古學捷録

《四庫全書總目提要·類書類存目三》《古學捷録》十卷。安徽巡撫採進本。國朝陳應麐撰。應麐原名應明，字縉英，莆田人。其書爲科舉荅策而作，凡十篇。每篇各有子目。所採皆明人類書，殊多舛誤。

古今記林

《四庫全書總目提要·類書類存目三》《古今記林》二十九卷。安徽巡撫採進本。國朝汪士漢撰。士漢有《祕書二十一種》，已著録。是書分二十七類，自正史以迄百家，隨筆摘録。自謂義例有二。一紀淑慝以示勸戒，一蒐瑰琦以資見聞。然大約從類書中鈔撮而成。

考古原始

《四庫全書總目提要·類書類存目三》《考古原始》六卷。湖南巡撫採進本。國朝王文清編。初，明嘉靖中，桐城趙釴撰《古今原始》十四卷，以歷代帝王編年紀載，各著其事所自始。

考古略

《四庫全書總目提要·類書類存目三》《考古略》八卷。湖南巡撫採進本。國朝王文清撰。文清有《周禮會要》，已著録。文清初著有《考古源流》四百七十五卷，乃彙採《三通》、《玉海》、《册府元龜》、《通鑑綱目》、《大事記》、《學海津逮》、《性理》諸書而成，未及刊布。此本乃先摘其淺近切要者，輯以成編，故名曰略。

三體摭韻

《四庫全書總目提要·類書類存目三》《三體摭韻》十二卷。浙江朱彝尊家曝書亭藏本。國朝朱昆田撰。昆田字西畯，秀水人。彝尊子也。

張之洞《書目答問·别録》《三體摭韻》。朱昆田。

摭韻續編

周中孚《鄭堂讀書記補逸·類書類》《摭韻續編》。不分卷數，舊鈔本。亦朱昆田撰。是編拾《三體摭韻》之遺，體例悉同前編。僅分五册，不及前編之半。亦未定之稿也。

根黄集

《四庫全書總目提要·類書類存目三》《根黄集》十卷。福建巡撫採進本。國朝楊文源撰。文源，長泰人。是書以三禮之文，割裂排纂，分律吕、封建、井田、學校、祭祀，爲五門。每門之中又各爲子目。其曰根黄者，取黄鍾爲萬事根本意也。卷首則敬録聖祖「御製黄鍾爲萬事根本説」一篇，與「朱子請修三禮劄子」一首，以誌編輯所自。其訓釋辨論，一以欽定義疏爲折衷，閒亦附以己見。其凡例云：仿朱子《儀禮經傳通解》。然書中所録，多與四子書典故相發明，仍不過舉業津梁而已。故今列之類書類焉。

政典彙編

《四庫全書總目提要·類書類存目三》《政典彙編》八卷。江蘇巡撫採進本。國朝王芝藻撰。

同人傳

《四庫全書總目提要·類書類存目三》《同人傳》四卷。兩淮鹽政採進本。國朝陳祥裔撰。祥裔有《蜀都碎事》，已著録。

姓氏譜

《四庫全書總目提要·類書類存目三》《姓氏譜》六卷。浙江巡撫採進本。國朝李繩遠撰。繩遠字斯年，嘉興人。其書雜鈔《萬姓統譜》而成，舛漏頗甚。疑其録以備用，本非欲著書也。

李氏類纂

《四庫全書總目提要·類書類存目三》《李氏類纂》五十卷。浙江巡撫採進本。國朝李繩遠撰。是編蓋偶鈔諸家類書，以備自用。故職官首宗人府，用今制也。而云國朝置大宗正院。改宗人府宗人令一人，乃前朝故事，而以爲國朝。此沿襲鈔録，而事同未去葛龔者矣。

教養全書

《四庫全書總目提要·類書類存目三》《教養全書》四十一卷。浙江汪啟淑家藏本。國朝應撝謙撰。

歷朝人物氏族會編

《四庫全書總目提要·類書類存目三》《歷朝人物氏族會編》十卷。江西巡撫採進本。舊本題曰禾川南里松山逸叟穎侯氏撰。不著名姓。

希姓補

《四庫全書總目提要·類書類存目三》《希姓補》五卷。内府藏本。國朝單隆周撰。隆周字昌其，蕭山人。

典制紀略

《四庫全書總目提要·類書類存目三》《典制紀略》。無卷數。浙江巡撫採進本。國朝孫承澤撰。承澤有《尚書集解》，已著録。

類姓登科考

《四庫全書總目提要·類書類存目三》《類姓登科考》六卷。浙江巡撫採進本。不著撰人名氏，亦無序跋。

别號録

《四庫全書總目提要·類書類二》《别號録》九卷。浙江鮑士恭家藏本。國朝葛萬里撰。萬里號夢航，崑山人。

花木鳥獸集類

《四庫全書總目提要·類書類二》《花木鳥獸集類》三卷。兩淮馬裕家藏本。國朝吴寶芝撰。寶芝，石門人。

文選課虚

周中孚《鄭堂讀書記補逸·類書類》《文選課虚》四卷。國朝杭世駿撰。仕履見經部小學類。

張之洞《書目答問·别録》《文選課虚》。杭氏七種。

文苑異稱

丁仁《八千卷樓書目·類書類》《文苑異稱》一卷。國朝王晫撰。昭代叢書本。

姓氏考略

丁仁《八千卷樓書目·類書類》《姓氏考略》一卷。國朝陳廷煒撰。學海類編本。

奩史　拾遺

周中孚《鄭堂讀書記補逸·類書類》《奩史》一百卷,《拾遺》一卷。古香堂刊本。國朝王初桐撰。初桐,字于陽,號賢仲,又號巏堥山人。嘉定人。監生,官齊河縣丞。

萬花擷繡

周中孚《鄭堂讀書記補逸·類書類》《萬花擷繡》四卷。文豐清監稾本。國朝屠元淳輯。履貫見《史部·史評類》。是編乃其採摭記傳典故以便初學之書,故取資不必求備。凡分紀名、紀人、紀事、紀年四類,每類又各分子目。前有自撰例言及王峩山正功序。

唐詩金粉

周中孚《鄭堂讀書記·類書類》《唐詩金粉》十卷。冬讀書齋刊本。國朝沈炳震撰。

張之洞《書目答問·别録》《唐詩金粉》。沈炳震。

疑年録　續疑年録

周中孚《鄭堂讀書記·類書類三》《疑年録》四卷,《續疑年録》四卷。嘉慶癸酉刊本。國朝錢大昕撰。《續録》其門人吴修撰。大昕仕履見傳記類。修字子修,號思亭,海鹽人。

鑒古録

丁丙《善本書室藏書記·類書類》《鑒古録》十六卷。舊鈔本。翰林院編修臣沈廷芳裒輯。

金屑録

丁丙《善本書室藏書志·類書類》《金屑録》不分卷。舊鈔本。楊芸士藏書。吴穎芳輯。

子史輯要題解　續編

丁丙《善本書室藏書志·類書類》《子史輯要題解》四卷,《續編》四卷。六經堂本。國朝上元胡本淵愚溪撰。取子史中適己用者,分二十門,以類標記。《續編》門類同,有盧文弨序。

類類編

周中孚《鄭堂讀書記·類書類》《類類編》。無卷數。原稿本。國朝潘之藻撰。之藻字文水,號雯蕤,烏程人。

偶　書

丁仁《八千卷樓書目·類書類》《偶書》一卷。國朝魏際瑞撰。昭代叢書本。

姓韻

繆荃孫《藝風藏書續記·類書》《姓韻》十卷。藁本張澍撰。介侯姓氏五書之一，此書未刻。

小名補録

吴壽暘《拜經樓藏書題跋記》《小名補録》。舊鈔本《小名補録》後附《名花異木記》，同邑陳香泉先生著。先君子書後云：此編所收，多有與南宋陳思《小字録》及明沈宏正《小字録補》相同者。先君子又輯《香泉論書偶記》附後。

年華録

周中孚《鄭堂讀書記補逸·類書類》《年華録》四卷。日新堂刊本。國朝全祖望撰。

楹聯叢話　續話

丁仁《八千卷樓書目·類書類》《楹聯叢話》十二卷，《續話》四卷。國朝梁章鉅撰。刊本。

道教部

論述

《漢書・藝文志・神仙類序》 神僊者，所以保性命之真，而游求於其外者也。聊以盪意平心，同死生之域，而無怵惕於胸中。然而或者專以爲務，則誕欺怪迂之文彌以益多，非聖王之所以教也。孔子曰：「索隱行怪，後世有述焉，吾不爲之矣。」

《隋書・經籍志・道經序》 道經者，云有元始天尊，生於太元之先，禀自然之氣，沖虚凝遠，莫知其極。所以説天地淪壞，劫數終盡，略與佛經同。以爲天尊之體，常存不滅。每至天地初開，或在玉京之上，或在窮桑之野，授以祕道，謂之開劫度人。然其開劫，非一度矣，故有延康、赤明、龍漢、開皇，是其年號。其間相去經四十一億萬載。所度皆諸天仙上品，有太上老君、太上丈人、天真皇人、五方天帝及諸仙官，轉共承受，世人莫之豫也。所説之經，亦禀元一之氣，自然而有，非所造爲，亦與天尊常在不滅。天地不壞，則蘊而莫傳，劫運若開，其文自見。凡八字，盡道體之奥，謂之天書。字方一丈，八角垂芒，光輝照耀，驚心眩目，雖諸天仙，不能省視。天尊之開劫也，乃命天真皇人，改囀天音而辯析之。自天真以下，至于諸仙，展轉節級，以次相授。諸仙得之，始授世人。然以天尊經歷年載，始一開劫，受法之人，得而寳祕，亦有年限，方始傳授。上品則年久，下品則年近。故今授道者，經四十九年，始得授人。推其大旨，蓋亦歸於仁愛清静，積而修習，漸致長生，自然神化，或白日登仙，與道合體。其受道之法，初受《五千文籙》，次受《三洞籙》，次受《洞玄籙》，次受《上清籙》。籙皆素書，紀諸天曹官屬佐吏之名有多少，又有諸符，錯在其間，文章詭怪，世所不識。受者必先潔齋，然後齎金環一，并諸贄幣，以見於師。師受其贄，以籙授之，仍剖金環，各持其半，云以爲約。弟子得籙，緘而佩之。

其潔齋之法，有黄籙、玉籙、金籙、塗炭等齋。爲壇三成，每成皆置緜蕝，以爲限域。傍各開門，皆有法象。齋者亦有人數之限，以次入于緜蕝之中，魚貫面縛，陳説愆咎，告白神祇，晝夜不息，或一二七日而止。其齋數之外有人者，並在緜蕝之外，謂之齋客，但拜謝而已，不面縛焉。而又有諸消災度厄之法，依陰陽五行數術，推人年命書之，如章表之儀，并具贄幣，燒香陳讀。云奏上天曹，請爲除厄，謂之上章。夜中，於星辰之下，陳設酒脯餅餌幣物，歷祀天皇太一，祀五星列宿，爲書如上章之儀以奏之，名之爲醮。又以木爲印，刻星辰日月於其上，吸氣執之，以印疾病，多有愈者。又能登刀入火而焚勑之，使刃不能割，火不能熱。而又有諸服餌，辟穀、金丹、玉漿、雲英，蠲除滓穢之法，不可殫記。云自上古黄帝、帝嚳、夏禹之儔，並遇神人，咸受道籙，年代既遠，經史無聞焉。

推尋事迹，漢時諸子，道書之流有三十七家，大旨皆去健羨，處沖虚而已，無上天官符籙之事。其《黄帝》四篇，《老子》二篇，最得深旨。故言陶弘景者，隱於句容，好陰陽五行，風角星算，修辟穀導引之法，受道經符籙，武帝素與之遊。及禪代之際，弘景取圖讖之文，合成「景梁」字以獻之，由是恩遇甚厚。又撰《登真隱訣》，以證古有神仙之事；又言神丹可成，服之則能長生，與天地永畢。帝令弘景試合神丹，竟不能就，乃言中原隔絶，藥物不精故也。帝以爲然，敬之尤甚。然武帝弱年好事，先受道法，及即位，猶自上章，朝士受道者衆。三吴及邊海之際，信之踰甚。陳武世居吴興，故亦奉焉。後魏之世，嵩山道士寇謙之，自云嘗遇真人成公興，後遇太上老君，授謙之爲天師，而又賜之《雲中音誦科誡》二十卷。又使玉女授其服氣導引之法，遂得辟穀，氣盛體輕，顔色鮮麗。弟子十餘人，皆得其術。其後又遇神人李譜，云是老君玄孫，授其圖籙真經，劾召百神，六十餘卷，及銷鍊金丹雲英八石玉漿之法。太武始光之初，奉其書而獻之。帝使謁者，奉玉帛牲牢，祀嵩岳，迎致其餘弟子，於代都東南起壇宇，給道士百二十餘人，顯揚其法，宣布天下。太武親備法駕，而受符籙焉。自是道業大行，每帝即位，必受符籙，以爲故事，刻天尊及諸仙之象，而供養焉。遷洛已後，置道場於南郊之傍，方二百步。正月、十月之十五日，並有道士哥人百六人，拜而祠焉。後齊武帝遷鄴，遂罷之。文襄之世，更置館宇，選其精至者使居焉。後周承魏，崇奉道法，每帝受籙，如魏之舊，尋與佛法俱滅。開皇初又興，高祖雅信佛法，於道士蔑如也。大業中，道士以術進者甚衆。其所以講經，由以《老子》爲本，次講《莊子》及《靈寳》、《昇玄》之屬。其餘衆經，或言傳之神人，篇卷非一。自云天尊姓樂名静信，例皆淺俗，故世甚疑之。其術業優者，行諸符禁，往往神驗。而金丹玉液長生之事，歷代糜費，不可勝紀，竟無效焉。

今考其經目之數，附之於此。

晁公武《郡齋讀書志・神仙類序》 神仙之説，其來尚矣。劉歆《七畧》，道家之學與神仙各爲録。其後學神仙者稍稍自附於黄、老，乃云：有元始天尊，生於太元之先，姓樂，名静信，常存不滅。每天地開闢，則以祕道授諸仙，謂之開劫度人。延康、赤明、龍漢、開皇，即其紀年也。受其道者，漸致長生，或白日昇天。其學有授籙之法，名曰「齋」；有拜章之儀，名曰「醮」；又有符咒以攝治鬼神，服餌以蠲除穢濁。至於存想之方，導引之訣，烹鍊變化之術，其類甚衆。及葛洪、寇謙、陶弘景之徒相望而出，其言益熾於世。富貴者多惑焉，然通人皆疑之。國朝修《道藏》，共六部，三百一十一秩，而神仙之學如上所陳者居多，與道家絶不類。今於其間取自昔書目所載者録之，又釐而爲二；凡其說出於神仙者，雖題曰「老子」、「黃帝」，亦皆附於此，不以名亂實也。若夫容成之術，雖收於歆輩者，以薦紳先生難言之，特削去不録。

馬端臨《文獻通考・經籍考・神僊類序》 道家之術，雜而多端，先儒之論備矣。蓋清净一說也，煉養一說也，服食又一說也，符籙又一說也，經典科教又一說也。黃帝、老子、列禦寇、莊周之書所言者，清净無爲而已，而略及煉養之事，服食以下所不道也。至赤松子、魏伯陽之徒，則言煉養而不言清静。盧生、李少君、欒大之徒，則言服食而不言煉養。張道陵、寇謙之之徒，則言符籙而俱不言煉養服食。至杜光庭而下，以及近世黃冠師之徒，則專言經典科教，所謂符籙者，特其教中一事。於是，不惟清净無爲之說略不能知其旨趣，雖所謂煉養服食之書，亦未嘗過而問焉矣。然俱欲冒以老氏爲之宗主而行其教。蓋嘗即是數說者而詳其是非，如清净無爲之言，曹相國、李文靖師其意而不擾，則足以致治，何晏、王衍樂其誕而自肆，則足以致亂，蓋得失相半者也。煉養之說，歐陽文忠公嘗删正《黃庭》，朱文公嘗稱《參同契》，二公大儒，攘斥異端，不遺餘力，獨不以其說爲非，山林獨善之士以此養生全年，固未嘗得罪於名教也。至於經典科教之說，盡鄙淺之言庸，黃冠以此逐食，常欲與釋子抗衡，而其說較釋氏不能三之一，爲世患蠹，未爲甚鉅也。獨服食、符籙二家，其說本邪僻謬悠，而惑之者罹禍不淺，欒大、李少君、干吉、張津之徒，以此殺其身，柳泌、趙歸真之徒，以此禍人而卒自嬰其戮，張角、張恩、吕用之之徒，遂以此敗人天下國家。然則柱史五千言，曷嘗有是乎？蓋愈遠而愈失其真矣。

朱文公嘗言：「佛家偷得老子好處，後來道家只偷得佛家不好處。譬如道家有箇寶藏被佛家偷去，後來道家却只取得佛道瓦礫，殊可笑。」愚嘗因是說而推究之。仁義禮法者，聖賢之說也，老氏以爲不足爲，而主於清静。清净無爲者，老氏之說也，佛氏以爲不足爲，而主於寂滅。蓋清静者，求以超出乎仁義禮法，而寂滅者，又求以超出乎清静無爲者也。然曰寂滅而已，則不足以垂世立教，於是緣業之說、因果之說、六根、六塵、四大、十二緣生之說，層見叠出，宏遠微妙。然推其所自，實本老子高虛玄妙之旨，增而高之，鑿而深之，遂自成一家之言。而後來之道經，反從而依倣之，然較其詞采，則鄙劣彌甚者。蓋瞿曇設教最久，囑付其徒亦甚至，又能鼓舞天下之文人才士以羽翼之，推原其旨意之所從來，而潤色其辭語之所未備，故其爲書，博大奇偉，不可以淺窺。若老子，則其初固未嘗欲以道德五千言設教也。羽人方士借其名以自重，而實不能知其說，於是就佛經脚跟下竊其緒餘，作諸經懺，而復無羽翼潤色之者，故無足觀。蓋佛襲老之精微，泝而上之，其說愈精微。道襲佛之粗淺，沿而下之，其說愈粗淺矣。然此論其藴奥也。今之黃冠釋子，俱未嘗究竟至此，而特以其科教之所謂濟生度死、希求福利者行於世，而舉世宗之，莫敢有異說。愚嘗論之，二教所謂濟拔幽途者俱妄也，不足復議，至於祈求以希福之說，雖達生知命者所不爲，然以理觀之，則道教爲優。何也？蓋人受生於天地，禀氣於陰陽五行，日月星辰實照臨之，山川神祇實擁護之，則夫疾痛而呼籲，厄難而叩祈，首過雪愆，祈恩請福，而天地明神鑒其懇誠，爲之悔禍降祥，則亦理之所有。雖曰道經中所謂天神地祇皆領之國家之祠官，爲臣庶者不當僭有所祈，然子路曰「禱爾於上下神祇」，孟子曰「雖有惡人齋戒沐浴則可事上帝」，則亦爲臣庶而言。且古今異宜，禮亦因時而以義起。古者士惟一廟，今士庶莫不祀其高曾。古者支子不祭，今無有不祀其先者。古者有喪不祭，今亦不然。先儒講論及此，固未嘗病其僭瀆，而必欲復古之禮制也。則夫臣庶士民之家，苟有災厄，而爲之祈籲天地，醮祭星辰，黃冠師者，齋明盛服，露香叩首，達其誠悃，乃古者祝史巫覡薦信鬼神之遺意，蓋理之所有，而亦人情之所不能免也。至以三清爲三炁，五方爲五炁，九天爲九炁，雖不能必其有無，然其說亦通，特不當指太清爲老子，蓋務尊其師而反流於僭妄耳。釋流見道家科教之有是說也，乃從而効之，以其所謂諸佛菩薩者，美其名曰無量壽，曰消災熾盛，曰救苦救難，而以爲所求必得，所禱必應。且佛氏所謂悲閔衆生而爲之導師者，不過欲其脱離三業而躋之十地，除去無明而納之真如，懺悔於既往，覺悟於方來，以共成佛道耳。禍福之司，非其任也。彼方以空寂爲賢，則豈復預災祥吉凶之事？以色相爲妄，則豈復歆供養香乳之奉？乃盛作莊嚴，僕僕亟拜，以希福利，不亦踈乎？然則二氏固互相倣傚者也。理致之見於經典者，釋氏爲優，道家强欲效之，則祇見其敷淺無味。祈禱之具於科教者，道家爲優，釋氏强欲效之，則祇見其荒誕不切矣。

王褘《青巖叢録》 老子之道，本於清净無爲，以無爲爲體，以無爲而無不爲爲用。《道德經》五千餘言，其要旨不越是矣。先漢以來，文帝之爲君，曹參之爲臣，常用其道以爲治，而民以寧一，則其道固可措之國家天下者也。自其學一變而爲神仙方技之術，再變而爲米巫祭酒之教，乃遂流爲異端矣。然而神仙方技之術，又有二焉。曰鍊養也，曰服食也。此二者今全真之教是矣。米巫祭酒之教，亦有二焉，曰符籙也，曰科教也。此二者今正一之教是矣。鍊養之事，黄帝之書雖頗及之，而皆後人依倣而託之者。及赤松子、魏伯陽者出，實始爲之宗，至於盧生、李少君、欒大之徒，則又變鍊養爲服食，其爲術愈偏矣。符籙之事，黄老之書，所未嘗道。張道陵、冠謙之等實創爲其法，及杜光庭與林靈素輩，則又變符籙爲經典科教，其爲事益陋矣。然嘗論之，鍊養之説，歐陽子嘗删正《黄庭經》，朱子嘗改注《參同契》，二公大儒，皆不以其説爲非。山林獨善之士，用以養生全年，固未爲得罪於名教；科教之説，鄙陋不經，庸黄冠資是爲逐食之具，爲世患蠹，亦未甚鉅也。獨服食、符籙二説，本邪僻繆妄，而凡惑之者，鮮不罹禍。欒大、李少君、于吉、張津之流，以此殺身；柳泌、趙歸真之徒，以此禍人，而卒自嬰其僇；張角、孫恩、吕用之輩，遂以此敗人天下國家而不顧矣。今也鍊養服食，其術且傳，而全真之教，兼而用之。全真之名，昉於金世，有南北二宗之分。南宗先性，北宗先命，近時又有真大道教，有七祖康禪之教，其説又自相乖異。至於符籙科教，具有其書，正一之家，實掌其業。而今正一又有天師、宗師，分掌南北教事，而江南龍虎、閣皁、茅山，三宗符籙，又各不同。先儒有云「道家之説，雜而多端」，其信然矣。又謂其書皆昉於漢桓帝之時，今其經典以爲天師永壽年間受於老君是也。世傳《太平經》，最古且多，今不復存。然其所言興國廣嗣之術，殆不過房中鄙褻之談。若《大洞》等經，大率六朝以來文士之所造，雖文采可觀，而往往淺漏無甚高論。朱子謂：「佛學偷得老子好處，後來道家只偷得佛家不好處」，執是説以求之，道家之本末可論矣。

佚名《道藏闕經目録·道藏尊經歷代綱目》下 域中四大，道大爲先，極判三才，非道不立。夫道者，範圍天地，統理人倫，生成萬物，恢張萬化，天理之自然者也。《易》曰：「立天之道曰陰與陽，立地之道曰柔與剛，立人之道曰仁與義。」蓋人者，氣禀陰陽之和，體具剛柔之性，心根仁義之端。一身之中，三才道備，所以與天地並立也。惜乎混沌鑿而純和散，澆漓扇而巧僞滋，不仁不義，不孝不悌，禮義廉恥之風喪，乖争淩犯之俗成，妬賢嫉能，傷生害物，滅天理而窮人欲。人欲既熾，罪業生焉；罪業既深，凶荒疫癘，水火刀兵，劫運至矣。薄俗相仍，莫脱輪迴之苦；天尊哀憫，大開方便之門。下民失道，受苦無邊，乃演道爲經，談玄立教，故天書雲篆則元始天尊開其先，寶笈瓊章則道君老君繼其後，遂説三洞真經。洞真演大乘上法九聖之道，洞玄演中乘中法九真之道，洞神演小乘初法九仙之道。三部共一百九十三萬四千三百八十卷，祕在玉京玄都洞天海嶽，未盡降世。三洞真經又分四輔，洞真則太玄輔之，洞玄則太平輔之，洞神則太清正一輔之，凡七科，號三洞四輔。自伏羲、神農之後，至殷湯、武丁以前，歷聖相傳經文流布者，一萬五千餘卷。其諸真文所受修行得道之經行於世者，計二萬九百八十卷。上三皇、中三皇、下三皇，九皇所受謂之「玄經」；天皇、地皇、人皇所受曰「内文」，五方五帝所受曰「真文」。受經修行，功行圓備，證品凡七果位。道門科品三十六卷，科令檢制所受及傳道品格。道門戒品一千五百二十七戒，隨法所受，檢制修行。道門律品四十卷，制御鬼神，條録罪福。至如章奏、符圖、論儀、傳記、諸醮、方術、諸疏法委、經義凡十四部，計一千六百二十七卷，皆隨經入藏。儒書、醫書、陰陽、卜筮、諸子百家皆與焉。宋簡寂先生陸修静《經目》藏經一萬八千一百卷。後周法師王延《珠囊經目》藏經八千三十卷。宋明帝太始七年，考功郎中校勘，僅存六千三百有餘卷。唐尹文操《玉緯經目》藏經七千三百卷。唐明皇御製《瓊綱經目》藏經五千七百卷。唐文宗太和二年太清宫使奏陳，止見五千三百定數。黄巢之亂，靈文祕軸，焚蕩之餘，散無統紀，幸有神隱子收合餘燼，拾遺補闕，復爲三洞經。再經五季亂離，篇章雜揉，會逢炎宋，紹隆聖明，相繼奂求瓊軸，大搆銀題，申命校儲，條章森列，録《道藏》卷目之首，冠《寶文統録》之名。大闡玄風，式弘道化。丙申屬難，經藏俱廢。元啓運，有披雲子宋真人，收索到藏經七千八百餘(秩)〔帙〕，鋟梓於平陽府永樂鎮東祖庭藏之，此《道藏經》歷朝興廢之大者也。敬刻之石，俾百世之後尋經目者有攷證焉。至元十二年歲次乙亥九月望日立石。

白雲霽等《道藏目録詳注·道教宗源》 原夫道家由肇，起自無先；垂跡應感，生乎妙一。從乎妙一，分爲三元；又從三元，變成三氣；又從三氣，變生三才；三才既滋，萬物斯備。其三元者：第一混洞太無元，第二赤混太無元，第三冥寂玄通元。從混洞太無元化生天寶君，從赤混太無元化生靈寶君，從冥寂玄通元化生神寶君。太洞之跡別出爲化主，治在三清境。其三清者，玉清、上清、太清是也，亦名三天。其三天者，清微天、禹餘天、大赤天是也。天寶君治在玉清境清微天，其氣始青；靈寶君治在上清境禹餘天，其氣元黄；神寶君治在太清境太赤天，其氣玄白。故《九天生神章經》云：「此三號雖殊，本同一也。」此三君各爲教主，即三洞之尊神也。其三洞者，洞真、洞玄、洞神是也。天寶君説經十二部，爲洞真教主；靈寶君説經十二部，爲洞玄教主；神寶君説經十二部，爲洞神教主。故三洞合成三十六部尊經。第一洞真爲大乘，第二洞玄爲中乘，第三洞神爲小乘。從三洞而又分四輔，曰太玄、太平、太清、正一也。太玄輔洞真，太平輔洞玄，太清輔洞神，正一通貫洞，輔，總成七部。又從三洞汎開，各分十二類者：第一本文，第二神符，第三玉訣，第四靈圖，第五譜録，第六戒律，第七威儀，第八方法，第九衆術，第十記傳，第十一讚誦，第十二表奏。其本文者，乃經之異稱，生法之本。既生之後，即須扶養，故次以神符。八會雲篆，三元玉字，若不諳練，豈能致益？故須玉訣釋其理事也。衆生暗鈍，直聞聲教不能悟解，故立圖像，助以表明。聖功既顯，若不祖宗物情，容言假僞，故須其譜録也。此之五條，生物義定，將欲輔成，必須鑒戒，惡法文弊，宜前防止，故有戒律。既捨俗入道出家，箟於師寶，須善容儀，故次明威儀。既前乃防惡，宿罪未除，故須修齋軌儀，悔已生惡也。儀容既善，宿根已淨，須進學方術，理期登真，要假道術之妙，顯乎竹帛，論聖習學，以次相從也。學功既著，故次以記傳。始自生物，終乎行成，皆可嘉稱，故次以讚頌。又前言諸教多是長行散説，今論讚頌，即是句偈，結辭既切，功滿德成，故須表申靈府，如齋訖言功之例，故終以表奏也。

雜録

《漢書·藝文志·神僊類》 右神僊十家，二百五卷。

《隋書·經籍志·道經》 經戒三百一部，九百八卷。餌服四十六部，一百六十七卷。房中十三部，三十八卷。符録十七部，一百三卷。

右三百七十七部，一千二百一十六卷。

《新唐書·藝文志·神僊類》 凡神仙三十五家，五十部，三百四十一卷。失姓名十三家，自《道藏音義》以下不著録六十二家，二百六十五卷。

高似孫《子略》卷二 《晉人好言老莊》：魏阮籍《達莊論》曰：天道貴順，地道貴静，聖人修之以建其名。吉凶有分，是非有經，務利高勢，惡死重生，故天下安而大功成也。今《莊子》周乃齊禍福而一死生，以天地爲一物，以萬類爲一指，無乃繳惑以失真而自以爲誠者也。

殷仲堪精覈元論，人謂莫不研究。殷乃嘆曰：使我解四本，談不翅爾。周祇隆安記曰：仲堪好學而有理思也。

殷仲堪云：三日不讀《道德經》，便覺舌本間强。《晉安帝紀》曰：仲堪有理思，能清言。

庾子嵩讀《莊子》，開卷一尺許便放去。曰：了不異人意。晉陽秋曰：庾敳字子嵩，潁川人，侍中峻第三子。恢閎有度量，自謂是老莊之徒。曰：昔未讀此書，嘗謂至理如此。今見之，正與人意暗同。仕至豫州刺史。

支道林、許、謝、盛德共集王家。許詢、謝安、王公。謝顧謂諸人：今日可謂彦會，時既不可留，此集固亦難常。當共言詠以寫其懷，許便問主人有《莊子》不，正得《漁父》一篇。《莊子》曰：孔子遊乎緇帷之林，休坐乎杏壇之上。孔子弦歌鼓琴，奏曲未半。有漁者下船而來，須眉交白，被髮褕袂，行原以上，距陸而止，左手據膝，右手持頤以聽。曲終而招子貢、子路語曰：彼何爲者也？曰：孔氏。曰：孔子何治？子貢曰：服忠信，行仁義，節禮樂，選人倫，孔氏之所治也。曰：有土之君歟？曰：非也。漁人曰：仁則仁矣，恐不免其身。孔子聞而求問之，遂言八疵四病以誡孔子。謝看題便各使四坐，適支道林先通。作七百許語，敍致精麗，才藻奇拔，衆咸稱善，於是四坐各言懷畢。謝問曰：卿等盡不？皆曰：今日之言，少不自竭。謝後粗難，因自敍其意，作萬餘語，才峯秀逸。《文字志》曰：安神情秀悟，善談元遠。既自難干，加意氣擬託，蕭然自得。四坐莫不厭心，支謂謝曰：君一往奔詣，故復自佳耳。

阮宣子有令聞，太尉王夷甫見而問曰：老莊與聖教同異。對曰：將無同。太尉善其言，辟之爲掾。世謂三語掾。《名士傳》曰：阮修，字宣子，東留人。好《老》、《易》，能言理。

郭子元有儁才，能言《老》、《莊》，庾敳嘗稱之。每曰：郭子元何必減庾子嵩。《名士傳》曰：郭象，字子元。自黄門郎爲太傅主簿，任事用勢，傾動一府，敳謂象曰：卿自是當世大才，我疇昔之意，都已盡矣。其伏理推心，皆此類也。

《宋史·藝文志·道家類》 右神仙類三百九十四部，一千二百十六卷。

又右道家附釋氏神仙類凡七百十七部，二千五百二十四卷。

錢東垣等輯《崇文總目·道書類一》 共五十五部，計一百四卷。《道書類二》共五十部，計二百八十六卷。《道書類三》共五十八部，計八十一卷。《道書類四》共八十三部，計九十八卷。《道書類五》共五十八部，計八十四卷。《道書類六》共五十五部，計七十九卷。《道書類七》共五十一部，計八十一卷。《道書類八》共五十五部，計八十五卷。《道書類九》共六十部，計一百六卷。

張之洞《書目答問·釋道家類》 右釋道家。《陰符經》、《素書》、《道德指歸論》，皆僞書；《真誥》、《雲笈七籤》，多詭誕，不録。

總類分部

黄書

佚名《道藏闕經目録》卷下 《黄書》。八卷。

靈寶經目序

鄭樵《通志・藝文略・道家類》 《靈寶經目序》一卷。陸修静撰。

無上祕要

《舊唐書・經籍志・道家類》 《無上祕要》七十二卷。

《新唐書・藝文志・神仙類》 《無上祕要》七十二卷。

鄭樵《通志・藝文略・道家類》 《無上祕要》七十二卷。

晁公武《郡齋讀書志・神仙類》 《無上祕要》九十五卷。右題曰元始天尊説。《藝文志》止七十二卷，不知何時析出二十三通也。

馬端臨《文獻通考・經籍考・神仙類》 《無上祕要》九十五卷。

楊士奇等《文淵閣書目・張字號・道書類》 《無上祕要》。一部，一册。

徐𤊹《徐氏家藏書目・道類》 《無上祕要》一卷。

白雲霽等《道藏目録詳注・太平部》 叔字號計十卷。《無上祕要》。卷一之二十。內三洞四輔集要論。《劫運》、《帝王》、《修真養生》、《衆聖本迹》。猶字號計十二卷。《無上祕要》。卷二十一之三十二。言《仙都宮室》、《三界宮府》、《真靈治所》、《正一炁治》、《三寶》、《真文》、《天瑞》、《三皇》、《靈寶符劾》、《上清神符》、《九天生神》、《經文所出》，諸品文集。子字號計九卷。《無上祕要》。卷三十三之四十七。言《經傳受罰品》、《事師品》、《修學品》、《修道冠服品》，受持品法，諸階品目。比字號計九卷。《無上祕要》。卷四十八之五十九。內受持齋戒諸品。文集。兒字號計九卷。《無上祕要》。卷六十之八十八。內論《專誠》、《柔弱》、《虚靖》、《山居》、《違俗》、《尹解》、《易形》等品。皆入山修静要術。孔字號計九卷。《無上祕要》。卷八十九之一百。言諸天仙真，昇各天宮品目。

錢謙益等《絳雲樓書目・道藏類》 《無上祕要》。

錢東垣等輯《崇文總目・道書類》 《無上祕要》一卷。

《四庫全書總目提要・道家類》 《無上祕要》一卷。浙江孫仰曾家藏本。不著撰人名氏。案晁公武《讀書志》載此書，稱元始天尊説。《藝文志》止七十二卷，不知何時析出二十三通。此本僅數十則，前後雜亂無次第。不特非七十二卷之舊，即所謂二十三通者，亦不可復辨。卷內引司命東鄉君語，又列張子房、司馬季主諸人，疑非晁公武所見之本。或後人襲原書之名，勦他書以成編也。其大旨推演尸解之術，而尸解之術，在煉録形靈丸。又云：尸解者，當遺脚一骨，以歸三官，餘骨隨身而遷，男留左骨，女留右骨。又有火解、兵解諸術，俱怪誕不經。

道要靈祇神咒品經

白雲霽等《道藏目録詳注・正一部》 滿字號計十卷。《道要靈祇神咒品經》。一卷。內有神祇、魔王、力士、空神、杜神、六十甲子、各神鬼姓，諱。

游玄桂林

《隋書・經籍志・道家類》 《遊玄桂林》二十一卷，《目》一卷。張譏撰。

鄭樵《通志・藝文略・道家類》 《遊玄桂林》二十一卷。張譏撰。

姚振宗《隋書經籍志考證・道家類》 《游玄桂林》二十一卷，《目》一卷。張機撰。「機」當爲「譏」。張譏有《莊子講疏》見前。《陳書・本傳》：譏篤好玄言，性恬静，常慕閑逸，所居宅營山池植花果，講《周易》、《老》、《莊》而教授焉。吴郡陸元朗、朱孟博，一乘寺沙門法才，法雲寺沙門慧休，至真觀道士姚綏，皆傳其業。所撰《周易》、《尚書》、《毛詩》、《孝經》、《論語》、《老子》、《莊子義》、《玄部通義》各若干卷，又撰《游玄桂林》二十四卷。後主嘗勑人就其家，寫入祕閣。

《本志·經部·論語·附五經總義類》：《遊玄桂林》九卷。張機撰。

玄書通義

《舊唐書·經籍志·道家類》《玄書通義》十卷。張(機)〔譏〕撰。

《新唐書·藝文志·神仙類》 張譏《玄書通義》十卷。

鄭樵《通志·藝文略·道家類》《玄書通義》十卷。張譏撰。

正一法文

佚名《道藏闕經目録》卷下 《正一法文》。六十卷。

隋朝道書總目

鄭樵《通志·藝文略·道家類》《隋朝道書總目》四卷。經戒三百一部，九百八卷；餌服四十六部，一百六十七卷；房中十三部，三十八卷；符籙十七部，百三卷。

洞玄靈寶玄門大義

佚名《道藏闕經目録》卷上 《洞玄靈寶玄門大義》。

白雲霽等《道藏目録詳注·太平部》 儀字號計九卷。《洞玄靈寶玄門大義》。言正一通貫三乘、十二部次第詳釋。

唐朝道藏音義目録

《新唐書·藝文志·神仙類》《道藏音義目録》一百一十三卷。崔湜、薛稷、沈佺期、道士史崇玄等撰。

鄭樵《通志·藝文略·道家類》《唐朝道藏音義目録》一百十三卷。

三洞瓊綱

《新唐書·藝文志·神仙類》 道士張仙庭《三洞瓊綱》三卷。

鄭樵《通志·藝文略·道家類》《三洞瓊綱》三卷。唐道士張仙庭撰。

佚名《道藏闕經目録》卷下 《三洞瓊綱》。五卷。

錢東垣等輯《崇文總目·道書類》《三洞瓊綱》三卷。張仙庭撰。

修真祕旨事目歷

鄭樵《通志·藝文略·道家類》《修真祕旨事目歷》一卷。司馬道隱撰。

佚名《道藏闕經目録》卷上 《修真祕旨事目曆》。

開元道經目

鄭樵《通志·藝文略·道家類》《開元道經目》一卷。

道門經法相承次序

白雲霽等《道藏目録詳注·太平部》 諸字號計九卷。《道門經法相承次序》。三卷。唐明皇問天師道教經法、教誡、證果、報應等語。

道典論

鄭樵《通志・藝文略・道家類》 《道典論》三十卷。

白雲霽等《道藏目録詳注・太平部》 姑字號計十一卷。《道典論》。卷一之四。論太君、飛天、童子、大士、道士、先生、士人、至學、貧道、宗匠、弟子，又論尸解、主者、誹謗、毀辱、攻擊、肬酒、放蕩、不慈、不孝、三障、三畏、三毒、四病、五欲、五濁、七傷、八難、七患、五敗、畋獵、漁捕、若酷、淫祀、謀逆、承負、妙瑞、災異、恠妖、夢想、吉兆、凶徵、服一、導引、胎息、雲芽、服黄炁、服六戊、服三光、丹品、丹名等論。此是教門要典。

錢謙益等《絳雲樓書目・道藏類》 《道典録》。

三洞珠囊

鄭樵《通志・藝文略・道家類》 《三洞珠囊》三十卷。

《宋史・藝文志・神仙類》 王懸河《三洞珠囊》三十卷。

范邦甸等《天一閣書目・道家類》 《三洞珠囊》十卷。藍絲闌鈔本。唐王懸河撰。

白雲霽等《道藏目録詳注・太平部》 懷字號計十卷。《三洞珠囊》。卷一之十。唐羽客王懸河修。

上清道類事相

白雲霽等《道藏目録詳注・太平部》 姑字號計十一卷。《上清道類事相》。卷一之四。大唐陸海羽客王玄河修。言《仙觀》、《樓閣》、《寶臺》、《瓊室》等品。皆天宮妙境、蓬芨雲宫勝境。

太上洞玄靈寶大綱鈔

白雲霽等《道藏目録詳注・洞玄部》 衣字號計十卷。《太上洞玄靈寶大綱鈔》。

一切道經音義

佚名《道藏闕經目録》卷下 《一切道經音義》。一百五十卷。

一切道經音義妙門由起

白雲霽等《道藏目録詳注・太平部》 儀字號計九卷。《一切道經音義妙門由起》。太清觀主史崇等奉敕譔。

道　要

《舊唐書・經籍志・道家類》 《道要》三十卷。

《新唐書・藝文志・道家類》 《道要》三十卷。

鄭樵《通志・藝文略・道家類》 《道要》三十卷。

明皇洪道寶録

佚名《道藏闕經目録》卷上 《明皇洪道寶録》。三卷。

宋朝明道宫道藏目録

鄭樵《通志・藝文略・道家類》《宋朝明道宫道藏目録》六卷。

洞元部道經目録

鄭樵《通志・藝文略・道家類》《洞元部道經目録》一卷。

太真部道經目録

鄭樵《通志・藝文略・道家類》《太真部道經目録》二卷。

洞神部道經目録

鄭樵《通志・藝文略・道家類》《洞神部道經目録》一卷。

三洞四輔部經目録

鄭樵《通志・藝文略・道家類》《三洞四輔部經目録》七卷。王欽若等撰。

太平御覽

白雲霽等《道藏目録詳注・正一部》 楹字號計十一卷。《太平御覽》。三卷。

言道教神仙真人、天官神人，應佩服色，至如冠、幘、帔、褐、襦、袍、裘、衣、佩、綬、板、笏、帬、鈴、杖、節、履、舄、帷、帳等製。

道藏經目

鄭樵《通志・藝文略・道家類》《道藏經目》七卷。

馬端臨《文獻通考・經籍考・神僊類》《道藏書目》一卷。

楊士奇等《文淵閣書目・道書類》《道藏經目》。一部，二册。

上清文苑

鄭樵《通志・藝文略・道家類》《上清文苑》四十卷。樂史撰。

尤袤《遂初堂書目・道家類》《上清文苑》。

佚名《道藏闕經目録》卷上 《上清文苑》。四十卷。

四子統略

鄭樵《通志・藝文略・道家類》《四子統略》一卷。

造化權輿

鄭樵《通志・藝文略・道家類》《造化權輿》一卷。

佚名《道藏闕經目録》卷下 《造化權輿》。六卷。

太始天元玉册元誥

鄭樵《通志·藝文略·道家類》 《太始天元玉册元誥》十卷。扁鵲注。

佚名《道藏闕經目録》卷下 《太始天元玉册元誥》。扁鵲註。

雲笈七籤

晁公武《郡齋讀書志·神仙類》 《雲笈七籤》一百二十卷。右皇朝張君房等纂。君房，祥符中謫官寧海。時聖祖降，朝廷盡以祕閣道書付杭州，俾戚綸、陳堯佐校正。綸等同王欽若薦君房事其事。君房詮次，得四千五百六十五卷，於是掇其藴奥，總萬餘條，成是書。仁宗時上之。

尤袤《遂初堂書目·道家類》 《雲笈七籤》。

陳振孫《直齋書録解題·神仙類》 《雲笈七籤》一百二十四卷。集賢校理張君房撰。凡經法、符籙、修養、服食以及傳記，無不畢録。祥符中，君房貶官，會推崇聖祖，朝廷以秘閣道書付杭州，俾戚綸等校正。王欽若薦君房專其事，銓次爲此書。頃於莆中傳録，纔二册，蓋略本也。後於平江《天慶道藏》得其全，録之。

馬端臨《文獻通考·經籍考·神仙類》 《雲笈七籤》一百二十卷。

《宋史·藝文志·神仙類》 張君房《雲笈七籤》百二十卷。

范邦甸等《天一閣書目·道家類》 《雲笈七籤》百二十卷。附《靈驗記》二卷。藍絲闌鈔本。宋張君房撰進并序。

白雲霽等《道藏目録詳注·太玄部》 學字號計十卷。《雲笈七籤》。卷一之十。宋朝奉郎尚書度支員外郎充集賢較理賜緋魚袋借紫張君房進。《道德部》、《混元混洞開闢劫運部》、《道教本始部》、《道教經法傳受部》、《經教相承部》，釋《三十九章説》、《三元八會六書》、《太上虚無自然本起經》。優字號計十卷。《雲笈七籤》。卷十一之二十。張君房集。內集《三洞經教部》、《太清中黄真經》，釋《題黄庭遁甲緣身經》、《珠宫玉曆金簡內文》。登字號計十卷。《雲笈七籤》。卷二十一之三十。張君房集。集內《日月星辰部》、《十洲三島部》、《東方朔集》、《洞天福地》、《二十八治》、三十六天諱、三十六壘諱、各星法、祭斗法、服二曜五星法。仕字號計十卷。《雲笈七籤》。卷三十一之四十。張君房集。內《養性延命録》、《太微帝君太一造形紫元內二十四神回元經》、《攝養枕中方》、太白山人孫思邈齊戒敘文。攝字號計十卷。《雲笈七籤》。卷四十一之五十。張君房集。內集《雜法》，存《大洞真經》、三十九真法、《存思》、《三洞法》、《太一帝君太丹隱書》、《修真指要》。職字號計十卷。《雲笈七籤》。卷五十一之六十。張君房集。《諸家氣法》、《元氣論》、《鬼神訣》、《雜秘要訣》、《雜要圖訣》。從字號計十卷。《雲笈七籤》。卷六十一之七十。張君房集。《諸家氣法》、《金丹訣》、《丹論訣》、《旨心照》五篇。《七返靈砂論》、《內丹訣法》。政字號計九卷。《雲笈七籤》。卷七十一之七十九。張君房集。《太清丹經要訣》、《大還丹契秘圖》、《古龍虎歌》、《方藥》等論。存字號計十一卷。《雲笈七籤》。卷八十之九十。張君房集。洞玄靈寶三部《八景二十四住圖》、《上清元始譜録》、《太真玉訣》、《三尸篇》、《中山玉樞經》、《服氣消三蟲訣》、《尸解部》、《諸真要略》、《仙籍旨訣》、《諸真語論》、《七部要語》。以字號計十卷。《雲笈七籤》。卷九十一之一百。張君房集。《七部名數要記》、《真宗皇帝御製先天紀敘》、《軒轅本紀》、《先籍語論要紀》、《衆真語録》、《神仙可學論》、《法性虚妄讚》。甘字號計十卷。《雲笈七籤》。卷一百一之一百一十。張君房集。《元始天王紀》、《混元皇帝聖紀》、《玄洲上卿蘇君傳》、《周季通集》、《清虚真人王君內傳》，並仙真傳記。棠字號計十三卷。《雲笈七籤》。卷一百一十一之一百二十二。張君房集。《神仙感遇傳》、《續仙傳》、《墉城集仙録》、《道教靈驗記》。

錢謙益等《絳雲樓書目·道藏類》 《雲笈七籤》。一百二十卷。宋祥符中張君房等奉勅編集。

《四庫全書總目提要·道家類》 《雲笈七籤》一百二十二卷。浙江孫仰曾家藏本。宋張君房撰。君房，岳州安陸人。景德中進士及第。官尚書度支員外郎，充集賢校理。祥符中自御史臺謫官寧海，適真宗崇尚道教，盡以祕閣道書付杭州，俾戚綸、陳堯臣校正。綸等同王欽若薦君房主其事。君房乃編次得四千五百六十五卷進之。復撮其精要，總萬餘條，以成是書。其稱《雲笈七籤》者，蓋道家之言，天寶君説洞真爲上乘，靈寶君説洞元爲中乘，神寶君説洞神爲下乘；又太元、太平、太清三部爲輔經；又正一法文遍陳三乘，別爲一部，統稱《三洞真文》，總爲七部。故君房取以爲名也。其詮敘之例，自一卷至二十八卷，總論經教宗旨及仙真位籍之事；二十九卷至八十六卷，則以道家服食、鍊氣、內丹、外丹、方藥、符圖、守庚申、尸解諸術，分類縷載；八十七至一百二十二卷，則前人文字及詩歌傳記之屬，凡有涉於道家者，悉編入焉。大都摘録原文，不加論説。其引用《集仙録》、《靈驗記》等，亦多有所删削。然類例既明，指歸略備，綱條科格，無不兼該。《道藏》菁華，亦大略具於是矣。《文獻通考》作一百二十卷，此本爲明中書舍人張萱所刊，中多二卷。蓋通考脱誤也。

太元寶典

尤袤《遂初堂書目・道家類》《太元寶典》。

正一法文目

《宋史・藝文志・神仙類》《正一法文目》一卷。

李思聰洞淵集

楊士奇等《文淵閣書目・道書類》《洞淵集》。一部，一册。

白雲霽等《道藏目録詳注・太玄部》和字號計九卷。《洞淵集》。卷一之九，共四卷。冲妙先生李思聰集。内言川源河瀆、三十三天、二十八宿、分野主。

宋萬壽道藏三十六部經品目

佚名《道藏闕經目録》卷下《宋萬壽道藏三十六部經品目》。

宋萬壽道藏經目録

佚名《道藏闕經目録》卷下《宋萬壽道藏經目録》。十卷。

金萬壽道藏三十六部經品目

佚名《道藏闕經目録》卷下《金萬壽道藏三十六部經品目》。

金萬壽道藏經目録

佚名《道藏闕經目録》卷下《金萬壽道藏經目録》。十卷。

靈寶玉鑑目録

白雲霽等《道藏目録詳注・洞玄部》賴字號計九卷。《靈寶玉鑑目録》。一卷。

修真全書

錢謙益等《絳雲樓書目・道書類》鄭所南《脩真全書》十二册。

濟度金書目録

白雲霽等《道藏目録詳注・洞玄部》民字號計十卷。《濟度金書目録》。一卷。洞微高士開光救苦真人甯全真授，靈寶通玄弘教水南先生林靈素編。

道藏經

錢大昕《補元史藝文志・釋道類》　《道藏經》七千八百餘帙。披雲子刻於平陽府。

修真十書

楊士奇等《文淵閣書目・道書類》　《修真十書》。一部，八册。

范邦甸等《天一閣書目・道家類》　《脩真十書》。藍絲闌鈔本。《鍾吕二先生脩真傳道集》三卷。《脩真捷徑》七卷。《純陽真人吕巖洞濱集》　卷。《雜著指元》八卷。瓊琯白玉蟾《上清集》八卷。《盤山棲雲大師語録》一卷。張平叔《悟真篇集註》五卷。白先生《玉隆集》六卷。《黄庭經》一卷。《金丹大成》五卷。

白雲霽等《道藏目録詳注・洞真部》　珍字號計十一卷。《脩真十書》。卷一之十三。有圖。杏林真人石泰得之誤。《白先生金丹火候圖》、《金液捷徑》、《指玄圖》、《陰陽昇降論丹房法語》、《還源篇序》、《還源篇》、翠虚真人《紫庭經》、《陰符髓》、《内三要》、《外三要》、《修仙辯惑論》、《金丹四百字》、《謝張紫陽書》、西山許真君述《醉思仙歌》、《丹訣歌》、《石髓歌》、《修真十戒》、《衛生歌》、《無極圖説》、《金丹問答》，紫虚子真子蕭廷芝詩詞歌曲，崔公《入藥鏡註解》。李字號九卷。《脩真十書》。卷十四之二十七，有圖。正陽真人鍾離權雲房述，純陽真人吕岩洞賓集，華陽真人施肩吾希聖傳。《傳道集》、《西王母握固法》、《抱一説保精神》、《三茅真君訣》、《吕真人小乘導引法》、《存想咽炁》、《明耳目訣》、《納津法》、《天地交神論》、勸道諸歌、《鍾吕八段錦》、西嶽竇先生《修真指南》、《天元人藥鏡》、烟羅子體殼歌、朱提點《内境論》、《内觀經》、《存守九宮訣》、《心臟總論》、《外丹内丹論》。泥丸真人《翠虚篇》、《悟真篇》。柰字號計十二卷。《脩真十書》。卷二十八之四十一。白玉蟾文集、許真君《玉隆宫記》、《羣仙傳》。《脩真十書》。卷四十二之五十五。海南白玉蟾著懶翁齊賦、屏睡魔文、道學自勉文、夢説并諸讚銘、止止菴記、曲肱諸詩，並詞賦歌頌。《盤山語録》、《黄庭内景五臟六府圖》序、修養諸法、《黄庭内景玉經》註并序。重字號計九卷。《脩真十書》。卷五十六之六十四。梁丘子《黄庭内外二景玉經》註解。

黄虞稷《千頃堂書目・道家類》　《脩真十書》二十三卷。

净明忠孝全書

范邦甸等《天一閣書目・道家類》　《净明忠孝全書》一卷。明道録邵以正鋟梓，屬胡濙序。云是書乃旌陽許真君所輯，旌陽傳之玉真劉先生，再傳于中貢黄先生，至丹扃道人而是書始行于世。按旌陽許仙翁爲晉有道之士，嘗爲旌陽令，故人以旌陽稱。劉真人，宋時建昌世家，「玉真」其自號也。予閲其書所以相傳之旨，無非推明净明之淵微與忠孝之大道。其與吾儒所謂正心脩身之大旨殆不少異焉。嗚呼！世之學道術者，率用力于脩煉之方以求長生久視，曾不知净明忠孝爲脩真養性之本，却步求前，豈理也哉？是書之傳有裨于人也大矣。洪武戊寅右春坊司直郎曾恕序，嘉靖壬午鄧繼禹後跋。

白雲霽等《道藏目録詳注・太平部》　奉字號計九卷。《净明忠孝全書》。卷一之六，共五卷。净明傳教法師黄元吉編集。

道藏闕經目録

白雲霽等《道藏目録詳注・正一部》　群字號計十二卷。《道藏經闕經目録》二卷。

錢大昕《補元史藝文志・釋道類》　《道藏闕經目録》二卷。

張之洞《書目答問・釋道家》　《道藏闕經目録》二卷。明白雲霽《道藏》本。

上清真跡題秩目

佚名《道藏闕經目録》卷上　《上清真跡題秩目》。

上清源統經目注叙

佚名《道藏闕經目録》卷上　《上清源統經目注叙》。

衆經目録

佚名《道藏闕經目録》卷上　《衆經目録》。

三洞要録

佚名《道藏闕經目録》卷上　《三洞要録》。十卷。

洞玄靈寶三洞經籙品格要訓目録

佚名《道藏闕經目録》卷上　《洞玄靈寶三洞經籙品格要訓目録》。

洞玄靈寶玄門寶海

佚名《道藏闕經目録》卷上　《洞玄靈寶玄門寶海》。一百二十卷。

洞玄靈寶三洞經籙階品

佚名《道藏闕經目録》卷上　《洞玄靈寶三洞經籙階品》。

洞神三皇五嶽目録

佚名《道藏闕經目録》卷上　《洞神三皇五嶽目録》。

神仙出世丹藥異名目録

佚名《道藏闕經目録》卷下　《神仙出世丹藥異名目録》。

四序總要

佚名《道藏闕經目録》卷下　《四序總要》。四卷。

三洞樞機

佚名《道藏闕經目録》卷下　《三洞樞機》。二卷。

道藏經數目

楊士奇等《文淵閣書目·道書類》　《道藏經數目》。一部，一册。

道藏目録

楊士奇等《文淵閣書目·道書類》　《道藏目録》。一部，十册。

《道藏經目録》一部，一册。

范邦甸等《天一閣書目・道家類》《道藏目録》四卷。藍絲闌鈔本。不著撰人名氏。

《明史・藝文志・道家類》《道藏目録》四卷。

白雲霽等《道藏目録詳注・正一部》英字號計四卷。《大明道藏經目録》。四卷。天字號起至英字號止，共四百八十號。

顧廣圻《思適齋書跋・子部》《道藏目録》四卷。校鈔本。《道藏經目録》四卷，在英字號，蓋正統刊刻時所編，故列於末。其後「萬曆丁未張國祥編以下杜至纓」廿四字號，謂之《大明續道藏》目録，亦附焉。余所見全藏凡三，吾鄉之圓妙觀、杭州之火德廟、江寧之朝天宫，皆正統本。而朝天宫則借其所欲鈔欲校者尤多，此《目録》亦自彼鈔得者也。又白雲霽有注本，較便尋覽。江都秦澹生太史曾刊行，余取以相勘注本，頗有譌脱。如洞玄部少「惟」、「鞠」兩字號之類，恐出傳鈔所致。白雲霽身在冶城，其見《目録》即此，不當有異也。然無容輒相補足，莫如別刊之而並行，庶讀者各有所考，爰以寄太史且書其後如此。元和思適居士顧廣圻。

道光丁亥閏月，同吴有堂遊城隍廟至陶五柳家，見架上有鈔本。此《目》首列二序，似較秦刻爲善，因取之復檢舊所校并屬有堂重勘焉。思適居士書。

道藏實在經目

楊士奇等《文淵閣書目・道書類》《道藏實在經目》。一部，一册。

靈寶諸品經

楊士奇等《文淵閣書目・道書類》《靈寶諸品經》。一部，六册。

四將祕書

楊士奇等《文淵閣書目・道書類》《四將祕書》。一部，一册。

翻譯名義集

楊士奇等《文淵閣書目・道書類》《翻譯名義集》。一部，七册。

道藏經

范邦甸等《天一閣書目・道家類》《道藏經》十三册。藍絲闌鈔本。不著撰人名氏。

靈笈寶章

徐𤊹《徐氏家藏書目・道類》《靈笈寶章》一卷。虚靖天師。

錢謙益等《絳雲樓書目・道家類》《靈笈寶章》。

元宗内典諸經

徐𤊹《徐氏家藏書目・道類》《元宗内典諸經》一卷。

金丹正理大全

范邦甸等《天一閣書目・道家類》《金丹正理大全》四十卷。上陽真人弟子明素蟾天琮序。云乙卯夏五際遇我師紫霄絳宫上陽真人于方壺天中。解襟傾蓋，歡如平生。時以去就匆匆，莫究衷藴。既而候紫氣追隨黄鶴至交泰別館叩首上請盡授所秘。我師駕拯溺之慈航，仗斬邪之慧劒；紹隆丹陽正傳之脉，發泄青城玉祕之文；明前代所未明，説古人所未説。僕懼學徒不察真師之用心，將聖諦元章作泛常看過，非徒無益而生感，或乃興謗而自棄。因述己所遇而爲之序。

徐𤊹《徐氏家藏書目・道類》《金丹正理大全》六十卷。

諸真元奧集成

《四庫全書總目提要・道家類存目》《諸真元奧集成》九卷。浙江巡撫採進本。明朱載瑋編。第一卷爲宋張伯端《金丹四百字》，解者爲黄自如。第二卷爲石泰《還源篇》。泰字得之，號杏林。第三卷爲薛式《還丹復命篇》。式字道源，又號紫賢，嘗受訣於石泰。第四卷爲陳楠《翠虚篇》。楠號泥丸。第五卷爲《金液還丹印證圖》，序稱龍眉子，不著名氏。據林淨後序，龍眉子之師爲翁葆光，即註《悟真篇》者。第六卷爲白玉蟾《指元篇》。白玉蟾即葛長庚，嘗受訣於陳楠，楠受之於薛式。第七卷爲蕭廷之《金丹大成集》。廷之號紫虚。第八卷爲趙友欽《仙佛同源》。友欽即趙緣督，嘗作《革象新書》者。第九卷爲許遜《石函記》上、下篇。遜即道家所謂旌陽真人也。宋元之閒以仙佛著稱者，若石泰、薛式、陳楠、葛長庚之流，其源皆出於張伯端、蕭廷之、趙友欽。所言亦皆《悟真篇》之旨。其《仙佛同源》一篇，繁稱博引，謂仙佛皆有入室求丹之事。再傳爲陳致虚《金丹大要》，其發明仙佛同源之義尤詳。但以爲即釋氏教外別傳，不立文字之旨，則未知其果合否也。

方壺外史

黄虞稷《千頃堂書目・道家類》陸長庚《方壺外史》八卷。

《明史・藝文志・道家類》陸長庚《方壺外史》八卷。

大明續道藏經目録

白雲霽等《道藏目録詳注・正一部》《大明續道藏經目録》一卷。杜字號起纓字號止，共二十二號。明萬曆三十五年正一嗣教五十代天師張國祥奉旨續入。

天皇至道太清玉册

張國祥《續道藏經目録・正一部》陪字號計八卷。《天皇至道太清玉册》。

道書全集

黄虞稷《千頃堂書目・道家類》《道書全集》七十二卷。

耿文光《萬卷精華樓藏書記・道家類》《道書全集》八十卷。不著編輯者名氏。通行本。凡五十九種。《金丹大要》十卷。元陳分虚撰。《四庫附存目》收此種。《道德經注》二卷。《陰符經》二卷。《羣仙要語》一卷。《入藥鏡》一卷。《青天歌》一卷。《譚子化書》六卷。《參同契解》三卷。《中和集》五卷。《參同契分章注》二卷。《元學正宗》二卷。《參同契通真義》三卷。《悟真篇注疏》三卷。《呂真人文集》八卷。《文始真經》二卷。《黄庭經》二卷。《清淨經注》一卷。《洞古經注》一卷。《大通經注》一卷。《護命經注》一卷。《定光經》一卷。《心印經》一卷。《五厨經》一卷。《羣仙珠玉集》四卷。《鐘呂修真傳道集》三卷。李道純《中和集》七卷。《玉清金笥寶録》三卷。《龍虎經注疏》三卷。《諸真元奧集成》七卷。

文光案：《道書全集》乃俗刻之本，《彙刻書目》并《續目》皆無是書，因録其目如右。其中單行之本亦不少。明道士白雲霽有《道藏目録詳注》四卷，成於天啓丙寅，以《道藏》之文分三洞四輔十二類，以千字文爲次，一字當一函，每條各有解題。考道家之源委者，於斯爲備。

韓氏曰：秘書監王欽臣奏差真靖大師陳景元校黄本道書，范祖禹封還，以謂諸子百家、神仙道釋，蓋以備篇籍，廣異聞，以示藏書之富，本非有益於治道也。不必使方外之士讎校，以從長異學也。今館閣之書下至稗官小説無所不有，既使景元校道書，則他日僧校釋書，醫官校醫書，陰陽卜相之人校技術，其餘各委本色，皆可用此例，豈祖宗設館之意哉？遂罷景元。録於《澗泉日記》。曾氏曰：《道藏經》大中祥符九年樞密使王欽若刪詳，凡三洞四部共四千三百五十九卷。欽若言道德隆符乃老君聖祖所述，升於《洞真部・靈寶度人經》之次，又總爲《目録》，表求御製《序》，詔從其請，賜名曰《寶文統録》。欽若又言三洞真經祕在玉京元都三十三天，未盡降世間。開闢後已降之經一萬九千九百七十卷，梁簡文帝時有六千餘卷，唐明皇所撰《瓊綱》纔三千餘卷，徐鉉等嘗校勘去其重複，得三千七百三十七卷，至欽若又增五百餘卷，爲洞真、洞元、洞神，謂之三洞；太清、太平、太真、正一，謂之四部。欽若又於《道藏》中檢閱神仙姓國姓者四千人事迹以聞，詔圖形景靈宮廊廡。

道藏目録詳注

黄虞稷《千頃堂書目・道家類》 白雲霽《道藏目録詳注》四卷。

《四庫全書總目提要・道家類》 《道藏目録詳注》四卷。兵部侍郎紀昀家藏本。

明道士白雲霽撰。雲霽字明之，號在虛子，上元人。是書成於天啓丙寅。以《道藏》之文分門編次。大綱分三洞、四輔、十二類。三洞者：一洞真部，元始天尊所流演，是爲大乘上法；二洞元部，太上老君所流演，是爲中乘中法；三洞神部，亦出太上老君，是爲小乘初法。四輔者：其一太元部，洞真之輔也；二太平部，洞元之輔也；三太清部，洞神之輔也；四正一部，三洞、三輔所會歸也。所分七部，與《雲笈七籤》一一相合，蓋歷代道家之舊目。其七部子目，則各分本文、神符、玉訣、靈圖、譜録、戒律、威儀、方法、衆術、記傳、讚頌、表奏十二類。其書則以《千字文》爲次，以一字當一函，函各具其卷數。自天字至羣字爲舊藏之目，自英字至將字爲明人新續之目。每條各有解題，如《宗文總目》、《郡齋讀書志》之例。所列諸書，多捃拾以足卷帙。如劉牧《易數鉤隱圖》、《遺論九事》、張理《易象圖説内外篇》、雷思齊《易外別傳》、案此本俞琬之書，雲霽誤以爲思齊。《易筮通變》、《易圖通變》，舊皆入易類。《穆天子傳》舊入起居注類。《山海經》舊入地理類。揚雄《太元經》、《邵子皇極經世》，鮑雲龍《天原發微》舊皆入儒家類。《墨子》舊入墨家類。《素問》、《靈樞經》、《八十一難》、孫思邈《千金方》、葛洪《肘後備急方》、《急救仙方》、《仙傳外科祕方》、寇宗奭《本草衍義》舊皆入醫家類。《公孫龍子》、《尹文子》舊入名家類。《韓非子》舊入法家類。《孫子》舊入兵家類。《鬼谷子》舊入縱横家類。《鬻子》、《鶡冠子》、《淮南子》、《子華子》、《劉子》、馬總《意林》舊皆入雜家類。《録異記》、《江淮異人録》舊皆入小説家類。《黄帝宅經》、《龍首經》、《金匱玉衡經》、《元女經》、《通占大象曆》、《星經》、《靈棋經》舊皆入術數家類。陶宏景《華陽隱居集》、邵子《擊壤集》、吴筠《宗元集》，舊皆入別集類。

雖配隸或有未安，門目或有改易，然總無以爲道家言者。今一概收載，殊爲牽强。蓋二氏之書，往往假借附會，以自尊其教，不足深詰。雲霽所註，不能甚詳，而亦頗具崖略。考道家之源委，兹編亦其總匯也。羣字號之末，附以《道藏闕經目録》二卷，則亦多所散佚，不盡完備矣。考《漢志》所録道家三十七部，神仙家十部，本截然兩途。黄冠者流，惡清静之不足聳聽，於是以丹方符籙炫燿其神怪，名爲道家，實皆神仙家也。黄老之學，漢代竝稱，然言道德者稱老子，言靈異者稱黄帝，名爲述説老子，實皆依託黄帝也。其恍惚誕妄，爲儒者所不道，其書亦皆不足録。顧其書名，則歷代史志皆著於録。故今亦存其總目，見彼教之梗概焉。

張之洞《書目答問・釋道家》 《道藏目録詳注》四卷。明白雲霽。《道藏》本。

道經

《明史・藝文志・道家類》 《道經》五百十二函。

道書類鈔

《四庫全書總目提要・道家類存目》 《道書類鈔》。無卷數。浙江巡撫採進本。

不著編輯者名氏。前後無序跋，亦無卷數。蓋偶於《道藏》摘取以備觀覽，非欲勒爲成書者也。

道經分部

太平經

馬端臨《文獻通考・經籍考・神僊家》 《太平經》一百七十卷。《後漢書・襄楷傳》：桓帝時，楷上書言：「臣前上琅邪宫崇受干吉神書，不合明聽。」干，姓；

吉，名也。神書，即今道家《太平經》也。其經以甲乙丙丁戊己庚辛壬癸爲部，每部一十七卷。又言：「前者宫崇所獻神書，專以奉天地順五行爲本，亦有興國廣嗣之術，其文易曉，參同經典，而順帝不行，故國胤不興云云。」初，順帝時琅邪宫崇詣闕，上其師干吉於曲陽泉水上所得神書百七十卷，皆縹白素、朱介、青首、朱目，號《太平清令書》。其言陰陽五行爲家，而多巫覡雜語。有司奏崇所上妖妄不經，乃收藏之。後張角頗有其書焉。及靈帝即位，以楷書爲然。

按：道家之説，皆昉於後漢桓帝之時，今世所傳經典符籙，以爲張道陵天師永壽年間受於老君者是也，而《太平經》正出於此時，《范史》所書甚明。然隋以來藝文志道書中並不收入，至《宋史興史志》方有之，然以爲襄楷撰，則非也。今此經世所不見，獨章懷太子所注《漢書》略及其一二，如楷疏中所謂「奉天地順五行」者，經中所言亦淺易，無甚高論。至所謂「興國廣嗣之術」，則不過房中鄙褻之談耳。楷好學博古，於君昏政亂之時，能詣闕上書，明成瑨、李雲之冤，指常侍、黄門之過，不可謂非高明傑特之士。而疏中獨再三尊信此書，遂以來違背經誼、假托神靈之劾，幾不免獄死，惜哉！然此經流傳最古，卷帙最多，故附見於此。干吉者，後爲孫策所殺。按順帝至孫策據江東之時，垂七十年，而吉於順帝時已爲宫崇之師，則必非稚齒，度其死時當過百歲，必有長生久視之術。然亦不能晦跡山林，以全其天年，而乃招集徒衆，製作符水，襲黄巾、米賊之爲，以取誅戮，則亦不足稱也。

《宋史·藝文志·神仙類》 襄楷《太平經》一百七十卷。

佚名《道藏闕經目録》卷下 《太平經》。

白雲霽等《道藏目録詳注·太平部》 外字號計十卷。《太平經》。卷一之十四。《胞胎陰陽規矩正行消惡圖》、《虚無自然圖道必成誡》等章。受字號計十卷。《太平經》。卷三十五之五十。已上缺。《分别貧富法》、《守三寶法》、《解師策書訣》、《古文名書訣》、《大小正諫法》、《起土出書訣》、《上善正子爲君父師得仙方訣》、《三合相通訣》、《急學真法》、《去邪文飛明古訣》等章。傅字號計十卷。《太平經》。卷五十一之九十。内有缺卷。《較文邪正法》、《使能無争訟法》、《斷金兵法》、《六罪十治訣》、《三戒六子訣》、《學旨得訣》、《六齊戒思神救死訣》、《來善集三道文青訣》、《作來善宅》等法。訓字號計十三卷。《太平經》。卷九十一之一百七。内缺九十四、九十五。《拘較三古文法》、《三光蝕訣》、《方藥厭固相治訣》、《神存人守本陰佑訣》、《乘龍駕雲圖》、《東壁圖》、《西壁圖》、《神人自序出言圖》、《典上除害複文》、《德行吉昌複文》、《神佑複文》。入字號計十一卷。《太平經》。卷一百八之一百一十九。《要訣十九條》、《大聖上章訣》、《有知人鬼慕》、《與大神相見訣》、《長德福訣》、《有功天君勑進訣》等章。已上經中第分，乃東漢時于吉嘗遇太上老君親授《太平經》，其經以甲、乙、丙、丁、戊、己、庚、辛、壬、癸爲部，每部一十七卷，編成一百五十卷。皆以修身養性、保精愛神，内則治身長生，外則治國太平。消災治疾，無不騐者。

錢謙益等《絳雲樓書目·道藏類》 《太平經》二十册。一百七十卷。漢襄楷撰。

姚振宗《後漢藝文志·道書類》 《太平清領書》一百七十卷。范書《襄楷傳》：楷好學博古，善天文陰陽之術。桓帝時宦官專朝，政刑暴濫，又比失皇子，災異尤數。延熹九年楷上疏言臣前上琅邪宫崇受于吉神書，不合明德；復上書云前者宫崇所獻神書，專以奉天地順五行爲本，亦有興國廣嗣之術，其文易曉，參同經典，而順帝不行云云。

《襄楷傳》又云：初，順帝時琅邪宫崇詣闕，上其師于吉於曲陽泉水上所得神書百七十卷，皆縹白素朱介青首朱目，號《太平清領書》。其言以陽陰五行爲家，而多巫覡雜語。有司奏崇所上妖妄不經，迺收藏之，後張角頗有其書焉。范書《劉焉傳》注引《典略》曰：熹平中，妖賊大起，漢中有張修爲太平道，張角爲五斗米道，使病者家出米五斗以爲常，故號「五斗米師」也。

章懷太子曰：神書即今道家《太平經》也，其經以甲、乙、丙、丁、戊、己、庚、辛、壬、癸爲部，每部一十七卷也。

《宋史·藝文志》：襄楷《太平經》一百七十卷。

《文獻·經籍考》曰：按道家之説，皆昉于後漢桓帝之時。今世所傳經典符籙，以爲張道陵天師永壽年間受于老君者是也，而《太平經》正出于此時。范史所書甚明。然隋以來《藝文志》道書中並不收入，至宋《中興史志》方有之，然以爲襄楷撰，則非也。今此經世所不見，獨章懷太子所注《漢書》略及其一二，如楷疏中所謂奉天地順五行者。經中所言亦淺易，無甚高論，至所謂興國廣嗣之術，則不過房中鄙褻之談耳。楷好學博古，于君昏政亂之時能詣闕上書，明成瑨、李雲之冤，指常侍、黄門之過，不可謂非高明傑特之士。而疏中獨再三尊信此書，遂以來違背經誼、假託神靈之劾，幾不免獄死，惜哉。然此經流傳最古，卷帙最多，故附見于此。于吉者，後爲孫策所殺。按順帝至孫策據江東之時垂七十年，而吉于順帝時已爲宫崇之師，則必非稚齒，度其死時當過百歲，必有長生久視之術。然亦不能晦跡山林以全其天年，而乃招集徒衆，製作符水，襲黄巾、米賊之爲，以取誅戮，則亦不足稱也。

按《太平經》見白雲霽《道藏目録·太平部》之首外、受、傅、訓、入五字號中，是其書到明代嘗編入《道藏》，今《藏》中或亦有之。馬氏端臨謂世所不見，但就其所見聞而言，非真亡佚也。

高上太霄琅書瓊文帝章經

白雲霽等《道藏目録詳注・洞真部》 宿字號計十卷。《高上太霄琅書瓊文帝章經》。一卷。有符。内有九天真諱，服色章文。

太上洞玄靈寶開演秘密藏經

白雲霽等《道藏目録詳注・洞玄部》 人字號計十四卷。《太上洞玄靈寶開演秘密藏經》。一卷。内有三種秘密之法。

洞玄靈寶昇玄步虚章序疏

白雲霽等《道藏目録詳注・洞玄部》 養字號計八卷。《洞玄靈寶昇玄步虚章序疏》。一卷。

洞真太上素靈洞元大有妙經

白雲霽等《道藏目録詳注・正一部》 右字號計九卷。《洞真太上素靈洞元大有妙經》。一卷。有符。此經轉演三洞之府，總御萬真之源，秘在九天之上大有之宫金臺玉室素靈房中。刻玉爲簡以撰其文，金樓玉宇以明其篇；況化三洞，變生上元，中統十絶虚生之天，下理萬炁，則無幽不關也。

洞真太上三元流珠經

白雲霽等《道藏目録詳注・正一部》 右字號計九卷。《洞真太上三元流珠經》。一卷。有符。内有上清真人馮先生口訣。

洞真上清神州七轉七變舞天經

鄭樵《通志・藝文略・道家類》 《上清神州七轉七變舞天經》一卷。

白雲霽等《道藏目録詳注・正一部》 廣字號計十卷。《洞真上清神州七轉七變舞天經》。一卷。有符。内有飛神存默呼召萬神法。

上清太上玉清隱書滅魔神慧高玄真經

白雲霽等《道藏目録詳注・正一部》 承字號計十一卷。《上清太上玉清隱書滅魔神慧高玄真經》。一卷。有符。内存萬神飛景之法。

上清高上滅魔洞景金元玉清隱書

白雲霽等《道藏目録詳注・正一部》 承字號計十一卷。《上清高上滅魔洞景金元玉清隱書》。一卷。此經乃高上之訣辭，玉帝之靈章也。藏之於景雲之闕，瓊霞之房，封以丹蕊之篋，秘以雲錦之囊，自非真仙之名，帝圖玉録者，亦不得聞此經也。

上清九天上帝祝百内名經

白雲霽等《道藏目録詳注・正一部》 承字號計十一卷。《上清九天上帝祝百内名經》。内有百神内諱。

靈飛六甲經

鄭樵《通志・藝文略・道家類》《靈飛六甲經》一卷。

佚名《道藏闕經目録》卷上 《上清靈飛六甲真文經》。有符。

魏伯陽内經

葛洪《抱朴子内篇・遐覽》《魏伯陽内經》。

姚振宗《後漢藝文志・道書類》《魏伯陽内經》一卷。《抱朴子・遐覽篇》曰：《魏伯陽内經》一卷。

上清高上玉晨鳳臺曲素上經

白雲霽等《道藏目録詳注・正一部》 明字號計十卷。《上清高上玉晨鳳臺曲素上經》。一卷。有符像。内有《九天鳳文憂樂之曲》、玄丘太真，皆九天自然之炁結而成焉。

老子中經

鄭樵《通志・藝文略・道家類》《老子中經》一卷。

《宋史・藝文志・神仙類》《老子中經》二卷。

白雲霽等《道藏目録詳注・太清部》 退字號計十卷。《太上老君中經》。二卷。

妙真經

鄭樵《通志・藝文略・道家類》《妙真經》一卷。

佚名《道藏闕經目録》卷上 《太上混元上德皇帝妙真經》。二卷。

又 《太上混元上德皇帝妙真經》。

太上變化經

佚名《道藏闕經目録》卷上 《太上變化經》。

洞神八帝元變經

白雲霽等《道藏目録詳注・正一部》 滿字號計十卷。《洞神八帝元變經》。一卷。有符像。此經一十五篇有提綱、紀目、神圖、禹步、服符、藥服等法。

洞極真經

范邦甸等《天一閣書目・道家類》《洞極真經》一卷。不知作者姓名，元魏關朗子明傳次，無名氏序。

佚名《道藏闕經目録》卷下 《洞極真經》。

二十四神經

文廷式《補晉書藝文志・神仙家類》《二十四神經》。《真誥・協昌期第一》。

玄文

葛洪《抱朴子・内篇・遐覽》《元文》上、中、下三卷。

文廷式《補晉書藝文志・神仙家類》《玄文》上、中、下三卷。

混成經

葛洪《抱朴子・内篇・遐覽》《混成經》二卷。

《宋史・藝文志・神仙類》務元子《混成經》一卷。

文廷式《補晉書藝文志・神仙家類》《混成經》二卷。

玄録

葛洪《抱朴子・内篇・遐覽》《玄録》二卷。

文廷式《補晉書藝文志・神仙家類》《玄録》二卷。

九生經

葛洪《抱朴子・内篇・遐覽》《九生經》。

文廷式《補晉書藝文志・神仙家類》《九生經》。

二十四生經

葛洪《抱朴子・内篇・遐覽》《二十四生經》。

白雲霽等《道藏目録詳注・正一部》 亦字號計六卷。《洞玄靈寶二十四生圖經》。一卷。有符。《圖經》内言洞玄天文靈寶玉奥有《三部入景神二十四圖》，上應二十四真，中部二十四炁，下鎮二十四生。

九仙經

葛洪《抱朴子・内篇・遐覽》《九仙經》。

靈卜仙經

葛洪《抱朴子・内篇・遐覽》《靈卜仙經》。

十二化經

葛洪《抱朴子・内篇・遐覽》《十二化經》。

九變經

葛洪《抱朴子内篇・遐覽》《九變經》。

老君玉歷真經

葛洪《抱朴子・内篇・遐覽》《老君玉歷真經》。

鄭樵《通志・藝文略・道家類》《太上玉歷經》一卷。

温寶經

葛洪《抱朴子·内篇·遐覽》《温寶經》。

息民經

葛洪《抱朴子·内篇·遐覽》《息民經》。

自然經

葛洪《抱朴子·内篇·遐覽》《自然經》。

佚名《道藏闕經目録》卷上《自然經》。五卷。

陰陽經

葛洪《抱朴子·内篇·遐覽》《陰陽經》。

甲乙經

葛洪《抱朴子·内篇·遐覽》《甲乙經》一百七十卷。

九敬經

葛洪《抱朴子·内篇·遐覽》《九敬經》。

青龍經

葛洪《抱朴子·内篇·遐覽》《青龍經》。

文廷式《補晉書藝文志·神仙家類》《青龍經》。

太清經

葛洪《抱朴子·内篇·遐覽》《太清經》。

晁公武《郡齋讀書志·神仙類》《太清經》一卷。右《太清護命靈文》，金闕上真按付修道之士，可以除邪治病云。

馬端臨《文獻通考·經籍考·神僊類》《太清經》一卷。

楊士奇等《文淵閣書目·道書類》《太清經》。一部，一册。

佚名《道藏闕經目録》卷下《太清經》。六十二卷。

錢謙益等《絳雲樓書目·道藏類》《太清經》。一卷。

文廷式《補晉書藝文志·神仙家類》《太清經》。

通明經

葛洪《抱朴子·内篇·遐覽》《通明經》。

文廷式《補晉書藝文志·神仙家類》《通明經》。

元陽子經

葛洪《抱朴子·内篇·遐覽》《元陽子經》。

文廷式《補晉書藝文志·神仙家類》《玄陽子經》。

玉鈐經中篇

文廷式《補晉書藝文志·神仙家類》《玉鈐經中篇》。《抱朴子·對俗篇》引之。

又《神仙家補》《玉鈐經》。《抱朴子》、《對俗》、《辨問》、《登涉》篇並引之。

昌宇經

文廷式《補晉書藝文志·神仙家類》《昌宇經》。《抱朴子·對俗篇》引之。

靈寶經

文廷式《補晉書藝文志·神仙家類》《靈寶經》。見《抱朴子·登涉篇》。

陳赦經

葛洪《抱朴子·内篇·遐覽》《陳赦經》。

文廷式《補晉書藝文志·神仙家類》《陳赦經》。

子都經

葛洪《抱朴子·内篇·遐覽》《子都經》。

文廷式《補晉書藝文志·神仙家類》《子都經》。

張虚經

葛洪《抱朴子·内篇·遐覽》《張虚經》。

文廷式《補晉書藝文志·神仙家類》《張虚經》。

天門子經

葛洪《抱朴子·内篇·遐覽》《天門子經》。

文廷式《補晉書藝文志·神仙家類》《天門子經》。

容成經

葛洪《抱朴子·内篇·遐覽》《容成經》。

文廷式《補晉書藝文志·神仙家類》《容成經》。

入山經

葛洪《抱朴子·内篇·遐覽》《入山經》。

文廷式《補晉書藝文志·神仙家類》《入山當作内經》。

内寶經

葛洪《抱朴子·内篇·遐覽》《内寶經》。

四規經

葛洪《抱朴子・内篇・遐覽》《四規經》。

明鏡經

葛洪《抱朴子・内篇・遐覽》《明鏡經》。

日月臨鏡經

葛洪《抱朴子・内篇・遐覽》《日月臨鏡經》。

五言經

葛洪《抱朴子・内篇・遐覽》《五言經》。

柱中經

葛洪《抱朴子・内篇・遐覽》《柱中經》。

靈寶皇子心經

葛洪《抱朴子・内篇・遐覽》《靈寶皇子心經》。

龍蹻經

葛洪《抱朴子・内篇・遐覽》《龍蹻經》。

鹿盧蹻經

葛洪《抱朴子・内篇・遐覽》《鹿盧蹻經》。

木芝圖

葛洪《抱朴子・内篇・遐覽》《木芝圖》。

菌芝圖

葛洪《抱朴子・内篇・遐覽》《菌芝圖》。

肉芝圖

葛洪《抱朴子・内篇・遐覽》《肉芝圖》。

石芝圖

葛洪《抱朴子・内篇・遐覽》《石芝圖》。

大魄雜芝圖

葛洪《抱朴子・内篇・遐覽》《大魄雜芝圖》。

東井圖

葛洪《抱朴子・内篇・遐覽》《東井圖》。

虚元經

葛洪《抱朴子・内篇・遐覽》《虚元經》。

牽牛中經

葛洪《抱朴子・内篇・遐覽》《牽牛中經》。

王彌記

葛洪《抱朴子・内篇・遐覽》《王彌記》。

臘成記

葛洪《抱朴子・内篇・遐覽》《臘成記》。

山陽記

葛洪《抱朴子・内篇・遐覽》《山陽記》。

八史圖

葛洪《抱朴子・内篇・遐覽》《八史圖》。

入室經

葛洪《抱朴子・内篇・遐覽》《入室經》。

《舊唐書・經籍志・道家類》《老子入室經》一卷。

《新唐書・藝文志・神仙類》《老子入室經》一卷。

玉歷經

葛洪《抱朴子・内篇・遐覽》《玉歷經》。

更生經

葛洪《抱朴子・内篇・遐覽》《更生經》。

勝中經

葛洪《抱朴子・内篇・遐覽》《勝中經》十卷。

四君要用經

葛洪《抱朴子・内篇・遐覽》《四君要用經》。

金鴈經

葛洪《抱朴子・内篇・遐覽》《金鴈經》。

文人經

葛洪《抱朴子・内篇・遐覽》《文人經》。

涓子天地人經

葛洪《抱朴子・内篇・遐覽》《涓子天地人經》。

崔文子肘後經

葛洪《抱朴子・内篇・遐覽》《崔文子肘後經》。

水仙經

葛洪《抱朴子・内篇・遐覽》《水仙經》。

李君包天經

葛洪《抱朴子・内篇・遐覽》《李君包天經》。

包元經

葛洪《抱朴子・内篇・遐覽》《包元經》。

淵體經

葛洪《抱朴子・内篇・遐覽》《淵體經》。

太素經

葛洪《抱朴子・内篇・遐覽》《太素經》。

白雲霽等《道藏目録詳注・正一部》 群字號計十二卷。《太上老君太素經》。與《枕中》等三經同卷。

華蓋經

葛洪《抱朴子·内篇·遐覽》《華蓋經》。

微　言

葛洪《抱朴子·内篇·遐覽》《微言》三卷。

協龍子記

葛洪《抱朴子·内篇·遐覽》《協龍子記》七卷。

九　宫

葛洪《抱朴子·内篇·遐覽》《九宫》五卷。

三五中經

葛洪《抱朴子·内篇·遐覽》《三五中經》。

宣常經

葛洪《抱朴子·内篇·遐覽》《宣常經》。

節解經

葛洪《抱朴子·内篇·遐覽》《節解經》。

鄒陽子經

葛洪《抱朴子·内篇·遐覽》《鄒陽子經》。

玄洞經

葛洪《抱朴子·内篇·遐覽》《玄洞經》十卷。

玄示經

葛洪《抱朴子·内篇·遐覽》《玄示經》十卷。

小僮經

葛洪《抱朴子·内篇·遐覽》《小僮經》。

舉形道成經

葛洪《抱朴子·内篇·遐覽》《舉形道成經》五卷。

道機經

葛洪《抱朴子・内篇・遐覽》《道機經》五卷。

無極經

葛洪《抱朴子・内篇・遐覽》《無極經》。

宫氏經

葛洪《抱朴子・内篇・遐覽》《宫氏經》。

道根經

葛洪《抱朴子・内篇・遐覽》《道根經》。

反胎胞經

葛洪《抱朴子・内篇・遐覽》《反胎胞經》。

枕中清記

葛洪《抱朴子・内篇・遐覽》《枕中清記》。

鳳網經

葛洪《抱朴子・内篇・遐覽》《鳳網經》。

召命經

葛洪《抱朴子・内篇・遐覽》《召命經》。

保神記

葛洪《抱朴子・内篇・遐覽》《保神記》。

鬼谷經

葛洪《抱朴子・内篇・遐覽》《鬼谷經》。

小餌經

葛洪《抱朴子・内篇・遐覽》《小餌經》。

鴻寶經

葛洪《抱朴子・内篇・遐覽》《鴻寶經》。

皇道經

葛洪《抱朴子・内篇・遐覽》《皇道經》。

雜集書録

葛洪《抱朴子・内篇・遐覽》《雜集書録》。

黄老仙録

葛洪《抱朴子・内篇・遐覽》《黄老仙録》。

原都經

葛洪《抱朴子・内篇・遐覽》《原都經》。

玄元經

葛洪《抱朴子・内篇・遐覽》《玄元經》。

日精經

葛洪《抱朴子・内篇・遐覽》《日精經》。

渾成經

葛洪《抱朴子・内篇・遐覽》《渾成經》。

三尸集

葛洪《抱朴子・内篇・遐覽》《三尸集》。

許穆書太素五神二十四神并迴元隱道經

文廷式《補晉書藝文志・神仙家類》《許穆書太素五神二十四神并迴元隱道經》一卷。見《真誥・翼真檢第二》。

洞真經

文廷式《補晉書藝文志・神仙家補》《洞真經》。謝靈運《山居賦》自注引《洞真經》云：「今學仙者亦明師而自發悟，故不辭苦，殊頽形也。」據此當是晉以前書。《太平御覽・神仙部》屢引之。

陰符十德經

鄭樵《通志・藝文略・道家類》《陰符十德經》一卷。葛洪撰。

高似孫《子略》卷一《陰符十德經》。一卷。葛洪。

老子道德經序訣

《舊唐書・經籍志・道家類》《老子道德經序訣》二卷。葛洪撰。

《新唐書・藝文志・道家類》葛洪《老子道德經序訣》二卷。

鄭樵《通志・藝文略・道家類》《道德經序訣》二卷。葛洪撰。

高似孫《子略》卷二 葛洪。《老子道德經序訣》二卷。

文廷式《補晉書藝文志・道家類》葛洪《老子道德經序訣》二卷。見《新唐志》。

葛洪修撰莊子

文廷式《補晉書藝文志・道家類》葛洪修撰《莊子》十七卷。《釋藏辨正論》云：劉宋時陸静修《道藏書目》：《莊子》十七卷，莊周所出，葛洪修撰。余按《抱朴子・應嘲篇》云：常恨莊生言行自伐，桎梏世業，身居漆園而多誕談，好畫鬼魅，憎圖狗馬；狹細忠貞，貶毀仁義。洪之不滿莊生如此，然則《修撰》者，乃删取之類，故僅存十七也。

顧道士新書論經

《隋書・經籍志・道家類》梁有《顧道士新書論經》三卷，晉方士顧谷撰，亡。

《舊唐書・經籍志・道家類》《顧道士論》二卷。顧谷撰。

《新唐書・藝文志・神仙類》《顧道士論》三卷。顧谷。

鄭樵《通志・藝文略・道家類》《顧道士論》三卷。

文廷式《補晉書藝文志・道家類》顧谷《顧道士新書論經》三卷。方士。

老子西昇經

《舊唐書・經籍志・道家類》《老子西昇經》一卷。

晁公武《郡齋讀書志・神僊類》《西昇經》四卷。右題曰天上真人尹君紀録。老子將遊西域，既爲關令尹喜説五千言，又留祕旨，凡三十六章，喜述之，爲此經。其首稱老君西昇，聞道竺乾，有古先生，是以就道。説者以「古先生」，佛也。事見《廣洪明集辨惑論》。

馬端臨《文獻通考・經籍考・神僊類》《西昇經》四卷。

劉仁會注老子西升經

鄭樵《通志・藝文略・道家類》《老子西升經》二卷。劉仁會注。

《宋史・藝文志・神仙類》劉仁會注《西昇經》一卷。

神寶經

鄭樵《通志・藝文略・道家類》《神寶經》一卷。裴真人撰。

佚名《道藏闕經目録》卷下 《清靈真人裴君説神寶經》。

洞真上清太上真人八素陽歌九章經

佚名《道藏闕經目録》卷上 《洞真上清太上真人八素陽歌九章經》。

洞真黃老經

佚名《道藏闕經目録》卷上 《洞真黃老經》。有符畫。

洞真太上紫微始青道經

佚名《道藏闕經目録》卷上 《洞真太上紫微始青道經》。

太上太極太虚上真人演太上靈寶真一自然經訣

佚名《道藏闕經目録》卷上 《太上太極太虚上真人演太上靈寶真一自然經訣》。

太上玄一真人説勸誡法輪妙經

白雲霽等《道藏目録詳注·洞玄部》 字字號計十卷。《太上玄一真人説勸誡法輪妙經》。與《真一》等三經同卷。

太上諸天靈符度命妙經

白雲霽等《道藏目録詳注·洞真部》 昃字號計十一卷。《太上諸天靈符度命妙經》。一卷。此經最上妙道至真粹言。

太上靈寶諸天内音自然玉字

白雲霽等《道藏目録詳注·洞真部》 收字號計九卷。《太上靈寶諸天内音自然玉字》。卷一之四。内有大梵隱語、無量洞章玉訣、吞佩符按節氣服字法。

太上洞玄靈寶真一勸誡法輪妙經

白雲霽等《道藏目録詳注·洞玄部》 字字號計十卷。《太上洞玄靈寶真一勸誡法輪妙經》。《法輪妙經》乃太上所重藏之。六令紫房之内，空洞之淵也。

九天生神章經

趙希弁《讀書附志·神仙類》 《九天生神章經》三卷。右緜州冲虛觀道士王希巢隱賢解，玉局散吏程公許爲之序，西蜀譙巖趙日休跋。朱文公嘗謂此經亦杜光庭所撰。

白雲霽等《道藏目録詳注·洞玄部》 人字號計十四卷。《洞玄靈寶自然九天生神玉章經》。一卷。九天生神玉章乃三洞飛玄之炁，三合成音，結成靈文，混合百神、隱韻内名，生炁結形，自然之章。

正一法文經章官品

白雲霽等《道藏目録詳注·正一部》 物字號計十卷。《正一法文經章官品》。卷一之四。

陸修静道德經雜説

鄭樵《通志・藝文略・道家類》 《道德經雜説》一卷。陸修静撰。

高似孫《子略》卷二 陸修静。《道德經雜説》一卷。

《宋史・藝文志・道家類》 陸修静《老子道德經雜説》一卷。

又《神仙類》 陸脩静《老子道德經雜説》一卷。

洞玄靈寶長生保命護身經

佚名《道藏闕經目録》卷上 《洞玄靈寶長生保命護身經》。

神仙歷藏經

鄭樵《通志・藝文略・道家類》 《神仙歷藏經》一卷。

《宋史・藝文志・神仙類》 《老子神仙歷藏經》一卷。

佚名《道藏闕經目録》卷上 《太清太上混元上德皇帝神仙歷藏經》。有畫。

洞玄靈寶元始應變歷化經

佚名《道藏闕經目録》卷上 《洞玄靈寶元始應變歷化經》。

正一法文天師旨教經

佚名《道藏闕經目録》卷下 《正一法文天師旨教經》。二卷。

上清南極元君玉經寶訣

佚名《道藏闕經目録》卷上 《上清南極元君玉經寶訣》。

太上三天正法經

鄭樵《通志・藝文略・道家類》 《太上三天正法經》一卷。

佚名《道藏闕經目録》卷上 《上清太上三天正法經訣》。

白雲霽等《道藏目録詳注・正一部》 滿字號計十卷。《太上三天正法經》一卷。此經太上道君授天師張道陵。

陶弘景注老子

《舊唐書・經籍志・道家類》 《老子》四卷。陶弘景注。

《新唐書・藝文志・道家類》 《老子道德經》陶弘景《注》四卷。

鄭樵《通志・藝文略・道家類》 《老子道德經》四卷。陶弘景注。

高似孫《子略》卷二 《老子注》。陶弘景。

真誥

《舊唐書・經籍志・道家類》 《真誥》十卷。陶弘景撰。

《新唐書・藝文志・神仙類》 陶弘景《真誥》十卷。

鄭樵《通志・藝文略・道家類》 《真誥》十卷。梁陶弘景撰。

晁公武《郡齋讀書志・神仙類》 《真誥》十卷。右梁陶弘景撰。皆真人口授之誥，故以爲名。記許邁、許謐、楊羲諸仙受道之説，本七卷：《運題》一，《象甄》二，《命授》三，

《協昌期》四，《稽神樞》五，《握真輔》六，《翼真檢》七。後人析第一、第二、第四，各爲上下。

尤袤《遂初堂書目・道家類》 《真誥》。

陳振孫《直齋書録解題・神仙類》 《真誥》十卷。梁華陽隱居陶弘景撰。述楊羲、許邁、許玉斧遇仙真傳受經文等事。

馬端臨《文獻通考・經籍考・神僊類》 《真誥》十卷。【略】《朱子語録》曰：道書中《真誥》，末後有《道授篇》，却是竊佛家《四十二章經》爲之。非特此也，至如地獄托生妄誕之説，皆是竊他佛教中至鄙至陋者爲之。某嘗謂其徒曰：自家有箇寶珠，被他竊去了，却不照管，亦都不知，却去他墻根壁角竊得箇破瓶破罐用，此甚好笑。

《宋史・藝文志・神仙類》 陶弘景《真誥》十卷。

楊士奇等《文淵閣書目・張字號道書》 《真誥》。一部，一册。《真誥》。一部，二册。

范邦甸等《天一閣書目・道家類》 《真誥》十卷。梁陶宏景撰，明王瓚序。

徐𤊹《徐氏家藏書目・道書類》 陶隱居《真誥》□卷。

白雲霽等《道藏目録詳注・太玄部》 安字號計十卷。《真誥》。卷一之十。卷九有符。華陽洞天真白先生陶隱居集。內言句曲洞天形勝及真人鬼神事蹟，並存想、服朮等法。定字號計十卷。《真誥》。卷十一之二十。貞白先生陶隱居集。

錢謙益等《絳雲樓書目・道藏類》 《真誥》十卷。陶隱居。

《四庫全書總目提要・道家類》 《真誥》二十卷。兩淮馬裕家藏本。梁陶宏景撰。宏景有《刀劒録》，已著録。是書凡《運象篇》、《甄命授》、《協昌期》、《稽神樞》、《闡幽微》、《握真輔》、《翼真檢》等七篇。其《運象篇》書末宏景敘録又作「運題象」，前後必有一譌，然未詳孰是也。《文獻通考》作十卷，此本乃二十卷，蓋後人所分析也。所言皆仙真授受真訣之事。《朱子語録》云：《真誥・甄命篇》，卻是竊佛家《四十二章經》爲之。至如地獄託生妄誕之説，皆是竊佛教中至鄙至陋者爲之。黄伯思《東觀餘論》則云：《真誥》衆靈教戒條，後方圓諸條，皆與佛四十二章經同，後人所附。然二氏之書，亦存此一家於天地間耳，固不必一一別是非，亦無庸一一辨真僞也。伯思又云：小宋太乙宫詩「瑞木千尋聳，仙圖幾弓開」，註云《真誥》謂一卷爲一弓，殊不知《真誥》所云「弓」，即「卷」字，蓋從省文。《真誥》音亦爾，非弓字也。然則此書諸卷，皆原作「弓」字，陶宗儀《説郛》蓋本於此。今皆作卷幾，亦非宏景之舊矣。

錢東垣等輯《崇文總目・道家類》 《真誥》十卷。陶弘景撰。

真誥抄

鄭樵《通志・藝文略・道家類》 《真誥抄》二卷。

元始天尊説靈寶玄微妙經

鄭樵《通志・藝文略・道家類》 《靈寶玄微妙經》一卷。

佚名《道藏闕經目録》卷上 《洞玄靈寶元始天尊説玄微妙經》。

白雲霽等《道藏目録詳注・洞真部》 宿字號計十卷。《元始天尊説玄微妙經》。與《決疑》二經同卷。內有斗中精光呑服紫炁之法。

皇人守三一經

鄭樵《通志・藝文略・道家類》 《皇人守三一經》三卷。

佚名《道藏闕經目録》卷上 《上清皇人守三一經》。三卷。

韋處玄老子義疏

《隋書・經籍志・道家類》 《老子義疏》四卷。韋處玄撰。

鄭樵《通志・藝文略・道家類》 《老子義疏》四卷。韋處玄撰。

高似孫《子略》卷二 韋處元《老子義疏》四卷。

姚振宗《隋書經籍志考證・道家類》 《老子義疏》四卷。韋處玄撰。韋處玄始末未詳。案《唐藝文志・神仙家》有韋處玄《集解老子西昇經》二卷。白雲霽《道藏目録》有華陽韋處玄《西昇經集注》六卷。蓋《西昇經》亦冠以「老子」二字，疑此是《西昇經》，非《道德經》，而韋處玄亦疑是華陽陶隱居弘景之弟子。

老子西升經

《新唐書・藝文志・神仙類》 韋處玄集解《老子西升經》二卷。

鄭樵《通志・藝文略・道家類》 《老子西升經》二卷。道士韋處玄注。

晁公武《郡齋讀書志・神仙類》 《韋注西昇經》二卷。右梁道士韋處玄。分上下經：上經三七，法天之陽數，分二十一章；下經四七，法地之陰數，總四十九章，象大衍用數云。《唐志》稱處玄《集解》以「聞道竺乾」爲「經道竺乾」，以「古先生」爲老子自謂。

馬端臨《文獻通考・經籍考・神僊類》 韋注《西昇經》三卷。

《宋史・藝文志・神仙類》 華陽道士韋處玄注《老子西昇經》二卷。

范邦甸等《天一閣書目・道家類》 《西昇經集註》六卷。藍絲闌鈔本。 華陽韋處元、句曲徐道邈、冲虛子、任真子李榮、劉仁會註，碧虛子集并序。云周之衰也，老氏非伏其身而弗見也，非閉其言而不出也，非藏其智而不發也。時命大謬也。已而厭世去官，將以遯迹。當是時也，關尹望氣，知有博大真人西遊，乃齋莊遮道，邀迎至舍，請問乙密，于是爲著言若干。其微言奥旨出入五千文之間，紀而成書，名曰《西昇記》。莊子多稱其言有在子是者。碧虛子聞其風而説之，授遺編于藏室，得註解者凡五家。先校取經之是者，後竄去註經之非者，集成二篇，今作六卷，依舊號曰《老子西昇經》。

洞真太上太霄琅書

白雲霽等《道藏目録詳注・正一部》 左字號計九卷。《洞真太上太霄琅書》。卷一之十。紫微夫人撰。三乘要月瓊章，智慧要科師資行實齋戒要訣，習學禁忌，雜説脩行，大乘行業，行道去來等第，皆言脩行漸次。

入室思赤子經

鄭樵《通志・藝文略・道家類》 《入室思赤子經》一卷。

《宋史・藝文志・神仙類》 《入室思赤子經》一卷。

佚名《道藏闕經目録》卷上 《入室思赤子經》。

十三虛无經

佚名《道藏闕經目録》卷上 《太上混元上德皇帝説十三虛無經》。

錢東垣等輯《崇文總目・道書類》 《十三虛无經》一卷。

太上老君歷劫經

鄭樵《通志・藝文略・道家類》 《太上老君歷劫經》一卷。李通撰。

佚名《道藏闕經目録》卷上 《太上元始老君歷劫經》。

上清迴曜飛光日月精華上經

白雲霽等《道藏目録詳注・正一部》 明字號計十卷。《上清迴曜飛光日月精華上經》。飛景藏光，吞精服華之道。

上清玉景九天金霄威神王祝太玄上經

佚名《道藏闕經目録》卷上 《上清玉景九天金霄威神王祝太玄上經》。

洞玄靈寶太極太虚真人問功德行業經

佚名《道藏闕經目録》卷上 《洞玄靈寶太極太虚真人問功德行業經》。

洞玄靈寶十部經

佚名《道藏闕經目録》卷上 《洞玄靈寶十部經》。

洞神八帝神化經

佚名《道藏闕經目録》卷上 《洞神八帝神化經》。四卷。

洞神三皇三一經

佚名《道藏闕經目録》卷上 《洞神三皇三一經》。

太上混元上德皇帝虚無自然本起經

佚名《道藏闕經目録》卷上 《太上混元上德皇帝虚無自然本起經》。

張國祥《續道藏目録・正一部》 藁字號計四卷。《太上老君虚無自然本起經》。一卷。

太上老君玄妙内經

佚名《道藏闕經目録》卷上 《太上老君玄妙内經》。

皇人守一經

佚名《道藏闕經目録》卷下 《皇人守一經》。

正一法文玄妙經

佚名《道藏闕經目録》卷下 《正一法文玄妙經》。三卷。

正一法文王趙太平問難經

佚名《道藏闕經目録》卷下 《正一法文王趙太平問難經》。

正一太上真元正本法行經

佚名《道藏闕經目録》卷下 《正一太上真元正本法行經》。

正一太上萬稱經

佚名《道藏闕經目録》卷下 《正一太上萬稱經》。

洞玄靈寶太上消魔經

佚名《道藏闕經目録》卷上　《洞玄靈寶太上消魔經》。

太上洞玄靈寶天尊説濟苦經

白雲霽等《道藏目録詳注・洞玄部》　服字號計九卷。《太上洞玄靈寶天尊説濟苦經》。此經有七道之法。曰隱光、曰處光、曰隱相、曰明隱、曰隱變、曰隱真、曰大德，總謂之七隱。

太上老君説消災經

白雲霽等《道藏目録詳注・洞神部》　傷字號計十卷。《太上老君説消災經》。

太上妙始經

白雲霽等《道藏目録詳注・洞神部》　女字號計十五卷。《太上妙始經》。言天道元炁、陰陽五行、聚散刧運之數，以及崑崙山嶽、河海川源等語。

洞真太上八道命籍經

《宋史・藝文志・神仙類》　《太上八道命籍》二卷。

白雲霽等《道藏目録詳注・正一部》　通字號計十一卷。《洞真太上八道命籍經》。上、下二卷。一名《八道命籍》，一名《八間》，一名《八達》，一名《八解》。此文封於靈都紫府之内，瑶臺曲密之房也。

正一天師墨教

佚名《道藏闕經目録》卷下　《正一天師墨教》。

太上老君宣告治祭酒經

佚名《道藏闕經目録》卷下　《太上老君宣告治祭酒經》。

太上正一法文經

白雲霽等《道藏目録詳注・正一部》　《太上正一法文經》。一卷。

太上太玄女青三元品誡拔罪妙經

白雲霽等《道藏目録詳注・洞真部》　辰字號計十卷。《太上太玄女青三元品誡拔罪妙經》。三卷。

諸天靈書度命妙經義疏

白雲霽等《道藏目録詳注・洞真部》　收字號計九卷。《諸天靈書度命妙經義疏》。一卷。凡人誦靈書玉篇、歌詠靈章者，生人神慧，即開五神也。

洞玄靈寶丹水飛術運度小劫妙經

白雲霽等《道藏目録詳注・洞玄部》 人字號計十四卷。《洞玄靈寶丹水飛術運度小刦妙經》。一卷。言天地刦運之數，凡三十六萬時行，各爲小天風度小刦交也。

洞玄靈寶諸天世界造化經

白雲霽等《道藏目録詳注・洞玄部》 人字號計十四卷。《洞玄靈寶諸天世界造化經》。一卷。《天尊首説開序品》、《崑崙山王四天下品》、《大洞品》、《小刦大刦天地敗成品》、《九幽地獄品》、《告衆聖等品》。言日月旋照四天下及天上諸天世界，刦運災祥，地水火風，成住壞空之説。

太上靈寶天地運度自然妙經

白雲霽等《道藏目録詳注・洞玄部》 人字號計十四卷。《太上靈寶天地運度自然妙經》。一卷。修長生者，當知天地運度大期之數。如其不爾，雖自求道終年卒而徒勞也。後載有弭消刦運之法，依而禳之，即超大刦。

太上洞玄靈寶滅度五錬生尸妙經

白雲霽等《道藏目録詳注・洞玄部》 服字號計九卷。《太上洞玄靈寶滅度五錬生尸妙經》。一卷。有符。内有滅度五仙安靈鎮神九炁天文、三炁天文、中炁天文、七炁天文、五炁天文。滅度五仙，脱尸大陰，當鎮石上理文於亡人尸形所，即得南宫受煉，仙化成形。

太上洞玄靈寶本行宿緣經

白雲霽等《道藏目録詳注・太平部》 奉字號計九卷。《太上洞玄靈寶本行宿緣經》。

太上洞玄靈寶本行因緣經

白雲霽等《道藏目録詳注・太平部》 奉字號計九卷。《太上洞玄靈寶本行因緣經》。與《宿緣經》同卷。

洞玄靈寶真人問疾經

白雲霽等《道藏目録詳注・太平部》 奉字號計九卷。《洞玄靈寶真人問疾經》。一卷。

靈寶玄一真人説生死輪轉因緣經

白雲霽等《道藏目録詳注・太平部》 奉字號計九卷。《靈寶玄一真人説生死輪轉因緣經》。一卷。

洞玄靈寶三十二天尊應號經

白雲霽等《道藏目録詳注・太平部》 奉字號計九卷。《洞玄靈寶三十二天尊應號經》。卷一之十二。

太上妙法本相經

白雲霽等《道藏目録詳注・太平部》 始字號計十一卷。《太上妙法本相（論）〔經〕》。三卷。言靖居神境通之說。

太上大道玉清經

白雲霽等《道藏目録詳注・正一部》 星字號計十卷。《太上大道玉清經》。卷一之十。《本起品》、《世界品》、《慈悲戒序品》、《説戒科品》、《慈悲方便品》、《通濟幽冥品》、《三元品》、《八節品》、《齋戒品》、《昭靈品》、《滅魔品道化四夷品》、《幽棲品》、《法印》等品。

上清河圖内玄經

白雲霽等《道藏目録詳注・正一部》 明字號計十卷。《上清河圖内玄經》。上、下三卷。有像。《玄經》内有《太乙秘諱》、《九皇寶籙》，曁諸符圖雲章等秘。

洞玄靈寶玉京山步虛經

鄭樵《通志・藝文略・道家類》 《靈寶步虛經》一卷。

晁公武《郡齋讀書志・神仙類》 《步虛經》一卷。右太極真人傳左仙公，其章皆高仙上聖朝玄都、玉京，飛巡虛空之所諷詠，故曰「步虛」。

馬端臨《文獻通考・經籍考・神僊類》 《步虛經》一卷。

楊士奇等《文淵閣書目・道書類》 《步虛經》。一部，一册。

張國祥《續道藏經目録・正一部》 藁字號計四卷。《洞玄靈寶玉京山步虛經》。一卷。

老君變化無極經

白雲霽等《道藏目録詳注・正一部》 滿字號計十卷。《老君變化無極經》。

上清玉帝七聖玄紀迴天九霄經

白雲霽等《道藏目録詳注・正一部》 既字號計十卷。《上清玉帝七聖玄紀迴天九霄經》。一卷。有符。此經乃七聖所撰。上玄之章集爲靈文，結於玉篇。寶高上之垂化，敷教於羣方也。

老子消（水）〔冰〕經

《舊唐書・經籍志・道家類》 《老子消（水）〔冰〕經》一卷。

《新唐書・藝文志・神仙家類》 《老子消（水）〔冰〕經》一卷。

上清太上開天龍蹻經

白雲霽等《道藏目録詳注・正一部》 達字號計十卷。《上清太上開天龍蹻經》。卷一之五。黄帝問甯君天地神化氣候機軸之說。

上清太上龍蹻經圖

佚名《道藏闕經目録》卷上 《上清太上龍蹻經圖》。有符畫。

上清仙府瓊林經

白雲霽等《道藏目録詳注·正一部》 典字號計十卷。《上清仙府瓊林經》。一卷。

陰符經

高似孫《子略》卷一 《黄帝陰符經》。觀天之道，執天之行，盡矣。故天有五賊，見之者昌；五賊在心，施行於天。宇宙在乎手，萬化生乎身。天性，人也；人心，機也。立天之道，以定人也。天發殺機，日月星辰；地發殺機，龍蛇起陸；人發殺機，天地反覆；天人合發，萬變定基。性有巧拙，可以伏藏；九竅之邪，在乎三要，可以動静。火生於木，禍發必尅；姦生於國，時動必潰。知之修練，謂之聖人。天地，萬物之盗；萬物，人之盗；人，萬物之盗。三盗既宜，三才既安，故曰：食其時，百骸理；動其機，萬化安。人知其神而神，不知不神所以神。日月有數，大小有定，聖功生焉，神明出焉。其盗機也，天下莫不見，莫能知。君子得之固窮，小人得之輕命。瞽者善聽，聾者善視。絶利一源，用師十倍；三反晝夜，用師萬倍。心生於物，死於物，機在目。天之無恩而大恩生，迅雷烈風，莫不蠢然。至樂性餘，至静則廉。天之至私，用之至公。禽之制在氣，生者死之根，死者生之根，恩生於害，害生於恩。愚人以天地文理聖，我以時物文理哲。自然之道静，故天地萬物生；天地之道浸，故陰陽勝。陰陽相推而變化順矣。至静之道，律吕所不能契，爰有奇器，是生萬象。八卦甲子，神機鬼藏，陰陽相勝之術，昭昭乎進乎象矣。

《陰符經》

陸龜蒙讀《陰符經》詩： 清晨整冠坐，朗詠三百言。備識天地意，獻詞犯乾坤。何事不隱德，降靈生軒轅。口銜造化斧，鑿破機關門。五賊忽迸逸，萬物争崩奔。虛施神仙要，莫救華池源。但學戰勝術，相高甲兵屯。龍蛇競起陸，鬬血浮中原。成湯與周武，反覆更爲尊。下及秦漢代，瀆弄兵亦煩。姦強自休據，仁弱無枝蹲。狂喉恣吞噬，逆翼争飛翻。家家伺天發，不肯匡淫昏。生民墜塗炭，比屋爲冤魂。祇爲謹此書，太樸雖久存。微臣與軒轅，亦是萬世孫。未能窮意義，豈敢求瑕痕。曾亦愛兩句，可與賢達論。生者死之根，死者生之根。方寸了十字，萬化皆胚渾。身外更何事，眼前徒自喧。黄河但東注，不見歸崑崙。晝短苦夜永，勸若傾一樽。

皮日休讀《陰符經》詩 三百八十言，出自伊祁氏。上以生神仙，次云立仁義。元機一以發，五賊紛然起。結爲日月精，融作天地髓。不測似陰陽，難名若神鬼。得之昇高天，失之沈厚地。具茨雲木老，大塊煙霞委。自顓頊以降，賊爲聖人軌。堯乃一庶人，得之賊帝摯。摯見其德尊，脱身授其位。舜惟一鰥民，冗冗作什器。得之賊帝堯，白丁作天子。禹本刑人後，以功繼其嗣。得之賊帝舜，用以平降水。自禹及文武，天機嗒然弛。姬公樹其綱，賊之爲聖智。聲詩川競大，禮樂山争峙。爰從幽厲餘，宸極若孩稚。九伯真大彘，諸侯實虎兕。五星合其耀，白日下闕里。由是生聖人，於焉當亂紀。黄帝之五賊，拾之若青紫。高揮春秋筆，不可刊一字。賊子虐甚斯，姦臣痛於葦。至今千餘年，蚩蚩受其賜。時代更復改，刑政崩且陊。余將賊其道，所動多訕毁。叔孫與臧倉，聖賢多如此。如何黄帝機，吾得多坎躓。

《陰符經》

似孫曰： 軒轅氏鑿天之奥，洩神之謀，著書曰《陰符》。雖與八卦相表裏，而其辭其旨，涉乎幾，入乎深。唯深也故能通天下之志，唯幾也故能通天下之賾，唯神也故不疾而速，不行而至。軒轅氏皆有得於此者。堯舜禹以徠，皆精一危微，行所無事之時。陰符之學，無所著見，豈非行之於心，仁於天下者乎？湯武有誓，韜匱有兵，八陣有圖。遂皆用此以神其武，而況有風后握奇一書，又爲之經緯乎？此黄帝心法而後世以爲兵法者，是以此書見之兵家者流，殆未曾讀《陰符》矣。嗚呼！若符之學一乎兵，則黄帝之所以神其兵者，豈必皆出於此哉！古之聰明叡知神武而不殺。故通其變，使民不倦；神而化之，使民宜之。此爲陰符之機矣。其曰「天有五賊，見之者昌」，此又出於羲畫之表。人固有五賊，特莫之見耳。若能見之，何止乎昌耶？夫子曰：「老而不死之謂賊」，此之謂也。皮日休之言奇矣。皮日休和陸龜蒙《讀〈陰符〉詩》有曰：「三百八十言，出自伊耆氏。」皮氏所見，亦今本耳。

楊士奇等《文淵閣書目·道書類》 《陰符等經》。一部，一册。

白雲霽等《道藏目録詳注·洞真部》 旲字號計十一卷。《黄帝陰符經》。此經軒轅所著。以知機爲運用，以食時爲先天，守三要爲隄防，見五賊爲觀執。所以觀其時而合其符，察其機而應其事。運生煞之柄，則神機鬼藏矣。

錢謙益等《絳雲樓書目・道藏類》 《陰符經》一卷。俞石澗有《陰符經解》一卷。并《參同契發揮》三卷。

錢東垣等輯《崇文總目・道家類》 《陰符經》一卷。黄帝撰。

太上靈寶無等等昇玄内教經

佚名《道藏闕經目録》卷上 《太上靈寶無等等昇玄内教經》。十卷。

太上老君開天經

張國祥《續道藏經目録・正一部》 藁字號計四卷。《太上老君開天經》。一卷。

太元真一本際經

鄭樵《通志・藝文略・道家類》 《太元真一本際經》一卷。

白雲霽等《道藏目録詳注・太平部》 奉字號計九卷。《太(上)〔玄〕真一本際妙經》。一卷。

錢東垣等輯《崇文總目・道書類》 《太元真一本際經》一卷。

元始天尊説變化空洞妙經

白雲霽等《道藏目録詳注・洞真部》 辰字號計十卷。《元始天尊説變化空洞妙經》。一卷。言行道思神念真之法。

太上洞玄靈寶業報因緣經

白雲霽等《道藏目録詳注・洞玄部》 文字號計十卷。《太上洞玄靈寶業報因緣經》。卷一之十。《開度品》、《善對品》、《懺悔品》、《奉戒品》、《持齋品》、《誦念品》、《行道品》、《弘誓品》、《發願品》、《讚歎品》、《布施品》、《慈濟品》、《教苦品》、《功德品》、《感應品》、《福報品》、《生神品》、《弘救品》、《證實品》、《攝因品》、《化生品》、《廣統品》、《會真品》、《敘教品》。

太上洞玄靈寶宿命因緣明經

白雲霽等《道藏目録詳注・洞玄部》 字字號計十卷。《太上洞玄靈寶宿命因緣明經》。一卷。因緣之要有六，一者慈心不殺，二者愛念賢良，三者執心貞潔，四者誠信敦篤，五者不妄醉酒，六者洗心畏敬。行此六要，宿命可通。

太上洞玄靈寶八威召龍妙經

白雲霽等《道藏目録詳注・洞玄部》 乃字號計十一卷。《太上洞玄靈寶八威召龍妙經》。二卷。太玄、太微、太素君頌。

太上洞玄寶元上經

白雲霽等《道藏目録詳注・洞玄部》 乃字號計十一卷。《太上洞玄寶元上經》。一卷。斯經名《元一妙訣》，又名《自然經》。玉晨君所修，五帝神皆秘大有之房，傳無上真人也。

太上洞玄靈寶三元玉京玄都大獻經

白雲霽等《道藏目録詳注・洞玄部》 服字號計九卷。《太上洞玄靈寶三元玉京玄都大獻經》。一卷。

上清經所傳出行於世直曆

佚名《道藏闕經目録》卷上 《上清經所傳出行於世直曆》。

太上太清天童護命妙經

鄭樵《通志・藝文略・道家類》 《天童護命妙經》一卷。

白雲霽等《道藏目録詳注・洞神部》 傷字號計十卷。《太上太清天童護命妙經》。有符。三茅山道者梁悟真受。

洞真太上寶玄上經

佚名《道藏闕經目録》卷上 《洞真太上寶玄上經》。

太上洞玄靈寶浄土生神經

佚名《道藏闕經目録》卷上 《太上洞玄靈寶浄土生神經》。

正一天師詣太上老君請問法經

佚名《道藏闕經目録》卷下 《正一天師詣太上老君請問法經》。

正一法文盟威濟衆經

佚名《道藏闕經目録》卷下 《正一法文盟威濟衆經》。七卷。

元始天王歡樂經

白雲霽等《道藏目録詳注・洞真部》 宿字號計十卷。《元始天王歡樂經》。一卷。《經中》第一，《有無動静章》第二，《保胎護命章》第三，《二儀離合章》第四，《五行備足章》第五，《神變旡化章》第六，《煉氣變仙章》第七，《長生久視章》第八，《證凡成聖》等九章。

太上洞玄靈寶護諸童子經

白雲霽等《道藏目録詳注・洞玄部》 人字號計十四卷。《太上洞玄靈寶護諸童子經》。與《觀妙》等三經同卷。

太上洞玄靈寶轉神度命經

白雲霽等《道藏目録詳注・洞玄部》 字字號計十卷。《太上洞玄靈寶轉神度命經》。一卷。言有能持是戒根者，則轉神人妙，脱生受果之説。

太上洞玄靈寶四方大願經

白雲霽等《道藏目録詳注・洞玄部》　字字號計十卷。《太上洞玄靈寶四方大願經》。與《勸世》二經同卷。言學仙道，當發四方大願，朝夕行之，獲十四種福慧。

太上洞玄靈寶福日妙經

白雲霽等《道藏目録詳注・洞玄部》　乃字號計十一卷。《太上洞玄靈寶福日妙經》。内言三元、五臘、十直，齊奉持念道日。

洞玄靈寶上師説救護身命經

白雲霽等《道藏目録詳注・洞玄部》　乃字號計十一卷。《洞玄靈寶上師説救護身命經》。與《福日》二經同卷。此經乃太玄元陽仙公所述，内言元陽仙記、姓諱、金城樓閣、仙蹟等語。

太上洞玄靈寶三塗五苦拔度生死妙經

白雲霽等《道藏目録詳注・洞玄部》　服字號計九卷。《太上洞玄靈寶三塗五苦拔度生死妙經》。

太上道君説解冤拔度妙經

白雲霽等《道藏目録詳注・洞玄部》　服字號計九卷。《太上道君説解冤拔度妙經》。解冤拔罪，悉由人心，專志一心，静照業識。識浄而罪戾自消矣。

太上洞玄靈寶浄供妙經

白雲霽等《道藏目録詳注・洞玄部》　服字號計九卷。《太上洞玄靈寶浄供妙經》。與《救苦》等三經同卷。

洞玄靈寶道要經

白雲霽等《道藏目録詳注・洞玄部》　服字號計九卷。《洞玄靈寶道要經》。與《滅罪》等三經同卷。

洞玄靈寶飛仙上品妙經

白雲霽等《道藏目録詳注・洞玄部》　服字號計九卷。《洞玄靈寶飛仙上品妙經》。内有黄步紫符，三洞真泌。

太上洞玄靈寶天關經

白雲霽等《道藏目録詳注・太玄部》　取字號計十卷。《〔太上〕洞玄靈寶天關經》。與《五氣》等三經同卷。天關者，矜帶八極，載地懸天，遊馳日月，運走星辰，呼吸六甲，御裂乾坤，驅使風雨，鼓奮雷霆，心運天關，道通天地。

太上洞玄靈寶八仙王教誡經

白雲霽等《道藏目録詳注・太平部》　奉字號計九卷。《太上洞玄靈寶八仙王教誡經》。

洞真太上紫書籙傳

《宋史・藝文志・神仙類》《太上紫書録傳》一卷。

白雲霽等《道藏目録詳注・正一部》 廣字號計十卷。《洞真太上紫書籙傳》。一卷。太上丈人所佩，傳文始先生，一名《五隱六妙三九正一密旨》。

上清道寶經

白雲霽等《道藏目録詳注・正一部》 達字號計十卷。《上清道寶經》。卷一之五。從《天品》化生三光，諸天生神天君始末。

太上老君答尹喜問科經

佚名《道藏闕經目録》卷下 《太上老君答尹喜問科經》。

元始洞真決疑經

白雲霽等《道藏目録詳注・洞真部》 宿字號計十卷。《元始洞真決疑經》。內決疑只是真性常住，湛體自然，無生無滅，離相離有。誠信之篤，然後無疑。

老子像名經

白雲霽等《道藏目録詳注・洞神部》 女字號計十五卷。《老子像名經》。卷五之十。共五卷。高上老子告上方延壽真人説上方梵炁無極世界三百二十天尊顯化名號。

洞玄靈寶左玄論

白雲霽等《道藏目録詳注・太平部》 伯字號計九卷。《洞玄靈寶左玄（篇）〔論〕》。卷一之四。言《大道金剛功德高大經部》、品《第無上至要道術》等論。

上清法誡遷運瓊羽玉章旨經

佚名《道藏闕經目録》卷上 《上清法誡遷運瓊羽玉章旨經》。

洞玄靈寶太上元靈經

佚名《道藏闕經目録》卷上 《洞玄靈寶太上元靈經》。三卷。

洞玄靈寶傳度八景儀經

佚名《道藏闕經目録》卷上 《洞玄靈寶傳度八景儀經》。

太上混元上德皇帝開闔經

佚名《道藏闕經目録》卷上 《太上混元上德皇帝開闔經》。

天師玉清金藏經

佚名《道藏闕經目録》卷下　《天師玉清金藏經》。

太上老君説救生真經

白雲霽等《道藏目録詳注·洞神部》　傷字號計十卷。《太上老君説救生真經》。

太上老君説補謝八陽經

白雲霽等《道藏目録詳注·洞神部》　傷字號計十卷。《太上老君説補謝八陽經》。

太上説十鍊生神救護經

白雲霽等《道藏目録詳注·洞神部》　傷字號計十卷。《太上説十鍊生神救護經》。與《救生》等七經同卷。

太上老君説長生益算妙經

白雲霽等《道藏目録詳注·洞神部》　女字號計十五卷。《太上老君説長生益算妙經》。一卷。有符。

太上老君説解釋呪詛經

白雲霽等《道藏目録詳注·洞神部》　女字號計十五卷。《太上老君説解釋呪詛經》。此經太上老君受尹真人，解釋呪詛魘禱之訣。

太上老君説上七滅罪集福妙經

白雲霽等《道藏目録詳注·太清部》　退字號計十卷。《太上老君説上七滅罪集福妙經》。與《經》同卷。

陰符

耿文光《萬卷精華樓藏書記·道家類》　《陰符》一卷。不著撰人名氏。《續知不足齋》本。是書題《陰符》七篇，無「經」字，《盛神》第一，《養》第二，《實意》第三，《分威》第四，《散勢》第五，《轉圓》第六，《損兑》第七。與《黄帝陰符經》不同，經爲上、中、下三篇，有注，此七篇無注。近於兵家，又近於道家，因其言真人，言養志，遂列之道家，附於《陰符經》之後。其七篇之首句盛神法、五龍養志法、靈龜實意法、螣蛇分威法、伏熊散勢法、鷙鳥轉圓法、猛獸損兑法。本書評曰：文體絶似《老子》，無戰國游士習氣，抉髓取神，説辭妙品，允爲縱横家鼻祖。末有新安程景沂跋。

程氏《跋》曰：是書向列於《鬼谷子》後，汨於縱横家流，遂鮮傳誦。《隋志》云：縱横者，所以明辨説，善辭令，以通上下之志者也，非傾危變詐之士可得籍口。七篇本出自太公望，戰國時鬼谷子所傳述，與《黄帝陰符》同名殊旨，蘇季子揣摩以干世主，後人鄙之，遂不屑讀。殊不知食其精蘊，可以養性修身，不獨馳騁説辭已也。文光案《道藏》有《陽符經》，其書未見。虞氏《跋·陰符經》曰：《陰符》託黄帝以爲名而實非，其書無可疑者。或曰戰國時人，文字亦未可信也。或曰只是李筌所爲，此近似哉。然褚河南已有奉勅書本，則其來亦久矣。世人忽明白簡易之言，好以詭祕不可解之説相尚，豈獨《陰符》哉。吴興公書妙一世，此卷蓋盛年所作，法度整整。録於《道園類稿》。

吴氏又《跋》曰：此書邵子、程子皆以爲先秦古書，朱子以爲非深於道者不能也，世以爲李筌作，筌必不能至此，老莊與此書最爲奇妙，非天下之至精，其孰能與於此乎？集嘗從老氏之徒略見舊注，心知其不然，及見《朱子注》而後知其所以然。或曰獨用反言而合於正，似爲得之。後得儲君詠注，以爲黄帝心易也，則推之至矣。至正甲申得《陰符消息》一卷，略加點綴，《陰符》之旨大見於今日。仝上。

文光案：《道園》二跋，一貶一褒，意旨不同。蓋前《跋》爲未見《朱注》時所作，後見朱子重此書故改易其説與。然黄東發謂近世大儒，亦加品題爲事之不可曉者，則又以朱子爲不然也。

孫思邈注莊子

《新唐書·藝文志·道家類》 孫思邈注《莊子》。

孫思邈注老子

《新唐書·藝文志·道家類》 孫思邈注《老子》。卷亡。

靈寶度人經

鄭樵《通志·藝文略·道家類》 《靈寶度人經》一卷。

晁公武《郡齋讀書志·神仙類》 《度人經》三卷。右元始天尊説。《唐志》有其目，古書也。

馬端臨《文獻通考·經籍考·神僊類》 《度人經》三卷。

楊士奇等《文淵閣書目·道書類》 《度人經》。一部，十二册。《度人經》，一部，一册。

白雲霽等《道藏目録詳注·洞真部》 天字號計十卷。《靈寶無量度人上品妙經》。卷一之十。卷一《元始無量度人上品》，卷二《玉宸人道品》，卷三《天地八維安鎮國祚品》，卷四《永延刦運保世昇平品》，卷五《消禳國君王侯世土災祥品》，卷六《太乙神變五福護國禳兵品》，卷七《顯瑞符應品》，卷八《清微金科品》，卷九《禹餘玉律品》，卷十《大赤靈文品》。地字號計十卷。《靈寶無量度人上品妙經》。卷十一之二十。卷一《玉明運度品》，卷二《陰陽化生品》，卷三《太乙元精品》，卷四《日精陽明品》，卷五《月華陰景品》，卷六《陰陽離合五行化體品》，卷七《扶桑青陽品》，卷八《素景曜靈品》，卷九《十方勝境品》，卷十《碧落空歌品》。玄字號計十卷。《靈寶無量度人上品妙經》。卷二十一之三十。卷一《生化胎根斷除邪穢品》，卷二《飛神召靈品》，卷三《降真召靈品》，卷四《神變氣化品》，卷五《赤符丹光品》，卷六《明體貫氣品》，卷七《紫光丹靈品》，卷八缺。卷九《降真延壽品》，卷十《斷絶胎恨閉塞死户品》。黄字號計十卷。《靈寶無量度人上品妙經》。卷三十一之四十。卷一《長生久視品》，卷二《五行順治品》，卷三《五方正氣品》，卷四《騰曜二景五星品》，卷五《九宫仙籍品》，卷六《八景神合品》，卷七《七星除妖品》，卷八《神符除難品》，卷九《南宫延生品》，卷十《北都除殃品》。宇字號計十卷。《靈寶無量度人上品妙經》。卷四十一之五十。卷一《五行備足生靈壽域品》，卷二《祈求嗣續慶延門閥品》，卷三《保胎護命品》，卷四《洞神禳災品》，卷五《解禳山谷瘴癘品》，卷六《除禳水火漂焚品》，卷七《祈禳水旱品》，卷八《安鎮九壘品》，卷九《消除病癘品》，卷十《蠲化水火災癘品》。宙字號計十卷。《靈寶無量度人上品妙經》。卷五十一之六十。卷一《保命延年品》，卷二《玄明洞淵品》，卷三《斬滅邪怪品》，卷四《斬馘不祥品》，卷五《追度亡魂品》，卷六《濟度死魂品》，卷七《解釋幽牢品》，卷八《迴生起死品》，卷九《化屍變形品》，卷十《鍊氣變仙品》。洪字號計十七卷。《靈寶無量度人上品妙經》。卷六十一《永斷輪轉品》。

又 《雲篆度人妙經》。内《度人經》一卷。字字皆雲篆天章自然之文。

李少微注靈寶度人經

鄭樵《通志·藝文略·道家類》 《靈寶度人經》四卷。李少微注。

李榮注老子西升經

鄭樵《通志·藝文略·道家類》 《老子西升經》四卷。道士李榮注。

李榮注老子

鄭樵《通志・藝文略・道家類》《老子道德經》三卷。道士李榮注。

尤袤《遂初堂書目・道家類》《李榮注老子》。

高似孫《子略》李榮。《老子注》。道士。

《宋史・藝文志・道家類》李榮《老子道德經注》二卷。

范邦甸等《天一閣書目・道家類》《道德真經註》四卷。藍絲闌鈔本。元李榮註。

白雲霽等《道藏目録詳注・洞神部》絲字號計十卷。《道德真經註》。卷一之四。李榮。

洞玄靈寶妙本清浄沐浴身心經

佚名《道藏闕經目録》卷上《洞玄靈寶妙本清浄沐浴身心經》。

玉緯經

佚名《道藏闕經目録》卷上《玉緯經》。一卷。

任真子老子道德經集解

《舊唐書・經籍志・道家類》《老子道德經集解》四卷。任真子注。

《新唐書・藝文志・道家類》任真子《老子集解》四卷。

鄭樵《通志・藝文略・道家類》《老子道德經集解》四卷。任真子集注。

高似孫《子略》卷二任真子。《老子集注》。

太上一乘海空智藏經

白雲霽等《道藏目録詳注・洞真部》月字號計十卷。《太上一乘海空智藏經》。卷一之十。以上十品。一《序品》、二《哀歎品》、三《法相品》、四《普説品》、五《問病品》、六《持戒品》、七《平等品》、八《供獻品》、九《捨受品》、十《普説品》，乃元始天尊與海空智藏演説無上最勝妙法。

成玄英注靈寶度人經

鄭樵《通志・藝文略・道家類》《靈寶度人經》四卷。道士成玄英疏義。

成玄英老子注

《舊唐書・經籍志・道家類》《老子》二卷。成玄英注。

《新唐書・藝文志・道家類》道士成玄英注《老子道德經》二卷。

鄭樵《通志・藝文略・道家類》《老子道德經》二卷。道士成玄英注。

成玄英莊子疏

《舊唐書・經籍志・道家類》《莊子疏》十二卷。成玄英撰。

《新唐書・藝文志・道家類》成玄英《莊子疏》十二卷。玄英，字子實，陝州人，隱居東海。貞觀五年，召至京師。永徽中，流郁州。書成，道王元慶遣文學賈鼎就授大義，嵩高山人李利涉爲序，唯《老子注》、《莊子疏》著録。

鄭樵《通志・藝文略・道家類》《莊子講疏》十二卷。道士成玄英撰。

晁公武《郡齋讀書志・道家類》成玄英《莊子疏》三十三卷。右唐成玄英撰。本郭象注，爲之疏義。玄英，字子實，陝州人，隱居東海。貞觀五年，召至京師，加號西華法師。永徽中，流郁州。書成，道士王元慶邀文學賈鼎就授大義。序云：周字子休，師長桑公子。《内篇》理深，故别立篇目。《外篇》、《雜篇》，其題取篇首二字而已。

高似孫《子略》卷二 成玄英《莊子疏》十二卷。

陳振孫《直齋書録解題・道家類》 《莊子疏》三十卷。唐道士西華法師陝郡成玄英子實撰。玄英隱東海，貞觀五年召至京師，永徽中流郁州，不知坐何事。

馬端臨《文獻通考・經籍考・道家類》 成玄英《莊子疏》三十三卷。

《宋史・藝文志・道家類》 成玄英《莊子疏》十卷。

楊士奇等《文淵閣書目・洪字號子書類》 《莊子成元英注疏》。一部，十二册。殘缺。

范邦甸等《天一閣書目・道家類》 《南華真經註疏》三十五卷。晉郭象註并序，唐西華法師成元英疏并序，明甬東屠畯田叔校録。

張萱等《内閣藏書目録・子部》 《莊子》五册。不全。唐西華法師成玄英疏。

白雲霽等《道藏目録詳注・洞神部》 福字號計六卷。《南華真經註疏》。卷一之六。郭象註，成玄英疏。緣字號計八卷。《南華真經註疏》。卷七之十四。郭象註，成玄英疏。善字號計七卷。《南華真經註疏》。卷十五之二十一。郭象註，成玄英疏。慶字號計五卷。《南華真經註疏》。卷二十二之二十六。郭象註，成玄英疏。尺字號計八卷。《南華真經註疏》。卷二十七之三十五。郭象註，成玄英疏。

錢曾《讀書敏求記・子部》 成玄英《疏莊子》二十卷。南京解元唐寅藏書，北宋槧本之佳極者。《通考》云三十三卷。予按端臨《經籍志》每因篇帙浩繁，無暇取原書覆校卷數，大都牴牾。學者當原之，莫謂其不足援據也。

耿文光《萬卷精華樓藏書記・道家類》 《莊子注疏》十卷。晉郭象注，唐釋元英疏。遵義黎氏本。《古逸叢書》之八覆刻宋大字本，每葉十六行，每行大字十五字，小字廿字。黎氏《叙目》曰：南宋槧本，每卷首題《南華真經注疏》卷第幾，次題莊子某篇某名第幾，郭象注，次題唐西華法師成元英疏。分爲十卷，與《宋志》同，又於每卷内題某篇某名第幾，郭象注，以還子元之舊。故分言之則爲三十三卷，合言之則十卷也。惟《唐志》作《注莊子》三十卷，《疏》十二卷，《四庫未收書目》依《道藏》本鈔作三十五卷，《敏求記》又作二十卷，均未知如何離析。此本爲日本新見旂山所藏，字大如錢，作蝴蝶裝，僅存十分之五。予見而悦之，以金幣爲請，新見氏重是先代手澤，不欲售，願假以西法影照上木而留其真。予别於肆中收得《養生主》一卷、《德充符》數葉，爲新見氏所無，并舉而歸之。然尚缺《應帝王》以迄《至樂》，因取坊刻本成疏校訂繕補，而别集他卷字當之不足者，命工仿寫，蓋極鈎心鬥角之若矣。天下至大，設異日宋本復出，取以與此數卷相校，字體多不類，讀者當推原其故也。成疏稱意而談，有郭象注解之曲暢而不蹈其元，虚有林希逸《口義》之顯明而不至流於鄙俚，且世傳老子西出流沙莫知所終，疏以爲適之。罽賓尚存唐以前舊聞，如此類甚可喜也。子書善本傳世日少，世德堂子書久爲衆所稱貴，讀此《老》、《莊》、《荀》三書，當更快然意滿也。

夫《莊子》者所以申道德之深根，述重元之妙旨，暢無爲之恬淡，明獨化之窅冥；鉗揵九流，括囊百氏，諒區中之至教，實象外之微言者也。内則談於理本，外則語其事迹。《内篇》理深，故於文外别立篇目，郭於題下注解之，《逍遥》、《齊物》之類是也；自《外篇》以去則取篇首二字爲題，《駢拇》、《馬蹄》之類是也。《雜篇》雜明理事。元英序。

阮元《四庫未收書目提要・道家類》 《南華真經注疏》三十五卷。唐成元英撰。元英字子實，陝州人，隱居東海。貞觀五年，召至京師。永徽中，流郁州。書成，道士王元慶遣文學賈鼎就授大義，嵩高山人李利涉爲序。攷《唐書》無元英傳，其見于《藝文志》者如此。諸家著録卷帙多寡不同。《唐志》十二卷，《書録解題》三十卷，《郡齋讀書志》、《文獻通考》皆三十三卷，《宋史藝文志》十卷，《讀書敏求記》二十卷。今依明《道藏》本鈔録爲卷三十五。據《敏求記》錢曾所藏，爲前明南京解元唐寅家北宋槧本。蓋當時單行之書，不與《道藏》本同也。唐人著書，傳世日少，此唐初之書，至今首尾完具，尤爲罕得。《疏》之所本爲郭象注。象注掃除舊解，標新領異，大半空言，無所徵實，不免負王弼注《易》之累。元英此《疏》，則稱意而談，清言曲暢。至序文云莊子字子休，生宋國睢陽蒙縣，師長桑公子，受號南華仙人，殆出《真誥》之類，殊可以廣異聞。元英于貞觀中，加號西華法師，見于《讀書志》。

成玄英老子道德經開題序訣義疏

《新唐書・藝文志・道家類》 成玄英《老子道德經開題序訣義疏》七卷。

鄭樵《通志・藝文略・道家類》　《道德經開題序訣義疏》七卷。成玄英撰。

高似孫《子略》卷二　成元英。《老子義疏》七卷。

《宋史・藝文志・道家類》　成玄英《道德經開題序訣義疏》七卷。

錢東垣等輯《崇文總目・道家類》　《老子道德經開題序訣義疏》七卷。成元英撰。原釋闕。見天一閣鈔本。

成玄英注莊子

《新唐書・藝文志・道家類》　成玄英注《莊子》三十卷。

鄭樵《通志・藝文略・道家類》　《莊子》三十卷。成玄英注。

高似孫《子略》卷二　《莊子注》。成元英。道士。三十卷。

太上洞玄靈寶國王行道經

白雲霽等《道藏目録詳注・太平部》　奉字號計九卷。《太上洞玄靈寶國王行道經》。與《教誡經》同卷。

上方天尊説真元通仙道經

白雲霽等《道藏目録詳注・洞真部》　宿字號計十卷。《上方天尊説真元通仙(妙)〔道〕經》。一卷。有符。《太極降德》上篇，《德歸素無》中篇，《真元通仙》下篇。蓋三篇言道德真仙之上道。

文如海莊子疏

鄭樵《通志・藝文略・道家類》　《莊子疏》十卷。道士文如海注。

晁公武《郡齋讀書志・道家類》　《文如海莊子疏》十卷。右唐文如海撰。如海，明皇時道士也。以郭象注放乎自然而絶學習，失莊生之旨，因再爲之解。凡九萬餘言。

高似孫《子略》卷二　《莊子注》。文如海。道士。十卷。

馬端臨《文獻通考・經籍考・道家類》　文如海《莊子疏》十卷。

《宋史・藝文志・道家類》　文如海《莊子正義》十卷。

文如海莊子邈

鄭樵《通志・藝文略・道家類》　《莊子邈》一卷。

尤袤《遂初堂書目・道家類》　《莊子邈》。

《宋史・藝文志・道家類》　文如海《莊子邈》一卷。

李含光老子莊子周易學記

《新唐書・藝文志・道家類》　道士李含光《老子莊子周易學記》三卷。

李含光義略

《新唐書・藝文志・道家類》　李含光《義略》三卷。含光，揚州江都人，本姓弘，避孝敬皇帝諱改焉，天寶間人。

劉進喜老子通諸論

《新唐書・藝文志・神仙類》　道士劉進喜《老子通諸論》一卷。

無量度人經訣音義

白雲霽等《道藏目録詳注・洞真部》 秋字號計八卷。《無量度人經訣音義》。一卷。

驪山母注陰符大丹經

鄭樵《通志・藝文略・道家類》 《陰符大丹經》一卷。驪山母注。

高似孫《子略》卷一 《陰符丹經》。一卷。驪山母注。

錢東垣等輯《崇文總目・道書類》 《陰符大丹經》一卷。驪山老母注。

李筌注陰符經

鄭樵《通志・藝文略・道家類》 《陰符經》一卷。唐李筌注。

晁公武《郡齋讀書志・道家類》 李筌注《陰符經》一卷。右唐少室山布衣李筌注，云：「《陰符經》者，黄帝之書。或曰受之廣成子，或曰受之玄女，或曰黄帝與風后、玉女論陰陽六甲，退而自著其書。陰者暗也，符者合也。天機暗合於事機，故曰『陰符』。」皇朝黄庭堅魯直嘗跋其後，云：「《陰符》出於李筌。熟讀其文，知非黄帝書也。蓋欲其文奇古，反詭譎不經，蓋揉雜兵家語，又妄説太公、范蠡、鬼谷、張良、諸葛亮訓注，尤可笑。惜不經柳子厚一掊擊也。」

高似孫《子略》卷一 《陰符經》。李筌注。一卷。

馬端臨《文獻通考・經籍考・道家類》 李筌注《陰符經》一卷。【略】《朱子語録》：閭邱主簿進《黄帝陰符經傳》，先生説：「《握奇經》等文字，恐非黄帝作，唐李筌爲之。聖賢言語自平正，却無蹺欹如許。」

《宋史・藝文志・道家類》 李筌《陰符經疏》一卷。《黄帝陰符經》一卷。舊目云，驪山老母注，李筌撰。

白雲霽等《道藏目録詳注・洞真部》 閏字號計十卷。《黄帝陰符經疏》。三卷。李筌得之驪山老母陰符秘術。

阮元《四庫未收書目提要・道家類》 《黄帝陰符經疏》三卷。（《墨海金壺》本、《珠叢別録》本）唐李筌撰。按筌所著《太白陰經》八卷，《四庫全書》已著録。此書載宋《崇文書目》、《館閣書目》、《通志》、《通考》及陳振孫《書録解題》、晁公武《讀書志》，皆作《經注》一卷，惟《宋史藝文志》作《經疏》一卷。此本篇帙無多，分爲三卷，已非筌之舊次。上卷演《道章》，載神仙抱一之道；中卷演《法章》，載富國安人之法；下卷演《術章》，載强兵戰勝之術，與《道藏》本分目相符。

李筌傳陰符經序

鄭樵《通志・藝文略・道家類》 李筌傳《陰符經序》一卷。

李筌驪山母傳陰符元氣

《新唐書・藝文志・道家類》 李筌《驪山母傳陰符玄義》一卷。筌，號少室山達觀子，於嵩山虎口巖石壁得《黄帝陰符》本，題云：「魏道士寇謙之傳諸名山。」筌至驪山，老母傳其説。

鄭樵《通志・藝文略・道家類》 驪山母傳《陰符妙義》一卷。唐李筌撰。

高似孫《子略》卷二 李筌《妙義》。驪山母傳。一卷。

錢東垣等輯《崇文總目・道家類》 《驪山母傳陰符元氣》一卷。李筌撰。

陰符天機經

鄭樵《通志・藝文略・道家類》 《陰符天機經》一卷。

晁公武《郡齋讀書志・道家類》 《天機子》一卷。右不著撰人。凡二十五篇。或曰一名《陰符二十四機》，諸葛亮撰。予觀其辭旨，殆李筌所爲爾，託之孔明也。載《道藏》中。

高似孫《子略》卷二　《陰符天機經》。一卷。

馬端臨《文獻通考・經籍考・道家類》　《天機子》一卷。

《宋史・藝文志・道家類》　《天機經》一卷。不知作者。

白雲霽等《道藏目録詳注・太清部》　志字號計十二卷。《天機經》。一卷。此經發《陰符經》之蘊，觀變察機之理。

錢東垣等輯《崇文總目・道家類》　《陰符天機經》一卷。【原釋】唐李筌撰。自號少室山達觀子，筌好神仙，嘗於嵩山虎口巖石壁得《黄石陰符本》，題云「魏道士寇謙之傳諸名山」。筌雖略鈔記而未曉其義，後人秦驪山逢老母傳授。見《文獻通攷》。闕。見天一閣鈔本。

張魯陰符經玄義

鄭樵《通志・藝文略・道家類》　《陰符經玄義》一卷。唐張魯撰。

高似孫《子略》卷一　《陰符元義》。一卷。唐張魯。

《宋史・藝文志・道家類》　張魯《陰符經元義》一卷。

錢東垣等輯《崇文總目・道書類》　《陰符經元義》一卷。張魯撰。

張果注陰符經

鄭樵《通志・藝文略・道家類》　《陰符經》一卷。唐張果注。

高似孫《子略》卷一　《陰符經》。張果注。一卷。

《宋史・藝文志・道家類》　張果《陰符經注》一卷。

白雲霽等《道藏目録詳注・洞真部》　閏字號計十卷。《黄帝陰符經註》。一卷。張果註。

張果黄帝陰符經辨命論

《新唐書・藝文志・道家類》　張果《陰符經辨命論》一卷。

鄭樵《通志・藝文略・道家類》　《陰符經辨命論》一卷。唐張果撰。

高似孫《子略》卷二　《陰符辨命論》。張果。一卷。

馬端臨《文獻通考・經籍考・道家類》　《陰符經辯合論》一卷。

《宋史・藝文志・道家類》　《陰符經辨命論》一卷。

錢東垣等輯《崇文總目・道家類》　《黄帝陰符經辨命論》一卷。【原釋】唐張果傳，或曰果於《道藏》得此傳。不詳何代人所作，因編次而正之。今別爲古字，蓋當時道書所得之本也。見《文獻通攷》。闕。見天一閣鈔本。

張果陰符經太無傳

《新唐書・藝文志・道家類》　張果《陰符經太無傳》一卷。

鄭樵《通志・藝文略・道家類》　《陰符經太無傳》一卷。唐張果得於《道藏》，不詳作者。

高似孫《子略》卷二　《陰符太無傳》。一卷。張果傳，得於《道藏》。

馬端臨《文獻通考・經籍考・道家類》　《陰符經太無傳》一卷。

錢東垣等輯《崇文總目・道家類》　《陰符經太無傳》一卷。

太上洞玄靈寶十號功德因緣妙經

白雲霽等《道藏目録詳注・洞玄部》　字字號計十卷。《太上洞玄靈寶十號功德因緣妙經》。一卷。内演説三洞要術，大藏妙文，天書玉字，金寶秘篇。

太上洞淵請雨龍王經

白雲霽等《道藏目録詳注・洞玄部》　乃字號計十一卷。《太上洞淵請雨龍王經》。

太上洞玄靈寶往生救苦妙經

白雲霽等《道藏目録詳注·洞玄部》 服字號計九卷。《太上洞玄靈寶往生救苦妙經》。與《拔度》等三經同卷。言罪福因果隨業受報之說。

冲元子注老子西升經

鄭樵《通志·藝文略·道家類》 《老子西升經》四卷。冲元子注。

徐道邈注老子西升經

鄭樵《通志·藝文略·道家類》 《老子西升經》二卷。徐道邈注。

晁公武《郡齋讀書志·神仙類》 徐注《西昇經》二卷。右徐道邈撰。句曲人，未詳何代。其本以「有古先生善入無爲」作「善入泥丸」。「古先生者，吾之師也，化乎竺乾」作「吾之身也，化胡竺乾」云。

馬端臨《文獻通考·經籍考·神僊類》 徐注《西昇經》二卷。

《宋史·藝文志·神仙類》 徐道邈注《老子西昇經》二卷。

曹道沖注老子西升經

鄭樵《通志·藝文略·道家類》 《老子西升經》二卷。曹道沖注。

大乘妙林經

白雲霽等《道藏目録詳注·正一部》 典字號計十卷。《大乘妙林經》。上、中、下三卷。內《序品》、《觀真相品》、《辯邪正品》、《觀身品》、《童子問品》、《隨順品》、《衆真說品》、《觀法品》、《浄慧品》、《讚嘆品》，皆演妙空真義。

張道相老子集注

《舊唐書·經籍志·道家類》 《老子集注》四卷。張道相集注。

《新唐書·藝文志·道家類》 張道相《老子集注》四卷。

鄭樵《通志·藝文略·道家類》 《老子道德經》四卷。道士張道相集三十家注。

晁公武《郡齋讀書志·道家類》 《三十家注老子》八卷。右唐蜀郡岷山道士張君相集河上公、嚴遵、王弼、何晏、郭象、鍾會、孫登、羊祜、羅什、盧裕、劉仁會、顧歡、陶隱居、松靈仙人、裴處恩、杜弼、《節解》、張憑、張嗣、臧玄静、大孟、小孟、竇畧、宋文明、褚糅、劉進喜、蔡子晃、成玄英、車惠弼等注。君相稱三十家，而列其名止二十有九，蓋君相自以爲一家言并數之爾。君相，不知何時人，而謂成玄英爲皇朝道士，則唐天寶後人也。以「絶學無憂」一句，附「絶聖棄知」章末，以「唯之與阿」別爲一章，與諸本不同。

尤袤《遂初堂書目·道家類》 《三十家注老子》。

高似孫《子略》卷二 《老子注》。張道相。道士。集二十家注。

馬端臨《文獻通考·經籍考·道家類》 《三十家注老子》八卷。

《宋史·藝文志·道家類》 《老子道德經三十家注》六卷。唐道士張君相集解。

阮元《四庫未收書目提要·道家類》 《道德真經集解》八卷。唐岷山道士張君相撰。君相事蹟不可攷。此書舊本皆題爲吴徵士顧歡述。攷顧歡，齊時人。《隋書經籍志》載《老子義綱》一卷、《老子義疏》一卷。又《唐書藝文志》有《道德經義疏》四卷，《義疏治綱》一卷，不特書名卷數，均與此不合。不應齊時人而先引及陶隱居、成元英諸人。惟晁公武《讀書志》、王應麟《玉海》，有岷山道士張君相《三十家道德經集解》，一河上公，二嚴遵，三王弼，四何晏，五郭象，六鍾會，七孫登，八羊祜，九羅什，十盧裕，十一劉仁會，十二顧歡，十三陶宏景，十四松靈仙，十五裴處恩，十六杜弼，十七節解，十八張憑，十九張嗣，二十臧元静，二十一大孟，二十二小孟，二十三竇略，二十四宋文明，二十五褚糅，二十六劉進喜，二十七蔡子晃，二十八成元英，二十九車惠弼。公武又言，書稱三十，而列名止二十九，蓋君相自爲一家言並數之爾。今以其言攷之，頗與是書合。則爲君相所集無疑。至書中兼有引唐玄宗御疏，則又爲後人所羼入。而所稱「陳曰」、「榮曰」者，殆杜光庭所云任真子陳榮也。兹從《道藏》本録出，與天一閣所藏相同。究係唐人所纂，六朝人遺説，賴以不墜，著録家往往失之，爲可惜也。君相不知何時人，晁氏以爲成元英爲皇朝道士，則天寶以後之人。案杜光庭《道德經廣聖義》序，引著述人名，有岷山道士張君相集解，在玄宗御疏之前，則不在天寶後矣。且晁氏之言，書中亦不見，未知何據。

元道真經

尤袤《遂初堂書目·道家類》《元道真經》。

太上老君清浄長生經

佚名《道藏闕經目録》卷上《太上老君清浄長生經》。

太上元始天尊證果真經

白雲霽等《道藏目録詳注·洞真部》辰字號計十卷。《太上元始天尊證果真經》。

元始天尊説續命妙經

白雲霽等《道藏目録詳注·洞真部》辰字號計十卷。《元始天尊説續命妙經》。與《九光》等七經同卷。

太上元始天尊説大雨龍王經

白雲霽等《道藏目録詳注·洞真部》辰字號計十卷。《太上元始天尊説大雨龍王經》。

元始天尊説酆都滅罪經

白雲霽等《道藏目録詳注·洞真部》宿字號計十卷。《元始天尊説酆都滅罪經》。

太上洞玄靈寶太玄普慈勸世經

白雲霽等《道藏目録詳注·洞玄部》字字號計十卷。《太上洞玄靈寶太玄普慈勸世經》。

太上老君説報父母恩重經

白雲霽等《道藏目録詳注·洞神部》女字號計十五卷。《太上老君説報父母恩重經》。

老子探真經

《舊唐書·經籍志·道家類》《老子探真經》一卷。

《新唐書·藝文志·神仙類》《老子探真經》一卷。

老子神策百二十條經

《舊唐書・經籍志・道家類》《老子神策百二十條經》一卷。

《新唐書・藝文志・神仙家類》《老子神策百二十條經》一卷。

徐靈府注文子

《新唐書・藝文志・道家類》徐靈府注《文子》十二卷。

鄭樵《通志・藝文略・道家類》《文子》十二卷。老子弟子也。唐徐靈府注。

晁公武《郡齋讀書志・道家類》默希子《注文子》十二卷。右默希子者，唐徐靈府自號也。靈府謂文子周平王時人。

尤袤《遂初堂書目・道家類》《徐靈府注文子》。

陳振孫《直齋書録解題・道家類》《文子》十二卷。題默希子注。案《漢志》有《文子》九篇。老子弟子，與孔子同時，而稱周平王問，似依托者也。又案《史記・貨殖傳》徐廣注：「計然，范蠡師，名鈃。」裴駰曰：「計然，葵邱濮上人，姓辛氏，字文子。」默希子引以爲據。然自班固時已疑其依託，況又未必當時本書乎。至以文子爲計然之字，尤不可攷信。柳子厚亦辨其爲駁書，而亦頗有取焉。默希子不著名氏，晁公武曰唐徐靈府自號也。

馬端臨《文獻通考・經籍考・道家類》墨希子注《文子》十二卷。

《宋史・藝文志・道家類》墨布一作「希」子《文子注》十二卷。

范邦甸等《天一閣書目・道家類》《通元真經》十二卷。藍絲闌鈔本。周文子撰，唐默希子註并序。

白雲霽等《道藏目録詳注・洞神部》壁字號計十五卷。《通玄真經註》。卷一之十二。點然子註。文子姓辛，名鈃，一名計，葵丘濮上人也。師事老君，早聞大道，著書十有二篇，曰《文子》。歸本太上之言，歷陳天人之道、時變之宜，卒萬古於一篇，誠經世之樞要也。後唐玄宗時有徵士徐靈府隱修衡嶽，註《文子》之書上進，遂封「通玄真人」號，其書爲《通玄經》。

錢曾《讀書敏求記・子部》徐靈府《注文子》十二卷。辛妍亦號計然，文子其字，葵丘濮上人，老子弟子，范蠡嘗師事之，著書十二篇。天寶中稱《通玄真經》。默希子注而爲之序。默希子，唐徐靈府自號也。《子彙》云吴中舊刻，僅十餘葉。近得默希子本，始覩其全。不知何故不照原書翻刻，又盡削靈府之註，殊所不解。此是太原祝氏依宋板摹寫者，亦希有之本也。

錢東垣等輯《崇文總目・道家類》《文子》十一卷。【原釋】徐靈府注。闕。見天一閣鈔本。

孫星衍《平津館鑒藏書籍記・補遺》《通元真經》十二卷。題默希子注，前有默希子序，在《道藏》壁子號。《新唐書・藝文志》：天寶元年，詔號《文子》爲《通元真經》。《選舉志》云：開元二十九年，始置崇玄，學習《老子》、《莊子》、《文子》、《列子》，課試如明經。《漢書・藝文志》、《文子》九篇。此本自《道原》至《上禮》，凡十二篇，與《隋書・經籍志》同，陳氏《書録解題》云：默希子，唐徐靈府自號也，注作於元和四年，經八稔而後成。

阮元《四庫未收書目提要・道家類》《通玄真經注》十二卷。《文子》二卷。《四庫全書》已著録，此注唐徐靈府撰。靈府號默希子，錢塘人，爲玄宗時徵士，隱修衡嶽，注《文子》書上進，遂封「通玄真人」，名其書爲《通玄真經》，見杜道堅《通玄真經讚義》，及《全唐詩傳》。又《西天目志》載靈府由天目趨天臺，憩雲二十餘年，作言志詩辭。武宗之徵，著《元鑑》五卷及《三洞要略》。則靈府又嘗作天臺道士矣。案《唐書藝文志》有《注文子》十二卷，徐靈府著。而《崇文總目》又云《文子》十一卷，徐靈府注，闕。則徐注在宋時傳習已少。《四庫全書總目》云：自北魏以來，有李暹、徐靈府、朱元三家注，惟靈府注僅存，亦大半闕佚。茲從明《道藏》本過録，題曰默希子注者，據晁公武《讀書志》、王應麟《玉海》，皆云墨希子，即徐靈府自號。「墨」與「默」通也，今觀是注，清靈婉約，而《文子》正文，亦尚是舊時之本。其自序云：默希以元和四載，投蹟衡峯之表，考室華蓋之前。迨經八稔，夙敦樸素之風，竊味希微之旨。則是書當成于居衡嶽之時。據錢曾《讀書敏求記》曰：子彙云：吴中舊刻僅十餘葉，近得默希子本，始覩其全，不知何故不照原書翻刻，又盡削靈府之注，殊所不解。此是太原祝氏，依宋板摹寫者，亦希有之本也。是明時尚有仿宋刊本，今則捨此無從攷核矣。

張志和玄真子

《新唐書・藝文志・道家類》 張志和《玄真子》十二卷。韋詣作《内解》。

又《神仙類》 張志和《玄真子》二卷。

鄭樵《通志・藝文略・道家類》 《玄真子》三卷。張志和撰。

尤袤《遂初堂書目・道家類》 《元真子》。

陳振孫《直齋書録解題・道家類》 《玄真子外篇》三卷。唐隱士金華張志和撰。《唐志》、《玄真子》十二卷，今纔三卷，非全書也。既曰《外篇》，則必有《内篇》矣。志和事迹，詳見余所集碑傳。

馬端臨《文獻通考・經籍考・道家類》 《玄真子外篇》三卷。

高儒《百川書志・道家類》 《玄貞子》一卷。唐隱士金華張志和著，凡三篇。

徐𤊹《徐氏家藏書目・道家類》 《元真子》一卷。張志和。

白雲霽等《道藏目録詳注・太玄部》 甚字號計八卷。《玄真子外篇》。上、中、下同卷。唐玄真子張志和譔。

錢曾《讀書敏求記・子部》 《玄真子外篇》三卷。張叔和，唐肅宗時人，自稱烟波釣徒，亦號玄真子。著書名爲《外篇》，應有《内篇》失傳于此。此與《鄧析子》同册，俱是元人手抄本，不知與新本有異同否。

《四庫全書總目提要・道家類》 《元真子》一卷。兵部侍郎紀昀家藏本。《元真子》，唐張志和撰。志和字子同，婺州人，初名龜齡。肅宗時以明經擢第，待詔翰林。坐事貶南浦尉，後遇赦還，放浪江湖以終。自號曰煙波釣徒，又號曰元真子。事蹟具《新唐書・隱逸傳》。沈汾《續仙傳》載其行事甚怪。大抵好事者附會之，實則恬退自全之士而已。其書據《書録解題》稱本十二卷，陳振孫時存三卷，已非完帙。此本僅存三篇：一曰碧虛，二曰鸑鷟，三曰濤之靈，併爲一卷，與振孫所言又異。或當時之本以一篇爲一卷歟？其言略似《抱朴子外篇》，但文采不及其藻麗耳。

錢東垣等輯《崇文總目・道家類》 《元真子》三卷。張志和撰。

戴詵老子西升經義

《新唐書・藝文志・道家類》 戴詵《老子西升經義》一卷。

晁公武《郡齋讀書志・神仙類》 同玄注《西昇經》四卷。右唐同玄子注，其姓名未詳。《唐志》有戴詵注《西昇經》，疑此或詵書也。分三十六章，謂竺乾古先生非釋迦之號云。

馬端臨《文獻通考・經籍考・神僊類》 洞玄注《西昇經》四卷。

元陽子頌陰符經

鄭樵《通志・藝文略・道家類》 《頌陰符經》一卷。元陽子撰。

白雲霽等《道藏目録詳注・洞真部》 鳥字號計十卷。《黄帝陰符經頌》。一卷。元陽子頌。

七家注陰符經

鄭樵《通志・藝文略・道家類》 《陰符經注》一卷。七家注。

晁公武《郡齋讀書志・道家類》 七賢注《陰符經》一卷。

高似孫《子略》卷二 《陰符經七家注》。一卷。

馬端臨《文獻通考・經籍考・道家類》 七賢注《陰符經》一卷。

白雲霽等《道藏目録詳注・洞真部》 藏字號計九卷。《黄帝陰符經集註》。朝散郎權發遣興化軍州事樓防撰。

六家陰符經解

《四庫全書總目提要・道家類》 《陰符經解》一卷。浙江鮑士恭家藏本。舊本題黄帝撰。太公、范蠡、鬼谷子、張良、諸葛亮、李筌六家註。《崇文總目》云：《陰符經敘》一卷，不詳何代人敘集。太公以後爲《陰符經》註者凡六家，并以惠光嗣等傳附之。蓋即此書而佚其傳也。晁公武《讀書志》引黄庭堅跋，稱《陰符》糅雜兵家語，又妄託子房、孔明諸賢訓註。則是書之註，以此本爲最古矣。案《隋書・經籍志》有太公《陰符鈐録》一卷，又《周書陰符》九卷，皆不云黄帝。《集仙傳》始稱唐李筌於嵩山虎口巖石室得此書，題曰「大魏真君二年七月七日道士寇謙之藏之名山，用傳同好。已糜爛，筌鈔讀數千徧，竟不曉其義，後於驪山逢老母，乃傳授微旨，爲之作註。」其説怪誕不足信。胡應麟《筆叢》乃謂蘇秦所讀即此書，故書非僞，而託於黄帝，則李筌之僞。考《戰國策》載蘇秦發篋，得太公《陰符》，具有明文。又歷代史志皆以《周書陰符》著録兵家，而黄帝《陰符》入道家，亦足爲判然兩書之證。應麟假借牽合，殊爲未確。至所云唐永徽初褚遂良嘗寫一百本者，考文徵明停雲館帖所刻遂良小字《陰符經》，卷末實有此文。然遂良此帖，自米芾《書史》、《寶章待訪録》、《宣和書譜》即不著録，諸家鑒藏，亦從不及其名。明之中葉，忽出於徵明家，石刻之真僞尚不可定，又烏可據以定書之真僞乎？特以書雖晚出，而深有理致，故文士多爲註釋，今亦録而存之耳。註中别有稱「尹者曰」，不知何人。卷首有序一篇，不著名氏，亦不著年月。中有「泄天機者沈三劫」語，蓋麤野道流之鄙談，無足深詰。惟晁公武《讀書志》中所引筌註，今不見於此本。或傳寫有所竄亂，又非筌之原本歟？

佚名陰符經要義

鄭樵《通志・藝文略・道家類》《陰符經要義》一卷。

高似孫《子略》卷二　《陰符要義》。一卷。

馬端臨《文獻通考・經籍考・道家類》《陰符經要義》一卷。

《宋史・藝文志・道家類》　蔡望《陰符經要義》一卷。

錢東垣等輯《崇文總目・道家類》《陰符經要義》一卷。《通志略》不著撰人。【原釋】闕。見天一閣鈔本。

李靖陰符機

《新唐書・藝文志・道家類》　李靖《陰符機》一卷。

鄭樵《通志・藝文略・道家類》《陰符機》一卷。李靖撰。

高似孫《子略》卷二　李靖《陰符機》。一卷。

馬端臨《文獻通考・經籍考・道家類》《陰符機》一卷。

《宋史・藝文志・道家類》　李靖《陰符機》一卷。

錢東垣等輯《崇文總目・道家類》《陰符機》一卷。【原釋】唐李靖撰。以爲陰符者應機制變之書，破演其説爲《陰符機》。又有《勢滋》及《論合》三篇。見《文獻通攷》。

韋弘陰符經正義

錢東垣等輯《崇文總目・道家類》《陰符經正義》一卷。【原釋】唐韋洪撰。見《文獻通攷》。闕。見天一閣鈔本。

《新唐書・藝文志・道家類》　韋弘《陰符經正義》一卷。

鄭樵《通志・藝文略・道家類》《陰符經正義》一卷。唐韋洪撰。

高似孫《子略》　《陰符正義》。一卷。唐韋洪。

馬端臨《文獻通考・經籍考・道家類》《陰符經正義》一卷。

《宋史・藝文志・道家類》　韋洪《陰符經疏訣》一卷。

朱安國陰符元機

《宋史・藝文志・道家類》　朱安國《陰符元機》一卷。

十一家集注陰符經

《新唐書・藝文志・道家類》 《集注陰符經》一卷。太公、范蠡、鬼谷子、張良、諸葛亮、李淳風、李筌、李洽、李鑒、李銳、楊晟。

鄭樵《通志・藝文略・道家類》 《陰符經》一卷。黄帝撰，太公等十一家注。

高似孫《子略》卷二 《陰符經注》。太公等注。一卷。十七家。

《宋史・藝文志・道家類》 太公等《陰符經注》一卷。

錢東垣等輯《崇文總目・道家類》 《集注陰符經》一卷。《唐志》不著撰人。【原釋】自太公而下，注傳尤多，今集諸家之説合爲一書。若太公、范蠡、鬼谷子、諸葛亮、張良、李淳風、李荃、李合、李鑒、李銳、楊晟凡十一家，自淳風以下皆唐人。又有「傳曰」者，不詳何代人。太公之書，世遠不傳，張良本傳不云著書，二説疑後人假托云。又有《陰符經敘》一卷，不詳何代人敘集。太公以後爲《陰符經》注者凡六家，並以惠光嗣等傳附之。見《文獻通攷》。闕。見天一閣鈔本。

陰符經小解

鄭樵《通志・藝文略・道家類》 《陰符經小解》一卷。

高似孫《子略》卷二 《陰符小解》。一卷。

馬端臨《文獻通考・經籍考・道家類》 《陰符經小解》一卷。

《宋史・藝文志・道家類》 《陰符經小解》一卷。

錢東垣等輯《崇文總目・道家類》 《陰符經小解》一卷。【原釋】元鮮先生撰，不詳何代人。見《文獻通攷》。闕。見汪氏鈔本。

佚名陰符集解

《宋史・藝文志・道家類》 《陰符集解》五卷。

蔡望陰符經注

《宋史・藝文志・道家類》 蔡望《陰符經注》一卷。

强思齋道德真經元德纂疏

范邦甸等《天一閣書目・道家類》 《道德真經元德纂疏》二十卷。藍絲闌鈔本。濛陽强思齋纂，杜光庭序。

白雲霽等《道藏目録詳注・洞神部》 使字號計九卷。《道德真經玄德纂疏》。卷一之九。唐玄宗御註并疏。河上公、嚴君平、李榮註。西華法師成玄英疏。蒙陽强思齊纂。言明道無爲顯德有用，爲一部之關鍵也。可字號計八卷。《道德真經玄德纂疏》。卷十之十七。唐明皇、河上公、嚴君平、成玄英、李榮、强思齊六家註疏。覆字號計九卷。《道德真經玄德纂疏》。卷十八之二十。唐明皇、成玄英、嚴君平、河上公、李榮、强思齊六家註疏。

太平經聖君秘旨

白雲霽等《道藏目録詳注・太平部》 入字號計十一卷。《太平經聖君秘旨》。

太上洞神五星諸宿日月混常經

白雲霽等《道藏目録詳注・洞神部》 女字號計十五卷。《太上洞神五星諸宿日月混常經》。與《混元》二經同卷。言日月五星諸宿纏次變化、神機占驗等訣。

杜光庭注陰符經

鄭樵《通志·藝文略·道家類》《陰符經》一卷。杜光庭注。

高似孫《子略》卷一 《陰符經》。杜光庭注。一卷。

杜光庭撰陰符經

鄭樵《通志·藝文略·道家類》《陰符經》一卷。杜光庭撰。

高似孫《子略》卷一 《陰符經》。一卷。杜光庭。

杜光庭道德經廣聖義

錢東垣等輯《崇文總目·道家類》《道德經廣聖義》三十卷。【原釋】唐杜光庭撰。以明皇注疏演其義。見《文獻通攷》。闕。見天一閣鈔本。

鄭樵《通志·藝文略·道家類》《道德經廣聖義》三十卷。唐杜光庭撰。

高似孫《子略》卷二 杜光庭《道德經廣聖義》三十卷。

馬端臨《文獻通考·經籍考·道家類》《道德經廣聖義》三十卷。

《宋史·藝文志·道家類》杜光庭《道德經廣聖義疏》三十卷。

范邦甸等《天一閣書目·道家類》《道德真經廣聖義》三十卷。藍絲闌鈔本。唐天復元年廣成先生杜光庭述并序。

白雲霽等《道藏目録詳注·洞神部》 羔字號計十卷。《道德真經廣聖義》。卷一之十。唐廣成子杜光庭述。內述太上事跡，氏族降生年代。《叙經大義解疏序引》、《釋御註序》、《釋疏題明道德義》。羊字號計十三卷。《道德真經廣聖義》。卷十一之二十四。唐廣成子杜光庭述。景字號計十三卷。《道德真經廣聖義》。卷二十五之三十七。唐廣成子杜光庭述。行字號計十三卷。《道德真經廣聖義》。卷三十八之五十。唐廣成子杜光庭述。

顧櫰三《補五代史藝文志·道家類》 《道德經廣聖義疏》三十卷。杜光庭注。

丁丙《善本書室藏書志·道家類》 《道德真經廣聖義》五十卷。明鈔《道藏》本。唐廣成先生杜光庭述。

太上洞淵神咒經

白雲霽等《道藏目録詳注·洞玄部》 始字號計十卷。《太上洞淵神咒經》。卷一之十。杜光庭譔。《誓魔品》、《遣鬼品》、《縛鬼殺鬼品》、《禁鬼品》、《誓殃品》、《斬鬼品》、《召鬼》等品。制字號計十卷。《太上洞淵神咒經》。卷十一之二十。《三昧王召鬼神咒品》、《衆聖護身消災品》、《龍王品》、《殺鬼步頒品》、《步虛解考品》、《勅鬼品》、《召諸天神龍安鎮墓宅品》、《定六甲旬內災福祈恩品》、《諸天命魔品》、《長夜遣鬼品》，內有六十甲子定豐凶之占。

太上混元上德皇帝微言神仙經

佚名《道藏闕經目録》卷上 《太上混元上德皇帝微言神仙經》。

太上元始天尊説消殄蟲蝗經

白雲霽等《道藏目録詳注·洞真部》 宿字號計十卷。《太上元始天尊説消殄蟲蝗經》。

太上元始天尊説金光明經

白雲霽等《道藏目録詳注·洞真部》 宿字號計十卷。《太上元始天尊説金光明經》。

太乙救苦護身妙經

白雲霽等《道藏目録詳注・洞玄部》 字字號計十卷。《太乙救苦護身妙經》。與《法燈》等三經同卷。

太上救苦天尊說消愆滅罪經

白雲霽等《道藏目録詳注・洞玄部》 服字號計九卷。《太上救苦天尊說消愆滅罪經》。內言果報之由。

太上中道妙法蓮華經

張國祥《續道藏目録・正一部》 杜字號計六卷。《太上中道玅法蓮華經》。三卷。

太上混元上德皇帝修長生入室經

佚名《道藏闕經目録》卷上 《太上混元上德皇帝修長生入室經》。

太上真一報父母恩重經

白雲霽等《道藏目録詳注・洞真部》 宿字號計十卷。《太上真一報父母恩重經》。

元始天尊濟度血湖真經

白雲霽等《道藏目録詳注・洞真部》 宿字號計十卷。《元始天尊濟度血湖真經》。上、中、下。

度人經大梵隱語疏義

白雲霽等《道藏目録詳注・洞真部》 秋字號計八卷。《度人經大梵隱語疏義》。一卷。張萬福篹。

靈寶天尊說禄庫受生經

白雲霽等《道藏目録詳注・洞玄部》 人字號計十四卷。《靈寶天尊說禄庫受生經》。一卷。

太上靈寶天尊說禳災度厄經

白雲霽等《道藏目録詳注・洞玄部》 乃字號計十一卷。《太上靈寶天尊說禳災度厄經》。

太上洞玄靈寶消禳火災經

白雲霽等《道藏目録詳注・洞玄部》 乃字號計十一卷。《太上洞玄靈寶消禳火災經》。如熒惑臨纏、火精火怪、妄入人家興諸禍殃者，即誦此咒，可以消弭。

太上洞玄靈寶天尊説養蠶營種經

白雲霽等《道藏目録詳注・洞玄部》 乃字號計十一卷。《太上洞玄靈寶天尊説養蠶營種經》。與《禳災》等四經同卷。

太上玄靈斗姥大聖元君本命延生心經

白雲霽等《道藏目録詳注・洞神部》 傷字號計十卷。《太上玄靈斗姥大聖元君本命延生心經》。斗姥爲北斗衆星之姥，主宰人身，面有七竅，以應乎心魄，有七真以應乎斗。若能皈心持奉，静處玄機，則元皇正炁來合我身矣。

無上三天法師説癊育衆生妙經

白雲霽等《道藏目録詳注・正一部》 滿字號計十卷。《無上三天法師説癊育衆生妙經》。與《無極》等四經同卷。

天華經

顧櫰三《補五代史藝文志・道家類》《天華經》三卷。宋齊邱僞託。

尹玉羽自然經

顧櫰三《補五代史藝文志・道家類》《自然經》五卷。尹玉羽撰。

張易太玄經注

顧櫰三《補五代史藝文志・道家類》《太玄經注》三卷。張易撰。

太上玄靈北斗本命延生真經

白雲霽等《道藏目録詳注・洞神部》 傷字號計十卷。《太上玄靈北斗本命延生真經》。桓帝永壽元年正月七日，太上降蜀臨邛，授天師張道陵《北斗延生經》一卷。上則有飛神金闕，中則有保國寧家，次則有延齡益壽，祈禱灾福，養生之訣。

太上玄靈北斗本命長生妙經

白雲霽等《道藏目録詳注・洞神部》 傷字號計十卷。《太上玄靈北斗本命長生妙經》。與《清静》等四經同卷。開經無上妙品靈章。

太上説南斗六司延壽度人妙經

白雲霽等《道藏目録詳注・洞神部》 傷字號計十卷。《太上説南斗六司延壽度人妙經》。有符。桓帝時永壽元年上元之辰，老君復爲三天大法師張道陵弟子左玄真人王長右玄真人趙昇演説。

太上説東斗主算護命妙經

白雲霽等《道藏目録詳注・洞神部》 傷字號計十卷。《太上説東斗主算護命妙經》。太上老君爲天師說。

太上說西斗記名護身妙經

白雲霽等《道藏目録詳注・洞神部》 傷字號計十卷。《太上說西斗記名護身妙經》。永壽二年正月二日太上降蜀爲天師說。

太上說中斗大魁保命妙經

白雲霽等《道藏目録詳注・洞神部》 傷字號計十卷。《太上說中斗大魁保命妙經》。太上於永壽中興年與正一真人敷說。

洞玄靈寶真一報恩經

佚名《道藏闕經目録》卷上 《洞玄靈寶真一報恩經》。

三元太妙經

佚名《道藏闕經目録》卷下 《三元太妙經》。

太平行真一成道訣

佚名《道藏闕經目録》卷下 《太平行真一成道訣》。

太平真一度世經訣

佚名《道藏闕經目録》卷下 《太平真一度世經訣》。三卷。

太上老君說安宅八陽經

白雲霽等《道藏目録詳注・洞神部》 傷字號計十卷。《太上老君說安宅八陽經》。

御序集注無量度人經

趙希弁《讀書附志・神仙類》 《御序集註無量度人經》二卷。右真宗皇帝御製序，徽宗皇帝御書而註之。《會要》云：「宣和六年八月四日，詔賜左丞范致虛《御註洞元靈寶無量度人經》二部。」想即此本也。別一本云「建中靖國元年四月十三日，奉聖旨鏤版」，而無序無註，亦不載於《會要》。朱文公云：「此經乃杜光庭撰。」

蕭真宰注陰符經

鄭樵《通志・藝文略・道家類》 《陰符經》三卷。蕭真宰注。

高似孫《子略》卷一 《陰符經》。蕭真宰注。一卷。

白雲霽等《道藏目録詳注・洞真部》 閏字號計十卷。《黃帝陰符經解義》。一卷。蕭真宰。

黄居真注陰符經

鄭樵《通志・藝文略・道家類》《陰符經》一卷。黄居真注。

高似孫《子略》卷一 《陰符經》。黄居真注。一卷。

白雲霽等《道藏目録詳注・洞真部》 閏字號計十卷。《黄帝陰符經註》。一卷。黄居真註。

任照一注陰符經

鄭樵《通志・藝文略・道家類》《陰符經》一卷。任照一注。

高似孫《子略》卷一 《陰符經》。任照一注。一卷。

白雲霽等《道藏目録詳注・洞真部》 閏字號計十卷。《黄帝陰符經註解》。一卷。任照一註。

陰符經三皇玉訣

范邦甸等《天一閣書目・道家類》《陰符經三皇玉訣》三卷。其書述黄帝得《陰符經》，問於廣成子及天皇真人，皆稱黄帝問，二人答。前有黄帝御製序一首，江浦石淮序。

白雲霽等《道藏目録詳注・洞真部》 餘字號計十一卷。《陰符經三皇玉訣》。上、中、下共三卷。軒轅黄帝製。上有神仙抱一之道，中有富國安民之術，下有强兵戰勝之法。

《四庫全書總目提要・道家類存目》《陰符經三皇玉訣三卷》。浙江范懋柱家天一閣藏本。其書述黄帝得《陰符經》，問於廣成子及天真皇人，皆稱黄帝問而二人答。詞旨鄙淺，前有黄帝御製序一首，文尤謬陋，蓋粗知字義道士所爲也。然金明昌中范懌作《陰符經註》序已引之，則其僞亦久矣。

三皇玉訣

范邦甸等《天一閣書目・道家類》《三皇玉訣》三卷。《玉訣》三卷，軒轅黄帝撰并序。

度人上品妙經四注

白雲霽等《道藏目録詳注・洞真部》 寒字號計四卷。《度人上品妙經四註》。卷一之四。齊嚴東、唐薛幽棲、李少微、成玄英註。宋陳景元集註。

碧虛子西昇經集注

白雲霽等《道藏目録詳注・洞神部》 維字號計十卷。《西昇經集註》。卷一之六。華陽韋處玄、句曲徐道邈、冲玄子、任真子李榮、劉仁會註。碧虛子集。

陳景元道德經纂微

鄭樵《通志・藝文略・道家類》《道德經纂微》二卷。道士陳景先撰。

尤袤《遂初堂書目・道家類》《老子藏室纂微》。

高似孫《子略》卷二 陳景先。道士《老子纂微》二卷。

《宋史・藝文志・道家類》 陳景元《道德注》二卷。碧(雲)〔虛〕子《老子道德經藏室纂微》二卷。不知名。

范邦甸等《天一閣書目・道家類》《道德真經藏室纂微篇》八卷。藍絲闌鈔本。宋陳景元撰，寶祐戊午楊仲庚序。

白雲霽等《道藏目録詳注・洞神部》 欲字號計八卷。《道德真經藏室纂微篇》。卷一之八。碧虛子陳景元纂。性命之學。難字號計八卷。《道德真經藏室纂微篇》。卷九之十。碧虛子陳(顯微)〔景元〕纂。

陳景先莊子餘事

鄭樵《通志・藝文略・道家類》 《莊子餘事》一卷。陳景先撰。

白雲霽等《道藏目録詳注・洞神部》 聽字號計十一卷。《南華真經章句餘事》。一卷。碧虛子。内分章篇目并覽過《南華經》姓氏九家闕誤同異,各有異旨。

陳碧虛莊子闕誤

錢謙益等《絳雲樓書目・道家類》 《莊子闕誤》。一卷。陳碧虛著。宋熙寧間黄冠之最知名者。

南華真經餘事雜録

白雲霽等《道藏目録詳注・洞神部》 聽字號計十一卷。《南華真經餘事雜録》。二卷。《公孫龍論》三首、《白馬論》、《指物論》、唐天寶手詔《南華真經序》、《南華真經疏序》、《九證心戒并序》。

碧虛子南華總章

鄭樵《通志・藝文略・道家類》 《南華總章》一卷。碧虛子撰。

高似孫《子略》卷二 碧虛子。《南華總章》二卷。

碧虛子南華章句

鄭樵《通志・藝文略・道家類》 《南華章句》七卷。碧虛子撰。

高似孫《子略》卷二 碧虛子。《莊子章句》七卷。

白雲霽等《道藏目録詳注・洞神部》 習字號計十四卷。《南華真經章句音義》。卷一之十四。碧虛子陳景元分章精解。

度人寶珠妙義

佚名《道藏闕經目録》卷下 《度人寶珠妙義》。四卷。

元始天尊説三官寶號經

白雲霽等《道藏目録詳注・洞真部》 宿字號計十卷。《元始天尊説三官寶號經》。與《内養》等九經同卷。

賈善淵南華邈

白雲霽等《道藏目録詳注・洞神部》 聽字號計十一卷。《南華邈》。與《直指》二經同卷。崇德悟真大師賈善淵撰。

太上洞玄靈寶無量度人上品妙經傍通圖

佚名《道藏闕經目録》卷下 《太上洞玄靈寶無量度人上品妙經傍通圖》。

白雲霽等《道藏目録詳注・洞真部》 調字號計十卷。《度人上品妙經旁通圖》。中、下同卷。上卷原缺。上清儲慶宮守一大師賜紫道士劉元道編。内有《三十五分總炁上元圖》、《三十二天總括隱秘係宿炁説五方五帝所主名諱静室圖》、《混洞赤文章混洞赤文梵炁之圖》、《九光九炁化生九天之圖》、《普告三界化生諸天》等圖。

靈寶無量度人上品妙經符圖

白雲霽等《道藏目録詳注・洞真部》 調字號計十卷。《靈寶無量度人上品妙經符圖》。三卷。宋徽宗御註。《靈寶始青變化之圖》、《碧落空歌之圖》、《大浮黎土之圖》。

太上洞玄靈寶救苦拔罪妙經

白雲霽等《道藏目録詳注・洞玄部》 服字號計九卷。《太上洞玄靈寶救苦拔罪妙經》。此經首明一點發揮慶雲祥烟爲大和，辯生門死户爲玄牝；分一炁之清濁，判三昧之火符。以泥丸明仙真性之所歸，還上天炁爲命寶之所集。總談上道之樞要。

宋徽宗注西昇經

白雲霽等《道藏目録詳注・洞神部》 慕字號計九卷。《西昇經》。三卷。宋徽宗皇帝御製《西昇經》三十九章，乃關尹望氣知有博大真人西遊，迺齋莊遮道，邀迎至舍。請問乙密，於是復爲著言若干。其微言奥旨出入五千文之間，大率以得一爲要妙，以飛昇爲餘事。

蹇昌辰注陰符經

鄭樵《通志・藝文略・道家類》 《陰符經》一卷。蹇昌辰注。

高似孫《子略》卷一 《陰符經》。蹇昌辰注。

范邦甸等《天一閣書目・道家類》 《黄帝陰符經解》一卷。保寧大師蹇昌辰解。

白雲霽等《道藏目録詳注・洞真部》 閏字號計十卷。《黄帝陰符經解》。一卷。蹇昌辰解。

耶律倍陰符經譯

黄任恒《補遼史藝文志・道家類》 耶律倍《陰符經譯》。《宗室傳》曰：義宗倍工遼漢文章，嘗譯《陰符經》。

袁淑真注陰符經

鄭樵《通志・藝文略・道家類》 《陰符經》一卷。袁淑真注。

高似孫《子略》卷一 《陰符經》。袁淑真注。一卷。

《宋史・藝文志・道家類》 袁淑真《陰符經注》一卷。

袁淑真陰符經疏

鄭樵《通志・藝文略・道家類》 《陰符經疏》三卷。袁淑真撰。

高似孫《子略》 《陰符經疏》。三卷。袁淑真。

《宋史・藝文志・道家類》 袁淑真《陰符經疏》三卷。

白雲霽等《道藏目録詳注・洞真部》 餘字號計十一卷。《黄帝陰符經集解》上、中、下同卷。袁淑真集解。

《四庫全書總目提要・道家類存目》 《陰符經集解》三卷。浙江巡撫採進本。宋袁淑真撰。是書前有淑真銜，稱朝散郎行潭州長沙縣主簿，其里貫則未詳也。其本亦分三篇，引驪山老姥百言演道、百言演法、百言演術之説。惟末附一段祇五十八字，又與諸本不同。

陸佃注陰符經

鄭樵《通志・藝文略・道家類》《陰符經》三卷。陸佃注。

高似孫《子略》卷一《陰符經》。陸佃注。一卷。

沈亞夫注陰符經

鄭樵《通志・藝文略・道家類》《陰符經》一卷。沈亞夫注。

高似孫《子略》卷一《陰符經》。沈亞夫注。一卷。

白雲霽等《道藏目録詳注・洞真部》閏字號計十卷。《黄帝陰符經註》。沈亞夫註。

王夷受文始真經

范邦甸等《天一閣書目・道家類》《文始真經》三卷。宋抱一先生門弟子希微子王夷受。

玉髓經

范邦甸等《天一閣書目・道家類》《玉髓經》十六册。宋國師張洞元子微祕傳。

胥一元注黄帝陰符經心法

白雲霽等《道藏目録詳注・洞真部》餘字號計十一卷。《黄帝陰符經心法》。上、中、下同卷。蜀漳川六虚散人胥一元註。

范邦甸等《天一閣書目・道家類》《心法》三卷。《心法》三卷，蜀胥元一註，無序。

蔡氏黄帝陰符經注

白雲霽等《道藏目録詳注・洞真部》閏字號計十卷。《黄帝陰符經註》。蔡氏。與沈亞夫《經註》同卷。

太上洞神天公消魔護國經

白雲霽等《道藏目録詳注・洞神部》女字號計十五卷。《太上洞神天公消魔護國經》。上、中、下。上卷《開度品》第一，中卷《應機品》第二，下卷《統御品》第三。

蔣融菴道德真經頌

白雲霽等《道藏目録詳注・洞神部》滿字號計六卷。《道德真經頌》。茅山蔣融菴譔。

太上元陽上帝無始天尊説火車王靈官真經

張國祥《續道藏經目録・正一部》隸字號計九卷。《太上元陽上帝無始天尊説火車王靈官真經》。一卷。

玉皇本行集經

趙希弁《讀書附志・神仙類》《玉皇本行集經》三卷。右嘉熙四年臨安府承天靈應觀所刻蜀本也，程公許序述爲詳。

白雲霽等《道藏目録詳注・洞真部》盈字號計十二卷。《高上玉皇本行集經》。三卷。《清微天宫神通品》第一，《太上大光明圓滿大神咒品》第二，《玉皇功德品》第三，《天真護持品》第四，《報應神驗品》第五。能體而行之，則與道相涵矣。

張良注高上玉皇本行集經

白雲霽等《道藏目録詳注・洞真部》盈字號計十二卷。《高上玉皇本行集經》。三卷五品。天樞上相張子房註。

靈寶度人直音

白雲霽等《道藏目録詳注・洞真部》洪字號計十七卷。《靈寶度人直音》一卷。已上《度人經》出自空洞浮光，渾淪未判，次道之將化。故玄文發於中天虛無之乍凝，迺妙炁結乎碧落。字方一丈之廣，勢垂入角之茫，燦燦煌煌，光華暐曄。是時之降舍栢陵五老之環侍雲座。遽命天真皇人規模盤屈，仿象奪真，疏成諸天隱書，編作五方靈範。紀混元龍漢之載，藏鬱羅紫微之宫。演爲六十一卷尊經，分爲萬二千圖録，天章雲篆入會之書，莫不祖焉。然則安天鎮地，保國寧家無所不禳，無所不度，無所不辟，無所不成，天真自然之文。

太上開明天地本真經

白雲霽等《道藏目録詳注・洞真部》昃字號計十一卷。《太上開明天地本真經》。通玄三教眉山師人壽授。

玄天上帝説報父母恩重經

白雲霽等《道藏目録詳注・洞神部》女字號計十五卷。《玄天上帝説報父母恩重經》。與《恩重》二經同卷。國朝神宗皇帝御製《玄天報恩經序》。

太上金華天尊救劫護命妙經

白雲霽等《道藏目録詳注・正一部》滿字號計十卷。《太上金華天尊救劫護命妙經》。常誦此經者，可免劫運之災。

太上大聖朗靈上將護國關王妙經

張國祥《續道藏經目録・正一部》隸字號計九卷。《太上大聖朗靈上將護國關王妙經》。一卷。

太上修真體元妙道經

白雲霽等《道藏目録詳注・洞真部》辰字號計十卷。《太上修真體元妙道經》。丙言《混沌未判》、《存息養真》等章。二十四篇。

度人上品妙經内義

白雲霽等《道藏目録詳注・洞真部》暑字號計五卷。《度人上品妙經内義》。卷一之五。有圖。觀復道子蕭應叟註。有《元始祖炁》等章。

太上混元上德皇帝九守經

佚名《道藏闕經目録》卷上 《太上混元上德皇帝九守經》。

扶少明道德經譜

鄭樵《通志・藝文略・道家類》 《道德經譜》二卷。道士扶少明撰。

高似孫《子略》卷二 扶少明。道士。《道德經譜》二卷。

馬端臨《文獻通考・經籍考・道家類》 《道德經譜》二卷。

《宋史・藝文志・道家類》 扶少明《道德經譜》二卷。

佚名《道藏闕經目録》卷上 《太上混元上德皇帝道德真經譜》。二卷。扶少明註。

錢東垣等輯《崇文總目・道家類》 《道德經譜》二卷。【原釋】道士扶少明撰，不詳何代人。以《道德經章句》畧爲義訓。見《文獻通攷》。闕。見天一閣鈔本。

太上洞玄靈寶謁真序

佚名《道藏闕經目録》卷上 《洞玄靈寶謁真訣》。

錢東垣等輯《崇文總目・道書類》 《太上洞元靈寶謁真序》一卷。

佚名新注陰符經序

鄭樵《通志・藝文略・道家類》 《新注陰符經序》一卷。

高似孫《子略》卷一 《新注陰符經序》。一卷。

玄解先生陰符九經玄譚

鄭樵《通志・藝文略・道家類》 《陰符經玄談》二卷。玄解先生撰，釋《陰符》章句。

馬端臨《文獻通考・經籍考・道家類》 《陰符玄機》一卷。

高似孫《子略》 《陰符元談》。元解先生。一卷。

《宋史・藝文志・道家類》 《陰符玄譚》一卷。不知作者。

錢東垣等輯《崇文總目・道家類》 《陰符九經元譚》二卷。元解先生撰。

太玄子陰符經頌

鄭樵《通志・藝文略・道家類》 《陰符經頌》三卷。太玄子撰。

高似孫《子略》卷一 《陰符經頌》。三卷。太元子。

釋自論集解陰符隨經玄義

鄭樵《通志・藝文略・道家類》 《釋自論集解陰符隨經玄義》五卷。

佚名陰符經訣

鄭樵《通志・藝文略・道家類》 《陰符經訣》一卷。

高似孫《子略》卷一 《陰符經訣》。一卷。

佚名陰符經序

鄭樵《通志・藝文略・道家類》 《陰符經序》一卷。

高似孫《子略》卷一 《陰符經序》。一卷。

佚名陰符經解題

鄭樵《通志・藝文略・道家類》 《陰符經解題》一卷。

高似孫《子略》卷一 《陰符解題》。一卷。

張彬卿陰符經章句疏

鄭樵《通志・藝文略・道家類》 《陰符經章句疏》三卷。張彬卿撰。

高似孫《子略》卷一 《陰符疏》。三卷。張彬卿撰。

佚名陰符太玄傳

鄭樵《通志・藝文略・道家類》 《陰符太玄傳》一卷。

佚名陰符經五賊義

鄭樵《通志・藝文略・道家類》 《陰符經五賊義》一卷。

高似孫《子略》卷一 《陰符五賊義》。一卷。

房山長太丹黄帝陰符經

鄭樵《通志・藝文略・道家類》 《太丹黄帝陰符經》一卷。房山長注。

高似孫《子略》卷一 《陰符丹經》。一卷。房山長。

《宋史・藝文志・道家類》 房山長注《大丹黄帝陰符經》一卷。

又《神仙類》 《驪山母黄帝陰符大丹經解》一卷。房山長集。

錢東垣等輯《崇文總目・道書類》 《太丹黄帝陰符經》一卷。【原釋】以下俱闕。見天一閣鈔本。

佚名陰符太丹經解

鄭樵《通志・藝文略・道家類》 《陰符太丹經解》一卷。

高似孫《子略》卷一 《陰符丹經解》。一卷。

無爲子陰符經

高似孫《子略》卷一 《陰符經》。一卷。無爲子撰。

天真皇人經

鄭樵《通志・藝文略・道家類》 《天真皇人經》一卷。

錢東垣等輯《崇文總目・道書類》 《天真皇人經》一卷。

上清洞玄内經

鄭樵《通志・藝文略・道家類》《上清洞玄内經》一卷。

太上洞真五星祕授經

鄭樵《通志・藝文略・道家類》《靈寶五星祕授經》一卷。

白雲霽等《道藏目録詳注・洞真部》 辰字號計十卷。《太上洞真五星秘授經》。

佚名老子西升經疏

鄭樵《通志・藝文略・道家類》《老子西升經疏》三卷。

老子存一經

鄭樵《通志・藝文略・道家類》《老子存一經》一卷。

佚名《道藏闕經目録》卷上 《太上混元上德皇帝存一經》。有書。

老子修身經

鄭樵《通志・藝文略・道家類》《老子修身經》一卷。

佚名《道藏闕經目録》卷上 《太上混元上德皇帝修身經》。

老子守三一經

鄭樵《通志・藝文略・道家類》《老子守三一經》一卷。

河圖龍文鮮甲元紀帝瑞神經

鄭樵《通志・藝文略・道家類》《河圖龍文鮮甲元紀帝瑞神經》二卷。

佚名《道藏闕經目録》卷上 《河圖龍文鱗甲元紀帝瑞神經》。有符畫。

老子鎮元靈經

鄭樵《通志・藝文略・道家類》《老子鎮元靈經》一卷。

佚名《道藏闕經目録》卷上 《太上混元上德皇帝鎮元靈經》。有符畫。

紫府玄珠經

鄭樵《通志・藝文略・道家類》《紫府玄珠經》十卷。曹唐撰。

尤袤《遂初堂書目・道家類》《紫府元珠》。

佚名《道藏闕經目録》卷下 《紫府玄珠》。十卷。

靈奇墨子術經

鄭樵《通志・藝文略・道家類》《靈奇墨子術經》七卷。崔知操撰。

佚名《道藏闕經目録》卷下 《靈奇祕奥墨子術》。

太上正一修真玉經

鄭樵《通志・藝文略・道家類》《太上正一修真玉經》三卷。

上清鎮元靈策經

鄭樵《通志・藝文略・道家類》《上清鎮元靈策經》一卷。

太上老君枕中保生祕密經

鄭樵《通志・藝文略・道家類》《太上老君枕中保生祕密經》一卷。鄭元一注。

錢東垣等輯《崇文總目・道書類》《太上老君枕中保生秘密經》一卷。鄭元一注。

太上黄素經

鄭樵《通志・藝文略・道家類》《太上黄素經》一卷。

錢東垣等輯《崇文總目・道書類》《太上黄素經》一卷。

太上洞玄靈寶部經

鄭樵《通志・藝文略・道家類》《太上洞玄靈寶部經》一卷。

錢東垣等輯《崇文總目・道書類》《太上洞元靈寶部經》一卷。

九域經

鄭樵《通志・藝文略・道家類》《九域經》六卷。

錢東垣等輯《崇文總目・道書類》《九域經》六卷。

靈寶昇元經

鄭樵《通志・藝文略・道家類》《靈寶昇元經》十卷。

流珠丹經

鄭樵《通志・藝文略・道家類》《流珠丹經》一卷。

玉京山經

鄭樵《通志・藝文略・道家類》《玉京山經》一卷。

成清經

鄭樵《通志・藝文略・道家類》《成清經》七卷。

度生死經

鄭樵《通志・藝文略・道家類》《度生死經》一卷。

金泛丹經

鄭樵《通志・藝文略・道家類》《金泛丹經》一卷。

三陽經

鄭樵《通志・藝文略・道家類》《三陽經》一卷。

巫仙翁因緣經

鄭樵《通志・藝文略・道家類》《巫仙翁因緣經》一卷。

靈寶安生宅妙經

鄭樵《通志・藝文略・道家類》《靈寶安生宅妙經》一卷。

佚名《道藏闕經目録》卷下　《太上靈寶生宅妙經》。

靈寶滅度經

鄭樵《通志・藝文略・道家類》《靈寶滅度經》一卷。

三元真經

鄭樵《通志・藝文略・道家類》《三元真經》一卷。

中央元素經

鄭樵《通志・藝文略・道家類》《中央元素經》一卷。

内真妙用經

鄭樵《通志・藝文略・道家類》《内真妙用經》一卷。

内真經

鄭樵《通志・藝文略・道家類》《内真經》二卷。

大道法元君説太陽元精經

鄭樵《通志・藝文略・道家類》《大道法元君説太陽元精經》二卷。

佚名《道藏闕經目録》卷下　《上清無上大道法母元君説太陽元精經》。

老君説六丁六甲玉女真神祕經

鄭樵《通志・藝文略・道家類》《老君説六丁六甲玉女真神祕經》一卷。

混元經

鄭樵《通志・藝文略・道家類》《混元經》二卷。

尤袤《遂初堂書目・道家類》《混元經》。

狼狐經

鄭樵《通志・藝文略・道家類》《狼狐經》二卷。

老子青囊經

鄭樵《通志・藝文略・道家類》《老子青囊經》一卷。

三甲經

鄭樵《通志・藝文略・道家類》《三甲經》一卷。

鴻寶萬畢經

鄭樵《通志・藝文略・道家類》《鴻寶萬畢經》六卷。

靈寶先師太山北斗神光經

鄭樵《通志・藝文略・道家類》《靈寶先師太山北斗神光經》一卷。

天尊禁戒妙經

鄭樵《通志・藝文略・道家類》《天尊禁戒妙經》一卷。

錢東垣等輯《崇文總目・道書類》《天尊禁戒妙經》一卷。

文始先生説道經

鄭樵《通志・藝文略・道家類》《文始先生説道經》一卷。

老子説十三靈無經

鄭樵《通志・藝文略・道家類》《老子説十三靈無經》一卷。

五公子問虚無道經

鄭樵《通志・藝文略・道家類》《五公子問虚無道》一卷。

佚名《道藏闕經目録》卷下《五公子問虚無道經》。

錢東垣等輯《崇文總目・道書類》《五公子問虚无經》一卷。

老子傳正一天師印經

鄭樵《通志・藝文略・道家類》《老子傳正一天師印經》一卷。

佚名《道藏闕經目録》卷下《太上老君傳正一天師印經》。

董朝奇注太上混元上德皇説常清浄經

鄭樵《通志・藝文略・道家類》《太上混元上德皇説常清浄經》一卷。董朝奇注。

吴中起注太上混元上德皇説常清静經

鄭樵《通志・藝文略・道家類》 《太上混元上德皇説常清静經》一卷。吴中起注。

周申注太上混元上德皇説常清静經

鄭樵《通志・藝文略・道家類》 《太上混元上德皇説常清静經》一卷。周申注。

孫膺注太上混元上德皇説常清静經

鄭樵《通志・藝文略・道家類》 《太上混元上德皇説常清静經》一卷。孫膺注。

太上混元上德皇説常清静經別解

鄭樵《通志・藝文略・道家類》 《太上混元上德皇説常清静經別解》一卷。

劉本注太上混元上德皇説常清静經別解

鄭樵《通志・藝文略・道家類》 《太上混元上德皇説常清静經別解》一卷。劉本注。

黄帝鑄鑑二儀通真經

鄭樵《通志・藝文略・道家類》 《黄帝鑄鑑二儀通真經》三卷。

佚名《道藏闕經目録》卷下 《黄帝鑄鑑二儀通真經》。三卷。

陳處士同洪讓書老子道經

《宋史・藝文志・神仙類》 陳處士同洪讓書《老子道經》一卷。

老子元道經

《宋史・藝文志・神仙類》 《老子元道經》一卷。南統孟謫仙傳授。

葉真卿玄中經

《宋史・藝文志・神仙類》 葉真卿《玄中經》一卷。

文昌大洞仙經

楊士奇等《文淵閣書目・道書類》 《文昌大洞仙經》。一部，一册。《文昌大洞仙經》。一部，三册。

白雲霽等《道藏目録詳注・洞真部》 荒字號計十卷。《太上無極總真文昌大洞仙經》。卷一之五。共四卷。此經三十九章，乃九天之奇訣《上元太素君金書》之首經也。一名《三天龍書》，一名《九天太真道經》。

文始真經言外旨

范邦甸等《天一閣書目・道家類》 《文始真經言外旨》九卷。朱絲闌鈔本。宋抱一子陳顯微述，門弟子王夷序。

白雲霽等《道藏目録詳注・洞神部》 賢字號計十四卷。《文始真經言外旨》。卷一之九。抱一子陳顯微述。

青玄真人注度人上品妙經

白雲霽等《道藏目録詳注・洞真部》 來字號計七卷。《度人上品妙經》。二卷。東海青玄真人註，清河老人頌，浄明道子郭崗鳳參校并贊。内解條分《八事》、《詳釋》二章。首明理性之因，終顯命根之秘。開明釋賾，演道登真。

陳椿榮注度人上品經法

白雲霽等《道藏目録詳注・洞真部》 秋字號計八卷。《度人上品經法》。卷一之五。有圖像。陳椿榮集註。

夏元鼎黄帝陰符經講義

白雲霽等《道藏目録詳注・洞真部》 藏字號計九卷。《黄帝陰符經講義》。卷一之四。共三卷。雲峰散人夏元鼎宗禹譔。言陰陽。

《四庫全書總目提要・道家類》 《陰符經講義》四卷。浙江巡撫採進本。宋夏元鼎撰。元鼎字宗禹，自號雲峯散人，永嘉人。是編以丹法釋陰符之旨，卷末附《内外二關圖》、《日月聖功圖》、《奇器萬象圖》、《三教歸一圖》、《先天後天圖》、《上下鵲橋圖》、《七十二候圖》、《五行生成圖》，各繫以説。案《漢志》道家、神仙家截然兩派。《陰符》三百八十四字，本李筌自撰而自註之。筌註不言爐火，則爲道家之言，而非神仙家言可知。後人註筌之書，乃不用筌之自註，郢書燕説，殆類鑿空。然《參同契》不言《易》，陳摶引以言《易》，遂自爲一家。《陰符經》不言丹，此書引以言丹，亦遂自爲一家。遞相傳授而不能廢。故今於《陰符》一書，録六家之註以存其初義。復録此書以備其旁支，所謂從同同也。其餘衍此兩派者，則不更録焉。二氏之書，姑存崖略而已，不必一一窮其説也。是書前有寶慶二年樓昉序，稱「元鼎少從永嘉諸老遊，好觀《陰符》，未盡解。後遇至人於祝融峯頂，若有所授者。後取《陰符》讀之，章斷句析，援筆立成，若有神物陰來相助」云云。蓋方術家務神其説，往往如是也。又有寶慶丙戌留元剛雲峯《入藥鏡箋序》一篇，及元鼎自記、自序二篇，寶慶丁亥王九萬後序一篇。俞琰《席上腐談》稱元鼎註《陰符》、《藥鏡》、《悟真》三書，真西山爲之序。與諸序所言悉合。今未見其《入藥鏡》、《悟真篇》二註，而此本已無德秀序，殆傳寫佚之。然德秀《西山文集》亦不載其文，則莫喻何故矣。

夏元鼎陰符經注

黄虞稷《千頃堂書目・道家類》 夏元鼎《陰符經注》三卷。字宗禹。

赤松子等黄帝陰符經集解

白雲霽等《道藏目録詳注・洞真部》 閏字號計十卷。《黄帝陰符經集解》。上、中、下同卷。赤松子等註。

鄒訢黄帝陰符經注

白雲霽等《道藏目録詳注・洞真部》 餘字號計十一卷。《黄帝陰符經註》。一卷。崆峒道士鄒訢註。

太上洞玄靈寶自然九天生神玉章經解義

白雲霽等《道藏目録詳注・洞玄部》 裳字號計七卷。《太上洞玄靈寶自然九天生神玉章經解義》。四卷。清源天慶觀道士圭山董思靖著。《懸義》、《五劫開化説》、《釋本經題》，并《太極真人頌》。

董思靖道德集解

白雲霽等《道藏目録詳注・洞神部》 短字號計八卷。《道德真經集解》。卷一之四。董思靖引諸家句解，并太上史畧。

黄虞稷《千頃堂書目・道家類》 董思靖《道德集解》二卷。一作四卷。思靖，清源天慶觀道士。

倪燦《宋史藝文志補・道家類》 董思靖《道德集解》二卷。一作四卷。清源天慶觀道士。

陸心源《皕宋樓藏書志・道家類》 《老子道德經集解》二卷。元刊本。元清源圭山董思靖集解。案思靖清源天慶觀道士，所著尚有《玉章經解義》，見《道藏目録》。此元刊本，每葉二十四行，每行二十四字，已刻入《十萬卷樓叢書》。

王希巢太上洞玄靈寶自然九天生神玉章經解

白雲霽等《道藏目録詳注・洞玄部》 裳字號計七卷。《太上洞玄靈寶自然九天生神玉章經解》。三卷。綿州冲虚觀道士王希巢隱賢註解。

上方大洞真元妙經品

白雲霽等《道藏目録詳注・洞玄部》 國字號計十一卷。《上方大洞真元妙經品》。有符。《仙經神驗品》，《後序》之法。

太上靈寶浄明洞神上品經

白雲霽等《道藏目録詳注・太平部》 奉字號計九卷。《太上靈寶浄明洞神上品經》。二卷。上卷一十七篇，言脩真列班、妙有寶圖；下卷三十五篇，言佩服寶籙、安鎮呼召等法。

太上説青玄雷命法行因地妙經

白雲霽等《道藏目録詳注・正一部》 滿字號計十卷。《太上説青玄雷命法行因地妙經》。

陰符經朱子注

錢謙益等《絳雲樓書目・道家類》 《陰符經朱子註》。一卷。

朱子陰符經考異

《四庫全書總目提要・道家類》 《陰符經考異》一卷。江西巡撫採進本。宋朱子撰。《陰符經》出於唐李筌。晁公武《讀書志》引黄庭堅跋，定爲筌所僞託。《朱子語録》亦以爲然。然以其時有精語，非深於道者不能作，故爲考定其文。其「定人以愚虞聖」而下一百十四字，皆爲經文，蓋用褚氏、張氏二註本也。《語録》載閭邱次孟論《陰符經》「自然之道静」數語，雖六經之言無以加。朱子謂閭邱此等見處儘得，而楊道夫以爲《陰符經》無此語。蓋道夫所見，乃驪山老母註本，以「我以時物文理哲」爲書之末句，故疑其語不見於本經也。書中有黄瑞節附録，徵引亦頗賅備。考《吉安府志》，瑞節字觀樂，安福人，舉鄉試，授泰和州學正。元季棄官隱居，嘗輯《太極圖》、《通書》、《西銘》、《易學啓蒙》、《家禮》、《律呂精義》、《皇極經世》諸書，并加釋註，名曰《諸子成書》。此及《參同契》蓋亦其中之二種。《志》蓋以其學涉道家，故諱而不載云。

賈善翊莊子直音

鄭樵《通志・藝文略・道家類》 《莊子直音》一卷。賈善翊撰。

白雲霽等《道藏目録詳注・洞神部》 聽字號計十一卷。《南華真經直指》。

白玉蟾老子道德經寶章

錢謙益等《絳雲樓書目・道家類》 白玉蟾《注老子》。

黄虞稷《千頃堂書目・道家類》 白玉蟾《老子道德經寶章》一卷。

倪燦等《宋史藝文志補・道家類》 白玉蟾《老子道德經寶章》一卷。

錢曾《讀書敏求記・子部》 白玉蟾《道德寶章》一卷。序稱趙孟頫愛其言不類諸家，手書以傳。予觀所注皆脩煉之言，存于道家可耳。

《四庫全書總目提要・道家類》 《道德寶章》一卷。内府藏本。宋葛長庚撰。長庚字白叟，閩清人。爲道士，居武夷山。舊本題紫清真人白玉蟾。白玉蟾其别號「紫清真人」，則嘉定閒徵赴闕下所封也。其書隨文標識，不訓詁字句，亦不旁爲推闡。所註乃少於本經，語意多近於禪偈，蓋佛、老同源故也。此本爲元趙孟頫手書，鉤摹雕版，字畫絶爲精楷。明陳繼儒亦嘗刻之，彙《祕笈》中，改題曰《蟾仙解老》，非其本目。又前有萬曆癸未適園居士跋二則，其前一則稱董逌《藏書志》述張道相集古今註《老子》四十餘家，不載是編。案晁氏《讀書志》張道相乃唐天寶後人，安能以南宋寧宗時書著之於録？且道相所集凡二十九家，併其自註爲三十家，亦無所謂四十餘家者，跋所云云，殆於道聽塗説矣。長庚世傳其神仙，而《劉克莊集》有王隱居六學、九書序，稱所見丹家四人，鄒子益不登七十，曾景建、黄天谷僅六十，白玉蟾夭死。又陳振孫《書録解題》、《羣仙珠玉集》條下云，白玉蟾，葛其姓，福之閩清人。嘗得罪亡命，蓋姦妄流也。余宰南城，有寓公稱其人，云：「近嘗過此，曾相識否？」余言「此輩何可使及吾門」云云。二人與長庚同時，其説當確。流俗所傳，殆出附會。然道家自尊其教，往往如此。其書既頗有可取，則其人亦不足深詰矣。

雷霆玉樞寶經集注

白雲霽等《道藏目録詳注・洞真部》 收字號計九卷。《雷霆玉樞寶經集註》。一卷。紫清真人白玉蟾註。

太上説朝天謝雷真經

白雲霽等《道藏目録詳注・洞真部》 盈字號計十二卷。《太上説朝天謝雷真經》。一卷。有符。言天雷一十一條，地雷一十二條，路雷一十二條。凡人犯天條，天雷檢察報應靈符及天書雲篆，以顯明之。

華陽復太上洞玄靈寶自然九天生神玉章經注

白雲霽等《道藏目録詳注・洞玄部》 推字號計十卷。《太上洞玄靈寶自然九天生神玉章經註》。三卷。華陽復註。

太上説中斗大魁掌算伏魔神呪經

白雲霽等《道藏目録詳注・洞神部》 傷字號計十卷。《太上説中斗大魁掌算伏魔神呪經》。與《南斗》等五經同卷。

大惠静慈妙樂天尊説福德五聖經

白雲霽等《道藏目録詳注・正一部》 滿字號計十卷。《大惠静慈妙樂天尊説福德五聖經》。有符。

太上洞玄靈寶天尊説救苦妙經注解

白雲霽等《道藏目録詳注・洞玄部》 推字號計十卷。《太上洞玄靈寶天尊説救苦(拔罪)妙經注解》。一卷。(華)〔洞〕陽子註。

佚名援神契

范邦甸等《天一閣書目・道家類》 《援神契》一卷。藍絲闌鈔本。不著撰人名氏。

玉清無上靈寶自然北斗本生真經

白雲霽等《道藏目録詳注・洞真部》 《玉清無上靈寶自然北斗本生真經》。

劉處玄道德經注

孫德謙《金史藝文略・道家類》 《道德經注》。東萊劉處元通妙撰。見《甘水仙源録》秦志安《長生真人劉宗師道行碑》。

劉處玄陰符經注

范邦甸等《天一閣書目・道家類》 《陰符經註》一卷。長生子劉處元註，明范懌序。

白雲霽等《道藏目録詳注・洞真部》 餘字號計十卷。《黄帝陰符經註》。一卷。劉處玄長生子註。

《四庫全書總目提要・道家類存目》 《陰符經註》一卷。江蘇巡撫採進本。金劉處玄撰。處玄即王重陽七弟子之一也。其説參以佛經，前有明昌辛亥寧海州學正范懌序。

錢大昕《補元史藝文志・道家類》 劉處元《陰符經注》一卷。自號長生子。

龍顯曾《金藝文志補録・道家類》 《陰符經注》一卷。劉處元自號長生子。

唐淳陰符經註

范邦甸等《天一閣書目・道家類》 《陰符經註》二卷。金陵道人唐淳註，正大己丑孟倬然序。

白雲霽等《道藏目録詳注・洞真部》 餘字號計十卷。《黄帝陰符經註》。一卷。金陵道人唐淳註。

《四庫全書總目提要・道家類存目》 《陰符經註》一卷。浙江范懋柱家天一閣藏本。舊本題金陵道士唐淳撰。前有至大己丑孟綽然序，稱不知淳爲何代人。其説皆主於内丹，中稱「天性人也，人心機也，立天之道以定人也」十六字爲杜光庭所加，則五代後人矣。

錢大昕《補元史藝文志・道家類》 唐淳《陰符經注》二卷。

龍顯曾《金藝文志補録・道家類》 《陰符經注》二卷。唐湻。

侯善淵黄帝陰符經註

范邦甸等《天一閣書目・道家類》 《黄帝陰符經註》三卷。太元子侯善淵註并序。

白雲霽等《道藏目録詳注・洞真部》 餘字號計十卷。《黄帝陰符經註》。一卷。姑射山太玄子侯善淵註。

《四庫全書總目提要・道家類存目》 《陰符經註》一卷。江蘇巡撫採進本。舊本題姑射山太元子侯善淵註，不知何許人。其本合三篇爲一，而末有人以愚虞以下一百十四字。註較他本頗有文義，而傷於簡略。

侯善淵太上太清天童護命妙經注

范邦甸等《天一閣書目・道家類》 《太上太清天童護命妙經》一卷。藍絲闌鈔本。姑射山太元子侯善淵註并序。

白雲霽等《道藏目録詳注・洞神部》 是字號計九卷。《太上太清天童護命妙經〔注〕》。一卷。姑射山太玄子侯善淵註。

太上玉華洞章拔亡度世昇仙妙經

白雲霽等《道藏目録詳注・洞真部》 宿字號計十卷。《太上玉華洞章拔亡度世昇仙妙經》。《解釋幽牢救苦拔罪洞章》第一，《有無動静陰陽化生洞章》第二，《三華始分保胎護命洞章》第三，《天地生成二儀離合洞章》第四，《五行備足生靈壽域洞章》第五，《神變炁化無極無窮洞章》第六，《存亡混合煉炁變仙洞章》第七，《水火騰臨長生久視洞章》第八，《超生脱死證凡成聖洞章》第九。

趙志堅老子義疏

鄭樵《通志・藝文略・道家類》 《老子義疏》四卷。趙志堅撰。

高似孫《子略》卷二 趙志堅。《老子義疏》四卷。

《宋史・藝文志・道家類》 趙至堅《道德經疏》三卷。

范邦甸等《天一閣書目・道家類》 《道德真經疏義》六卷。藍絲闌鈔本。趙志堅著。

白雲霽等《道藏目録詳注・洞神部》 悲字號計十卷。《道德真經疏義》。卷一之六。趙志堅。

雷思齊老子本義

錢大昕《補元史藝文志・釋道類》 雷思齊《老子本義》。

雷思齊莊子旨義

錢大昕《補元史藝文志・道家類》 雷思齊《莊子旨義》。

雷思齊注莊子

黄虞稷《千頃堂書目・道家類》 道士雷思齊《注莊子》。

倪燦《補遼金元藝文志・道家類》 雷思齊《注莊子》。

杜道堅道德元經原旨

范邦甸等《天一閣書目・道家類》 《道德元經原旨》四卷。老子撰，宋杜道堅註。

白雲霽等《道藏目録詳注・洞神部》 彼字號計十卷。《道德玄經原旨》。卷一之四。道門高士當塗杜道堅註。

錢大昕《補元史藝文志・道家類》 杜道堅《道德經原旨》四卷。

丁丙《善本書室藏書志・道家類》 《道德元經原旨》四卷。明鈔道藏本。教門高士當塗杜道堅注。《原旨》前有大德乙巳小雪嗣天師張與材序，又山陰王易簡理得序，又甲午陵陽牟巘序。曰杜君博極羣書，不但發明宗旨於經，某章曰是堯舜之事，某章又曰是禹、文、武之事。其説以爲老聃爲柱下史，所職者史，而百篇之書，亦史也，故以書求之。余驚異焉。故白雲霽《道藏目録》謂《原旨》序詳切而淵博也。

杜道堅道德經原旨發揮

范邦甸等《天一閣書目・道家類》 《道德元經發揮》二卷。藍絲闌鈔本。老子撰，宋杜道堅註。

白雲霽等《道藏目録詳注・洞神部》 彼字號計十卷。《玄經原旨發揮》。二卷。杜道堅述。《原旨發揮》十有二章。前六章述皇王伯道德功力之叙；後六章述太上降生受經西遊之畧。總之不外理炁象數。

錢大昕《補元史藝文志・道家類》 杜道堅《道德經原旨發揮》二卷。

丁丙《善本書室藏書志・道家類》 《道德元經原旨發揮》二卷。明鈔《道藏》本。《發揮》十二章，前六章述帝王伯道德功力之敘，後六章述太上降生受西遊之略，總之不外理炁象數。有大德十年道堅自序，及弟子句章任士林後序。此帙棉紙藍格尤屬明鈔，當是甬東范氏遺籍。

杜道堅文子纘義

楊士奇等《文淵閣書目・子書類》 《文子纘義》。一部，四册。完全。《文子纘義》。一部，四册。闕。

范邦甸等《天一閣書目・道家類》 《通元真經纘義》十二卷。宋杜道堅撰并序。

白雲霽等《道藏目録詳注・洞神部》 非字號計十二卷。《通玄真經讃義》。卷一之十二。杜道堅。內經於章首多稱「老子曰」者，尊師也。此蓋當時記習老子之言，故不敢自有其名。書十有二篇，凡一百八十八章。此註隨意析之，增八十一章，章別其旨題曰「讃義」。

《四庫全書總目提要・道家類》 《文子纘義》十二卷。永樂大典本。宋杜道堅撰。道堅字南谷，當塗人。武康計籌山昇元觀道士也。其始末無考。是書諸家書目亦罕著於録。惟考牟巘《陵陽集》有爲道堅所作序，又別有《計籌峯真率録序》，稱「洞微先生常主昇元觀席，德壽宮錫之寶翰。至今歲某甲道堅實來，上距祖君十二化，然才百年」云云。案自高宗內禪居德壽宮時，下至景定壬戌，正一百年。則道堅當爲理宗時人。而李道純《久和集》序乃道堅所作，題「大德丙午」，則入元久矣。《文子》一書，自北魏以來，有李暹、徐靈府、朱元三家註，惟靈府註僅存，亦大半闕佚。道堅因所居計籌山有文子故蹟，因註其書。凡自爲説者題曰「纘義」，其餘裒輯衆解，但總標曰「舊説」，不著姓名，頗嫌掠美。然杜預《左傳集解》先有此例，朱子註四書已用之，亦無責於道堅也。自元以來，傳本頗稀。獨《永樂大典》尚載其文，其《精誠》、《符言》、《上德》、《下德》、《微明》、《自然》、《上義》七篇，首尾完備，惟《道原》、《九守》、《道德》、《上仁》、《上禮》五篇，原本失載。或修《永樂大典》之時已散佚不完歟？今檢校原目次第，排録成帙，所闕之五篇，亦仍載其原文，釐爲十有二卷，仍符《隋》、《唐志・文子》舊數。書中字句與世傳明代道潛堂刊本多所同異。其閒文義兩通者，不可勝舉。其顯然譌脱者，如《符言篇》「求爲而寧，求爲而治」句，明刊本作「無爲」，與上下文義全反；又「知言不知上也，不知言知病也」四句，明刊本無「言」字，於義難通；又「時之去不可追而援也」句，明刊本「追」字作「足」；又「内在己者得」句，明刊本「内」字作「則」；又「夫氣者可以道而制也」句，明刊本「夫」字作「二」；又《微明篇》「聖人見福於重關之内」

句，明刊本「見」字作「先」；又《微言篇》「奇伎逃亡」句，明刊本「逃亡」作「天長」。均譌誤不可解，當以此本爲正。又《符言篇》「故能以衆不勝成大勝者，惟聖人能之」二句，明刊本脱下一句；又「能成王者必德勝者也」句，明刊本脱「德」字；又《上義篇》「故天下可一也」句，明刊本「一」字下衍「人」字。此類甚多，皆可以證傳刻之誤。蓋道堅生當宋季，猶見諸家善本。故所載原文，皆可正後來譌誤。不但註文明暢，足以宣通疑滯也。

錢大昕《補元史藝文志·道家類》 杜道堅《文子纘義》十二卷。

張金吾《愛日精廬藏書志·道家類》 《通元真經纘義》十卷。舊抄本。宋南谷子杜道堅纂。《四庫全書》著録本，從《永樂大典》録出。缺《道原》、《九守》、《道德》、《上仁》、《上禮》五篇。此則舊抄足本也。《文子》者，《道德經》之傳也。老子本《易》而著書，文子法老而立言。所以發明皇帝王伯之道，欲爲君者必羲軒之君，爲民者皆大庭葛天之民，其垂意於世亦深矣。後人莫究，或相詆訾。今南谷杜高士探《易》老之頤，合儒老之説，每以著書立言爲心。其行於世者，有《道德原旨》若干卷。初居吴興計籌山，探奇訪古，得文子故居之地，剙白石通元觀，復得《文子》全書，遂爲析篇章、分句讀，纘義附説，使學者曰擊道存。予嘗謂乾坤開闢之後，天道自北而南，聖朝肇基朔方，元運一轉六合爲家，洪荒之世，復見今日。南谷應運著書，以昭皇道將措斯世於華胥氏之域，山林士不忘致君澤民之心，誠可尚也。吾教有人喜而才其端云。至大三年六月旦日元教嗣師吴全節敬序。

古之士用人家國，必有世外隱者爲之師，磨礲焠厲，受其書，盡其道，然後功成而名立。越有上將軍范蠡，其師爲計然。計然親見聖人於衰周，懷至寶而不耀，嘗究觀天道人事、强弱興廢自然之理，著書十有二篇。蠡用之平吴而霸越，又以其緒餘全身肥家，三積三散，保其令名。觀蠡之始終，以信其師之道；觀蠡屢對勾踐之言，皆其師之言也。其書於諸子爲道家，柳子厚芟除冗駁，掇取精微，自爲一書，頗發其意，惜不傳。南谷先生按圖以得計然舊居之山，踞高峰之峻峙，俯具區之渺瀰，既爲之築室肖象。復取《文子》作纘義，融會貫通，削崳就夷，發舒皇帝王伯之藴與，所著《先經原旨》，並行於代。先生有道者，其清勤儉素，不争而善勝，深得柱下宗旨；立言立事，見於薦紳韋布之所論著，固已勒堅石而鋟華梓矣。抑太史公之論陶朱，謂其苦身戮力與越深謀，又謂苦身戮力致産數千萬復言之不厭。先生於此事異而同其功，名高而不享其富，則其所以得於計然之書者，豈在文字章句之末去之千載真有若合符契者焉？獨恨名卿大夫知先生者多登門問道不少，迺未能盡用其説，如古人之謀國，豈信道之未篤歟？山林之士不忘斯世，肉食其忘之歟？不然所以尊吾老子之道者何所爲而然也。余故表記范師友之所從受於篇端以俟。至大庚戌仲夏廬山道山寓南真館黄石翁序。

古之君天下者，太上無爲，其次有爲。是故皇以道化，帝以德教；王以功勸，伯以力率，四者之治若四時焉。天道流行固非人力之能强，然則時有可行，道無終否。冬變而春存乎歲，伯變而皇存乎君，此《文子》作而皇道昭矣。文子，晉之公孫，姓辛氏，名鈃，字計然，文子其號。家睢之葵丘，屬宋地，一稱宋鈃。師老子學，早聞大道，著書十有二篇，曰《文子》。歸本《老子》之言，歷陳天人之道、時變之宜，萃萬古於一編，誠經世之樞要也。楚平王聘而問道，范蠡從而師之。勾踐位以大夫，佐越平吴，功成不有，退隱封禺之地，登雲仙去。吴興計籌之陽乃其故處。唐元宗時徵士徐靈府隱修衡嶽，注《文子》之書上進，遂封通元真人，號其書爲《通元真經》。僕生江左，身老吴邦，訪文子之遺踪，建白石通元觀，因獲《文子》故編，暇日分章纘義，參贊元風。若夫化教勸率，道德功力之辯，則不無望於世之大賢云爾。後學當塗南谷子杜道堅謹序。

張之洞《書目答問·周秦諸子》 《文子纘義》十二卷。宋杜道堅。聚珍本福本。

杜道堅關尹子闡玄

錢謙益等《絳雲樓書目·道家類》 《杜道堅註關尹子》。元人。

錢曾《讀書敏求記·子部》 《關尹子闡玄》三卷。關喜著書九篇，始「宇」終「藥」，以九字爲一書之綱領。凡一百七十章。其曰「闡玄」者，杜道堅述其微意也。道堅元成宗時人，注成于大德年間，卷首有《篇目衍義》一通，述九字相承次之意，倣邠卿《孟子》篇序例爲之，覽者毋忽焉。

錢大昕《補元史藝文志·道家類》 杜道堅《關尹子闡玄》三卷。

文子合注

周中孚《鄭堂讀書記·道家類》 《文子合注》十二卷。明刊本。舊題默希子徐靈府、正儀子朱弁、南谷子杜道堅合注，乃明天啓乙丑浙中楊爾曾所刊本也。前有莆田黄鳴喬刻《序》，稱吴中舊刻《文子》僅十餘葉，雲閒潘氏《輯略》較之倍蓰，近得默希子本始覩其全，迺靈府注本也。門人楊生忽以全書附郵筒至徽余片言以弁卷首，迺默希子、正儀子、南谷子三家合注也。昔以不覩全書爲憾，今喜獲其全而并得其注，三子謂非文子之功臣乎？此乃黄氏既見徐注本又見合注本也。按《新唐志》載有北魏李暹、唐徐靈府兩注，《崇文總目》同《讀書志》則李、徐家外別有唐元注，至《書録解題》止有徐注，《通志》、《宋志》則俱載李、徐及朱弃注而無朱元注焉。竊謂朱弃、朱元疑即一人，傳刻者因字形相涉而誤。今李注久佚，是本僅有徐、朱兩家注，朱弃又誤作朱弁，其全不全皆無別本可證。至杜注實即宋杜南谷之《纘義》，以聚珍版本核之，知此本又屬采録不全，則徐、朱兩家注概可知矣。然聚珍本所闕之五篇，此本每篇尚存數條，亦可以補其闕。而徐朱兩家注雖不全，又屬錢氏《讀書敏求記》所未及載者，則此本洵足寶貴矣，未可以明人所刊而遐棄之也。卷首載有徐氏原《序》，又有杜氏原《序》，吴全節、黄石翁二《序》，俱聚珍本所不載。又有《文子考》，或即爾曾所作耳。

林志堅道德真經註

范邦甸等《天一閣書目·道家類》 《道德真經註》二卷。藍絲闌鈔本。元林志堅註。

白雲霽等《道藏目録詳注·洞神部》 絲字號計十二卷。《道德真經註》。二卷。玄門開真弘教大真人廣陵仁齋林志堅註。以本經解本經。

錢大昕《補元史藝文志·道家類》 林志堅《老子注》二卷。至正閒人。

王雲五《續修四庫全書提要·道家類》 《道德經註》二卷。《道藏》本。元林志堅撰。至堅字仁齋，廣陵人，書題玄門開真弘毅大真人廣陵仁齋林至堅。《序》撰於至此十四年，蓋元末潛心道笈之羽士也。是編卷數章次，全依河上公本，以正經注於正經之下，以經解經，使人熟讀玩味，自然解悟正經之玄妙。別輯經文以爲書《序》，分五節，首節始「道之尊，德之貴」，次始「天之道利而不害」，次始「聖人之道爲而不争」，次始「蓋聞善攝生者」，次始「治大國若烹小鮮」，竝申述分列之故，未免穿鑿附會。惟以經解經，殊爲正當。自王弼、河上公以來，紛爲注釋，互有是非，轉不若尋繹經文，較爲直捷。如「道可道非常道」，注云：「道法自然」。「名可名，非常名」，注云：「道隱無名」。「無名天地之始」，注云：「道生」。「有名萬物之母」，注云：「三生萬物」。語簡而意賅，誼正而詞塙。然其閒取之不當，誼轉晦澀者，亦所不免。如「昔之得一者」，以「道可道」解之。「大道甚夷而民好徑」，以「信言不美」解之，皆不允愜。若以正經爲主，而參以《莊子》、《韓子》、《淮南》諸書之說，自無渴蹶之虞，豈不甚善？惜乎但知其一，而未能知其二也。

褚伯秀輯莊子諸家註

范邦甸等《天一閣書目·道家類》 《莊子諸家註》八卷。藍絲闌鈔本。卷首有「天一閣」、「古司馬氏」二圖章。宋褚伯秀輯，鄱陽湯漢序。

褚伯秀南華真經義海纂微

范邦甸等《天一閣書目·道家類》 《南華真經義海纂微》一百六卷。藍絲闌鈔本。宋武林道士褚伯秀學，咸淳元年劉震孫序。

白雲霽等《道藏目録詳注·洞神部》 建字號計九卷。《南華真經義海纂微》。卷一之十。武林道士褚伯秀述。此解內集郭象、呂惠卿、林疑獨、陳詳道、陳景元、王雱、劉槩、吴儔、虚齋趙以夫、竹溪林希逸、李士表、王旦、范無隱等，會粹衆說，附以褚公之解。名字號計十卷。《南華真經義海纂微》。卷十一之二十。武林道士褚伯秀。立字號計十卷。《南華真經義海纂微》。卷二十一之三十一。武林道士褚伯秀。形字號計十一卷。《南華真經義海纂微》。卷三十二之四十二。武林道士褚伯秀。端字號計十一卷。《南華真經義海纂微》。卷四十三之五十四。武林道士褚伯秀。《南華真經義海纂微》。卷五十五之六十五。武林道士褚伯秀。正字號計十卷。《南華真經義海纂微》。卷六十六之七十五。空字號計十一卷。《南華真經義海纂微》。卷七十六之八十六。武林道士褚伯秀。谷字號計十卷。《南華真經義海纂微》。卷八十七之九十七。武林道士褚伯秀。傳字號計九卷。《南華真經義海纂微》。卷九十八之一百六。武林道士褚伯秀。

黄虞稷《千頃堂書目·道家類》 褚伯秀《莊子義海纂微》一百六卷。中都道士。

倪燦《宋史藝文志補・道家類》 褚伯秀《莊子義海纂微》一百六卷。中都道士。

《四庫全書總目提要・道家類》 《南華真經義海纂微》一百六卷。浙江巡撫採進本。宋褚伯秀撰。伯秀，杭州道士。是書成於咸淳庚午，前有劉震孫、文及翁、湯漢三序，下距宋亡僅六年。周密《癸辛雜識後集》載，至元丁亥九月，與伯秀及王磐隱游閱古泉，則入元尚在也。其書纂郭象、吕惠卿、林疑獨、陳祥道、陳景元、王雱、劉概、吴儔、趙以夫、林希逸、李士表、王旦、范元應十三家之説，而斷以己意，謂之管見。中多引陸德明《經典釋文》，而不列於十三家中，以是書主義理，不主音訓也。成元英《疏》、文如海《正義》、張潛夫《補註》，皆閒引之，亦不列於十三家，以從陳景元書採用也。范元應乃蜀中道士，本未註《莊子》，以其爲伯秀之師，故多述其緒論焉。蓋宋以前解《莊子》者，梗概略具於是。其閒如吴儔、趙以夫、王旦諸家，今皆罕見，實賴是書以傳，則伯秀編纂之功，亦不可没矣。

錢大昕《補元史藝文志・道家類》 褚伯秀《莊子義海纂微》一百六卷。宋末杭州道士。

劉維永道德真經集義

范邦甸等《天一閣書目・道家類》 《道德真經集義》十七卷。宋凝遠大師劉維永編集，丁易東校正。

白雲霽等《道藏目録詳注・洞神部》 染字號計八卷。《道德真經集義》。卷一之五。劉惟永、丁易東編集各家解義。詩字號計六卷。《道德真經集》。卷六之十一。劉惟永、丁易東編集各家解義。讚字號計六卷。《道德真經集義》。卷十二之十七。劉惟永、丁易東編集各家解義。

錢大昕《補元史藝文志・道家類》 劉維永《道德真經集義》十七卷。丁易東校。

劉維永道德真經集義大旨

范邦甸等《天一閣書目・道家類》 《道德真經集義大旨》三卷。藍絲闌鈔本。宋凝遠大師劉維永編集，丁易東校正。

白雲霽等《道藏目録詳注・洞神部》 染字號計八卷。《道德真經集義大旨》。三卷。凝遠大師劉惟永編集。內有《谷神圖》、《三十幅圖》、《得一圖》、《道生一圖》、《出生入死圖》、《道生德畜圖》、《太虛肇一圖》、《九天生神圖》、《四始圖》、《應心爲用圖》、《玄牝圖》、《天門開闔圖》、《守雌圖》、《十有三生死圖》、《十有三攝生無死圖》、《道德楷梯》等圖。

錢大昕《補元史藝文志・道家類》 劉惟永《老子集義大旨》三卷。

趙材卿陰符經註

王圻《續文獻通考經籍考・道家類》 《陰符經註》。元時定州趙材卿著。

錢大昕《補元史藝文志・道家類》 趙素《陰符經集解》三十卷。字才卿。

薛季昭度人上品妙經注

白雲霽等《道藏目録詳注・洞真部》 往字號計六卷。《度人上品妙經註》。三卷。九江冰湖埜人薛季昭顯翁註解。

錢謙益等《絳雲樓書目・道藏類》 《度人寶經注》。三卷。

錢大昕《補元史藝文志・釋道類》 薛季昭《度人上品妙經注》三卷。字顯翁。大德七年表上。

玉清無極總真文昌大洞仙經注

白雲霽等《道藏目録詳注・洞真部》 冬字號計七卷。《玉清無極總真文昌大洞仙經註》。卷一之七。有圖。東蜀蓬萊山中陽子衛琪註。內有《無極圖》、《太極圖》、《河圖》、《洛書》、《九統》等圖。《玉清無極總真大洞文昌仙經〔注〕》。卷八之十。東蜀蓬萊山中陽子衛琪註。

錢大昕《補元史藝文志・釋道類》 衛琪《文昌大洞經注》十卷。自號中陽子。

徐道齡北斗本命延生經注

白雲霽等《道藏目録詳注・洞神部》 寸字號計八卷。《太上玄靈北斗本命延生真經註》。卷一之五。有符。玄陽子徐道齡集註。文昌帝君玄靈符法。

錢大昕《補元史藝文志・釋道類》 徐道齡《北斗本命延生經注》五卷。

陳致虚度人經注

白雲霽等《道藏目録詳注・洞真部》 往字號計六卷。《度人上品妙經註》。三卷。上陽子陳觀吾註。《金液大還火符之訣》兼舊述《道德經》、《金剛經》、《金丹大要》,相參以道用世法,分註合解。

錢大昕《補元史藝文志・道家類》 陳致虚《度人經注》三卷。字觀吾,自號上陽子。

李道純道德經注

黄虞稷《千頃堂書目・道家類》 李道純《道德經注》一卷。字元素,都梁人,號瑩蟾子,亦曰清庵。

倪燦《補遼金元藝文志・道家類》 李道純《道德經注》一卷。字元素,都梁人。

李道純道德會元

楊士奇等《文淵閣書目・道書類》 《道德會元》。一部,一册。

范邦甸等《天一閣書目・道家類》 《道德會元》一册。刊本。元李道純撰。

白雲霽等《道藏目録詳注・洞神部》 談字號計七卷。《道德會元》。二卷。清菴瑩蟾子李道純元素述。以正經逐句下添一注脚,又於各章後作頌,大類禪宗。

錢大昕《補元史藝文志・道家類》 李道純《道德會元》二卷。字元素,臨濠人,自號瑩蟾子。

張嗣成道德真經註

范邦甸等《天一閣書目・道家類》 《道德真經註》二卷。藍絲闌鈔本。嗣漢三十九代天師太玄子張嗣成訓頌。

白雲霽等《道藏目録詳注・洞神部》 談字號計七卷。《道德真經章句訓頌》。二卷。頌後解理明徹。

玉皇經髓

白雲霽等《道藏目録詳注・洞真部》 盈字號計十二卷。《高上玉皇本行經髓》。撮《皇經》内精髓。

元始天尊説梓潼帝君應驗經

白雲霽等《道藏目録詳注・洞真部》 昃字號計十一卷。《元始天尊説梓潼帝君應驗經》。

元始天尊説梓潼帝君本願經

白雲霽等《道藏目録詳注・洞真部》 昃字號計十一卷。《元始天尊説梓潼帝君本願經》。與《應驗》二經同卷。

洞玄靈寶本相運度刦期經

白雲霽等《道藏目録詳注・洞玄部》 人字號計十四卷。《洞玄靈寶本相運度刦期經》。一卷。內言日月運行星宿行度刦運之期，以及五嶽、四瀆、崑崙、海源周天日圍，高深縱廣，遇阨交運刦數。

王道淵黄帝陰符夾頌解注

白雲霽等《道藏目録詳注・洞真部》 餘字號計十一卷。《黄帝陰符夾頌解註》。上、中、下同卷。南昌修仙混然子王道淵註。

太上洞神三元妙本福壽真經

白雲霽等《道藏目録詳注・洞神部》 女字號計十五卷。《太上洞神三元妙本福壽真經》。玄一高士苗善時經序。《開明三景章》、《天官誠運章》、《地官厚本章》、《小官歸源章》、《三元體妙章》、《三官慈誓章》。

太上老君説五斗金章受生經

白雲霽等《道藏目録詳注・洞神部》 女字號計十五卷。《太上老君説五斗金章受生經》。有符。與《福壽》等三經同卷。內有五斗金章靈符。

玄元真人太上玄靈北斗本命延生真經注解

白雲霽等《道藏目録詳注・洞神部》 寸字號計八卷。《太上玄靈北斗本命延生真經註解》。三卷。空峒山玄元真人註解並頌。

佚名高上玉皇本行集經注

張國祥《續道藏經目録・正一部》 鐘字號計十卷。《高上玉皇本行集經註》。

洞真太上中命四旋經

佚名《道藏闕經目録》卷上 《洞真太上中命四旋經》。

洞真玉經左乙混同東蒙録

佚名《道藏闕經目録》卷上 《洞真玉經左乙混洞東蒙録》。

洞真太上太極録景真經

佚名《道藏闕經目録》卷上 《洞真太上太極録景真經》。二卷。有符。

洞真上皇玉籙寶經

佚名《道藏闕經目録》卷上 《洞真上皇玉籙寶經》。有符。

上清无上混元大道法毋元君説太陽玄精經

佚名《道藏闕經目録》卷上 《上清无上混元大道法毋元君説太陽玄精經》。

上清太上九真帝君九陰混合縱景萬化隱天經

佚名《道藏闕經目録》卷上 《上清太上九真帝君九陰混合縱景萬化隱天經》。

上清三元内存招真降靈上經

佚名《道藏闕經目録》卷上 《上清三元内存招真降靈上經》。

上清太上玉晨靈景經

佚名《道藏闕經目録》卷上 《上清太上玉晨靈景經》。

上清無上玉清金真洞明妙光真寶經

佚名《道藏闕經目録》卷上 《上清無上玉清金真洞明妙光真寶經》。

上清三元浩篇經

佚名《道藏闕經目録》卷上 《上清三元浩篇經》。二卷有符。

洞玄靈寶太上九仙經

佚名《道藏闕經目録》卷上 《洞玄靈寶太上九仙經》。

洞玄靈寶救拔亡人經

佚名《道藏闕經目録》卷上 《洞玄靈寶救拔亡人經》。

真文本行經

佚名《道藏闕經目録》卷上 《真文本行經》。

洞玄靈寶説證實經

佚名《道藏闕經目録》卷上 《洞玄靈寶説證實經》。

洞玄靈寶九仙經

佚名《道藏闕經目録》卷上 《洞玄靈寶九仙經》。

洞玄靈寶通玄真一妙經

佚名《道藏闕經目録》卷上 《洞玄靈寶通玄真一妙經》。

洞玄靈寶道授經

佚名《道藏闕經目録》卷上　《洞玄靈寶道授經》。

洞玄靈寶大道中仙集靈經

佚名《道藏闕經目録》卷上　《洞玄靈寶大道中仙集靈經》。十卷。

太上洞玄靈寶開元經

佚名《道藏闕經目録》卷上　《太上洞玄靈寶開元經》。

太上洞玄燈輪護國經

佚名《道藏闕經目録》卷上　《太上洞玄燈輪護國經》。

洞玄靈寶天尊説勑土經

佚名《道藏闕經目録》卷上　《洞玄靈寶天尊説勑土經》。有符。

洞玄靈寶中元品經

佚名《道藏闕經目録》卷上　《洞玄靈寶中元品經》。

太上洞玄靈寶上原經

佚名《道藏闕經目録》卷上　《太上洞玄靈寶上原經》。

太上洞玄靈寶洞燈王達觀品頌廻曜飛光日月精華上經

佚名《道藏闕經目録》卷上　《太上洞玄靈寶洞燈王達觀品頌廻曜飛光日月精華上經》。

洞玄靈寶天尊説隨願往生罪福報對次説須修科文妙經

佚名《道藏闕經目録》卷上　《洞玄靈寶天尊説隨願往生罪福報對次説須修科文妙經》。

洞玄靈寶大智藏童子觀心王經

佚名《道藏闕經目録》卷上　《洞玄靈寶大智藏童子觀心王經》。

洞玄靈寶仙公説盆經

佚名《道藏闕經目録》卷上　《洞玄靈寶仙公説盆經》。

太上洞玄靈寶思神儀經

佚名《道藏闕經目録》卷上 《太上洞玄靈寶思神儀經》。有畫。

太上洞玄靈寶五方真文經

佚名《道藏闕經目録》卷上 《太上洞玄靈寶五方真文經》。有符畫。

元始天尊説長生會消災益壽經

佚名《道藏闕經目録》卷上 《元始天尊説長生會消災益壽經》。

俞琰陰符經解

王圻《續文獻通考經籍考・道家類》 《陰符經解》。吴縣俞琰著。

白雲霽等《道藏目録詳注・洞真部》 餘字號計十一卷。《黄帝陰符經註》。一卷。林屋山人俞琰玉吾叟解。

黄虞稷《千頃堂書目・道家類》 俞琰《陰符經解》一卷。

倪燦《補遼金元藝文志・道家類》 俞琰《陰符經解》一卷。

《四庫全書總目提要・道家類存目》 《陰符經註》一卷。江蘇巡撫採進本。宋俞琬撰。琬有《周易集説》，已著録。琬本文士，故是編所註較他家具有條理。其闢詹谷以容成之術釋强兵戰勝之義，尤爲正論。其本亦合爲一篇，而人以愚虞一百十四字則兩存經文、註文之説。

錢大昕《補元史藝文志・道家類》 俞玉吾《陰符經解》一卷。

洞玄靈寶大哀經

佚名《道藏闕經目録》卷上 《洞玄靈寶大哀經》。

洞玄靈寶微妙真明元生經

佚名《道藏闕經目録》卷上 《洞玄靈寶微妙真明元生經》。

洞玄靈寶三部八景妙經

佚名《道藏闕經目録》卷上 《洞玄靈寶三部八景妙經》。二卷。有畫。

洞玄靈寶通神妙經

佚名《道藏闕經目録》卷上 《洞玄靈寶通神妙經》。

洞玄靈寶三十六科經

佚名《道藏闕經目録》卷上 《洞玄靈寶三十六科經》。

洞玄靈寶太上無極開下億劫寶文破魔上經

佚名《道藏闕經目録》卷上 《洞玄靈寶太上無極開下億劫寶文破魔上經》。

太上洞玄靈寶尋聲救苦天尊説九幽地獄經

佚名《道藏闕經目録》卷上 《太上洞玄靈寶尋聲救苦天尊説九幽地獄經》。

洞玄靈寶通神護命經

佚名《道藏闕經目録》卷上 《洞玄靈寶通神護命經》。

太上説長生保命護身經

佚名《道藏闕經目録》卷上 《太上説長生保命護身經》。

洞玄靈寶元始上帝真教元符經

佚名《道藏闕經目録》卷上 《洞玄靈寶元始上帝真教元符經》。二卷。

洞玄靈寶安宅經

佚名《道藏闕經目録》卷上 《洞玄靈寶安宅經》。三卷。有符。

洞玄靈寶道説長生保命護身經

佚名《道藏闕經目録》卷上 《洞玄靈寶道説長生保命護身經》。

洞玄靈寶金簡文注訣

佚名《道藏闕經目録》卷上 《洞玄靈寶金簡文注訣》。

洞神三皇文音訣

佚名《道藏闕經目録》卷上 《洞神三皇文音訣》。

洞神三皇經疏略義

佚名《道藏闕經目録》卷上 《洞神三皇經疏略義》。

北帝經須知祕要

佚名《道藏闕經目録》卷上 《北帝經須知祕要》。

太上混元上德皇帝反胎更生經

佚名《道藏闕經目録》卷上 《太上混元上德皇帝反胎更生經》。

太上混元上德皇帝性類感應經

佚名《道藏闕經目録》卷上 《太上混元上德皇帝性類感應經》。

枕中延齡經

佚名《道藏闕經目録》卷上　《枕中延齡經》。

太上混元上德皇帝治道經

佚名《道藏闕經目録》卷上　《太上混元上德皇帝治道經》。

太上混元上德皇帝治病經

佚名《道藏闕經目録》卷上　《太上混元上德皇帝治病經》。

太上混元上德皇帝一二變敘經

佚名《道藏闕經目録》卷上　《太上混元上德皇帝一二變敘經》。

樗蒲經

佚名《道藏闕經目録》卷上　《樗蒲經》。

要妙經

佚名《道藏闕經目録》卷上　《要妙經》。四卷。

太上混元上德皇帝大道九炁本始經

佚名《道藏闕經目録》卷上　《太上混元上德皇帝大道九炁本始經》。

太上混元上德皇帝讚皇宫經

佚名《道藏闕經目録》卷上　《太上混元上德皇帝讚皇宫經》。

太上混元上德皇帝立功德經

佚名《道藏闕經目録》卷上　《太上混元上德皇帝立功德經》。

太上混元上德皇帝玄音經

佚名《道藏闕經目録》卷上　《太上混元上德皇帝玄音經》。

太上混元上德皇帝元像經

佚名《道藏闕經目録》卷上　《太上混元上德皇帝元像經》。

太上混元上德皇帝沐浴東井經

佚名《道藏闕經目録》卷上　《太上混元上德皇帝沐浴東井經》。有符。

太上混元上德皇帝説止雨請晴經

佚名《道藏闕經目録》卷上　《太上混元上德皇帝説止雨請晴經》。

太上混元上德皇帝胞中混沌内經

佚名《道藏闕經目録》卷上　《太上混元上德皇帝胞中混沌内經》。

玄化經

佚名《道藏闕經目録》卷上　《玄化經》。

太上混元上德皇帝守一經

佚名《道藏闕經目録》卷上　《太上混元上德皇帝守一經》。

黄林先生説苦樂天堂地獄静念經

佚名《道藏闕經目録》卷上　《黄林先生説苦樂天堂地獄静念經》。

潁陽經

佚名《道藏闕經目録》卷上　《潁陽經》。

太上混元上德皇帝道鑑經

佚名《道藏闕經目録》卷上　《太上混元上德皇帝道鑑經》。四卷。

桃括大劫名山福地經

佚名《道藏闕經目録》卷下　《桃括大劫名山福地經》。二卷。

太清金液神符經音義

佚名《道藏闕經目録》卷下　《太清金液神符經音義》。

太清風露經

佚名《道藏闕經目録》卷下　《太清風露經》。

太清變化經

佚名《道藏闕經目録》卷下　《太清變化經》。二卷。

太玄三丹高章經

佚名《道藏闕經目録》卷下　《太玄三丹高章經》。

達雲經

佚名《道藏闕經目録》卷下　《達雲經》。

正一真科經

佚名《道藏闕經目録》卷下　《正一真科經》。

太上老君授雲臺山治官氣靈真内書

佚名《道藏闕經目録》卷下　《太上老君授雲臺山治官氣靈真内書》。

太上洞玄救拔存亡生天妙經

佚名《道藏闕經目録》卷下　《太上洞玄救拔存亡生天妙經》。

太清内景經

佚名《道藏闕經目録》卷下　《太清内景經》。

太上靈寶開光明經

佚名《道藏闕經目録》卷下　《太上靈寶開光明經》。

太上保天經

佚名《道藏闕經目録》卷下　《太上保天經》。

太極元化先天祕要指歸

佚名《道藏闕經目録》卷下　《太極元化先天祕要指歸》。三卷。

太上絳囊經

佚名《道藏闕經目録》卷下　《太上絳囊經》。

太上靈寶天公經開度品

佚名《道藏闕經目録》卷下　《太上靈寶天公經開度品》。一卷。

太上靈寶天公經應機品

佚名《道藏闕經目録》卷下　《太上靈寶天公經應機品》。一卷。

太上靈寶天公經統御品

佚名《道藏闕經目録》卷下　《太上靈寶天公經統御品》。一卷。

太上三都仙經

佚名《道藏闕經目録》卷下　《太上三都仙經》。

太上三世天尊拔度九幽解脱三會經

佚名《道藏闕經目録》卷下　《太上三世天尊拔度九幽解脱三會經》。

北帝紫微玄律經

佚名《道藏闕經目録》卷下　《北帝紫微玄律經》。二卷。

古書禽經

佚名《道藏闕經目録》卷下　《古書禽經》。

黄帝北斗神光經

佚名《道藏闕經目録》卷下　《黄帝北斗神光經》。

馮壽康注天寶度人仙經

佚名《道藏闕經目録》卷下　《天寶度人仙經》。二卷。馮壽康註。

太上靈寶三清聖號經

佚名《道藏闕經目録》卷下　《太上靈寶三清聖號經》。

最上乘元礙經

佚名《道藏闕經目録》卷下　《最上乘元礙經》。

上清交車畢道紫華素蓋藉地騰天經

佚名《道藏闕經目録》卷下　《上清交車畢道紫華素蓋藉地騰天經》。

神仙真一秘籙紫庭經

佚名《道藏闕經目録》卷下　《神仙真一祕籙紫庭經》。

翊聖真君九仙玉景經

佚名《道藏闕經目録》卷下　《翊聖真君九仙玉景經》。

玉清金紫長生經

佚名《道藏闕經目録》卷下　《玉清金紫長生經》。

祭神經

佚名《道藏闕經目録》卷下　《祭神經》。

九變昇天經

佚名《道藏闕經目録》卷下　《九變昇天經》。

伏羲靈元經

佚名《道藏闕經目録》卷下　《伏羲靈元經》。三卷。

神授正訓玉靈經

佚名《道藏闕經目録》卷下　《神授正訓玉靈經》。

何道全述太上老子道德經

范邦甸等《天一閣書目・道家類》　《太上老子道德經》二卷。刊本。無垢子何道全述註，太極左仙公葛元序。

息齋道人道德真經義解

范邦甸等《天一閣書目・道家類》　《道德真經義解》四卷。藍絲闌鈔本。息齋道人解。

白雲霽等《道藏目録詳注・洞神部》　《道德真經（解）義〔解〕》。卷一之四。九天觀道士息齋李（榮）註。

李嘉謀元始説先天道德經註解

《元始説先天道德經註解》五卷。烏絲闌鈔本。卷首有東明古司馬氏二圖章。宋李嘉謀註解，明王宗沐批點。屠畯録嘉靖丙寅龍陽山人序。云此經故宋息齋先生李君嘉謀隨章爲之解。板行西蜀，至寶祐間，天台子謝公圖南爲序而傳。則蜀本已不存矣。初公宦游嶺表，即蒐訪此經，乃得于方外一蜀士之手，猶獲至寶。嘉興道士李君可久，募工鋟梓以傳。又得所謂《八威龍文》，亦出先天向異人所授者，併刻之，以爲世之全書。

白雲霽等《道藏目録詳注・洞真部》　洪字號計十七卷。《元始説先天道德經》。卷一之五。宋息齋李嘉謀註。此經妙元神真，道五千秘言當興。太上《道德經》互叅方明，有無妙竅，道法自然。

丁丙《善本書室藏書志・道家類》　《元始説先天道德經》五卷。明刊《道藏》本。息齋道人解。此經《妙篇》、《元篇》、《神篇》、《真篇》、《道篇》各一千言。《道藏目録》入《洞真部》。前有序云：此宋李君嘉謀隨章爲解，版行西蜀寶祐間，謝公圖南爲序而傳，則蜀本已不存。觀文殿大學士可齋李公授之，嘉興道士李公可久募工鋟并爲之序，吴郡張善淵獲其本復鋟。嘉靖丙寅龍陽山人萬曆乙亥，勺谿山人李棫並有題識。

傅洞真太上玄靈北斗本命延生真經注

白雲霽等《道藏目録詳注・洞神部》　陰字號計九卷。《太上玄靈北斗本命延生真經註》。三卷。有符。傅洞真註。内多以天文罪福善惡之語解之。

元始天尊説藥王救八十一難真經

張國祥《續道藏經目録・正一部》 隸字號計九卷。《元始天尊説藥王救八十一難真經》。一卷。

張宇初度人上品妙經通義

白雲霽等《道藏目録詳注・洞真部》 來字號計七卷。《度人上品妙經通義》。卷一之四。有圖。正一嗣教道合無爲闡祖光範真人張宇初註。經註内《太極圖》、《妙化圖》、《神靈圖》、《混洞赤文》等圖，并通義解註。

太上老君説天妃救苦靈驗經

白雲霽等《道藏目録詳注・洞神部》 傷字號計十卷。《太上老君説天妃救苦靈（騐）〔驗〕經》。一卷。有符。

靈寶天尊説洪恩靈濟真君妙經

白雲霽等《道藏目録詳注・洞玄部》 人字號計十四卷。《靈寶天尊説洪恩靈濟真君妙經》。一卷。永樂十八年正月十一日頒。有《御製靈濟真君序文》。

護國保寧佑聖王威靈公感應城隍經

張國祥《續道藏經目録・正一部》 隸字號計九卷。《護國保寧佑聖王威靈公感應城隍經》。

上清天寶和穰經

楊士奇等《文淵閣書目・道書類》《上清天寶和穰經》。一部，一册。

中試經

楊士奇等《文淵閣書目・道書類》《中試經》。一部，一册。

北斗經

楊士奇等《文淵閣書目・道書類》《北斗經》。一部，一册。

白雲霽等《道藏目録詳注・洞真部》 辰字號計十卷。《玉清無上靈寶自然北斗本生真經》。三十六天大司命宸京保命大天帝君下傳。

墨子五行奥妙經

楊士奇等《文淵閣書目・道書類》《墨子五行奥妙經》。一部，一册。

太上道德諸品經

楊士奇等《文淵閣書目・道書類》《太上道德諸品經》。一部，一册。

寧王權陰符性命集解

范邦甸等《天一閣書目·道家類》《陰符性命集解》一卷。明寧王權註。

寧王權道德性命前集

范邦甸等《天一閣書目·道家類》《道德性命前集》二卷。刊本。明涵虛子寧王權注。

寧王權黄石公素書集解

范邦甸等《天一閣書目·道家類》《黄石公素書集解》一卷。明元州道人涵虛子臞仙註并序。涵虛子即寧王權。

玉髓真經

范邦甸等《天一閣書目·道家類》《玉髓真經》二十一卷。門人正一君述。

諸經品節

范邦甸等《天一閣書目·道家類》《諸經品節》十卷。明楊起元註，豫章敖文禎序。

張洪陽注陰符經

徐𤊹《徐氏家藏書目·道類》《張洪陽注陰符經》一卷。

黄虞稷《千頃堂書目·道家類》張位《注陰符經》一卷。

玉清金笥寶録

徐𤊹《徐氏家藏書目·道類》《玉清金笥寶録》三卷。

錢謙益等《絳雲樓書目·道書類》《玉清金笥寶録》。

真詮

徐𤊹《徐氏家藏書目·道類》《真詮》四卷。

《四庫全書總目提要·道家類存目》《真詮》二卷。浙江巡撫採進本。不著撰人名氏。前有自序，稱葆真子所留《真詮》，余舊嘗删節之，猶病其多。今重爲訂正，撮其要旨云云。後跋題「丁酉立秋前二日夢覺子書」，亦不知爲誰。又一行署「西巖山人」四字，知爲無錫秦氏鈔本。則丁酉當爲順治十四年也。其書皆言煉氣還丹之術，大旨依傍《道德經》、《陰符經》而傅合以《易》義，較道家荒誕之説，頗爲近理。

陰符經翟文炳解

徐𤊹《徐氏家藏書目·道類》《陰符經翟文炳解》一卷。

虞淳熙陰符經演

徐𤊹《徐氏家藏書目・道類》《陰符經演》一卷。虞淳熙。

黄虞稷《千頃堂書目・道家類》虞淳熙《陰符經演》一卷。

佚名陰符經箴

徐𤊹《徐氏家藏書目・道類》《陰符經箴》一卷。

鄒昕陰符經注解

徐𤊹《徐氏家藏書目・道類》《陰符經注解》一卷。鄒昕。

元始天尊説東嶽化身濟生度死拔罪解冤保命妙經

張國祥《續道藏經目録・正一部》隸字號計九卷。《元始天尊説東嶽化身濟生度死拔罪解冤保命玅經》。一卷。

太上元始天尊説寶月光皇后聖母孔雀明王經

張國祥《續道藏經目録・正一部》杜字號計六卷。《太上元始天尊説寶月光皇后聖母孔雀明王經》。三卷。

太上長生延壽集福德經

白雲霽等《道藏目録詳注・洞真部》盈字號計十二卷。《太上長生延壽集福德經》。與《消災》、《資福》三經同卷。

玉清元始玄黄九光真經

白雲霽等《道藏目録詳注・洞真部》辰字號計十卷。《玉清元始玄黄九光真經》。經云以神爲體，以空爲宅；神我遍空，如波涵月；道合無爲，求問真宅。誠哉斯語。

太上護國祈雨消魔經

白雲霽等《道藏目録詳注・洞真部》辰字號計十卷。《太上護國祈雨消魔經》。

太上洞真賢門經

白雲霽等《道藏目録詳注・洞真部》宿字號計十卷。《太上洞真賢門經》。一卷。

元始洞真慈善孝子報恩成道經

白雲霽等《道藏目録詳注・洞真部》宿字號計十卷。《元始洞真慈善孝子報恩成道經》。

太上安鎮九壘龍神妙經

白雲霽等《道藏目録詳注・洞真部》 宿字號計十卷。《太上安鎮九壘龍神妙經》。

太上洞真安竈經

白雲霽等《道藏目録詳注・洞真部》 宿字號計十卷。《太上洞真安竈經》。

太上説九幽拔罪心印妙經

白雲霽等《道藏目録詳注・洞真部》 宿字號計十卷。《太上説九幽拔罪心印妙經》。言一切罪根，皆從心起；天堂快樂，自由心生；三界塵淪，一從心起；心生邪見，妄想貪嗔；心生惑亂，生念非真；心懷嫉害，諸惡類身；心生虚寂，與道相親。數語實心印妙境。

太上神咒延壽妙經

白雲霽等《道藏目録詳注・洞玄部》 乃字號計十一卷。《太上神咒延壽妙經》。

太上靈寶補謝竈王經

白雲霽等《道藏目録詳注・洞玄部》 乃字號計十一卷。《太上靈寶補謝竈王經》。司命爲種火之母，上通天界，下統五行，達於神明，觀乎二炁。在天爲北斗七元使者，在人間爲司命宅神。紀録善惡，主持人命。

太上説利益蠶王妙經

白雲霽等《道藏目録詳注・洞玄部》 乃字號計十一卷。《太上説利益蠶王妙經》。

太上説牛癀妙經

白雲霽等《道藏目録詳注・洞玄部》 乃字號計十一卷。《太上説牛癀妙經》。與《龍王》等五經同卷。

太上靈寶洪福滅罪像名經

白雲霽等《道藏目録詳注・洞玄部》 服字號計九卷。《太上靈寶洪福滅罪像名經》。一卷。

太上説酆都拔苦愈樂妙經

白雲霽等《道藏目録詳注・洞玄部》 服字號計九卷。《太上説酆都拔苦愈樂妙經》。

太上三生解冤妙經

白雲霽等《道藏目録詳注・洞玄部》 服字號計九卷。《太上三生解冤妙經》。一卷。有符。

上清衆真教戒德行經

白雲霽等《道藏目録詳注・洞玄部》 陶字號計十卷。《上清衆真教（誡）〔戒〕德行經》。上、下卷。

太上北斗二十八章經

白雲霽等《道藏目録詳注・洞神部》 傷字號計十卷。《太上北斗二十八章經》。一卷。説北元統二十八章。

太上説轉輪五道宿命因緣經

白雲霽等《道藏目録詳注・洞神部》 傷字號計十卷。《太上説轉輪五道宿命因緣經》。與《内觀》等七經同卷。

太上三元賜福赦罪解厄消災延生保命妙經

張國祥《續道藏經目録・正一部》 隸字號計九卷。《太上三元賜福赦罪解厄消災延生保命玅經》。一卷。

碧霞元君護國庇民普濟保生妙經

張國祥《續道藏經目録・正一部》 隸字號計九卷。《碧霞元君護國庇民普濟保生玅經》。一卷。

太上洞玄靈寶五顯靈觀華光本行妙經

張國祥《續道藏經目録・正一部》 隸字號計九卷。《太上洞玄靈寶五顯靈觀華光本行玅經》。

太上説通真高皇解冤經

張國祥《續道藏經目録・正一部》 隸字號計九卷。《太上説通真高皇解冤經》。

火蓮經

錢謙益等《絳雲樓書目・道書類》《火蓮經》。

九天明鑒神捷奇書

錢謙益等《絳雲樓書目・道書類》《九天明鑒神捷奇書》。

軒轅皇帝補代經

錢謙益等《絳雲樓書目・道書類》《軒轅皇帝補代經》。

黃潤玉陰符注

黃虞稷《千頃堂書目・道家類》 黃潤玉《陰符經注》。

鄭瓘陰符經正解

黃虞稷《千頃堂書目・道家類》 鄭瓘《陰符經正解》。

李先芳陰符經解

黃虞稷《千頃堂書目・道家類》 李先芳《陰符經解》一卷。

《明史・藝文志・道家類》 李先芳《陰符經解》一卷。

陸長庚陰符經測疏

黃虞稷《千頃堂書目・道家類》 陸長庚《陰符經測疏》一卷。

《明史・藝文志・道家類》 陸長庚《陰符經測疏》一卷。

焦竑陰符經解

黃虞稷《千頃堂書目・道家類》 焦竑《陰符經解》一卷。

《四庫全書總目提要・道家類存目》 《陰符經解》一卷。兩江總督採進本。明焦竑撰。竑有《易筌》，已著録。考《戰國策》稱蘇秦得《太公陰符》之謀，其書《漢志》、《隋志》皆不著録，蓋已不傳。今世所行之本，出唐李筌。宋黃庭堅以爲即筌所託。註其書者自筌而後凡數十家，或以爲道家言，或以爲兵家言，或以爲神仙家言。竑此註雖引張永叔「真土擒真鉛，真鉛制真汞」之説，似乎神仙家言，而核其宗旨，實以佛理解之，與劉處元註相近。蓋竑與李贄友善，故氣類薰染，喜談禪悦。其作此註，仍然三教歸一之旨也。

沈宗霈百谷子陰符經釋義

黃虞稷《千頃堂書目・道家類》 沈宗霈《百谷子陰符經釋義》三卷。

《明史・藝文志・道家類》 沈宗霈《陰符釋義》三卷。

僧如愚石頭和尚陰符經解

黃虞稷《千頃堂書目・道家類》 僧如愚《石頭和尚陰符經解》一卷。

陳嘉謨讀陰符大旨

黃虞稷《千頃堂書目・道家類》 陳嘉謨《讀陰符大旨》一卷。

王潼陰符經補注

黃虞稷《千頃堂書目・道家類》 王潼《陰符經補注》。

方時化陰符經質劑

《四庫全書總目提要・道家類存目》 《陰符經質劑》一卷。江蘇周厚堉家藏本。

明方時化撰。時化有《易引》，已著録。是編大旨以《陰符》與《易》理相合。前有自序，謂已有《易引》百篇，不可不質劑於《陰符》，末又附《陰符質劑問》，設爲問答以暢其説，大都不離乎禪學。

徐大椿陰符經注

《四庫全書總目提要・道家類》《陰符經註》一卷。洗馬劉權之家藏本。國朝徐大椿撰。

李光地陰符經注

《四庫全書總目提要・道家類存目》《陰符經註》一卷。安徽巡撫採進本。國朝李光地撰。光地有《周易觀彖》，已著録。《陰符經》文意刻酷，五賊三盜之名，尤爲奇險。光地註義純粹，頗能補苴其罅漏。其註「禽之制在炁」，謂以心制目，以目制心，如禽鳥之以氣相制，雖雄鷙者不敢動。似較李筌註爲順。然此書本筌所僞撰，自作之而自註之，自必不失其本意，可不必與立異同。況此註「禽之制在炁」句，次在「心生於物，死於物，機在目」之下，故此註會通四語以立義。《漢魏叢書》本次此句於「天之至私，用之至公」二句下，則義有難通矣。傳寫互異，莫可究詰，楚失齊得，輾轉安窮。既非儒書要義，亦聽其各存一説於天地間耳。

陰符經口義

周中孚《鄭堂讀書記補逸・道家類》《陰符經口義》一卷。原刊本。國朝姜任修撰。任修，字自芸，號白蒲子，如皋人。是編前録朱子序，末有乾隆甲子自撰書後，稱安溪李氏遵用朱義，其近道矣。

九奇經

葛洪《抱朴子・内篇・遐覽》《九奇經》。

四衿經

葛洪《抱朴子・内篇・遐覽》《四衿經》十卷。

河洛内記

葛洪《抱朴子・内篇・遐覽》《河洛内記》七卷。

箕山經

葛洪《抱朴子・内篇・遐覽》《箕山經》十卷。

鹿臺經

葛洪《抱朴子・内篇・遐覽》《鹿臺經》。

洞天經

尤袤《遂初堂書目・道家類》《洞天經》。